KB071441

All about Suicide Prevention

자살예방의 모든 것
이론과 정책

한국자살예방협회 편

학지사

⫻ 발간사 ⫻

자살은 우리 사회가 지닌 여러 문제가 복합적으로 작용한 최종 결과물입니다. 실제로 지금까지의 연구 결과를 살펴보면 자살을 금기시하거나, 또는 정당화하는 경향을 지닌 국가의 자살률이 높았다고 알려져 있습니다. 한편으로 우리나라의 경쟁적이고 스트레스가 많은 사회문화적 분위기 역시 자살과 연관이 있습니다.

특히 우리나라는 노인의 자살률이 높은데, 노인들의 소외와 빈곤, 만성적인 통증을 비롯한 건강 문제가 노인의 자살에 영향을 주는 것으로 알려져 있습니다. 양극화에 따른 소득 분배의 문제, 사회응집력이나 지역공동체의 유지 여부, 과다한 음주나 약물 남용, 우울증과 같은 정신건강 문제 등이 모두 우리나라의 자살률과 밀접한 관련이 있습니다. 자살자의 수는 장년층의 남성에서 가장 많고, 10대부터 30대에서는 사망원인 1위를 차지합니다. 즉, 전 연령층에서 우리나라의 자살 문제는 매우 심각한 수준입니다. 우리나라는 OECD 국가 중에서 굳건하게 자살률 1위를 지키고 있으며, 2020년 통계에 의하면 코로나19 이후 다행히 자살이 크게 늘지는 않았지만 여성과 청년층의 자살이 늘었습니다.

이런 엄중한 시기에 한국자살예방협회는 우리나라의 자살 문제에 대한 관심을 높이고 정확한 정보를 제공하여 자살 문제 해결에 이바지하고자 자살에 대한 종합적이고 포괄적인 내용의 도서를 발간하게 되었습니다. 집필에 참여하신 저자들은 명실공히 우리나라 자살 문제에 천착하는 최고의 전문가일 뿐만 아니라 행동하는 실천가들이십니다. 이런 소중한 분들을 모시고 귀한 책을 출간하게 되어 무한한 영광이라 생각합니다.

또한 이 책의 발간을 도와주신 전·현직 한국자살예방협회 관계자들을 비롯하여 모든 사무 처리를 마다하지 않은 사무국 직원들께도 깊은 감사의 말씀을 올립니다. 여기에 더하여 발간의 근간이 되었던 자살에 대한 총체적 연구를 지원해 준 생명보험사회공헌 위원회와 사단법인 안전생활실천시민연합에도 감사의 말씀을 전합니다. 아무쪼록 이 책자가 한국의 자살 문제 해결에 조그마한 도움이 되길 바랍니다.

한국자살예방협회 회장
기선완

⫻ 차례 ⦀⦀

제 **1** 부

자살의 이해 및 원인

자살에 대한 통합적 이해

"······ 저는요······ 한 마리 개미예요······. 그런데 거대한 피라미드에 잘못 들어간 개미예요······. 처음 들어갈 때는 길을 잃지 않으려고 허리에 실을 매고 들어갔었는데 ······가다가 그 실이 끊어졌어요······. 이제는 어떻게 나가야 할지 모르겠어요······. 너무 힘들어요······."

조현병을 앓고 있던 여대생이었다. 그리고 1986년 3월, 필자가 정신건강의학과 전공의 1년차를 막 시작하면서 담당의로서 처음 맡게 된 환자이기도 하였다. 아직 정신건강의학의 모든 것이 미숙하였던 풋내기 정신건강의학과 전공의로서, 필자는 그 여대생과 많은 대화를 나누었고 나름대로 정성을 다하여 치료와 삶의 희망에 대하여 이야기해 주었다. 증상이 좋아지면서 얼마 후 환자는 퇴원하였다. 그리고 5일 후, 그 환자의 어머니로부터 여대생이 자살하였다는 연락을 받았다. 환자 어머니는 필자에게 그동안 신경 많이 써 주셨는데 정말 미안하게 되었다고 오히려 내게 위로의 말을 하셨다. 그러나 그 환자는 의사로서 내가 담당하였던 첫 번째 환자였고, 그 죽음은 내가 맡았던 환자의 첫 번째 죽음이었다. 내가 과연 앞으로 정신건강의학과 의사로서 제대로 활동할 수 있는 자질을 가지고는 있는 걸까 하는 회의가 밀려왔다. 그러나 그것은 시작이었다. 그

---

* 전우택(연세대학교 의과대학 의학교육학교실 교수)

이후 정신건강의학과 전문의로 살아가면서, 그리고 주로 우울증 클리닉을 담당하면서 필자는 매년 2~4명의 담당 환자 자살을 겪었다. 환자들의 자살은 어느새 필자 삶의 한 부분이 되어 갔던 것이다.

필자가 의과대학 학생이었던 1980년대 시절, 우리나라에서 보고되던 자살률은 그다지 높지 않았다. 높은 자살률을 보이는 북유럽의 여러 나라를 보면서 경제적으로 우리보다 훨씬 더 잘사는 나라들인데 왜 자살률은 저렇게 높은 걸까 하는 의문이 잠깐씩 들기도 하였으나, 당시만 해도 자살이라는 것은 사회적 이슈라기보다는 불행한 개인의 일이었을 뿐이었다. 그러나 2000년대에 들어서면서 우리나라는 OECD 국가 중 자살률 1위 국가가 되었다. 그리고 시간이 지날수록, 더 압도적인 1위 국가로 변해 갔다. 그것이 자살예방 활동에 동참하게 된 이유가 되었다. 아직도 우리나라는 OECD 자살률 1위 국가이기는 하지만, 많은 분의 헌신적 노력 속에 적어도 그 증가 속도를 늦추게 되었고 국가적 차원의 자살예방 활동이 체계적으로 작동하는 데까지는 오게 되었다. 많은 사람이 질문한다. 왜 한국은 이렇게 자살률이 높냐고, 그리고 우리가 무엇을 하여야 이 자살률을 낮출 수 있겠느냐고. 이 글은 통합적 시각에서, 그중에서 특히 한국의 사회문화적 측면에서 그 질문에 대한 대답을 시도하여 보았다.

1. 자살의 여섯 가지 측면

1990년대 인도에서는 여성의 높은 자살률이 심각한 사회 문제가 되었다. 그런데 인도 여성의 자살 원인 중 40%는 소위 '지참금 자살'이었다. 인도의 전통에 따라 여자는 결혼할 때 거액의 지참금을 시댁에 가져와야 하였다. 그런데 친정이 가난하여 신부가 결혼식 때까지 지참금을 가지고 오지 못하면, 남편, 시어머니, 시댁 식구 등은 결혼 후어서 지참금을 가지고 오라고 지속적인 요구를 하다가 일정 시간이 지나면 그것이 희롱, 가정 내 폭력, 고문 등으로까지 이어졌다. 그로 인하여 고통을 받던 수많은 여성은 참다못해 자기 몸에 불을 지르는 분신자살을 시도하는 경우가 발생하였다. 그런 사례가 너무 많아지자 인도에서는 아예 분신자살을 시도하다가 화상을 입은 여성들만을 위한 화상전문병원을 따로 만들어 운영하는 데까지 이르게 되었다. 또한 딸들이 그런 고생하는 모습을 보아야만 하였던 가난한 친정 부모들이 따라서 자살을 하는 일도 속출하였다. 게다가 전통적으로 인도의 가족 문화는 어머니-아들 사이의 관계가 그 중심 축을 이루는 것이었기에, 시어머니와 며느리 간에 갈등이 생기면 남편인 아들들은 어머니 편을 드는 것을 당연하게 생각하였다. 그로 인해 여성의 자살률을 낮추기는 너무도 어려운 일이 되었다(Desjarlais, Eisenberg, Good, & Kleinman, 1995; Waters, 1999).

만일 우리가 1990년대 인도의 여성 자살예방 활동을 담당했다면 어떤 방법을 모색하였을까? 먼저, 앞에서 언급하였던 것처럼 이미 벌어진 자살시도에 대한 전문적이고 효과적인 대응 체제를 만들려 하였을 것이다. 분신자살을 시도한 여성들이 급히 후송되어 효과적으로 치료받을 수 있는 환자 이송체계 구축 및 화상전문병원을 설립하고 운영하는 것이다. 그 병원마다 여성 상담팀 및 법률구조팀을 아예 상주시켜, 자살시도를 하였던 여성들의 억울하고 힘든 상황을 다양한 측면에서 도와주도록 하였을 수도 있다. 그러나 이것은 이미 자살시도가 일어난 다음의 대응책이었다. 그 이전에 자살시도를 막는 방법이 더 중요하였을 것이다. 그래서 떠올릴 수 있는 방법으로 여성들을 대상으로 자살예방 교육을 시키는 것일 수 있다. 누군가는 분신자살을 시도할 때 주로 사용되는 휘발유를 젊은 여성이 개인적으로 구입하지 못하도록 아예 사회적으로 통제하는 방법을 생각했을지도 모른다. 마치 우리나라에서 농약 관리를 엄격하게 하여 자살예방에 큰 효과를 보았던 것처럼 말이다. 그러나 이런 방법은 가뜩이나 낮은 여성의 사회적 자율권을 더욱 저해하는 문제를 만들었을 것이다. 남성들과 시어머니들을 대상으로 가정폭력 예방 교육을 시키는 것도 생각할 수 있었을 것이다. 이러한 방법이 모두 어느 정도 효과를 거둘 수는 있겠지만, 이것들만으로 인도 여성의 자살을 근본적으로 예방할 수는 없을 것이라는 것을 누구나 생각할 수 있다. 핵심은 결혼에 있어 여성 지참금제도를 없애는 것이었다. 그리고 가정 내 폭력에 대한 아주 엄격한 사회적·법적 제재가 있어야만 이 문제의 해결이 시작될 것이다. 이런 사례는 '자살'이라고 하는 현상이 얼마나 '복합적인 성격'을 가지고 있는지를 보여 준다. 그리고 자살예방 활동 역시 그만큼 복합적이어야만 한다는 것을 보여 준다. 즉, 자살의 문제는 어느 한 측면에서만 바라보고 접근해서는 해결할 수 없는 것이다.

자살은 하나하나의 사례마다 바다 같은 무겁고 깊은 사연을 가지고 있다. 그래서 우리는 자살하는 사람들 한 명 한 명이 느꼈을 그 '출구 없음'에 대한 절망과 두려움을 개별적으로 받아들여야 한다. 설사 어떤 뚜렷한 정신질환을 가지고 있던 사람의 자살이라 할지라도, 정신질환 하나만을 가지고 객관적이고 명쾌하게 설명할 수는 없다. 그런 의미에서 자살하는 사람들의 어려움과 문제를 어떤 하나의 틀에 묶어서 기계적으로 설명하려는 것은 오류가 될 수 있음을 인정하여야 한다. 그러나 그럼에도 불구하고 전 세계에서 자살률이 가장 높은 대한민국이기에, 우리는 왜 이런 일이 한국에서 이렇게도 집단적으로 벌어지고 있는지를 좀 더 분석적으로 바라볼 필요가 있다. 자살은 가장 고

귀한 가치를 가진 인간의 생명이 이 땅 위에서 사라져 버리는 죽음 현상 중 하나이다. 그런데 그 죽음이 죽는 사람 바로 그 자신에 의하여 이루어진다는 점에서 자살은 다른 어떤 죽음과도 그 성격을 달리한다. 앞서 인도의 사례에서 보았듯이, 자살은 타살과 달리 다양한 요소가 복잡한 연관성을 가지며 나타내는 최종 산물이다. 따라서 우리에게 먼저 필요한 것은 자살이라는 현상을 통합적으로 바라보고 이해하는 눈이다. 여기서는 자살을 다음과 같은 여섯 가지 측면에서 바라보기로 한다.

1) 자살의 생물학적 측면

자살은 생물학적 측면을 가지고 있다. 자살 자체가 유전적 질환은 아니지만, 유전적으로 가지고 태어난 정신질환적 취약성과 깊은 연관이 있기 때문이다. 예를 들어, 우울증이나 조현병, 알코올중독 등에 취약한 유전자를 가지고 태어난 사람들은 그렇지 않은 사람들보다 훨씬 더 자살의 위험성이 크다(대한신경정신의학회 편, 2017). 그러나 설령 생물학적 유전성을 가지고 있다 할지라도 그것이 최종적으로 자살로 이어지는 것은 또 다른 문제이다. 아무리 우울증에 대한 유전적 경향을 강력하게 가지고 태어난 사람일지라도, 그의 주변 여건이 그를 충분히 잘 이해해 주고 지지해 주며 적극적으로 치료를 잘 받을 수 있게 해 주었다면, 설사 우울증이 발생하였다 할지라도 그것이 자살로까지 이어지는 것은 막을 수도 있기 때문이다. 따라서 자살에 있어 생물학적 측면이 일차적인 중요성을 가지고 있지만, 이것이 모든 것을 결정한다는 식의 생각은 하지 않는 것이 중요하다.

2) 자살의 심리적 측면

자살은 심리적 측면을 가지고 있다. 어릴 때부터 일관성 있게 사랑으로 잘 보살펴 주는 부모나 또는 그 대리 역할을 하는 분으로부터 자라난 사람들은 삶에 대한 일종의 자신감을 가지게 된다. 자신은 사랑받을 만한 사람이고 이 세상에 자신은 받아들여질 만한 사람이라는 의식을 가지게 되는 것이다. 그래서 설사 세상을 살면서 큰 어려움이나 갈등을 가지게 된다 할지라도, 일종의 기본적 낙관성에 의하여 이 어려움은 결국 지나갈 것이고 많은 문제가 있어도 자신은 여전히 가치 있는 존재라고 스스로를 인식한다. 이렇게 된다면 자살의 가능성은 낮아질 것이다. 그러나 만일 어려서부터의 양육 체험 속에서 그 반대의 상황이 진행되어 왔다면 그 사람은 자살에 취약한 존재가 될 가능성이 있다. 하지만 어린 시절부터 그런 취약성을 가지고 있는 상황에 노출되었다 할지라도, 청소년기나 성인기의 어느 시점에 누군가가 새로이 나타나 사랑과 관심을 베풀어 주면서 의미 있는 관계가 형성된다면 어린 시절의 취약성을 극복할 힘을 가질 수 있다. 그런 의미에서 사랑과 관심을 개인적으로 베풀어 줄 수 있는 건강한 사람들이 그 사회 안에 많을수록, 그 사회의 자살률을 낮출 가능성이 커진다. 자살의 심리적 측면은 각 개인적 차원에서뿐만 아니라 집단적 차원에서도 면밀히 검토되어야 할 측면이다.

3) 자살의 사회적 측면

자살은 생물학적·심리적 요소를 넘어서는 사회적 측면을 가지고 있다. 유전적 문제가 그리 크지 않았던 사람이라 할지라도 삶의 과정에서 극도의 어려움과 스트레스를 지속적으로 받게 되면 자살 충동을 가질 수 있기 때문이다. 예상치 못한 교통사고로 전신에 심한 화상을 입고서 자살을 생각하지 않을 사람이 얼마나 될까? 이와 같은 삶의 고난과 고통은 언제 어떤 형태로든 인생 속에서 나타날 수 있는 것이기에, 인간은 자살에 대하여 취약한 존재일 수밖에 없다. 그러나 그런 삶의 고통이 반드시 자살로 이어지는 것은 아니다. 만일 그런 심한 교통사고로 인한 신체적 고통을 겪는다 할지라도 사회가 가지고 있는 의료제도와 보험제도에 의하여 경제적 어려움 없이 최고의 의료적 치료 및 재활 치료를 집중적으로 받고 경제적으로도 충분한 보상을 받으며 가족의 헌신적인 돌봄이 있다면, 고통 속에서도 삶의 희망이 만들어질 가능성이 크다. 그러나 뺑소니 차량에 의한 교통사고로 아무런 보상도 받지 못한 가운데 극도의 경제적 어려움에 빠져 제대로 된 치료도 받지 못하고 주변에 도와줄 사람들도 없다면 자살에 대한 생각은 커질 수밖에 없을 것이다. 즉, 한 사회에서 고통 받는 사람들에 대한 지원 체계가 얼마나 발달되어 있는가가 결국 한 인간으로 하여금 자살의 여부를 결정하게 만들 수도 있다는 것이다.

4) 자살의 국가적·인류적 측면

한 사람이 가정에서 양육되고, 학교에서 교육을 받고, 직장에 취업하고, 사회 속의 어떤 기능을 수행하게 된다는 것은 본인의 노력도 있었지만, 동시에 가정과 지역사회, 국가의 감정적·문화적·사회적 자원이 그에게 투입되어 이루어진 결과라 할 수 있다. 그런데 자살은 한순간에 그 모든 것을 날려 버리는 것이다. 그것에 의하여 한 가족적 차원에서뿐만 아니라, 지역사회와 국가적 차원에서도 큰 부담을 가지게 된다. 또한 지역사회가 아무리 좋은 사회보장 시스템을 가지고 또 서로를 위하는 좋은 공동체적 문화를 가지고 있다 할지라도 갑자기 내전이 발생하거나 독재 정권에 의해 전 국민이 억압받기 시작하면, 그 갈등은 지역사회와 국가 전체의 사회적 안전망을 순식간에 붕괴시킬 수 있다. 그런 붕괴가 사람들을 자살로 내몰 수 있다. 이것은 때로 국가 차원을 넘어서는 일이 될 때도 있다. 국가 간 전쟁이 일어나기라도 한다면, 한 순간에 관련 국가와 전 세계에 극단적 위기가 올 수도 있다. 그런 의미에서 인간의 삶과 자살은 개인과 가족, 지역사회를 넘어서 국가 및 국제관계와도 깊은 연관을 가진다.

5) 자살의 문화적 측면

한국인들은 과거부터 억울한 누명을 쓰면 자살을 하는 경향이 높았는데, 자살로 누명을 벗고 명예가 회복된다고 믿었기 때문이었다(이규태, 1999). 누군가 자살을 하면 한국인들은 먼저 '오죽했으면……'이라는 시각으로 그 자살을 받아들였고, 그것에 의하여 자살을 한 사람은 상대적으로 높은 도덕적 우위를 차지하도록 하는 결과를 만들어 내었다. 이러한 자살 문화의 특징은 한국인의 자살에 대한 태도뿐만 아니라 삶에 대한 태도도 보여 준다. 명예와 명분이 삶과 죽음에 있어 매우 중요한 요소가 된다는 것이다. 그러다 보니 자살을 인정하고 용납하는 문화가 생길 수 있었다. 즉, 갈등이 생겼을 때 그것을 끝까지 해결하고 만일 책임질 부분이 있으면 책임을 지는 그런 태도가 아니라, 일단 죽음으로 모든 문제를 해결하려는 시도와 노력을 중지하여 덮어 버리는 행동인 것이다. 이것은 일차적으로 개인의 문제해결 능력과 연관된다. 그러나 동시에 어떤 갈등이 생겼을 때, 그 갈등을 사회가 합리적이고 객관적으로 해결해 줄 것이라는 사회에 대한 믿음을 가지지 못하였기에 나타난 현상이기도 하다. 따라서 사회의 문제해결 능력에 대한 신뢰와 자살은 중요한 연관성을 가진다. 또한 자살은 그 자체로 모든 것을 끝내는 것이 아니다. 자살은 남은 가족과 친구, 친지에게 심각한 후유증을 남긴다. 여기에는 자살을 막지 못한 미안함과 죄책감 등도 있지만, 동시에 삶을 자살로 끝날 수 있다는 사례를 직접 봄으로써 남은 사람들도 자신의 삶을 그렇게 끝낼 수 있다는 생각을 심어 주는 파급 효과를 초래한다. 그것이 점차 확산되어 사회 자체가 자살 문화를 가지게 될 위험성을 가진다는 측면에서 자살의 문화적 측면은 매우 중요하다.

6) 자살의 영적 · 가치관적 측면

자살은 영적이고 더 고차원적인 정신적 측면을 가지고 있다. 나치의 아우슈비츠 강제 수용소와 같은 최악의 극단적 상황 속에서도 모든 인간이 반드시 다 자살한 것은 아니었다. 그 상황 속에서 자살을 택하는 사람도 많았으나, 그러한 고통을 극복하고 삶을 끈질기게 이어 간 사람들도 있었다. 그리고 더 나아가 그런 장소에서조차 타인들을 격려하고 도와주어, 자신은 물론이고 타인의 자살들까지도 막은 사람들도 있었다(Frankl, 2008). 이것은 인간이 고통 속에서도 삶을 살아 낼 수 있는 고도의 정신 능력, 인간 의식 또는 종교성을 가지고 있는 존재임을 보여 주는 것이다. 따라서 인간과 자살이 가지는 이런 측면을 성찰하는 것이 필요하다.

이와 같은 여섯 가지 측면을 통합적으로 바라보고, 그 해결책을 제시하고자 노력할 수 있을 때, 우리는 자살이라는 이 거대한 심연을 조금이라도 더 이해할 수 있을 것이다.

2. 한국인은 왜 자살을 하는가? – 그에 대한 사회문화적 성찰

그렇다면 대한민국이 자살률 OECD 1위 국가가 된 것은 도대체 어떤 이유에서였을까? 그것은 대한민국의 어떤 부분을 반영하고 있는 것일까? 필자는 한국인이 자살을 많이 하는 이유를 다음 세 가지로 정리하였다.

1) 생명보다 삶의 조건이 더 중요하다고 생각하는 가치관이 있기 때문이다

한국전쟁 이후, 우리나라는 전 세계에서 가장 가난한 나라 중 하나였다. 그러던 한국이 기적적인 경제성장을 이루어 내어 이제는 경제규모 세계 10위 수준의 국가가 되었다(Center for Economics and Business Research, 2020. 11. 13.). 그야말로 전 국민이 '미친 듯이' 일을 하고 뛰었기 때문에 가능한 결과였다. 그러나 이 과정에서 언제부터인가 한국인들은 '생명 그 자체'보다는 '생명의 조건'에 더 큰 의미를 부여하게 되었다. 자신의 생명 자체를 소중히 여기는 것이 아니라 자신의 삶을 구성하는 조건들, 즉 돈, 사회적 지위, 학력, 건강, 행복, 경쟁력 등이 생명 자체보다 더 중요한 것이라 여기게 된 것이다. 따라서 그런 조건들을 제대로 잘 갖춘다면 생명을 가지고 삶을 사는 것이 괜찮지만, 만일 그런 조건을 제대로 갖추지 못한다면 차라리 죽는 것이 더 낫다고 생각하는 사회가 된 것이다. 이런 사회 분위기와 그에 따른 의식의 변화가 결국 한국인들을 '이제 돈은 있는데 자살을 하는' 존재들로 만들어 놓은 것이다.

한국인의 이런 사고방식이 가장 극명하게 드러나는 현상 중 하나가 경제적 어려움을 이유로 부모가 자기 어린 자식들을 다 죽인 이후에 자신들도 자살하는 소위 '자녀 살해 후 자살' 현상이다. 때로 언론에서는 이것을 '가족동반자살'이라고 부르지만 이는 틀린 표현이다. 자녀들은 결코 죽을 생각이 없었던 상황에서 부모가 어린 자녀들을 먼저 죽이고 자살을 한 것이기 때문이다. 이런 현상은 외국에서는 보기 힘든 현상이다. 부모가 돈이 없어 힘들면 부모만 자살하면 되는 것인데, 왜 자신의 자녀까지 죽이고 죽는 것일까? 그것은 그 부모가 생각하기에는 자기 자녀들에게도 삶의 생명 그 자체보다 앞으로 가지게 될 삶의 조건이 더 중요하다고 확신하였기 때문에 생기는 현상이라 할 수 있다. 무한한 가능성과 잠재력을 가진 어린 자녀들의 생명이 그런 부모의 '확신'에 의하여 죽어 가는 것이다. 더욱 마음 아프고 무서운 사실은 이 현상이 우리 사회 속에서 부모 없는 아이들은 사람답게 클 수도 살 수도 없을 것이라는, 즉 우리가 살고 있는 이 사회가 가지고 있는 사회적 지지망과 사회복지 시스템에 대한 완벽한 불신을 보여 준다. 생명보다 조건을 더 높게 보는 사회는 자살을 부른다.

2) 사회에 내재된 폭력문화가 강하기 때문이다

한국 사회는 매우 '폭력적 문화'를 가지고 있는 사회이다. 1세대 평화학자인 요한 갈퉁(Johan Galtung)은 폭력을 물리적 폭력, 구조적 폭력, 문화적 폭력으로 구분하여 제시한 바 있다(Galtung, 2000). 그 각각의 폭력을 한국 사회에 비추어 보면 다음과 같다.

첫째, 물리적 폭력이다. 이것은 행동이나 언어를 통하여 타인의 목숨을 빼앗거나, 신체 손상을 입히거나, 심리적 모욕을 가하는 것이다. 한국은 가정폭력, 학원폭력, 직장폭력, 성폭력, 언어폭력 등이 사회 전반에 걸쳐 일상화되어 있다. 과거보다는 많이 좋아지고 있지만, 여전히 한국 사회 안에 존재하는 물리적 폭력 수준은 매우 높다.

둘째, 구조적 폭력이다. 이것은 물리적 폭력은 아니지만 정치적 억압, 사회적 불평등, 경제적 착취 등을 통하여 사회 구조적으로 인간을 억압하고 착취하는 모든 것을 포함한다. 한국 사회는 빠른 경제 성장 과정 속에서 민주화를 막는 정치적 억압을 경험하여야만 하였고, 공정하지 못한 경제적 모순 현상이 첨예하게 있어 왔다. 그 과정 속에서 사회 전체를 통제하던 '구조적 폭력의 힘'과 그에 대한 경험을 각 개인은 내면화하였고, 그것이 개인적 삶에서 가정폭력, 직장폭력 등으로 연결된 측면도 있다. 갈등이 생기면 물리적 폭력이나 구조적 억압으로 그 갈등을 해결하여야 한다는 학습이 사회 속에서 이루어진 것이다. 그것이 지금도 한국 사회를 어둡고 무겁게 만드는 보이지 않는 힘으로 작동되고 있다.

셋째, 문화적 폭력이다. 이것은 한 사회 내에 존재하는 물리적 폭력이나 구조적 폭력을 정당화하고 합법화하는 심층적 폭력이다. 보통 종교, 사상, 언어, 예술, 과학, 학문의 활동 등을 통하여 이루어진다. 즉, 어떤 개인이나 집단에게 물리적 폭력이나 구조적 폭력을 가하여도, 그것이 다 그럴 만한 타당한 이유가 있어 그렇다는 식의 설득을 하는 것이다. 이런 대규모 문화적 폭력의 예는 바로 '편견'이라 할 수 있다. 한국 사회는 출신 집안, 출신 지역, 출신 학교, 소속 기관과 같은 것을 근거로 아주 강력한 '편견'을 작동시키는 사회이다. 그리고 이것은 더 나아가 정치적 이념의 차이에 따라 소위 진보와 보수 사이에서도 서로에 대한 강력한 '편견'을 작동시킨다. 이제는 세대, 성별도 그런 '편견'의 근거로서 확장시켜 나가고 있다. 이런 현상 자체는 사실 전 세계 어디에서고 일반적으로 있는 현상이라 할 수 있다. 그러나 한국 사회에서 작동되는 이런 '편견'이라는 문화적 폭력 현상은 눈에 보이지 않으면서 매우 강하게 작동되어 모두를 피해자이자 가해자로 만들고 있다.

이와 같은 의미에서 한국의 사회문화는 매우 폭력적이다. 그리고 폭력 사회 안에서는 모든 것이 '힘'으로 결정된다. 그것이 때로는 돈의 힘, 권력의 힘, 속해 있는 조직의 힘, 자신이 가진 지위의 힘 등으로 무조건 상대방을 누르고 내 의지대로 상황을 이끌어 가겠다는 의식이 강하다. 그 과정 속에는 스스로를 돌아보고 자신의 힘 사용을 절제하며, 타인을 배려하고 존중하는 태도가 없다. 그러므로 자신이 힘이 없어 억울한 일을 당했다고 생각 들면, 무조건 가장 극단적인 저항 방식을 택하여 자신들만의 방식으로 또 다른 힘의 우위를 과시하여야 한다고 생각할 수 있다. 그러면서 강한 자나 약한 자나 모두가 폭력 지향적이 되고 극단으로 치달아 결국에는 파국적인 최후, 즉 모두 패자가 되는 그런 상황을 만드는 식의 태도가 되는 것이다. 이런 사회의 '폭력적 거칠음'은 태어날 때부터 성품이 부드럽거나 약한 사람들에게 살기가 너무 힘든 환경을 만들어 낸다. 그리고 그것이 자살과 연결될 수 있는 측면이 있다.

3) 개인의 어려움을 사회가 함께 담당하는 시스템이 약하기 때문이다

한국에서의 자살은 우리 사회가 가진 사회복지 시스템의 허약성과 연관이 깊다. 우리나라 자살률이 높은 주요 이유 중 하나는 노인 자살률이 높은 것이다.[1] 그런데 이 노인자살의 원인은 노인빈곤 및 낮은 건강 수준과 직접적인 연관이 있다. 한국의 노인들은 청장년 시절에 부모를 봉양하고 자식들을 키우느라 돈을 다 쓰고 노인이 된 다음에는 빈곤한 상태에 들어가는 것이 흔한 일이 되었다. 다른 선진국의 경우, 평생을 일하면서 연금을 냈으면 노인들은 오히려 젊은이들보다 더 여유 있는 경제력을 가지는 것과는 반대되는 것이다. 사회적 조건을 중시하는 의식과 노인빈곤이 만나면서 노인자살의 가능성이 커진다. 여기에 더하여서 우리나라 평균 수명은 선진국 중에서도 높은 수준에 있지만, 건강하게 사는 기간을 의미하는 소위 건강 수명은 상대적으로 짧아서 노인이 된 이후부터 죽을 때까지의 기간을 건강하게 지내지 못하는 문제를 가지고 있다.[2] 이런 빈곤과 건강문제는 노인들이 살아가는 데 큰 장애가 되었고 이것이 자살로 이어지는 측면을 가지는 것이다. 한국이 노인 사회복지 시스템에 대하여 관심을 가져야 하는 이유이다. 그러나 사실 사회복지 시스템은 노인들만의 문제는 아니다. 청소년들은 대학 입시라는 극단적인 중압감을 느끼고 있어 그로 인한 자살도 발생한다. 이는 한 인간에 대한 평가를 오직 그가 이룬 대학입시 성적 하나만으로 평생 하는 '기형적 편견문화'가 만들어 낸 결과이다. 이런 평가를 보상받기 위해 그들은 성인이 되면 다시 병적으로 돈과 사회적 지위에 집착하는 악순환을 만든다. 또한 한국의 젊은이들도 허약한 사회복지 시스템으로 인한 많은 고통을 받고 있다. 전 세계에서 가장 높은 대학 진학률을 가지고 있는 나라이지만, 양질의 일자리는 계속 줄어드는 가운데 청년들은 매우 심한 취업난을 겪고 있다. 국가적 차원에서 보면 청년들이 뛰어난 아이디어와 열정을 가지고 벤처 기업 활동에 뛰어들어야 국가 경제가 발전할 수 있다. 그러나 한국의 상황에서는 그것이 간단하지 않다. 무엇보다도 벤처 사업에 뛰어들었다가 실패할 경우, 그 이후의 삶을 지원받을 수 있는 어떤 사회적 복지 시스템도 존재하지 않기 때문이다. 과거 실패의 경험을 기반으로 다시 재도전을 할 수 있는 기회를 가지는 것은 차치하더라도, 인간으로서 살아갈 수 있는 최소한의 기본적인 주거 공간과 생활비에 대한 사회복지적 지원을 받을 수 없는 상황에 놓여 있기에 한국의 젊은이들은 자신의 삶에 대해 늘 답답한 불만 상태에 있다. 사회복지 시스템이 제대로 작동되지 않는 사회에

---

1) 2017년 우리나라 노인 자살률은 인구 10만 명당 70대가 48.8명, 80대가 70.0명으로 전체 평균 24.3명에 비하여 2~3배 높은 정도를 보이고 있다. 과거보다는 점차 낮아지고 있다 할지라도 여전히 매우 높은 상태이다(중앙자살예방센터 편, 2019, pp. 30-31).

2) 2015년 한국인의 기대수명은 82.3세, 건강수명은 73.2세로, 약 9.1년의 차이가 나타난다(이재열 외, 2017. pp. 82-83).

서 청소년, 청년, 노인 등의 취약집단은 늘 불안하고 우울하다. 이것이 자살로 이어지는 측면을 가지는 것이다.

3. 자살예방을 위한 통합적 제안

자살이라는 현상이 여러 가지 측면을 복합적으로 가지고 있는 것이기에, 자살예방의 방법 역시 그것에 맞추어 여러 측면을 통합적으로 연결시켜 나가야 한다. 여기서는 그중 사회문화적 측면에서 세 가지를 제안하고자 한다.

1) 삶의 조건보다 삶, 생명 그 자체가 더 중요하다는 가치관의 변화가 있어야 한다

삶의 조건보다 삶, 생명 자체를 더 소중한 가치로 받아들이는 것은 저절로 이루어지는 것이 아니다. 이것은 깊은 성찰과 결단적 선택에 의하여 비로소 가질 수 있는 생각이고 태도이기 때문이다. 이러한 변화는 보통 사회에서 두 개의 기전을 통하여 이루어진다.

첫째, 종교이다. 종교는 인간의 '가치'가 인간이 가지고 있는 '조건'을 넘어서서 더 본질적으로 존재함을 가르친다. 그런 의미에서 한 사회 안에서 종교가 제 역할을 다 할 때, 사람들은 비로소 자기 자신의 생명과 타인의 생명을, 모든 것을 뛰어넘는 가장 소중한 가치로 받아들이게 된다. 그러나 종교가 그와 같이 '인간의 조건을 초월하는 힘'으로 존재하지 않고, 오히려 그 반대로 '삶의 조건을 강화시키려는 또 다른 천박한 도구 중 하나', 즉 신을 통하여 복을 받아 내는 '편리한 도구'로 전락하면 자살을 막는 힘을 잃는다. 한 사회에서 얼마나 '건강한 종교', '건강한 신앙'을 가질 수 있는가가 얼마나 생명존중의 가치관을 가질 수 있는지를 결정한다고 할 수 있다.

둘째, 교육이다. 인간은 교육을 통하여 생명존중의 정신을, 그리고 갈등이 생겼을 때 그 갈등을 극단적이고 폭력적인 방법이 아닌 합리적이고 타인을 배려하는 평화적으로 해결해 나가는 방법을 배울 수 있다. 따라서 유치원 때부터 시작하여 시민교육에 이르기까지 모든 교육은 결국 인간을 존중하고, 다른 이를 도와주는 정신과 방법을 배우는 것이어야 한다. 그래서 이 사회 안에서 태어나고 자라며 살아가는 모든 사람이 그런 생명존중의 교육을 받고 그것을 내면화할 때, 자살률을 낮출 수 있을 것이다.

2) 한국 사회의 폭력문화를 평화문화로 바꾸어 나가야 한다

20세기 기간 동안 한국인은 최악의 집단적 폭력 경험을 하였다. 일제강점기, 해방 전후의 혼란, 한국전쟁, 분단 이후 이데올로기로 인한 북한과의 대립과 경쟁, 정치적 혼란과 경제 성장, 사회의 급속한 변화 등 그 엄혹하였던 시절에 삶의 모든 부분에는 '폭력'이 존재하였다. 이런 역사적 체험과 생존 투쟁을 토대로 하여 만들어진 폭력문화이기에, 이런 폭력문화를 하루아침에 바꾸는 것은 쉬운 일이 아니다. 21세기 한국 사회 폭력의 한 예는 SNS 및 인터넷에서의 악성 댓글(악플)이다. 무분별하고 악의적이며 무책임한 인터넷 댓글은 그 피해자에게 평생 씻을 수 없는 고통과 수치심을 주고, 이것은 결국 그 피해자들을 자살로 몰아가고 있다. 특히 대중의 인지도와 관심이 높은 연예인과 운동선수 등이 이런 악성 댓글로 인한 희생자가 되는 경우가 많다. 이것은 처음 악성 댓글을 작성하여 인터넷에 유포하는 사람들의 폭력성도 문제이지만, 그것을 재미 삼아 퍼 나르는 사람들의 폭력성 그리고 그런 내용을 흥미 있게 읽고 주변 사람들과 수근거리는 사람들의 폭력성이 만들어 내는 일종의 '천박하고 가학적인 폭력문화'의 한 현상이라 할 수 있다. 따라서 이런 현상을 한국 사회가 얼마나 극복할 수 있는가는 건전한 양식의 시민들이 얼마나 강하게 사회 안에서 존재할 수 있는가와 깊이 연관된다. 이를 위한 효과적인 시민운동과 법적 지원 등이 문화를 바꾸어 나가는 데 중요한 역할을 할 것이다. 한국 사회의 폭력문화를 평화문화로 바꾸는 일은 그야말로 한국 사회 전체를 바꾸는 일이라고 말할 수 있다. 정치 속에서, 경제 속에서, 교육 속에서, 가정 속에서, 종교 속에서, 사회 모든 시스템 속에서 우리가 의식하든 의식하지 못하든 깊게 뿌리내리고 있는 그 폭력문화를 없애 나간다는 것은 그동안 당연하다고 받아들인 관습과 관례들을 과감하게 성찰하여 다시 만든다는 것을 의미하기 때문이다. 이런 일에 대한 정확한 문제의식과 그 해결을 위한 구체적인 실천들이 이루어질 때, 한국의 자살예방 활동은 그 결과를 만들어 갈 수 있을 것이다.

3) 개인의 어려움을 사회가 함께 담당하는 시스템이 강화되어야 한다

좋은 사회란 한 인간의 불행을 그 개인이나 가족의 불행으로 보지 않고, 사회 전체의 불행이자 관심과 배려의 대상으로 받아들이는 사회를 의미한다. 그래서 우리나라도 희귀병에 걸린 사람들이나 선천적 장애를 가진 사람들에 대한 치료와 지원을 그 부모와 가족들만이 감당하지 않고 의료보험 지원과 다양한 사회복지 시스템을 지원하고 있는 것이다. 이런 정신과 생각이 한국 사회에서 더 넓게 발전될 때 한국의 자살률은 낮아질 것이다. 그것을 세 가지로 나누어 이야기하면 다음과 같다.

첫째, 사회복지 시스템이 강화되어야 한다. 노인, 청년, 청소년을 위한 강력하고 효율적인 사회복지 시스템이 결국 자살을 막는 힘을 가지고 있음을 국가 전체가 의식하고 노력하는 것이 매우 중요하다. 둘째, 정신의학적 문제에 대한 적극적인 예방과 치료가 필요하다. 전 국민이 자기 자신과 타인의 신체건강뿐 아니라, 정신건강에도 관심과 이해를 높일 수 있다면 자살률을 낮출 수 있다. 스스로도 정신건강에 해를 끼치는 행동을 하지 않고, 타인에게도 그런 측면에서의 도움을 주려 할 것이기 때문이다. 여기서 좀 더 생각할 사항은 한국인의 음주이다. 한국은 전 세계에서 알코올 소비량이 많은 국가 중 하나로 알려져 있다. 그런데 정신의학적으로 볼 때 알코올중독 환자들은 우울증에 빠지고 그에 따라 자살의 위험성이 매우 크다. 결국 술을 마시는 문화는 자살과 연결될 가능성이 큰 것이다. 따라서 한국의 자살률을 낮추는 방법으로서 국민들의 음주 행위와 음주 문화를 바꾸는 것, 그리고 무엇보다도 지금보다 훨씬 더 강화된 음주운전 방지 교육 및 처벌 법규의 제정과 시행이 필요할 것이다. 셋째, '작은 공동체 운동'이 활성화되어야 한다. 인간은 자신이 속하여 있는 작은 공동체를 통하여 타인을 보살피고 보살핌을 받는 체험을 한다. 누군가에게는 그것이 가족일 수 있고, 교회나 성당, 절 등의 신앙 공동체 일수도 있다. 또는 동호회나 자원봉사 모임일 수도 있다. 어느 쪽이 되었든 이러한 작은 단위의 공동체에 속하여 사람들과의 관계를 맺고 체험하는 것이 삶의 중요한 부분이 될 때, 사람은 더욱 사람다워지고, 그것은 결국 자살을 예방한다. 그런 의미에서 특히 취약집단이 이런 '작은 공동체'를 경험할 수 있도록 먼저 손을 내미는 사람들이 중요하다.

4. 마무리를 하며 – 피라미드의 출구로 나가는 방법

자살예방 활동이란 자살예방 캠페인, 관련 교육 프로그램, 자살예방 상담실 운영, 응급 구조 프로그램 운영, 관련 법안의 국회 통과 등에 국한된 문제가 아니다. 이것은 사회 전체가 건강한 생명력으로 충만한 공간이 되도록 노력하는 깨어 있는 사람들의 모든 활동을 포괄하는 것이다. 자살예방에 대한 이러한 포괄적이고 통합적인 시각을 가질 때, 진정한 자살예방 활동이 이루어지고, 정말로 우리 사회의 자살률은 낮아지기 시작할 것이다. 공식 발표되고 있는 자살률은 어쩌면 하나의 숫자에 불과할 수 있다. 자살을 하지는 않았으나 이미 죽은 사람처럼 살아가는 사람들이 가득 찬 사회는 결코 자살률이 낮은 사회가 아니기 때문이다.

나치의 강제수용소에서 수많은 사람이 죽었지만, 결국 끝까지 살아남은 사람도 있었다. 그런데 그들은 육체적·정신적으로 가장 강인했던 사람들이 아니었다. 그들은 그 수용소 안에서 자신의 어려움을 함께 이야기 나누고, 서로를 걱정해 주고, 작은 배려를 함께 나눌 수 있었던 '어느 한 사람'을 가진 사람들이었다. 그래서 마지막까지 살아남은 사람들의 단위는 '개인'이 아닌 '짝(pair)'이었다(Dimsdale, 1980). 강제수용소에서는 둘이 함께 살아남거나 각자 홀로 죽어갔거나 둘 중 하나였다는 것이다. 피라미드 속에서 길을 잃은 개미에게 출구로 나갈 수 있게 도와주는 실은 바로 그 짝이 되는 사람이다. 그 실이 아무리 가늘더라도 이어져 있다면, 개미는 살아서 출구 밖으로 나갈 수 있다. 이 책이 그러한 출구를 찾기 위한 우리 사회의 노력에 구체적 도움이 되기를 바란다.

참고문헌

대한신경정신의학회 편(2017). 신경정신의학(3판). 서울: 아이엠이즈컴퍼니.

이규태(1999). 자살관. 한국인의 의식구조. 서울: 신원문화사.

이재열, 김두섭, 한경혜, 조병희, 김경근, 권현지, 박정수, 서우석, 장수은, 김종호, 박두용, 한준, 김석호, 이주희, 조은숙, 김대훈, 신인철, 이상운(2017). 한국의 사회동향 2017. 대전: 통계청 통계개발원.

전우택, 김병로, 김중호, 박원곤, 양혁승, 이상민, 이윤주, 이창호, 이해완, 임성빈, 정성철, 조동준(2016). 평화에 대한 기독교적 성찰. 서울: 홍성사.

중앙자살예방센터 편(2019). 2019 자살예방백서. 서울: 중앙자살예방센터.

Desjarlais, R., Eisenberg, N., Good, B., & Kleinman, A. (1995). *World Mental Health: Problems and Priorities in Low-income Countries*. New York: Oxford University Press.

Dimsdale, J. (1980). The Coping Behavior of nazi Concentration Camp Survivors. In J. Dimsdale (Ed.), *Survivors, Victims, and Perpetrators* (pp. 163-174). Taylor & Francis.

Frankl. V. E. (2008). 밤과 안개(*Ein Psycholoe erlbt das K.Z.*). (서석연 역). 경기: 범우.

Galtung. J. (2000). 평화적 수단에 의한 평화(*Peace by Peaceful Means*). (강종일 역). 서울: 들녘.

Waters, A. B. (1999). Domestic dangers: Approaches to women's suicide in contemporary Maharashtra, India. *Violence Against Women, 5*, 525-547.

Center for Economics and Business Research. (2020. 11. 13. 인출). *World Economic League Table 2020*. https://cebr.com/reports/world-economic-league-table-2020/

한국 사회와 자살

　이 장의 제목을 '한국 사회와 자살'로 붙였다. 이 책의 기획 과정에서 요청받은 '자살과 사회학'이라는 개념을 그대로 쓰지 않은 이유는, 일단 스스로 사회학에 대한 전문성이 있다고 생각되지 않았고, '사회학'이라는 말이 너무 크게 다가오기도 했으며, 무엇보다 사회학이라는 특정 분야에 국한해서 자살과 자살예방에 대한 이야기를 하고 싶지 않았기 때문이다. 지난 십 수 년간 자살과 자살예방에 대한 연구를 진행하며 나름 경험했던 사안들을 보건학적·역사적·문화적·매스미디어적 측면 등으로 필자가 이야기할 수 있다고 판단하는 다양한 시각을 동원하며 풀어놓고 싶은 욕구가 강했던 것이다. 최근 필자는 공저로 펴낸 책[『코로나 ing』(송호근 외, 2020);『멀티플 팬데믹: 세계시민, 코로나와 부정의를 넘어 연대로 가는 길을 묻다』(기모란 외, 2020)]에서 코로나19 등 중대한 보건 위기야말로 사회 내 특정한 주체만 관여해서 해결될 수 있는 사안이 아니며, 반드시 다수의 주체가 각자의 역할 수행은 물론 협업에 의해 최대한 많은 측면을 신경 써야만 극복될 수 있는 문제임을 강조했다. 자살 또한 명명백백한 보건학적 위기이며, 특히 상당기간 OECD 국가 중에서 가장 높은 자살률을 기록 중인 우리나라에서는 '무슨 일이 있어도' 해결해야 하는 사안이라고 생각한다. 자살률의 지속적 감소를 위해서는 다수의

* 유현재(서강대학교 신문방송학과 교수)

영역에 걸친 현실적 논의가 필수라 생각하며, 이 장에서는 필자가 관여했던 일부 영역
의 경과를 주로 논의해 보고자 한다. 개별 소제목들은 필자가 그동안 "왜 유독 내 나라
한국에는 자살이 심각하며, 근본적이고 총체적인 해결 방안은 없을까?"라는 질문과 함
께 연구와 칼럼 등을 통해 제기했던 논점이라고 하겠다. 문제의 제기와 나름의 판단에
대한 배경 및 원인, 해결 방안 등에 대해 기술하였지만, 미처 통찰하지 못한 사항은 다
른 저자들의 장에서 꼼꼼히 다루어졌기를 희망한다.

1. 자살은 과연 사회적 타살인가

프랑스의 사회학자 뒤르켐(Durkheim)은 무려 1897년에 『자살론』을 출간하였으며,
책을 통해 자살이 '사회적 타살(Social Murder)'로 불릴 수 있음을 상정했다. 일반적으
로 우리는 자살을 개인의 선택에 의해 계획되며 종료되는 행위로만 인지하고 있다. 물
론 뒤르켐도 자살에 있어 개인의 선택이 매우 중요한 동인임을 인정한다. 자살은 '자발
적인 선택'이며, 이 같은 자발적 선택의 배경에 대해 철저히 논의해야 한다는 것이 그의
중요한 전제인 것이다. 그의 주장을 찬찬히 곱씹어 보면, 당연하게도 개인의 자발적 선
택을 비롯하게 만드는 요소 중 상당한 변수는 사회적 영향에서 비롯된다는 논리와 만
나게 된다. 최종적으로는 개인의 선택에 의해 실행되는 이 현상을 전적으로 개인적 차
원에서만 논의해야 하는 것이 맞을지, 사회적 동물(Social Animal)인 개인의 선택이란
필연적으로 거시적 차원에서 광범위하게 다루어야 하는 것이 맞는지에 대한 토론인 것
이다. 무책임하게 들릴 수도 있겠지만, 두 시각을 유기적으로 동시에 논의하는 방법만
이 문제의 본질적 해결에 가까워지는 유일한 길이지 싶다. 이미 100년이 훌쩍 넘은 연
구자의 통찰에 경의를 표함과 동시에, 어쩌면 '자살은 사회적 타살'이라는 명제에 포함
된 '사회'에 개인을 넣으면 되겠다는 결론에 도달하게 된다. 개인은 사회적 존재이기에
사회적 영향에서 결코 자유로울 수 없으며, 자살이라는 현상을 해석하며 근본적인 해
결책을 찾기 위해서는 개인을 사회의 일부로 여기며 논의하면 되겠다는 의미이다.

매년 보건복지부와 한국생명존중희망재단이 발간하는 『자살예방백서』에는 국내
의 자살의 현황과 원인, 동기 등에 대한 사항들이 상세히 포함되어 있다. 2020년 출간
된 『2020 자살예방백서』(중앙자살예방센터 편, 2020)에 따르면, 2018년 기준 우리나라 사
람들은 연간 13,670명이 자살, 즉 고의적 자해에 의해 사망하였으며 이 가운데 남성이
9,862명, 여성이 3,808명인 것으로 나타난다. 자살의 원인은 연령과 성별에 따라 상이

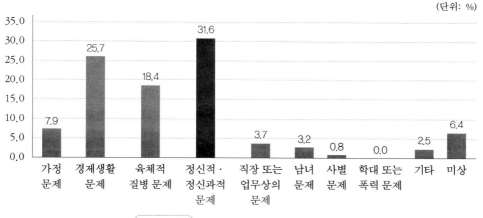

(단위: %)

그림 2-1 2018년 동기별 자살사망자 비율

출처: 중앙자살예방센터(2020).

한 특성을 보이고 있으며, 가장 일반적 동기로 밝혀진 사항들은 정신적·정신과적 문제와 경제생활 문제, 육체적 질병 문제, 가정문제, 직장 또는 업무상 문제, 남녀 문제 등으로 명시되어 있다.

어쩌면 당연한 결과로 보일 수도 있지만, 비교적 낮은 연령대에서는 정신적·정신과적 문제가 더욱 중요한 원인으로 지적되고 있으며, 연령대가 높아질수록 경제문제와 건강문제 등이 중요한 배경으로 파악되고 있다. 인구통계학적 특성 등 다양한 변인에 따라 자살의 원인이 상이하게 나타나는 것은 현실이지만, 사실 자살의 촉발 요인을 포괄적으로 응시해 보면 해마다 크게 다르지 않음도 알 수 있다. 주요한 원인으로 빈번하게 등재되는 사항들은, 백서의 연도가 달라져도 급격하게 변하지 않는다는 것이다. 이 같은 양상은 다양한 시각으로 해석할 수 있겠으나, 한국인이 한국 땅에서 출생하여 한국 사회에서 삶을 영위하는 일반적 패턴과 연결하여 해석해 보면 너무나 당연하지 않을까 판단도 가능하다. 한국인이 인생의 주기마다 결정적으로 경험하는 전형적 위기 상황과 불안한 환경이 극단적 선택의 원인 및 배경과 맞물려 있을 것이기 때문이다. 거의 매년 자살의 원인 1위로 지적되는 정신적·정신과적 문제는 결국 여타 원인과 결부되어 개인의 극단적 선택에 최종적으로 기여하는 귀결 변수로 작용하고 있을 것이다. 결국 개인의 자살을 사회적 타살로 부르는 것은 전혀 논리적 비약이라 볼 수 없으며, 우리 사회에 고질적으로 존재하는 다양한 변인과 개인이 각 변인들에 의해 받는 정신적 상처를 동시에 논의하는 작업은 너무나 중요하다고 믿는다(한창현, 유현재, 정휘관, 한택수, 서영지, 2018).

그동안 다양한 분야의 연구자가 인간을 사회적 동물로 묘사하였으며, 인간에 대한 특성과 사회적 섹터와의 관계에 대해 많은 연구를 진행해 왔다. 아리스토텔레스 또한 그의 저서 『정치학(Politics)』에서 인간을 정치적 동물(zoon politikon)로 정의하며 논리를 전개한 바 있다. 아리스토텔레스가 활동했던 기원전 시기부터 이미 인간은 사회와 구분하여 받아들이기엔 너무나 '사회적인' 특성을 온전히 보유한 주체였다고 판단할 수 있다. 더구나 기원전 시절부터 지금까지 한 순간도 그침 없이 진행된 사회화의 과정을 생각해 보면, 현 시점에서 개인과 사회를 구별하는 것은 더욱 무의미하다. 특히 출생부터 사망까지 병원이라는 주체를 포함하여 너무나 다양한 '사회적' 기관에 의해 개인의 거의 모든 경험이 규정되는 우리나라 사람들에게는 더욱 그러할 것이라는 생각이다. 자살이 사회적 타살일 수 있다는 명제 중 '사회적'이라는 말에 대한 공감이 충분해졌다고 가정한다면, 이제 그와는 별개로 '타살'에 대한 판단, 즉 책임에 대해 논의할 필요가 있다(김수진, 김수미, 박하은, 윤향미, 2020). 책임과 역할을 명확히 파악해야만, 비극을 막기 위한 일련의 작전이 구체적으로 도출될 수 있기 때문이다. 개인을 둘러싼 사회가 있고, 그 사회의 다양한 영향을 받아 개인의 극단적 선택이 이루어진다면, 사회의 각 섹터는 간접적이지만 타살에 대한 집단적인 책임을 면하기는 어려워 보인다(Sedgwick, Epstein, Dutta, & Ougrin, 2019). 집단적이고 간접적인 타살의 멍에에서 벗어나기 위해, 자살을 예방하고 자살률을 낮추기 위해, 누가 어떠한 책임감과 부담감을 가지고 어떤 노력을 수행해야 할 것인가.

2. 그렇다면 자살을 막기 위해 누가 나서야 하는가

앞서 제기한 자살문제에 대한 가장 기본적인 전제는 자살을 사회적인 타살로 받아들이며, 자살예방을 위한 접근에 '빅 픽처'를 적용해야 한다는 강조였다. 즉, 자살이 갖는 개인적인 '선택' 측면을 충분히 인정하면서도, 그런 극단적 선택의 배경과 원인이 되는 변수들에 대해 매우 포괄적으로 접근해야 한다는 요청이다. 물론 대부분의 자살은 최종적으로는 개인의 정신적 일탈이나 합리적 판단을 할 수 없는 심리적 상태에 이르는 것이 일반적이며, 관련된 집중 논의가 있어야 하는 것은 당연해 보인다. 하지만 이 같은 영역에 대한 노력과 동반하여 반드시 개인의 선택에 앞서 영향을 미치는 다수의 사회적 변수에 대한 체계적 논의 또한 결코 미루어져서는 안 된다(유현재, 조은선, 2013). 그렇다면 다음 논의의 중심은 과연 사회에 속한 어떤 주체가, 도대체 어떠한 노력을 다해야 할 것인가로 모인다.

　일단 사회적으로 자살과 자살예방에 대한 다수의 관여자 그룹을 펼쳐 보아야만(圖解), 개별 관여자 그룹이 수행할 수 있는 사업들을 분석하며 우선 순위까지 논의하는 단계로 옮아갈 수 있다고 판단된다.

　먼저, 자살과 같은 명백한 보건 위기(Public Health Risk)에 대하여 사회의 각 주체가 협업해야 할 필요성과 주요 관여자들(Stakeholders)의 사례를 파악할 수 있는 참고 자료를 소개해 본다([그림 2-2]). 이 그림은 필자가 2020년 공저로 출간한『코로나 ing: 우리는 어떤 뉴딜이 필요한가?』(송호근 외, 2020)에서 제안한 보건 위기 시 궁극적인 해결과 극복을 위해 반드시 참여해야 하는 사회적 주체들을 설정하여 제언한 사항이다. 이 한국형 관여자 모델은 2020년 1월부터 최근에 이르기까지 우리나라는 물론 전 세계를 강타하여 삶 전체를 공격하고 있는 코로나19를 대상으로 구성되었다. 하지만 사회 전체 구성원이 공통적으로 경험하는 보건 차원의 위기(Public Health Risk)라는 측면에서 자살 사안에도 정확하게 적용될 수 있는 템플릿이 될 수 있다고 믿는다. 주지의 사실이지만, 자살은 우리나라가 전 세계에서 무려 십 수 년간 별다른 변화 없이 가장 취약한 경과를 나타내고 있는 대표적인 보건 위기임에 분명하기 때문이다(중앙자살예방센터 편, 2020). 보건은 'Public Health'라는 영문표현에서도 느껴지는 것처럼, 건강과 관련된 사안임에도 불구하고 의료와 직접적으로 연결된 주체만의 활약으로는 궁극적 성과를 달성하기 어려운 특징을 가지고 있다. 이는 코로나19와 관련하여 방역의 주체가 국가 주무기관인 방역 당국만이 될 수 없음을 떠올리면 쉽게 알 수 있다. 방역 당국의 노력과 함께 일반 국민과 더욱 밀접한 각급 의료기관, 개별 지방자치단체, 각종 시설은 물론 일반 국민 모두를 포함하는 공동체적 노력이 전제되어야만 방역의 성과가 가시화됨을 우리는 절절하게 경험하고 있다(YTN, 2021. 11. 18.). [그림 2-2]에서 나타난 바와 같이, 보건 위기의 궁극적 극복을 위해 참여해야 하는 주체는 매우 다양하며, 동일한 목적을 공유한 채 수행하는 협업은 물론 특정 분야의 노력을 동시에 수행해야만 가시적 성과가 나타날 수 있다.

　현 정부 들어 자살을 사회적 타살의 시각으로 조망하며 다각적 노력을 다하고 있는 대표적 사례가 있다. 정부가 출범시킨 국무총리실 산하 국민생명지키기추진단(이하 추진단)이 그것이다(연합뉴스, 2020. 6. 24.). 이는 정부가 내세운 국민생명지키기 3대 안전 프로젝트와 연결된 주무 부서이다. 3대 안전 분야는 그동안 국민의 생명과 안전을 심각하게 위협해 왔던 교통 영역에서의 안전과 산업 현장에서의 안전, 그리고 자살사망자의 감소가 주요 영역이었다. 추진단 출범 후 구체적 성과와 3대 안전 영역별 사업의 개별적 경과 등에 대해 논의할 수 있는 기회는 달리 있을 것이라 믿지만, 출범 시점부터 "자

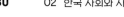

정부
(중앙정부, 주무기관 등)

관련 국제 단체
(WHO 등 전문가 그룹)

건강증진 노력,
보건 위기 극복을
위한 주요 관여자

의료기관
(공공, 개인, 각급 병원 등)

산업계
(기업, 기업대표 단체 등)

지방자치단체
(지역 단위별)

일반 국민
(대중, 공중으로 표현)

관련 시민단체
(환우 단체, 각 NGO 등)

그림 2-2 보건 위기 시, 주요 관여 주체(Stakeholders)

출처: 송호근 외(2020).

살은 사회적 타살이며, 자살률의 감소를 위해서는 사회에 속한 다양한 영역의 촘촘한 참여가 필수적"이라는 명제가 국가기관에 의해 시도되었다는 것만으로도 중요한 의미를 갖는다고 생각된다.

필자는 국민생명지키기추진단의 자살예방 업무에 대한 성과의 검토를 위한 점검지원단의 일원으로 참여한 바 있다. 국무조정실 산하 추진단이 자살예방과 관련하여 다양한 국가기관을 상대로 어떠한 방식의 협조를 요청하며 의미 있는 성과를 이루어 냈는지 점검하고, 향후 개선 방안을 논의하는 자리였다. 회의에서 가장 인상적이며, 추진단에 감사했던 부분은 많은 개별 부처가 자살예방을 위해 각자의 노력을 수행할 수 있도록 사업을 안내하고 중요성을 확산시키고 있었다는 점이었다. 자살예방과 직결된 것으로 매우 쉽게 판단되는 보건복지부와 중앙자살예방센터, 경찰청은 물론, 문화체육관광부, 노동부, 국토교통부, 교육부, 금융위원회, 행정안전부에서 산림청과 소방청, 국방부에 이르기까지 거의 모든 국가기관이 오직 자살예방을 위한 논의의 장에 초대되어 각자의 역할을 논의하며 수행하도록 자리를 마련한 것이다. 이는 자살률의 비정상적 고공행진을 경험하던 우리나라의 다양한 취약 부문에 매우 구체적이고 전략적인 해결을 시도하는 중요한 계기가 되었다고 믿는다(충청투데이, 2019. 11. 3.). 특정 사업의 진행 후 파악한 수치적 성과를 논의할 수도 있겠으나, 자살을 사회적이며 고질적 취약 사안으로 규정하고 사회의 모든 분야가 협업해야 함을 공유하며 실제 과업을 시작했다는 계기만으로도 중요한 의의를 가질 것이다.

이처럼 매우 실제적인 '작전'을 수행할 수 있는 실체적 인프라에 대해 논의해 보았다면, 다음에 짚어야 하는 사항은 다소 근원적인 물음일 수 있겠다는 생각이다. 다양한 영역을 담당하는 국가기관의 역할로 파악하고 분석한 한국인의 자살원인과 배경 이외에, 다소 추상적이지만 근본적인 배경으로 파악할 수 있는 변수들은 없는지 토론이 필요하다는 뜻이다. "왜 유독, 한국인들은 자살에 가까운가" 혹은 "무엇이 한국인에게 자살을 긍정적으로 떠오르게 만드는 것일까?" 등에 대한 심층적 진단이 되겠다. 혹시 구조적·역사적·문화적인 배경에 자살의 수용성을 높이는 변수가 일부 존재하는 것은 아닌지 이야기를 나누어야 한다고 믿는다. 자살예방을 위한 개별 주체의 구체적 노력과 맞물려 실행 전략의 수립을 위한 중요한 시사점들을 제공할 수 있을 것이다.

3. 왜 한국인에게는 자살이 가까운가: 순위에 나오지 않은 이유들

앞서 자살예방을 위한 관여그룹의 확장 등에 대해 논의했다면, 이제 왜 한국사회와 한국인들은 자살에 대해 취약한가에 대한 심층 논의가 필요한 시점이다. 연구자마다 견해도 다를 것이고, 자살의 이유에는 헤아릴 수 없는 배경이 존재하겠으나, 나름 필자가 진행해 왔던 연구와 토론 등에 의해 파악된 시각들에 대해 나름 소개하고자 한다.

첫째, 자살률의 고공행진은 결국 연령과 계층을 막론하고 만연해 있는 다양한 종류의 불안감에서 이유를 찾을 수 있다. 우리나라의 자살 추이와 현황 등을 조망할 수 있는 중요한 자료 중 하나인 『자살예방백서』(한국생명존중희망재단 발간)에는 자살 관련 최신 통계와 정보들이 포함되어 있다. 우리나라에서 발견되는 연령별, 지역별, 직업별 자살 추이 등 자세한 사항들이 정리되어 있는 것이다. 물론 우리나라뿐만 아니라 OECD 국가들을 포함한 주요 국가들이 처한 자살 관련 사항들도 비교 및 분석되어 있는 중요한 보고서이다. 매우 다양한 측면에서의 통계가 수록되어 있지만, 가장 아프게 느껴지는 영역 중 하나는 우리나라의 연령별 자살 추이가 아닐까 한다. OECD 국가 중 최고의 자살률을 이미 장기간 기록하고 있기에, 거의 모든 연령에 걸친 높은 수준의 자살률은 예상되는 결과이지만, 특히 노인층으로 분류되는 70대 이상 계층의 경우 10만 명당 무려 80여 명에 근접하고 있을 정도이다(중앙자살예방센터 편, 2020). OECD 국가의 평균 자살률이 10만 명 당 약 10명 내외임을 감안한다면, 무려 8배가 넘을 정도의 자살률이 한국의 노인계층에서 지속적으로 기록되고 있는 셈이다. 이에 대한 해석은 다양할 수 있겠으나, 연령이 높아질수록 다양한 측면에서 노인이 극도의 불안감을 가중해서 느낄 수밖에 없는 사회적 상황과 결코 무관하지 않다고 진단한다.

'불안'이라는 감정에 대해 심층적으로 논할 수 있는 전문성을 갖추고 있지는 못하지만, 자살예방백서에 우리나라의 주요한 자살원인으로 언급된 사항들은 결국 개인이 감내하는 불안의 핵심적 변수들이라는 판단은 충분히 가능하다. 경제적인 위기와 부족한 복지 안전망, 가족 내에서의 갈등, 질병에 의한 공포, 고용시장의 불투명 등 다양한 걱정거리와 이에 수반되는 정신적 불안정은 결국 불안이라는 감정과 직결되는데, 이는 매우 상식적인 연결이라고 생각된다. 물론, 이와 같은 상황들에 의해 개인이 경험하는 불안은 사실 우리나라에만 국한된 불안감이라고 부르기에는 무리가 있다. 그렇다면 우리에게만 특화된, 우리나라의 상황과 구성원들에게 배타적으로 나타날 수 있는 불안감과 원인은 무엇이 있을까? 대표적으로 지적하고 싶은 불안감은 사회 구성원의 1인으로서 '주류'에서 소외되는 '이탈'과 관련된 불안감이라는 생각이다(아시아경제, 2011. 4. 24.). 이 같은 불안감은 특정한 연령대에 전형적·사회적으로 요구되는 매우 강력한 스테레오타입이 관습적으로 존재하는 배경에서 비롯된다. 해당 스테레오 타입에 부합하지 못하거나, 결국 순응하지 못할 경우 일탈이나 낙오 등으로 무조건 규정해 버리는 매우 폭력적인 상황이라 하겠다.

우리나라에는 연령별로 사회 구성원 대다수가 합의하에 부과하는 일종의 '필수 과업'이 있다. 예를 들어, 10대에는 대학 진학이 정확히 그러하다. 물론 참으로 많은 대학이 존재하지만, 그중에서도 부모가 만족하는 대학에 입학해야만 하는 과업이 일률적으로 주어진다. 어쩌면 개인의 선호와 구체적인 희망, 바람보다는 소위 '일류'로 알려진 극소수의 대학에 입학하기 위해 매우 잔인한 레이스가 펼쳐지는 것이다. 해마다 예외 없이 말이다. 또래 연령대의 거의 모든 인간은 자신의 의사와는 상관없이 반드시 참가해서 경쟁해야 하며, 누군가는 승리자가 되고 누군가는 낙오자가 되는 제로섬 상황이 연출된다. 우리나라의 모든 청소년에게 운명처럼 펼쳐지는 매우 폭압적인 그림이다. 심지어 그 이전에도 각종 특수목적 고등학교 진학을 위해 노력해야 하는 경우도 적지 않다. 상급학교에 진학하고 싶은 욕구의 유무, 장래 희망에 대한 다양성 추구처럼 대다수 외국에서는 너무나 당연히 10대에게 고려되는 상식적인 물음 또한 우리나라에서는 황당한 질문이자 사치인 것처럼 받아들여지기 쉽다. 이처럼 극도로 폭력적이고 무서운 스테레오 타입의 존재는 결국 만족스러운 대학에 진학하지 못한 청소년들에게 가혹한 시선을 쏟는 데 일조하게 된다. 이는 너무나 당연하게도 청소년들이 대학 진학에 대한 가치판단을 이루기도 전에 극도의 불안에 휩싸일 수밖에 없는 시스템이다. 학업능력이 우수하거나 결여되거나, 개인의 특별한 상황과는 관계없이 거의 모든 친구가 일정한 수준 이상의 불안감을 10대에 경험하게 되는 구조가 자리 잡고 있다.

　주어진 과업을 성공적으로 완료하고 대학 진학에 성공해도, 또 다른 불안감을 겪어 내야 하는 상황은 꼬리를 물고 지속적으로 등장한다. 대표적으로, 20대 중후반에 반드시 마무리해야 하는 '번듯한 취업'이 그것이다. 상대적으로 안정적인 직장의 구성원이 되기 위해, 또 언제 끝날지 모르는 불안을 디폴트로 경험해야 한다. 최근에는 그동안 상상도 못했던 코로나19 등 상황적 여건이 더해져 취업에 대한 공포는 우리나라 20대에게 흡사 형벌 수준으로 다가오고 있다. 안 그래도 취업에 대한 불안을 온몸으로 느껴 왔던 한국의 20대에겐 너무나 가혹한 시간이 된 것이다(뉴스1, 2021. 2. 3.).

　20대를 지난다고 해도 연달아 찾아오는 인생의 루트에서 나이대 별로 너무나 강하게 굳어져 있는 스테레오 타입은 또 다른 불안감을 끊임없이 제공할 뿐이다. 조금이라도 해당 스테레오 타입으로 부과된 과업에 미치지 못할 경우, 극도의 불안을 느낄 수밖에 없는 빡빡한 구조로 완벽하게 디자인되어 있다. 결혼과 내 집 마련, 노후에 대한 대비, 자녀들의 성공적인 출가 등이 그것이다. 연령의 성숙도는 높아진다고 해도, 해당 연령대에 부과되는 숙제와 불안은 도대체 줄어들지가 않는다. 어쩌면 평생, 해당 나이대에 주어지는 과업을 수행하지 않으면 일탈로 손가락질을 받으며, 낙오자가 되는 구조 속에 살고 있는 것이다. 목표치에 도달하지 못한 개인에서 상대적으로 비교를 일삼으며 만족하지 못하는 사람들까지, 어쩌면 우리 사회의 모든 구성원은 절대로 빠져나갈 수 없는 연속적 불안감에 치를 떨면서도 도대체 벗어나기 힘든 상태로 살고 있다. 이러다 불안이 일정 수준을 넘어가면, 결국엔 '고의적 자해'라는 이름의 자살을 떠올리게 되는 것은 아닐까. 보통 사람을 미치게 만들 수 있는 최적의 구조처럼 보이는 것은 필자뿐일까.

　둘째, 한국 사회 속에서 구조적으로 개인이 경험할 수밖에 없는 불안감과 더불어 스스로를 포기하고 싶은 감정을 느끼게 만드는 또 하나의 배경은 '상대적 박탈감(Sense of Deprivation)'이 아닐까 한다. 코로나19가 본격적으로 몰아치던 시기, 언론을 통해 자살률이 상대적으로 낮아지는 경향을 보였다는 기사를 접할 수 있었다(중앙일보, 2020. 9. 22.). 이는 '코로나 블루' 등 감염병 위기와 함께 부가적으로 비롯될 수 있는 우울감 팽배 및 비롯되는 자살률 증가 예상과는 상당히 다른 결과였다. 물론 자살 사건의 집계에 시차가 있기도 하고, 일반화할 수 있을 만큼의 추세인지에 대해서는 정확한 분석이 필요하겠지만, 전 사회적 위기에서 자살률이 정체되거나 감소한 상황에 대해서는 논의할 필요가 있다고 판단된다. 이 같은 상황에 대해 필자에게 언론 인터뷰 요청이 왔고, 이에 필자를 포함한 일부 연구자가 비슷한 시각을 나타냈던 것으로 기억한다. 정말로 힘들어 삶을 끝내고 싶어지는 시점은, '모두가' 힘들 때가 아니라, 상대적으로 '나만' 혹은 '내가 더욱' 힘들다고 느껴지는 상황일 수 있다는 논리에 의한 해석이었다. 사회 전체 차원에서 구성원의 다수가 고통을 경험하고 있는 시기에는, 역설적으로 고통의 체감 수준이 자살을 생각할 정도와 유형으로 다가오지는 않을 수 있겠다는 판단이었다. 추후 장기에 걸쳐 경험적 통계를 활용한 연구가 필요하겠지만, 어쩌면 사람들이 삶을 포기할 만큼 힘들게 느끼는 순간은 자신의 고통이 배타적으로 가해지고 있다는 상대적 박탈감(Comparative Deprivation, Relative Deprivation Sense)을 경험하는 시점이 아닐까 생각된다. 이 같은 유추는 인류가 겪는 최대 수준의 비극인 전쟁을 경험하고 있는 사람들을 찍은 사진들 가운데 기본적인 의식주 상황이 극도로 열악함에도 불구하고 의외로 표정이 밝은 장면이 자주 발견되는 현상과도 감히 연결해 볼 수 있지 않을까 한다. 모두가 힘든 시기에는 차라리 상대적 박탈과 연계되는 우울과 무망감이 개입될 여지가 '역설적으로' 희박해지는 상황을 맞을 수도 있다는 추론이다. 자살예방이라는 과업에 있어서 복지정책의 중요성, 특히 매우 철저하고 세부적이며 예리한 선별 복지가 얼마나 중요한지에 대해 시사하는 상황이라고 믿는다.

셋째, 불안 및 상대적 박탈감과 더불어 우리 사회에 특징적으로 나타나는 자살 일반화에 대한 중요 변수로 언급하고 싶은 사항은 미디어 속 무방비로 퍼져 있는 관련 콘텐츠들이다. 자살 관련 미디어 콘텐츠를 이야기할 때, 대부분의 경우 자살 사건을 다루는 기사 및 보도의 심각한 빈도와 선정성을 지적하는 경우가 많을 것이다. 필요 이상으로 쏟아지는 부분도 있을 것이고, 자살 사건을 악의적으로 이용하며 '클릭 장사'를 목적으로 가급적 자극적인 콘텐츠를 만들어 확산시키는 문제점도 분명 존재하기 때문이다. 이 같은 관성에 의해 제작되는 자살보도와 기사들은 직·간접적으로 사람들에게 일종의 모방 효과(베르테르 효과, Copycat Effect)를 경험하게 만든다고 알려져 있으며, 심각하게 논의되어야 하는 사항임에 틀림없다(Yaqub, Beam, & John, 2020).

하지만 필자가 더욱 강조하며 지적하고 싶은 사항은 너무나 심각한 수준으로 만연된 '비보도 자살 콘텐츠'에 대한 내용이다. 다수의 자료에 의하면 우리나라 사람들의 미디어 활용 수준은 타의 추종을 불허할 정도로 세계적이다. IT 기술을 바탕으로 하는 인프라의 대중화에 의해 사람들이 각종 미디어를 쉽게 접할 수 있는 기본 조건이 충족되어 있음은 명확하다. 우리나라 사람들이 하루 평균 미디어를 소비하는 시간은 상대적으로 길고 광범위하며, 매우 빈번한 사용 패턴을 보이고 있다. 특히 스마트폰의 극단적 대중화(김수진, 김수미, 박하은, 윤향미, 2020)는 이 같은 미디어의존과 영향력 극대화의 수준을 갈수록 더욱 높이고 있다. 누가 뭐래도 한국인 대부분은 미디어에 의해 생각을 하고, 미디어에 의해 정보를 획득하며, 미디어가 규정해 주는 방향으로 사고하고 판단하기 쉬운 환경에 처해 있다(김은이, 송민호, 김용준, 2015). 지금까지 설명한 현실 속에서, 결코 부정할 수 없는 영향력을 보유한 다양한 미디어에서 자살 관련 콘텐츠가 시시각각 쏟아지고 있다(김소정, 고그림, 2020). 지상파를 비롯해 각종 케이블 채널과 종편 등 전통적 영상매체는 물론, 거의 모든 종류의 SNS와 OTT 플랫폼을 통해 전달되는 다수의 콘텐츠, 웹툰 등에도 자살 관련 사항이 예외 없이 등장하고 있다. 자살을 미화하는 경우도 너무나 많고, 개인의 삶에서 자살을 선택 가능한 옵션으로 제시하는 사례들도 매우 다양하다. 자살을 직접적으로 종용하거나, 자살하는 방법을 안내하는 수준의 콘텐츠도 차고 넘친다. 필자의 연구(유현재, 한택수, 2016)를 비롯해서 다수 연구자와 언론의 지적에 의해 관련 사안이 공론화되었지만 여전히 심각한 수준에 노출되어 있음은 쉽게 확인된다.

　비보도 콘텐츠에 포함된 자살 관련 사항들이 위험해 보이는 이유는, 먼저 자살을 개인이 선택할 수 있는 합리적 판단과 행동으로 생각하도록 도움을 줄 수 있다는 점이다. 연인과 실연을 당했을 때, 목표했던 성적이 떨어졌을 때, 누군가에게서 배신을 당했을 때, 뭔가 억울한 일을 당했을 때 등 특정한 어려움에 처한 사람들의 자살을 반복하여 보여 줌으로써, 앞서 언급한 사안들과 마주했을 경우 차라리 자살을 떠올리는 것도 무리가 아니라는 인식을 심어 줄 수 있다는 뜻이다(Arendt, Scherr, & Romer, 2019). 더불어 자살의 결정에 대해 당연함을 넘어 올바른 결정으로 미화해서 표현하는 경우도 적지 않다. 너무나 당연하게도, 비보도 콘텐츠에 등장하는 자살 장면들은 언제나 개인의 자살 후 벌어지는 상황이 묘사된다. 일단 자살이라는 사건은 충격적이거나 혹은 큰 파장을 일으키지만, 결국엔 특정인의 자살이 세상의 주목을 받으며 나름의 의미가 부여되고, 심지어 다수에게 아름답게 기억되는 경우가 많다. 하지만 생각해 보면 해당 콘텐츠에는 자살이 벌어진 후 당사자의 시점은 이미 사라진 이후일 수밖에 없다. 실제로는 당사자, 즉 죽은 자의 시점이 존재하지 않는 상황인데, 관객들은 여전히 콘텐츠가 유도하는 대로 한껏 감정이입을 시도하며 자살을 의미 있는 행위이며 결과인 것으로 받아들이기 쉽다. 미디어 속 콘텐츠는 매우 다양한 정보를 전달하는 긍정적 기능을 수행하지만, 알게 모르게 우리의 판단 준거를 불합리하게 만드는 역할도 수행한다(중앙자살예방센터, 2019). 인정하기는 싫지만, 그럴 수밖에 없는 구조 속에 우리는 살고 있을지도 모른다. 자살에 대한 왜곡된 미화와 과도한 일반화가 가득한 미디어 콘텐츠가 한국인의 자살률에 중요한 역할을 담당하고 있는 상황은 아닌지 현 시점에서 반드시 심각하게 논의되어야 한다.

4. 한국의 문화와 자살, 역사적 배경

앞서 한국인을 유난히 자살과 가깝게 만드는 일부 사회 구조적 사안들에 대해 객관성과 주관성을 동원하며 논의해 보았다. 이와 연계하여 사회 구조적 배경이 중첩되며 자리 잡은, 즉 오랜 시간 쌓이는 과정에서 형성된 문화적 · 역사적 요소 가운데 한국인의 자살을 간접적으로 종용하고 있는 부분은 없는지 토론이 필요하다. 필자는 과거 미국에서 약 10년간 거주했던 경험이 있다. 10년간 대부분 학생의 신분이었으나, 마지막 3년은 미국의 대학에서 학생들을 가르치는 기회가 주어졌다. 외국인, 특히 한국인을 교수로 경험하지 못한 학생들에게 한국의 다양한 문화는 관심의 대상이었으며, 특히 미국을 포함한 서양과 한국의 문화를 비교하는 주제는 언제나 필자와 학생들에게 큰 의미로 다가왔다. 2008년 즈음, 우리나라에서 특히 연예인들의 자살이 계속해서 발생하던 시점이었는데, 외신을 통해 접했다며 이에 대한 배경과 이유, 의견 등에 대한 질문을 받게 되었다. 필자는 대답을 준비하며 "왜 미국을 포함한 다수의 국가와 한국의 자살률은 상이하게 다를까?"에 대해 고민하였으며, 자살의 일반적 원인으로 언급되는 경제적 문제와 정신적 일탈, 사회적 안전망, 가정불화, 실업 이외에 뭔가 내재적인 사항은 없을지 유추하게 되었다. 온전히 일반화할 수야 없겠지만, 경제적 이유만 강조하며 자살의 유행을 설명하기 어렵다는 생각도 들었다. 예를 들어, 유럽에서 경제적으로 상당한 기간 어려움을 겪고 있는 그리스와 터키는 OECD 국가 중 매우 낮은 자살률을 기록하고 있는 반면, 세계 10대 경제 대국에 속해있는 우리나라와 일본은 여전히 세계 최고의 자살률을 보유하고 있었기 때문이다. 또한 남미의 일부 국가는 경제적 난관에 처해 있는 와중에 우리의 자살률 수준으로 타살에 의한 사망이 빈번한 상황에 있기도 했다. 사회가 경험할 수 있는 대표적 어려움이며 자살률의 주요 원인이라고 간주되는 '경제적 위기'를 놓고도, 각국은 놀라울 만큼 다양한 행태를 보였던 것이다. 앞에서 사례로 언급한 일부 국가 간 차이들을 고찰하며 우리의 역사와 문화 속에 혹시 자살을 미화하거나, 미화까지는 아니라도 인생에서 어려운 일이 닥쳤을 때 자살을 주요 선택지로 받아들이게 하는 전통이 있지는 않을까 면밀히 살피게 되었다.

먼저 관찰된 사항은 우리에게 익숙해진 매우 걱정스러운 습성, 개별 자살에 대해 나름의 가치를 부여하는 패턴이었다. 필자는 수년 전에 한 언론에 기고한 칼럼에서, "자살에 이름 좀 붙이지 말자"는 주장을 펼친 바 있다. 일 년이면 수십 차례 보도되는 각종 자살 사건들에 대하여, '애국적 자살', '하늘의 별이 되다', '효도를 위한 자살', '정치적인 자살', '아름다운 동행', '국가를 위한 자결' 등 나름의 가치를 부여하는 관습적 행위를 멈추자는 주장이었다. 또한 우리에게 너무나 익숙한 역사적 자산에서도 자살예방에 반하는 면면을 발견하였다. 일단 역사적인 인물의 행위와 고전 저작물에 대한 가치를 폄훼할 이유와 의도는 전혀 없으며 자살예방의 시각에서 이해해 주기를 간곡히 부탁드린다. 너무나 아름다운 스토리텔링으로 모두가 접하며 교훈으로 삼고 있는 심청전의 주인공 심청은 시력을 잃은 아버지의 눈을 회복시키기 위해 무슨 일이든 하고 싶은 소녀이다. 이 같은 희망이 마침내 이루어지는 상황에서 선택된 시퀀스는 바로 효녀 심청의 죽음이었다. 공양미 삼백석에 끌려간 심청이 그 대가로 인당수에 몸을 던지는 구조가 전개된다. 물론 전래동화의 마무리가 그렇듯, 해피엔딩으로 끝나기는 한다. 구사일생으로 살아남은 심청은 눈을 뜬 아버지와 재회하여 행복한 삶을 영위한다. 이는 전형적으로, 자살이라는 개인의 비극에 효도라는 가치가 명확하게 대비되며 강조되는 구조이다. 개인의 목숨보다 효도라는 가치가 우선적으로 정의되는 플롯이라는 뜻이다. 애국도 마찬가지이다. 우리는 논개의 의로운 죽음에 대해 너무나 잘 알고 있다. 다시 한번 강조하지만, 숭고한 가치는 폄훼되어서도 안 되며 그럴 이유도 없다. 하지만 엄밀하게 따지면 이는 개인의 자살이며, 자살에 대한 가치가 애국과 병치되며 추앙을 받아온 것이다. 우리나라 곳곳에서 볼 수 있는 열녀문도 자살에 대한 가치를 고양시키는 데 일조하는 요소들이다. "그땐 그랬지."라고 넘어가기엔 당황스러운 명분으로 고의적 자해인 자살에 다양한 무게를 부여하고 있다. 우리는 '절개', '명예', '효' 등의 가치를 위한 자살이 결코 낯설지 않은 문화를 소유하고 있다.

우리는 지금도 여전히 다양한 자살에 대해 끊임없이 나름의 이름을 지어 주고 있다. 레이블링(Labeling)은 행위에 대한 가치를 즉각적으로 부여하며, 대체로 미화되는 결과로 이어진다. 개인의 죽음과 자살에 다양한 가치가 결부되며 개인의 죽음보다 중요한 무엇이 있는 것처럼 알게 모르게 합의하는 과정이 연속되고 있다. 자살예방의 측면에서는 안타까운 흐름이며, 세계 1위의 자살률을 개선해야 한다는 측면에서는 분명히 지양되어야 하는 문화적 배경이라고 생각한다.

또 한 가지, 자살예방에 있어 중요한 걸림돌이 되는 문화로 지적하고 싶은 사항은 역설적으로 자살에 대한 낙인(Stigma)의 일반화이다. '역설적'이라고 말한 것은, 자살률이 세계 1위일 정도로 자살이 만연되어 있는 사회임에도 이에 대해 최대한 쉬쉬하려는 문화의 일반화가 존재하며, 이 같은 경향이 자살예방에 방해 요소로 작용하고 있다는 점을 지적하고 싶기 때문이다. 현재 우리나라의 1년 자살자는 공식적으로 보고되는 사례만 12,000건이 쉽게 넘는다. 등락이야 있겠지만 12,000명 수준이 상시 유지되는 것이 현실이다. 전문가에 따라 견해는 상이하겠지만, 자살자 1인으로 인한 유가족의 발생은 보통 7인 정도로 추산된다고 알려져 있다. 계산해 보자면, 매년 약 98만 명에 이르는 유가족들이 새롭게 발생하고 있는 상황이다(서울경제, 2019. 3. 6.).

직접적인 유가족에 한정하지 않고, 특정인의 자살에 관련성(객관적, 주관적)이 있으며 애도감을 함께 느끼는 사람들까지 범위를 확장시키면, 그보다 훨씬 많은 사람이 관여자가 된다. 흔히 사용하는 표현을 빌리자면, '한 다리 건너' 자살유가족 혹은 관여자가 될 가능성이 높은 사회에 살고 있다는 뜻이다. 하지만 자살유가족은 물론이고, 친지나 지인 중 누군가의 자살에 대해 먼저 혹은 적극적으로 이야기를 꺼내기 힘든 문화가 존재한다는 사실도 우리는 잘 알고 있다. 너무나 아픈 상처를 대놓고 이야기할 이유야 추호도 없겠지만, 대개 우리들은 최대한 피하려는 심리가 지배적인 것도 현실일 것이다. 이 같은 '역설적인' 관점과 시각은 우리 사회에서 자살을 조망하는 시각이 상당히 왜곡되어 있음을 인정할 수밖에 없도록 한다. 앞서 언급했던 것처럼 자살에 특정한 가치를 부여하는 것과는 달리, 다수의 자살에 대해서는 여전히 개인의 일탈이나 나약하고 어리석은 결정, 정신적인 모자름, 집안의 치부 등으로 타자화(Otherize)하려는 경향이 분명 있기 때문이다.

이는 자살에 대한 온갖 미화와 가치의 부여가 있는 반면, 동시에 자살을 개인의 탓으로만 돌리며 무조건 피하려는 시각도 존재한다. 누군가의 자살을 접했을 때, 너무나 일반적이고 정상적이며 이성적인 '본인'과는 다른 사람들의 '비정상적 결정'으로 간주하며 낙인을 부여하는 습관이 존재한다고 생각한다. 이 같은 낙인, 즉 자살자 혹은 자살유가족에 대한 선긋기(Ostracism)가 일반화될 경우, 자살이 사회적 타살이며, 이를 줄이기 위해 사회 전체가 매우 다양한 측면에서 실재하는 불합리와 치부를 개선해야 한다는 합의에 도달하기는 어려워진다. 개인의 돌이킬 수 없는 일탈로만 치부하며(낙인), 나와 내 가족의 일이 아니라며 외면하는 방식은 쉬운 처치일 수 있겠으나 자살률을 낮추는 근본적 개선과는 멀어 보인다. 이 같은 낙인과 심정적 외면의 문화는 자살을 떠올릴 만큼 어렵고 불안한 사람들이 다양한 예방 정책으로부터 필사적으로 숨어들게 만드는 결정적 배경이 된다. 즉, '일반 사람들'보다 자살에 대한 수용성이 8배 이상 높은 것으로 알려진 유가족이 슬픔의 고리를 마감하고 극복하기 위해 받아야 하는 치료와 정책을 거부하게 만드는 문화라는 것이다. 이는 어쩌면 주위의 거의 모든 지인이 유가족 혹은 관여자가 될 수 있을 정도로 자살이 일반화된 우리가 반드시 짚어야 할 부분이다. 낙인(Stigma)은 보건학적 위기, 예를 들어 그것이 코로나19와 같은 감염병이나 자살과 같이 우리에게 만성적으로 취약한 영역에서 궁극적인 극복을 방해하는 요소로 강력하게 기능할 수 있다. 인정하기는 싫지만, 자살이 문화로 언급될 정도인 상황을 우리는 경험하고 있다. 문제의 존재는 인정하면서도 '내 문제'는 아니라며 외면하고 낙인에 동조한다면, 궁극적인 해결 방법을 모색할 기회는 사라지고 말 것이다. 해결의 출발은 문제에 대한 인정이기 때문이다.

5. 자살예방은 계산적 · 공격적 · 전략적이어야 한다

　그동안 자살예방에 대해 논의하는 자리에 참여하는 기회가 꽤 있었다. 하지만 공통적인 귀결은 논의를 진행할수록 해결해야 하는 직·간접적 사안이 더욱 많아지고 가시화된다는 놀라움이었다. 물론, 부정적으로 보자면 궁극적 결론을 도출하지 못한 비생산적 토론이었다고 할 수 있겠으나, 실제로는 온전히 반대라고 믿는다. 자살이야말로, 이 장에서 언급한 일체의 사항은 물론 사회 다수의 섹터가 참여하는 대형 거버넌스에서 각자 제기하는 이야기들을 광범위하게 논의해야만 해결할 수 있는 문제라고 믿기 때문이다.

　논의의 확장성과 관련된 참고 사례 한 가지를 소개하고자 한다. 필자에게도 자살 관련 정책과 예산이 어디까지 이를 수 있을 것인지에 대한 시각을 넓혀 주는 계기가 된 경험이었다. 해마다 많은 학생이 미국으로 유학을 떠난다. 아마도 이 유학생 대부분에게 가장 난감한 사항은 영어일 것이다. 서른을 훌쩍 넘은 유학생이었던 필자에게도 영어의 벽은 참 높게만 느껴졌다. 학교 수업이야 어떻게든 따라가고 있었지만, 생활 속 의사소통에 필요한 영어 실력을 키우기 위해서는 방법을 스스로 찾아야만 했다. 당시 미국은 남부에 몰아쳤던 대형 허리케인의 여파로 경제적 불황은 물론, 가족의 해체, 사회적 인프라의 붕괴를 배경으로 자살률의 상승을 경험하고 있었다. 필자는 지역사회에서 제공하는 외국인을 위한 영어 클래스가 있다는 소식을 접했으며, 현지 노인분들이 자원봉사의 일환으로 진행하는 일대일 회화 수업에 참여할 수 있었다. 미국인 할머니 한 분과 매주 두 차례 만나며 회화를 연습했으며, 감사하고 송구스러운 마음에 소정의 금액을 드리려고 했다. 하지만 할머님은 절대 받지 않으시며 정부에서 이미 별도의 사례비를 충분히 받는다고 말씀해 주셨다. 너무나 놀라운 사실은, 회화 수업에 배정된 예산의 목적이 '자살예방'이었다는 점이다. 재해의 여파가 고스란히 남아있던 미국 남부의 취약한 환경, 특히 노인 계층이 처한 상황들을 곱씹어 보면 참으로 현명한 복지이자 매우 전략적인 자살예방정책이었다고 기억하고 있다. 단순한 금전 지원이 아니라, 노인

계층의 봉사 유도와 성취감 고취, 정기적으로 누군가를 만나도록 하는 부수적 효과 등을 동시에 달성할 수 있는 매우 효과적인 정책의 사례로 받아들였던 것이다.

필자는 자살예방에 대한 기본적인 접근방식으로 칼럼과 연구를 통해 '계산적ㆍ공격적ㆍ계획적' 패러다임을 강조한 바 있다. 기존에 당연하게 받아들여지던 자살예방의 방식을 획기적으로 개선 및 보완하여, 어떻게든 가시적 성과가 나올 수 있도록 처절하게 수행해야 한다고 주장한 것이다. '처절하다'는 용어와 공격적ㆍ계산적 등 상대적으로 거친 표현을 사용한 이유는 이 사안이 얼마나 위급하며 반드시 결과가 있어야 함을 강조하기 싶은 이유였다. 매년 9월 10일 세계자살예방의 날을 즈음해서 세미나를 개최하고 사진을 찍은 다음 헤어지는 방식, 우울감 방지와 치료 등 개인 차원의 극복 방식을 유일한 해결책인 것으로 간주하며 수행되는 관행적 방식 등으로는 극적인 수준의 자살률 감소는 이루어질 수 없다고 믿는다.

어쩌면 현 상황에 대한 실질적 해결책을 모색하기 위한 노력은 아마도 일반 기업이 이윤의 추구를 위해 감행하는 사업의 방식, 즉 매우 '계산적'행위에 가까워야 하지 않을까 싶다. 사회에 존재하는 모든 기업은 생존(Survival)을 위해, 이윤의 추구를 위해 전략적이며 공격적인 업무를 수행한다. 법의 테두리 내에서 CEO와 핵심 관여자들은 '무슨 일이 있어도' 이윤을 내기 위해 그들이 처한 TPO(Time, Place, Occasion)를 철저히 분석하며 시기별 성과를 설정하고 계획을 세운다. 물론 조직 내 모든 인력은 정확하게 동일한 목적하에 원팀으로 움직인다. 그래야만 성과가 나올 수 있기 때문이다. 자살예방 또한, 정확하게 이와 같은 방식에 준해야 한다고 생각한다. 극도로 집요한 계획에 의해, 자살예방이라는 궁극적 목적의 달성을 위해 일상적 노력을 투입해야만 세계적인 자살률을 어느 정도 꺾을 수 있다는 뜻이다. 개인의 마음을 다스려야 하고, 루틴으로 언급되던 판에 박힌 복지 사안들만 확인하며, 적당한 정도의 예산만 투입하던 방식으로는 이미 고착화의 경향을 보이는 우리의 자살률을 잡을 수 없다. 전대미문의 코로나19가 남기고 있는 유무형의 타격을 생각하면, 향후 수년간 벌어질 위기와 후폭풍이 벌써부터 걱정된다. 모든 영역과 분야가 그렇지만, 특히 자살예방에 있어 철저한 대비가 있어야 할 것이다. 다시 한번 강조하지만, 자살과 관련이 없는 사회 영역은 있을 수 없다. 우리가 접하는 사회의 모든 영역이 자살과 자살예방 사안에 관련되어 있다. 정신건강, 복지, 정책과 법은 물론이고, 교육 분야와 연예계, 아이돌, 한류, 공학, IT, AI, 빅데이터, 방송국, 뉴딜, 한국판 뉴딜, 4차 산업혁명까지 자살과 관련이 없는 영역은 존재할수 없다. 이 영역들을 포함해 사회 내 일체의 분야를 대상으로 자살률을 낮추기 위한 방안들을 구체적으로 찾아내며 실행하는 것, 우리에게 그 이외에 답은 없을 것이다.

참고문헌

기모란, 김의영, 김창엽, 박순용, 백영경, 손철성, 유현재, 임현묵, 조한승, 최종렬(2020). 멀티플 팬데믹: 세계 시민, 코로나와 부정의를 넘어 연대로 가는 길을 묻다. 서울: 이매진.

김수진, 김수미, 박하은, 윤향미(2020). 부정적 양육태도, SNS 중독경향성이 초등학생의 비자살적 자해에 미치는 영향. 한국웰니스학회지, 15(2), 89-101.

김소정, 고그림(2020). 청소년 집단에서의 자해와 SNS 사용: 체계적 문헌고찰 연구. 인지행동치료, 20(3), 247-275.

김은이, 송민호, 김용준(2015). 신문의 자살보도가 자살 관련 인식에 미치는 영향: 자살보도 내용과 웹 검색 활동의 동적 관계를 중심으로. 한국언론학보, 59(3), 94-122.

송호근, 권순만, 김석호, 조원광, 배영, 최혜지, 유현재, 장덕진, 강원택(2020). 코로나 ing: 우리는 어떤 뉴딜이 필요한가?. 경기: 나남.

유현재, 조은선(2013). 자살예방 공익광고에 대한 태도와 개인의 특성 간의 관계 연구. 광고학연구, 24(3), 173-196.

유현재, 한택수(2016). 자살취약계층의 심리, 보도의 왜곡성, 위험성이 보도규제에 미치는 영향: 제3자 효과의 매개효과를 중심으로. 보건사회연구, 36(4), 398-430.

중앙자살예방센터(2019). 자살보도 및 자살보도 권고기준에 대한 인식비교 분석: 일반인과 언론기자를 대상으로. *KSPC Research Brief, 1.*

중앙자살예방센터 편(2020). 2020 자살예방백서. 서울: 중앙자살예방센터.

한창현, 유현재, 정휘관, 한택수, 서영지(2018). 방송 뉴스 자살보도 시 미화법 사용과 배경 설명이 대학생의 자살관련 인식에 미치는 영향. 헬스커뮤니케이션연구, 17(1), 89-120.

Arendt, F., Scherr, S., & Romer, D. (2019). Effects of exposure to self-harm on social media: Evidence from a two-wave panel study among young adults. *New Media & Society*, 1-21.

Sedgwick, R., Epstein, S., Dutta, R., & Ougrin, D. (2019). Social media, internet use and suicide attempts in adolescents. *Child and Adolescent Psychiatry, 32*(6), 534-541.

Yaqub, M., Beam, R., & John, S. (2020). 'We report the world as it is, not as we want it to be': Journalists' negotiation of professional practices and responsibilities when reporting on suicide. *Journalism, 21*(9), 1283-1299.

뉴스1(2021. 2. 3.). 코로나 절벽에 등교도 중단 20대…'마음의 병'만 커졌다. https://www.news1.kr/articles/?4200723

서울경제(2019. 3. 6.). [자살유가족 지원은] 우울증 7배 · 자살위험 8배 높은데… 140만원 심리치료뿐. https://www.sedaily.com/NewsView/1VGHH1DL18

아시아경제(2011. 4. 24.). 구직자 60% "취업 어려워 자살생각도. http://www.asiae.co.kr/

news/view.htm?idxno=2011042314475318267

연합뉴스(2020. 6. 24.). 도로교통공단 · 국조실, '국민생명지키기 3대 프로젝트' MOU. https://www.yna.co.kr/view/AKR20200624059800848?input=1195m

중앙일보(2020. 9. 22.). 올 1~6월 극단선택 6278명, 7.4% 감소… 코로나19 장기화 자살률 늘까 우려. https://news.joins.com/article/23878005

충청투데이(2019. 11. 3.). 대전시, 국민생명지키기 3대프로젝트 자살예방 현장간담회. https://www.cctoday.co.kr/news/articleView.html?idxno=2032978

YTN(2021. 11. 18.). 방역당국 "거리두기 효과 2주 뒤 나타나… 국민 노력해야 확산 방지. https://news.naver.com/main/read.nhn?mode=LPOD&mid=tvh&oid=052&aid=0001515492

자살의 심리학적 이해

자살은 한국사회의 대표적인 사회문제 중 하나이며 세계적인 정신건강 이슈이다. 다수의 과거 연구가 자살을 설명하는 데 있어 스트레스, 우울, 성격 특성 등 심리적 변인들을 강조했다. 자살 현상을 보다 명확히 이해하기 위해서는 생물학적·심리적·사회적 변인을 균형 있게 고려해야 한다. 특히 이 장에서는 자살과 관련된 심리학적 변인과 심리학적 이론에 대해 살펴보고자 한다.

1. 자살의 위험요인

1) 우울

자살과 관련된 가장 대표적인 심리적 변인은 우울 증상이다(Bae, Lee, & Lee, 2015). 우울한 기분을 자주 경험하는 사람들은 현재와 미래에 대한 부정적 생각과 자신에 대한 자책감이 강한 경향이 있다. 이러한 부정적 정서 경험은 타인과 세상에 대한 분노감을

---

* 배성만(단국대학교 심리치료학과 교수)

유발할 수 있는데, 분노를 해소하기 위해서 어떤 사람들은 타인과 세상을 원망하고, 자해나 자살시도 같은 자기파괴적 행동을 할 수 있다.

주요우울장애 진단 기준에 자살사고가 포함되어 있는 것은 우울과 자살과의 관련성을 뒷받침하고 있다(APA, 2013). 자살에 성공한 사람들 중 약 70~90%가 생전에 정신장애를 겪는다고 하며, 이 중에서 약 60~70% 정도가 우울증 환자인 것으로 알려져 있다(Takahashi, 2001). 특히 우울증 환자의 멜랑콜리아(melancholia), 절망감(feelings of hopelessness), 무가치감(worthlessness) 등은 자살과 관련하여 관심을 가져야 할 증상이다(Takahashi, 2001).

청소년, 성인, 노인을 대상으로 한 다양한 형태의 연구에서 우울증상은 자살사고와 자살시도를 예측하는 강력한 변인이었다. 12,015명의 한국 성인(19~98세)을 대상으로

표 3-1 우울증 환자에 있어 자살의 위험요인(Kielholz, 1974)

자살위험 징후 및 수단 선택	자살시도 이력
	자살 가족력
	자살에 대한 구두 위협
	자살 준비 및 실행에 대한 구체적인 공개
	불안한 상태에서 부자연스럽게 차분한 행동
	자기파괴적 꿈
구체적인 증상	심한 불안/과민성
	지속적인 불면증
	통제할 수 없는 공격성
	우울증의 초기, 회복기
	생물학적 위기와 관련된 연령대(청소년기, 임신)
	심한 자기 죄책감
	건강염려적 망상
	알코올성 의존
환경 요인	가족 해체
	중요한 대상, 사람의 상실
	직업 및 경제적 어려움
	업무수행 실패 또는 삶의 목표달성 실패
	종교적 관계의 상실

Decision Tress 분석을 활용한 배성만(Bae, 2019)의 연구에서 우울 증상은 자살사고를 예측하는 가장 강력한 변인이었다. 또한 1,481명의 청소년을 대상으로 한 연구에서도 우울 증상은 청소년 자살시도를 예측하는 가장 강력한 변인이었다(Lee & Bae, 2015).

2) 스트레스

(1) 개인적 스트레스

스트레스는 우울과 더불어 자살의 핵심적인 예측 변인이다. 폴크맨 등(Folkman, Lazarus, Gruen, & DeLongis, 1986)은 스트레스 대처 모델에서 개인이 지각하는 스트레스는 사건에 대한 개인의 인지적 평가에 따라 달라진다고 주장했다. 구체적으로 자신이 경험하는 사건이 자신의 삶에 무관하거나 중립적이라고 생각하는 사람들은 지각된 스트레스 수준이 낮은 경향이 있고, 사건이 자신의 삶을 위협한다고 지각하는 사람들은 강한 스트레스를 호소하는 것으로 나타났다. 스트레스 대처 모델에서는 사건에 대한 인지적 평가와 함께 대처자원을 강조한다. 즉, 개인이 경험하는 사건이 삶을 위협한다고 지각하더라도 사건에 대처할 수 있는 자원(예: 경제적 자원, 지인들의 정서적 지지)이 충분하다고 평가하는 사람은 지각된 스트레스를 낮게 보고한다는 것이다(Yoo, 2019).

지각된 스트레스에 영향을 미치는 주요 스트레스원은 연령대에 따라 차이를 보인다. 청소년들은 학업스트레스, 부모와의 갈등, 또래관계 갈등이 그들의 삶에 주요한 스트레스 사건이 될 수 있고(Stewart et al., 2019), 초기 성인기 개인은 직업 선택, 결혼, 출산, 육아 등이 그들의 주요 스트레스원이 될 수 있다(김종운, 박선영, 2018). 반면, 중년의 성인은 경제적 어려움, 부부갈등, 건강 등이 중요한 스트레스원이 될 수 있고, 노년기 개인은 은퇴, 건강, 사별 등이 주요한 스트레스원으로 보고되고 있다.

다수의 연구가 지각된 스트레스가 자살사고 및 자살시도에 정적으로 직접적인 영향을 미친다고 주장했다(Bae, 2019). 9,015명의 중국 청소년과 7,338명의 필리핀 청소년으로 대상으로 한 페이지 등(Page, West, & Hall, 2011)의 연구에서 외로움, 절망감/슬픔, 걱정 등의 사회심리적 스트레스는 자살사고 정적으로 관련되어 있는 것으로 나타났다. 또한 18~55세 오스트리아인 남성을 대상으로 한 종단 연구에서 생활사건의 경험(예: 심각한 질병, 이혼, 가족 갈등, 사별, 구직의 어려움, 은퇴, 사업 실패 등)이 더 많을수록 자살사고 및 자살시도 빈도가 더 높은 것으로 나타났다(Currier, Spittal, Patton, & Pirkis, 2016).

(2) 사회적 스트레스

자살에 미치는 스트레스의 영향을 보다 명확하게 이해하기 위해서는 개인적 스트레스와 함께 사회적 스트레스를 고려해야 한다. 사회적 스트레스는 개인이 소속되어 있는 지역사회, 국가 체계 내에서 발생하는 스트레스 사건에 의해 개인이 지각하는 스트레스를 의미하며(Bae, 2019), 국가적 경제 위기, 지진, 홍수 같은 사회적 재난 등이 공동체의 개인에게 미치는 심리적 스트레스를 의미한다. 한국보건사회연구원의 2015년 한국사회의 사회, 심리적 불안의 원인분석과 대응방안 연구 보고에 따르면, 사회적 스트레스는 고위험 신종 감염병, 경기 침체 및 성장 둔화, 안전문제(예: 세월호 침몰), 자연재해, 정치 및 대외관계, 정신건강문제(예: 자살, 중독), 범죄(예: 성폭력, 살인), 사회안정망 취약, 인구의 고령화, 계층 및 세대 간 갈등, 교육 및 입시제도의 변경 등 다양한 유형으로 분류될 수 있다(이상영, 2015).

최근 한국보건사회연구원의 자료를 분석한 배성만(Bae, 2019)의 연구에서는 개인적 스트레스, 사회적 스트레스, 사회적 자본, 우울 증상 및 청소년 자살과의 관련성을 검증했는데, 사회적 스트레스는 우울증상을 매개하여 자살에 영향을 미치는 것으로 나타났다. 탄 등(Tan, Xia, & Beece, 2018)의 연구에서는 이혼율, 자살률 같은 사회적 스트레스가 자살사고와 정적으로 관련되어 있음을 확인했다. 그 외에도 다수의 연구가 국가의 경제위기나 사회적 재난이 자살률을 높이는 것으로 나타났다(Haw et al., 2015; Merzagora et al., 2016).

스트레스와 우울증상은 자살을 설명하는 핵심 변인들 중 하나이며 스트레스가 우울증상을 매개하여 자살에 영향을 미친다는 모델은 수많은 연구에 의해 지지되었다(정용, 구훈정, 2019; 허미라, 송현정, 김하나, 2020; Baidena, Stewartb, & Fallona, 2017).

2. 자살의 심리학적 이론

다수의 연구는 자살의 기제를 보다 명확하게 설명하기 위해 심리학적 이론들을 활용하고 있다. 자살을 설명하는 대표적인 심리학적 이론들은 자살의 긴장 이론과 자살의 대인관계 이론 등이 있다.

1) 자살의 긴장 이론

자살의 긴장 이론(The strain theory of suicide)에서는 긴장(strain)이 자살의 주요 원인이라고 가정한다. 이 이론에서는 긴장이 단순한 스트레스가 아니라 두 개 이상의 압력이나 변수가 상충될 때 발생하는 상태이며, 스트레스보다 더 강한 심리적 고통을 야기한다고 주장한다(Agnew & White, 1992; Zhang & Lyu, 2014). 자살의 긴장 이론에서는 네 가지 유형의 긴장을 제안했다(Zhang, 2016).

(1) 상충되는 가치로부터의 긴장(differential values)

개인이 그들의 삶에서 두 개의 사회적 가치나 믿음이 충돌할 때 긴장이 발생할 수 있다. 예를 들어, 이민자들이 자신의 민족문화(ethnic culture)와 주류문화(mainstream culture)가 그들의 일상에서 모두 중요하게 여겨질 때 긴장이 발생한다. 즉, 미국에 이민 간 한국인이 한국문화를 고수하면서 미국문화에 적응해야 하는 경우 심리적 혼란을 경험할 수 있으며 이러한 상태가 지속되면 심리적 긴장을 유발할 수 있다. 다른 대표적인 예로, 개인주의 문화와 집단주의 문화가 충돌할 때, 개인은 긴장을 경험하기 쉽다(Zhao & Zhang, 2018). 한국에 거주하고 있는 다문화 청소년을 대상으로 한 종단 연구에서 문화적응 스트레스는 정신건강에 부정적 영향을 미치는 것으로 확인되었다(Bae, 2020).

(2) 이상과 현실의 불일치로 인한 긴장(reality versus aspiration)

자신의 이상(혹은 목표)과 현실이 일치하지 않으면 개인은 긴장을 경험할 수 있다. 원하는 대학에 진학하는 것, 이상형의 파트너와 결혼하는 것, 원하는 직업을 갖는 것 같은 개인의 열망(aspiration)과 현실의 불일치가 클수록 개인은 더 강한 긴장을 경험할 가능성이 있다(Zhang et al., 2013).

(3) 상대적 박탈로 인한 긴장(relative deprivation)

개인은 자신과 유사한 배경의 사람들과 비교하여 다른 사람들이 자신보다 더 좋은 삶을 살고 있다고 생각할 때 긴장을 경험할 수 있다. 대표적인 예로, 사람들은 주변 사람들에 비해 자신이 경제적으로 어렵다고 느낄수록 상대적 박탈로 인한 긴장을 경험하기 더 쉽다(Zhang & Tao, 2013).

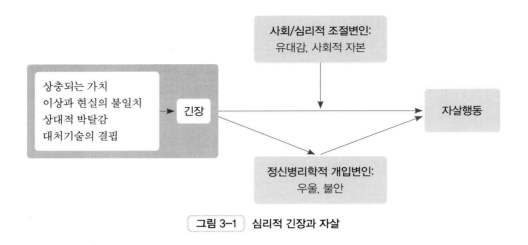

그림 3-1 심리적 긴장과 자살

(4) 대처기술의 결핍으로 인한 긴장(deficient coping)

개인은 살아가면서 다양한 삶의 위기(life crisis)를 겪는데, 이러한 위기 상황에서 적절히 대처하지 못할 때 긴장을 경험한다. 사업 실패, 이혼, 사별 등 다양한 위기 상황에서 모든 개인이 비슷한 수준의 긴장을 경험하는 것은 아니다. 예를 들어, 친구들에게 따돌림을 당하고 있는 학생이 이에 대처하는 방법이 서툴수록 긴장을 경험하기 더 쉽다.

자살의 긴장 이론은 다양한 지역의 표본을 대상으로 경험적 연구에서 그 타당성이 검증되었다. 중국의 15~34세를 대상으로 한 장 등(Zhang et al., 2011)의 연구에서 상대적 박탈감, 비현실적인 열망, 대처기술의 결핍이 정신장애를 통제한 이후에도 자살에 유의한 영향을 미치는 것으로 확인되었다. 윤우석(2016)은 애그뉴(Agnew, 1985)의 일반긴장 이론에 기초하여 대학생의 취업 스트레스가 우울감과 자살생각에 미치는 효과를 확인했다.

2) 자살의 대인관계 이론

조이너(Joiner, 2005)가 제시한 자살의 대인관계 이론(Interpersonal theory of suicide)에서는 개인이 좌절된 소속감(thwarted belongingness)과 인식된 짐스러움(perceived burdensomeness)을 함께 경험할 때 자살 가능성이 높아진다고 주장한다. 이 이론에서는 좌절된 소속감과 인식된 짐스러움을 강하게 느낄수록 자살생각을 경험할 가능성이 크다고 가정하면서 자살사고가 자살시도로 이어지기 위해서는 습득된 자살 잠재력

(acquired capability)이 필요하다고 강조한다(Choi & Bae, 2020).

(1) 좌절된 소속감

좌절된 소속감은 개인이 가족, 친구 등과 같이 그들이 속해 있는 중요한 집단으로부터 소외감을 경험하는 것을 의미한다. 좌절된 소속감은 인간의 기본적인 욕구 중에 하나인 대인관계의 결핍, 상호작용의 결핍과 밀접하게 관련되어 있으며, 좌절된 소속감이 지속될수록 우울한 기분을 경험하고 자살사고를 경험하기 쉽다.

(2) 인식된 짐스러움

인식된 짐스러움은 자신의 결함으로 인해 가족이나 친구 등 중요한 사람들에게 짐이 된다고 여기는 것을 의미한다. 인식된 짐스러움을 강하게 경험하는 사람들은 자기혐오감을 경험하고 죽음을 통해 주변 사람들의 부담을 줄이려는 생각을 할 수 있다.

(3) 자살 잠재력

자살사고와 달리 자살시도는 강한 고통과 죽음에 대한 두려움을 견디는 능력이 요구된다. 따라서 자살시도 시 경험하는 고통과 죽음의 두려움에 대한 민감도가 낮을수록 실제로 자살시도를 할 가능성이 커진다. 과거 연구에 따르면 자해경험이 있는 사람들은 자살시도 시 강한 고통과 죽음의 두려움에 대해 상대적으로 둔감한 경향이 있는 것으로 나타났으며, 실제로 자해경험은 자살시도의 주요한 위험요인 중 하나로 확인되었다(Kim, Lee, & Chang, 2018).

과거의 연구에 기초하면 자살사고를 경험한 사람들 중 자살시도를 한 사람들은 소수이다. 즉, 자살시도가 완성된 자살(completed suicide)을 예측하는 더 근접한 변인이며, 자살사고가 자살시도로 발전하는 과정에서 자살 잠재력의 역할을 제안한 것은 자살의 구체적인 기제를 이해하는 데 기여했다고 볼 수 있다. 최근 최보람과 배성만(Choi &

그림 3-2 　자살의 대인관계 이론

Bae, 2020)은 자살의 대인관계 이론에 기초하여 대학생들의 자살을 설명했다. 연구 결과, 자살사고와 자살 잠재력이 자살시도에 정적인 영향을 미쳤으며, 특히 자살사고와 자살시도와의 관계에서 획득된 자살 잠재력의 조절효과가 검증되었다.

3. 자살의 보호요인

자살이 개인과 사회에 미치는 결과의 심각성을 고려할 때, 자살률을 줄이기 위해서는 자살예방 접근이 무엇보다 중요하다. 자살을 효과적으로 예방하기 위해서는 변화 가능한 보호요인을 개발하고 적용하는 노력이 필요하다.

1) 개인적 보호요인

과거의 연구에 따르면, 개인 내적 보호요인으로는 자아존중감, 자아정체성, 자아탄력성, 긍정심리학적 변인이 중요하게 다루어졌다.

(1) 자아탄력성
자아탄력성은 역경 및 고난 상황에서도 잘 적응하는 총체적인 능력을 가지고 있는 아동을 설명하게 위해 만들어진 개념으로(Block & Block, 1980), 스트레스 상황에서 유연하고 융통성 있게 대처할 수 있는 성격적 특성으로 정의된다(황명주, 장용언, 2019). 자아탄력성이 기질적 측면이 강하지만 긍정적인 인생경험(예: 사회적 지지)도 자아탄력성의 형성에 중요한 영향을 미친다.

연구자에 따라 자아탄력성의 구성요인은 다양하게 정의되고 있으며, 자신감, 문제해결 능력, 감정통제 능력, 낙관성, 자기수용과 공감능력 등이 주요 하위 요인으로 제안되고 있다(정문경, 2015). 자아탄력성이 높은 개인은 자기존중감과 자기통제감이 높고 학업적·직업적 기술이 잘 발달되어 있으며 타인과의 상호작용 능력이 뛰어나다. 이러한 특성 때문에 자아탄력성이 높은 사람들은 우울, 불안 같은 정신건강 문제가 유의하게 적은 것으로 나타나고 있으며, 자살의 보호요인으로 제안되고 있다(Cha & Lee, 2017).

(2) 낙관주의

낙관주의는 스트레스와 역경에서도 상황과 인생의 밝은 면을 보고 적극적으로 대처하는 특성을 의미한다(Peterson & Steen, 2002). 비관적인 사람들이 특정 과제에 대한 실패를 모든 상황에 전반적이고 내부 특성(예: 내 능력이 부족해서 실패한 것이다.)으로 귀인하는 것과 달리 낙관주의 사람들은 실패를 상황 특정적으로 귀인하는 경향이 있다(예: 이번에는 노력이 부족해서 실패했지만, 다음에는 성공할 수 있다).

선행연구에 따르면 낙관적인 사람들은 비관적인 사람들에 비해 긍정적 정서를 더 많이 경험하는 경향이 있으며, 사회적 자원(예: 타인의 정서적 지지)을 증가시키고, 이러한 자원들이 스트레스 상황에서 효과적으로 대처하도록 돕는 역할을 할 수 있다(Fredrickson, 2001). 낙관주의 성향이 높은 사람들은 우울 및 불안 수준이 더 낮은 경향이 있고, 자살사고 및 자살시도가 더 적은 것으로 나타났다(황지현, 채정호, 2017).

(3) 감사

감사는 철학과 종교에서 출발한 개념이지만 최근 긍정심리학에서 강조되고 있는 변인 중 하나로 타인, 삶, 신으로부터 얻은 이득과 혜택에 대한 고마움(thankfulness)과 기쁨(joy)으로 정의될 수 있다(Emmons & Shelton, 2005; Kim & Bae, 2019). 즉, 타인의 도움과 호의에 대한, 일상에서 경험하는 즐거움과 성찰에 대한, 신으로부터 받은 은총에 대한 기쁨을 긍정적인 감정으로 반응하는 것이다. 감사 성향이 강한 사람들은 자신의 성공이 자신만의 노력이 아닌 타인과 신의 도움으로 된 것임을 인식하고 고마움의 마음을 타인에게 표현하고 베푸는 경향이 있다(신애자, 김용수, 2016). 다수의 심리학자가 감사를 정서적인 특성과 관련시켜 설명하고 있으나 감사는 인지적 특성을 포함하고 있다. 감사는 자신이 삶에서 누리고 있는 것이나 성공을 타인과 신에 대한 도움으로 귀인해야 가능하기 때문이다. 감사 성향이 높은 사람들은 타인에게 친절하고 호의를 베풀며, 소소한 일상에서 기쁨을 경험하고, 낙관적이며 우호적이고 성실한 특성을 가지고 있다.

선행연구에 따르면 감사 성향이 높을수록 우울과 불안 수준이 낮고(권선중, 김교헌, 이홍석, 2006), 심리적 웰빙과 행복감이 높은 것으로 나타났다. 나아가 감사 성향이 높은 사람들은 일상에서 지각하는 스트레스 수준이 낮고 우울과 불안 수준이 낮기 때문에 자살사고, 자살시도 가능성이 낮은 것으로 나타나고 있다(주영, 이서정, 현명호, 2012).

2) 사회적 자본

자살의 선구자적 연구자인 뒤르켐(Durkheim, 1897)은 자살을 거시적 관점에서 설명하면서 아노미 현상과 사회적 통합을 강조했다. 사회적 통합은 한 개인이 자신이 속해 있는 사회에 결속되어 있는 정도를 의미하며(Zhang, 2016), 사회적 결속이 낮을수록 자살 가능성이 높아질 수 있다. 이후에 사회적 통합은 사회적 지지, 사회적 자본 등의 개념으로 확대되어 연구되었다. 최근 다수의 연구가 사회적 자본(social capital)이 자살의 주요한 보호요인으로 작용할 수 있다고 주장하고 있다.

(1) 개념

사회적 자본은 자신이 소속되어 있는 집단의 네트워크를 통해 얻을 수 있는 실제적·잠재적 자원을 의미하며, 사회적 유대(예: 친한 친구의 수), 사회적 지지, 사회 참여(social involvement), 타인에 대한 신뢰, 지역사회 및 국가에 대한 신뢰 등을 포함하는 포괄적인 개념이다(Bartkowski & Xu, 2007; Bourdieu, 2003).

(2) 사회적 자본의 유형

사회적 자본의 분류 방법 중 가장 대표적인 것은 퍼트넘(Putnam, 2000)의 분류이다. 그는 사회적 자본을 결속형 사회적 자본(bonding social capital)과 연계형 사회적 자본(bridging social capital)으로 분류하였다. 결속형은 가족, 친구, 친한 지인 등 가까운 사람들과 상호작용하고 정서적 친밀감을 나누는 것을 의미하고, 연결형은 자신이 속해 있는 집단과 다른 집단, 민족, 나라 등과 같이 심리적·지리적으로도 멀리 떨어져 있는 사람들과의 상호작용을 의미한다. 결속형 사회적 자본이 많은 사람들은 주변 사람들로부터 강한 정서적 유대감을 공유하기 때문에 스트레스 및 문제상황에서 정서적 지지, 실제적 지원을 받을 가능성이 높다. 연계형 사회적 자본이 많은 사람들은 다른 집단이나 지역의 다양한 사람과 다양한 정보를 공유하기 때문에 삶의 다양한 문제를 해결하는 데 도움을 받을 수 있다

(3) 사회적 자본과 자살

자살의 대인관계 이론에서 소속된 좌절감, 인식된 짐스러움 같이 관계욕구의 결핍을 강조했는데, 사회적 자본은 정서적 친밀감 및 유대와 밀접하게 관련되는 개념으로 소외감, 관계 결핍 같은 자살의 위험요인의 영향을 감소시키는 역할을 할 수 있다. 또한

자살의 긴장 이론에서도 긴장이 우울 같은 심리적 변인을 매개하여 자살에 영향을 미친다고 가정하면서도 사회적 자본 같은 사회심리적 변인들이 긴장이 자살에 미치는 영향을 조절할 수 있다고 가정한다(Zhang, 2016).

실제로 다수의 연구에서 사회적 자본은 자살에 부적 영향을, 스트레스나 긴장이 자살에 미치는 영향을 조절하는 것으로 나타났다. 미국 질병통제 및 예방 센터(US center for disease control and prevention)의 자료를 분석한 레커와 무어(Recker & Moore, 2016)의 연구에서 특정 국가의 사회적 자본 지수가 높을수록 자살률은 감소하는 것으로 나타났다. 켈리 등(Kelly et al., 2009)은 유럽 11개국을 대상으로 사회적 자본이 자살률과 부적으로 관련되어 있음을 검증했다. 사회적 자본은 노인 집단의 자살률을 낮추는 데도 중요한 역할을 할 수 있다. 은퇴 이후 사회적 활동과 네트워크가 축소된 노인들에게 있어 주변 사람들과의 정서적 친밀감, 가족 및 지인들의 지지, 사회참여, 노인들의 사회활동을 위한 지역사회의 환경 등은 노인의 정신건강을 유지하고 우울증과 자살률을 예방하는 데 보호요인으로 작용할 수 있다(김상원, 2015).

참고문헌

권선중, 김교헌, 이홍석(2006). 한국판 감사 성향 척도 (K-GQ-6)의 신뢰도 및 타당도. 한국심리학회지: 건강, 11(1), 177-190.

김상원(2015). 사회자본이 노인의 자살률에 미치는 영향. 한국위기관리논집, 11(11), 37-54.

김종운, 박선영(2018). 대학생의 취업스트레스가 자살생각에 미치는 영향에서 자아탄력성과 우울의 매개효과. 학습자중심교과교육연구, 18(5), 561-582.

신애자, 김용수(2016). 감사 연구동향 및 관련변인에 대한 메타분석. 상담학연구, 17(1), 149-168.

윤우석(2016). 대학생의 취업스트레스가 우울감 및 자살생각에 미치는 영향: Agnew의 일반긴장이론의 논의에 기초하여. 한국치안행정논집, 13(1), 95-118.

이상영, 정진욱, 황도경, 손창균, 윤시몬, 채수미, 차미란, 김효진(2015). 한국사회의 사회. 심리적 불안의 원인분석과 대응방안. 세종: 범신사.

정문경(2015). 다문화청소년의 자아탄력성이 정신건강에 미치는 영향. 청소년학연구, 22(11), 137-162.

정용, 구훈정(2019). 대학생의 취업스트레스와 자살사고와의 관계에서 우울의 매개효과와 스트레스취약성의 조절된 매개효과. 한국청소년상담복지개발원, 27(1), 141-159.

주영, 이서정, 현명호(2012). 스트레스와 자살사고의 관계에서 삶의 의미, 감사의 중재효과. 한국심리학회지: 일반, 31(4), 1175-1192.

허미라, 송현정, 김하나(2020). 신임소방공무원의 직무스트레스, 우울 및 자살생각간의 관련성에 대한 연구: 우울의 매개효과를 중심으로. 한국화재소방학회논문지, 34(5), 64-71.

황명주, 장용언(2019). 대학생의 취업스트레스가 정신건강과 자살행동에 미치는 영향: 자아탄력성의 매개효과. 보건과 사회과학, 50(1), 63-90.

황지현, 채정호(2017). 우울장애 환자의 자살사고에 우울, 낙관성과 감사성향이 미치는 영향. 우울조울병, 15(3), 123-129.

Agnew, R. (1985). A revised strain theory of delinquency. *Social Forces, 64*, 151-167.

Agnew, R., & White, H. R. (1992). An empirical test of general strain theory. *Criminology, 30*(4), 475-499.

American Psychiatric Association. (2013). *Diagnostic and Statistical Manual of Mental Disorders* (5th ed.). VA: Arilngton, American Psychiatric Association.

Bae, S. M. (2019). Individual and social stress, social capital, and depressive symptoms as predictors of adolescent suicide in South Korea: A mediated moderation model. *Journal of Health Psychology, 24*(13), 1909-1919.

Bae, S. M. (2019). The prediction model of suicidal thoughts in Korean adults using Decision Tree Analysis: A nationwide cross-sectional study. *PloS one, 14*(10), e0223220.

Bae, S. M. (2020). The relationship between social capital, acculturative stress and depressive symptoms in multicultural adolescents: Verification using multivariate latent growth modeling. *International Journal of Intercultural Relations, 74*, 127-135. (publication date: January)

Bae, S. M., Lee, S. A., & Lee, S. H. (2015). Prediction by data mining, of suicide attempts in Korean adolescents: a national study. *Neuropsychiatric Disease and Treatment, 11*, 2367-2375.

Baidena, P., Stewartb, S. L., & Fallona, B. (2017). The mediating effect of depressive symptoms on the relationship between bullying victimization and non-suicidal self-injury among adolescents: Findings from community and inpatient mental health settings in Ontario, Canada. *Psychiatry Research, 255*, 238-247.

Bartkowski, J. P., & Xu, X. (2007). Religiosity and teen drug use reconsidered: A social capital perspec tive. *American Journal of Prevention Medicine, 32*, 182-194.

Block, J. H., & Block, J. (1980). The role of ego-control and ego-resiliency in the organization of behavior. *The Minnesota Symposia on Child Psychology, 13*, 39-101

Cha, K. S., & Lee, H. S. (2017). The effects of ego-resilience, social support, and depression on suicidal ideation among the elderly in South Korea. *Journal of Women Aging, 30*(5), 444-459.

Choi, B. R., & Bae, S. M. (2020). Suicide ideation and suicide attempts of undergraduate students in South Korea: Based on the interpersonal psychological theory of suicide. *Children and Youth Services Review, 117*.

Currier1, D., Spittal, M. J., Patton, G., & Pirkis, J. (2016). Life stress and suicidal ideation in Australian men-cross-sectional analysis of the Australian longitudinal study on male health baseline data. *BMC Public Health, 16*(3), 1031.

Durkheim, É. (1897). De la définition des phénomènes religieux. *L'Année sociologique* (1896/1897-1924-1925), 2, 1-28.

Emmons, R. A., & Shelton, C. M. (2005). Gratitude and the science of positive psychology. *Handbook of Positive Psychology, 18*, 459-471.

Folkman, S., Lazarus, R. S., Gruen, R. J., & DeLongis, A. (1986). Appraisal, coping, health Status, and psychological symptoms. *Journal of Personality and Social Psychology, 50*(3), 571-579.

Fredricson, B. L. (2001). The role of positive emotions in positive psychology: The broaden-and-build theory of positive emotions. *American psychologist, 56*(3), 218.

Haw, C., Hawton, K., Gunnell, D., & Platt, S. (2015). Economic recession and suicidal behaviour: Possible mechanisms and ameliorating factor. *International Journal of Social Psychiatry, 61*(1), 73-81.

Joiner, T. (2005). *Why people die by suicide.* Cambridge, MA, US: Harvard University Press.

Joiner Jr, T. E., Sachs-Ericsson, N. J., Wingate, L. R., Brown, J. S., Anestis, M. D., & Selby, E. A. (2007). Childhood physical and sexual abuse and lifetime number of suicide attempts: A persistent and theoretically important relationship. *Behaviour research and therapy, 45*(3), 539-547.

Joiner Jr, T. E., Van Orden, K. A., Witte, T. K., Selby, E. A., Ribeiro, J. D., Lewis, R., & Rudd, M. D. (2009). Main predictions of the interpersonal-psychological theory of suicidal behavior: Empirical tests in two samples of young adults. *Journal of abnormalpsychology, 118*(3), 634.

Kelly, B. D., Davoren, M., Mhaolain, A. N., Breen, E. G., & Casey, P. (2009). Social capital and suicide in 11 European countries: An ecological analysis. *Social Psychiatry Epidemiology, 44*(11), 971-977.

Kielholz, P. (1974). Diagnose und Therapie der Depressionen für den Praktiker, 3 Aufl. Lehmanns, München.

Kim, C. L., Lee, S. H., & Chang, H. E. (2018). Influence of Non-Suicidal Self-Injury on Suicide Attempt among Depressed Patients. *Korean Journal of Clinical Psychology, 37*(4), 465-478.

Kim, E. S., & Bae, S. M. (2019). Gratitude Moderates the Mediating Effect of Deliberate Rumination on the Relationship between Intrusive Rumination and Posttraumatic Growth.

Frontiers in Psychology, 10, 2665.

Lee, J. Y., & Bae, S. M. (2015). Intra-personal and extra-personal predictors of suicide attempts of South Korea adolescents. *School Psychology International, 36*(4), 428-444.

Merzagora, I., Mugellini, G., Amadasi, A., & Travaini, G. (2016). Suicide risk and the Economic Crisis: An exploratory analysis of the case of Milan. *PLoS one, 11*(12), e0166244. https://doi.org/10.1371/journal.pone.0166244.

OECD. (2019). Suicide rate in OECD countries.

Page, R. M., West, J. W., & Hall, P. H. (2011). Psychosocial Distress and Suicide Ideation in Chinese and Philippine Adolescents. *Asia-Pacific Journal of Public Health, 23*(5), 774-791.

Peterson, C., & Steen, T. A. (2002). Optimistic explanatory style. *Handbook of positive psychology,* 244-256.

Putnam, R. D. (2000). *Bowling Alone: The Collapse and Revival of American Community.* New York: Simon & Schuster.

Recker, N. L., & Moore, M. D. (2016). Durkheim, social capital, and suicide rates across US counties. *Health Sociology Review, 25*(1), 78-91.

Stewart, J. G., Shields, G. S., Esposito, E. C., Cosby, E. A., Allen, N. B., Slavich, G. M., & Auerbach, R. P. (2019). Life Stress and Suicide in Adolescents. *Journal of Abnormal Child Psychology, 47*(10), 1707-1722.

Stewart, S. M., Eaddy, M., Horton, S. E., Hughes, J., & Kennard, B. (2017). The validity of the interpersonal theory of suicide in adolescence: A review. *Journal of Clinical Child & Adolescent Psychology, 46*(3), 437-449.

Takahashi, Y. (2001). Depression and suicide. *Japan Medical Association Journal, 44*(8), 359-363.

Tan, L., Xia, T., & Reece, C. (2018). Social and indi vidual risk factors for suicide ideation among Chinese children and adolescents: A multilevel analysis. *International Journal of Psychology, 53*(2), 117-125.

Yoo, C. M. (2019). Stress coping and mental health among adolescents: applying a multi-dimensional stress coping model. *Children and Youth Services Review, 99,* 43-53.

Zhang, J. (2016). From psychological strain to disconnectedness: A two-factor model theory of suicide. *Crisis, 37*(3), 169-175.

Zhang, J., & Lyu, J. (2014). Reliability, validity and preliminary hypothesis tests for the English version of the Psychological Strain Scales (PSS). *Journal of Affective Disorders, 164,* 69-75.

Zhang, J., Kong, Y., Gao, Q., & Li, Z. (2013). When aspiration fails: A study of its effect on mental disorder and suicide risk. *Journal of Affective Disorders, 151*(1), 243-247.

Zhang, J., & Tao, M. (2013). Relative deprivation and psychopathology of Chinese college students. *Journal of Affective Disorders, 150*(3), 903-907.

Zhang, J., Wieczorek, W. F., Conwell, Y., & Tu, X. M. (2011). Psychological strains and youth suicide in rural China. *Social science & medicine, 72*(12), 2003-2010.

Zhao, S., & Zhang, J. (2018). The association between depression, suicidal ideation and psychological strains in college students: a cross-national study. *Culture, Medicine, and Psychiatry, 42*(4), 914-928.

자살예방의 모든 것

이론과 정책

자살의 진화인류학적 이해[1)]

　자살은 계획을 가지고 실행하는 의도적인 자기 살해이다(WHO, 2014). 지금까지 다양한 철학적·인류학적·사회학적·심리학적·신경생물학적·유전학적·정신의학적 견해가 제안된 바 있으나 아직 자살의 원인에 관한 지배적 가설은 없다.

　자살에 관한 정의는 연구의 목적에 따라 다양하지만, 흔히 슈나이드먼(Shneidman, 1993)의 정의에 따른다. '자살의 일반적인 목적은 의식의 중단(the common goal of suicide is cessation of consciousness)'라는 심리학적 견해는 유용한 기준이지만, 자살 행위자의 내적 의도를 어떻게 판단하는지에 관한 난점이 있다(Youngner, Arnold, & Schapiro, 2002). 통계학적으로나 의학적으로 자살 행위자의 의도를 정확하게 사후 분석하는 것은 대단히 어려운 일이다. 따라서 슈나이드먼의 기준을 적용할 경우, 상당수의 자기 살해는 자살에 포함할 수도 배제할 수도 없는 어려움이 생긴다(Soper, 2018). 그래서 진화적인 분석을 위해서는 깊은 동기와는 무관하게 일차적으로 자기 살해를 의도하는 경우를 자살로 간주하는 편이 적절하다.

* 박한선(서울대학교 인류학과 조교수)

1) 이 장의 내용은 2019년 대한민국 교육부와 한국연구재단의 지원을 받아 수행된 연구이다(NRF-2019S1A5B5A 07111361).

이렇게 행위 자체에 초점을 둔 기준이 가지는 몇 가지 이점이 있다. 우선 의식의 소실보다는 의식의 영속을 목적으로 하는 자살 테러, 전체와의 합일을 추구하는 이타적 자살도 자살에 포함할 수 있다(Lankford, 2013). 또한 내적 목적으로 추정하기 어려운 비인간 동물의 의도적 자기 살해도 자살의 범주에 넣을 수 있다(Soper, 2018).

1. 진화적 역설: 자살

자살은 진화적으로 설명하기 어려운 자기파괴적 행동이다(Nedelcu et al., 2011). 생존과 번식을 스스로 중단하는 행동은 기본적인 다윈주의의 원칙을 위배하는 미스터리한 현상이다(Aubin, Berlin, & Kornreich, 2013). 다윈의 진화론에 의하면 번식적합도가 높은 개체는 점점 그 수가 불어나게 된다. 따라서 점차 높은 생존 및 번식 가능성을 보장하는 형질과 관련된 유전형이 점점 늘어난다(Darwin, 1859, p. 198). 이러한 일반 원칙에 따르면 자기 살해의 형질은 진화할 수 없다. 찰스 다윈(Charles Darwin)은 개체에 해를 입히는 구조가 자연선택되는 일은 있을 수 없으며, 어떤 신체 기관도 생물체에 고통이나 위해를 입힐 목적으로 만들어질 수 없다고 하였다(Darwin, 1859).

그러나 인간의 경우는 예외적으로 자유의지 혹은 문화로 인해 생물학적 제약을 뛰어넘는 행동 양상이 진화할 수 있다는 일부 주장이 있다(Kitcher, 1985; Sahlins, 1976; Slobodkin, 1978). 그러나 문화적 효과에 의한 적합도 손해 형질의 지속 현상은 장기간 유지되기 어렵다. 개체의 이익을 반하는 문화가 있는 것은 사실이지만, 장기적으로 문화적 관습 대부분은 적합도를 향상시킨다(Whiten et al., 2011). 적합도를 깎아내리는 행동은 분명 존재할 수 있으나, 진화적으로 안정적이지 않다.

특히 자살행동은 선택압에서 자유로울 수 없다. 자살은 자연선택의 가장 강력한 방법의 하나이며, 번식 개체군에서 심리적으로 취약한 개체를 제거하는 효과를 가진다는 주장이 있다. 낮은 적합도를 지닌 형질이 제거되는 현상이 문명화된 국가에서도 여전히 일어난다(Farber, 1980).

다윈 진화론에 의하면, 상이한 적합도와 변이, 형질의 유전성과 같은 세 가지 조건이 충족되어야 진화가 일어난다(Darwin, 1859). 이를 다윈의 생명환(Darwinian Wheel of Life)이라고 하는데, 자살행동이 생명환의 세 조건을 성립하는지 알아보자.

1) 자살의 변이

자살행동은 개체, 성, 계급, 문화, 국가, 인종 등에 따른 변이를 보인다(Nock, Nock, Borges, & Ono, 2012). 이에 대해서는 이 책의 다른 장에서 자세하게 다루므로 생략한다.

2) 자살의 유전성

자살은 가족성을 지닌다. 지난 수십 년 간 쌍둥이, 입양, 가계 연구 등에 드러난 결과에 의하면, 자살행동은 상당 부분 유전적으로 결정된다. 물론 가족성의 원인이 환경적인 것인지 유전적인 것인지에 대해서는 논란이 있다. 그러나 쌍둥이 연구에 의하면 자살위험성의 변이율 중 약 30~50%는 유전적 요인에 의한 것으로 보인다(Fiori, Ernst, & Turecki, 2014; Roy et al., 2000; Voracek & Loibl, 2007b). 자살행동을 보인 환자의 친족에서 자살행동이 관찰될 가능성은 일반 인구집단의 5배에 이른다(Baldessarini & Hennen, 2004). 또한 이란성 쌍둥이에 비해 일란성 쌍둥이에서 자살이 같이 관찰될 가능성이 훨씬 높다(Voracek & Loibl, 2007a). 생물학적 친척이 자살을 경험한 입양한 양자의 자살률은 그렇지 않은 경우에 비해서 약 6배에 달한다(Brent & Mann, 2005). 자살행동의 유전율에 관한 연구는 연구방법론에서 여러 제한점이 있지만, 자살 연구자들은 자살이 상당한 수준의 유전성을 보인다는 사실에는 대체로 동의하고 있다(Soper, 2018).

3) 자살의 적합도

자살이 적합도(fitness)를 떨어뜨리는 사실은 명백하다. 자살은 사춘기 이후 어떤 연령에서나 빈발하는 현상이다. 자연선택의 힘이 강하게 미치는 번식 가능 연령, 즉 20세부터 39세의 젊은 연령에서는 약 40%의 사망이 자살이다(Shin et al., 2016). 심지어 번식 가능 연령 이후의 자살이라고 해도, 자식을 비롯한 친족의 적합도를 상당히 떨어뜨릴 수밖에 없다. 아주 낮은 수준의 적합도 하락(0.003%)만 있어도 자연선택에 의해 점차 제거된다. 이는 15세대 동안 단 한 명의 개체만 번식에 실패해도 일어나는 미세한 적합도 하락이다(Keller & Miller, 2006). 즉, 자살 형질은 자연선택되어 제거될 수 있다.

자살은 개체의 적합도를 심각한 수준으로 떨어뜨릴 뿐 아니라 친족의 적합도도 떨어뜨린다. 자살생존자는 종종 사회경제적 어려움을 겪고, 상당한 수준의 낙인 감도 경험한다. 자살은 횡문화적으로 바람직하지 않은 행동이므로, 자살생존자는 사회에서 충분한 지지를 받기 어렵다(Akotia et al., 2014; Chapple, Ziebland, & Hawton, 2015). 심각한 애도 반응과 죄책감이 나타나고, 정신장애의 발병률이 높아지며, 잇따른 자살의 위험성도 높아진다(Turecki & Brent, 2016).

정리하면, 자살은 높은 유병률과 낮은 적합도, 높은 사망률, 높은 유전율을 보인다. 기본적인 진화적 원칙에 어긋나는 독특한 현상이라고 할 수 있다(Keller & Miller, 2006; Park, 2019a, 2019b, 2019c). 높은 유전율과 높은 사망률을 보이는 자기파괴적 행동 형질은 진화적으로 안정되기 어렵다(Tanaka & Kinney, 2011).

2. 자살의 보편성과 특이성

계통학적 측면에서 자살은 어떻게 나타날까? 자살행동이 호모 사피엔스 종에서 보편적으로 나타나는 현상인지, 그리고 다른 종에서도 자살행동이 관찰되는지 알아보자.

1) 자살의 보편성

자살은 아주 보편적인 현상이다. 자살로 인한 전 세계적 부담은 매년 백만 명에 육박한다(Hawton & Saunders, 2009). 이는 타살에 의한 사망의 두 배에 이른다.

만약 자살이 특정한 상황 혹은 특정한 문화나 생태학적 조건에 의해 일어나는 특발적 현상이라면, 자살이 관찰되지 않는 시대나 문화가 있을 것이다. 그러나 에밀 뒤르켐(Émile Durkheim)은 자살이 일어나지 않는 문화는 없다고 추론했다. 이는 어느 곳에서나 자살을 금지하거나 제한하는 법이나 제도가 존재하기 때문이다(Durkheim, 1897).

자살행동은 공시적인 보편성을 가질 뿐 아니라 통시적으로도 보편적이다. 최초의 자살 기록으로 흔히 그리스의 엠페도클레스를 꼽는다. 위대해지고 싶은 욕심으로 화산에 뛰어들어 스스로 목숨을 끊었다는 전설이다. 성경에 의하면 사울은 블레셋과의 전쟁에서 패하자 스스로 칼 위에 엎드려 목숨을 끊었다. 각각 기원전 6세기, 기원전 11세기이다. 더 오랜 과거의 기록으로는 약 4000년 전, 이집트에서 저자가 불분명한 시를 최초의 기록으로 꼽는다(Thomas, 1980).

문자 이전의 시기의 자살에 대해서는 알려진 바가 없다. 그러나 작은 규모의 수렵채집 사회에서 일어나는 자살 현상을 보면 구석기 시대에도 자살이 있었을 가능성이 높다(Soper, 2018). 자살은 중층 사회에서 새롭게 일어난 현상은 아닌 것으로 보인다

(Kappeler et al., 2010).

동일 사회의 다양한 공간적 측면을 감안해도 자살은 보편적인 현상이다. 계량경제학적 모델에서 자살의 사회적·경제적 위험요인을 가장 낮은 수준으로 조정해도 자살은 여전히 발생한다(Andres & Halicioglu, 2011; Yang & Lester, 2009) 사회문화적 요인에 따라 자살률이 상이하게 나타남에도 불구하고, 자살은 횡문화적 일관성이 높게 관찰되는 경향이 있다(Nock, Borgers et al., 2012). 자살은 특정한 계층이나 하위 집단에서 배타적으로 일어나는 현상이 아니다.

에밀 뒤르켐이 지적한 대로, 자살이 없는 사회적 조건은 없다. 자살은 인간성의 불가피한 불완전성이자 사회적 사실(social fact)이다(Durkheim, 1897). 인간은 자살하는 동물이다.

2) 자살의 종 특이성

인간이 자살하는 동물이라고 해도, 과연 인간만 자살하는 것일까? 야생동물에 관한 자살 기록은 아주 드물다. 돌고래나 솜벌레, 나비, 진디, 새, 박테리아 등에서 자살행동이 관찰된다는 연구가 있으나, 인간의 자살행동에 비견할 수 있는지에 대해서는 논란이 있다. 일부 관찰 결과에 따르면 비인간 자살(non-human suicide)은 분명 존재하는 것으로 보인다(Preti, 2007). 그러나 이러한 연구에 대해서는 논란이 많다. 대부분 포획된 상태에서 벌어지는 자해 행동 혹은 환경 변화에 따른 부적응적 반응이다. 인간의 자살행동과 유사점이 있지만, 완전히 같다고 하기는 어렵다. 일반적으로 포괄적합도를 향상하기 위해 과도한 수준의 자원 공여를 친족에게 제공하는 행동이 종종 관찰된다. 그 결과로 사망에 이르는 일도 있다. 그러나 이를 두고 의도적으로 자기 살해를 하는 행동이라고 간주하기는 어렵다. 인간의 자살과 궁극적 동기가 상이하기 때문이다.

자살하는 동물에 관한 대중적 관심으로 인해서 일부 종의 부적응적 행동이 자살행동으로 '간주'되곤 한다. 스칸디나비아반도에서 나그네쥐(Lemming)가 '자살'하는 현상이 대표적이다. 그러나 이는 환경적 자극에 관한 오인에서 비롯한 행동 반응이며 의도적인 자기 살해로 보기 어렵다. 레밍 집단의 개체 수를 조절하기 위해서 집단으로 목숨을 끊는다는 가설은 수리생물학적으로 기각되었다(Chitty, 1996).

인간 종에서 관찰되는 자살의 보편성 그리고 계통학적으로 관찰되는 종 특이적 자살행동을 고려하면, 자살은 호모 사피엔스의 종분화가 일어난 이후 진화한 현상으로 보인다. 시기를 특정할 수는 없으나 약 30만 년 전, 호모 사피엔스가 나타난 이후에야 인류의 보편적 행동 양상으로 진화했다.

3. 자살행동의 진화 가능성

앞서 말한 대로 자살은 명백하게 보편적이며, 종 특이적 행동 양상이다(Mishara, 2006). 그러나 분명 적합도를 떨어뜨리는 현상이다. 이에 관한 기존 연구는 크게 세 가지 방향으로 나눌 수 있다. 자살행동이 적합도 향상을 가져오는 다른 이득을 개체에 제공하거나, 개체의 손해가 집단의 이익으로 상쇄되거나, 적응적 이득이 없이 온전하게 부적응적 행동 양상일 뿐이라는 것이다(Park, 2019a). 그러나 계통생물학적으로 인간에게 특히 많이 일어나며, 횡문화적인 보편성을 보이고, 개체 및 집단에 적응적 손해를 입히는 자살행동에 대하여 만족스러운 진화적 설명을 제공하지는 못하고 있다.

부적응적인 형질이 진화할 수 있는 몇 가지 기전은 다음과 같다(Park, 2019b).

첫째, 포괄적합도를 향상하는 경우에는 개체의 손해에도 불구하고 해당 형질이 진화할 수 있다. 부모의 애착 행동은 개체에 엄청난 비용을 유발하는 행동 형질이지만, 자식의 적합도를 크게 향상시키므로 진화할 수 있다. 만약 자살행동이 친족의 이득을 향상시키는 형질이라면, 분명한 개체 적합도 하락에도 불구하고 유전자 풀에서 퍼져나갈 수 있을 것이다.

둘째, 일부 형질은 단지 진화의 부산물(by-product)로 나타날 수 있다. 예를 들어, 인간의 이마가 앞으로 튀어나온 이유는 신피질 용적 증가에 의한 부산물이다. 앞이마는 다양한 부상에 취약한 해부학적 구조물이지만, 앞이마 자체의 적응적 이득 때문에 그런 모양을 가지게 된 것은 아니다. 만약 자살이 인류 인지 발달의 부산물이라면, 직접적인 적합도 향상과는 무관하게 일어날 수 있을 것이다.

셋째, 유전자 부동(genetic drift)에 의한 효과이다. 아주 작은 개체군일 경우, 자연선택의 힘에 비해서 우연에 의한 추계성의 힘이 더 강하게 작용할 수 있다. 아메리카 원주민의 혈액형은 모두 O형인데, 아메리카 대륙에서의 적합도를 높였기 때문에 선택된 것은 아니다. 초기 수십 명의 이주민이 우연히 모두 O형이었기 때문에 일어난 일이다. 만약 자살행동이 이러한 유전적 부동에 의한 결과라면, 그 기능이나 역기능에 관한 진화적 분석은 큰 의미가 없다.

여기서는 부적응적 형질이 진화할 수 있는 대표적인 세 가지 가설을 제안하였다. 이외에도 최근 몇몇 최신 진화 가설이 제시되고 있으나, 개론서의 범위를 넘어서므로 이

책에서는 생략하였다.

1) 번식잠재력 가설

일부 연구자는 자살행동이 사라지지 않는 이유를 선택의 효과가 작동하지 않기 때문이라고 생각한다(DeCatanzaro, 1980). 자살은 주로 고령, 만성 질환자, 장애인, 사회경제적 취약 계층 등에서 발생하는데, 이미 번식 가능성이 낮으므로 자살행동에도 불구하고 유전자 풀에서 해당 형질을 결정하는 유전자 제거를 일으키지 못한다는 것이다. 이를 번식잠재력 가설(reproductive potential hypothesis)이라고 한다.

이러한 주장은 자살과 관련된 몇 가지 역학적 결과와 일치한다. 자살률은 선진국에서 높은 편인데, 선진국은 고령자의 인구 비율도 높다(Girard, 1993). 또한 자살은 낮은 번식 가능성 대리표지자(장기간의 질병, 사회적 고립, 성적 실패 등)와 깊이 관련된다(Brown et al., 2009). 많은 국가에서 남성이 여성보다 더 많이 자살하는데, 이는 남성이 자식 양육에 투자하는 비용이 적기 때문으로 설명할 수 있다(Moller-Leimkuhler, 2003). 이미 번식 가능성이 낮고, 향후 포괄적합도를 향상할 가능성이 낮은 개체에는 해로운 형질이 누적되며(퇴행성 질환, 암, 정신장애 등), 자살도 예외가 아니라는 주장이다.

그러나 이러한 주장은 젊은 사람에게서도 자살이 빈발하는 경향을 설명하기 어렵다. 45세 미만 번식 가능 연령의 자살이 45세 이후 연령의 자살보다 더 많다(Värnik, 2012). 여성이 남성보다 낮은 자살률을 보이는 경향도, 자살수단의 치명도 차이에 기인하는 것 같다(Nock, Nock et al., 2012).

사실 자살은 번식 가능성이 낮은 집단에서 항상 많이 발생하는 것은 아니다. 종종 수입이 많거나, 심지어 최근 수입이 증가한 경우에도 자살률이 높아진다(Agerbo et al., 2007). 교육 수준이 높거나 지적으로 우수한 경우에도 자살률이 높아질 수 있다(Voracek, 2006). 자살은 잠재력 자체의 부족보다는 잠재력을 발휘할 가능성이 낮아질 위험에 관한 내적 불안과 관련되는 것으로 보인다(Voracek, 2006). 따라서 자살 형질이 주로 번식적합도가 낮은 개체에서 발현되므로 제거되기 어렵다는 주장은 설득력이 낮다.

게다가 인간은 복수의 번식 기회를 가진다. 남성의 경우 이론적으로 번식 가능 연령의 한계는 없다. 따라서 낮은 수준의 번식적합도 감소도 장기적으로는 해당 형질을 유전자 풀에서 제거할 수밖에 없다(Shah, 2007). 또한 스스로 번식을 실패하더라도 생존 상태를 유지하여 친족의 적합도를 높이는 것이 더 유리한 전략이다(Dugatkin, 2007). 번식잠재력 가설은 일부 개체나 집단에서 자살 형질에 관한 선택압이 감소하는 현상은 설명할 수 있을지 몰라도, 왜 그런 형질이 존재하는지 여부는 설명할 수 없다는 중대한 단점이 있다(Soper, 2018).

2) 포괄적합도 가설

친족 선택으로 자살행동을 설명하려는 시도가 있다. 이 주장에 따르면 자살은 유전자를 공유하는 친족의 포괄적 적합도를 향상하기 위한 희생적 행동이다(Gallup & Weedon, 2013). 친족을 위한 방어에 목숨을 내놓거나 혹은 감염되었을 때 무리를 보호하기 위해서 스스로 목숨을 끊는 것이다(Tanaka & Kinney, 2011). 앞서 말한 번식잠재력 가설과 더하여, 자살은 낮은 번식 가능성과 높은 친족 적합도 향상 가능성이 같이 나타날 때 발생한다는 수리적 연구도 있다(de Catanzaro, 1986).

이러한 주장은 대인관계 심리이론(Interpersonal Psychological Theory of Suicide: IPTS)으로 발전했다. 절망감이 좌절된 소속감(failed belongingness)을 유발하며, 이에 더해서 인식된 짐스러움(perceived burdensomeness)이 자살행동을 유발한다는 것이다(Joiner Jr et al., 2009). 여기에 자살 실행 능력이 더해지면 자살이 일어난다는 도식이다. IPTS는 간단한 이론적 프레임을 제공할 뿐 아니라, 진화적 개연성을 제공한다는 장점이 있다. 또한 소속감을 높이고 짐스러움을 덜어 주며, 자살 실행 능력을 제거하면 자살을 예방할 수 있다는 실용적인 개입 근거를 제공하고 있다(Gunn & Lester, 2019).

그러나 짐스러움의 원인은 아주 다양할 수 있으며, 이러한 다양한 원인이 유발하는 심리적 상태가 자살이라는 특정한 행동을 유발하도록 선택될 수 있다는 주장은 진화적인 설득력이 낮다. 과연 일반 목적의 적합도 최대화 기전(general-purpose fitness maximizing mechanism)이 발생할 수 있는지 애매하다. 짐스러운 개체가 직접 자살을 하는 것보다는 주변에서 해당 개체를 타살하는 편이 더 진화하기 쉬운 행동 형질이다(Soper, 2018). 실제로 부담스러운 영아나 소아에 대해서는 타살이 흔히 일어난다. 그러나 아주 취약한 상태에 있는 영아나 소아도 사춘기 이전에는 거의 자살하지 않는다. 유전적으로 자신과의 근연도는 100%지만, 단 한 단계만 지나도 50%로 근연도가 급감한다. 따라서 짐스러운 개체에 대한 타살은 자살보다 훨씬 빠르게 진화할 수 있다(Cartwright, 2019).

일단 자살은 젊은 연령에서도 많이 발생하는데(Nock, Nock et al., 2012), 짐스러움이 젊은 연령에서 두드러지게 일어난다는 예측은 반직관적이다. 비록 주변에 짐이 될 수 있다고 해도, 생애사 이론(Life History Theory)에 따르면 남은 성인기에 이러한 의존성의 상당 부분을 세대 간 전달을 통해 보상할 수 있다(Kaplan, Lancaster, & Robson, 2003). 또한 고소득자에서 관찰되는 높은 자살률도 설명하기 어렵다(Goldsmith, Pellmar, Kleinman, & Bunney, 2002). 짐스러움이 자살의 원인인지 혹은 어떤 심리적 상태가 짐스러움과 자살을 모두 유발하는지 여부는 불확실하다. 연구에 따르면 짐스러움은 자살시도보다는 자살사고와 더 깊은 관련이 있었는데, 아마 짐스러움은 자살의 결정요인이 아닌 것으로 보인다(Soper, 2018; Van Orden et al., 2006). 게다가 자살은 종종 주변에 짐을 덜어 주려는 목적이 아니라, 스스로 심리적 고통에서 벗어나려는 시도이다(Soper, 2018). 대개의 자살은 주변 사람에게 오히려 더 큰 짐을 남긴다. 그렇지 않은 경우에도 이미 사회적 고립이 상당히 진행된 경우가 많다. 짐스러울 대상이 별로 없는 것이다(Mugisha, Hjelmeland, Kinyanda, & Knizek, 2011).

일부 연구자는 자살을 집단선택설로 설명하려고 시도하고 있으나, 다수준 선택에 관해서는 논란이 많다(Eldakar & Wilson, 2011). 자살행동이 집단에 이득을 주는 사례가 분명하지 않고, 자살을 적극적으로 실행하는 집단이 그렇지 않은 집단보다 더 높은 적합도를 누리며, 집단 간의 유전적 흐름이 차단되어야 하는 등 집단선택 이론으로 자살을 설명하기 위해서는 비현실적인 몇몇 조건이 전제되어야 한다(Park, 2019c).

친족 혹은 집단의 이득을 전제한 진화적 자살 이론의 가장 중요한 문제점은 자살행동 외의 다른 대안적 수단은 왜 진화하지 않았는지 설명할 수 없다는 것이다. 만약 주변에 전혀 도움을 줄 수 없는 매우 짐스러운 상태에 있다고 해도, 그냥 무리를 떠나는 편이 훨씬 유리하다. 자살을 하는 행동형질보다는 무리를 떠나는 행동형질의 적합도가 분명 높다. 그러나 이러한 식의 실종 현상은 자살보다는 훨씬 드물게 일어난다(Soper, 2018). 또한 자살시도에 실패한 경우, 바로 자살을 재시도하는 경우는 드물다(Levi-Belz et al., 2017). 그러나 자살시도 전후로 짐스러운 상태의 변화는 없으므로, IPTS에 의하면 반복적인 자살시도가 일어나야 한다. 게다가 가장 결정적인 난점은 이러한 형질은 성공할수록 진화 가능성이 낮아진다는 것이다. 짐스러움을 평가하여 자살을 실행하는 가상의 형질이 있다고 하자. 이 형질이 잘 작동할수록 해당 형질은 빠르게 유전자 풀에서 사라진다. 곧 짐스러움을 느껴도 자살을 하지 않거나 짐스러움을 둔감하게 지각하는 형질이 점점 많아진다.

일반적으로 주변 환경의 수용력(carrying capacity)을 판단하고, 친족 혹은 집단의 근연도 및 향후 번식 가능성, 집단 전체의 총 이득을 모두 고려하여, 자기 죽음의 비용과 이득을 고려한 후 자살행동을 선택하는 식의 범용 적합도 모니터링 기전(Global Fitness Monitoring System)은 진화할 수 없다. 입력 정보와 출력 정보가 높은 관련성을 보이지 않는 시스템은 적응적 이득이 낮아지기 때문에 이론적으로 진화하기 어렵다(Symons, 1992).

3) 부적응적 부산물 가설

자살은 선택에 의해 진화한 다른 형질이 간접적으로 유발한 부산물일 수도 있다. 사회적인 고립이 주는 심리적인 고통이나 타인의 행동을 보고 학습할 수 있는 경향, 자의식의 진화, 실재하지 않는 상황을 상상하는 능력 등이 자살을 가능하게 해주었다는 주장이다(Soper, 2018). 사실 부적응적 부산물 가설은 자살의 원인과 관련된 거의 모든 사회적 · 심리적 · 정신의학적 · 철학적 · 문화적 이론을 포괄한다고 할 수 있다.

이러한 가설은 다음과 같은 기저 믿음을 반영한다. 인간은 가장 높은 수준의 인지적 능력을 갖추고 있으며, 인지적 수준이 '어느 임계점'을 넘으면서 다른 동물과는 질적으로 다른 심리적 형질을 가지게 되었다는 것이다. 그러나 인간의 여러 심리적 형질은 다른 동물과 계통발생학적 연속선상에 있으며, 인간과 동물을 구분해 주는 질적 경계는 없다. 인간의 인지적 형질은 고인류가 처했던 다양한 생태적 환경에 의한 적응일 뿐이다. 다른 동물의 적응적 형질과 다른 측면에서 다루어야 한다는 주장은 인간중심적 오류일 뿐이다. 설령 인류의 인지적 진화가 미묘하며 유연한 사고와 고차원적인 복잡한 사회적 행동을 가능하게 해 준 우월한 형질이라면, 왜 자살이라고 하는 명백한 비극적 행동을 억제하지 못하는지에 대해서는 설명하기 어렵다.

4. 진화적 자살 이론

지금까지 몇몇 진화적 자살 이론이 제안되어 왔다. 각각의 이론은 진화생물학적으로 타당하지 않거나 근거가 불명확한 것도 있으며, 이론적으로 분명하게 서로 구분되는 것도 아니다. 큰 성과를 거두지 못한 이유는, 일단 자살이라는 행동이 단일한 표현형이 아닐 가능성이 높고, 유전-환경 상호작용에 따른 유연한 적응적 행동 기전에 의해 발생할 가능성이 있기 때문이다. 이에 대해 데이비드 레스터(David Lester)는 다양한 자살 관련 이론이 가지는 스물다섯 가지 오류에 대해 밝힌 바 있다(Gunn & Lester, 2019). 특히 증상 기반의 정신의학적 진단이 가지는 근본적인 한계, 추상적인 심리적 상태를 구체적 범주로 환원하는 오류, 시간적 순서의 혼동에 따른 착오, 연속 변수를 이분 변수로 오인하는 문제, 다중 인과관계의 잘못된 적용 등은 자살 및 자살 관련 정서 상태나 행동 양상에 대한 근연적 접근의 연구의 가치를 떨어뜨리는 주요 원인이라고 할 수 있다(Gunn & Lester, 2019).

지금까지 제안된 몇몇 구체적 이론을 제안하고 장단점을 간략하게 정리해 보고자 한다.

1) 거래 가설

자살은 분명 적합도를 떨어뜨리는 행동 양상이지만, 대인관계의 측면에서는 조금 다른 방식으로 살펴볼 수 있다. 자살행동은 타인을 조종하는 욕구에 의해서 벌어지는 현상일 수 있는데, 궁극적으로 적합도를 향상하려는 의식적 혹은 무의식적 의도에 의해 벌어진다는 것이다(Canetto, 2008). 이를 거래 가설(bargaining hypothesis)이라고 한다(Nock, Borgers et al., 2008). 예를 들어, 교육 수준이 낮은 젊은 여성의 경우 자신의 목숨을 담보로 거래에 나설 수 있다(Nock, Borgers et al., 2008). 거래에 성공하면 목숨을 구하고, 원하는 것도 얻을 수 있다. 실패하면 죽게 된다는 것이다.

자살을 시도하는 경우, 종종 상당한 수준의 내적 양가감정을 느낀다. 자살을 결정했지만 동시에 구조의 희망을 품는 것이다(Shneidman, 1993). 슈나이드먼은 자살을 일종의 도피 행동(Escape Theory)으로 보았는데, 고통과 압력이 심한 상태에서 인지적 혼란이 자살을 유일한 탈출구로 인식하게 한다는 것이다. 만약 이러한 도피가 실질적인 이득을 가지고 올 수 있다면, 이는 인지적 혼란에 의한 부적응적 결과가 아닐 수도 있다. 실제로 심각하지 않은 자살시도(non-fetal suicide attempts)가 젊은 여성에서 더 많이 발생하는 사실은 거래 가설을 지지하는 증거이다. 신호 게임 이론에 의하면 자살의 세 가지 유형(확실한 자살행동, 높은 자살 가능성을 가진 행동, 낮은 자살 가능성을 가진 행동) 중세 번째 유형이 제일 흔한데, 이는 자살시도가 주변 환경을 조작하려는 시도라는 주장을 지지하는 근거이다(Rosenthal, 1993).

그러나 이러한 가설은 몇 가지 제한점이 있다. 일단 자살시도가 적합도 향상을 가져오는 실질적 이득을 가져올 수 있는지가 불확실하다. 또한 충분한 진화적 기간에 반복적으로 특정한 적합도 문제를 해결하는 수준으로 자살행동이 기능한 적이 있었어야 한다. 그러나 구석기 시대, 친족 관계로 이루어진 밴드 사회에서 자살이라는 극단적 거래를 해야만 번식적합도를 높일 수 있는 상황이 빈발했을 것 같지 않다. 자살시도의 일부는 분명 자살로 끝을 맺는다. 보다 완화된 거래 방식이 적합했을 것이다. 또한 실제 자살의 상당수는 어떤 사전 신호도 없이 일어난다. 거래 가설이 성립하려면 강력한 사전 신호 행동이 진화했어야 한다. 그리고 자살은 스스로 아주 고통스러운 감정적 경험을 동반한다. 거래 가설의 진화적 논리에는 과도한 수준의 감정적 고통이 나타날 이유가 없다. 일반적으로 거래는 기분을 고양한다(Wulfert et al., 2008). 그리고 자살자는 '의도한 것과 달리' 사회적 공감을 받거나 자원을 공여받는 일이 드물다. 목숨과 맞바꾸기에는 비용/이득의 균형이 맞지 않는다.

2) 패배–속박 이론

패배 속박(Defeat-Entrapment) 이론에 의하면, 자살은 패배감과 대인관계의 갈등 등 부정적인 사회적 관계가 발생했음에도 이를 해결할 수단이 없으면 선택되는 행동 양상이다(Taylor et al., 2010). 이는 우울장애나 불안장애를 비자발적 패배 전략(Involuntary Defeat Strategy: IDS)이나 사회 계층 이론(Social Rank Theory)으로 보는 주장과 유사하다(Shneidman, 1993; Wetherall, Robb, & O'Connor, 2019). 또한 유사한 이론으로 고통의 비명 모델(Cry for Pain: COP Model)이 있는데, 이는 취약한 개체가 도피나 구조 가능성이 없는 속박된 상황에서 자살을 선택한다는 주장이다(Rasmussen et al., 2010).

이러한 주장은 이른바 자살의 도식적 평가 모델(The Schematic Appraisal Model of Suicide: SAMS)으로 이어진다. 패배감(Defeat)이 속박감(Entrapment)을, 속박감이 무조감(Helplessness)을, 무조감이 낮은 구조 기대감(Rescue Expectation)으로 이어지며 자살을 유발하는데, 이 과정에서 주변 정보에 대한 처리나 과거의 기억, 자살에 관한 주변의 정보, 자신에 대한 평가, 과거와 현재, 미래의 전망에 관한 평가 등이 왜곡되면 자살행동이 강하게 촉발된다는 주장이다(Johnson, Gooding, & Tarrier, 2008).

패배–속박 이론은 통합 동기–의지 모델(Integrated Motivational-Volitional Model: IMV Model)로 이어졌다. 사회적 조건이나 개인적 취약성, 삶의 사건 등을 동기 이전 단계로, 패배와 속박감, 자살사고 등을 동기 단계로, 그리고 자살행동을 의지 단계로 나누어 선후 관계를 정리한 모델이다(O'Connor, 2011).

패배–속박 이론은 인간과 동물의 행동을 통합했고, 확장 가설을 제안할 수 있는 이론적 프레임을 제공한다는 장점이 있다. 그러나 입증을 위해서는 자살 취약자에 관한 개입을 최소화해야 하므로 실증적 연구가 어렵다는 단점이 있다. 또한 패배나 속박감이 있다고 해도 자살행동이 과연 어떤 적응적 이득을 개체에 제공할 수 있는지 여전히 설명할 수 없다. 패배감이나 속박감이 심리적 고통을 유발하고 자살도 높인다는 경험적 증거는 충분하지만, 왜 그런 반응이 진화했는지에 대해서는 답하기 어렵다.

3) 동물행동학 이론

동물행동학(ethology)에서는 선천적 해발 기구(innate releasing mechanism)에 의해서 동물이 고정 행동 패턴(fixed action pattern)을 보인다고 간주한다. 그런데 선천적 해발 기구로서의 자극이 감소하면, 오히려 작은 역치 혹은 다른 자극에 고정 행동 패턴이 발생하는 일이 벌어질 수 있다. 따라서 자살은 공격이나 파괴와 같은 고정 행동 패턴의 진공 행동(vacuum activity)일 수 있다는 것이다(Stengel, 1962).

반면에 사회생물학 진영에서는 기존의 동물행동학 접근과 달리 유전자가 아닌 밈을 원인으로 추정하고 있다. 이는 대중적으로 베르테르 효과 등으로 널리 알려져 있다(Bollen & Phillips, 1982). 자살 관련 보도 준칙은 이러한 생각을 반영한 것이다. 이는 자살사고를 자살행동을 옮기는 과정의 심리적 장벽에 영향을 미칠 수 있지만, 정말 자살 밈이 강력한 개체 간 전파력을 가질 수 있는지에 대해서는 부정적인 의견이 많다(Cartwright, 2019).

4) 경제학 이론

경제학적 이론에 의하면 자살은 대안적 의사 결정의 상대적인 비용과 이득에 의해 결정된다. 따라서 자살의 제공하는 효용이 가장 크다면 선택된다는 것이다(Yeh & Lester, 1987). 생명을 영구히 종결하는 자살에 관해 경제적 이득과 비용을 고려한다는 가설은 아무래도 반직관적이다. 그러나 자살에 벌금을 물리거나 처벌하면 자살률이 감소하는 현상 등이 실제로 관찰된다.

이는 효용 극대화라는 측면(Life Utility Function)에서 향후 기대 소득의 감소, 즉 노년기에 자살이 증가하는 현상도 설명할 수 있다(Yeh & Lester, 1987). 총 생애 효용이 0에 접근하면 자살행동이 선택되는데, 이는 저소득층 및 미래의 경제적 전망이 어두운 집단, 연령이 많은 집단에서 자살행동이 더 많이 일어나는 현상을 설명할 수 있다(Hamermesh & Soss, 1974; Marcotte, 2003).

이 밖에 삶의 선택을 일종의 생애 시장 참여로 간주하여, 기대 임금이 예측 임금보다 많으면 생애 시장을 이탈한다는 이론이 있다. 이는 생태학적 이론을 경제학적 용어로 바꾼 것뿐이지만, 다양한 경제학적 모델을 적용하여 예측 모델을 구축할 수 있다는 장점이 있다(Lester & Yang, 1997). 또한 불완전한 의사 결정으로서 자살행동에 대해 설명하는 행동경제학적 접근도 이루어지고 있다(Bauer & Capron, 2020).

5. 결언

진화적으로 자살은 아직 이해하기 어려운 미스터리한 현상이다. 자살은 개체 간 변이를 보이며, 비교적 높은 유전성과 낮은 적합도를 가지는 행동 형질이다. 자살은 시공간적으로 보편성을 보이지만, 인간 종에서만 특이적으로 관찰되는 특징이 있다. 자살행동의 진화 가능성에 대해 번식잠재력이나 포괄적합도, 부적응적 부산물 등으로 설명하려는 이론적 틀이 제안되어 왔다. 이에 입각하여 거래 가설이나 패배 속박 이론 등이 제안되어 왔으며, 동물행동학 및 경제학의 제반 이론을 응용하려 자살행동을 설명해 보려는 시도가 있다.

참고문헌

Agerbo, E., Gunnell, D., Bonde, J. P., Mortensen, P. B., & Nordentoft, M. (2007). Suicide and occupation: the impact of socio-economic, demographic and psychiatric differences. *Psychological medicine, 37*(8), 1131.

Akotia, C. S., Knizek, B. L., Kinyanda, E., & Hjelmeland, H. (2014). "I have sinned": Understanding the role of religion in the experiences of suicide attempters in Ghana. *Mental Health, Religion & Culture, 17*(5), 437-448.

Andr-s, A. R., & Halicioglu, F. (2011). Testing the hypothesis of the natural suicide rates: Further evidence from OECD data. *Economic Modelling, 28*(1-2), 22-26.

Aubin, H.-J., Berlin, I., & Kornreich, C. (2013). The evolutionary puzzle of suicide. *International journal of environmental research and public health, 10*(12), 6873-6886.

Baldessarini, J. R., & Hennen, J. J. (2004). Genetics of Suicide: An Overview. *Harvard Review of Psychiatry, 12*(1), 1-13. doi:10.1080/10673220490425915

Bauer, B. W., & Capron, D. W. (2020). How Behavioral Economics and Nudges Could Help Diminish Irrationality in Suicide-Related Decisions. *Perspectives on Psychological Science, 15*(1), 44-61.

Bollen, K. A., & Phillips, D. P. (1982). Imitative suicides: A national study of the effects of television news stories. *American sociological review*, 802-809.

Brent, D. A., & Mann, J. J. (2005). *Family genetic studies, suicide, and suicidal behavior.* Paper presented at the American Journal of Medical Genetics Part C: Seminars in Medical Genetics.

Brown, R. M., Brown, S. L., Johnson, A., Olsen, B., Melver, K., & Sullivan, M. (2009). Empirical support for an evolutionary model of self-destructive motivation. *Suicide and Life-Threatening Behavior, 39*(1), 1-12.

Canetto, S. S. (2008). Women and suicidal behavior: a cultural analysis. *American Journal of Orthopsychiatry, 78*(2), 259-266.

Cartwright, J. (2019). 진화와 인간행동[*Evolution and human behaviour: darwinian perspectives on the human condition* (3rd ed.)]. (박한선 역). 서울: 에이도스.

Chapple, A., Ziebland, S., & Hawton, K. (2015). Taboo and the different death? Perceptions of those bereaved by suicide or other traumatic death. *Sociology of health & illness, 37*(4), 610-625.

Chitty, D. (1996). *Do lemmings commit suicide?: beautiful hypotheses and ugly facts*. Oxford University Press.

Darwin, C. (1859). *On the origin of species by means of natural selection* (Vol. 167): John Murray, London.

de Catanzaro, D. (1986). A mathematical model of evolutionary pressures regulating self-preservation and self-destruction. *Suicide and Life-Threatening Behavior, 16*(2), 166.

DeCatanzaro, D. (1980). Human suicide: A biological perspective. *Behavioral and Brain Sciences, 3*(2), 265-272.

Dugatkin, L. A. (2007). Inclusive fitness theory from Darwin to Hamilton. *Genetics, 176*(3), 1375-1380.

Durkheim, É. (1897). *Le suicide: étude de sociologie*: Alcan.

Eldakar, O. T., & Wilson, D. S. (2011). Eight criticisms not to make about group selection. *Evolution: International Journal of Organic Evolution, 65*(6), 1523-1526.

Farber, M. L. (1980). Suicide as natural selection. *Behavioral and Brain Sciences, 3*(2), 277-277.

Fiori, L. M., Ernst, C., & Turecki, G. (2014). Genetic and neurobiological approaches to understanding suicidal behaviors. *The Oxford handbook of suicide and self-injury*, 155-182.

Gallup, G. G., & Weedon, S. L. (2013). Suicide bombers: Does an evolutionary perspective make a difference? A review and extension of A. Lankford, The myth of martyrdom: What really drives suicide bombers, rampage shooters, and other self-destructive killers.

Evolutionary psychology, 11(4), 791–794.

Girard, C. (1993). Age, gender, and suicide: A cross-national analysis. *American sociological review*, 553–574.

Goldsmith, S. K., Pellmar, T. C., Kleinman, A. M., & Bunney, W. E. (2002). *Reducing suicide: A national imperative*: National Academies Press.

Gunn, J. F., & Lester, D. (2019). 자살이론의 과거, 현재, 미래(*Theories of suicide: past, present and future*). (김영범 외 공역). 서울: 박문사.

Hamermesh, D. S., & Soss, N. M. (1974). An economic theory of suicide. *Journal of Political Economy, 82*(1), 83–98.

Hawton, K., & Saunders, K. E. (2009). Psychiatric service development and suicide. *The Lancet*.

Johnson, J., Gooding, P., & Tarrier, N. (2008). Suicide risk in schizophrenia: explanatory models and clinical implications, The Schematic Appraisal Model of Suicide (SAMS). *Psychology and Psychotherapy: Theory, Research and Practice, 81*(1), 55–77.

Joiner Jr, T. E., Van Orden, K. A., Witte, T. K., & Rudd, M. D. (2009). *The interpersonal theory of suicide: Guidance for working with suicidal clients*: American Psychological Association.

Kaplan, H., Lancaster, J., & Robson, A. (2003). Embodied capital and the evolutionary economics of the human life span. *Population and Development Review, 29*, 152–182.

Kappeler, P. M., Silk, J. S., Burkart, J. M., & Van Schaik, C. P. (2010). Primate behavior and human universals: Exploring the gap. In *Mind the Gap* (pp. 3–15). Springer.

Keller, M. C., & Miller, G. (2006). Resolving the paradox of common, harmful, heritable mental disorders: which evolutionary genetic models work best? *Behavioral and Brain Sciences, 29*(4), 385–404.

Kitcher, P. (1985). Two approaches to explanation. *The Journal of Philosophy, 82*(11), 632–639.

Lankford, A. (2013). *The myth of martyrdom: What really drives suicide bombers, rampage shooters, and other self-destructive killers*. St. Martin's Press.

Lester, D., & Yang, B. (1997). *The economy and suicide: Economic perspectives on suicide*. Nova Publishers.

Levi-Belz, Y., Krispin, O., Galilee, G., Bodner, E., & Apter, A. (2017). Where Are They Now? *Crisis*.

Marcotte, D. E. (2003). The economics of suicide, revisited. *Southern Economic Journal*, 628–643.

Mishara, B. L. (2006). Cultural Specificity and Universality of Suicide: Challenges for the

International Associationÿfor Suicide Prevention. In Hogrefe & Huber Publishers.

Möller-Leimkühler, A. M. (2003). The gender gap in suicide and premature death or: why are men so vulnerable? *European archives of psychiatry and clinical neuroscience, 253*(1), 1-8.

Mugisha, J., Hjelmeland, H., Kinyanda, E., & Knizek, B. L. (2011). Distancing: A traditional mechanism of dealing with suicide among the Baganda, Uganda. *Transcultural psychiatry, 48*(5), 624-642.

Nedelcu, A. M., Driscoll, W. W., Durand, P. M., Herron, M. D., & Rashidi, A. (2011). On the paradigm of altruistic suicide in the unicellular world. *Evolution: International Journal of Organic Evolution, 65*(1), 3-20.

Nock, M., Nock, M. K., Borges, G., & Ono, Y. (2012). *Suicide: Global perspectives from the WHO world mental health surveys*. Cambridge University Press.

Nock, M. K., Borges, G., Bromet, E. J., Cha, C. B., Kessler, R. C., & Lee, S. (2008). Suicide and suicidal behavior. *Epidemiologic reviews, 30*(1), 133-154.

Nock, M. K., Borges, G., Bromet, E. J., Cha, C. B., Kessler, R. C., & Lee, S. (2012). The epidemiology of suicide and suicidal behavior.

O'Connor, R. C. (2011). Towards an integrated motivational–volitional model of suicidal behaviour. *International handbook of suicide prevention: Research, policy and practice, 1*, 181-198.

Park, H. (2019a). *Evolutionary Anthropological Analysis of Dysfunctional Behavioural Patterns: Focusing on Defence Activation Disorders*. (Ph.D.), Seoul National University, Seoul. Retrieved from http://www.dcollection.net/handler/snu/000000 157363 (I804:11032–000000157363)

Park, H. (2019b). Evolutionary genetic models of mental disorders. *Korean Journal of Biological Psychiatry* (accepted), *26*(2), TBD.

Park, H. (2019c). Evolutionary hypotheses of mental disorder and their limitations. *J Korean Soc Biol Ther Psychiatry* (in Review), *26*(2), TBD.

Preti, A. (2007). Suicide among animals: a review of evidence. *Psychological reports, 101*(3), 831-848.

Rasmussen, S. A., Fraser, L., Gotz, M., MacHale, S., Mackie, R., Masterton, G., … O'Connor, R. C. (2010). Elaborating the cry of pain model of suicidality: Testing a psychological model in a sample of first-time and repeat self-harm patients. *British Journal of Clinical Psychology, 49*(1), 15-30.

Rosenthal, R. W. (1993). Suicide attempts and signalling games. *Mathematical Social Sciences, 26*(1), 25-33.

Roy, A., Nielsen, D., Rylander, G., & Sarchiapone, M. (2000). The genetics of suicidal behaviour. *The international handbook of suicide and attempted suicide, 1*, 209-222.

Sahlins, M. D. (1976). *The use and abuse of biology: An anthropological critique of sociobiology*. University of Michigan Press.

Shah, A. (2007). The relationship between suicide rates and age: an analysis of multinational data from the World Health Organization. *International Psychogeriatrics, 19*(6), 1141-1152.

Shin, H.-Y., Lee, J.-Y., Song, J., Lee, S., Lee, J., Lim, B., ··· Huh, S. J. J. o. t. K. M. A. (2016). Cause-of-death statistics in the Republic of Korea, 2014. *59*(3), 221-232.

Shneidman, E. S. (1993). *Suicide as psychache: A clinical approach to self-destructive behavior*. Jason Aronson.

Slobodkin, L. B. (1978). Is history a consequence of evolution? In *Social behavior* (pp. 233-255). Springer.

Soper, C. (2018). *The Evolution of Suicide*. New York: Springer International Publishing.

Stengel, E. (1962). Recent research into suicide and attempted suicide. *American journal of psychiatry, 118*(8), 725-727.

Symons, D. (1992). On the use and misuse of Darwinism in the study of human behavior. *The adapted mind: Evolutionary psychology and the generation of culture*, 137-159.

Tanaka, M., & Kinney, D. K. (2011). An evolutionary hypothesis of suicide: why it could be biologically adaptive and is so prevalent in certain occupations. *Psychological reports, 108*(3), 977-992.

Taylor, P. J., Wood, A. M., Gooding, P., & Tarrier, N. (2010). Appraisals and suicidality: The mediating role of defeat and entrapment. *Archives of Suicide Research, 14*(3), 236-247.

Thomas, C. (1980). First suicide note?. *British medical journal, 281*(6235), 284.

Turecki, G., & Brent, D. A. (2016). Suicide and suicidal behaviour. *The Lancet, 387*(10024), 1227-1239.

Van Orden, K. A., Lynam, M. E., Hollar, D., & Joiner, T. E. (2006). Perceived burdensomeness as an indicator of suicidal symptoms. *Cognitive Therapy and Research, 30*(4), 457-467.

Värnik, P. (2012). Suicide in the world. *International journal of environmental research and public health, 9*(3), 760-771.

Voracek, M. (2006). Regional intelligence and suicide rate in Denmark. *Psychological reports, 98*(3), 671-674.

Voracek, M., & Loibl, L. M. (2007a). Genetics of suicide: a systematic review of twin studies. *The Middle European Journal of Medicine, 119*, 463-475. doi:10.1007/s00508-007-0823-2

Voracek, M., & Loibl, L. M. (2007b). Genetics of suicide: a systematic review of twin studies.

Wiener Klinische Wochenschrift, 119(15–16), 463–475.

Wetherall, K., Robb, K. A., & O'Connor, R. C. (2019). Social rank theory of depression: A systematic review of self-perceptions of social rank and their relationship with depressive symptoms and suicide risk. *Journal of affective disorders, 246*, 300–319.

Whiten, A., Hinde, R. A., Laland, K. N., & Stringer, C. B. (2011). *Culture evolves*. In The Royal Society.

WHO. (2014). Preventing suicide: A global imperative.

Wulfert, E., Franco, C., Williams, K., Roland, B., & Maxson, J. H. (2008). The role of money in the excitement of gambling. *Psychology of addictive behaviors, 22*(3), 380.

Yang, B., & Lester, D. (2009). Is there a natural suicide rate? *Applied economics letters, 16*(2), 137–140.

Yeh, B. Y., & Lester, D. (1987). An economic model for suicide. *Suicide as a learned behavior*, 51–57.

Youngner, S. J., Arnold, R. M., & Schapiro, R. (2002). *The definition of death: contemporary controversies*. JHU Press.

자살예방의 모든 것

이론과 정책

자살의 생물학적 원인

자살의 원인은 매우 복합적이다. 우울증의 대표적인 심각한 증상으로 볼 수도 있고 우울증이 아닌 다른 정신질환이 심해지면서 나타나는 현상일 수도 있으나 독립적인 문제라고 보는 견해도 많다. 자살시도자 중 대부분이 기분장애 등의 정신질환을 가지고 있지만, 반대로 정신질환을 가지고 있는 사람 중 자살시도를 하는 비율이 10~20%라는 것을 보아도 정신질환만으로는 설명되지 않는 부분이 있다. 자살행동이 정신질환의 유무와 관계없이 독립적으로 유전되고, 자살과 관련한 특별한 생물학적 지표들이 나온다는 사실은 자살행동이 독립적인 문제라는 것을 뒷받침한다. 자살의 스트레스−소인 모델(stress–diathesis model)에 의하면 자살은 유전적 요인과 가족력, 신경생물학적인 특성, 성격적 특성 등의 취약한 체질적 소인을 가진 사람들에게서 생활사건, 환경적인 스트레스, 물질남용, 정신질환 등의 영향을 통해 발생한다. 이 장에서는 자살의 생물학적인 원인의 종류에는 어떤 것이 있으며, 어느 정도의 영향을 미치는지에 대해 설명하고자 한다.

* 윤호경(고려대학교 의과대학 정신건강의학과 교수)

1. 자살행동의 유전학

자살행동은 여러 유전자-유전자 상호 작용 및 환경적 요인으로 인한 변화와 같은 복잡한 과정을 거치며 세대에서 세대로 전달된다. 지난 40년 동안의 가족, 쌍생아, 입양 연구의 결과는 자살 경향에 유전적 요소가 있다는 것을 확인시켜 주었다. 쌍생아 연구에서는 일란성 쌍생아가 이란성 쌍생아에 비해 자살 혹은 자살행동에 대해 높은 합치율을 보였다. 7개의 쌍생아 연구를 종합해서 분석한 연구에 따르면 일란성 쌍생아가 이란성 쌍생아에 비해 자살이나 자살행동에 관해 유의미하게 높은 합치율(23.5% vs. 0.13%)을 보였다(Baldessarini & Hennen, 2004). 특히 이러한 결과는 정신질환이나 환경적 인자들을 배제하였을 때에도 유의하게 나타났다. 또한 양자연구에서 자살을 한 양자의 생물학적 친척이 자살을 전혀 시도하지 않은 양자의 생물학적 친척보다 자살률이 무려 6배가 높았다(Brent & Mann, 2005). 가족연구에서도 자살 혹은 자살행동이 나타날 확률이 자살시도자의 가계 내에서 높은 것으로 나타났다. 21개의 대조군 연구를 종합하여 분석한 결과 자살한 사람이 있는 가족에서 대조군 가족에 비해 정신과 질환 병력과 관계없이 자살시도의 위험성이 3배 더 높은 것으로 나타났고(Baldessarini & Hennen, 2004), 대규모 지역사회 인구집단을 대상으로 한 연구에서는 자살로 사망한 계보발단자(proband)의 친척에서 대조군의 친척보다 자살행동의 위험이 10배 높게 나타난다고 하였다(Kim et al., 2005). 이처럼 자살이 특정 가족 안에서 다수 나타나는 현상은 정신병리의 전파로만 설명할 수 없고 자살과 관련된 특성 자체가 유전되는 것으로 생각할 수 있다.

이처럼 유전적 성향이 뚜렷하기 때문에 자살과 관련된 후보유전자(candidate gene)를 찾기 위한 연구들이 꾸준히 진행되어 왔다. 게놈 차원의 연합연구(Genome-Wide Association Study: GWAS)에서는 항우울제 유발 자살사고와 관련된 14개의 단일 뉴클레오티드 다형성을 찾아내었다(Menke et al., 2012). 자살로 사망한 환자들을 대상으로 한 연구에서는 기분장애를 가졌지만 자살을 하지 않은 경우와 비교하여 발현이 다른 7개의 유전자를 확인하였고, 특히 그 유전자들은 면역 계통과 관련 유전자들이었다(Galfalvy et al., 2013). 특히 이러한 발현의 차이는 신경면역기능의 조절 이상이 자살과 밀접한 관련이 있다는 것을 의미하며 이러한 이상이 유전자와 관련된 병인을 가지고 있음을 시사한다.

2. 자살행동의 신경생물학

현재까지 세로토닌계, 도파민계, 노르아드레날린계, 그리고 시상하부-뇌하수체-부신축(Hypothalamic-Pituitary-Adrenal axis: HPA axis) 등의 다양한 영역에서 자살행동과 관련된 생물학적 이상이 연구되었다.

1) 세로토닌계

자살행동은 세로토닌 기능 이상과 관련이 있는데, 이는 공격성 혹은 충동성과의 연관성으로 설명되고 있다. 자살자에서의 세로토닌 관련 초기 연구 중 대표적인 것은 5-하이드록시인톨아세트산(5-hydroxyindole acetic acid: 5-HIAA) 관련 연구이다. 5-HIAA은 세로토닌의 대사산물인데 보통 뇌 안에서 세로토닌 합성 및 분비가 잘 되고 있는지를 반영하는 지표라고 볼 수 있다. 5-HIAA 뇌척수액 농도가 감소되어 있다는 결과가 비교적 일관되게 보고되었으며, 자살시도자에서 뇌척수액의 5-HIAA의 저하는 주요우울장애에서뿐만 아니라 조현병 등 다른 정신장애에서도 나타났다(Asberg, Traskman, & Thoren, 1976; Nordstrom et al., 1994). 자살기도자의 뇌간 조직에서 5-HIAA 농도가 낮게 나타나고 트립토판 수산화효소(tryptophan : TPH)의 항체가 높게 검출되는 결과로 미루어 볼 때, TPH의 활성이 저하되어 5-HT와 5-HIAA 의 합성이 저하된 것으로 생각된다(Boldrini et al., 2005). 낮은 5-HIAA 뇌척수액 농도가 높은 치명도와 상관관계가 있다는 결과는 자살이 세로토닌 이상으로 인한 공격성 증가로 인하여 생긴 문제이며, 단지 우울증으로 인한 현상이 아니라 독립적인 문제라는 것을 시사하는 결과이다(Lester, 1995).

세로토닌 분비를 증가시키는 약물인 펜플루라민(fenfluramine) 투여에 대한 프로락틴 반응을 통해서도 세로토닌 활성도를 알아볼 수 있다. 주요우울장애의 자살시도자에서 펜플루라민에 의한 프로락틴 반응이 둔화된다고 하며(Mann et al., 1995), 자살시도가 치명적일수록, 뇌척수액의 5-HIAA 저하와 함께 펜플루라민에 의한 프로락틴 반응의 둔화가 더 뚜렷이 나타난다(Mann & Malone, 1997). 자살시도자에서 혈소판의 5-HT2A 수용체는 증가 한다는 보고도 있다(Alda & Hrdina, 2000).

전전두엽(prefrontal cortex)은 세로토닌의 기능 이상이 일관되게 보고되는 부위 중 하나이다. 양전자 단층촬영(positron emission tomography) 연구에서 심각한 자살기도를 한 환자군에서 전전두엽의 기능이 떨어져 있었으며 펜플루라민 투여에 의해 이런 양상은 더 심하게 나타나 세로토닌 반응성의 저하가 자살기도의 치명도와 비례하는 것으로 나타났다(Oquendo et al., 2003). 또한 자살기도자에서 전전두엽의 5-HT2A 결합 감소되었다는 결과들도 있었다. 전전두엽 부위의 세로토닌 기능의 감소는 뇌의 억제작용을 탈억제함으로써 공격성을 증가시킬 수 있고, 또한 전전두엽의 기능 부전으로 인하여 스트레스 상황에 대처할 수 있는 적절한 대응 방법을 계획하지 못함으로써 자살행동으로 이어질 수 있을 것이다(Milak et al., 2005).

자살행동과 관련된 세로토닌 유전자에 대한 많은 연구가 있지만, TPH 유전자와 5-HT 전달체(5-HTT) 유전자는 자살행동과 관련 있다고 일관되게 보고되는 유전자이다. TPH1 유전자가 펜플루라민에 대한 프로락틴 반응성의 저하와 관련이 있다는 보고 있었고(Currier & Mann, 2008), 분노와 공격성과 연관되어 있다는 결과가 있었다(New et al., 1998). TPH2 유전자와 자살 간에도 유의한 상관관계가 있음이 보고되었으며, 자살기도자의 내측 전전두엽에서 TPH2 mRNA의 발현이 증가한 소견이 발견되는 등 점차 관련 연구가 늘어나는 추세이다(Zill et al., 2007). 17번 유전자에 위치한 5-HTT 유전자에는 세로토닌 수송체 연관 다형성 부위(5-HTT-linked polymorphic region: 5-HTTLPR) L 대립유전자(long allele)와 S 대립유전자(short allele)의 다형성이 있다. 이 중 S 대립유전자는 충동적인 공격성과 자살행동과 연관이 있다고 가정되어 왔다. SS 유전자형을 가진 사람은 5-HTT를 보다 적게 발현하고 스트레스에 대해 민감한 편도 활성을 나타내며 부정적인 감정을 조절하기 힘들고 충동적인 경향을 보였다(Brown & Hariri, 2006). 최근의 메타분석 연구에서는 5-HTTLPR의 S 대립유전자와 자살과의 연관성이 확인되었으며, 특히 치명적인 자살을 기도한 사람에서 연관성이 높은 것으로 나타났다(Anguelova, Benkelfat, & Turecki, 2003).

2) 도파민계

도파민계와 관련된 연구는 상대적으로 많지 않은 편이며 결과도 일관되지 않다. 자살시도의 과거력이 없는 군과 비교한 연구에서는, 자살시도의 과거력이 있을 뿐 아니라 반복적으로 자살을 시도하거나 자살을 수행한 군에서는 뇌척수액의 호모바닐라산(homovanillic acid: HVA, 도파민 대사산물), 그리고 소변의 HVA, 디하이드록시페닐아세트산(dihydroxyphenylacetic acid: DOPAC), 그리고 도파민의 농도가 유의하게 저하되어 있는 것으로 나타났다(Roy, Karoum, & Pollack, 1992). 다른 연구에서는 자살시도의 과거력이 있는 우울증 환자에서는 뇌척수액의 HVA가 저하되어 있지만, 자살시도의 과 거력이 없는 우울증 환자에서는 저하되어 있지 않은 것으로 나타났다(Sher et al., 2006). 범죄자들을 대상으로 한 연구에서 뇌척수액의 HVA/5-HIAA의 비가 높을수록 폭력성 과 공격성이 증가한다고 하였고 이는 세로토닌계의 기능 부전이 도파민계의 기능 부전 을 함께 유발하게 된 것이며 이런 변화들은 폭력성이나 공격성과 관련이 있는 것이라 고 하였다(Soderstrom et al., 2003).

3) 노르에피네프린계

자살기도자의 사후 부검 연구에서는 전전두엽 피질에서 β-수용체 결합이 증가되고 α-수용체 결합은 감소하였다는 결과와, 동물실험에서 뇌의 노르에피네프린 기능의 항진을 나타내는 지표들이 증가할수록 공격적인 행동 및 불안, 초조 증상이 증가하였 다는 결과들은 노르에피네프린의 과활성을 시사하는 소견이다(Mann, 2003). 자살로 사 망한 사람들의 청반핵(locus coeruleus)에서 노르에피네프린 세포의 감소 및 α2-수용체 의 상향조정되어 있다는 결과는 청반핵에서 노르에피네프린의 생성의 감소를 의미한 다(Ordway et al., 1994). 청반핵에서 노르에피네프린의 생성 감소와 피질에서 노르에피 네프린의 과항진은 결과적으로 뇌에서의 노르에피네프린 고갈을 초래하게 되는데, 이 로 인하여 비관적으로 되고 절망감에 이르기 쉽고 그중에서도 아동기 외상을 경험한 사 람은 쉽게 교감신경이 흥분하게 되어 노르에피네프린의 고갈에 더욱 취약해질 수 있다 (Weiss et al., 1994). 특히 뇌척수액에서 노르에피네프린의 대사산물인 3-메톡시-4-하 이드로페닐글리콜(3-methoxy-4-hydroxphenylglycol)의 저하는 우울 증상의 심각도 및 우울증 삽화 이후 12개월 이내에 자살을 시도할 가능성의 증가와 연관되어 있는 것으로 나타나 자살을 예측하는 생물학적 인자로 활용될 가능성이 있다(Galfalvy et al., 2009).

정리하자면, 노르에피네프린이 과항진되면 결국 노르에피네프린의 고갈로 이어지 며 그로 인하여 티로신 수산화효소(tyrosine hydroxylase: TH)가 상향조정되고 시냅스후 α-수용체는 하향조정되는 것으로 해석할 수 있다.

4) 시상하부-뇌하수체-부신축과 코르티솔

코르티솔과 시상하부-뇌하수체-부신축(HPA axis)의 변화는 스트레스에 대한 생물 학적 반응 중 가장 중심이라고 할 수 있다. 현재까지의 연구들은 자살행동이 HPA axis

의 과활성과 관련이 있다고 보고하고 있다. HPA axis의 기능을 측정하는 여러 방법 중에 덱사메타손 억제 검사(Dexamethasone Suppression Test: DST)가 있는데, DST 결과가 양성 반응(덱사메타손 투여 후 코르티솔이 억제되지 않음)인 환자에서 자살위험도가 높다는 연구 결과가 있었다(Coryell & Schlesser, 2001). 그러나 DST의 결과가 우울증의 심각도와 연관이 있다는 결과도 있어 자살의 위험과 직접적으로 관련이 있는지는 아직까지 결론이 나지 않은 상태이다. 코르티솔 농도와 자살행동과의 연관성에 대한 연구도 있었다. 기저 혈중 코르티솔 농도가 높다는 결과들도 있었고 반대로 혈중 농도가 낮다는 결과도 있었다. 흥미로운 것은 한 메타분석 결과에서 이러한 차이를 나이의 영향으로 설명을 하고 있다는 것이다. 40세 이상의 자살시도자에서는 코르티솔 농도와 자살행동이 음의 상관관계, 즉 낮은 코르티솔 농도가 자살시도와 관련이 있고, 40세보다 어린 자살시도자에서는 높은 코르티솔 농도가 자살시도와 연관이 있었다(O'Connor et al., 2016). 이런 차이를 단기간 스트레스에 노출이 되었는지 장기간 노출이 되었는지, 즉 노출된 기간의 차이로 설명을 하고 있는데, 해석에 있어 주의가 필요하며 추가적인 연구 결과들을 보며 판단해야 할 것이다. HPA axis의 만성적인 활성화가 결국 HPA axis의 기능부전을 야기하여 코르티솔의 분비를 저하시키고 해마와 같은 뇌구조물을 위축시킨다는 결과도 있었다(McKinnon, Yucel, Nazarov, & MacQueen, 2009; Yerevanian et al., 1983).

스트레스가 발생하면 스트레스 반응이 유발되어서 HPA axis의 활성이 일어나고, 이로 인하여 노르에피네프린 활성이 증가하고 노르에피네프린의 분비가 일시적으로 증가한다. 스트레스가 지속되면 HPA axis의 과활성이 일어나고 노르에피네프린의 과도한 분비로 인하여 결국은 노르에피네프린의 결핍이 일어난다. 노르에피네프린의 결핍에 의한 보상작용으로 뇌간에서는 TH의 활성이 증가한다. 즉, 장기간 지속되는 스트레스는 HPA axis와 노르에피네프린의 분비의 이상이 생기고, 이로 인하여 뇌의 신경생화학적 불균형이 유발되면서 우울증 또는 자살 등의 정신병리가 발생하게 된다.

3. 자살과 관련된 뇌영역

자살행동과 연관되어 있다는 여러 뇌영역 중에 가장 대표적이고 주로 언급되는 영역은 전두엽(frontal lobe)과 섬엽(insular cortex) 부위이다. 자살행동을 한 사람들의 구조적 뇌영상 연구 결과를 보면 대부분 전두엽의 부피가 상대적으로 감소되어 있는 것으로 나타났다(Dominguez-Baleon, Gutierrez-Mondragon, Campos-Gonzalez, & Renteria, 2018). 전두엽 중에서도 전전두엽 부위는 실행기능, 의사결정, 충동억제, 감정조절, 보상과 관련된 행동을 관장하는 영역이고, 이 영역의 문제가 생겼을 때 충동성이나 감정조절의 어려움, 결정의 장애 등이 나타날 수 있으며 결국 극단적인 방법인 자살로 이어질 수 있다(Ding et al., 2015). 특히 전전두엽 영역 중에서도 안와전두엽(orbitofrontal cortex), 배외측전전두엽(ventrolateral cortex) 등의 영역이 관련성이 높다는 연구 결과가 많다. 전전두엽이 자살과 관련 있다는 것은 세로토닌과의 연관성으로도 설명이 될 수 있는데 자살로 사망한 사람들의 전전두엽에서 세로토닌 수용체의 이상이 있다는 것이 그 근거라고 할 수 있을 것이다(Underwood et al., 2018).

섬엽도 자살과 연관된 또다른 중요한 영역이다. 섬엽은 내부의 신호를 받아들이는 영역이며 뇌 안의 중요한 네트워크 중 하나인 현출성 네트워크(salience network)의 한 축으로서 중요한 자극을 인식하는 역할을 하고 편도나 대상회와의 연결을 통해 부정적 자극에 대한 신경 반응을 증폭시키는 역할을 한다. 정상적으로 작동할 때에는 여러 가지 신체 신호 중 위험하다거나 집중을 해야 된다는 신호를 잘 감별해 내어 한 개체가 여러 가지 상황에 적절히 대비하도록 도와주는 기능을 한다. 그러나 자살시도자에서는 섬엽의 활성도나 다른 구조물과의 연결성의 이상을 보이고 통증 내성이 낮다는 연구 결과가 있다(Deshpande et al., 2016). 즉, 통증에 대한 반응에 이상이 생겨 다른 사람들보다 비교적 약한 자극에도 고통을 크게 느끼게 되며 더 쉽게 자살행동으로 이어질 수 있다는 것이다.

4. 결론

자살의 신경생물학적 병태생리에 관한 연구는 많이 있었으나 아직은 제한적이고 일관되지 못하다. 이는 신경전달체계가 서로 얽혀 있는 복잡한 관계를 가지기 때문만이 아니라 자살행동 자체가 복합적인 요인에 의하여 영향을 받기 때문이다.

자살행동에서 세로토닌 활성의 감소는 주로 전전두엽에서 관찰되며 이는 충동성 및 공격성 증가와 관련이 있다. 또한 자살행동과 관련이 있는 스트레스는 시상하부-뇌하수체-부신축의 과활성 및 노르에피네프린 분비의 이상 등의 스트레스 반응들을 유발하고, 스트레스가 장기간 지속되거나 스트레스에 취약한 사람은 불안이나 우울증 등의 증상을 가져 자살위험이 증가한다.

참고문헌

Alda, M., & Hrdina, P. D. (2000). Distribution of platelet 5-HT(2A) receptor densities in suicidal and non-suicidal depressives and control subjects. *Psychiatry Res, 94*(3), 273-277. doi:10.1016/s0165-1781(00)00149-9

Anguelova, M., Benkelfat, C., & Turecki, G. (2003). A systematic review of association studies investigating genes coding for serotonin receptors and the serotonin transporter: II. Suicidal behavior. *Mol Psychiatry, 8*(7), 646-653. doi:10.1038/sj.mp.4001336

Asberg, M., Traskman, L., & Thoren, P. (1976). 5-HIAA in the cerebrospinal fluid. A biochemical suicide predictor?. *Arch Gen Psychiatry, 33*(10), 1193-1197. doi:10.1001/archpsyc.1976.01770100055005

Baldessarini, R. J., & Hennen, J. (2004). Genetics of suicide: an overview. *Harv Rev Psychiatry, 12*(1), 1-13. doi:10.1080/10673220490425915

Boldrini, M., Underwood, M. D., Mann, J. J., & Arango, V. (2005). More tryptophan hydroxylase in the brainstem dorsal raphe nucleus in depressed suicides. *Brain Res, 1041*(1), 19-28. doi:10.1016/j.brainres.2005.01.083

Brent, D. A., & Mann, J. J. (2005). Family genetic studies, suicide, and suicidal behavior. *Am J Med Genet C Semin Med Genet, 133C*(1), 13-24. doi:10.1002/ajmg.c.30042

Brown, S. M., & Hariri, A. R. (2006). Neuroimaging studies of serotonin gene polymorphisms: exploring the interplay of genes, brain, and behavior. *Cogn Affect Behav Neurosci, 6*(1), 44-52. doi:10.3758/cabn.6.1.44

Coryell, W., & Schlesser, M. (2001). The dexamethasone suppression test and suicide prediction. *Am J Psychiatry, 158*(5), 748-753. doi:10.1176/appi.ajp.158.5.748

Currier, D., & Mann, J. J. (2008). Stress, genes and the biology of suicidal behavior. *Psychiatr Clin North Am, 31*(2), 247-269. doi:10.1016/j.psc.2008.01.005

Deshpande, G., Baxi, M., Witte, T., & Robinson, J. L. (2016). A Neural Basis for the Acquired Capability for Suicide. *Front Psychiatry, 7*, 125. doi:10.3389/fpsyt.2016.00125

Ding, Y., Lawrence, N., Olie, E., Cyprien, F., le Bars, E., Bonafe, A., . . . Jollant, F. (2015). Prefrontal cortex markers of suicidal vulnerability in mood disorders: a model-based structural neuroimaging study with a translational perspective. *Transl Psychiatry, 5*, e516. doi:10.1038/tp.2015.1

Dominguez-Baleon, C., Gutierrez-Mondragon, L. F., Campos-Gonzalez, A. I., & Renteria, M. E. (2018). Neuroimaging Studies of Suicidal Behavior and Non-suicidal Self-Injury in Psychiatric Patients: A Systematic Review. *Front Psychiatry, 9*, 500. doi:10.3389/fpsyt.2018.00500

Galfalvy, H., Currier, D., Oquendo, M. A., Sullivan, G., Huang, Y. Y., & John Mann,

J. (2009). Lower CSF MHPG predicts short-term risk for suicide attempt. *Int J Neuropsychopharmacol, 12*(10), 1327-1335. doi:10.1017/S1461145709990228

Galfalvy, H., Zalsman, G., Huang, Y. Y., Murphy, L., Rosoklija, G., Dwork, A. J., . . . Mann, J. J. (2013). A pilot genome wide association and gene expression array study of suicide with and without major depression. *World J Biol Psychiatry, 14*(8), 574-582. doi:10.3109/15622975.2011.597875

Kim, C. D., Seguin, M., Therrien, N., Riopel, G., Chawky, N., Lesage, A. D., & Turecki, G. (2005). Familial aggregation of suicidal behavior: a family study of male suicide completers from the general population. *Am J Psychiatry, 162*(5), 1017-1019. doi:10.1176/appi.ajp.162.5.1017

Lester, D. (1995). The concentration of neurotransmitter metabolites in the cerebrospinal fluid of suicidal individuals: a meta-analysis. *Pharmacopsychiatry, 28*(2), 45-50. doi:10.1055/s-2007-979587

Mann, J. J. (2003). Neurobiology of suicidal behaviour. *Nat Rev Neurosci, 4*(10), 819-828. doi:10.1038/nrn1220

Mann, J. J., & Malone, K. M. (1997). Cerebrospinal fluid amines and higher-lethality suicide attempts in depressed inpatients. *Biol Psychiatry, 41*(2), 162-171. doi:10.1016/s0006-3223(96)00217-x

Mann, J. J., McBride, P. A., Malone, K. M., DeMeo, M., & Keilp, J. (1995). Blunted serotonergic responsivity in depressed inpatients. *Neuropsychopharmacology, 13*(1), 53-64. doi:10.1016/0893-133X(95)00016-7

McKinnon, M. C., Yucel, K., Nazarov, A., & MacQueen, G. M. (2009). A meta-analysis examining clinical predictors of hippocampal volume in patients with major depressive disorder. *J Psychiatry Neurosci, 34*(1), 41-54.

Menke, A., Domschke, K., Czamara, D., Klengel, T., Hennings, J., Lucae, S., ··· Binder, E. B. (2012). Genome-wide association study of antidepressant treatment-emergent suicidal ideation. *Neuropsychopharmacology, 37*(3), 797-807. doi:10.1038/npp.2011.257

Milak, M. S., Parsey, R. V., Keilp, J., Oquendo, M. A., Malone, K. M., & Mann, J. J. (2005). Neuroanatomic correlates of psychopathologic components of major depressive disorder. *Arch Gen Psychiatry, 62*(4), 397-408. doi:10.1001/archpsyc.62.4.397

New, A. S., Gelernter, J., Yovell, Y., Trestman, R. L., Nielsen, D. A., Silverman, J., ··· Siever, L. J. (1998). Tryptophan hydroxylase genotype is associated with impulsive-aggression measures: a preliminary study. *Am J Med Genet, 81*(1), 13-17. doi:10.1002/(sici)1096-8628(19980207)81:1〈13::aid-ajmg3〉3.0.co;2-o

Nordstrom, P., Samuelsson, M., Asberg, M., Traskman-Bendz, L., Aberg-Wistedt, A., Nordin,

C., & Bertilsson, L. (1994). CSF 5-HIAA predicts suicide risk after attempted suicide. *Suicide Life Threat Behav, 24*(1), 1-9.

O'Connor, D. B., Ferguson, E., Green, J. A., O'Carroll, R. E., & O'Connor, R. C. (2016). Cortisol levels and suicidal behavior: A meta-analysis. *Psychoneuroendocrinology, 63*, 370-379. doi:10.1016/j.psyneuen.2015.10.011

Oquendo, M. A., Placidi, G. P., Malone, K. M., Campbell, C., Keilp, J., Brodsky, B., ⋯ Mann, J. J. (2003). Positron emission tomography of regional brain metabolic responses to a serotonergic challenge and lethality of suicide attempts in major depression. *Arch Gen Psychiatry, 60*(1), 14-22. doi:10.1001/archpsyc.60.1.14

Ordway, G. A., Widdowson, P. S., Smith, K. S., & Halaris, A. (1994). Agonist binding to alpha 2-adrenoceptors is elevated in the locus coeruleus from victims of suicide. *J Neurochem, 63*(2), 617-624. doi:10.1046/j.1471-4159.1994.63020617.x

Roy, A., Karoum, F., & Pollack, S. (1992). Marked reduction in indexes of dopamine metabolism among patients with depression who attempt suicide. *Arch Gen Psychiatry, 49*(6), 447-450. doi:10.1001/archpsyc.1992.01820060027004

Sher, L., Mann, J. J., Traskman-Bendz, L., Winchel, R., Huang, Y. Y., Fertuck, E., & Stanley, B. H. (2006). Lower cerebrospinal fluid homovanillic acid levels in depressed suicide attempters. *J Affect Disord, 90*(1), 83-89. doi:10.1016/j.jad.2005.10.002

Soderstrom, H., Blennow, K., Sjodin, A. K., & Forsman, A. (2003). New evidence for an association between the CSF HVA:5-HIAA ratio and psychopathic traits. *J Neurol Neurosurg Psychiatry, 74*(7), 918-921. doi:10.1136/jnnp.74.7.918

Underwood, M. D., Kassir, S. A., Bakalian, M. J., Galfalvy, H., Dwork, A. J., Mann, J. J., & Arango, V. (2018). Serotonin receptors and suicide, major depression, alcohol use disorder and reported early life adversity. *Transl Psychiatry, 8*(1), 279. doi:10.1038/s41398-018-0309-1

Weiss, J. M., Stout, J. C., Aaron, M. F., Quan, N., Owens, M. J., Butler, P. D., & Nemeroff, C. B. (1994). Depression and anxiety: role of the locus coeruleus and corticotropin-releasing factor. *Brain Res Bull, 35*(5-6), 561-572. doi:10.1016/0361-9230(94)90170-8

Yerevanian, B. I., Olafsdottir, H., Milanese, E., Russotto, J., Mallon, P., Baciewicz, G., & Sagi, E. (1983). Normalization of the dexamethasone suppression test at discharge from hospital. Its prognostic value. *J Affect Disord, 5*(3), 191-197. doi:10.1016/0165-0327(83)90041-1

Zill, P., Preuss, U. W., Koller, G., Bondy, B., & Soyka, M. (2007). SNP- and haplotype analysis of the tryptophan hydroxylase 2 gene in alcohol-dependent patients and alcohol-related suicide. *Neuropsychopharmacology, 32*(8), 1687-1694. doi:10.1038/sj.npp.1301318

06

자살의 정신사회적 위험요인

　인간의 자살행동을 관찰해 보면 생물학적·심리적·사회환경적인 위험요인의 상호 작용 속에서 발생하는 경우가 대부분이다. 자살자의 원인을 조사하는 심리부검 연구에 서는 자살자에서 정신질환이나 정신병리가 중요한 위험요인으로 제시하지만, 사람들 은 다양한 사회적·환경적 스트레스를 경험한 후에 자살행동을 하는 경우가 흔하여서 이를 근접 위험요인(proximal risk factor)이라고 부른다. 당사자에게 고통을 주는 사회적 환경적 스트레스 요인이 자살행동에서 차지하는 중요성에 대해서는 논란이 있기는 하 지만, 대부분의 자살자가 자살행동 당시에 정신사회적 어려움을 겪는 것은 잘 알려져 있다.

　2018년 한국의 『자살예방백서』에서 경찰청 변사자료를 분석하여 자살동기를 분석한 것에 의하면 정신적 문제가 31.6%로 가장 많고, 뒤이어서 경제생활문제 25.7%, 육체적 질병문제 18.4%, 가정문제 7.9%, 직장 또는 업무상의 문제 3.7%, 남녀문제 3.2%. 사별 문제 0.8% 순이다(중앙자살예방센터, 2020). 현실 속에서는 자살동기 사건이 동시에 여 러 가지가 발생하는 경우가 많아서 한 가지 동기로 원인을 규명하는 것은 간단치 않은 일이다. 예를 들어서, 경제적인 어려움을 겪으며 가정불화가 생기고, 그로 인해 우울증

* 홍진표(성균관대학교 삼성서울병원 정신건강의학과 교수)

에 빠져서 자살행동으로 이어지는 경우, 이 중 한 가지를 꼽아 자살의 동기로 규정하기는 어렵다. 이런 자살 근접 자살위험요인은 성별 연령군에 따라서 다양하게 발생하지만, 이런 위험요인을 경험한 사람 중에서 실제 자살행동으로 이어지는 비율은 높지 않다는 점에서 자살행동을 개인의 취약성과 정신사회적 위험요인의 상호작용으로 설명하는 모델로 이해하여야 한다.

1. 스트레스성 생활사건

스트레스성 사건을 경험한 이후에 자살행동을 하는 경우는 매우 흔하여, 자살자의 80%까지 보고되고 있다(Kolves, Varnik, Schneider, Fritze, & Allik, 2006). 예를 들어, 입시나 학업의 실패, 실직, 경제적 어려움, 파산 등의 사건을 경험하는 경우 정신적 고통이 심해지고 고통을 벗어나기 위해서 자살행동으로 연결되기 쉽다.

직장이나 학교에서 따돌림이나 괴롭힘, 희롱 등도 자살의 중요한 위험요인이다. 특히 직접적인 위협이나 폭력이 가해지는 경우 자살위험이 더 증가한다. 청소년에게 왕따나 괴롭힘은 청소년 자살의 중요한 원인인데, 여학생의 경우 남학생에 비하여 자살행동으로 연결될 위험이 더 크다.

국내에서는 경찰이나 검찰에 조사를 받다가 자살하는 경우가 빈번히 발생하는데 강압수사와 관계 없이 성범죄 등 자신의 명예나 체면에 심각한 손상이 가는 범죄의 피의자가 자살행동으로 연결될 수 있다.

소아청소년에게도 스트레스성 생활사건은 자살행동과 관련이 깊은데, 자살기도를 한 사춘기 전 자살기도자를 추적한 결과 스트레스성 생활사건이 높은 경우 향후 자살행동을 할 위험성이 높았다. 잦은 이사, 가족의 죽음, 주요 양육자의 질병 같이 가정의 안정성이 낮은 경우에도 자살위험이 증가한다.

2. 중요한 상실

인생에서 중요한 사람을 상실하는 것은 자살행동을 하게 되는 중요한 위험인자이다. 배우자와 사별을 한 경우 일주일 내의 자살률이 20~30배 증가하며 한 달까지 높은 상태가 유지되다가 점차 낮아진다(Ajdacic-Gross et al., 2008). 의존욕구나 보호욕구가 강한 사람에서 배우자나 중요한 대상을 상실하는 경우 내적으로 허전함이나 외로움을 경험하고 안전욕구가 좌절되면서 정서적으로 불안정해지고 좌절감이 높아져서 자살 충동이 생긴다.

소아청소년에서 어린 시절에 부모의 이혼이나 사망 등으로 한쪽 부모를 잃은 경우 자살의 위험인자가 되는데, 특히 어린 나이의 상실과 어머니의 상실이 더 위험하다. 성인 시기에 중요한 대상과 이별 등 상실경험을 하게 되면 어린 시절의 경험이 떠올라서 그 충격이 배가되어 자살의 위험이 높아진다.

인생에 중요한 사람뿐 아니라 사람이 아닌 중요한 대상의 상실도 자살의 중요한 위험요인이 될 수 있다. 자신이 명예나 체면, 애완동물 등의 상실도 자살의 위험을 증가시킬 수 있다.

3. 신체질환

다양한 신체질환을 앓고 있는 사람의 경우 자살률이 증가한다. 대표적인 신체질환으로는 암, 파킨슨, 중풍, 간질 같은 신경계질환, 통증, 간질환, 만성폐질환, 관절질환 같이 죽음이 다가오거나, 치료가 불가능한 상태이거나, 우울증이 잘 생기는 질환이나 점진적으로 악화가 예상되는 질병의 경우 자살률이 증가한다.

국내 암 환자에서 자살은 약 두 배 증가한다고 하며, 특히 암 진단 첫 해에서 증가한다. 췌담암, 폐 및 위암에서 자살이 흔하며, 첫 진단 당시 진행된 단계로 진단되는 경우 자살의 위험이 매우 높다(Ahn et al., 2015). 암으로 진단을 받을 당시 정신적 충격이 큰데다가 검사 결과 이미 진행이 많이 되어서 치료가 어려울 수 있다는 말을 들으면 자살충동이 높아질 수 있으므로 주의를 요한다.

파킨슨, 간질, 중풍, 두부 외상, 헌팅턴씨병 등 뇌의 질병은 우울증 등 정신질환이 많이 병발되고, 레비티라세탐 등 자살충동성이 증가하는 부작용이 있는 약제를 사용하는 경우 자살위험이 증가된다. 치매의 경우 자살충동이 있다 하여도 수행할 능력이 저하되므로 진단 받은 첫 달 이후에는 자살위험이 높지 않다.

그 외 통증이나 일상생활 능력을 저하시킬 수 있는 각종 신체질환을 만성적으로 앓게 되면 자살위험이 높아진다. 만성질환을 오래 앓으면서 통증, 무가치감, 자존감 저하 등의 불편감에서 벗어나고 싶은 충동, 기능이 손실로 인하여 타인에게 의존하는 상황이 되는 것, 중요한 사람들에게 짐이 된다는 죄책감 등이 작용할 수 있다.

신체질환은 정신질환이 동반되지 않는 경우에도 자살의 위험성을 증가시킨다고 하지만, 특히 과거 우울증 병력이 있는 경우나 과거 자살기도 병력이 있는 경우, 알코올 남용, 성격장애, 주위의 정서적 지지가 부족한 경우 그 위험성이 더 높아진다.

4. 학대

성적이나 신체적인 학대를 받는 경우 자살위험이 증가된다. 특히 어린 시절 성적인 학대를 당한 경우 자살행동이 증가한다는 것이 잘 알려져 있다. 성적 학대를 받은 여자 아동은 자살기도가 5배 증가하며 남자 아동은 20배 증가한다고 한다(Garnefski & Arends, 1998).

소아나 청소년들이 가정 내에서 폭력, 학대나 방임을 당하는 경우도 자살행동이 증가한다. 메타분석에 의하면 어린 시절 학대(성적 학대, 정서적 학대, 폭력 등)를 당하는 경우 성인기에 자살기도나 자살생각이 2~3배 증가된다고 한다. 어린 시절에 특히 성적 학대나 복합학대를 당하는 경우 자살성향이 증가된다(Angelakis, Gillespia, & Panagioti, 2019).

이러한 학대를 어린 나이에 경험할수록 자살 성향이 높아진다. 이는 어린 나이에 경험하는 학대로 인해 개인이 생애에서 경험하는 부정적 생활사건이나 스트레스 사건의 충격을 완화시키는 능력이 부족해지고, 결국 쉽게 자살을 대안으로 선택하게 만들기 때문이다.

소아청소년 시기에 폭력이나 학대를 받는 경우 그 충격은 다양하게 영향을 미쳐서 피해자들이 성장하며 우울장애나 약물남용, 외상후 스트레스 장애 등의 후유증을 유발하고 자살행동을 동반한다. 이런 학대로 인한 자살성향은 정신질환 발병과 관계없이 직접적인 관련성을 보인다.

5. 가족관계 요인

가족 내에서 발생하는 다양한 스트레스는 자살행동의 중요한 원인이 될 수 있다. 특히 소아청소년에서 부모 자식 간에 소통의 문제는 자살의 중요한 요인이 될 수 있다. 부모와 자식 간에 연결된 느낌(Parent-child connectedness)은 자살생각을 줄이는 데 중요한 요인이다.

국내에서 922명의 청소년을 상대로 한 설문조사에 의하면 자살기도 청소년의 가족에서 근친상간, 알코올중독, 자살기도과 우울증이 일반 가족보다 더 흔하고 역기능적인 가족 다이나믹을 보이는 경우가 많다고 한다(Kim, 2002).

질병관리본부가 응급실 자살기도자 1,599명 대상 조사에서 직접적인 동기로 "가족구성원 또는 연인과의 갈등"이 46.5%를 차지한다고 보고하여 우리나라에서 자살기도는 우울증으로 인한 자살보다는 가족 간의 갈등이 주요한 촉발요인으로 보고하고 있다.

자살로 사망하거나 자살기도를 한 부모의 자녀들은 자살위험이 1.57배 증가된다고 알려져 있다. 가족이나 쌍생아 연구 및 입양에서 자살행동은 가족성향이 뚜렷하다고 하는데, 특히 어머니의 자살기도는 청소년에서 자살위험을 증가시킨다. 이런 가족성향은 힘든 일이 있을 때 자살행동으로 대처하는 것을 학습한 효과, 부모가 자살행동을 할 때 동반된 어려운 가정환경을 공유하게 된다는 점, 또한 유전적 소인도 함께 작용하는 것으로 알려져 있다(O'Reilly et al., 2020).

6. 사회적 고립

사회학자 뒤르켐(Durkeim, 1952)은 '아노미성 자살'이라는 유형을 통하여 개인과 사회의 연결고리가 끊어지는 것이 자살의 중요한 요인이라는 것을 제시하였다. 스웨덴의 스텐겔(Stengel, 1964)은 사회적 환경보다는 사회적 고립이 자살과 더 직접적인 관련성이 있다고 주장하였다. 자살시도자의 22.6%와 자살사망자의 42.7%에서 사회적 고립 상태를 보인 것으로 보고하였다.

사회적 고립은 여러 측면으로 구성된 복합적인 개념이다. 구조적 사회적 관계는 결혼상태, 독거, 가정불화, 사회적 접촉, 사회적 네트워크, 사회적 고립, 지역사회 참여, 취업, 종교활동, 사회 통합으로 볼 수 있고 기능적 사회적 관계는 주관적 외로움, 지각된 사회적 지지, 학대를 포괄하는데, 구조적 사회적 관계와 기능적 사회적 관계 모두 자살에 영향을 주지만 기능적 사회적 관계의 영향력이 더 크다(Calati, Ferrari, Brittner, Oasi, Olie, Carvalho, & Courtet, 2019).

이혼하거나 별거 중인 경우도 자살의 위험요인이며, 특히 남자에서 두드러진다. 여러 연구에서 대인관계나 대인접촉이 없는 경우 자살의 위험요인이 될 수 있다고 하였다. 청소년의 경우 또래집단에서 소외되었다고 느끼거나 학교의 일원이 아니라고 생각하는 군에서 자살생각이 두 배 높아진다. 가족의 연결된 느낌, 학교에서 연결된 느낌, 좋은 학업성취는 자살위험을 줄이는 보호요인이 될 수 있다.

양적인 사회적 접촉보다는 사회적 외로움이 자살행동에 더 중요한 요인이라고 하며, 이때 외로움이란 사회적 고립의 주관적인 인식이라고 할 수 있다. 혼자 살지만 외롭지 않고 주위의 도움을 적절히 받을 수 있는 경우가 많은 반면에 동거하는 사람이 있어도 외롭고 사회적 지지가 부족한 경우가 흔하다. 소아 청소년에게 어린 시절의 외로움은 추후 자살성향의 중요한 위험인자이다. 성인과 노인도 주관적 외로움은 정신이나 신체건강문제와 상승작용을 보이면서 자살성향을 4배까지 증가시킨다.

사회적 고립이란 타인과의 사회적 상호관계를 수립하지 못하는 상태인데, 이로 인해 정서적 지지를 받을 수 있는 자원이 부족하고, 실제적인 도움이 필요한 상태에서 적절한 도움을 요청을 할 수 없으므로 쉽게 죽음을 선택하게 만드는 원인이 된다.

7. 사회경제적 요인

삶의 공포가 죽음의 공포를 압도할 경우 경제학의 비용효과공식에 의해서 자살의 위험이 증가된다. 가난이나 실직으로 경제적 어려움이 심해지면 사람은 삶의 공포가 커지고 죽고 싶어진다. 가난해지면 알코올 사용이 증가되고 가정불화가 심해지면서 자살위험이 커진다. 또한 실직자는 일자리를 구하기 위해 객지로 가게 되고 사회적 지지가 없는 외로운 삶을 살면서 자살충동에 시달린다.

사회경제적 수준에 따라서 자살률에는 큰 차이가 있다. 사회경제적 수준은 경제적 수입, 교육 수준, 직업의 전문성, 취업 여부 등으로 측정으로 하는데 낮은 사회경제 수준군에서 일관되게 자살률이 높다. 리 등(Li et al., 2011)의 메타연구에 의하면 남성에서 비숙련이나 생산직 노동자들의 자살 상대위험도는 높은 수준 직업보다 2.67배 높고, 중졸 이하 학력은 고학력보다 2.42배 높으며, 낮은 소득 수준은 높은 소득수준에 비하여 2.18배 높았다. 여성에서는 실직상태가 취업상태보다 1.68배, 중졸 이하 학력은 고학력보다 1.48배, 낮은 소득 수준은 높은 소득 수준에 비하여 1.45배 높았다.

실직은 경제적 어려움, 삶의 질 저하, 자존감의 손상을 통해서 자살위험을 증가시킨다. 실직은 당사자뿐 아니라 가족의 삶의 질을 직접적으로 위태롭게 하며, 실직 위기에 있는 것만으로도 상당한 공포를 유발하게 된다. 실직을 한 사람이 다른 직장을 구하더라도 급여나 직업적 안정성이 낮은 직업군으로 옮기게 되어서 자살위험이 전반적으로 높아지게 된다.

플랫의 연구(Platt, 1984)에 의하면 영국 런던에서 실직자에서 자살률은 10만 명당 73.4명으로 일반인구 14.1명에 비하여 매우 높았으며, 오스트리아의 경우 각각 98.3명, 25명으로 약 4배의 차이가 있었고, 이탈리아의 경우 3.2명과 2.1명으로 50% 정도 차이가 있었다. 실직의 충격은 여성에서 더 적은데 이는 전통적으로 여성이 직업이 없는 것에 대한 기대가 낮은 것과 관련이 있을 것이다.

국내에서 젊은 세대에서 장기간 취업난이 지속되고 있고, 특히 계약직 일자리를 옮겨 다니면서 점차 안정성이 낮은 직장을 구하는 세대에서 자살률이 증가될 것으로 우려되고 있다.

8. 요약

자살사망자들은 자살행동을 하기 전에 정신사회적인 요인을 갖고 있는 경우가 매우 흔하다. 우리나라의 높은 자살률은 단지 우울증 등 정신질환의 영향만으로는 설명하기 어렵다. 우리 사회의 자살을 이해하기 위해서는 정신사회문화적 위험요인을 지닌 사람들이 삶의 고통을 자살이라는 방법을 통해서 벗어나려고 하는 경향이 높다는 점, 목맴과 같은 치명적인 자살 방법을 흔히 사용한다는 점을 주의해야 한다. 따라서 자살 고위험군에서 자살을 예방하기 위해서는 정신사회적인 위험요인을 찾아내고 이를 적극적으로 해결하려는 노력이 필수적이다.

참고문헌

중앙자살예방센터(2020). 자살예방백서. 보건복지부.

Ahn, M. H., Park, S., Lee, H. B., Ramsey, C. M., Na, R., & Hong, J. P. (2015). Suicide in cancer patients within the first year of diagnosis. *Psycho-Oncology, 24*, 601-607.

Ajdacic-Gross, V., Ring, M., Gadola, E. et al. (2008). Suicide after bereavement: an overlooked problem. *Psychol Med, 38*(5), 673-676.

Angelakis, I., Gillespia, E. L., & Panagioti, M. (2019). Childhood maltreatment and adult suicidality: a comprehensive systematic review with meta-analysis. *Psychol Med, 49*(7), 1057-1078.

Calati, R., Ferrari, C., Brittner, M., Oasi, O., Olié, E., Carvalho, A. F., & Courtet, P. (2019). Suicidal thoughts and behaviors and social isolation: A narrative review of the literature. *J Affect Disord Feb 15, 245*, 653–667.

Garnefski, N., & Arends, E. (1998). Sexual abuse and adolescent maladjustment: differences between male and female victims. *J Adolesc, 21*(1), 99–107.

Kim, H. S. (2002). Correlation between personality, family dynamic environment and suicidal attempt among Korean adolescents population. *J Korean Acad Nursing, 32*(2), 231–242.

Kolves, K., Varnik, A., Schneider, B., Fritze, J., & Allik, J. (2006). Recent life events and suicide: A casecontrol study in Tallinn and Frankfurt. *Soc Sci Med, 62*(11), 2887–2896.

Li, Z., Page, A., Martin, G., Taylor, R. (2011). Attributable risk of psychiatric and socio-economic factors for suicide from individual level, population-based studies: A systematic review. *Social Science and Medicine, 72*, 608–616.

O'Reilly, L. M., Kuja-Halkola, R., Rickert, M. E., Class, Q. A., Larsson, H., & Lichtenstein, P. (2020). The intergenerational transmission of suicidal behavior: an offspring of siblings study. *Translational Psychiatry, 30*(10), 173.

Platt, S. (1984). Unemployment and suicidal behavior: A review of the literature. *Social Science and Medicine, 19*, 93–115.

Stengel, E. (1964). *Suicide and Attempted Suicide* (2nd ed.). Baltimore, Penguin Books.

Zimmerman, S. (1987). States' public welfare expenditures as predictors of state suicide rates. *Suicide and Life Threatening Behavior, 17*, 271–287.

제**2**부

자살예방의 근거

자살의 법적 이해

　자살은 인간의 의식적 행위라는 점에서 오래전부터 법적 평가의 대상이었다. 인간이 가진 자유의지가 자신의 삶에 대한 결정권한까지 포함하고 있다고 생각한 지는 그리 오래되지 않았고, 자신의 생명과 신체가 누구에게 속해 있는지에 대한 사회적 인식에 따라 자살에 대한 법적 평가는 달라졌다. 서구의 경우 개인이 신이나 왕에게 귀속되어 있다고 생각하던 시기에는 자살이란 신이나 왕의 생사여탈권(生死與奪權)에 대한 침해라는 인식이 강하였다. 반면에 동양의 경우 자살은 부모로부터 물려받은 신체를 훼손하는 행위로서 불효라는 인식이 강하였다.

　현대에도 자살이라는 행위에 대해 단순히 그것을 예방하기 위한 국가의 노력이라는 측면 외에도 법이 자살에 어떻게 관여하는지, 자살에 대해 타인이나 국가와 같은 제3자의 법적 책임을 인정할 수 있는지, 자살이라는 행위에 국가적 혜택이나 보험금을 지급할 수 있는지 등 아직까지 여러 법적 쟁점이 남아 있다. 이 장에서는 자살을 바라보는 법적 관점을 살펴보고, 자살로 인한 법적 쟁점과 사례들을 검토해 법이 바라보는 자살을 이해해 보고자 한다.

* 신권철(서울시립대학교 법학전문대학원 교수)

1. 자살과 국가 개입: 자살을 처벌할 수 있는가

1) 자살에 대한 서구의 법적 관점[1]

과거에 자살은 법적으로 어떤 규율을 받아 왔는가? 자살이 도덕적으로, 종교적으로 옳지 않은 것이라고 사회적으로 생각했다면 법적으로도 처벌대상이 되었을 것이다. 실제 자살을 처벌한 역사가 남아 있다.

고대 그리스 시대와 로마 시대에는 자살이나 안락사에 대해 너그러운 사회적 태도가 유지되어 자살을 특정상황에서 스스로 죽음을 선택하는 이성적 행위로 이해하기도 하였으나, 또 다른 한편에서는 신의 뜻을 거역하는 일이라거나(에피쿠로스 학파 등), 자신의 의무를 회피하는 행동(아리스토텔레스)이라고 생각하기도 하였다(Dowbiggin, 2007). 로마제정기의 로마법은 재판을 진행중인 피고인이 이유 없이 자살할 경우 자살한 자의 재산을 몰수하였고(최병조, 2009), 고대 로마의 경우에도 일반인의 자살은 허용되었지만 노예나 군인의 자살은 금지되었다(Dowbiggin, 2007).

중세에는 교회법의 영향으로 자살이 법적으로 금지되었는데, 이 당시 자살은 아우구스티누스가 말한 자신을 살해하는 행위(self-murder)여서 살인의 또 다른 형태로 신의 계율을 위반한 것이라거나(Dowbiggin, 2007), 아퀴나스가 말한 것과 같이 인간은 자살을 통해 사회에서 자신의 존재와 활동을 박탈할 권리가 없고, 신의 소유물이기 때문에 인간의 생사는 신이 결정하는 것이라 이해하고(김현조, 2011), 유죄판결을 받지 않더라도 범죄로서 죄악시되었다.

자살자를 처벌할 수 없었기 때문에 대체로 일반 묘지에 매장을 금지하거나, 시신을 훼손(말뚝을 박거나, 머리 위에 돌을 얹음)하는 방식으로 처벌을 가하거나, 일부에서는 재산을 몰수하였다(김현조, 2011). 몰수된 재산은 영주나 왕의 재산으로 귀속되어 왕실의 재정확보 수단으로 활용되었다(김현조, 2011). 중세시대에 자살자가 시신훼손이나 재산몰수의 형벌을 피할 수 있는 유일한 방법은 그 자살이 정신이상 상태에서 이루어졌다는 인정을 받는 것이었다(Dowbiggin, 2007).

근대 이후에는 신으로부터 벗어나 인간의 이성을 중요시하는 계몽사상 등에 힘입어 자살자에 대한 처벌이나 재산몰수는 점차 없어지기 시작하였다. 영국과 같은 경우

---

1) 이 내용은 필자(신권철, 2013)의 논문 내용 중 일부를 발췌하여 추가 · 수정한 것이다.

1870년 자살에 대한 재산몰수죄가 폐지되었지만, 자살미수자에 대한 처벌은 1961년 자살법이 제정되어 자살 및 자살미수죄를 폐지할 때까지 계속되었다(김현조, 2011).

이와 같이 자살에 대한 역사적 태도를 보면 그 당시의 사회적 관념을 반영하여 고대 그리스 · 로마 시대에는 방임(일반인)과 처벌(노예와 군인), 중세 기독교 시대에는 처벌, 근대 이후에는 처벌의 폐지가 이루어져 온 것을 알 수 있다. 역사적으로 자살처벌의 근거는 왕 또는 신에 대한 의무를 위반한다는 것이었고, 그 논리적 전제는 왕 또는 신이 백성에 대한 생사여탈권을 쥐고 있는데, 그의 명령이나 허락 없이 생명을 끊는 것은 왕이나 신의 권한을 침해한다는 논리였다.

역사적으로 자살이 금지된 이유는 노예는 주인에게, 군인은 왕에게, 교인은 신에게 복속된 생명체여서 죽음을 자신의 뜻대로 할 수 없다는 의미를 가지고 있다. 역사에 나타났던 주인, 왕, 신의 역할을 현대 사회에서는 국가가 대신한다. 국가는 과거 주인이나, 왕, 신이 맡았던 역할을 대신하면서 국민의 자살행위에 개입하기 시작한다.

과거 노예의 자살을 금지한 이유는 주인에 대한 의무를 이행하지 않고서 스스로 목숨을 끊는 것이 주인에게 경제적 타격을 주는 것이라는 이유도 있었고, 실제 자살자의 재산이 왕이나 영주에게 몰수되었던 이유는 그의 죽음으로 인해 상실된 손해를 전보한다는 측면이 있었던 것으로 보인다. 즉, 자살자 재산의 몰수는 사람의 생명과 재산이 서로 환원되어 존재하였음을 역사적으로 보여 주는 것이다.

이와 같이 자살에 대한 국가의 제재적 조치는 21세기를 전후하여 자살예방과 지원의 형태로 전환되는데, 그것은 개인의 생명에 대한 권리(생명권)가 확대되어 자살을 예방해야 할 국가의 의무가 점차 확대되면서 발생한 일이다.

2) 한국에서의 과거 자살에 대한 관점

동양에서는 조금 다른 이유로 자살이 금지되었다. 중국 『효경』에 나오는, 우리가 학교 한문 시간에 배운 다음의 글귀는 자살을 해서는 안 되는 이유를 보여 준다.

> "身體髮膚(신체발부) 受之父母(수지부모), 不敢毀傷(불감훼상), 孝之始也(효지시야)"

이 글귀는 『효경』에 나오는 글귀로 우리의 신체는 부모로부터 받은 것이어서 그것을 상하게 하지 않는 것이 효도의 시작임을 제시하여 자살과 같은 생명손상 행위는 부모에게 큰 불효가 됨을 말해 준다. 즉, 동양에서는 왕이나 신이 아닌 부모가 내려준 생명이기 때문에 자살을 해서는 안 되는 것이다. 그러나 모든 자살이 사회적으로 금기시된 것은 아니다. 예컨대, 조선왕조실록에는 다양한 자살에 관한 사건이 나오는데, 한일합병조약에 분개한 민영환, 조병세 등의 자살에 대해서는 국가가 위문(慰問)과 구휼, 시호 등을 내려 죽은 사람과 가족들을 위로하였다(조선왕조실록 홈페이지 50책 46권 44장 및 46장).

한편, 조선 정조 시대에 사형죄수에 대한 판례집인 심리록에는 38건의 자살사건이 등장하는데, 그중 남성은 7명, 여성은 31명으로 여성이 압도적으로 많고, 여성의 경우 강간을 당한 수치심에 의한 자살이 22건, 그 외의 9건의 경우도 간통과 추문 등으로 주위의 시선과 비난을 원인으로 한 자살이라고 한다(심재우, 2010).

한국을 포함해 동양에서의 자살은 신에 대한 배신이거나 왕에 대한 불충이라기보다는 부모에 대한 불효로서 인식되는 경우가 많았고, 앞에서 본 바와 같이 국가에 대한 충성을 보이기 위한 자결의 경우에는 효(孝)보다도 충(忠)이 앞서는 유교사회에서 부끄럽거나 불명예스러운 일이 아니었던 것으로 보인다. 또한 조선 시대에는 여성에 대한 정절의 요구가 열녀(烈女)를 요구하면서 강간과 같이 본인의 의지가 아닌 사건이 발생한 경우에도 수치심 등을 이유로 자살이 사실상 강요된 것이라 할 수 있다. 즉, 조선 시대 유교문화에서는 충·효·열(忠·孝·烈)을 이유로 한 자살을 충분히 정당화할 수 있는 힘이 있었던 것이다.

2. 자살에 대한 법적 시각

1) 자살의 본질

자살을 바라보는 시각 중에 주요한 관점은 자살을 질병 또는 악으로 바라보는 관점이다. 자살을 질병론적 시각에서 바라보는 관점은 그것의 사회적 전염성과 위험성을 강조하고, 개인의 정신적 문제에 집중하면서 그 대응방법도 질병의 치료와 비슷하게 예방, 조기발견과 치료, 회복 등의 3단계 대응을 제시한다(河西千秋, 2013).

자살을 바라보는 두 번째 시각은 범죄와 유사하게 자살을 악으로 규정하는 것이다. 이러한 관점에서 자살을 바라보면 자살은 범죄와 유사하게 사회적 낙인이 된다. 2013년 자살에 관한 대국민 인식조사는 '자살은 절대로 정당화될 수 없다'는 의견에 동의하는 국민이 73.9%로 자살에 대한 강한 부정적 인식을 보여 주고 있다(보건복지부 2014. 4. 1. 보도자료). 범죄가 절대로 정당화될 수 없는 것처럼 자살도 정당화될 수 없다는 인식은 과연 자살을 줄일 수 있는 좋은 관점이 될 수 있을지 의문이다. 정당화될 수 없는 행위를 하고서도 살아 있는 자살시도자에게는 이 설문이 어떤 의미로 받아들여질지 고민할 필요가 있다. 단순한 자살시도자에 대한 배려 차원의 문제가 아니라 자살행동을 사회적 낙인으로 만들게 된다는 점이다. 과거 서구 유럽에서 자살을 범죄로 처벌하던 시절, 죽은 사체를 가지고 거리를 돌아다니고, 자살자의 매장을 금지하며, 재산을 몰수하는 국가의 형벌적 조치는 결국 모두 폐지되었지만 종교적·사회적 관점에서 자살을 정당화될 수 없는 행위로 바라보는 인식은 앞에서 본 바와 같이 여전히 강하다.

생각건대, 자살의 사회성(자살은 국가별로 발생율과 자살동기의 차이가 크다.)을 감안해 볼 때, 자살은 자신의 의지와 무관하게 발생하는 질병도 아니고, 자신의 의지로 이루어지는 범죄도 아닌 그 중간의 어디쯤에서 적극성과 수동성이 섞여 있는 행위이다. 자살의 원인 중에는 분명히 어디엔가 사회적 압력이 존재한다. 학교의 폭력피해 아이들이, 빈곤과 병고에 시달리는 노인들이, 그리고 일자리나 가족을 잃은 사람들이 자신의 존재가치를 사회에 물을 때, 사회가 그들의 귀에 대고 뭐라고 조용히 속삭이는지에 따라 자살의 계기는 달라질 것이다. 공공연히 그들의 앞에 대고 하는 얘기가 아닌 마음속으로 전해지는 말들 속에서 한 사회의 자살률은 결정된다.

자살은 그래서 범죄와 같이 비난의 책임을 본인에게 그대로 귀속시킬 수 없으며, 질병과 같이 한 사람의 안 좋은 운명으로 바라볼 수도 없다. 자살은 자신의 인격의 소멸로서 모든 책임으로부터 벗어난다. 결국 성공한 자살에는 책임을 부과할 수 없고, 그렇기 때문에 그것은 자살자 본인이 아니라 가족과 사회가 지는 책임이 된다. 이 책임은 분명히 존재하고, 그 책임을 질 주체도 살아 있다. 자살은 결국 자살자 본인의 책임이 아니라 사회적 책임으로 전이된다. 자살자의 자살이 정당화될 수 없는 것이 아니라 우리가 절대로 그 책임으로부터 면책될 수 없는 것이다. 그것을 잊고자 우리가 내미는 알리바이 중의 하나가 자살자 본인에게 책임을 부여하는 것이다.

2) 자살과 박탈

에밀 뒤르켐이 그의 자살론에서 적절히 지적하고 있듯이(Durkheim, 2008), 자살에서 말하는 경제문제나 가정문제는 일정한 상태, 예컨대 '빈곤'이나 '독거의 삶'이 자살의 계기가 되는 것이 아니라 빈곤으로의 추락이나 이혼·사별과 같이 일정한 사회적 삶의 급격한 변화가 계기가 된다는 점을 기억하여야 한다. 즉, '개인적 욕구나 지위의 상태가 아닌 변화' 과정에서 자살은 시작되고, 그러한 개인의 욕구나 지위의 변화는 사회적 흐름 속에 있다. 자살자 개인이 무엇을 빼앗겼기에 자살의 결단을 하게 되었는지를 알기 위해서는 우리가 무엇을 가지고 있는지를 보면 알 수 있다. 우리가 모두 보편적으로 가지고 있는 것은 태어날 때부터 가지고 있는 것이다. 프랑스의 법학자 알랭 쉬피오는 우리의 존재근거를 깨닫는 일의 어려움을 지적하면서도 출생을 통해 우리가 얻는 것을 다음과 같이 표현하고 있다.

> "언어로 자기 존재를 자각할 수 있기 전에도 모든 신생아는 자기 이름을 갖고 일정한 친족관계에 편입된다. 즉, 아이에게는 세대적 연계 속에서 일정한 자리가 부여되는 것이다. 왜냐하면 우리가 '나'라고 말할 수 있기 전에 이미 법은 우리 각자를 하나의 법주체로 만들기 때문이다. 자유로운 존재가 되려면 주체는 우선 자신을 다른 사람들에게 엮어 주는 말들로 엮여야 한다. ……(중략)…… 인간은 (자유, 조국, 신, 명예 등) 자신이 정의롭다고 생각하는 가치를 위해 죽고 죽일 수도 있으며, 이러한 점에서 우리 각자에게는 하나의 폭탄이 내재되어 있는 것과 같다." (Supiot, 2015)

자살을 생각하는 사람은 사회적 고립에 처해 있는 경우가 많다. 이러한 사회적 고립은 원래 자신이 태어날 때부터 가진 것을 빼앗긴 것을 의미한다. 앞에서 본 바와 같이 출생을 통해 아이는 자동적으로 가족(친족관계) 속에 편입되고, 누군가 자신의 옹알이를 받아 주고, 자신의 보금자리가 부여된다. 그러나 사회적 성장 과정에서 친족관계가 상실되고(이혼, 사별, 가족의 죽음), 정신과 육체가 마모되고, 돌봄과 보금자리(주거나 일자리), 언어적 소통을 상실하는 상황이 발생한다.

태어나면서부터 한 사람의 삶을 붙잡아 주는 것들이 하나 둘 상실되는 것이 자살의 원인이 된다면, 결국 상실된 것을 대체하거나 보완해 주는 사회적 관심만이 사람들에게 숨겨진 폭탄의 폭발을 막는 방법이 될 것이다. 즉, 우리에게 내재된 폭탄이 터지지 않게 하는 방법이 자살예방법이다. 출산과 자살은 사회 속 개개인의 의지가 작동되는 부분이다. 우리 사회의 개개인이 아이의 탄생을 두려워하고, 자신의 미래의 노후 또한 두려워하는 것을 놔둔 채로 국가가 출산율과 자살률을 통제할 수 있다는 생각은 오만해 보일 수 있다.

3. 자살에 대한 국가개입의 근거와 방식

1) 국가의 존재근거

국가는 자신의 존재근거를 통상 두 가지에서 찾는다. 하나가 사회의 치안유지이고, 다른 하나가 국민의 생존유지이다. 전자의 의무를 수행하기 위해 국가에게는 치안권능 (police power)이 부여되고, 후자의 의무를 수행하기 위해 국가에게는 가부장적 권능(國親權能, parens patriae power)이 부여된다. 가부장적 권능이란 국가가 한 가족의 가장처럼 그 구성원들을 보살피고, 양육하며, 돌보는 것이다. 국민들의 질병을 예방하고, 치료하며, 자살을 막고자 하는 국가의 의무와 권한의 근거는 이와 같은 가부장적 권능에서 비롯된다.

한국에서 자살예방법이 발의되기 전인 2005년의 연구보고서에 의하면(정상혁, 2005) 자살에 따른 사회경제적 비용을 수 조원(최대 3조 856억)에 이를 것으로 추산하고 있다. 그중 자살자의 조기사망으로 인한 비용(주로 자살자가 살아 있으면 벌었을 돈)이 3조 원에 이를 것으로 추산하고 있다. 이와 같은 경제적 손실의 수치는 국회에서 자살예방법안을 발의하는 데 참고자료로 원용되면서 그 문제의 심각성을 알리는 데 일정한 역할을 하였다. 그러나 자살자의 죽음이 경제적 손실로 환산되어 국가가 그 문제의 심각성을 알게 된다는 의미는 과거 경제적 손실을 막기 위해 노예의 자살을 막았던 목적과는 다르게 이해되어야 할 것이다.

2) 자살에 대한 국가의 대응방식

우리의 삶을 결단내릴 수 있는 주체에는 자기 자신 외에 국가도 있다. 국가가 가진 생사여탈권(生死與奪權)은 우리에게 삶과 죽음을 주거나 뺏을 수 있는 권한을 말한다. 사형제도는 살인(殺人)의 한 형태임에도 국가는 이를 허용하고 있고, 낙태수술은 잠재적 생명의 제거임에도 사실상 허용되는 현실은 국가가 어떤 역할을 할 수 있는지 보여주는 것이다. 20세기 전반까지 서구 일부 국가에서는 미래의 생명을 제거하는 강제적 불임수술도 법제도화하였고, 한국은 1973년 모자보건법 제9조에 정신적 장애 등이 있는 산모에 대해 강제적 불임수술을 하는 법규정이 마련되었다. 독일 나치 치하에서는 정신장애인과 장애아동에 대한 안락사가 국가 정책적으로 시행되었다. 자살예방정책이란 결국 국가가 자신의 국민을 살리거나 죽일 수 있는 권한 중에 살리려는 노력을 하는 것이라 할 수 있다.

자살을 대응하는 국가의 자세는 다양할 수 있다. 앞서 본 과거 서구에서와 같이 종교적 이유나 경제적 이유로 자살자에 대한 시신훼손, 매장금지, 재산몰수와 같이 형사처벌적 대응을 하는 경우도 있었지만 현재는 자살 자체를 형사적 제재로서 대응하지는 않는다(다만 우리 형법은 자살에 관여하는 방조자나 교사자를 처벌한다).

현대적 국가들이 자살에 대응하는 자세는 선제적 · 복지적 개입이다. 사회보장기본법은 '사회보장'을 사망 등으로 인한 사회적 위험으로부터 국민을 보호하는 것이라 규정하고 있다(「사회보장기본법」 제3조 제1호). 자살예방법은 이러한 사회보장기본법의 이념과 헌법에 근거한 국가의 취약계층에 대한 보호의무[2]에 근거한다. 자살예방법은 자살위험자나 자살시도자에 대해 치료 · 상담 · 지원 서비스 등을 제공하여 자살을 막고, 자살예방을 위한 다양한 사회서비스를 제공할 것을 규정하고 있다.

자살을 대응하는 국가의 또 다른 자세 중에 하나는 방임이다. 자살이 가진 불가역성과 불가피성을 내재적 근거로 하면서 동시에 현실적으로 자살을 막을 수 있는 적절한 정책적 수단이 없음을 들어 자살을 방임한다. 자살은 개인적 문제이고, 동시에 사회적 압력에 의한 것이기 때문에 국가가 이를 통제하거나 관리하는 것이 어렵다고 생각한다. 그러나 국가의 방임은 곧 방조이다. 자살의 동기가 되는 다양한 개인적 상실에 대해 국가는 도움을 제공하지 않는 형태로 상황을 악화시키게 된다.

한국은 2011년 「자살예방 및 생명존중문화 조성을 위한 법률」(이하 '자살예방법')을 제정하였다. 자살예방법은 국가에 의무를 부과하기보다는 선언적인 규정이 많고, 새로운 물적 · 인적 지원을 하기보다는 기존의 정신보건센터를 활용한 프로그램 운영을 고착화시키고, 예산을 통한 실질적 지원보다는 입법의 형식만을 갖춘 것에 의미를 부여할 수 있을 것 같다. 결국 한국의 자살에 대한 국가 개입방식은 형식적으로는 선제적 · 복지적 개입이라 볼 수 있지만, 실질적으로는 방임에 가깝다고 볼 것이다. 2011년 자살예

---

2) 대한민국 「헌법」 제34조 ① 모든 국민은 인간다운 생활을 할 권리를 가진다.
　② 국가는 사회보장 · 사회복지의 증진에 노력할 의무를 진다.
　③ 국가는 여자의 복지와 권익의 향상을 위하여 노력하여야 한다.
　④ 국가는 노인과 청소년의 복지향상을 위한 정책을 실시할 의무를 진다.
　⑤ 신체장애자 및 질병 · 노령 기타의 사유로 생활능력이 없는 국민은 법률이 정하는 바에 의하여 국가의 보호를 받는다.
　⑥ 국가는 재해를 예방하고 그 위험으로부터 국민을 보호하기 위하여 노력하여야 한다.

방법 제정 이후에도 자살률 대책은 여전히 방향성을 가지지 못하고 있고, 자살예방센터는 독립적 센터로서의 지위를 가지지 못한 채 정신보건센터 내의 몇 개 프로그램 정도로 인식되고 있다.

4. 국제기준과 외국의 사례[3)]

자살예방은 국가의 국민에 대한 생명 및 건강을 보호하기 위한 기본적 임무이기 때문에 국제연합이나 세계보건기구에서 자살예방정책과 그 임무수행을 이행하는 국가에 대해 가이드라인을 제시해 왔다. 1996년 국제연합(UN)이 기본적으로 국가사회정책, 즉 국가의 사회복지 정책과 프로그램의 하나로서 자살예방전략을 수립해야 함을 강조하며, 국가자살예방활동의 원칙으로 제시한 주요 내용은 다음과 같다(UN, 1996).

① 자살의 성공 외에 자살시도, 자살극(自殺劇), 그 밖의 자기파괴적 행동의 경향을 띠거나 예고하는 것에 대한 대응조치들을 포함하여 자살행동과 그 전제조건들에 대한 대응을 자살예방사업의 중심에 둘 것
② 생물학적 · 심리적 · 사회적 측면을 고려하여 자살의 상황을 더 넓은 인간적 성장의 관점에서 바라볼 것
③ 자살예방은 하나의 사회조직단위나 하나의 규율로 그 임무수행을 감당할 수 없으므로 공동체(커뮤니티)의 모든 구성원이 그 해결을 위해 동참할 것
④ 자살예방을 위한 공동체(커뮤니티) 자원의 연계는 통합적이고, 협조적으로 구성할 것
⑤ 개인, 가족, 공동체(커뮤니티)에 건강과 복지를 유지 · 향상시킬 수 있는 지식과 기술, 가치를 제공할 것

세계보건기구(WHO) 또한 2012년 자살예방을 위한 공공보건정책의 구성방안을 제시하였는데, 그 단계별 순서로, ① 이해관계인들의 파악, ② 상황분석, ③ 활용 가능한 자원과 수요의 평가, ④ 정치적인 책임의 이행, ⑤ 스티그마의 대응, ⑥ 경각심의 증가 순으로 정책을 펴 나갈 것을 제안하고 있다(WHO, 2012). 또한 세계보건기구는 국가 자

---

3) 이 내용은 신권철(2019)의 내용 중 일부를 발췌하여 추가 · 수정한 것이다.

살예방정책을 제대로 수행하기 위해서는, ① 명확한 목표, ② 관련 위험과 예방적 요소의 파악, ③ 효과적 개입, ④ 일반인구대상, 위기상황의 취약계층대상, 개인대상 등의 구분된 예방정책의 활용, ⑤ 사례등록과 연구활동의 향상, ⑥ 모니터링과 평가 등을 갖출 것을 제안하고 있다(WHO, 2012).

일본은 1998년 이후 자살사망자 수가 매년 3만 명을 넘어(정진욱, 2018) 그 심각성이 지속되어 2006년 「자살대책기본법」을 제정하게 되었고, 2007년에는 법에 따라 후생노동성을 중심으로 자살예방종합대책을 만들어 5년간 시행하였다. 이후 2012년부터는 자살자 수가 매년 3만 명 이하로 감소하기 시작하였고, 2016년에는 21,897명으로 줄어 2007년부터 2016년까지 지난 10년 동안 약 35%가량 자살자 수를 감소시켰다(정진욱, 2018). 일본의 「자살대책기본법」은 일본 사회의 자살사망자 수가 높은 수준임을 인식하고, 자살로 내몰리지 않는 사회의 실현을 목표로 하고 있다(제1조). 일본 「자살대책기본법」은 다음과 같은 기본이념을 제시하고 있다(제2조).

① 자살대책은 삶의 포괄적 지원을 통해 모든 사람이 개인으로서 존중되고, 함께 사는 힘을 바탕으로 삶의 보람과 희망을 가지고 살 수 있도록 그 방해가 되는 요인들을 해소하기 위한 지원과 이를 위한 환경의 정비를 도모함
② 자살대책은 개인의 문제로만 파악해서는 안 되며 그 배경에 다양한 사회적 요인이 있음을 고려하여 사회적인 대처로서 실시함
③ 자살대책은 자살이 다양하고, 복잡한 원인과 배경을 갖는 점을 감안하여 단순히 정신보건의 관점에서뿐만 아니라 자살의 실태에 맞게 시행되어야 함.
④ 자살대책은 자살의 사전예방, 자살발생 위기대응, 자살발생 후 또는 자살이 미수에 그친 후 등 각 단계에 맞는 효과적 시책이 실시되어야 함
⑤ 자살대책은 보건, 의료, 복지, 교육, 노동 기타 관련 시책과의 유기적 연계를 도모하여 종합적으로 실시되어야 함

일본의 이와 같은 자살예방정책의 기본이념은 5년 단위의 국가 수준의 '자살예방종합대책', 그에 따른 도도부현(都道府県, 우리의 시·도에 해당) 단위의 '자살대책계획'에서 구체적으로 실현되어 2017년 이후에는 3차 국가자살예방종합대책이 시행되고 있다.

서구에서 자살예방정책의 성공사례로는 핀란드를 들 수 있다. 과거 핀란드에서는 자살이라는 주제는 금기시되는 것이어서 개인적 문제로 치부되는 경향이 있었으나 문제가 심각해지면서 사회적 해결책을 국가가 제시하는 것이 필요하게 되었고, 점차 자

살문제가 사회적 문제로서 인식되면서 시민들의 관심과 지원을 얻을 수 있게 되었다 (Partonen, 2018).

보다 구체적으로 보면, 핀란드의 경우 1990년 인구 10만 명당 자살률이 30.2명이었으나 심리부검(psychological autopsy) 등의 자살원인분석을 통해 2014년 자살률을 14.1명까지 절반 이하로 감소시켰다(중앙자살예방센터, 2018). 인구 550만 명의 핀란드는 1986년부터 1996년까지 '국가자살예방 프로젝트'가 추진되어 자살예방전략의 기획, 데이터에 기반한 자살예방대책을 실행하여 자살률을 크게 감소시킨 국가로 평가받고 있다. 핀란드는 자살원인 분석을 위해 1987년 4월부터 1988년 3월까지 1년간 핀란드에서 발생한 자살사망자 1,397명에 대해 심리부검의 방식을 통해 얻은 각종 정보를 바탕으로 한 평가와 원인분석이 이루어졌고, 그 결과 자살사망의 주요 원인으로 우울증이나 알코올중독(남용), 성격장애나 정신신체질환을 가진 사람이 많았음을 발견하고서 자살예방에 있어 정신장애의 조기진단과 효과적 치료의 중요성을 강조하게 된다. 이와 같은 평가와 분석을 통해 핀란드에서 만들어진 자살예방 핵심지침을 요약하면 다음과 같다(Partonen, 2018).

① 자살시도자에 대한 지원·치료방법 개발
② 중증 우울증 환자를 위한 돌봄서비스 개선
③ 알코올 남용 방지
④ 정신장애를 일으킬 수 있는 신체질환(만성질환)의 치료를 위한 심리·사회적 지원 강화
⑤ 삶의 위기에 처한 사람들이 서로 돕고, 전문가 지원을 받을 수 있도록 장려
⑥ 청년층의 소외예방, 어려움을 해결할 수 있는 기회와 방법을 만들어 보람 있는 경험을 할 수 있도록 지원
⑦ 사람들이 삶에 대한 믿음, 열정, 확신, 인내, 서로 돕고자 하는 마음을 갖도록 격려

5. 자살과 안락사

1) 논의의 시작

2016년 6월 미국 캘리포니아주에서 안락사가 허용되는 법이 시행된 후 그 해 8월 친

구들과 파티를 즐기는 한 여성의 사진과 함께 다음과 같은 요지의 기사가 한국의 한 일간지에 실렸다.

> "친구들과의 마지막 파티를 마친 루게릭병 환자인 데이비스는 생애 마지막 석양을 본 뒤 친구들과 이승에서의 마지막 작별인사를 나누고서 휠체어로 자신의 방으로 들어가 의사가 처방해 준 약을 먹고서 4시간 후 사망하였다." (서울신문, 2016. 8. 12.)

그녀는 어떻게 보면 합법적으로 자살한 것이다. 우리 사회가 늘 접하던 연탄가스, 추락, 농약, 목매다는 것이 아닌 의사가 합법적으로 처방해 준 약을 통해서 자살한 것이다. 이 신문기사는 안락사가 합법화[4]되고서 자살을 바라보는 시각이 어떻게 전환될 수 있는지를 보여 준다. 친구와 가족, 그리고 의사도 그녀의 자살을 알고 있었고, 결국 모두 자살을 방조한 것이라 볼 수도 있고, 아니면 그녀의 죽음의 결단에 동조해 준 것이라 볼 수도 있을 것이다.

우리 사회는 높아진 자살률을 낮추기 위한 여러 노력을 하고 있는데, 이 안락사 기사의 내용은 다소 혼란스럽게 다가온다. 스스로의 선택에 의한 죽음에 대해 비난이 아닌 존엄한 죽음으로 존중받고 있기 때문이다. 한국 사회가 자발적 죽음을 막기 위한 노력을 하고 있는 반면, 어떤 나라는 일정한 요건하에서 자발적 선택에 의한 죽음을 존중해 주겠다는 것이다. 이와 같이 서구에서 제정된 일부 안락사법들은 자살을 바라보는 시각을 변화시켜, 자살에 또 다른 의미를 부여하기도 한다. 이른바 존엄한 죽음의 하나로서 스스로의 동의와 결정에 의한 죽음을 제시한다. 이는 자살에 대한 근본적인 시각의 변화를 요구하는 것이기도 하다. 다음에서는 법이 바라보는 자살에 대한 관점을 몇 가지 주제를 통하여 이야기해 보고자 한다.

2) 자살과 다른 개념(연명의료중단 및 안락사)의 비교

(1) 자살의 개념

자살(自殺)의 개념을 왜 정의하여야 하는가? 그것은 타살(他殺, 살인)과의 구분을 위한 것이기도 하지만 자살의 다양한 형태와 본성을 이해하는 데 도움이 될 수 있기 때문이다.

---

4) 참고로 미국 캘리포니아주를 포함해 미국 내 5개 주가 일정한 요건하에서 이와 같은 안락사를 허용하고 있고, 네덜란드와 캐나다 등의 국가에서도 안락사를 허용하고 있다.

예를 들어 본다면, 영화 〈나라야마 부시코(楢山節考)〉에 나오는 시골마을은 70세가 되면 노인은 자식의 등에 업혀 나라야마라는 산으로 올라가 거기서 죽어야 하는 관습(규율)이 있는데, 일부 노인들은 그것을 거부하지 않고, 그 산에서 홀로 죽음을 맞이한다(Durkheim, 2008). 또 다른 예를 들어 보자면, '존엄사'의 실현으로서 죽음이 가까운 환자가 치료를 거부(연명의료거부)하고서 죽음을 맞이하는 것이다.

모두 노년의 죽음과 관련이 있는데 자연사(自然死)를 기준으로 할 때 전자는 관습과 자식의 손에 의해 죽음을 앞당기는 것이며, 후자는 스스로 삶의 연장을 거부하는 것이다. 사회에서 자살을 논할 때는 의식적으로 이와 같은 두 유형의 죽음은 제외되어 있다. 그러나 우리의 70세 이상 노인의 높은 자살률, 그리고 최근 노년의 죽음이 대부분 요양시설과 요양병원에서 이루어지고 있음을 이해하기 위해서는 자살 개념에 근본적인 논의가 필요하다. 그 이유는 한 사회의 자살현상 속에 가지고 있는 사회적 시선이나 사회적 압력의 문제를 함께 관찰하기 위해서이다.

'자살'의 개념정의를 대법원 판례를 통해서 보자면, 자살은 "사망자가 자기의 생명을 끊는다는 것을 의식하고 그것을 목적으로 의도적으로 자기의 생명을 절단하여 사망의 결과를 발생케 한 행위"로 정의된다(대법원, 2009다97772판결 등).[5] 여기에는 죽음을 위한 '목적의식'과 '자기행위'라는 두 가지 요소가 있다. 과거 5세 미만 아동을 2006년까지 자살통계에서 제외한 것은 미성숙으로 인해 목적의식을 가지지 못한다고 생각했기 때문이고, 자신의 행위가 아닌 타인의 행위로서 죽음에 이르게 된다면 그것은 자살이라 할 수 없다.

(2) 연명의료의 거부와 중단

2016년 2월 국회를 통과한 「호스피스·완화의료 및 임종과정에 있는 환자의 연명의료결정에 관한 법률」(이하 법제처 약칭대로 '연명의료결정법')은 과거에 소위 '존엄사법' 또는 '안락사법'으로 논의되어 오다가 2016년 국회를 통과하여 2017년 8월부터 시행되었다. 연명의료결정법은 사망이 임박한 임종 과정에 있는 환자에 대해 환자 본인이나 가족의 진술을 통해 연명의료의 거부나 중단의 의사가 있다고 보이는 경우 담당의사가 연명치료를 하지 않거나 중단하는 것을 말한다.

---

5) 대법원 2011. 4. 28. 선고2009다97772판결, 대법원 2006. 3. 10. 선고2005다49713판결(이 두 판결에서 나온 자살 개념은 보험회사의 생명보험 면책약관에서 자살로 인한 사망의 경우 보험금을 지급하지 않는다는 규정을 법적으로 해석하기 위해 나온 정의이다.)

연명의료를 거부하거나 중단할 수 있는 권한은 2009년 대법원 판례에 따르면 환자에게만 있다는 취지여서(대법원, 2009다17417판결), 앞의 연명의료결정법은 의식불명 상태에 있는 환자의 연명치료중단의 절차를 마련하고자 의료진에게 환자나 가족의 의사 진술이 있을 경우에는 연명의료를 시행하지 않거나 중단할 수 있도록 하였다. 이는 다른 외국에서 말하는 안락사법과는 차이가 있다. 그러나 이 법률에 규정된 내용 중에는 환자가 사전연명의료의향서를 작성할 수 있는데, 이는 연명의료를 스스로 거부하고, 죽음을 앞당기는 선택일 수 있음에도 불구하고 이를 법률이 허용하는 것이라는 점에서 자살이 가지는 한 가지 요소, 즉 죽음의 시기를 스스로의 선택에 따라 앞당기는 것이라는 점에서는 서구의 안락사법과 동일한 측면이 일부 있다.

연명의료중단의 문제는 요양병원이나 요양시설에 있는 의사결정능력이 부족한 노인들의 문제와도 관련이 있다. 특히 입원이나 입소를 환자 가족이 대신 결정하면서 연명의료 여부나 인공호흡기 사용 여부를 환자가 아닌 가족이 결정하는 경우도 있어 사실상 환자의 자기결정권이 아닌 가족의 결정권이 현실에서 작동하는 문제점이 있다.

(3) 안락사

안락사(安樂死, euthanasia)는 다양한 개념과 유형을 가지고 있는데, 그 어원은 그리스어로 '좋은(eu)'과 '죽음(thanatos)'이 결합된 말이다. 안락사에 관한 논쟁 중 하나는 장애나 질병이 있는 사람에 대해 본인의 의사와 무관하게 안락사를 허용할 수 있는지에 관한 윤리적 문제이다. 이러한 문제에 대한 시각의 하나로 2,400여 년 전 고대 그리스 철학자 플라톤이 꿈꾸는 이상국가에서는 신체적 · 정신적 문제를 가진 사람에 대해 다음과 같은 태도를 취하고 있다.

> "이 두 가지 기술[재판과 의료]은 국민 가운데서 몸과 영혼의 바탕이 좋은 사람들만을 고쳐 주겠지만, 그렇지 못한 사람들 중에서 몸에 결함이 있는 사람들은 죽게 내버려 둘 것이고, 영혼의 바탕이 나쁘고, 고칠 수도 없는 사람은 자기 자신을 죽일 것일세." (Plato, 2011)

플라톤이 꿈꾸던 국가에서는 신체적 이상이 있는 사람은 죽게 내버려 두고, 정신적 이상이 있는 사람은 자살하게 내버려 둔다고 표현하고 있다. 그는 신체와 정신이 온전한 사람들로 이루어진 국가만을 꿈꾼 것이다.

프랑스 철학자 미셸 푸코는 인구로서의 국민을 다루는 방식에 관해 과거의 국가가

'죽이거나 또는 살게 내버려 두는' 규율권력이었다면 현재의 국가는 '살리거나 또는 죽게 내버려 두는' 생명권력이 되었다고 한다(Foucault, 2001). 결국 자살과 관련된 정책은 국가의 측면에서 보면 생명을 관리하는 국가의 대응태도이기도 한 것이다.

20세기 독일 나치가 행했던 다양한 죽음의 방식 중에 하나가 범죄자나 장애인에 대한 안락사이다(이한규, 2007). 그 시작은 장애아를 출산한 부모의 안락사 요청으로부터 시작되었고, 그 무렵 나치는 정신적 장애인의 생존이 다른 일반인의 생존에 부담이 된다는 인식을 사회에 널리 퍼뜨린다. 이 과정에서 장애인 등 안락사의 대상이 되는 사람들을 '살 가치가 없는 생명', '무용한 식충', '부담이 되는 시민', '비생산적인 인간짐' 등으로 표현되고, 안락사는 자비로운 죽음(merciful death), '고통으로부터의 해방'으로 표현되었다(Richardson, 2008).

6. 자살과 제3자의 법적 책임

1) 민사상 손해배상책임

자살은 앞서 표현한 대로 자신의 의지에 의한 자기신체에 대한 행위이기 때문에 그 사망으로 인한 법적 책임을 국가나 다른 사람에게 묻지는 못하는 것이 일반적이다. 그러나 의료기관에서 발생하는 자살사고는 의료기관에게 법적 책임이 부여될 수 있다. 그 이유는 환자나 그 가족이 환자의 신체에 대한 안전을 의료기관에 맡겼기 때문이다. 이는 타인의 신체를 관리하는 자들, 예컨대 병원, 시설, 군대, 학교, 교도소 등에는 그 관리하는 사람들의 신체에 대한 보호의무가 있는데, 그러한 보호의무를 방임하거나 위반하여 자살의 결과가 발생한 경우 민사상의 법적 책임을 부담하는 경우가 있다.

예를 들면, 환자가 병동 내에서 자살행동을 하여 상해를 입거나 사망에 이른 경우, 환자나 그 유족은 병원의 환자 보호의무를 주장한다. 즉, 입원(진료)계약을 통해 병원은 환자를 진단하고, 치료 및 보호를 할 의무를 부담하는데, 환자 보호를 소홀히 하여 사망이나 상해에 이르게 하였다는 주장이다. 물론, 자살행동은 환자 본인의 의지와 결단에 의한 것이라고 병원측이 항변할 수 있지만, 환자의 정신적 상태에 따라서는 병원이 적극적으로 보호조치를 취할 의무가 있다. 구체적으로 보면, 대법원은 환자가 입원한 경우 병원은 진료뿐만 아니라 환자에 대한 숙식제공을 비롯하여 간호, 보호 등 입원에 따른 포괄적 채무(의무)를 부담한다고 보고 있다(대법원, 2002다63275판결).

특히 정신병원 폐쇄병동 입원이나 자살시도로 응급실을 통해 입원한 경우 그 입원은 환자의 자해나 자살을 막기 위한 목적이 있고, 병원 입장에서도 환자에 대한 적절한 통제조치가 가능하기 때문에 정신병원 폐쇄병동 내 자살의 경우 정신병원의 보호의무위반의 책임이 자주 인정되는 편이다. 예컨대, 강박증과 우울증으로 병원에 입원하여 진료받던 환자가 병원 옥상에서 떨어져 사망한 사안에서, 그것이 자살이라 하더라도 옥상에 방호조치를 취하지 않은 병원측의 손해배상책임을 인정한 사례가 있다(대법원, 2009다101343판결). 그 외에도 조현병 진단을 받고 입원한 환자가 안전장치 없는 폐쇄병실 창문을 열고 투신하여 골절상 등을 입은 후 장애판정을 받자 이를 비관하여 퇴원 후 자신의 방에서 목매달아 자살한 사안에서도, 최초에 안전장치를 하지 않은 병실 창문과 환자에 대한 감시조치 미흡이 투신으로 이어졌음을 이유로 그 이후의 사망에도 인과관계가 있다고 보아 병원측의 손해배상책임을 인정한 사례가 있다(대법원, 2005다44015판결).

2) 형사상 책임

근대 이후 대부분의 국가에서는 앞서 본 바와 같이 자살 자체나 그 미수를 처벌하지 않는다. 자살을 처벌할 수 없는 이유 중에 하나는 자살로 인해 그 생명이 사라진 경우 동시에 그 인격적 주체성도 사라지므로 인격이 없는 사체에 대해 징역이나 벌금과 같은 형사처벌을 할 수 없다는 현실적 고려가 있다. 그러나 자살을 교사하거나 방조하는 경우는 현재 형법상 처벌규정이 있다. 타인의 생명의 침해를 조장하거나 관여하는 것 자체는 금지시킨 것이다. 그러나 자살교사나 자살방조를 처벌하는 것만으로는 자살을 예방하기에는 부족하다. 그 이유는 자살은 타인의 교사나 도움 없이도 쉽게 이루어질 수 있는 은밀하고, 개인적인 것이기 때문이다.

자살교사는 사건 자체가 흔하지 않아 대법원 판례가 거의 없으나 자살방조의 경우는 과거 유서대필사건의 자살방조 무죄판결을 비롯하여 여러 판결이 있다. 특히 인터넷에서 자살을 조장하는 사이트를 운영하는 경우 등도 대법원의 판단대상이 되었다. 대법원 판례는, ① 부부 간에 부인이 같이 죽자며 기름을 사 오라 하여 남편이 휘발유 1병을 사다 주어 부인이 휘발유를 뿌린 후 자살한 경우 남편의 자살방조죄를 인정하여 처벌하였으나(대법원, 2010도2328판결), ② 실제 자살을 조장하려는 목적이 아니라 금원편취 목적으로 인터넷 사이트의 자살 관련 게시판에 청산염 등 자살용 유독물 판매광고를 한 행위(자살사망자가 청산염을 이용해 자살하였으나 게시판 운영자로부터 매수한 것은 아님)

에 대해서는 자살방조죄에 해당하지 않는다고 하였다(대법원, 2005도1373판결).

여기서 인터넷 게시판의 자살수단 정보제공 및 판매광고 자체로 자살방조의 성립요 건이 충족되는 것이 아니라 그 상대방의 구체적인 자살 실행을 원조하여 이를 용이하게 하고, 그 점에 대해 방조자가 이를 인식해야 한다는 점이다. 즉, 자살수단의 단순한 설명이나 홍보만으로 그것을 보고 실행에 옮긴 자살사망자의 자살과 인과관계가 있는 방조로 인정하여 처벌할 수는 없다는 것이다.

그러나 2019년 자살예방법이 개정되어 인터넷 등과 같은 정보통신망을 통해 자살유발정보를 유통하게 한 사람에 대한 형사처벌 규정(자살예방법 제25조 제3항. 1년 이하의 징역 또는 2천만 원 이하의 벌금)을 두어 현재는 인터넷 등의 정보통신망에 자살유발정보를 게시한 것 자체만으로도 형사처벌대상으로 삼고 있다.

7. 자살로 인한 법적 혜택의 배제

자살은 앞서 보았듯이 역사적으로 신에 대한 배신, 왕에 대한 불충이거나 부모에 대한 불효였다. 그렇기 때문에 그것은 악 또는 죄로서 현세에서 일정한 징벌이 이루어졌다. 앞서 본 자살자에 대한 재산몰수, 매장금지 등이 그 예이다.

이와 같은 자살에 대한 형사상, 재산상 징벌조치는 사라졌지만 현재도 자살로 인한 경우 국가의 다양한 혜택(국가유공자등록 등)에서 배제되기도 하고, 보험금(산재보험 등 사회보험 또는 생명보험 등 민간보험)이나 보험금여의 지급 배제사유가 되기도 한다. 그 이유는 단순히 불충이나 불효의 문제는 아니고, 자살의 경우에도 유공자로 등록되고, 보험금이 지급된다고 하면 자살을 오히려 조장할 우려가 있는 것이 아닌가 하는 정책적 고려 때문이다. 이러한 정책적 고려가 자살시도자나 자살자의 유족에 대한 여러 가지 사회보장적 급부를 제한해 왔고, 그로 인해 자살사망으로 인해 발생한 가족들의 현실적·경제적 부담을 가중시키기도 한다. 다음에서 차례로 살펴본다.

1) 자살과 국가유공자등록 문제

군대 내에서는 여러 가지 이유로 자살이 발생한다. 특히 군대 내에서의 상급자의 괴롭힘 등의 스트레스로 인한 자살은 군 복무 중 '교육훈련이나 직무수행'으로 인한 사고로 볼 수 있는지 논쟁이 있다. 특히 「국가유공자 등 예우 및 지원에 관한 법률」(이하 '국가유공자법')에서 군인이 자살을 하는 경우 이는 '사적 행위'이거나 공무이탈 상태에서의 사고로 해석될 수도 있어 먼저 행정기관에서 국가유공자로 인정해 주지 않는 경우도 많이 있는데, 대법원은 2012년 판례를 변경하여 군인의 자살의 경우에도 그 자살이 군 복무와 관련이 있는 경우 인과관계를 인정하여 국가유공자등록이 가능하게 해 주고 있다(대법원, 2010두27363판결).

2) 자살과 업무상(공무상) 재해 문제

공무원이나 직장인이 근무 중 스트레스 등으로 자살을 하는 경우 공무상 재해나 업무상 재해로 인정되어 유족보상금 등을 지급받을 수 있는지도 문제가 된다. 과거에는 자살의 경우 본인의 의지로 선택이 가능한 것이라는 점에서 자살은 업무상(공무상) 재해를 인정하는 데 인색하였다. 그러나 2010년 이후 대법원은 공무원이 자살한 경우라 하더라도 그 자살이 업무에 기인한 것이라 하면 공무상 재해를 인정하여 공무원연금법에 따른 유족보상금의 지급이 가능하도록 하여 일단 업무상 재해로 인한 산재보험급여의 지급 가능성을 인정해 주고 있다.

예컨대, 예비군 동대장이 직장업무로 인한 스트레스, 수면장애 등의 증상을 호소하여 입원 중 중증 우울성 에피소드 진단 아래 치료 중 자살한 사건에서 극심한 업무 스트레스로 인한 우울증으로 합리적 판단을 기대할 수 없을 정도의 상황에서 자살을 하였다고 보아 업무와 사망 사이에 상당인과관계가 있다고 보았다(대법원, 2011두32898판결). 이 판결을 보면, 자살을 하려는 자의 판단능력이나 의사결정능력이 부족해져 합리적 판단을 못하여 자살에 이르렀기 때문에 자유로운 의지에 의한 자살이 아님을 강조하고 있다. 대법원이 자살에 대해서도 업무상(공무상) 재해를 인정하는 경우에는 자유의지에 의한 자살이라면 공무상(업무상) 재해를 인정받기 어렵기 때문에 자살이 정신질환 때문이라거나 정상적인 인식능력이나 행위선택능력, 정신적 억제력이 현저히 저하되어 합리적인 판단을 기대할 수 없을 정도의 상황에 처하여 자살에 이른 것으로 추단하여 주는 경우가 많다(대법원, 2016두61426판결 등).

공무원이 아닌 일반 근로자의 경우에도 자살과 관련하여 대법원은 원칙적으로 업무상 재해로 인정하지 않고 있다. 즉, 자살은 본질적으로 자유로운 의사에 따른 것이므로 근로자가 업무를 수행하는 과정에서 받은 스트레스로 말미암아 우울증이 발생하였고 그 우울증이 자살의 동기 내지 원인과 무관하지 않다는 사정만으로 곧 업무와 자살 사이에 상당인과관계가 있다고 함부로 추단해서는 안 된다고 하고 있다(대법원, 2007두

2029판결). 이와 같은 판결 기준에 따라, 한국전력공사에 근무하던 50대 남성 근로자가 승진에서 탈락하고, 팀 내에서도 불화가 있어 스트레스를 받아 우울해 오다가 근무지 인근에서 농약을 먹고 사망한 사건에서 원심은 업무상 재해로 인정해 주었으나, 대법원은 자살이 자유의사에 의한 것이라 판단하여 업무상 재해를 인정하지 않았다.

　다만 대법원은 이와 다른 사건(장기간 탄광의 광부로 일하다가 업무상 질병인 진폐증 치료를 받던 중 정신적 이상증세를 일으켜 자살한 사건)에서는 비록 자살에 의한 사망이라고 하더라도 업무상 질병인 진폐증이 악화되면서 정신적 이상증세를 일으켜 자살한 것이므로 그 사망도 업무상 재해에 해당된다고 하였다(대법원, 93누13797판결).

3) 자살과 생명보험

　생명보험에 있어 자살은 우연하거나 우발적인 사고가 아니라 피보험자가 의도적으로 일으킨 사고여서 보험금 지급제외사유가 되는 경우가 많다. 이는 보험금을 노린 자살사건을 막아 보험공동체의 도덕적 해이와 경제적 피해를 막기 위한 것이다. 일부 보험회사의 생명보험약관에서는 재해사망보험금 지급제외사유로 '피보험자가 고의로 자신을 해친 경우'를 두고 있으나, 이 경우에도 계약상의 책임개시일로부터 '2년이 경과하거나 정신질환상태인 경우'에는 재해사망보험금을 지급하도록 하였고, 대법원도 이에 따라 자살사고의 경우에도 보험금의 지급을 명하고 있다(대법원, 2015다243347판결).

　여기서 왜 통상의 자살은 보험금을 지급받을 수 없지만, 정신질환 상태에서의 자살은 보험금을 지급받게 되는지 그 이유를 알 필요가 있다. 보험계약관계에 있어 판례는 자살을 의식적인 판단과 의도적인 결정으로 이루어져야 함을 요구한다. 이러한 경우에만 보험사고가 가져야 하는 우발성(우연성)이 없는 것이어서 보험금 지급의 제외사유가 되는 것이다. 그러나 판례는 피보험자가 정신질환 등으로 자유로운 의사결정을 할 수 없는 상태에서 자살을 한 것이라면 그것은 보험계약관계에서 전제하는 자살이 아니라고 하고 있다. 그 이유는 자유의사 없이 이루어진 자살은 우발적 사고로서 보험사고에 해당한다고 보고 있기 때문이다(대법원, 2005다49273판결). 그래서 앞서 본 자살의 공무상 재해나 업무상 재해 여부, 생명보험에서의 보험금 지급 여부 등이 모두 그 자살 당시에 당사자에 대한 정신질환의 증명이나 그 추단을 위한 증명이 재판에서 핵심적 쟁점으로 부각된다.

4) 자살행동으로 인한 사회적·법적 배제의 문제[6]

자살행동이 사회적으로, 그리고 법적으로 어떤 의미를 가지는지 예를 들어 보면 다음과 같다. 어떤 학생이 또는 어떤 근로자가 자살을 시도하였다. 다행히 큰 상처를 입지 않았지만 가족은 그를 강제로라도 병원에 입원시키고 싶어질 것이고, 학교나 직장은 그를 그 조직 내에 두고 싶지 않을 것이다. 그의 자살행동이 학교나 직장에서의 문제로 인한 것일 경우 학교나 직장이 법적 책임을 부담할 위험이 있기 때문이다. 또한 자살의 시도는 다른 사람에 대한 타해 위험도 강화시킬 수 있다고 생각하여 사실상 그를 회피하게 된다. 이 경우 전학이나 휴직·퇴직을 요구하거나 강제로라도 그러한 법적 조치를 취하게 된다. 배우자의 자살행동은 이혼의 사유로도 삼을 수 있을 것이다. 이렇게 자살행동은 해고, 이혼, 퇴학(전학), 해고와 같이 사회적·법적 관계(근로관계, 배우자관계, 학업관계)를 끊어 버리는 단초가 된다.

이와 같은 사회적 관계의 단절 외에도 앞서 언급한 바와 같이 자살행동은 원칙적으로 건강보험의 혜택을 받지 못하며, 보험금의 지급도 받지 못하고, 업무상 재해로 인정받기도 어렵다. 이는 자살이 가진 고의성이나 주체의 결단이 보험사고가 가져야 할 우연성을 충족시키지 못하기 때문이기도 하지만, 근본적으로는 자살행동에 대한 제재의 모습도 지니고 있다. 앞서 언급한 바와 같이 자살의 원인으로서 사회적·법적 배제가 있을 뿐만 아니라 자살행동의 결과에 있어서도 사회적·법적 배제가 나타난다.

8. 결론[7]

자살을 예방하는 방법이 있을까? 2012년 시행된 「자살예방 및 생명존중문화 조성을 위한 법률」이 그 명칭에서 보는 바와 같이 법이라는 수단으로, 그리고 국가의 법적 책무로서 자살예방을 하겠다고 나섰다. 앞서 본 바와 같이 과거 서구 일부에서는 법으로 자살을 금지하고, 자살자에 대한 매장금지나 재산몰수를 통하여 명예를 떨어뜨리고, 향후 유족의 삶을 궁핍하게 만드는 방법을 사용하였지만 그것으로도 자살을 예방할 수는 없었다. OECD 국가 중 한국이 자살률 1위가 된 2003년 이후 마련된 국가의 자살예

---

6) 이 내용은 신권철(2019, p. 713)의 내용을 발췌하여 일부 수정한 것이다.
7) 이 내용은 필자가 기고한 칼럼(신권철, 2017. 11. 27.)의 내용을 발췌하여 일부 수정한 것이다.

방계획이나 자살예방종합대책은 한국사회의 자살률의 상승세를 꺾지 못하였다.

한국의 1990년대 이후의 높은 자살률과 거기에 더한 낮은 출산율은 무엇에서 비롯된 것일까? 국가는 끊임없이 자살을 막기 위한, 그리고 출산율을 높이기 위한 정책적 노력을 하는 것처럼 보이지만 정작 우리가 왜 낳아야 하는지? 왜 힘든 삶을 이어 나가야 하는지에 대한 근본적 대답은 하지 않고 있다. 아마도 그 이유는 자국의 사람들을 뭉뚱그려진 인구, 그것도 수치화된 노동 가능한 노동력으로 바라보는 경제적 시각에서 비롯된다고 보인다. 하지만 인구는 개별화된 사람을 대표하지도, 대신하지도 못한다. 그리고 우리는 월급을 받기 위해 태어난 사람들이 아니다.

앞서 본 프랑스 법학자 알랭 쉬피오의 말처럼 사람은 자신의 운명을 스스로 결정하고, 자신이 추구하는 바를 위해 몸을 던질 수 있는 인격체(법주체), 즉 내재된 폭탄을 몸속에 숨기고 있는 존재이다. 그러나 거기에 더하여 사람은 스스로에게 부여된 의무를 받아들일 수 있는 인격체이기도 하다. 우리에게 내일 하루가 더 필요한 이유는 나 자신 때문만이 아니라 나 아닌 타인, 예컨대 어린 자식, 늙으신 부모, 사랑하는 연인과 동료들에게 나의 존재가 의미와 가치를 던져 주고 있기 때문이다.

자살을 예방하는 방법이란 사람에게 내재된 이러한 폭탄이 터지지 않게 하는 사회적 인식과 제도의 확보라 할 수 있다. 사람에게 내재된 폭탄은 언제 터지는가? 아마도 그때란 사람이 태어날 때 얻었던 것들을 하나둘씩 잃어갈 때, 그때부터 스위치를 찾기 시작할 것이다. 태어나는 아이는 가족의 축복과 돌봄 속에서 자신의 보금자리를 얻고, 주위의 사람들로부터 이름이 불리우며 스스로의 정체성을 만들어 간다. 이후 살아가면서 가족과 일터, 친구와 같은 사회적 관계를 잃어버리고, 스스로의 이름을 불릴 기회마저 잃어버릴 때 사람은 주저앉게 된다. 마치 마리오네트 인형의 모든 줄이 끊어져 버리는 것처럼, 한 사람의 사회적 관계의 씨줄로 날줄로 엮여 있는 사람들의 사회적·법적 연결망이 소멸되는 때 우리는 비로소 자신이 폭탄이 내재된 인간이라는 것을 알게 되고, 그 스위치를 찾게 된다. 국가와 사회의 본연의 임무는 사람들이 그 스위치를 켜지 않도록 막는 것이다.

인간사회가 오래 지속되었던 이유는 경쟁과 지배가 아니라 서로를 돌보며, 부양할 줄 알았기 때문이다. 그것은 가족 간의 부양의무로서, 사회적 연대의 원리로서, 국가의 법적 책임으로서 만들어져 왔다. 그러한 의무와 연대와 책임을 사회의 다수가 의심하기 시작할 때, 우리는 더 이상 아이를 낳을 수 없으며 삶을 지탱할 수도 없다.

우리에게 근본적으로 삶을 버티게 하는 것은 개인적 성취가 아니다. 우리의 삶을 버티게 하는 깊은 내면에는 가족과 타인에 대한 의무가 있다. 우리는 그 속에서 살고 있다. 그 의무로부터 벗어나고 싶은 끊임없는 사람들의 욕망을 지난 수천 년 동안 법이 부양의무라는 이름으로 통제하고, 달래고, 얼러 왔다. 그것이 지금까지 사회와 가족의 세대를 전승해 이어 온 유일한 생존방식이었다. 그렇기 때문에 사람은, 그리고 국가는 타인에 대한 의무를 지닌 인격체이어야 한다. 이러한 의무는 결코 의심되어서는 안 된다.

참고문헌

김현조(2011). 자살의 법적 성질과 자살관여죄의 재조명. 경북대학교 대학원 박사학위논문.

신권철(2013). 자살예방법의 문제점과 개선방안. 법제연구, 44, 689-723.

신권철(2019). 국가의 자살예방의무. 대한변호사협회 2018년도 인권보고서, 337-363.

오세혁(2010). 자살의 정당화 가능성. 중앙법학, 12(4), 351-386.

이한규(2007). 안락사에 대한 역사적 해석과 법적 고찰. 법학논총, 24(4), 151-172.

정상혁(2005). 우리나라 자살의 사회경제적 비용부담에 관한 연구. 서울: 국립서울병원.

정진욱(2018). 일본의 자살예방대책. 국제사회보장리뷰, 4, 16-26.

중앙자살예방센터(2018). 2018년 자살예방백서.

최병조(2009). 형사피고인 자살의 효과-로마법의 경우. 법사학연구, 40, 251-307.

河西千秋(2013). 자살예방학(自殺予防学). (이국회 역). 경기: 씨엔비.

Dowbiggin, I. (2007). 안락사의 역사(*Concise history of euthanasia*). (신윤경 역). 서울: 섬돌출판사.

Durkheim, É. (2008). 자살론(*Suicide*). (황보종우 역). 경기: 청아출판사.

Foucault, M. (2001). 성의 역사 제1권: 앎의 의지(*La volonté de savoir*). (이규현 역). 경기: 나남출판.

Partonen, T. (2018). 핀란드 자살예방프로젝트에 대한 평가와 함의. (라기태 역). 국제사회보장리뷰, 4, 5-15.

Plato (2011). 국가(*The Republic*). (조우현 역). 서울: 올재.

Richardson, R. G. (2008). The Politics of Euthanasia, University of Adelaide, Australia. https://digital.library.adelaide.edu.au/dspace/bitstream/2440/47647/8/02whole.pdf

Supiot, A. (2015). 법률적 인간의 출현-법의 인류학적 기능에 관한 시론(*Homo juridicus: essai sur la fonction anthropologique du droit*). (박제성 역). 경기: 글항아리.

UN(1996). *Prevention of Suicide: Guidelines for the formulation and implementation of national strategies*. New York.

WHO(2012). *Public health action for the prevention of suicide: a framework*.

국가법령정보센터. https://www.law.go.kr/main.html

대법원 종합법률정보. https://glaw.scourt.go.kr/wsjo/intesrch/sjo022.do

보건복지부(2004). 자살예방 정책개발연구, 연구용역 보고서.

보건복지부(2014. 4. 1.). 자살시도자의 자살률, 일반인의 약 25배.

서울신문(2016. 8. 12.). 파티의 규칙? 울지 않기: 유쾌하고 존엄하게 죽다.

신권철(2017. 11. 27). [생명을 살리는 한마디 괜찮니] '내재된 폭탄' 터지지 않게 하려면. 세계일보.

심재우(2010). 아름다운 자살은 없다-조선시대의 자살과 위핍치사(2), 함께하는 역사. http://
　　www.koreanhistory.org/3873

조선왕조실록 50책 46권 44장 A면 및 46장 B면(국편영인본 3책 408면 및 409면)

자살예방의 모든 것

이론과 정책

08

자살의 사회경제적 이해와 접근

　자살은 하나의 사망원인으로서 보건지표이기도 하지만, 하나의 인구집단이 느끼는 통상적인 희망, 절망, 안정, 혼란 등에 대한 사회적 지표라고 할 수 있다. 자살은 흔히 개인적 요인(정신 및 신체질환, 개인의 탄력성, 성, 연령), 문화적 요인(가족관계의 단절, 사회적 고립, 공동체의 지지, 자살에 대한 태도), 사회경제적 요인(실업, 생활고, 경제위기, 심리상담에 대한 접근성) 등의 복합적 결과로 설명된다. 어떤 인구집단이 왜 특정 자살률을 보이는지는 한 개인이 어떻게 자살에 이르는가와는 다른 질문이다. 높은 자살률이 한 사회에서 지속된다면 그 자살률은 사회에 속한 인구집단이 취하는 생활양식 전체에 의해 조절되는 사회적 특성과 연관된다. 이 장에서는 자살을 한 사회의 '집합적 결과'로 해석하며, 자살의 원인을 이해하기 위해 개인적 요인과 인구집단 요인의 구분 그리고 다시 공중보건적 요인과 사회경제적 요인의 개념을 구분한다. 특히 자살예방을 위해 원인의 상류(upstream)에 위치한 사회경제적 접근의 필요성을 강조하고자 한다.

---

* 기명(고려대학교 의과대학 예방의학교실 교수)

1. 인구집단 접근의 첫 번째 측면: 공중보건적 접근

만약 자살이 육체의 병으로 인한 것이라면 이 상태는 병원의 영역에서 치료로 접근하는 것이 가장 적합할 것이다. 그러나 이는 대체로 사실이 아니다. 자살자 한 개인에게서도 많은 경우 정서적 기능뿐 아니라 사회적 기능이 훼손되어 있는 경우가 많다. 우리가 자살에 대해 이해하기 위해서는 개인적 요인부터, 사회적 요인까지 모든 경로의 위험요인에 대한 지식을 필요로 하며, 그럴수록 효과적인 예방정책의 토대를 마련할 수 있다. 자살을 잘 이해하기 위해서는 인구집단 접근이라는 개념을 이해할 필요가 있다.

로즈(Rose, 1985)는 아픈 인구집단(sick population)을 아픈 개인(sick individual)과 구분하면서 인구집단 접근을 제시하는데, 입(Yip, World Health Organization, 2010)은 이 개념틀을 자살 분야에 적용한다. 그에 따르면 자살예방에서 고위험군 접근은 한정된 집단만을 다루는 것이며, 자살 문제는 인구집단 전체에 대한 개입을 통해서, 다음 [그림 8-1]에서 볼 수 있듯이 그래프를 왼쪽으로 이동시키는 것이 중요하다. 분포를 이동시키기 위해서는 그래프를 유지하는 여러 요인을 같이 움직여야 한다.

인구집단 접근은 다시 공중보건적 접근과 사회경제적 접근의 두 가지로 구분된다. 그중 공중보건적 접근은 개인적 보건의료를 사회적 제도로 확대한 것이라고 할 수 있다. 다른 하나는 실업과 같이 보건의료 영역의 밖에서 건강에 영향을 미치는 사회경제적 요인을 일컫는다. 먼저 공중보건적 접근을 살펴보자. 현대의 모든 국가는 개인적으로 추구되는 의료의 영역과 인구 전체의 건강을 돌보는 공중보건의 영역을 구분하여 정책을 설계한다. 이러한 분화는 오래되서 상하수도 시스템, 대기오염, 쓰레기 처리,

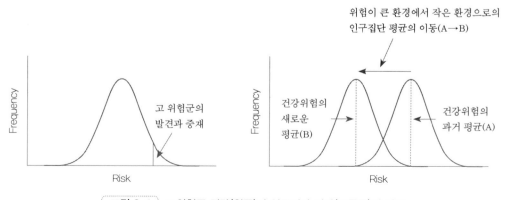

그림 8-1　고위험군 전략(왼쪽)과 인구집단 전략(오른쪽)의 비교

건강검진, 예방접종 등 의학적 지식에 기반하여 인구집단에 넓게 적용되는 방식들이 여기에 해당된다. 정신심리문제를 예로 들어 보자면, 우울증 검사와 치료는 개인적 보건의료 행위이지만 우울증 조기발견을 위한 집단 검진, 우울증 치료에 대한 국가 지원, 학교 심리상담 같은 국가적 관리체계들은 공중보건적 장치들이다. 마찬가지로 스트레스를 완충해 주는 사회적 지지, 개인의 대처 능력, 심지어는 유아기의 애착 문제 역시 국가마다 개인과 국가의 책임은 다르게 나타나고, 국가는 보건의료 제도 혹은 공중보건의 형태로 개인적 접근을 보완한다.

WHO는 자살의 원인적 요인과 예방적 접근을 연결한 유용한 그림을 제시한다. 이는 우리나라를 포함한 많은 국가가 전개하는 자살예방전략의 밑그림이 되고 있기도 하다.

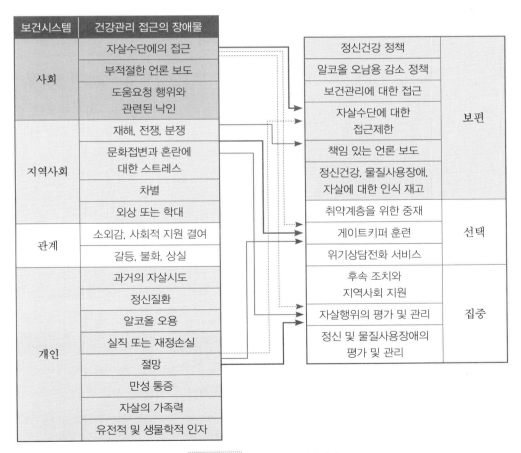

그림 8-2 WHO 자살예방전략

출처: World Health Organization (2014).

　　WHO가 제시하는 집중, 선택, 보편 정책은 인구집단 전략에 호응하는 것들이지만, 보편적 정책 대부분은 보건 부문으로 제한되고 있다. 자살수단에 대한 접근, 핫라인, 위기개입, 스티그마의 개선, 우울증 스크리닝 강화 등이 그 예이다. 그만큼 공중보건 정책들이 자살예방정책의 핵심으로 인식된다고 할 수 있다. 자살대책이 보건의료 영역 내부의 공중보건 정책으로 한정되는 경향은 자살의 원인을 보건의료 문제로 이해하려는 전통에 의해 뒷받침된다. 그러나 자살은 보건의료보다 넓은 사회적 요인과 관련된다는 것이 명백하며, 따라서 국가 차원의 자살예방은 공중보건 정책으로 충분하지 않다. 자살대책이 자살의 전체적인 특성에 맞추어지기 위해서는 인구집단 전략의 두 번째 측면인 사회경제적 원인에 대한 이해가 필요하다.

2. 인구집단 접근의 두 번째 측면: 사회경제적 접근

　　자살에 이르는 하나의 경로로 '비정규직 → 직장 내 따돌림 → 우울증 → 자살'을 가정해 보자. 이때 우울증은 자살에 가까운 하류의 상황이며, 비정규직은 자살로부터 상대적으로 먼 상류의 원인이라고 할 수 있다. 하류의 원인들은 보통 개인의 경험에 가까운 부적절한 감정, 방어체계, 정서적 변화 등을 말하며, 상류의 원인들은 집단의 노출과 취약성에 관여하는 사회경제적 요인들이 해당한다. 상류에서 작용하는 이러한 요인들은 위험을 만드는 위험(risk of risk)이라거나 원인의 원인(cause of cause)이라고 표현하기도 한다(Phelan et al., 2010). 다음 [그림 8-3]은 인구집단 전략의 두 가지 측면인 공중보건적 접근과 사회경제적 접근의 차이를 잘 구분하여 보여 주고 있다.

　　그림에서 정책들은 사건에 가까운 정도에 따라 작용하는 지점이 하류 요인부터 상류

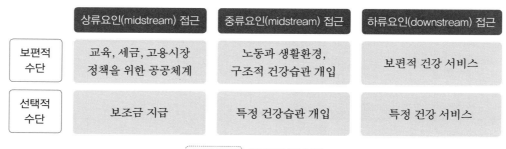

그림 8-3 중재모형의 분류

출처: Whitehead et al. (2014).

요인(가로축)으로 구분되고, 정책이 영향을 미치는 범위에 따라 보편적 접근과 선택적 접근(세로축)으로 구분된다. 자살에 대한 다수를 대상으로 하는 공중보건적 접근은 개인적 접근의 한계를 보완하는 보편적 접근으로서의 의의를 갖지만, 인과성의 경로에서 보자면 이는 개인적 위험요인에 가까운 하류에 초점을 맞추고 있다. 정책이 하류에 치우칠 때 한계는 분명하다. 하류 원인은 자살 사건(결과)에 가까워서 원인이라기보다는 결과를 다루는 것과 차이가 없기 때문이다. 앞서 예를 든 자살 경로로 돌아가서 만일 선행요인인 직장 따돌림과 비정규직 이슈를 대처하지 않고, 우울증 환자의 선별과 치료라는 접근에 치중하는 것(보편적인 공중보건적 접근이며, 한국 사회에서 이조차도 너무 부족하지만)은 자살로 가는 위험의 축적을 바꿀 수 있을 것인가? 우울증에 대한 접근은 자살의 원인에 대한 접근이 분명하지만 우울증이 지속적으로 발생하게 하는 사회의 취약성이라는 상류의 조건이 동시에 변하지 않는다면, 하류에서 이루어지는 조치들은 뒤늦은 것이 될 것이다.

자살에 대한 사회경제적 접근은 정신심리적 변화 이전에 형성된 조건들에 대한 이해를 바탕으로 한다. 즉, 태어나고, 자라고, 살고, 일하는 사회적 환경에 연속되어 정신심리적 변화가 비롯된다는 관점을 제공한다. 무주택자라면 주택 가격에 대한 걱정이 클 것이고, 소득과 자산이 충분하지 않다면 더욱 그럴 것이고, 장시간의 노동에 쫓기고 있다면 시간이 필요한 생각이나 대화로 타인을 대하기 어렵고, 여가와 취미를 허락할 수 있는 시간과 수입이 없다면 삶에 위로가 적고, 비정규직은 자신의 직업적인 불안정함이 멈출 때까지 다른 흥미로운 것들을 유보하기 쉽고, 지지적인 관계의 존재에 따라 손상된 자아의 회복은 다를 것이다. 한두 가지 문제는 일시적으로 끝날 수 있겠지만, 다수의 문제를 동시에 가지고 있거나 장기적으로 겪고 있다면, 게다가 육체적 질환까지 앓고 있다면, 이때 겪는 심리적 황폐함을 하류적 조치들로 되돌릴 수 있을까? 보건의료와 공중보건은 사회적으로 벌어진 이런 결과들을 막아 내려 하지만, 이러한 부정적 사건의 총량이 크다면, 해결책은 그 영역의 노력을 넘어선다. 더욱이 한 사회의 일부가 필연적으로 경험하는 부정적 생애사건(예: 장애, 실업)의 결과와 책임 또한 사회적으로 주어지는데, 한국 사회의 보상과 불이익 체계는 사건을 그 자체보다 더욱 심각한 것으로 만든다. 즉, 자살은 부정적인 사건을 만회할 기회가 적고 그 평가와 대가가 가혹한 사회가 가진 극단적인 단면이 개인을 통해서 드러나는 것이라고 할 수 있다. 자살에 대한 사회적 접근은 자살이라는 창을 통해 하나의 사건이 어떻게 위기로 전환하는지 사회적 지점을 드러내며 해결책을 찾는 것이다. 자살이 처한 사회적 맥락을 고려하지 않고, 보건의료적 혹은 이의 제도적 확장인 공중보건적 해결에 자살 정책이 치중하는 것에 대해 자살을 지나치게 의료화(medicalization)한다는 비판이 제기되기도 한다. 자살 문제의 이해와 해결을 위해서는 주택, 노동 등 상류에 위치한 사회경제적 원인을 포함하는 것으로 그 폭이 더 넓어져야 한다.

자살의 사회경제적 원인에 대해 WHO 건강의 사회적 결정요인 위원회는 적절한 개념을 제공한다(WHO Commission on Social Determinants of Health, 2008). 위원회는 사회적 결정요인을 크게 두 가지 수준으로 구분한다. 첫째는 일상적 삶의 조건이 되는 개인의 사회경제적 위치로 소득, 직업, 교육 수준 등이다. 둘째는 거시적 요인들을 일컫는 것으로 권력과 자원의 배분에 관련되는 정책, 제도 등으로 일상적 조건의 배경이 된다. 사회복지 수준, 비정규직 관련 제도, 실업률, 악성채무에 대한 법률, 주택 정책, 사회적 자본과 해체(fragmentation) 정도 등은 특히 취약한 집단이 사회 전체적으로 체험하는 사회경제적 환경이다.

3. 사회경제적(상류) 요인에 대한 개입

사회경제적 요인을 강조하는 것이 곧 자살의 정신적 경로를 가볍게 여긴다는 것은 아니다. 오히려 우울증 등과 같은 정신심리적인 문제에 적극 대처하는 것은 자살을 예방하는 가장 효율적인 방법이기도 하다. 전통적으로 담당해 온 정신심리 분야 등 보건의료 영역의 역할은 더욱 확대되어야 하고 핵심적인 인구집단 전략의 수단이어야 한다. 심리상담과 우울증 조기진단 서비스의 접근은 더 용이하고 광범위하게 허용되어야 한다. 그러나 자살예방에서 보건의료와 공중보건적 접근(핫라인, 자살수단, 게이트 키퍼 등)은 스스로의 한계를 인식하는 것이어야 하고, 보건의료 외 다른 영역의 중요성을 드러내는 것이어야 한다. 자살예방정책이 우리 사회의 높은 자살률이라는 흐름을 바꾸기 위해서는 개인, 가족, 직장, 학교, 지역사회 전체를 아울러야 하며, 사회경제적 요인을 같이 다루어야 할 것이다. 자살의 사회경제적 접근은 보건의료 영역의 중요성을 간과하는 것이 아니라, 그 기반 위에서 다양한 부문의 정책적 반응을 이끌고 협력하는 것이다.

자살의 사회경제적 접근은 자살을 복합적인 문제로서 이해한다는 당연한 사실의 확인이기도 하다. 자살의 문제를 보건의료 단일 영역으로 해결할 수 없듯이 노동과 빈곤도 마찬가지이다. 보건 정책들이 그러하듯이 노동 영역에서 자살에 대한 정책적 구상을 할 수 있어야 하며, 마찬가지로 주택과 빈곤 정책은 본래의 목적을 달성하면서 그 결과로서 자살이 영향을 받는 경로에 따라 정책의 작동 방식이 걸러져야 할 것이다. 자살은 경제, 노동, 교육 영역의 입장에서도 가장 심각한 결과로 이해되어야 하고, 각 영역들의 제도적 논리에 따르는 동시에 자살 정책의 관점에서도 검토되어야 할 것이다.

사회적 접근은 이런 삶의 계기들이 자살을 완화시킬 수 있는 지점이라는 이해를 제공한다. 큰 변화도 필요하지만 작은 변화부터 먼저 시도할 수도 있다. 사회가 경쟁과 탈락을 끊임없이 반복해야 한다면, 그런 일이 발생하는 모든 공간에서 탈락하는 이들을 어루만져 주어야 한다. 영국의 일반의(GP)들은 해고 노동자들을 더 잘 상담하기 위하여 특별한 교육훈련을 받기도 한다. 재취업 상담소, 채무자에 대한 은행의 대출 상품과 이때의 상담원의 태도, 소송이 전개되는 법정에 서 있는 당사자들, 공부에 흥미를 잃은 아이들은 위기를 경험하고 있으며, 여기에 개입하는 국가들이 있다(National Office for Suicide Prevention, 2015; Shand et al., 2020).

4. 맺음말

자살은 개인적 결정이지만, 그 결정은 개인이 처한 사회적 조건하에서 이루어진다. 자살은 반드시 정신심리적 과정을 거쳐 결정되지만, 이 과정의 폭은 사회적 체계에 의해서 조정된다. 고용조건에 따른 장시간 노동, 노동 통제력의 부족, 갈등, 직장 내 갑질, 감정노동의 경험은 감정소진, 스트레스에 대한 부적절한 대응, 우울감의 증가 혹은 지속과 관련이 높다. 개인이 처한 사회경제적 상태는 그의 감정 패턴에 조건을 부여하는 것이다(Li et al., 2011; Lorant et al., 2018). 자살예방정책은 보건의료와 공중보건의 밖에 있는 사회적 접근을 포함할 때 균형을 이룰 수 있다. 자살정책이 개인화된 접근을 넘어 공중보건이라는 보편적 수단을 획득하며 발전했던 것처럼, 공중보건 접근을 넘어 사회적 접근을 담아내는 전략이 필요해 보인다. 자살예방은 기술적 중제 프로그램을 늘리는 것뿐 아니라, 결국 이 프로그램들이 놓이는 사회적 본성의 변화를 동시에 추가하는 것에 의해 달성되기 때문이다.

참고문헌

Durkeim, E. (2008). 자살론(*Suicide*). (황보종우 역). 경기: 청아출판사.

Fiksenbaum, L., Marjanovic, Z., Greenglass, E., & Garcia-Santos, F. (2017). Impact of economic hardship and financial threat on suicide ideation and confusion. *The Journal of psychology, 151*(5), 477-495.

Li, Z., Page, A., Martin, G., & Taylor, R. (2011). Attributable risk of psychiatric and socio-economic factors for suicide from individual-level, population-based studies: a systematic review. *Social science & Medicine, 72*(4), 608-616.

Lorant, V., de Gelder, R., Kapadia, D., Borrell, C., Kalediene, R., Kovács, K., ... & Rodríguez-Sanz, M. (2018). Socioeconomic inequalities in suicide in Europe: the widening gap. *The British Journal of Psychiatry, 212*(6), 356-361.

National Office for Suicide Prevention. (2015). Connecting for life: Ireland's National Strategy to Reduce Suicide 2015-2020. Dublin.

Phelan, J. C., Link, B. G., & Tehranifar, P. (2010). Social conditions as fundamental causes of health inequalities: theory, evidence, and policy implications. *Journal of Health and Social Behavior, 51*(1_suppl), S28-S40.

Rose, G. (1985). Sick Individual and Sick Populations. *International Journal of Epidemiology, 14*(1), 32-38.

Shand, F., Yip, D., Tye, M., & Darwin, L. (2020). *The impact of social determinants on suicide and how policy settings can help*. Black Dog Institute.

Whitehead, M., Povall, S., & Loring, B. (2014). *The Equity Action Spectrum: taking a comprehensive approach. Guidance for addressing inequities in health*. The Regional Office for Europe of the World Health Organization.

WHO Commission on Social Determinants of Health., & WHO. (2008). Closing the Gap in Generation: Health Equity Through Action on the Social Determinants of Health. Geneva: World Health Organization.

World Health Organization. (2010). *Towards evidence-based suicide prevention programmes*. Manila: World Health Organization Regional Office for the Western Pacific.

World Health Organization. (2014a). 2019 WHO 문헌집 자살예방: 세계적 의무(*Preventing Suicide: A global imperative*). (중앙심리부검센터 역). 서울: 보건복지부 & 중앙심리부검센터.

World Health Organization. (2014b). *Social determinants of mental health*. Geneva: World Health Organization.

09
사회적 자본, 정신건강 그리고 자살

1. 사회적 자본에 대한 개념적 이해

지난 20여년 사회적 자본(social capital)과 건강 간의 인과적 관련성에 관한 공중보건학과 사회역학 분야에서 많은 연구 결과가 나오고 있다(Moore & Kawachi, 2017). 이는 우리를 둘러싼 사회경제적 외부 환경과 마찬가지로, 사회적 교류와 지지체계와 같은 사회자본도 우리의 건강 전반에 중요한 역할을 한다는 사회적 건강결정요인 연구의 이론적 성과와 연관되어 있다. 높은 수준의 사회적 연결은 전체 사망률 감소뿐 아니라, 의료이용의 감소, 정신건강 호전 그리고 보다 나은 자기 관리 행태로 이어지고, 이와 반대로 사회적 교류와 지지의 결핍은 혈압과 같은 신체 반응에 부정적 영향을 미칠 뿐 아니라, 불안과 우울과 같은 정신적 고통을 가져온다고 보고된 바 있다.

사회학에서 시작된 사회적 자본의 개념적 발전은 크게 퍼트넘과 부르디외의 저술에 기반하고 있다(Carpiano, 2006). 퍼트넘(Putnam, 2001)은 사회적 자본을 '지역사회와 사회 활동을 촉진하는 사람 간 신뢰, 호혜성 규범, 그리고 사회적 참여와 같은 특성으

* 김동현(한림대학교 의과대학 사회의학교실 교수)

* 마수아(한림대학교 의과대학 사회의학교실 연구학생)

로 구성'된 개념으로 설명하고, 이에 기반한 사회적 응집력(social cohesion)은 건강을 포함한 여러 유익한 결과에 영향을 미칠 수 있다고 주장한다. 한편, 피에르 부르디외 (Bourdieu, 1986)는 사회적 자본을 '상호 친분과 인정으로 만들어진 지속적 네트워크의 소유와 이와 연결된 실제적 또는 잠재적 자원의 총합'으로 설명하고, 지역과 이웃이 어떻게 주민의 안녕상태를 향상시킬 수 있는지는 사회적 자본이 가진 이러한 자원 기반 속성에 대한 이해를 필요로 한다고 하였다. 즉, 두 학자는 모두 사회적 네트워크의 중요성을 강조하지만, 퍼트넘은 네트워크에서 얻는 신뢰와 호혜성에 기반한 사회적 응집력을, 부르디외는 네트워크에 기반한 자원과 이러한 자원에의 접근의 중요성을 강조한다.

이와 같은 사회적 자본에 대한 개념적 이해의 차이에 따라 그 형태를 다음과 같이 크게 구분해 볼 수 있다(Khosravi et al., 2014). 우선 사회적 자본을 결속형 사회적 자본 (bonding social capital)과 연계형 사회적 자본(bridging social capital)으로 나눠 볼 수 있다. 여기서 결속형이란 동질성, 충성도, 강한 규범 그리고 배제성을 갖고 자신이 속한 공동체의 사회적 정체성을 공유하는 내부 지향성을 말한다. 그런데 이런 결속형 사회적 자본은 개인과 집단의 안녕에 긍정적일 수 있지만, 갱 집단과 같은 경우의 결속은 부정적으로 작용할 수 있다. 이에 비교해, 연계형 사회적 자본은 한 사회에서 자신이 속한 집단과는 다른 집단, 또는 다른 사회적 배경을 가진 이들과의 관계를 지칭하는 외부 지향성의 정도를 말한다. 따라서 이러한 연계형 사회적 자본의 효과는 한 사회의 안녕에 보다 긍정적일 것으로 보인다.

한편 사회적 자본의 또 다른 형태로, 이를 인지적 사회적 자본(cognitive social capital)과 구조적 사회적 자본(structural social capital)로 나눠 보는 것이다. 인지적 자본은 공동체와 조직에의 소속감과 신뢰도 등과 관련된 것이고, 구조적 자본은 네트워크 연결의 행위적 속성, 즉 개인들과 집단을 서로 연결시키는 관계와 조직 특성을 말한다. 이렇게 구분된 사회적 자본은 그 속성상 개인적 속성과 집합적 속성을 같이 갖는다고 볼 수 있다.

사회적 자본은 이런 이론적 배경과 개념적 차이를 넘어, 넓은 의미에서 "사회적 네트워크를 통해 개인과 집단에 주어지는 감정적, 경제적 그리고 정보 자원"으로 정의될 수 있고(Cohen-Cline et al., 2018), 일반적인 신체적 건강뿐 아니라 정신건강과 자살에 영향을 미치는 주요한 사회적 건강결정요인(social determinants of health)의 하나로 인식되고 있다.

2. 사회적 자본의 구성요소와 측정

이러한 사회적 자본은 신뢰, 호혜성의 규범, 연결망 그리고 사회참여 등의 개별 요소로 나누어 볼 수 있다(정규형, 2019). 첫째, 신뢰란 타인이 자신의 기대에 맞도록 행동할 것이라는 주관적인 심리상태를 의미한다(류석춘, 왕혜숙, 박소연, 2008). 이는 대인신뢰와 제도신뢰로 나뉘는데, 두 경우 모두 신뢰가 깨어질 경우 소통의 통로를 닫고 사회구성원이 고립되며 사회적 연결망이 쇠퇴하는 결과를 초래하므로(류태건, 2015) 사회자본의 중요한 요소 중 하나이다. 둘째, 호혜성의 규범은 집단의 구성원들이 협동할 수 있도록 서로 공유되고 있는 공식적/비공식적 가치를 말한다(Fukuyama, 1995). 이것이 안정적으로 수립되면 사회구성원이 각자의 위치에서 의무를 다할 수 있고 사회적 연결망을 단단하게 한다. 셋째, 연결망이란 각 개인 간 그리고 개인과 집단 사이의 관계를 의미하며 다양한 형태와 유형으로 분류될 수 있다. 연결망이 촘촘히 형성될수록 더 섬세한 사회구조로 이어질 수 있다. 넷째, 사회참여는 기존의 사회자본 구성요소에는 포함되지 않았으나 적극적인 사회참여가 사회자본을 증진시킨다는 최근의 연구 결과로 사회자본의 한 구성요소로 포함하게 되었다(박희봉, 2009). 여러 형태의 시민 활동이 모두 사회 참여에 포함되는데, 작게는 이웃모임이나 동호회부터 정치참여 및 집회활동까지 온갖 종류의 시민 활동을 포괄하는 개념이다(Putnam, 1993).

이렇듯 사회 자본을 하나의 정의로 묶기 어려운 만큼 사회자본의 측정 또한 여러 의견이 분분한 것이 현실이다. 현재 대부분의 연구는 사회자본을 각 구성요소로 구분하여 측정하고 있다(정규형, 2019). 신뢰의 경우 각 개인이 어떠한 대상자나 정책에 대해 얼마나 신뢰하고 있는지를 측정하거나 사회안정성을 통해 사회 전반에 대한 신뢰를 측정하고, 호혜성의 규범은 타인에 대한 도움 정도 등을 통해, 연결망은 양적인 측면과 질적인 측면에서 개인이 맺고 있는 관계의 정도를 구분하고, 참여의 경우 지역사회 내 모임에 얼마나 참여했는지로 측정할 수 있다(정규형, 2019). 이러한 지표들은 대부분 개인의 설문응답을 집계하는 방식으로 이루어지나, 요즘에는 지방자치단체 단위로 사회자본 구성요소를 측정하려는 시도가 이어지고 있다.

지방자치단체 단위로 이러한 사회자본 구성요소들을 파악하려는 시도는 다음과 같다. 신뢰의 경우 이혼율, 호혜성의 규범은 자원봉사자 수, 헌혈자 수, 연결망은 지역사회 내 단체의 수, 참여는 투표율 등의 지표로 해석되는 것 등이 있겠다(정규형, 2019). 각 지표를 좀 더 살펴보면, 먼저 지역사회 이혼율의 경우 이혼 자체가 가족 내 관계 약화를 가져오고 결국 노인에서의 경제적·심리적 불안을 악화시키기 때문에 자살에 쉽게 이르는 것을 반영한다고 보고된 바 있다(Rankin & Wells, 1990). 자원봉사자의 수의 경우 그 지방자치단체 내에서 얼마나 상호 도움이 활성화되어 있는지를 측정하는 지표이며, 지역사회의 응집력을 강화시키는 효과를 가져오기도 한다(유석춘, 장미혜, 2002). 연결망은 사회복지기관 및 정신보건 인프라로 측정될 수 있는데, 노인의 경우 사회적 역할의 축소와 가족관계 해체 등으로 사회적 관계에 자연스럽게 포함되기 어려운 경우가 많기 때문에 지방자치단체 내 노인의 사회적 연결망을 더 촘촘히 만들어 주는 인프라들의 존재 여부는 노인 자살률과 밀접한 연관이 있다(김기원, 김한곤, 2011). 마지막으로 사회 참여는 노인의 지역사회 내 각종 기관 및 단체의 참여 수준(아파트 주민단체부터 친목단체, 종교기관 등)을 통해서 확인할 수 있는데, 이러한 활동이 노인에게 역할을 부여함과 동시에 공동체에 대한 소속감을 가질 수 있게 해 준다(Putnam, 2001)는 측면에서 상관관계를 가질 것으로 볼 수 있다(정규형, 2019).

한편, 노인 자살률 영향요인 중 경제적 요인 역시 사회자본 개념에서 바라보면 실업률, 경제활동참가율 등 경제자본과의 관련성뿐 아니라 사회자본의 참여로도 해석할 수 있는 여지가 있다(정규형, 2019). 즉, 결과적으로 노인 자살에 영향을 미치는 것으로 알려진 경제요인, 사회통합 요인, 사회해체요인 모두가 사회자본과 결부되어 해석될 수 있는 개념으로 생각할 수 있겠다.

3. 사회적 자본과 정신건강 그리고 자살

한 지역사회의 사회네트워크나 사회적 지지가 지역주민의 정신건강과 자살에 미치는 영향을 평가한 실증적 연구도 많이 진행되어 왔다. 예를 들어, 사회적 지지는 우울증 회복과 같은 정신건강을 증진하여 자살위험을 줄이는 요인으로 보고된 바 있다(Wu & Bond, 2006). 우울증으로 진단된 노인들은 도움을 주는 친구와의 접촉이 부족하고, 가족구성원 수가 적었으며, 가족과 친구들 사이에서의 만족감도 낮은 것으로 조사되었다(VanDerHost & McLaren, 2005). 이에 반해 노인의 사회참여활동은 심리·사회적 적응에 긍정적 영향을 미치는 보호요인임을 밝히는 다양한 연구가 보고되고 있다(Kim & Pai, 2010). 노년기의 대체적 역할로서 자원봉사활동이 노인간 상호작용을 증진시킬 수 있는 한 방법으로 자살생각을 감소시키는 등의 정신건강에 긍정적인 영향을 미친다는 연구도 있다(Li & Ferraro, 2005). 노인의 사회 참여는 사회적 역할을 부여하고, 사회적 상호작용을 유지할 수 있게 함으로써(Putnam, 2001), 역할 상실과 사회적 유대감의 저하로 인해 발생할 수 있는 자살을 예방할 수 있는 중요한 요인 중 하나로 볼 수 있다(이묘숙, 2012).

퍼트넘(Putnam, 2001)은 보다 많은 연결망을 갖고 있을수록 다양한 건강결과에 좋은 영향을 미치고, 이러한 혜택은 다양한 차원의 사회적 자본, 즉 가족 간 유대, 사회집단 참여, 교우관계 그리고 시민사회 활동에의 참여 등에서 보인다고 하였다. 켈리 등(Kelly et al., 2009)은 사회적 자본의 한 요소라 할 수 있는 사회적 신뢰와 유럽 11개 국가의 연령표준화 자살률과의 관련성을 생태학적 연구로 분석했을 때 기타 교란요인에의 영향을 보정하고도 사회적 신뢰 수준이 높은 국가일수록 자살률이 낮아진다고 보고한 바 있다. 이와 유사하게 데브와 킴(Dev & Kim, 2021)도 미국 2,112 카운티의 사회적 자본이 연령표준화 자살률에 미치는 영향을 평가한 생태학적 연구에서 지역의 사회적 자본이 1 표준편차 증가에 따라 이후 20년에 걸쳐 자살률이 경향적으로 감소하고 있음을 제시한 바 있다(0.87 fewer suicides per 100 000 population; P=.04). 스미스(Smith)와 가와치(Kawachi)는 미국 50개주의 1999년에서 2002년 기간의 평균자살률과 사회적 자본의 관련성을 인종과 성별로 층화하여 분석한 바 있다(Smith & Kawachi, 2014). 사회적 자본은 퍼트넘이 제시한 14개의 개별지표에서 종합된 점수로 산출하였는데, 사회적 자본 수준이 높은 지역에 거주하는 백인 남녀에서는 낮은 자살률과의 관련성이 관찰되었고, 흑인집단에서는 이러한 관련성을 관찰할 수 없었다고 보고한 바 있다.

이와 같이, 사회적 자본이 전반적인 건강이나 자살 등에 미치는 영향은 그들이 놓인 사회 구조상 위치에 따라 달리 나타날 수 있다고 지적된 바 있다(Lin, 2001). 즉, 사회경제적으로 빈곤한 집단은 그들이 소유한 사회적 자원의 결핍과 자원의 분절적 속성으로 인해 결속형 사회적 자본에서 기대되는 긍정적 효과를 관찰하기 어렵고, 이런 상황에서는 사회경제적 요인이 사회적 자본보다 더 큰 영향을 미칠 것으로 예상된다고 한 바 있다.

한편, 우리나라에서도 이 연구들과 상응한 결과가 관찰된다. 정규형(2019)은 우리나라의 2010~2016년도 노인 자살과 사회자본을 앞의 연구와 같은 구성요소로 구분하여 그 관련성을 분석하였다. 먼저 사회적 지지 혹은 사회적 연결망이 노인 자살을 낮추는 데 긍정적인 효과가 있는데, 특히 이것은 여성 노인에서 뚜렷하다고 밝혔다. 여성노인은 동성의 사회적 연결망을 중요시하고 동성의 친구들로부터 사회적 지지를 제공받는 경향이 짙어(Lynch, 1998) 여성 노인 비율이 높고, 여성 노인으로 이루어진 사회적 연결망이 많을수록 자살률을 대폭 감소시킬 수 있는 기반이 된다고 한 바 있다.

이 외에도 상기에 언급한 것과 같이 조이혼율이 낮은 것과 같이 가족의 해체가 적은 것 역시 노인 자살률을 감소시키며 사회복지예산비율, 노인사회참여율과 노인복지시설비율 역시 그러하다고 하였다(정규형, 2019). 다만 이러한 결과는 성별에 따라 다른 방향으로 나타나는 경우가 많아, 남성노인과 여성노인에서 각 정책이 가지는 효과가 다른 것을 확인할 수 있고, 후일 자살예방정책을 세울 때에도 이 점을 고려해야 하는 것을 시사한다.

4. 근거 기반 자살예방정책 수립을 위한 연구 기반 구축의 필요성

이 장에서 다루는 사회적 자본을 구성하는 요인들도 개개인의 구성적 요인과 지역사회와 집단의 맥락적 요인을 동시에 파악할 수 있어야 인구집단 수준의 건강결정요인과 개인적인 위험/보호요인의 변화가 집단과 개인의 자살생각, 자살시도 그리고 자살에 미치는 영향을 종합적으로 파악할 수 있을 것이다. 즉, 지역과 관련된 특성과 변인(예: 빈곤율, 실업률, 일인 가구율 그리고 집합적 차원의 사회적 자본 수준 등)이 개인의 특성(우울증, 스트레스 등 사회심리적 요인, 칩거 수준, 가족관계 그리고 사회 관계망과 사회적 신뢰와 같은 개인적 차원의 사회적 자본 등)과 어떻게 상호작용하여 개인과 지역사회의 자살과 자살률에 미치는 영향을 보다 직접적으로, 그리고 다차원적으로 규명할 수 있을 것이다.

그런데 우리나라는 이렇게 심각한 사회적 문제를 야기하는 한국 사회에서의 자살의 급증 원인에 대해 실증적 연구 기반은 제대로 구축되어 있지 않다. 이로 인해 자살예방을 위한 정신보건 관련 정책적 대응은 과학적 근거를 가지고 추진되고 있다고 말하기 어렵다.

우리나라 정신건강보건 영역에서 자살문제의 심각성과 시급성 그리고 사회적 영향력을 고려할 때, 또한 근거 기반 국가 차원의 종합적 자살예방대책의 수립을 위해서는 일반 인구집단을 대상으로 한 장기 추적 코호트 연구사업 추진의 사회적·학문적 필요성이 크다고 볼 수 있다(Knox et al., 2004). 즉, 일반 인구를 대표하는 집단을 대상으로 장기 추적 코호트를 구축하여, 자살사고, 자살시도, 그리고 자살로 이어지는 일련의 과정에 미치는 개개인의 심리문화적 요인과 이들을 둘러싼 사회구조적 요인과의 상호작용을 규명하고자 하는 종합적이고, 심층적인 연구 기반 구축이 절실히 요구되고 있다. 이를 통해 빠른 시간 내 근거 기반 자살예방정책이 수립되기를 기대한다.

참고문헌

김기원, 김한곤(2011). 노인자살률에 영향을 미치는 요인에 대한 거시적 분석. 한국인구학, 34(3), 31-54.

김민영(2013). 한국사회의 자살률에 관한 분석. 서울대학교 대학원 박사학위논문.

김정수, 송인한, 김영래, 정아원(2017). 지방자치단체의 자살예방정책 추진 현황과 개선 방향: 전국 지자체 자살예방계획서의 내용분석. 비판사회정책, 55, 257-290.

김정애(2017). 독거노인의 자살생각 위험에 대한 스트레스생활사건 및 사회적 지지와 거주지역의 상호작용. 한림대학교 의과대학 대학원 박사학위논문.

김형수(2002). 한국노인의 자살생각과 관련요인 연구, 한국노년학, 22(1), 159-172.

류석춘, 왕혜숙, 박소연(2008). 연고집단과 자발적 결사체의 신뢰 비교 연구: 동창회와 시민단체를 중심으로, 동양사회사상, 17, 203-269.

류태건(2015). 사회자본 연구—지역발전의 모색—. 부산: 세종출판사.

박희봉(2009). 사회자본. 서울: 조명문화사.

박희숙, 장원태, 오정희(2016). NCS노인복지론. 경기: 공동체.

배진희, 엄기욱(2009). 노인의 자살시도에 영향을 미치는 요인. 한국노년학, 29(4), 1427-1444.

유석춘, 장미혜(2002). 사회자본과 한국사회. 사회발전연구, 8, 87-125.

유정균(2008). 노인자살률의 지역별 편차, 한국인구학, 31(2), 21-44.

이묘숙(2012). 사회참여활동을 매개로 노인의 사회적 고립이 자살생각에 미치는 영향에 관한 연구. 노인복지연구, 1, 28-44.

이소정, 정경희, 강은정, 강상경, 이수형, 김영아(2009). 노인 자살의 사회 경제적 배경 및 정책적 대응방안 모색. 한국보건사회연구원.

정규형(2019). 지역 노인자살률 변화에 관한 연구: 사회자본관점을 중심으로. 연세대학교 사회복지대학원 박사학위논문.

최영인(2002). 사회해체이론과 긴장이론. 경기: 열린.

통계청 (2020). 2020 고령자 통계.

Bourdieu, P. (1986). The forms of capital. In J. Richardson (Ed.), *Handbook of Theory and Research for the Sociology of Education* (pp. 241-258). Westport, CT: Greenwood.

Carpiano, R. M. (2006). Toward a neighborhood resource-based theory of social capital for health: can Bourdieu and sociology help?. *Soc Sci Med, 62*(1), 165-75.

Cattell, V. (2001). Poor people, poor places, and poor health: the mediating roleof social networks and social capital. *Social Science & Medicine, 52*, 1501-1516.

Cohen-Cline, H., Beresford, S. A. A., Barrington, W. et al. (2018). Associations between social capital and depression: A study of adult twins. *Health Place, 50*, 162-167.

Dev, S., & Kim, D. (2021). State- and County-Level Social Capital as Predictors of County-Level Suicide Rates in the United States: A Lagged Multilevel Study. *Public Health Rep, 136*(5), 538-542.

Fukuyama, F. (1995). *Trust: the social virtues and the creation of prosperity.* London: Hamish Hamilton.

Homans, G. C. (1958). Social behavior as exchange. *American journal of sociology, 63*(6), 597-606.

Kelly, B. D., Davoren, M., Mhaoláin, A. N. et al. (2009). Social capital and suicide in 11 European countries: an ecological analysis. S*ocial Psychiatry and Psychiatric Epidemiology, 44,* 971.

Khosravi, R., Hodshire, C. W., & Lotfi, S. (2014). Social capital and suicide: Social workers' obligation toward contemporary suicide prevention. *International J of Humanities and Social Sciences, 4*(4), 83-91.

Kim, J., & Pai, M. (2010). Volunteering and trajectories of depression. *Journal of Aging and Health, 22*(1), 84-105.

Knipe, E. E. (1971). Attraction and exchange: Some temporal considerations. *In annual meeting of the Southern Sociological Society.* Atlanta, GA.

Li, Y., & Ferraro, K. F. (2005). Volunteering and depression in later life: Social benefit or selection processes?. *Journal of Health and Social Behavior, 46*(1), 68-84.

Lin, N. (2001). *Social capital: A theory of social structure and action.* New York: Cambirge University Press.

Lynch, S. A. (1998). Who supports whom? How age and gender affect the perceived quality of support from family and friends. *The Gerontologist, 38*(2), 231-238.

Moore, S., & Kawachi, I. (2017). Twenty years of social capital and health research: a glossary. *Journal of Epidemiol & Community Health, 71*(5), 513-517.

OECD. (2021). *Suicide rates* (indicator). doi: 10.1787/a82f3459-en (Accessed on 21 March 2021)

Putnam, R. D. (1993). *The Prosperous Community: Social Capital and Public Life.* The American Prospect, 13, 35-42.

Putnam, R. (2001). Community-based social capital and educational performance. *Making good citizens: Education and civil society,* 58-95.

Rankin, J. H., & Wells, L. E. (1990). The effect of parental attachments and direct controls on delinquency. *Journal of Research in Crime and delinquency, 27*(2), 140-165.

Smith, N. D. L., & Kawachi, I. (2014). State-level social capital and suicide mortality in the 50 U.S. states. *Social Science & Medicine, 120,* 269-277.

VanDerHorst, R., & McLaren, S. (2005). Social relationships as predictors of depression and suicidal ideation in older adults. *Aging & mental health, 9*(6), 517–525.

Wu, W. C., & Bond, M. H. (2006). National differences in predictors of suicide among young and elderly citizens: linking societal predictors to psychological factors. *Archives of Suicide Research, 10*(1), 45–60.

Institute for Health Metrics and Evaluation (IHME). https://vizhub.healthdata.org/gbd-foresight/(Accessedon21March2021)

자살예방의 모든 것
이론과 정책

제**3**부

질환과 자살

우울증과 자살

　우울증은 임상현장이나 지역사회에서 가장 흔히 볼 수 있는 정신장애 중 하나이지만, 환자 개개인이나 사회적으로 큰 질병 부담을 일으킨다. 세계보건기구(WHO)에서는 장애보정손실수명(Disability Adjusted Life Years)으로 계산했을 때, 2020년에는 우울증이 여러 신체적·정신적 질환 중에서도 심장질환에 이어 두 번째로 큰 질병부담을 일으킬 것이라고 경고했다(Murray et al., 1996). 우울증이 큰 사회경제적 부담을 일으키는 이유 중 하나는 자살의 위험성을 높일 수 있기 때문이다. 우울증은 자살의 가장 중요한 위험요인 중 하나이며, 자살을 시도하였거나 자살위험성을 보이는 사람들이 기저에 가진 우울증상을 평가하고 치료하는 것은 자살위험성의 평가와 중재에서 중요한 부분을 차지한다. 최근에는 우울증의 정신사회적·약물학적 치료가 우울증상뿐만 아니라 자살위험성도 낮춘다는 많은 근거가 축적되면서, 자살의 이해와 예방에 있어서 우울증에 대한 이해는 그 중요성이 점차 커지고 있다.

　이 장에서는 자살의 위험요인으로서의 우울증에 대해 소개하며, 우울증 환자에서 평가되어야 할 자살의 위험요인과 함께 그 평가 방법에 대해 개괄할 것이다. 또한 자살의 위험성을 보이는 우울증 환자에서 적용될 수 있는 정신사회적 치료 및 약물학적 치료

* 한규만, 함병주(고려대학교 안암병원 정신건강의학과 교수)

에 대해서 알아보고자 한다.

1. 역학: 자살의 위험요인으로서의 우울증

각 나라마다 다르기는 하지만 미국을 기준으로 우울증의 평생 유병률은 대개 16.2%, 1년 유병률은 6.6%로 알려질 만큼 임상현장과 지역사회에서 가장 흔한 정신장애 중 하나이다(Kessler et al., 2003). 한편, 지난 수십 년간의 역학 연구(Epidemiologic study)들은 일관되게 우울증이 자살의 가장 중요한 위험요인 중 하나라는 주장하고 있다. 주요우울장애 환자가 평생 동안 자살로 생을 마감할 가능성, 즉, 평생 자살위험(lifetime suicide risk)의 경우, 역학 연구의 방법론이나 대상으로 하는 환자군에 따라 다르기는 하지만, 대략 3~7% 정도의 우울증 환자가 자살로 사망한다고 보고하고 있다(Blair-West et al., 1997; Blair-West et al., 1999; Bostwick & Pankratz, 2000; Inskip et al., 1998; Nordentoft et al., 2011). 이 중 가장 대규모의 표본을 대상으로 한 연구를 살펴보면, 덴마크의 한 전향적 역학 연구에서는 정신보건서비스를 받은 1955~1991년 사이에 태어난 176,347명을 대상으로 최대 36년간 관찰했을 때(이 중 우울증 환자는 17,362명), 남성 우울증 환자의 경우, 6.67%가 자살로 사망했으며, 여성 환자는 3.77%가 자살로 사망하였다고 보고한 바 있다(Nordentoft et al., 2011). 이는 각국에 따라 다르기는 하지만, 우리나라의 자살률(2019년 기준 26.9/10만 명)과 비교해도 적어도 수십~수백 배에 해당하는 수치이다. 실제 한 메타분석 연구에서는 우울증 환자들이 정상인에 비해 20.4배 더 많이 자살로 사망한다고 보고하고 있다(Harris & Barraclough, 1997).

한편, 자살로 인한 사망자에 대한 심리부검(psychological autopsy) 연구에서는 이들 중 대략 60% 정도가 주요우울장애를 비롯한 기분장애를 겪었던 것으로 보고한 바 있다(Cavanagh et al., 2003). 심리부검 연구에 대한 한 메타분석(meta-analysis)에서는 3,275명의 자살자 중 87.3%가 정신장애의 기왕력을 갖고 있었으며, 43.2%는 우울증을 포함한 기분장애로 진단받은 적이 있다고 보고한 바 있다(Arsenault-Lapierre et al., 2004). 심리부검 연구에 대한 또 다른 메타분석에서는 1,823명의 자살사망자와 2,178명의 자살로 사망하지 않은 대조군을 대상으로 했을 때, 자살로 사망한 사람은 다른 원인으로 사망한 사람에 비해 우울증을 겪었을 가능성이 13.4배 더 높았다고 보고한 바 있다(Yoshimasu et al., 2008). 국내 심리부검 연구의 경우는 56명의 자살사망자를 대상으로 했을 때, 33.9% 가량의 자살자가 우울증을 겪었던 것으로 보고한 바 있다(Sea et al., 2013).

한편, 실제 자살로 인한 사망(committed suicide)을 예견할 수 있는 중요한 자살행동은 자살시도(suicidal attempt)이다. 최근 65개의 관찰연구에 포함된 27,340명의 주요우울장애 환자를 대상으로 한 메타분석에서는 주요우울장애 환자에서 자살시도의 평생 유병률은 31%이며, 1년 유병률은 8%로 보고하였다(Dong et al., 2019). 이러한 연구들을 종합해 보면, 우울증은 자살로 인한 사망 가능성을 최소한 수십 배 높일 수 있으며, 우울증은 실제 자살사망자가 겪은 정신장애 중 가장 높은 비율을 차지한다는 점을 알 수 있다.

2. 우울증의 개관

1) 증상론

우울증은 지속적으로 유지되는 우울한 기분 또는 흥미나 즐거움의 상실을 핵심 증상으로 하며, 과도한 죄책감이나 무가치함과 같은 부정적으로 편향된 사고, 수면과 식욕의 변화, 과도한 피로감과 활력의 상실, 집중력이나 기억력 저하와 같은 인지증상, 불안감이나 정신운동성 초조, 정신운동성 지연 등의 증상이 나타날 수 있다. 또한 반복되는 죽음에 대한 생각, 자살생각, 자살 계획이나 실제 자살시도 역시 우울증의 중요한 증상 중 하나이다.

우울증에서 가장 핵심이 되는 증상은 기분의 변화이며, 이는 지속되는 우울한 기분과 함께 흥미나 의욕의 상실을 말한다. 미국정신의학회의『정신질환의 진단 및 통계 편람 제5판(Diagnostic and Statistical Manual of Mental Disorders, 5th ed.: DSM−5)』에 따르면, 주요우울장애(Major depressive disorder)에서 하루의 대부분 거의 매일 지속되는 우울한 기분이 나타나며 이와 함께 거의 대부분의 일상 활동에서 흥미나 즐거움의 상실이 하루의 대부분, 거의 매일같이 뚜렷하게 나타나야 한다고 말하고 있다(American Psychiatric Association, 2013). 특히 지속적인 우울한 기분 또는 흥미나 즐거움의 상실은 둘 중에 한 가지 증상이 반드시 있어야 주요우울장애로 진단할 수 있을 만큼 이 진단을 규정하는 핵심적인 증상이라고 할 수 있다.

우울한 기분은 과도하게 슬프고 처지는 기분, 불행하다는 느낌, 절망감, 낙담, 인생의 공허감, 부정적인 생각에 대한 반추 등으로 표현되기도 한다. 특히 심한 우울증 환자에서는 극도의 우울한 기분과 함께 희망이 없다는 느낌, 즉 무망감(hopelessness)을 갖게 되면 죽음 외에는 이러한 정신적 고통에서 벗어날 수 없다는 생각을 가지고, 죽음을 일종의 탈출구로 생각하면서 자살생각이 나타나 심하면 실제 자살시도로 이어질 수 있게 된다. 우울증의 또 다른 핵심 증상으로는 무쾌감증(anhedonia)라고도 불리는 홍미나 즐거움의 상실이 있다. 우울증 환자들은 즐거움을 느끼는 감정이 무뎌지며, 과거에는 일상적인 생활에서 보상(reward)으로 느껴졌던 활동들이 더 이상 즐거움이나 홍미를 주지 못한다고 표현한다. 이러한 상태는 취미와 같이 실제로 즐기던 활동부터 일상생활, 직업 및 학교생활, 대인관계의 측면에서 광범위하게 나타나는데, 이로 인해 사회적 활동에서 철회되는 양상이 나타나고 이러한 철회 행동은 우울증을 더욱 악화시키는 악순환을 보인다.

인지적 관점에서 우울증 환자는 부정적으로 편향되고 왜곡된 생각을 갖게 된다. 인지행동치료의 창시자인 아론 벡(Aaron T. Beck)은 우울증 환자들이 자기 자신, 세상 그리고 미래에 대한 부정적 평가를 특징으로 하는 인지삼제(cognitive triad)를 갖게 된다고 하였다. 이러한 인지 왜곡으로 인해 환자들은 자기 자신이 무가치하다는 생각, 무능력감, 병적인 죄책감, 낮은 자존감, 무력감, 무망감, 비관적인 미래관을 갖게 한다. 특히 이러한 부정적인 사고들은 자살위험성을 높일 수 있다. 이러한 사고 내용의 왜곡과는 별개로 우울증 환자들은 기억력 및 집중력 저하와 같은 인지기능의 저하를 호소한다. 이로 인해 직장인이나 학생들은 실제로 업무 효율이나 학업능력이 유의하게 감소되었다는 보고를 하게 되며, 신경심리검사상에서는 언어적/시공간 기억력, 집중력, 작업기억력, 전두집행기능 등의 저하와 함께 사고처리속도가 감소되는 양상이 나타난다.

정신운동증상에는 정신운동성 지연(psychomotor retardation)이나 정신운동성 초조(psychomotor agitation)가 나타날 수 있다. 정신운동성 지연을 보이는 환자들은 생각의 속도가 느려지거나 시간이 천천히 가는 느낌을 보고하며, 객관적으로도 발화량 감소, 말의 속도나 크기, 어조의 변화가 감소하며, 신체적 움직임이 느려지고, 자발적인 운동이 적어지며, 무표정한 모습을 보이며 멍하게 생각에 잠겨 있는 모습을 보이곤 한다. 반면, 정신운동성 초조에서는 불안한 기분, 초조하고 안절부절 못하는 모습, 자극과민성을 보이곤 한다. 한편, 심한 수준의 불안과 초조는 극심한 정신적 고통을 줄 수 있어 자살위험성을 높일 수 있다.

마지막으로는 수면과 식욕의 변화와 같은 생장증상(vegetative symptom)이 나타날 수 있다. 식욕과 관련해서는 식욕의 저하와 체중의 감소가 대표적으로 나타나지만, 일부 환자에서는 식욕의 증가, 특히 탄수화물이나 단 음식에 대한 갈망이 나타나며 체중의 증가가 나타날 수 있다. 수면 장애는 실제로 밤에 잠에 들기까지 오랜 시간이 걸리는 입면의 어려움, 수면 유지의 어려움과 함께 새벽에 깬 뒤에 다시 잠에 들기 어려워하는 양상이 나타날 수 있다. 환자들은 야간의 얕은 수면으로 인해 주관적으로 충분한 수면을 취한 것 같지가 않으며, 낮에도 온종일 피곤할 수 있다. 이와는 반대로 일부 환자에서는 수면시간이 과도하게 늘어나면서, 발병 이전에는 일상생활을 하던 시간에도 잠을 자게 되거나 아침에 일어나기 힘든 수면 양상이 나타나기도 한다.

또한 성욕의 감소가 나타날 수 있는데, 남성의 경우 발기부전, 여성의 경우 월경의 일시적인 중단이 나타날 수 있다. 이 외에도 우울증 환자들은 신체적으로도 과도하게 피로감을 느끼고 활력이 떨어진 느낌, 신체적 · 정신적 에너지가 소진된 느낌, 무기력감을 호소하곤 한다. 마지막으로 반복되는 죽음에 대한 생각, 특정한 계획 없이 반복되는 자살에 대한 생각이나 실제로 자살을 시도하고 싶은 욕구, 자살 계획, 실제 자살시도 등이 나타날 수 있다.

2) 진단 기준

가장 대표적인 정신장애의 진단 체계인 DSM-5에서는 주요우울장애의 진단을 위해서는 하루의 대부분, 거의 매일 지속되는 우울한 기분 또는 거의 모든 일상 활동에서 나타나는 흥미나 즐거움의 상실의 두 가지 핵심 증상 중 적어도 한 가지가 있어야 된다. 그 외에도 식욕이나 체중의 변화, 불면 또는 과다수면, 정신운동성 초조나 지연, 피로나 활력의 상실, 무가치감 또는 병적인 죄책감, 사고력이나 집중력의 감소, 반복되는 자살생각, 자살의도, 자살계획의 총 9개의 우울증상 항목 중에서 동시에 5개 이상의 증상이 2주 이상 존재해야 진단이 가능하다. 이러한 우울증상은 사회적 · 직업적 · 일상적 생활의 중요한 기능 영역에서 심각한 고통이나 장애를 일으켜야 되며, 물질이나 의학적 상태로 인한 생리적 효과가 아니어야 한다. 한편, 양극성 장애에서도 주요우울 삽화가 발생할 수 있기 때문에, 현재 우울 삽화를 보이는 경우라도 과거에 조증 또는 경조증 삽화를 경험한 적이 있었는지에 대해서 면밀히 평가해야 한다. 만약 과거나 현재에 조증/경조증 삽화가 있었다면 주요우울장애로 진단할 수 없다. 주요우울장애의 DSM-5 진단 기준은 〈표 10-1〉과 같다.

표 10-1 | 주요우울장애의 DSM-5 진단 기준

주요우울장애의 진단을 위해서는 A~E까지의 기준을 모두 만족해야 함

1. 다음 증상 중 다섯 가지 또는 그 이상이 2주 연속으로 지속됨. 또한 이전의 기능상태와 비교했을 때 명백한 변화가 있어야 함. 증상 중에는 '우울한 기분' 또는 '흥미나 즐거움의 상실' 중 한 가지가 반드시 포함되어야 함

   1) 하루 중 대부분의 시간, 거의 매일 지속되는 우울한 기분에 대해 주관적으로 보고되거나 객관적으로 관찰

   2) 거의 모든 일상 활동에 대한 흥미나 즐거움의 뚜렷한 저하

   3) 체중 조절을 하고 있지 않은 상태에서 뚜렷한 체중의 감소 또는 증가. 거의 매일 나타나는 식욕의 감소 또는 증가

   4) 불면이나 과다수면

   5) 정신운동성 초조나 정신운동성 지연

   6) 피로나 활력의 상실

   7) 무가치감 또는 과도하게 부적절한 죄책감

   8) 사고력이나 집중력의 감소 또는 우유부단함

   9) 반복적인 죽음에 대한 생각, 자살생각, 자살시도, 또는 자살 수행에 대한 구체적인 계획

2. 이러한 증상들은 사회적/직업적 영역 또는 다른 영역에서 중대한 고통이나 손상을 초래함

3. 이러한 증상들은 물질(알코올을 포함한 약물)의 생리적 효과나 다른 의학적 상태로 인한 것이 아님.

4. 이러한 증상들이 다른 정신장애로 더 잘 설명되지 않음

5. 조증 또는 경조증 삽화를 경험한 적이 없음

3. 우울증에서 자살의 위험요인

일반 인구군에서의 자살위험과 관련한 인구사회학적·사회심리적 위험요인에 대한 연구 결과는 많이 누적된 편이지만 우울증 환자들을 대상으로 한 자살의 위험요인에 대한 연구는 상대적으로 적은 편이다. 일반적으로 우울증에서 나타날 수 있는 자살행동은 대개 우울증의 상태-의존적인(state-dependent) 양상으로 나타나며 대부분의 자살행동은 우울 삽화(depressive episode) 기간 동안 발생한다(Rihmer, 2007). 일반적으로 남성, 고령 또는 청소년(특히 남성)과 같은 인구사회적 요인은 일반 인구군에서의 결과와 일맥상통하나, 몇몇 임상적 요인은 우울증에서 특이적인 위험요인으로 존재한다.

전통적으로 자살시도의 과거력이나 최근의 자살시도, 현재 자살생각이나 구체적인

계획, 심한 우울증상 및 무망감과 같은 임상적 요인은 우울증 환자에서 자살의 위험요인으로 여겨져 왔다(Rihmer, 2007). 2013년에 호튼(Hawton) 등에 의해 우울증 환자에서의 자살위험에 대한 광범위한 메타분석이 수행된 바 있다. 이 연구에서 남성은 여러 인구사회적 요인 중에서도 우울증에서 자살로 인한 사망과 관련한 가장 중요한 요인이었다(Hawton et al., 2013). 독거 상태 또는 결혼 상태, 자녀의 유무, 취업 상태는 메타분석에서 일관되게 유의한 결과가 나오지는 않았으나, 몇몇 개별 연구는 미혼이나 독거 상태가 우울증 환자에서 자살위험성을 높인다고 보고하였다(Gladstone et al., 2001). 과거력 및 가족력의 측면에서는 정신장애의 가족력과 과거의 자살시도 또는 자해의 과거력은 우울증 환자에서 자살의 위험성을 높였다(Hawton et al., 2013). 한편, 과거의 정신과적 입원이나 자살의 가족력은 몇몇 개별 연구에서만 자살의 위험성을 높이는 것으로 보고되었다(Sinclair et al., 2005; Zivin et al., 2007).

우울증의 임상적 특성과 관련해서는 좀 더 심한 우울증상 및 무망감이 메타 분석상에서 유의한 위험요인으로 나타난 반면, 정신병적 우울증, 죄책감, 불면, 체중감소, 정신운동성 지연을 비롯한 정신운동성 이상, 집중력 저하, 건강염려증 등의 증상은 일관된 결과를 보이지 않았다(Hawton et al., 2013). 몇몇 연구에서는 정신병적 증상이 우울증 환자에서 유의한 자살위험성 증가와 관련이 있었다고 보고하였다(Schneider et al., 2001). 특히 무망감의 경우, 우울증 환자만을 대상으로 하지는 않았지만 자살위험성을 조사한 종적 연구(longitudinal study)만을 대상으로 한 최근의 메타분석에서 무망감이 자살생각, 자살시도, 실제 자살로 인한 사망의 위험을 대략 2배가량 올린다고 보고하고 있으며 여러 연구마다 일관된 자살위험요인으로 보고되었다(Ribeiro et al., 2018). 동반 이환된 정신장애(comorbid psychiatric disorder)로서 알코올 및 약물 사용장애, 불안장애, 성격장애는 우울증 환자에서 유의하게 자살위험성을 증가시켰다(Hawton et al., 2013). 호튼 등의 메타분석 연구 외에도 몇몇 연구는 정신과적 퇴원 직후에 자살률이 높아질 수 있으며, 이는 우울증 환자에서도 마찬가지로 적용될 수 있다고 주장하고 있다(Chung et al., 2017; Qin & Nordentoft, 2005).

그 외에도 아동기 학대/방임이나 부모의 상실과 같은 아동기 역경(childhood adversity)의 경험, 충동적이거나 공격적인 양상, 급성의 심각한 스트레스성 생활사건, 정서적 및 사회적 지지의 부재 등도 우울증 환자에서 자살위험성 증가와 연관된다고 보고되고 있다(Rihmer, 2007). 최근에는 주요우울장애의 증상을 만족하면서도 몇몇 (경)조증 증상이 함께 나타나는 혼재성 양상(mixed feature)이 주요우울장애에서 자살행동과 관련한 중요한 임상적 요인이라는 보고가 나오고 있다(Tondo et al., 2020). 이는 일반적으로 단극성 우울증(unipolar depression)보다 양극성 장애에서 자살위험성이 높다는 점과 관련이 있을 것으로 보인다(Baldessarini & Tondo, 2020). 특히 혼재성 양상을 보이는 우울증 환자에서는 항우울제 치료가 오히려 초조 증상을 일으킴으로써 잠재적으로 자살위험성을 높일 수 있다는 주장이 있어 주의가 필요로 하다(Tondo et al., 2020).

4. 자살위험성을 가진 우울증 환자에서의 평가

1) 정신과적 면담을 통한 자살위험의 평가

우울증 환자에서 자살위험성을 평가하는 것은 결국 이들이 갖고 있는 잠재적 자살위험요인들에 대해서 파악하고, 환자가 현재 자살생각, 자살 계획, 실제적인 자살 의도를 갖고 있는지에 대해 조사하는 것이다. 기본적으로 자살의 위험성 평가나 자살에 대한 임상가의 질문은 자살의 위험성을 전혀 높이지 않는다. 오히려 환자들은 자신이 갖고 있던 자살이나 죽음에 대한 생각을 털어 놓을 수 있는 기회를 갖는다고 생각해 안도감이나 편안함을 표현하기도 한다. 다만, 환자가 자살과 관련한 정보를 스스로 털어 놓지 않을 수도 있기 때문에 임상가는 자살과 관련한 평가 요소들을 면밀히 조사해야 한다. 특히 환자가 자신의 심한 우울감이나 무망감, 절망감 등에 대해 표현할 때 임상가는 자연스럽게 자살생각이나 계획, 의도 등에 대한 질문으로 면담을 이어갈 수 있다(박원명 외, 2018).

임상면담에서 이뤄질 수 있는 기초적인 자살평가 요소로는, ① 현재의 자살 가능성, ② 인구사회학적 요인, ③ 주된 정신과적 호소 및 현병력, ④ 자살의 과거력, ⑤ 자살 및 정신장애의 가족력, ⑥ 임상적 위험요인, ⑦ 보호요인 등으로 나눠 볼 수 있다(박원명 외, 2018). 우선 현재의 자살 가능성을 평가하기 위해서는 현재 자살생각의 유무, 강도 및 빈도, 자살 계획에 대한 구체적인 정보(방법, 시점, 치명성, 시연 여부), 실제 자살의 의도 등을 파악해야 한다. 한편, 환자가 자살 의도가 계획이 없다고 말하더라도 유언을 하거나 자신의 소유물을 정리하는 등 죽음을 염두에 둔 행동을 했는지 여부를 주위 정보제공자들을 통해 알아내야 한다. 또한 자살의 과거력으로는 실제 자살시도의 횟수와 당시의 방법, 상황, 유발인자, 계획 여부, 당시 자살시도의 중단 또는 실패 여부, 시도 이후의 감정과 생각, 자살시도 후에 개입이 이뤄졌는지 여부, 자살시도에 의한 의학적·사회심리적 영향에 대해 평가해야 한다(박원명 외, 2018). 실제 자살시도 직후에 진료를 받는 환자는 자살시도 이후에도 자살생각이나 의도가 지속되는지, 자살시도에 대해서 어떠한 생각과(죽지 못한 것이 후회가 되는지, 또는 자살시도 자체에 대해 후회가 되는지 등) 감정을 느끼는지, 추가적인 자살 계획이 있지는 않은지에 대해 면밀히 조사해야한다. 또한 가족 중에서 자살을 시도한 사람이 있었는지, 실제로 자살로 사망한 사람이 있었는지에 대해 조사하는 것도 환자의 자살위험성을 평가하는 데 도움이 될 수 있다.

추가적으로 임상가가 평가해야 될 자살의 위험요인으로는 앞서 언급한 현재의 자살행동 및 자살의 과거력 외에도 인구사회학적 요인으로 남성, 독거/미혼/사별/이혼 등 결혼 상태, 사회심리학적 요인으로는 아동기 역경, 최근의 심각한 스트레스성 생활사건, 신체적 질환의 악화 여부, 사회적·정서적 지지 여부 등이 있으며, 임상적 요인으로는 우울증의 중증도(심각한 수준), 무망감, 병적인 죄책감, 동반 이환 질환(물질사용장애, 불안장애, 성격장애), 동반된 정신병적 증상, 혼재성 양상 등을 평가해야 한다. 또한 반대로 자살의 보호요인을 평가하는 것도 자살위험성 평가에 도움이 될 수 있는데, 예를 들어 임상가는 환자에게 "지금 자살생각이 심한 것 같은데, 혹시 반대로 당신이 꼭 살아야 되는 이유가 있을까요?"라는 식으로 삶의 이유(reason for living)에 대해 개방형의 질문을 할 수 있다. 이때, 환자는 자신이 돌봐야 되거나, 혹은 자신이 자살을 했을 때 슬퍼할 가족(배우자, 자녀, 부모, 형제 등)을 비롯한 소중한 사람을 이유로 들거나, 종교나 신앙상의 이유를 보고하기도 한다. 반면, 임상가의 탐색에도 불구하고 환자가 삶의 이유를 찾지 못한다면 이는 자살의 고위험성을 예견하는 것일 수 있다. 우울증 환자의 자살위험 평가는 자살예방에 필수적인 절차이기는 하지만, 실제로 한 개인의 자살을 예측하려는 것은 임상적으로 매우 어려운 작업이다. 또한 여러 위험요인을 점검한다고 할지라도 환자가 자살의 고위험군인지 저위험군인지 정확히 판별하는 것은 매우 어렵다.

2) 자살위험 평가 도구

자살의 위험성을 정확히 평가하고 효과적으로 개입하고자 하는 많은 노력이 이뤄지고 있지만, 사실 정신과적 면담만으로는 평가하기가 쉽지 않다. 특히 자살생각은 양가적인 경우가 많아, 환자 스스로도 자살에 대해 확신을 하기 어려워 보다 객관적으로 환자를 평가하고 자살 가능성을 예측하기 위한 체계적인 평가 도구를 이용할 필요성이 제기되어 왔다. 최근에는 자살 예측을 목적으로 자살경향성(suicidality)를 평가하고자 많은 척도가 개발되었다. 컬럼비아 대학교 자살심각성 평가척도(Columbia-

Suicide Severity Rating Scale: C-SSRS), 벡의 자살생각척도(Scale for Suicidal Ideation), 자살의도척도(Suicide Intent Scale), 레이놀즈(Reynolds)의 자살생각척도(Suicidal Ideation Questionnaire), 자살위험성 예측척도(Suicide Probability Scale) 등이 있다. 이 중에서도 C-SSRS는 임상가에 의해 비교적 구조화된 설문지를 이용하여 자살위험성을 평가하는 도구로서 자가보고 설문에 비해 피검자의 이해 정도에 의한 영향을 덜 받고, 더 심층적인 자료를 얻을 수 있다는 장점이 있다(배도희 외, 2015).

구체적으로 살펴보면, C-SSRS는 자살생각의 심각도, 자살생각의 강도, 자살행동, 자살행동의 치명도의 네 가지 하위 영역으로 이루어져 있다(장한아 외, 2014). 자살생각의 심각도는 죽고 싶은 소망부터 구체적인 계획과 의도가 있는 자살생각까지 총 5단계의 서열척도를 사용하였으며, 자살생각의 강도는 자살생각의 빈도, 지속 시간, 통제 능력, 방해 요인, 자살생각의 이유의 5개 하위 영역으로 평가한다. 자살행동은 실제 자살시도, 방해된 자살시도, 중단된 자살시도, 준비 행동, 비자살적 자해 행동을 평가하는 문항으로 구성되며, 자살의 치명도는 실제 자살을 시도했던 경험이 있는 경우에 한해 실제적·잠재적 치명도를 평가한다. C-SSRS 한국어판은 높은 신뢰도와 타당도를 보이며 한국에서 표준화된 바 있다(장한아 외, 2014). 자가보고 설문 중에서는 벡의 자살생각척도(SSI)가 임상현장에서 널리 사용되고 있는데, 총 19문항으로 구성되며 0∼2점으로 채점된다. 원래 SSI는 반구조화된 면담을 통해 평가를 하도록 제작되어 있지만, 국내에서는 자기보고형 질문지로 변형하여 번역되어 사용되고 있다(Shin et al., 1990). 이외에도 벡 무망감척도(Beck Hopelessness Scale)는 지각된 미래에 대한 절망감과 부정적인 태도(비관주의)를 측정하기 위해 개발된 20문항의 자가 설문 척도로 자살생각이나 의도 자체를 묻지는 않지만, 여러 연구에서 자살위험성과 높은 상관관계를 보인 바 있다(Beck et al., 1974).

5. 정신사회적 치료

우울증에서 효과가 있다고 알려진 정신사회적 치료와는 별개로 자살위험성을 가진 우울증 환자에서는 자살생각 및 자살행동에 좀 더 특화된 정신사회적 치료가 필요하다. 또한 지금까지 개발된 자살과 관련한 여러 정신사회적 치료 중에서도 무작위 대조 임상시험(Randomized Controlled Trial: RCT)과 같은 높은 수준의 임상적 근거를 갖고 있는 치료들을 우선적으로 고려할 필요가 있다. 자살위험성을 보이는 환자에 대한 정신사회적 치료는 크게 단기 심리적 개입과 정신치료적 접근으로 나눠 볼 수 있다(유성은, 김효중, 2019). 이 장에서는 자살위험성에 대한 사회심리적 치료 중 높은 수준의 임상적 근거를 갖고 있는 치료들을 중심으로 소개하고자 한다. 사실 자살위험성을 보이는 우울증 환자들에게만 특화된 정신사회적 치료가 있다기보다는, 질환과는 독립적으로 자살위험성 자체에 초점을 맞춘 치료가 대부분이기 때문에 후술할 내용들은 자살위험성을 갖는 환자들에게 포괄적으로 적용될 수 있는 치료적 접근이기도 하다.

1) 단기 심리적 개입

단기 심리적 개입은 자살위험성을 보이는 환자를 대상으로 비교적 짧은 기간 동안 제공될 수 있는 여러 정신건강 서비스를 의미한다. 자살을 시도했거나 자살의 위험성을 보이는 환자에게 제공할 수 있는 단기 심리적 개입의 다양한 형태가 존재하지만 그중에서도 충분한 임상적 근거를 갖는 것은 세계보건기구(World Health Organization: WHO)에서 개발한 '단기 개입 및 추후 접촉(WHO−Brief Intervention and Contact: WHO−BIC)'과 스탠리(Stanley)와 브라운(Brown)이 개발한 '안전 계획 개입(Safety Planning Intervention: SPI)'을 꼽을 수 있다(유성은, 김효중, 2019).

이들 심리적 개입들은 공통적으로 다음의 치료적 요소를 포함한다. 첫째, 적절한 심리교육(psychoeducation)을 통해 환자들에게 자살행동에 대한 정보를 제공하고, 자살위기에 대한 이해를 촉진한다. 둘째, 그들이 자살위기 상황에 직면했을 때 스스로를 안전하게 보호할 목적으로 활용할 수 있는 구체적 대처방안을 제공한다. 셋째, 추후관리(follow-up)의 측면에서 대면회기, 주기적인 전화, 문자, 우편엽서 보내기 등을 시행하게 된다(유성은, 김효중, 2019).

각각을 살펴보면, WHO에서 개발한 '단기 개입 및 추후 접촉(WHO−BIC)'은 자살시도로 응급실을 퇴원한 환자들에게 자살행동에 대한 심리교육을 제공하는 1시간의 개별 회기와 이후 18개월 간 전화 및 직접 방문 등을 통한 총 9번의 추후 접촉으로 구성되어 있다(Fleischmann et al., 2008). 5개국에서 자살시도로 응급실을 내원한 1,867명의 환자들을 대상으로 WHO−BIC을 시행한 RCT 연구에서, WHO−BIC는 일반적인 치료에 비해서 자살로 인한 사망을 유의하게 낮추었다(Fleischmann et al., 2008). 이후 WHO−BIC에 관한 3개의 RCT 연구에 대한 메타분석에서도 WHO−BIC는 자살위험을 유의하게 낮추었다고 보고된 바 있다(Riblet et al., 2017). 스탠리와 브라운이 개발한 '안전 계획 개입(SPI)'은 자살위기를 경험한 사람들을 대상으로 자살위기 시에 어떻게 행동해야 되는지에 관해 20~45분간의 단일 회기에 위기대응적 대처계획 및 전략을 다루게 된다(Stanley & Brown, 2012). 치료 회기 동안은 자살위기의 경고신호를 알아차리고 자살위기 시 대처 전략을 짜며, 활용 가능한 사회적 자원, 가족/친구, 정신보건서비스 기관에 대해 알아보고 치명적 자살 도구에 대해 접근을 제한하는 것을 다룬다. 2018년 SPI를 개발한 연구팀은 자살시도로 응급실을 내원한 총 1,640명의 환자들을 대상으로 SPI의 치료효과를 조사하기 위한 RCT 연구를 진행하였고, 그 결과 SPI 개입을 받은 군에서 대조군에 비해 6개월 이후 45%가량 적은 자살행동을 보였다고 보고한 바 있다(Stanley et al., 2018). 다만 SPI의 경우, 연구개발팀이 아닌 다른 독립적인 연구팀에서 이러한 결과를 재현한 적은 없어 WHO-BIC에 비해서는 치료적 근거의 수준이 다소 낮다고 할 수 있다.

2) 정신치료적 접근

자살행동에 대한 정신치료 중 임상적 근거가 확립된 치료는 인지행동치료(Cognitive Behavioral Therapy: CBT)와 변증법적 행동치료(Dialectical Behavior Therapy: DBT)를 꼽을 수 있다(유성은, 김효중, 2019). 우선 CBT부터 살펴보면, CBT를 개발한 Beck과 그의 동료들은 우울증을 포함한 특정 정신장애에 초점을 맞춘 정신치료가 자살행동에도 마찬가지로 효과적일 것이라는 치료자들의 가정 자체가 잘못된 것임을 지적한 바 있으며, 자살위험을 보이는 환자에게는 자살행동 자체에 초점을 맞춘 정신치료가 제공되어야 한다는 점을 강조하였다(유성은, 김효중, 2019).

벤젤(Wenzel)이 벡(Beck)과 그의 동료들과 함께 개발한 자살행동에 대한 CBT 치료 프로토콜에서는 자살위기 상황에서 활성화되는 부정적 자동사고(automatic thought), 심상(imagery), 핵심신념(core belief) 등을 CBT의 인지적 기법을 통해 다루고, 자살행동의 위험성을 감소시키기 위한 행동적 기법을 습득하는 것이 치료의 주된 목표가 된다(Wenzel et al., 2009). 이를 위해 CBT에서는 인지 재구조화(cognitive restructuring), 자살위기 상황에서의 대처기법 및 문제해결 방법, 사회기술훈련, 정서조절 방법 등에 대해 다루게 된다. CBT는 여러 RCT 연구를 통해서 자살위험성을 가진 환자군에서 자살생각과 자살행동의 위험을 낮추었다는 결과가 일관되게 보고되고 있고, 이러한 결과들은 몇 개의 메타분석 연구에서도 보고되었다(Leavey & Hawkins, 2017; Tarrier et al., 2008). 다만 이 메타분석에서는 각 연구 결과의 이질성으로 인해 치료 집단이나 조건별로 효과의 차이가 있었으며, 특히 청소년을 대상으로 한 환자에서는 치료가 유의하지 않았다고 보고하였다. 한편, 최근에는 인터넷 기반의 CBT(internet-based CBT)에 대한 6개의 임상연구를 대상으로 한 메타분석에서 인터넷 기반 CBT가 대조군 치료에 비해 유의하게 자살생각을 감소시켰다고 보고한 바 있다(Büscher et al., 2020).

다음으로 DBT는 리네한(Linehan)이 경계선 성격장애(borderline personality disorder) 환자에서 흔하게 나타나는 자살 및 자해행동을 치료할 목적으로 개발한 치료로, 제3동향의 CBT(third-wave CBT) 중 하나로 분류된다. DBT는 다른 CBT와는 달리 비교적 많은 시간과 비용이 요구되는데, 매주 1시간가량의 개인치료와 기술훈련을 위한 2시간 30분가량의 집단치료 그리고 개입이 필요한 위기 상황 시에 전화를 통한 개입과 치료자들 간의 팀 미팅 및 자문이 동시에 진행되는 포괄적인 치료 프로그램으로 구성되어 있다(Linehan, 2018). 여러 메타분석 연구에서는 DBT가 자살행동을 감소시키는 효과가 있다고 일관되게 보고하고 있다. 특히 경계선 성격장애로 진단받은 성인(Cristea et al., 2017), 청소년(Ougrin et al., 2015), 입원 및 외래 환자를 포함한 다양한 임상군(DeCou et al., 2019)에서 자살행동을 감소시키는 유의한 효과가 보고되었다. 다만, 일부 연구에서는 DBT가 자살생각 자체를 감소시키는 데는 유의한 효과가 없다고 보고하였는데, 이는 DBT가 인지적 기법을 통해 자살생각 자체를 변화시키기보다는 자살생각이 존재하더라도 자살행동을 막는 행동 기술 습득에 초점을 맞추었기 때문이라는 의견이 있다(DeCou et al., 2019).

CBT와 DBT보다는 임상적 근거가 풍부하지 않지만, 문제해결치료(problem-solving therapy), 정신역동적 정신치료(psychodynamic psychotherapy), 정신화 기반 치료(mentalization-based treatment) 역시 자살사고 또는 자살행동을 감소시키는 효과가 있었다는 몇몇 연구 결과가 있었다(유성은, 김효중, 2019).

6. 약물학적 치료

1) 항우울제

항우울제의 투여는 급성 또는 만성의 우울증에 모두 효과적인 것으로 알려져 있다. 또한 그간의 여러 연구에서 항우울제 투약이 자살시도나 자살로 인한 사망을 줄이는 데 효과적이라고 보고한 바 있다(Gibbons et al., 2007; Leon et al., 2011). 우선, 1980년대 이후 선택적 세로토닌 재흡수 억제제(Selective Serotonin Reuptake Inhibitor: SSRI)의 처방이 보편화되면서 몇몇 나라에서 항우울제 처방율의 증가에 따라 자살률이 감소하는 양상이 나타났다(Gibbons et al., 2005; Isacsson, 2007; Nakagawa et al., 2007). 다만, 항우울제가 오히려 자살위험성을 증가시키는지에 대해서 다소 논란의 여지가 있는데, 이는 1990년대 초부터 일부 SSRI 약물이 자살충동이나 충동적·공격적인 행동을 증가시킬 수 있다는 사례보고가 나오면서 논란이 시작되었다(Rothschild & Locke, 1991; Teicher et al., 1990).

자살위험성에 대한 항우울제의 효과에 있어서 연령이 중요한 조절효과(moderating effect)를 가질 수 있음을 시사하는 연구 결과도 있었다. 미국 FDA에서는 372개의 무작위 이중맹검 연구에 포함된 99,231명의 성인을 대상으로 항우울제가 자살생각과 자살행동의 측면에서 위험성을 높이는지에 대한 메타분석을 시행하였으며, 그 결과 25세 미만의 젊은 연령대에서 항우울제가 위약 대비 자살행동을 유의하게 증가시키는 것으로 나타났다(Stone et al., 2009). 반면, 25~64세의 연령대에서는 항우울제가 자살생각에 한해 이득이 있었으며, 65세 이상의 연령에서는 자살생각 및 자살행동 모두를 낮추는 효과가 있었다고 보고하였다(Stone et al., 2009).

이 연구 결과가 나온 이후 미국 FDA에서는 25세 미만에서는 항우울제 사용이 자살위험을 증가시킬 수 있다는 경고를 블랙박스(black-box warning)로 포함시키도록 하였다. 하지만 우울증 환자에 대한 대규모 관찰연구에서는 항우울제 사용이 자살위험을 올리지 않거나, 혹은 감소시킨다는 보고도 있었다. 레온(Leon) 등은 연구 등록 당시 17세였던 757명의 정신장애 환자를 대상으로 27년간의 관찰 연구를 시행한 결과, 항우울제 사용은 자살시도나 자살로 인한 사망의 위험성을 20%가량 줄이는 것으로 보고하였다(Leon et al., 2011). 대규모 약물 역학 연구(pharmaco-epidemiologic study)에서는 24개국에서 SSRI의 처방 증가가 자살률 감소와 연관되어 있으며, 이러한 상관관계는 특히 25세 미만에서 두드러지게 나타난다고 보고하였다(Ludwig and Marcotte, 2005). 또한 우울증을 겪고 있는 24,119명의 미국 청소년을 대상으로 한 후향적 코호트 연구는 항우울제 사용이 자살시도의 위험을 높이지 않았으며, 장기간의 항우울제 사용(6개월 이상)이 단기간의 사용(8주 이내)에 비해서 자살시도 위험에 대한 보호효과를 갖는 것으로 보고하였다(Valuck et al., 2004).

영국의 청소년을 대상으로 한 종적 연구에서는 항우울제 사용이 자살위험성을 증가시키지 않았으나, SSRI의 경우 처방한 첫날이나 4주째에 자살로 인한 사망 위험성이 높아졌다고 보고하였다(Wijlaars et al., 2013).

이러한 연구 결과를 종합할 때, 전 연령대에서 항우울제 사용이 자살의 위험을 낮추는 데 이득이 되지만, 청소년을 포함한 25세 미만의 젊은 연령층에서는 자살위험에 대한 면밀한 평가와 구체적인 모니터링이 필요함을 시사한다(Brent, 2016).

2) 리튬

리튬(lithium)은 양극성 장애뿐만 아니라 치료저항성 우울증(treatment-resistant depression)에서도 사용될 수 있는 약물로서, 지난 40여년간 기분장애 환자에서 자살과 자살행동을 예방하는 효과가 있다는 사실이 일관되게 보고된 바 있다(Smith & Cipriani, 2017). 한 메타분석 연구에서는 총 329명의 재발성 주요우울장애 환자를 대상으로 한 8개의 임상 연구를 분석한 결과, 리튬의 사용이 자살시도와 자살로 인한 사망의 위험을 모두 80% 이상 감소시켰다고 보고되었다(Guzzetta et al., 2007).

최근의 메타분석 연구에서는 단극성 우울증과 양극성 장애를 모두 포함하여 48개의 무작위 이중맹검 연구에 포함된 6,674명의 환자들을 대상으로 분석했을 때, 리튬은 위약과 비교하여 자살을 포함한 모든 종류의 사망 위험에 관한 교차비(odds ratio)가 0.13(95% 신뢰구간 = 0.06~0.66)이었다. 특히 단극성 우울증만을 대상으로 했을 때, 위약 대비 리튬이 자살위험을 낮추는 교차비는 0.36(95% 신뢰구간 = 0.13~0.98)이었다(Cipriani et al., 2013).

한편, 리튬이 갖고 있는 독특한 약물학적 특성으로는 리튬이 glycogen synthase kinase-3β(GSK-3β)에 작용하여 뇌신경 내의 신호전달 경로를 조절하는 점을 들 수 있는데, 아마도 이것이 약리학적으로 자살예방효과와 관련 있을 것으로 추정되고 있다(Malhi et al., 2018). 임상적으로 리튬은 재발성 기분장애에서 기분 삽화의 재발을 방지하며 공격성이나 충동성을 감소시키는 데, 이 역시 자살위험성을 낮추는 데 기여할 것으로 예상된다(Cipriani et al., 2013).

3) 케타민과 에스케타민

케타민(ketamine)은 NMDA(N-methyl-D-aspartate) 수용체의 길항제(antagonist)로서 1960년대 이후로 마취제로 사용되어 왔으나, 케타민 정맥(intravenous) 주사가 주요우울장애 환자에서 기존 항우울제와는 달리 수시간 내에 우울증상을 경감시키고, 이 효과가 수주까지 지속되었다는 연구 결과가 보고된 이후로 차세대 항우울제로 개발되어 왔다(Ibrahim et al., 2012; Murrough et al., 2013; Zarate et al., 2006).

2018년 치료저항성 우울증 환자를 대상으로 한 무작위 이중맹검 연구에서 케타민의 거울상이성질체(enantiomer)인 에스케타민(esketamine)의 비강 내 스프레이(nasal spray) 제제를 경구 항우울제에 부가적으로 투여했을 때, 부가 투여된 군이 위약군에 비해 유의한 치료효과를 보고한 바 있다(Daly et al., 2018). 이에 미국 FDA는 2019년 에스케타민 비강 내 스프레이(Spravato®)를 최초의 치료저항성 우울증 치료제로 승인하였다.

한편, 케타민의 우울증상에 대한 효과와는 별개로 이전의 여러 연구에서 케타민 정맥 주사가 우울증 환자에서 자살생각을 빠르게 감소시키는 효과가 있다고 보고된 바 있다(Ballard et al., 2014; Ionescu et al., 2016; Price et al., 2009). 10개의 케타민 임상연구에 대한 메타분석 연구에서는 우울증 환자를 대상으로 1회의 케타민 정맥 주사만으로도 1일 이내에 자살생각의 유의한 감소가 나타났으며, 이러한 결과는 1주까지 나타났다고 보고한 바 있다(Wilkinson et al., 2018).

최근 에스케타민의 비강 내 스프레이 제제가 자살사고 및 자살의도를 가진 우울증 환자에서 자살위험성을 감소시키는지 조사하기 위해 무작위 이중맹검 연구가 시행되었다(Fu et al., 2020). 이 연구에서 한 군에서는 경구 항우울제와 함께 에스케타민 비강 내 스프레이가 부가 투여되었고, 다른 군에서는 경구 항우울제와 위약이 투여되었는데, 실제 두 군 간의 자살위험성의 유의한 차이는 나타나지 않았다(Fu et al., 2020). 다만 자살위험성을 가진 우울증 환자에서의 에스케타민에 대한 효과에 관한 연구가 아직 많지 않아 추가적인 연구가 필요한 상황이다.

7. 요약

자살을 일으키는 가장 중요한 원인 중 하나는 정신장애이며, 그중에서도 가장 큰 비중을 차지하는 질환은 우울증이다. 그간의 역학 연구는 우울증을 앓고 있는 사람들은 그렇지 않은 사람에 비해 보통 수십 배 이상 자살로 사망할 가능성이 높아진다고 보고하고 있다. 그만큼 우울증은 임상현장에서 가장 흔히 발견되는 자살의 위험요인 중 하나이다. 따라서 자살위험성을 가진 사람에게서 우울증상에 대한 평가는 필수적이며, 우울증을 가진 환자에서 나타날 수 있는 여러 증상과 우울증의 진단 기준에 대해 숙지하는 것이 중요하다. 한편, 우울증 환자들은 일반 인구군과 공유되는 인구사회학적 자살의 위험요인이 있으나, 이와는 별개로 우울증 환자에서 평가되어야 하는 임상적 측면에서의 자살위험요인도 있다. 따라서 우울증 환자에 대한 면밀한 자살위험성 평가가 필요하며 임상적 면담을 통해 현재의 자살위험성, 자살행동의 과거력 및 가족력 등에 대한 조사가 이루어져야 한다. 또한 심리척도나 자가보고설문지와 같은 객관화된 자살위험 평가 도구를 보조적으로 이용할 수도 있다.

그간의 연구들은 자살위험성을 보이는 환자에서 높은 수준의 임상적 근거를 갖고 있는 단기 심리적 개입과 정신치료적 접근을 하도록 권유하고 있다. 단기 심리적 개입 중에서는 '단기 개입 및 추후 접촉(WHO–BIC)'과 '안전 계획 개입(SPI)'이 높은 근거 수준을 갖고 있고, 정신치료 중에서는 인지행동치료와 변증법적 행동치료가 이러한 치료에 해당한다. 자살위험성을 보이는 우울증 환자에서 이용될 수 있는 약물학적 치료로는 전통적인 치료제로서 항우울제와 리튬이 있다. 다만, 항우울제는 25세 미만의 청소년을 포함한 젊은 연령층에서 처방될 경우 오히려 자살위험을 악화시킬 수 있다는 일부 연구 결과가 있기 때문에 처방 시 주의가 필요하다. 최근 개발된 에스케타민 비강 스프레이 제제 역시 우울증 환자에서 자살위험성을 낮출 수 있을 것으로 기대되고 있으나, 이에 대한 추가적인 연구가 필요하다.

참고문헌

박원명, 민경준, 대한우울조울병학회(2018). 우울증. 서울: 시그마프레스.

배도희, 우종민, 손명하, 이창수(2015). 컬럼비아 대학 자살 심각성 평가 척도의 신뢰도 및 타당도 연구: 알코올 의존장애 환자를 중심으로. *J Korean Neuropsychiatr Assoc, 54*(2), 222–227.

유성은, 김효중(2019). 자살행동의 근거기반치료. *J Korean Journal of Clinical Psychology, 38*(4), 400–414.

장한아, 박은희, 전덕인, 박희정, 홍현주, 정명훈, 홍나래(2014). 한국판 컬럼비아 대학 자살 심각도 척도(C–SSRS)의 타당도 연구: 우울장애 환자를 대상으로. *J Korean Journal of Clinical Psychology, 33*(4), 799–817.

American Psychiatric Association. (2013). *Diagnostic and statistical manual of mental disorders* (5th ed.)(DSM-5®). American Psychiatric Pub.

Arsenault–Lapierre, G., Kim, C., & Turecki, G. (2004). Psychiatric diagnoses in 3275 suicides: a meta–analysis. *BMC Psychiatry, 4*, 37.

Baldessarini, R. J., & Tondo, L. (2020). Suicidal Risks in 12 DSM–5 Psychiatric Disorders. *J Affect Disord, 271*, 66–73.

Ballard, E. D., Ionescu, D. F., Vande Voort, J. L., Niciu, M. J., Richards, E. M., Luckenbaugh, D.

A., ⋯ Zarate, C. A., Jr. (2014). Improvement in suicidal ideation after ketamine infusion: relationship to reductions in depression and anxiety. *J Psychiatr Res, 58*, 161-166.

Beck, A. T., Weissman, A., Lester, D., & Trexler, L. (1974). The measurement of pessimism: the hopelessness scale. *Journal of consulting and clinical psychology, 42*(6), 861.

Blair-West, G. W., Cantor, C. H., Mellsop, G. W., & Eyeson-Annan, M. L. (1999). Lifetime suicide risk in major depression: sex and age determinants. *J Affect Disord, 55*(2-3), 171-178.

Blair-West, G. W., Mellsop, G. W., & Eyeson-Annan, M. L. (1997). Down-rating lifetime suicide risk in major depression. *Acta Psychiatr Scand, 95*(3), 259-263.

Bostwick, J. M., & Pankratz, V. S. (2000). Affective disorders and suicide risk: a reexamination. *Am J Psychiatry, 157*(12), 1925-1932.

Brent, D. A. (2016). Antidepressants and Suicidality. *Psychiatr Clin North Am, 39*(3), 503-512.

Büscher, R., Torok, M., Terhorst, Y., & Sander, L. (2020). Internet-Based Cognitive Behavioral Therapy to Reduce Suicidal Ideation: A Systematic Review and Meta-analysis. *JAMA Netw Open, 3*(4), e203933.

Cavanagh, J. T., Carson, A. J., Sharpe, M., & Lawrie, S. M. (2003). Psychological autopsy studies of suicide: a systematic review. *Psychol Med, 33*(3), 395-405.

Chung, D. T., Ryan, C. J., Hadzi-Pavlovic, D., Singh, S. P., Stanton, C., & Large, M. M. (2017). Suicide Rates After Discharge From Psychiatric Facilities: A Systematic Review and Meta-analysis. *JAMA Psychiatry, 74*(7), 694-702.

Cipriani, A., Hawton, K., Stockton, S., & Geddes, J. R. (2013). Lithium in the prevention of suicide in mood disorders: updated systematic review and meta-analysis. *Bmj, 346*, f3646.

Cristea, I. A., Gentili, C., Cotet, C. D., Palomba, D., Barbui, C., & Cuijpers, P. (2017). Efficacy of Psychotherapies for Borderline Personality Disorder: A Systematic Review and Meta-analysis. *JAMA Psychiatry, 74*(4), 319-328.

Daly, E. J., Singh, J. B., Fedgchin, M., Cooper, K., Lim, P., Shelton, R. C., ⋯ Drevets, W. C. (2018). Efficacy and Safety of Intranasal Esketamine Adjunctive to Oral Antidepressant Therapy in Treatment-Resistant Depression: A Randomized Clinical Trial. *JAMA Psychiatry, 75*(2), 139-148.

DeCou, C. R., Comtois, K. A., & Landes, S. J. (2019). Dialectical Behavior Therapy Is Effective for the Treatment of Suicidal Behavior: A Meta-Analysis. *Behav Ther, 50*(1), 60-72.

Dong, M., Zeng, L. N., Lu, L., Li, X. H., Ungvari, G. S., Ng, C. H., ⋯ Xiang, Y. T. (2019). Prevalence of suicide attempt in individuals with major depressive disorder: a meta-analysis of observational surveys. *Psychol Med, 49*(10), 1691-1704.

Fleischmann, A., Bertolote, J. M., Wasserman, D., De Leo, D., Bolhari, J., Botega, N. J., ⋯ Thanh, H. T. (2008). Effectiveness of brief intervention and contact for suicide attempters:

a randomized controlled trial in five countries. *Bull World Health Organ, 86*(9), 703-709.

Fu, D. J., Ionescu, D. F., Li, X., Lane, R., Lim, P., Sanacora, G., ⋯ Canuso, C. M. (2020). Esketamine Nasal Spray for Rapid Reduction of Major Depressive Disorder Symptoms in Patients Who Have Active Suicidal Ideation With Intent: Double-Blind, Randomized Study(ASPIRE I). *J Clin Psychiatry, 81*(3).

Gibbons, R. D., Brown, C. H., Hur, K., Marcus, S. M., Bhaumik, D. K., & Mann, J. J. (2007). Relationship between antidepressants and suicide attempts: an analysis of the Veterans Health Administration data sets. *Am J Psychiatry, 164*(7), 1044-1049.

Gibbons, R. D., Hur, K., Bhaumik, D. K., & Mann, J. J. (2005). The relationship between antidepressant medication use and rate of suicide. *Arch Gen Psychiatry, 62*(2), 165-172.

Gladstone, G. L., Mitchell, P. B., Parker, G., Wilhelm, K., Austin, M. P., & Eyers, K. (2001). Indicators of suicide over 10 years in a specialist mood disorders unit sample. *J Clin Psychiatry, 62*(12), 945-951.

Guzzetta, F., Tondo, L., Centorrino, F., & Baldessarini, R. J. (2007). Lithium treatment reduces suicide risk in recurrent major depressive disorder. *J Clin Psychiatry, 68*(3), 380-383.

Harris, E. C., & Barraclough, B. (1997). Suicide as an outcome for mental disorders. A meta-analysis. *Br J Psychiatry, 170*, 205-228.

Hawton, K., Casañas, I. C. C., Haw, C., & Saunders, K. (2013). Risk factors for suicide in individuals with depression: a systematic review. *J Affect Disord, 147*(1-3), 17-28.

Ibrahim, L., Diazgranados, N., Franco-Chaves, J., Brutsche, N., Henter, I. D., Kronstein, P., ⋯ Zarate, C. A., Jr. (2012). Course of improvement in depressive symptoms to a single intravenous infusion of ketamine vs add-on riluzole: results from a 4-week, double-blind, placebo-controlled study. *Neuropsychopharmacology, 37*(6), 1526-1533.

Inskip, H. M., Harris, E. C., & Barraclough, B. (1998). Lifetime risk of suicide for affective disorder, alcoholism and schizophrenia. *Br J Psychiatry, 172*, 35-37.

Ionescu, D. F., Swee, M. B., Pavone, K. J., Taylor, N., Akeju, O., Baer, L., ⋯ Cusin, C. (2016). Rapid and Sustained Reductions in Current Suicidal Ideation Following Repeated Doses of Intravenous Ketamine: Secondary Analysis of an Open-Label Study. *J Clin Psychiatry, 77*(6), e719-725.

Isacsson, G. (2007). Suicide trends and antidepressants. *Br J Psychiatry, 190*, 79; author reply 79-80.

Kessler, R. C., Berglund, P., Demler, O., Jin, R., Koretz, D., Merikangas, K. R., ⋯ Wang, P. S. (2003). The epidemiology of major depressive disorder: results from the National Comorbidity Survey Replication(NCS-R). *Jama, 289*(23), 3095-3105.

Leavey, K., & Hawkins, R. (2017). Is cognitive behavioural therapy effective in reducing suicidal ideation and behaviour when delivered face-to-face or via e-health? A systematic review and meta-analysis. *Cogn Behav Ther, 46*(5), 353-374.

Leon, A. C., Solomon, D. A., Li, C., Fiedorowicz, J. G., Coryell, W. H., Endicott, J., & Keller, M. B. (2011). Antidepressants and risks of suicide and suicide attempts: a 27-year observational study. *J Clin Psychiatry, 72*(5), 580-586.

Linehan, M. M. (2018). Cognitive-behavioral treatment of borderline personality disorder: Guilford Publications.

Ludwig, J., & Marcotte, D. E. (2005). Anti-depressants, suicide, and drug regulation. *J Policy Anal Manage, 24*(2), 249-272.

Malhi, G. S., Das, P., Outhred, T., Irwin, L., Morris, G., Hamilton, A., ⋯ Mannie, Z. (2018). Understanding suicide: Focusing on its mechanisms through a lithium lens. *J Affect Disord, 241*, 338-347.

Murray, C. J., Lopez, A. D., & Organization, W. H. (1996). The global burden of disease: a comprehensive assessment of mortality and disability from diseases, injuries, and risk factors in 1990 and projected to 2020: summary: World Health Organization.

Murrough, J. W., Iosifescu, D. V., Chang, L. C., Al Jurdi, R. K., Green, C. E., Perez, A. M., . . . Mathew, S. J. (2013). Antidepressant efficacy of ketamine in treatment-resistant major depression: a two-site randomized controlled trial. *Am J Psychiatry, 170*(10), 1134-1142.

Nakagawa, A., Grunebaum, M. F., Ellis, S. P., Oquendo, M. A., Kashima, H., Gibbons, R. D., & Mann, J. J. (2007). Association of suicide and antidepressant prescription rates in Japan, 1999-2003. *J Clin Psychiatry, 68*(6), 908-916.

Nordentoft, M., Mortensen, P. B., & Pedersen, C. B. (2011). Absolute risk of suicide after first hospital contact in mental disorder. *Arch Gen Psychiatry, 68*(10), 1058-1064.

Ougrin, D., Tranah, T., Stahl, D., Moran, P., & Asarnow, J. R. (2015). Therapeutic interventions for suicide attempts and self-harm in adolescents: systematic review and meta-analysis. *J Am Acad Child Adolesc Psychiatry, 54*(2), 97-107.e102.

Price, R. B., Nock, M. K., Charney, D. S., & Mathew, S. J. (2009). Effects of intravenous ketamine on explicit and implicit measures of suicidality in treatment-resistant depression. *Biol Psychiatry, 66*(5), 522-526.

Qin, P., & Nordentoft, M. (2005). Suicide risk in relation to psychiatric hospitalization: evidence based on longitudinal registers. *Arch Gen Psychiatry, 62*(4), 427-432.

Ribeiro, J. D., Huang, X., Fox, K. R., & Franklin, J. C. (2018). Depression and hopelessness as risk factors for suicide ideation, attempts and death: meta-analysis of longitudinal studies. *Br J Psychiatry, 212*(5), 279-286.

Riblet, N. B. V., Shiner, B., Young-Xu, Y., & Watts, B. V. (2017). Strategies to prevent death by suicide: meta-analysis of randomised controlled trials. *Br J Psychiatry, 210*(6), 396-402.

Rihmer, Z. (2007). Suicide risk in mood disorders. *Curr Opin Psychiatry, 20*(1), 17-22.

Rothschild, A. J., & Locke, C. A. (1991). Reexposure to fluoxetine after serious suicide attempts by three patients: the role of akathisia. *J Clin Psychiatry, 52*(12), 491-493.

Schneider, B., Philipp, M., & Müller, M. J. (2001). Psychopathological predictors of suicide in patients with major depression during a 5-year follow-up. *Eur Psychiatry, 16*(5), 283-288.

Sea, J., Lee, C., Kim, K., & Kim, S. (2013). Characteristics of Korean suicide: a case-control psychological autopsy study. *J Korean Social Sciences Review*.

Shin, M. S., Park, K. B., Oh, K. J., & Kim, Z. S. (1990). A study of suicidal ideation among high school students: the structural relation among depression, hopelessness, and suicidal ideation. *J Korean J Clin Psychol, 9*(1), 1-19.

Sinclair, J. M., Harriss, L., Baldwin, D. S., & King, E. A. (2005). Suicide in depressive disorders: a retrospective case-control study of 127 suicides. *J Affect Disord, 87*(1), 107-113.

Smith, K. A., & Cipriani, A. (2017). Lithium and suicide in mood disorders: Updated meta-review of the scientific literature. *Bipolar Disord, 19*(7), 575-586.

Stanley, B., & Brown, G. K. (2012). Safety planning intervention: a brief intervention to mitigate suicide risk. *J Cognitive Behavioral Practice, 19*(2), 256-264.

Stanley, B., Brown, G. K., Brenner, L. A., Galfalvy, H. C., Currier, G. W., Knox, K. L., ⋯ Green, K. L. (2018). Comparison of the Safety Planning Intervention With Follow-up vs Usual Care of Suicidal Patients Treated in the Emergency Department. *JAMA Psychiatry, 75*(9), 894-900.

Stone, M., Laughren, T., Jones, M. L., Levenson, M., Holland, P. C., Hughes, A., ⋯ Rochester, G. (2009). Risk of suicidality in clinical trials of antidepressants in adults: analysis of proprietary data submitted to US Food and Drug Administration. *Bmj, 339*, b2880.

Tarrier, N., Taylor, K., & Gooding, P. (2008). Cognitive-behavioral interventions to reduce suicide behavior: a systematic review and meta-analysis. *Behav Modif, 32*(1), 77-108.

Teicher, M. H., Glod, C., & Cole, J. O. (1990). Emergence of intense suicidal preoccupation during fluoxetine treatment. *Am J Psychiatry, 147*(2), 207-210.

Tondo, L., Vazquez, G. H., & Baldessarini, R. J. (2020). Suicidal Behavior Associated with Mixed Features in Major Mood Disorders. *Psychiatr Clin North Am, 43*(1), 83-93.

Valuck, R. J., Libby, A. M., Sills, M. R., Giese, A. A., & Allen, R. R. (2004). Antidepressant treatment and risk of suicide attempt by adolescents with major depressive disorder: a propensity-adjusted retrospective cohort study. *CNS Drugs, 18*(15), 1119-1132.

Wenzel, A., Brown, G. K., & Beck, A. T. (2009). Cognitive therapy for suicidal patients: Scientific and clinical applications: American Psychological Association.

Wijlaars, L. P., Nazareth, I., Whitaker, H. J., Evans, S. J., & Petersen, I. (2013). Suicide-related events in young people following prescription of SSRIs and other antidepressants: a self-controlled case series analysis. *BMJ Open, 3*(9), e003247.

Wilkinson, S. T., Ballard, E. D., Bloch, M. H., Mathew, S. J., Murrough, J. W., Feder, A., ⋯ Sanacora, G. (2018). The Effect of a Single Dose of Intravenous Ketamine on Suicidal Ideation: A Systematic Review and Individual Participant Data Meta-Analysis. *Am J Psychiatry, 175*(2), 150-158.

Yoshimasu, K., Kiyohara, C., & Miyashita, K. (2008). Suicidal risk factors and completed suicide: meta-analyses based on psychological autopsy studies. *Environ Health Prev Med, 13*(5), 243-256.

Zarate, C. A., Jr., Singh, J. B., Carlson, P. J., Brutsche, N. E., Ameli, R., Luckenbaugh, D. A., ⋯ Manji, H. K. (2006). A randomized trial of an N-methyl-D-aspartate antagonist in treatment-resistant major depression. *Arch Gen Psychiatry, 63*(8), 856-864.

Zivin, K., Kim, H. M., McCarthy, J. F., Austin, K. L., Hoggatt, K. J., Walters, H., & Valenstein, M. (2007). Suicide mortality among individuals receiving treatment for depression in the Veterans Affairs health system: associations with patient and treatment setting characteristics. *Am J Public Health, 97*(12), 2193-2198.

11

중독과 자살

자살은 수년간 지속되고 있는 우리나라의 심각한 사회 문제이다. 이를 해결하기 위해서는 다양한 원인이 검토되어야 하는데 그중의 하나가 중독이다. 중독은 그 자체로도 사회에 막대한 폐해를 유발하는 정신질환이지만 자살의 원인이 될 수 있다는 사실은 사람들이 미처 생각하지 못한다. 이 장에서는 자살과 중독의 밀접한 연관성을 살펴보고 어떻게 개입할지에 대해 논의해 보고자 한다.

1. 왜 '자살'과 '중독'인가

'코로나 블루'라는 신조어가 생길 정도로 전 세계를 덮친 감염병으로 인해 많은 사람이 우울감을 경험하고 있다. 국민건강보험공단이 발표한 자료에 따르면, 2020년 기분장애로 병원 진료를 받은 환자 수는 5년 전의 77만 8,000명과 비교했을 때 연평균 6.9%씩 증가하여 101만 7,000명에 다다랐다. 기분장애 중에선 우울에피소드 질환이 76만

* 이해국(가톨릭대학교 의과대학 의정부성모병원 정신건강의학과 교수)

* 김종태(Global Mental Health MSc course, King's College London and London School of Hygiene & Tropical Medicine)

6,000명으로 가장 많은 비중을 차지했다(서민지, 2021). 실제로 코로나19로 인한 경영난, 고용의 어려움 등으로 자영업자, 실직자들이 스스로 목숨을 끊었다는 안타까운 뉴스를 자주 접하게 된다. 우울증과 자살이 밀접한 관련이 있다는 것을 고려하면, 국내에서 오랫동안 해결되지 않는 높은 자살률은 포스트 코로나 시대에도 중요한 사회 문제가 될 것으로 여겨진다.

우울한 사회는 국민들을 현실에서 벗어나고 싶게 만든다. 사람은 힘든 현실을 잊고 행복감을 느끼기 위한 방법 중 하나로 중독성 물질 혹은 행위에 빠져들게 된다. 불행하다고 느낄수록 중독을 일으킬 수 있는 것에 집착하는 것이다. 따라서 한 사회의 행복 수준이 떨어질수록 그 사회의 중독 수준이 높아질 것으로 예상할 수 있다. 스마트폰 및 온라인 게임 사용량, 포르노 시청 횟수, 도박 시간 등이 코로나19 이후 전반적으로 늘어났다는 조사 결과는 팬데믹이 장기화됨에 따라 점점 우울해지는 현실을 반영하고 있다(중독포럼, 2020). 특정 물질의 사용량이나 행위의 빈도가 이와 같이 늘어나면, 여러 위험요인이 동반될 경우 병적인 중독 상태로 악화될 가능성이 높아진다. 이후에는 행복함을 느끼기 위해 시작했던 것들이 더 큰 불행을 가져다주는 악순환에 빠지게 된다.

악순환의 비극적인 결말은 자살이다. 일반적으로 자살의 원인을 생각할 때 우울증, 경제적 어려움 등이 가장 먼저 떠오른다. 중독은 관계없는 것 같아서 간과되기 쉽지만, 사실은 다른 원인들과 촘촘히 얽혀서 자살을 악화시킨다. 자살과 중독의 관계에서 가장 잘 알려진 것은 바로 술이다. 2011~2013년 동안의 국내 건강보험 코호트 자료를 분석한 결과에 따르면, 자살사망의 위험도는 고위험음주자가 비음주자에 비해 약 1.92배 높은 것으로 나타났다(정영호 외, 2015). 우리나라의 연도별 음주율을 살펴보면, IMF를 겪

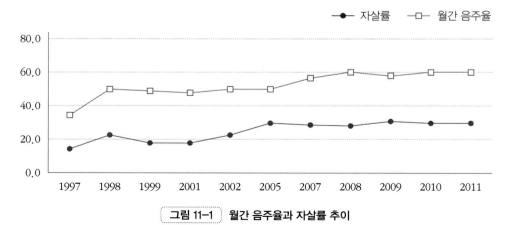

그림 11-1 **월간 음주율과 자살률 추이**

출처: 중독포럼(2017).

은 1998년에 상승한 이후 2001년에 감소했다가, 2005년에 다시 상승하는 패턴을 보였는데, 같은 시기의 자살사망자 추이도 거의 비슷한 것으로 나타났다(보건복지부, 2006, 한국자살예방협회 2007). 또한 1997~2011년 동안의 월간 음주율과 자살률의 수치를 비교해 보면 [그림 11-1]과 같이 두 가지 지표가 유사한 패턴을 보였다(중독포럼, 2017). 미국의 저명한 정신건강의학과 의사인 칼 메닝거(Karl Menninger)가 "알코올사용장애는 일종의 만성적 자살행위이다."라고 이야기했듯이 알코올의 중독적 사용은 자살의 위험을 높이는 중요한 요인이다(Hiltner, 1963).

인터넷중독 고위험군, 도박중독자 등에서도 자살시도 및 자살사고의 비율이 더 높다고 보고되는 것으로 미루어 보아(중독포럼, 2017) 자살은 비단 알코올뿐만 아니라 여러 종류의 중독과 서로 상호작용을 하며 깊은 관련성을 맺고 있다. 이러한 중독과 자살의 연관성은 불행을 잊기 위해 중독이 되지만 그 중독으로 인해 자살이라는 더 큰 불행이 올 수 있음을 시사한다.

2. 자살과 중독 역학: 자살과 중독은 실제 얼마나 관련되나

지난 수십 년간의 연구를 통하여 자살과 중독은 높은 빈도로 동반되는 것으로 나타났다. 『2019년 심리부검 면담 결과 보고서』에 따르면, 물질 관련 및 중독 장애가 자살사망자의 추정 정신질환 중 우울장애(68%) 다음인 약 25%를 차지하는 것으로 나타났다(중앙심리부검센터, 2020). 국민건강보험 코호트 자료를 분석한 논문에 따르면, 2005~2012년 기간 동안 국내 정신건강의학과 입원 병동에서 퇴원 후 가장 많이 자살을 하는 환자군 중 하나가 물질사용장애인 것으로 조사되었다(Choi et al., 2019). 또한 2010~2012년의 기간 동안 조사가 된 『제5기 국민건강영양조사』 자료를 분석한 결과에 따르면 저위험음주군과 비교하였을 때 청장년기의 고위험음주군/알코올의존군이 더 많은 자살사고를 갖는 것으로 보고되었다(조혜정, 2014).

술, 약물과 같은 물질에 중독되는 것뿐만 아니라 도박, 인터넷, 게임 등 특정 행위에 중독되는 것에서도 자살과의 연관성이 관찰된다. 2017년에 수행된 『제13차 청소년 건강행태 온라인조사』를 분석한 논문에 따르면, 스마트폰 사용 시간이 자살사고의 위험성을 높이는 위험요인이었다(강제욱, 2019). 또한 2014년도 인구 10만 명당 자살률을 비교하였을 때, 내국인 카지노인 '강원랜드'가 위치한 강원도 정선군이 국내에서 가장 높은 자살률을 보였다(중독포럼, 2017). 이를 통해 도박 횟수와 자살 사이에 양적인 상관관계가 있음을 추론해 볼 수 있다.

이러한 결과는 중독과 자살이 긴밀히 연관되어 있음을 시사한다. 이는 중독을 고려하지 않고서는 만성적인 자살 문제를 해결할 수 없음을 의미한다. 중독이 자살에 영향을 미치는 기전을 이해하고, 이를 해결하기 위한 사회 구성원들의 적극적인 개입이 필요하다.

3. 자살과 중독의 기전: 중독은 왜 자살과 연관되나

중독은 그 자체가 선행요인으로 작용해 자살을 유발한다. 물질사용장애와 같은 중독질환은 다양한 정신질환과 동시에 발생하는 경우가 많은데, 그 중에서 특히 충동성, 공격성을 보일 수 있는 인격장애, 주의력결핍 과잉행동장애(ADHD), 품행장애 등과는 유전적 소인을 공유하는 것으로 밝혀졌다(Ducci & Goldman, 2012). 또 다른 연구에 따르면, 자살행동과 중독의 공통적 특징인 충동성에 영향을 미치는 유전자가 존재하는 것으로 나타났다(Bevilacqua et al., 2010). 충동성이 자살의 위험을 직접적으로 증가시키는 주요 요인임을 고려할 때(중독포럼, 2017), 충동성과 밀접한 관계가 있는 중독 상태는 그 자체가 선행요인으로서 자살에 영향을 미칠 것으로 추론해 볼 수 있다.

또한 2차적으로 개인의 충동성, 공격성과 같은 정서적 불안정을 유발시킴으로써 자살을 일으키기도 한다. 국외 논문에 따르면, 알코올사용장애 환자의 뇌에서는 충동성과 관련된 세로토닌 농도가 감소되어 있는 것으로 밝혀졌다(Underwood et al., 2004). 또한 알코올사용장애 환자 중 치명적으로 자살을 시도한 군에서는 그렇지 않은 군에 비해 뇌내 세로토닌 농도가 더 많이 감소되어 있는 것으로 나타났다(Sher et al., 2005). 이는 술의 중독적 사용으로 인한 뇌내 세로토닌의 감소가 충동성의 증가로 이어져 자살위험을 악화시킬 수 있음을 시사한다. 게임중독자의 경우에도, 정상인 및 프로게이머와 비교하였을 때 통제력과 관련이 있다고 알려진 대상 피질이 작아져 있는 것으로 밝혀졌다(Han et al., 2012). 필로폰과 같은 마약의 경우, 장기간 사용하게 되면 신체 내의 스트레스에 관여하는 회로가 영향을 받아 일상의 스트레스에 취약하게 된다(Zuloaga et al., 2015). 이러한 상태가 지속되면 사용자는 결국 우울감, 불안감으로 고통받게 될 것이며, 이 역시 자살위험성을 높일 것이다.

중독은 대개 단독으로 발생하지 않고 자살과 관련성이 높은 다른 정신질환과 동반되는데, 이 역시 자살위험을 높이는 요인이 된다. 2015년에 발표된 국외 논문에 따르면, 알코올의존 환자의 약 37%에서 공존 정신질환이 있는 것으로 나타났다(Kieres-Salomoński & Wojnar, 2015). 자세히 살펴보면, 알코올의존은 기분장애는 3배 이상, 우울증은 4배 이상, 양극성 장애는 6배 이상 증가시키는 것으로 밝혀졌다(Kieres-Salomoński & Wojnar, 2015). 도박중독 환자에게서도 주요 우울증 혹은 모든 종류의 기분장애가 50% 이상에서 동반되는 것으로 나타났다(Dowling et al., 2015). 호주에서 시행한 심리적 부검 결과, 알코올사용장애 환자 중 자살을 한 사람은 그렇지 않은 사람에 비해 기분장애가 더 많이 이환된 것으로 나타났다(Kolves et al., 2017).

이와 같이 정서적 어려움 및 정신질환을 유발하는 중독은 결국에는 빈곤과 연결되게 되고, 이러한 사회경제적 박탈의 지속은 자살사고를 악화시키는 또 다른 원인이 된다. 개인이 물질 사용에 중독이 되면 노숙자가 될 가능성이 높아진다는 국외 논문을 통해서 중독과 가난의 관련성을 확인할 수 있다(Thompson Jr et al., 2013). 실제로『2015 국민건강통계』에 따르면, 알코올중독률은 일반인에 비해 기초생활보장수급자에서 더 높게 나타났고, 인터넷중독률은 사회취약계층에서 더 높게 나타났다(질병관리청, 2016). 중독과 가난은 서로 상호작용을 하여 빈곤의 악순환에 빠지게 되고 이는 결국 자살위험을 높이게 된다.『2019 심리부검 면담 결과 보고서』에 따르면, 자살사망자의 직업 스트레스 중 '실업 상태'가 32%로 가장 높았다. 또한 자살사망자의 월평균 개인 소득은 '50만 원 이하'가 가장 많은 것으로 나타났다(중앙심리부검센터, 2020).

4. 자살과 중독의 개입 현황: 제대로 개입, 예방되고 있나

〈표 11-1〉에 나와 있듯이 국민 7명 중 1명이 4대 중독(알코올, 마약, 도박, 인터넷)을 경험하고 있고 그로 인한 사회경제적 비용이 109조 5천억 원에 다다를 정도로 중독은 심각한 사회적 문제이다(중독포럼, 2017). 중독의 여러 다른 폐해를 차치하고서라도 국

표 11-1 4대 중독의 중독자 수 및 사회경제적 비용

구분	알코올중독	마약중독	도박중독	인터넷중독
중독자 수(추정) (연도)	225만 (2016)	12만 (2015)	206만 (2014)	268만 (2015)
사회적 비용(추정) (연도)	23조 4천억 (2009)	2조 5천억 (2009)	78조 2천억 (2010)	5조 4천억 (2011)

출처: 중독포럼(2017).

내의 높은 자살률을 고려하면 중독 문제에 대한 적극적인 개입이 필요하나, 현재까지는 그렇지 못한 실정이다. 우선 임상적 개입의 측면에서 보면, 진료 현장에서 기분장애 환자에서의 중독 문제, 중독환자에서의 기분장애 및 자살사고 등에 대한 평가가 일상화되어 있지 않다. 또한 각 임상과 간의 자살위험에 대한 표준화된 연계 체계가 확립되어 있지 않다. 이는 중독 문제가 있는 환자가 적절한 치료를 받지 못하는 상황을 초래한다.

정책적 측면에서 보면, 보건복지부에서 2006년에 알코올종합대책인 '파랑새 플랜 2010'을 추진하였으나 그 기간이 종료된 2011년 이후 약 7년간 후속대책이 마련되지 않았다(보건복지부, 2012). 2018년이 되어서야 '음주폐해예방 실행계획'이 발표되었고 협의체가 구성된 것은 불과 2020년의 일이다. 또한 2018년 기준 암 관련 사업의 국가 예산이 1,217억 원인 것에 반해 음주 관련 예산은 2016년 기준 14.9억 원에 불과해, 그 심각성에도 불구하고 다른 보건 분야에 비해 정책적 투자가 부족한 실정이다(중독포럼, 2018).

정책의 취약성은 다른 중독 분야도 마찬가지이다. 최근 들어 중요성이 부각되고 있는 도박, 인터넷게임 중독 등에 대한 대책은 사행산업통합감독위원회, 미래창조과학부, 문화체육관광부 등 비전문 부처에서 분산되어 관장되고 있어 통일된 거버넌스가 부재한 실정이다. 또한 분산된 부처가 관련 산업의 지원 및 관리를 동시에 담당하고 있어 보건의료적인 대책이 경제적 논리에 따라 왜곡될 가능성이 있다(보건복지부, 2012).

5. 무엇을 어떻게 해야 하는가

국내의 주류광고비는 2016년 기준 2,780억 원으로 2000년의 760억 원에서 3.6배 증가했다(대한보건협회 음주관련 통계시스템, 2016). 국내 게임 산업의 규모는 2014년 기준 9조 9,706억 원에 다다른다(한국콘텐츠진흥원, 2015). 그에 반해 보건복지부의 2016년 중독예방홍보사업 예산은 4억 5,000만 원으로 같은 해 주류광고비의 0.16%에 불과했다(중독포럼, 2017). 이와 같이 중독 질환은 여타 정신건강 분야와 달리 매개가 되는 거대한 산업이 있어서 경제적 이해관계에 따라 조장될 수밖에 없는 실정이다. 또한 음주와 자살의 관계를 예로 든 [그림 11-2]와 같이 개인이 특정 물질 혹은 행위에 중독이 되어서 자살에 이르기까지는 다양한 영역에서의 개입이 필요한, 여러 단계를 거치게 된다. 일차적으로는 알코올이 자살의 도구로서 사용될 수 있다는 전제하에 알코올에 대

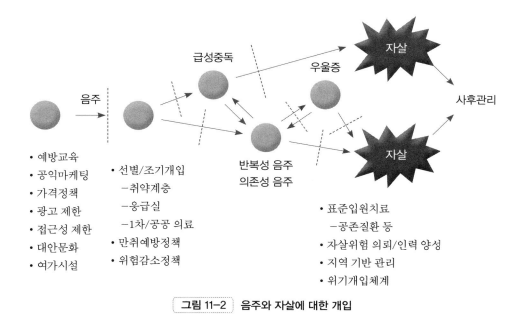

그림 11-2 음주와 자살에 대한 개입

한 접근성을 제한할 수 있는 정책적 접근이 필요하다. 이러한 접근은 음주폐해 감소를 위한 근거 기반의 정책과 다름없다. 이차적으로는 해로운 음주를 줄이기 위한 공중보건학적 접근이다. 만취예방을 위한 프로그램, 음주 관련 질병과 사고에 대한 개입현장에서 단기개입과 같은 근거 기반 서비스를 제공하는 것이 필요하다. 다음으로는 알코올사용장애자에서의 자살을 줄이기 위한 근거 기반의 보건의료 서비스를 제공하는 것이다.

이렇듯 중독과 관련된 자살을 예방하기 위한 포괄적 접근을 위해선 선량한 중재자로서 국가의 개입이 절대적으로 필요하다. 따라서 자살예방을 위한 적극적인 개입을 위해서는 중독에 대한 국가 패러다임 변화가 필요하다.

기본적으로 가장 중요한 것은 진료 현장에서 자살위험성을 높이는 중독 및 공존 질환을 더 잘 치료할 수 있게 되는 것이다. 이를 위해서는 대중이 중독 및 중독 폐해에 효과적으로 대처할 수 있도록 교육 및 홍보를 통해 국민의 정신건강이해력을 증진시키려는 노력이 필요하다. 더불어 환자가 초기에 신속하고 효율적으로 치료서비스에 접근할 수 있도록 진료 연계 시스템이 구축되어야 한다. 이와 더불어 개인이 병적인 중독 상태에 빠지는 것을 예방하기 위한 제도적·사회적 접근이 반드시 필요하다. 예를 들어, 공공장소에서 음주를 제한하고 중독 물질 혹은 행위 대한 광고 및 판촉을 제한하는 법을 제정하는 것 등이 방법이 될 수 있겠다.

개인 수준에서 사회적 법 제도에 이르기까지의 변화를 체계적이고 장기적으로 이끌어 나가기 위해서는 강력한 리더십이 필요하다. 그러나 중독의 종류가 다양하고, 여러 산업군이 복잡한 이해관계를 맺고 있기 때문에 중독을 관리하는 정부 부처가 분산되어 있어 추진력이 약한 실정이다. 따라서 중독예방치료사업을 체계적이고 장기적으로 추진하기 위한 통합된 국가 거버넌스가 구축되어야 한다. 더불어 자살과 중독의 밀접한 관련성을 고려하였을 때, 장기적으로는 자살예방정책과 중독정책을 구분하지 않고 통합해 나가려는 시도가 필요할 것으로 생각한다.

참고문헌

강제욱(2019). 청소년의 스마트폰 사용시간과 우울증상 및 자살의 관계. 사회정신의학, 24(2), 48-57.

대한보건협회 음주관련 통계시스템(2016). 주종별 주류광고비 연간지출.

보건복지부(2006). 2005년도 국민건강영양조사.

보건복지부(2012). 국가 중독예방관리 정책 및 서비스 전달체계 개발.

정영호, 고숙자, 이해국, 정진화, 장익현, 김대은(2015). 음주의 사회적 폐해 평가 및 개선 방안 연구. 보건복지부.

조혜정(2014). 생애주기별 알코올 사용이 자살생각에 미치는 영향. 한국알코올과학회지, 15(2), 83-101.

중독포럼(2017). 중독포럼, 중독에 대한 100가지 오해와 진실 version 2.

중독포럼(2018). 한국중독관리센터협회, 김승희 의원(자유한국당)과 함께 2018 중독폐해 예방 및 회복 주간 기념 국회토론회 개최.

중독포럼(2020). 코로나19 전후 음주, 온라인게임, 스마트폰, 도박, 음란물 등 중독성 행동변화 긴급 실태조사.

중앙심리부검센터(2020). 2019 심리부검 면담 결과 보고서.

질병관리청(2016). 2015 국민건강통계.

한국자살예방협회(2007). 2006년 사망 및 사망원인통계결과 중 자살통계 발췌.

한국콘텐츠진흥원(2015). 2015 대한민국 게임백서.

Bevilacqua, L., Doly, S., Kaprio, J., Yuan, Q., Tikkanen, R., Paunio, T., Zhou, Z., Wedenoja, J., Maroteaux, L., & Diaz S. (2010). A population-specific HTR2B stop codon predisposes to severe impulsivity. *Nature, 468*(7327), 1061-1066.

Choi, J. W., Lee, K. S., Kim, T. H., Choi, J., & Han E. (2019). Suicide risk after discharge from psychiatric care in South Korea. *Journal of affective disorders, 251*, 287-292.

Dowling, N. A., Cowlishaw, S., Jackson, A. C., Merkouris, S. S., Francis, K. L., & Christensen D. R. (2015). Prevalence of psychiatric co-morbidity in treatment-seeking problem gamblers: A systematic review and meta-analysis. *Australian & New Zealand Journal of Psychiatry, 49*(6), 519-539.

Ducci, F., & Goldman, D. (2012). The genetic basis of addictive disorders. *Psychiatric Clinics, 35*(2), 495-519.

Han, D. H., Lyoo, I. K., & Renshaw, P. F. (2012). Differential regional gray matter volumes in patients with on-line game addiction and professional gamers. *Journal of Psychiatric Research, 46*(4), 507-515.

Hiltner, S. (1963). *Karl Menninger as author.* Springer.

Kõlves, K., Draper, B. M., Snowdon J., & De Leo, D. (2017). Alcohol-use disorders and suicide: Results from a psychological autopsy study in Australia. *Alcohol, 64,* 29-35.

Kieres-Salomoński, I., & Wojnar, M. (2015). Comorbidity of alcohol dependence with other psychiatric disorders. Part I. Epidemiology of dual diagnosis. *Psychiatr Pol, 49*(2), 265-275.

Sher, L., Stanley, B., Grunebaum, M., Burke, A., Zalsman, G., Oquendo, M.. & Mann, J. (2005). Lower cerebrospinal fluid 5-hydroxyindolacetic levels in depressed high-lethality suicide attempters with comorbid alcoholism. *Biological Psychiatry, 57*(8), 136S-136S.

Thompson Jr, R. G., Wall, M. M., Greenstein, E., Grant, B. F., & Hasin, D. S. (2013). Substance-use disorders and poverty as prospective predictors of first-time homelessness in the United States. *American journal of public health, 103*(S2), S282-S288.

Underwood, M. D., Mann, J. J., & Arango, V. (2004). Serotonergic and noradrenergic neurobiology of alcoholic suicide. *Alcoholism: Clinical and Experimental Research, 28,* 57S-69S.

Zuloaga, D., Jacobskind J., & Raber, J. (2015). Methamphetamine and the hypothalamic-pituitary-adrenal axis. *Frontiers in Neuroscience, 9*(178).

서민지(2021). 우울증 등 기분장애 2020년 100만명 돌파. 진료비 1인당 66만 5000원. Medigatenews.

자살예방의 모든 것

이론과 정책

양극성 장애, 조현병과 자살

자살자들의 심리부검 연구들을 검토한 결과 91%가 자살 당시 정신질환을 앓고 있었다고 한다(Cavanagh, Carson, Sharpe, & Lawrie, 2003). 자살시도자들에 대한 연구에서도 정신질환이 자살의 위험을 높인다는 연구 결과가 꾸준히 보고되고 있는데, 우리나라의 경우 2013년 전국 17개 병원 응급실을 방문한 자살시도자를 분석한 결과 94.5%에서 정신과적 진단이 내려졌다. 최근 15년간의 국내 단일 병원 임상 데이터를 분석한 논문에 따르면 일반 인구에 비해 정신병적 장애를 가진 환자들에서 자살로 인한 표준화 사망비가 13.03배로 가장 높았는데, 이는 연령을 표준화하였을 때 정신병적 장애를 가진 환자에서 자살로 인한 사망자 수가 일반 인구에 비해 13배가량 높았음을 뜻한다. 〈표 12-1〉과 같이 같은 연구에서 양극성 장애는 두 번째로 높은 자살위험을 보였다(Song et al., 2020). 우리나라뿐 아니라 전 세계적으로 자살과 가장 관련이 깊은 정신질환은 기분장애(mood disorder)와 정신병적 장애(psychotic disorder)로 알려져 있으며, 이 장에서는 각 질환군의 대표 질병인 양극성 장애와 조현병에 대해 알아보고 자살과의 연관성에 대해 살펴보고자 한다.

---

* 안용민(서울대학교 의과대학 정신건강의학과 교수)

표 12-1 | 진단에 따른 자살로 인한 표준화 사망비(Song et al., 2020)

진단명	표준화 사망비*(95% 신뢰구간)
정신병적 장애	13.03(11.23~15.03)
양극성 장애	10.26(7.97~13.00)
물질 관련 장애	6.78(4.14~10.47)
우울장애	5.69(4.78~6.73)
상세불명의 기분장애	4.64(2.94~6.97)
기질성 정신장애	2.79(1.98~3.81)
수면장애	2.55(1.49~4.09)
기타	2.49(1.72~3.48)
불안장애	2.45(1.91~3.09)

* 자살로 인한 표준화 사망비(standardized mortality ratio of suicide): 해당 진단명의 환자 중 자살로 인해 사망한 환자 수/일반 인구의 자살로 인한 기대 사망자 수

1. 양극성 장애

양극성 장애는 주요우울장애와 함께 기분장애의 대표 질병이다. 양극성 장애에는 제 I형 양극성 장애와 제II형 양극성 장애, 순환성 장애 등 다양한 아형이 포함된다.

1) 소개

제I형 양극성 장애는 적어도 1회의 조증 삽화가 있어야 진단이 가능하다. DSM-5에서 정의하는 조증 삽화란 비정상적으로 들뜨거나, 의기양양하거나, 과민한 기분이 들거나, 목표 지향적 활동과 에너지의 증가가 일주일 이상 거의 매일, 하루 중 대부분 지속되는 것을 뜻하며, 이는 사회적·직업적 기능의 현저한 손상을 일으킨다. 많은 경우 자해나 타해를 예방하기 위해 입원이 필요하며, 때로는 환청, 망상과 같은 정신병적 양상이 동반된다(APA, 2013). 종종 조증 삽화 동안 스스로 치료의 필요성을 느끼지 못해 치료에 강렬하게 저항하기도 한다. 연구에 따라 다르지만 일반적으로 2~5개월 정도 지속되는 우울 삽화에 비해 조증 삽화는 평균 2개월 정도로 기간이 짧은 것으로 알려져 있다. 단일 조증 삽화를 경험한 사람들의 90% 이상에서 추후에 다른 기분 삽화들을 겪

는 것으로 알려져 있고 약 60%에서 우울 삽화가 뒤따른다(대한신경정신의학회, 2017).

제II형 양극성 장애는 적어도 2주 이상 지속되는 1회 이상의 주요우울 삽화와 4일 이상 지속되는 1회 이상의 경조증 삽화가 있어야 진단할 수 있다. 경조증은 조증과 같이 들뜨거나, 의기양양하거나 과민한 기분과 목표지향적 활동과 에너지의 증가가 있지만, 이러한 기분장애가 기능의 현저한 손상을 일으키거나 입원이 필요할 정도로 심각하지는 않다는 점에서 조증과 구분되며 정신병적 양상이 동반되지 않는다. 제II형 양극성 장애에서는 주로 주요우울 삽화 기간 동안 의사를 방문하며 주요우울장애로 처음 진단된 경우의 12%에서 양극성 장애로의 진단적 변경이 발생한다. 경조증보다는 우울 삽화와 예측할 수 없는 기분 변동이 지속되는 패턴, 그리고 신뢰할 수 없는 대인관계나 직업적 기능으로 인한 손상이 문제가 된다. 제II형 양극성 장애는 제I형 양극성 장애에 비해 더욱 만성적이며 평균적으로 우울 삽화 기간이 더 길다(APA, 2013).

제I형 양극성 장애의 유병률은 일반적으로 0.6~2.5% 사이로 보고되고 있으며 평균 발병 연령은 약 18세이다. 제II형 양극성 장애의 유병률은 0.3%에서 4.8%까지 다양하게 보고되고 있다. 제I형 양극성 장애보다 조금 더 일찍 발병하고, 여성에서 더 흔하며, 출산 직후 삽화를 경험할 위험이 더 높은 것으로 알려져 있다. 불안장애, 강박장애, 물질남용장애, 성격장애 등이 흔히 동반되는데, 이는 경과를 더 복잡하게 만들고 질병의 예후를 악화시킨다.

2) 양극성 장애와 자살

(1) 통계

양극성 장애 환자의 자살위험도는 일반 인구의 20~30배에 이르는 것으로 알려져 있으며 일부 연구는 모든 정신질환 중 양극성 장애의 자살위험도가 가장 높다고 보고하기도 한다(Miller & Black, 2020). 양극성 장애 환자 중 43%가 지난 1년 동안 자살에 대한 생각을 한 경험이 있다고 보고하며, 20~60%가 일생 중 1회 이상 자살시도를 하고, 4~19%가 자살로 생을 마감한다고 한다(Dome, Rihmer, & Gonda, 2019). 양극성 장애 환자의 연간 자살시도율은 100,000명당 400~1,400회로 일반 인구에 비해 30~60배에 달한다(Dong et al., 2020; Gonda et al., 2012). 특별히 다른 환자들에 비해 양극성 장애 환자들의 자살시도 양상은 더 치명적인데, 3번의 자살시도 중 1번의 빈도로 사망하며 이는 일반 인구의 10배에 달한다(Plans et al., 2019).

아직까지 전문가마다 주요 우울장애에 비해 양극성 장애 환자의 자살위험 더 높은

지에 대한 의견이 분분하다. 일부 연구는 진단 기준에 미치지 못하는 정도의 경조증을 보이는 주요 우울장애 환자의 경우 경조증이 없는 주요 우울장애 환자에 비해 자살위험이 더 높다고 보고하며, 기분의 양극성(bipolarity)이 자살과 연관이 있다고 주장한다(Dome et al., 2019).

우리나라의 경우 2003년부터 2017년까지의 단일 병원 임상데이터를 분석한 논문에 의하면 일반 인구 대비 양극성 장애 환자의 자살로 인한 표준화 사망비(standardized mortality ratio)는 10.26배로 보고되었고(〈표 12-1 참고〉), 이는 연령을 표준화하였을 때 양극성 장애 환자의 자살로 인한 사망자 수가 일반 인구의 기대 사망자 수에 비해 10배 이상 높음을 뜻한다. 같은 연구에서 우울장애 및 상세불명의 기분장애는 자살로 인한 표준화 사망비가 각각 5.69배, 4.64배로, 양극성 장애보다 낮게 확인되었다(Song et al., 2020). 2005년 전국 6,510명의 성인을 대상으로 자살에 대한 생각, 자살 계획 및 시도를 조사한 연구에서는 주요 우울장애에 비해 양극성 장애 환자가 자살에 대한 생각을 가질 위험은 더 낮았지만, 자살을 시도할 위험은 더 높았고, 물질사용장애, 불안장애를 비롯한 모든 정신질환 군 중 가장 높았다[오즈비(odds ratio) 15.7~30.6](Jeon et al., 2010).

(2) 위험요인

양극성 장애에서의 자살위험은 질환의 특성과 시기에 따라 다르다. 먼저 제II형 양극성 장애 환자가 제I형 양극성 장애 환자보다 자살로 인한 사망 위험이 더 높다. 삽화의 종류를 보면 주요우울 삽화와 혼재성 삽화에서 자살위험이 가장 높으며 조증 삽화에서의 자살위험은 낮은 것으로 알려져 있다. 특별히 첫 기분 삽화가 우울 삽화인 경우 자살시도 위험이 8배 증가한다. 이후 경과에서도 우울 삽화가 지배적인 경우 위험이 더 높아진다. 1년에 4회 이상의 기분 삽화가 발생하는 급속순환형인 경우 자살시도가 더 빈번하고 방법 또한 더 치명적이다. 질환의 경과상 발병 초기에 자살시도가 더 흔한 것으로 알려져 있으며, 퇴원 직후 자살의 위험이 높아 조기 퇴원에 주의해야 한다. 발병 나이가 어릴수록, 치료받지 않은 기간이 길수록 자살위험은 높다. 또한 기분과 일치하지 않는 정신병적 양상이 동반되었을 때, 그리고 경계성 인격장애나 알코올 및 물질 사용장애가 동반되었을 때 자살위험은 증가한다.

일반적으로 남성이 더 치명적인 수단을 사용하기 때문에 자살 성공률이 더 높으며, 여성은 더 빈번하게 자살을 시도하는 것으로 알려져 있다. 다른 사회적 위험요인으로는 미혼이거나 이혼, 독거, 무직 혹은 실직, 35세 미만이거나 75세 이상인 경우, 자살의 가족력이 있다. 그러나 자살의 가장 큰 위험요인은 이전 자살시도력으로, 한 메타분석에서는 양극성 장애 환자가 자살시도력이 있는 경우 자살로 사망할 위험이 37배 높아진다고 보고하였다(Harris & Barraclough, 1997). 그 외 요인으로는 소아기 학대 혹은 방임 등의 트라우마를 가진 경우, 스트레스 상황에 처한 경우 자살의 위험이 증가한다. 일부 연구에서는 고산지대에서 자살위험이 증가한다고 보고하기도 하였는데, 산소 부족이 세로토닌 분비를 억제시키고 도파민과 노르에피네프린 분비를 증가시키며 우울감과 과민성, 기분 변동을 일으킨다는 가설로 이를 뒷받침하였다(da Silva Costa et al., 2015).

자살에 대한 보호 효과를 가진 요인으로는 좋은 가족과 사회적 지지와 적응적인 대

표 12-2 **양극성 장애에서의 자살위험요인(Miller & Black, 2020)**

사회인구학적 요인	• 남성: 자살 성공률 ↑ • 여성: 자살시도율 ↑ • 혼인 상태: 미혼, 이혼, 사별 • 독거 • 자녀가 없는 경우 • 나이: 35세 미만 혹은 75세 이상 • 무직 상태
병력 또는 임상양상	• 이전 자살시도력 • 자살시도 혹은 자살로 인한 사망의 가족력 • 자살사고 • 우울증이 우월한 극성(predominant depressive polarity) • 주요우울 삽화 > 혼재성 삽화 > 불쾌성 조증 삽화 > 유쾌성 조증 삽화 > 정상기분 • 급속순환형 • 어린 발병 나이 • 발병 초기 • 긴 치료받지 않은 기간 • 이전 우울 삽화 수 • 입원 치료력 • 동반 질환 • 기분과 일치하지 않는 정신병적 양상
정신과적 동반질환	• 인격장애(경계성, 반사회성, 연극성, 자기애성 등) • 알코올 및 물질 남용장애
기타	• 소아기 학대 혹은 방임 • 공격성 혹은 충동성 • 빈약한 사회적 지지 • 고산 지대 거주

처 전략이 있다. 마지막으로, 자살로 사망한 양극성 장애 환자의 50% 이상에서 당시 치료받지 않은 상태였음을 고려하였을 때, 치료 순응도는 환자의 자살의 위험을 낮추는 데에 매우 중요하다.

(3) 치료

양극성 장애 환자가 자살사고 혹은 자살시도로 의사를 찾는 경우 정확한 진단을 내리는 것이 가장 중요하다. 조증 삽화와 우울 삽화의 급성기에는 기분조절제(mood stabilizer)와 항정신병제(antipsychotic)가 주로 처방된다. 기분조절제 중 하나인 리튬(lithium)은 양극성 장애뿐 아니라 주요우울장애에서도 자해와 자살의 위험을 낮추는 것으로 알려져 있다. 하지만 리튬은 자살에 대한 급성기 치료보다는 예방책이며 신기능 장애, 갑상샘기능 저하, 심장기능 장애 등의 부작용이 나타날 수 있다. 특히 과용량으로 복용 시 혼수, 경련 및 사망까지 이를 수 있어 자살의 위험이 있는 환자에게 처방할 때에는 반드시 주의가 필요하다. 또 다른 기분 조절제로 발프로산(valproic acid)과 라모트리진(lamotrigine)과 같은 항경련제가 있다. 항경련제는 조증 등의 증상을 조절하는 데에 탁월한 효과가 있지만 리튬만큼의 자살예방 효과에 대한 근거는 부족하며 항경련제 또한 과용량으로 복용 시 중추신경계 및 호흡기계 억제, 혼수, 사망까지 이를 수 있다.

항우울제는 양극성 장애에서 우울 삽화를 경조증이나 조증, 혼재성 삽화로 전환시키거나 초조한 증상을 유발하며 일부 환자에서 자살위험을 높일 수도 있다(Musil et al., 2013). 쿼티아핀(quetiapine), 올란자핀(olanzapine) 등의 비정형적 항정신병제(atypical antipsychotic) 또한 양극성 장애의 우울 및 조증 삽화에서 흔히 처방된다. 이러한 약물들은 양극성 장애에서 빠른 항우울 효과와 장기적인 기분 안정화 효과가 알려져 있지만 자살위험을 낮춘다는 근거는 부족하다. 항정신병 약물 중에서는 클로자핀(clozapine)이 유일하게 재발성 자살 행위를 예방하는 데 사용하도록 FDA 승인되었다.

최근 자살위험이 높은 환자에 대한 급성기 약물치료로 케타민(ketamine)이 주목받고 있다. 케타민 정맥주사나 비강 내 스프레이가 신속하게 자살 경향성을 낮추는 효과를 보인다는 보고가 발표되고 있으나 국내에서 흔히 사용되고 있지는 않으며, 아직까지 대부분의 연구는 주요우울장애 환자에서 시행되었다. 비강 내 스프레이(Spravato® nasalspray)의 경우 최근에서야 저항성 우울증에 대한 사용이 승인되었다(Wilkinson et al., 2018).

비약물적인 치료로 자살위험이 높은 환자에서 급성기에 사용될 수 있는 치료로는 전기경련요법(electroconvulsive therapy)이 있으나 약물치료에 비해 시행이 번거롭고 환자의 거부감이 크다는 한계가 있다. 여러 연구에서 변증법적 행동치료(dialectical behavior therapy)가 경계성 인격장애에서 자살시도율과 자해 빈도를 낮추는 결과를 보였다. 그러나 아직까지 양극성 장애 환자에서의 자살예방 효과는 연구가 부족하며, 일반적으로 양극성 장애에서 정신사회적 치료는 약물치료에 보조적으로 사용되고 있다.

2. 조현병

조현병 스펙트럼 및 기타 정신병적 장애에는 조현병, 기타 정신병적 장애, 조현형 인격장애 등이 있다. 조현병은 대표적인 중증 정신질환으로 정신병(psychosis)의 한 형태로 다양한 인지적·행동적·정서적 기능 부전을 일으킨다. 조현병의 임상 양상은 환자마다 다양하며, 한 환자에서도 시기에 따라 변할 수 있다.

1) 소개

정신병적 장애를 정의하는 핵심적 특징 중 하나는 '망상'으로 이는 모순된 증거를 고려하고도 쉽게 변경되지 않는 고정된 믿음을 뜻한다. 망상은 피해망상, 관계망상, 과대망상, 색정망상, 허무망상, 신체망상 등 다양한 주제를 가질 수 있다. '환각'이란 외부 자극 없이 일어나는 유사 지각 경험으로 조현병 및 관련 장애에서는 환청이 가장 흔하다. '와해된 사고(언어)'는 사고과정의 장애를 뜻한다. 한 주제에서 연관성이 없는 다른 주제로 진행하는 연상 이완(loosening of association)과 여러 개의 단어나 구절을 아무렇게나 섞는 말비빔(word salad)이 이에 속한다. '와해된 행동 또는 비정상적 운동 행동'은 환경에 대한 반응이 현저히 감소하는 긴장성 혼미부터 목적 없는 운동성 활동을 보이는 긴장성 흥분까지 다양하다. '음성증상'이란 정신기능의 결핍을 의미하며, 특히 감퇴된 정서 표현과 무의욕증이 조현병에서 뚜렷하다. 조현병은 이와 같은 정신병적 장애의 특징적인 증상 중 두 가지 이상이 1개월 이상 지속되어야 하며 증상 중 최소한 하나는 망상, 환각, 와해된 언어와 같은 양성 증상이어야 한다. 조현병은 청소년 혹은 초기 성인기에 시작되는 전구기를 지나 발병하는데, 수일에서 길게는 수년에 걸쳐 사회적·지적 기능의 저하가 나타난다. 전구 증상으로는 우울증상, 강박증상, 의욕 저하, 대인관계 저하 등 비특이적인 증상에서 의심, 관계사고와 같은 약한 수준의 정신증상까지 다양하게 나타난다. 발병 이후 대인관계나 자기관리와 같은 주요영역에서 기능 수준이 저하된다(APA, 2013).

조현병의 평생 유병률은 인구집단에 따라 차이가 있지만 대략 0.3~0.7%로 보고되며, 주로 청소년 시기인 15세에서 35세 사이에 발병한다. 남녀비는 표본 및 모집단에 따른 차이가 있는데 음성 증상과 긴 이환 기간을 중점으로 진단한 경우에는 남성에서 더 높은 발생률이 보고되기도 한다. 유럽의 조현병 환자를 대상으로 조사한 연구에 의하면 80%의 조현병 환자는 무직 상태이며 65%는 미혼으로 보고되었다(Falcone, Staniskyte, & Timmons-Mitchell, 2018; McCrone et al., 2001). 조현병 환자들은 삶의 질이 낮고 그들의 가족과 지인들에게 사회적·경제적·심리적 영향을 끼친다.

2) 조현병과 자살

(1) 통계
조현병은 일반 인구에 비해 기대 수명이 10년 정도 짧은 것으로 알려져 있는데, 자살이 이에 가장 크게 기여한다. 일찍이 20세기 초반 스위스의 정신건강의학과 의사 블로이어(Eugen Bleuler, 1857~1939)는 자살 욕구가 조현병에서 가장 심각한 증상이라고 묘사하기도 했다(Sher & Kahn, 2019). 조현병 환자의 약 20~40%가 자살시도의 경험이 있고, 5~10%가 자살로 사망하는 것으로 알려져 있다.

우리나라의 경우 2003년부터 2017년까지의 단일 병원 임상데이터를 분석한 결과 일반 인구 대비 조현병을 포함한 정신병적 장애 환자의 자살로 인한 표준화 사망비는 13.03배로 보고되었다(Song et al., 2020). 2002년부터 2013년까지의 건강보험공단 자료를 이용한 다른 연구에서는 일반 대조군에 비해 자살자들이 조현병이 진단되었던 경우(오즈)가 28.56배로 다른 질환에 비해 현저히 더 높았다(Na et al., 2019).

(2) 위험요인
발병 초기 자살위험은 특히 더 높으며 첫 정신증 삽화(first-episode psychosis) 중 자살위험이 그 이후에 비해 2.7배 더 높은 것으로 보고되었다(Brown, 1997). 특별히 발병 후 첫 10년간이 가장 취약한 시기로, 50% 이상의 자살시도는 조현병 진단 후 2년 내에 나타난다(Montross, Zisook, & Kasckow, 2005). 노르웨이의 한 연구는 1/3 이상의 조현병 환자들이 첫 삽화 시 자살사고를 경험하여 1/4 이상이 실제로 자살을 시도하는데, 이들 중 반 이상은 치료받지 않던 중에 자살을 시도한 것을 보고하였다(Barrett et al., 2010).

이른 발병 나이와 잦은 재발, 긴 치료받지 않은 기간은 조현병의 예후를 악화시키고 자살위험을 높인다. 특히 낮은 치료 순응도는 중요한 위험요인인데, 첫 삽화로 인한 입원치료 후 항정신병 약물을 중단하는 경우 모든 원인에 의한 사망 위험이 12배 증가하고, 자살로 인한 사망 위험은 37배 증가한다고 보고된 바 있다(Tiihonen et al., 2006). 정신과적 증상으로는 환청, 망상과 같은 양성 증상이 있는 경우, 우울감이 동반되는 경우 자살위험이 높다. DSM-5에서는 삭제되었으나 DSM-IV에서 사용되었던 조현병의 아형으로는 체계화된 망상과 환청이 특징적인 편집형 조현병에서 자살의 위험이 다른 아형의 8배로, 가장 높다고 알려져 있다(Fenton, McGlashan, Victor, & Blyler, 1997). 또한 조현병에서 나타나는 사고 장애로 인해 환자들은 위험한 행동의 결과를 예측하는 능력을 상실할 수 있으며, 자살하고자 하는 뚜렷한 목적 없이도 자해 행동에 관여할 수 있음을 기억해야 한다(Sher & Kahn, 2019).

인구학적 위험요인으로는 젊은 나이에서 자살의 위험이 더 높은 것으로 알려져 있다. 일반 인구와 달리 성별에 따라 자살시도율의 차이는 없는 것으로 알려져 있으나, 자살로 인한 사망의 위험은 남성에서 더 높다. 교육 수준이 높고 병전기능이 좋을수록

표 12-3 조현병에서의 자살위험요인(Hor & Taylor, 2010)

사회인구학적 요인	• 젊은 나이 • 남성 • 무직 상태 • 고학력 • 혼인 상태: 미혼 • 시골에 거주
병력 또는 임상양상	• 이전 자살시도력 • 자살시도 혹은 자살로 인한 사망의 가족력 • 양성 증상: 환청 및 망상 • 병식이 있는 경우 • 치료받지 않는 경우
정신과적 동반질환	• 우울증: 절망감, 부정적인 자아상, 불안, 불면, 죄책감 • 외상후 스트레스 장애(PTSD) • 알코올 및 물질 남용장애
기타	• 다른 의학적 질환 동반 • 흡연 • 소아기 학대 혹은 방임

자살위험이 높다. 특히 청소년의 경우 IQ가 높을수록, 병식을 획득할수록 자살위험이 높은데, 병의 경과와 함께 기능 저하를 경험하면서 자살에 대한 생각을 가지게 되는 것으로 해석되고 있다. 심리적 요인으로는 낮은 자존감과 절망감이 자살사고에 기여하며 스트레스 상황에서 자살위험이 증가한다. 양극성 장애와 마찬가지로 자살시도력은 조현병에서도 강력한 자살위험요인이다.

(3) 치료

정신병적 증상의 조기 진단과 빠른 치료는 자살위험을 낮추는 데 매우 중요하다. 특히 조현병에서 조기 치료는 좋은 예후와 관련되어 있는 것으로 알려져 있으며, 치료 순응도를 높이는 또한 자살예방에 필수적이다.

급성 정신증 시에는 입원이 필요한 경우가 흔하며 항정신병제가 처방된다. 1차 치료제로 1세대 항정신병제보다는 부작용이 적은 2세대 비정형 항정신병제가 선호되고 있다. 환자 중 16.1%가 두 가지 이상의 항정신병제를 충분 용량, 충분 기간 사용하였음에도 증상이 지속되는 경우 치료 저항성 조현병으로 판단하여 클로자핀을 시도해 볼 수 있다. 클로자핀은 올란자핀 등의 다른 항정신병제에 비해 조현병과 조현정동장애 환자에서 자살 경향성을 낮추는 데 탁월하다고 보고되고 있다. 일부 연구는 항정신병제로 인한 부작용 또한 자살의 위험을 높일 수 있음에 주목하였는데, 특히 초발 정신증 환자가 한 곳에 가만히 있지 못하고 끊임없이 움직이고 싶은 충동이 드는 좌불안석증(akathisia)을 겪을 때 자살 충동이 높아진다는 연구가 있다(Seemüller et al., 2012). 따라서 임상가들은 약물 처방 시 면밀히 부작용을 살피고 적극적으로 조절해 주어야 한다. 항정신병제의 제형으로 장기 지속형 주사제(long-acting injection) 또한 흔히 사용되고 있다. 장기 지속형 주사제는 매일 복용해야 하는 경구약에 비해 한 달에서 세 달에 한 번 투여하는 편리함이 있고, 순응도가 낮은 경우 효과적인 치료 방안으로 선택된다. 그러나 아직까지 장기 지속형 주사제가 경구약에 비해 자살위험을 낮춘다는 근거는 부족한 상황이다.

조현병에 동반된 우울증은 중요한 자살 요인으로, 조현병 환자가 우울감을 호소하는 경우 항정신병제에 항우울제를 추가하여 처방하는 것이 적극적으로 고려되어야 한다. 동반되는 물질 남용에 대해서도 날트렉손(naltrexone), 아캄프로세이트(acamprosate)와 같은 약물이 보조적으로 처방될 수 있다(Sher & Kahn, 2019).

대부분의 환자는 약물 치료를 잘 유지하여도 음성 증상이나 인지장애와 같은 잔류 증상이 남으며 삽화 전의 기능까지 돌아가지 못한다. 환자들은 사회적인 기능의 저하가 클수록 자살 충동을 호소한다. 이들을 위해 사회심리적 도움이 필요하며 직업 재활 등을 통해 기능 회복을 도와야 한다(Falcone et al., 2018). 가족 교육과 가족 간의 소통을 돕는 것도 중요하다. 가족 구성원 간 감정 표현이 지나친 경우(high Expressed Emotion: high EE) 환자에게 지나치게 관여하고 과도하게 비판하게 되는데 이러한 상호작용 방식은 병의 재발에 이차적인 기여를 할 수 있다(Brown, 1968). 따라서 임상가들은 가족의 불안을 해소해 주고 건강한 소통 방법을 교육해 주어야 한다. 가족치료는 또한 약물치료에 대한 순응도를 높이는 것으로 알려져 있다(Onwumere, Bebbington, & Kuipers, 2011).

참고문헌

대한신경정신의학회(2017). 신경정신의학(개정 3판). 서울: 아이엠이즈컴퍼니.

APA. (2013). *Diagnostic and statistical manual of mental disorders* (5th ed.). 정신질환의 진단 및 통계 편람(제5판)(권준수 외 공역). 서울: 학지사.

Barrett, E. A., Sundet, K., Faerden, A., Nesvåg, R., Agartz, I., Fosse, R., ⋯ Melle, I. (2010). Suicidality before and in the early phases of first episode psychosis. *Schizophrenia research, 119*(1-3), 11-17.

Brown, G. (1968). Experiences of discharged chronic schizophrenic mental hospital patients in various types of living group. Millbank Memorial Fund Quarterly, 37, 105-131, 1959. *Journal of Health and Social Behavior, 9*, 203-214.

Brown, S. (1997). Excess mortality of schizophrenia: a meta-analysis. *The British Journal of Psychiatry, 171*(6), 502-508.

Cavanagh, J. T., Carson, A. J., Sharpe, M., & Lawrie, S. M. (2003). Psychological autopsy studies of suicide: a systematic review. *Psychological medicine, 33*(3), 395-405.

da Silva Costa, L., Alencar, Á. P., Neto, P. J. N., dos Santos, M. d. S. V., da Silva, C. G. L., Pinheiro, S. d. F. L., ⋯ de Lima, M. A. P. (2015). Risk factors for suicide in bipolar disorder: a systematic review. *Journal of affective disorders, 170*, 237-254.

Dome, P., Rihmer, Z., & Gonda, X. (2019). Suicide Risk in Bipolar Disorder: A Brief Review. *Medicina(Kaunas, Lithuania), 55*(8), 403. doi:10.3390/medicina55080403

Dong, M., Lu, L., Zhang, L., Zhang, Q., Ungvari, G. S., Ng, C. H., ⋯ Xiang, Y.-T. (2020). Prevalence of suicide attempts in bipolar disorder: a systematic review and meta-analysis of observational studies. *Epidemiology and psychiatric sciences, 29*.

Falcone, T., Staniskyte, M., & Timmons-Mitchell, J. (2018). Psychosis and Suicide. In T. Falcone & J. Timmons-Mitchell (Eds.), *Suicide Prevention: A Practical Guide for the Practitioner* (pp. 53-69). Cham: Springer International Publishing.

Fenton, W. S., McGlashan, T. H., Victor, B. J., & Blyler, C. R. (1997). Symptoms, subtype, and suicidality in patients with schizophrenia spectrum disorders. *American journal of psychiatry, 154*(2), 199-204.

Gonda, X., Pompili, M., Serafini, G., Montebovi, F., Campi, S., Dome, P., ⋯ Rihmer, Z. (2012). Suicidal behavior in bipolar disorder: epidemiology, characteristics and major risk factors. *Journal of affective disorders, 143*(1-3), 16-26.

Harris, E. C., & Barraclough, B. (1997). Suicide as an outcome for mental disorders. A meta-analysis. *British journal of psychiatry, 170*(3), 205-228.

Hor, K., & Taylor, M. (2010). Suicide and schizophrenia: a systematic review of rates and risk factors. *Journal of psychopharmacology, 24*(4_suppl), 81-90.

Jeon, H. J., Lee, J.-Y., Lee, Y. M., Hong, J. P., Won, S.-H., Cho, S.-J., ⋯ Cho, M. J. (2010). Lifetime Prevalence and Correlates of Suicidal Ideation, Plan, and Single and Multiple Attempts in a Korean Nationwide Study. *The Journal of Nervous and Mental Disease, 198*(9), 643-646. doi:10.1097/NMD.0b013e3181ef3ecf

McCrone, P., Leese, M., Thornicroft, G., Schene, A., Knudsen, H. C., Vázquez-Barquero, J. L., . . . Group, E. S. (2001). A comparison of needs of patients with schizophrenia in five European countries: the EPSILON Study. *Acta Psychiatrica Scandinavica, 103*(5), 370-379.

Miller, J. N., & Black, D. W. (2020). Bipolar disorder and suicide: A review. *Current psychiatry reports, 22*(2), 6.

Montross, L. P., Zisook, S., & Kasckow, J. (2005). Suicide among patients with schizophrenia: a consideration of risk and protective factors. *Annals of Clinical Psychiatry, 17*(3), 173-182.

Musil, R., Zill, P., Seemüller, F., Bondy, B., Meyer, S., Spellmann, I., ⋯ Fisher, R. (2013). Genetics of emergent suicidality during antidepressive treatment—data from a naturalistic study on a large sample of inpatients with a major depressive episode. *European Neuropsychopharmacology, 23*(7), 663-674.

Na, E. J., Lee, H., Myung, W., Fava, M., Mischoulon, D., Paik, J.-W., ⋯ Jeon, H. J. (2019). Risks of completed suicide of community individuals with ICD-10 disorders across age groups: A nationwide population-based nested case-control study in South Korea. *Psychiatry investigation, 16*(4), 314.

Onwumere, J., Bebbington, P., & Kuipers, E. (2011). Family interventions in early psychosis: specificity and effectiveness. *Epidemiology and psychiatric sciences, 20*(2), 113-119.

Plans, L., Barrot, C., Nieto, E., Rios, J., Schulze, T., Papiol, S., ⋯ Benabarre, A. (2019). Association between completed suicide and bipolar disorder: a systematic review of the literature. *Journal of affective disorders, 242*, 111-122.

Seemüller, F., Lewitzka, U., Bauer, M., Meyer, S., Musil, R., Schennach, R., ⋯ Möller, H. J. (2012). The relationship of Akathisia with treatment emergent suicidality among patients with first-episode schizophrenia treated with haloperidol or risperidone. *Pharmacopsychiatry, 45*(7), 292-296. doi:10.1055/s-0032-1309004

Sher, L., & Kahn, R. S. (2019). Suicide in schizophrenia: an educational overview. *Medicina, 55*(7), 361.

Song, Y., Rhee, S. J., Lee, H., Kim, M. J., Shin, D., & Ahn, Y. M. (2020). Comparison of suicide risk by mental illness: a retrospective review of 14-year electronic medical records. *Journal of Korean medical science, 35*(47).

Tiihonen, J., Walhbeck, K., Lönnqvist, J., Klaukka, T., Ioannidis, J. P., Volavka, J., & Haukka, J. (2006). Effectiveness of antipsychotic treatments in a nationwide cohort of patients in community care after first hospitalisation due to schizophrenia and schizoaffective disorder: observational follow-up study. *Bmj, 333*(7561), 224.

Wilkinson, S. T., Ballard, E. D., Bloch, M. H., Mathew, S. J., Murrough, J. W., Feder, A., ⋯ Sanacora, G. (2018). The effect of a single dose of intravenous ketamine on suicidal ideation: a systematic review and individual participant data meta-analysis. *American journal of psychiatry, 175*(2), 150-158.

자살예방의 모든 것
이론과 정책

13

불안장애와 자살

불안장애는 정신질환에서 가장 흔한 편으로 대상과 상황에 따라 다양하지만 극심한 불안과 관련된 행동상의 어려움을 공유하고 있다. 또한 불안장애는 직업 수행, 학업, 관계 영역과 같은 일상생활을 방해할 수 있다. National Comorbidity Study Replication(NCS-R)에서 수행한 진단적 면담자료에 따르면(Harvard Medical School, 2007) 18세 이상 성인의 19.1%에서 지난 12개월 동안 1개 이상의 불안장애를 갖는 것으로 추정되었으며 그 비율은 여성(23.4%)에서 남성(14.3%)보다 높았다. 또한 31.1%의 성인이 일생 중 1개 이상의 불안장애를 경험하는 것으로 추정되었으며 다른 역학 연구에서도 29%의 사람이 일생 중 한 번은 불안장애를 경험하는 것(Hawgood & De Leo, 2008)으로 나타났다. National Comorbidity Survey Adolescent Supplement(NCS-A)에서 수행한 결과에 따르면(Merikangas et al., 2010) 13~18세 청소년의 불안장애 일생 유병률은 31.9%로 성인과 비슷한 수준을 보였으며, 여성에서 38.0%로 남성 26.1%보다 높은 경향을 보였다.

불안장애가 자살사고와 자살시도에 독립적으로 관련이 있는지에 대해 논란이 있다.

* 오강섭, 조성준(성균관대학교 강북삼성병원 정신건강의학과 교수)

* 이웅(성균관대학교 강북삼성병원 정신건강의학과 전임의)

그러나 인구학적 · 환경적 요소를 통제한 뒤에도 불안장애를 보이는 성인들이 그렇지 않은 사람들에 비해 자살사고를 보이는 Odds Ratio(이하 OR)가 7.2에 달하는 것으로 알려져 있으며, 자살사고를 보이는 사람들 중 자살계획을 세우는 OR 또한 4.3으로 유의미한 수준(Borges et al., 2006)임을 보인 바 있다. 네덜란드의 성인을 대상으로 3년간 전향적으로 추적 관찰한 결과에 따르면(Sareen et al., 2005), 불안장애를 보이는 경우, 다른 흔한 정신질환의 동반여부를 통제한 뒤에도 독립적인 자살사고와 자살시도의 위험인자임이 밝혀졌으며 13년간 정신질환과 첫 번째 자살시도의 OR을 살핀 연구에서도 불안장애의 OR이 2.2(CI 1.04~4.64)로 주요우울장애 다음으로 높은 것(Bolton et al., 2008)으로 나타났다. 불안장애는 다른 불안장애와 같이 개인 내에서 동반 이환되는 경우가 잦은데(Krueger, 1999), 이와 같이 동반 불안장애의 개수가 늘어날수록 자살행동발생률은 증가한다(Boden, Fergusson, & Horwood, 2007). 불안장애가 다른 기분장애와 동반되는 경우 또한 흔하며(Brown et al., 2001), 이 경우 자살사고 및 시도의 위험성이 증가하는 것으로 나타날 뿐 아니라(Sareen et al., 2005), 상호작용을 통해 자살사고가 더 크게 증가한다는 연구 결과(Norton, Temple, & Pettit, 2008)는 기분장애가 있는 환자들에서 동반된 불안장애의 빠른 발견과 치료가 중요함을 알려 주고 있다.

불안장애가 어떻게 자살행동을 유발하는지 여러 기전이 제시되고 있다. 공황장애 또는 특정공포증에서 불안발작을 경험하는 경우 이를 벗어나기 위한 방법으로 자살시도를 할 수 있겠으며, 이 경우 불안발작은 위험인자라기보다 자살행동의 선행사건(Links, 2006)으로 볼 수 있다. 간접적인 방식으로 사회불안장애를 포함한 다른 불안장애들은 독립적으로 향후 우울장애의 발생 가능성을 높이며(Stein et al., 2001; Goodwin, 2002), 이는 잠재적으로 자살행동의 위험인자가 된다. 불안장애 환자들에서 자살행동의 위험인자를 전향적으로 살펴본 연구에서 특정 불안장애가 아닌 기저 우울장애의 존재가 향후 자살시도를 독립적으로 예측한다는 연구(Uebelacker et al., 2013)는 불안장애가 간접적으로 자살행동에 영향을 미친다는 가설을 지지한다. 또한 불안장애는 알코올사용장애(Kushner, Abrams, & Borchardt, 2000)뿐 아니라 다른 물질사용장애(Sareen et al., 2006)와 동반되는 경우가 많으며, 이 경우 불안을 줄이기 위한 물질의 사용이 자살행동과 유의미한 관련을 보인다(Bolton et al., 2006). 마지막으로 동반된 유전적 · 환경적인 요인들(Bolton et al., 2008)이 불안장애 및 자살행동과 관련이 있을 수 있다. 불안으로 인한 사회, 직업기능의 상실이 고통을 야기해(Norton, Temple, & Pettit, 2008) 자살을 유도할 수 있다.

1. 공황장애

공황장애와 자살 간의 관련성에 대해 조사한 최초의 대규모 연구(Weissman et al., 1989)에서 공황장애를 앓고 있는 사람들은 그렇지 않은 사람에 비해 자살시도를 할 가능성이 20배가 높다는 결과를 발표했으며 이는 동반 기분장애에 의한 것이 아님을 밝혔다. 또 다른 연구에서 자살사고의 OR은 8.5(Borges et al., 2006)라고 보고되었다. 공황장애를 진단받은 환자들의 20%가량이 자살시도를 했다는 보고(Weissman et al., 1989)도 있다. 이후 수행된 연구에서 공황장애와 동반된 기분 삽화를 경험하는 환자들의 43%에서 자살사고를 보고한 반면, 기분 삽화를 경험하지 않는 공황장애 환자들에서는 10%만 자살사고를 보고해, 공황장애와 자살사고가 동반된 기분장애에 의해 주로 매개됨을 밝혔다(Schmidt, Woolaway-Bickel, & Bates, 2000).

한편, 한 국내 연구에서는 주요우울장애를 앓고 있는 사람들이 공황장애가 동반될 경우 자살시도 가능성이 증가함을 밝히기도 하였다(Nam, Kim, & Roh, 2016). 이 연구에 따르면, 공황장애가 동반된 경우에 더 높은 수준의 충동성, 우울감, 무망감, 자살시도의 과거력을 갖는 것으로 보고되었다. 공존 공황장애의 유무가 자살시도의 과거력과 통계적으로 유의한 연관성이 관찰되었는데 OR은 2.8이다.

2. 범불안장애

자살사고의 OR은 4.9(Borges et al., 2006)이다. GAD를 동반한 주요우울증 환자들은 주요우울증만 있는 환자들에 비해 자살사고를 보고하는 비율이 높았다(Zimmerman & Chelminski, 2003). 2012년에 시행된 캐나다의 연구에 따르면, 한 해 동안 15세 이상의 캐나다인 722,000명(2.6%)이 범불안장애 기준을 만족했고, 655,000명(2.3%)이 진단 기준에는 미치지 못하지만 유사 증상을 가지고 있다고 보였다(Gilmour, 2016). 이들 중 범불안장애의 진단 기준을 만족하는 경우 지난 12개월간 자살사고를 가진 남성과 여성은 각각 32%와 21.2%로 상당히 높은 수치를 보였다. 사회인구학적 변인들을 통제하더라도 범불안장애 진단을 만족하는 군, 진단 기준에는 미치지 못하더라도 유사증상을 가지고 있는 군 모두에서 범불안장애증상이 없는 사람들보다 12개월간 자살사고를 가질 위험도가 상승하는 것이 관찰되었다. 동반된 정신질환을 통제하더라도 연관성은 약하지만 여전히 통계적으로 유의한 수치를 보였다. 즉, 범불안장애와 진단 여부와 진단 기준은 만족하지 못하더라도 유사한 증상의 유무는 자살사고와의 독립적인 연관성이 상당히 있다는 보고에 해당한다.

3. 광장공포증

DSM-5 진단체계로 변경되면서 공황장애와 광장공포증은 따로 독립적인 진단을 사용하고 있다. 공황장애 없이 광장공포증만 있는 경우에도 자살사고 및 자살시도가 위험도가 높다는 보고가 있으나, 같은 집단을 대상으로 추적 관찰한 결과 새롭게 자살사고나 자살시도가 발생한 위험도는 통계적으로 유의하지 않았다. 또한 자살사고 및 자살시도에 대한 OR 값은 다른 불안장애보다 낮은 편이었다(Sareen et al., 2005).

4. 특정공포증

한 연구에서 특정공포증의 자살사고와 자살시도에 대한 OR 값을 조사한 결과, 자살사고에 대한 OR 값은 다른 인구학적 변인들을 보정한 결과 통계적으로 유의하지 않았고, 자살시도에 대해서는 OR 값은 1.79이며 통계적으로 유의한 결과를 보였다(Sareen et al., 2005).

5. 사회불안장애(사회공포증)

사회불안장애 환자들에서 자살의도, 자살시도가 적지 않게 보고되고 있으며 일반 인구에 대한 연구에서도 사회불안 증상이 연관된 소속감의 문제나 부담감의 인지, 수치심 등의 요인으로 인하여 자살성을 높이는 요인으로 보고되고 있다. 이시형(1994)은 사회공포증에 관한 10년간의 임상연구를 통하여 838명의 사회불안장애 환자를 분석한 결과, 증상으로 인해 심각하게 자살을 생각한 적이 있는 경우가 32.4%였고 실제 자살을 시도한 경력이 있는 경우도 14.1%라고 보고한 바 있다. 물론 이와 연관하여 저자들은 알코올중독이나 우울증 등에 대한 동반질환에 대한 연구가 진행되어야 할 것으

로 지적하고 있다. 애디트 등(Arditte et al., 2016)은 사회불안과 대인관계적 자살위험요
인과의 관련성을 연구하여 사회불안이 수치심, 좌절된 소속감, 인지된 부담감 등의 요
인을 통하여 간접적으로 대인관계적 자살위험을 높임을 보고하였다. 따라서 사회불안
이 잠재적으로 자살의도를 높일 수 있음을 설명하고 사회불안을 호소하는 경우, 특히
우울감을 동반한 경우 자살의도를 확인하는 것이 중요하며 사회불안에서 수치심이 대
인관계적 자살위험을 높일 수 있는 중요한 요인임을 지적하였다. 버크너 등(Buckner
et al., 2017)도 사회불안이 높은 자살성과 관련이 높으며 780명의 대학생 연구에서 사
회불안이 좌절된 소속감, 인지된 부담감 등의 요인과 간접적으로 연관되어 자살사고
를 높인다고 보고하였다. 특히 사회불안이 자살성을 높이는 데에는 대인관계기능의 어
려움이 잠재적 경로로 작용하고 있음을 보고하였다. 다른 연구에서 자살사고의 OR은
6.6(Borges et al., 2006)으로 보고되고 있으며, 양극성 장애가 있는 환자들에서 사회불안
장애가 동반되는 경우 자살사고와 자살행동의 위험성이 증가한다(Simon et al., 2007).

6. 외상후 스트레스 증후군(PTSD)

루트왁 등(Lutwak & Dill, 2017)에 의하면 PTSD는 우울증의 위험도와 자살사고 모두
를 증가시킨다. 또한 사렌 등(Sareen et al., 2005)의 연구에서는 동반 질환들을 보정한
뒤에도 자살시도와 유의미한 관련이 있는 유일한 불안장애임이 밝혀졌다. 기저 정신질
환 환자들을 10년간 추적관찰한 연구(Uebelacker et al., 2013)에서는 불안장애 집단 중
유일하게 PTSD가 있는 집단에서 향후 자살시도의 위험성(Hazard Ratio)이 4.22로 증가
하는 것으로 보고되었다. 성격장애 동반 유무를 포함해 불안장애와 자살의 관련성을
조사한 연구(Nepon et al., 2010)에서도 PTSD는 공황장애와 함께 다른 사회인구학적, 동
반 정신질환 유무를 조정한 뒤에도 자살시도의 위험이 유의하게 증가하는 것으로 나타
났다. National Comorbidity Survey를 활용한 연구(Cougle et al., 2009)에서는 불안장애
중 PTSD가 다른 질환보다 일생에 걸친 자살사고 및 자살시도의 위험 증가와 가장 많은
관련이 있음을 보인 바 있다.

7. 강박장애

강박장애가 있는 경우 첫 자살사고 발생의 OR은 6.3(Borges et al., 2006)로 높은 편을 보이기도 했으나 다른 연구에서는 우울증 동반 여부를 통제한 결과 강박장애와 자살사고 간의 유의미한 관련성을 보이지 않았다(Valentiner, Gutierrez, & Blacker, 2002). 강박장애의 일생 유병률, 자살시도 등에 대해 조사한 연구에서는 다른 정신과적 동반 질환이 있는 경우보다 OCD를 동반한 집단에서 자살시도의 OR이 2.2로 높았으며, OCD만 있는 집단과 대조군을 비교한 경우(Hollander et al., 1996)에서도 마찬가지로 자살시도의 OR이 증가하는 것으로 나타났다. 이는 OCD 환자에서 흔히 보이는 공격적 강박사고(Rasmussen & Tsuang, 1986) 및 강박행동과 관련 있을 것으로 생각된다.

8. 분리불안장애

분리불안장애와 자살시도 간의 관련성에 대한 연구는 부족한 편이다. 청소년의 불안장애와 자살시도의 관련성에 대한 연구에서 자살시도를 한 청소년들은 더 많은 불안장애를 경험하는 것으로 알려져 있으며, 특히 아동기 분리불안장애의 경우 자살 계획과 자살시도에 있어 강력한 예측인자가 됨이 알려진 바 있다(Liu et al., 2006).

참고문헌

이시형(1994). 사회공포증에 관한 10년간의 임상연구. 신경정신의학, 33(2), 305-312.

Arditte, K. A., Morabito, D. M., Shaw, A. M., & Timpano, K. R. (2016). Interpersonal risk for suicide in social anxiety: The roles of shame and depression. *Psychiatry research, 239*, 139-144. https://doi.org/10.1016/j.psychres.2016.03.017

Boden, J. M., Fergusson, D. M., & Horwood, L. J. (2007). Anxiety disorders and suicidal behaviours in adolescence and young adulthood: findings from a longitudinal study. *Psychological medicine, 37*(3), 431-440. https://doi.org/10.1017/S0033291706009147

Bolton, J. M., Cox, B. J., Afifi, T. O., Enns, M. W., Bienvenu, O. J., & Sareen, J. (2008). Anxiety disorders and risk for suicide attempts: findings from the Baltimore Epidemiologic

Catchment area follow-up study. *Depression and anxiety, 25*(6), 477-481. https://doi.org/10.1002/da.20314

Bolton, J., Cox, B., Clara, I., & Sareen, J. (2006). Use of alcohol and drugs to self-medicate anxiety disorders in a nationally representative sample. *The Journal of nervous and mental disease, 194*(11), 818-825. https://doi.org/10.1097/01.nmd.0000244481.63148.98

Borges, G., Angst, J., Nock, M. K., Ruscio, A. M., Walters, E. E., & Kessler, R. C. (2006). A risk index for 12-month suicide attempts in the National Comorbidity Survey Replication. *Psychological medicine, 36*(12), 1747-1757. https://doi.org/10.1017/S0033291706008786

Brown, T. A., Campbell, L. A., Lehman, C. L., Grisham, J. R., & Mancill, R. B. (2001). Current and lifetime comorbidity of the DSM-IV anxiety and mood disorders in a large clinical sample. *Journal of abnormal psychology, 110*(4), 585-599. https://doi.org/10.1037//0021-843x.110.4.585

Buckner, J. D., Lemke, A. W., Jeffries, E. R., & Shah, S. M. (2017). Social anxiety and suicidal ideation: Test of the utility of the interpersonal-psychological theory of suicide. *Journal of anxiety disorders, 45*, 60-63. https://doi.org/10.1016/j.janxdis.2016.11.010

Cougle, J. R., Keough, M. E., Riccardi, C. J., & Sachs-Ericsson, N. (2009). Anxiety disorders and suicidality in the National Comorbidity Survey-Replication. *Journal of psychiatric research, 43*(9), 825-829. https://doi.org/10.1016/j.jpsychires.2008.12.004

Gilmour H. (2016). Threshold and subthreshold Generalized Anxiety Disorder (GAD) and suicide ideation. *Health reports, 27*(11), 13-21.

Goodwin R. D. (2002). Anxiety disorders and the onset of depression among adults in the community. *Psychological medicine, 32*(6), 1121-1124. https://doi.org/10.1017/s0033291702005482

Harvard Medical School. (2007). National Comorbidity Survey (NCS). (2017, August 21)

Hawgood, J., & De Leo, D. (2008). Anxiety disorders and suicidal behaviour: an update. *Current opinion in psychiatry, 21*(1), 51-64. https://doi.org/10.1097/YCO.0b013e3282f2309d

Hollander, E., Greenwald, S., Neville, D., Johnson, J., Hornig, C. D., & Weissman, M. M. (1996). Uncomplicated and comorbid obsessive-compulsive disorder in an epidemiologic sample. *Depression and anxiety, 4*(3), 111-119. https://doi.org/10.1002/(SICI)1520-6394(1996)4:3〈111::AID-DA3〉3.0.CO;2-J

Krueger R. F. (1999). The structure of common mental disorders. *Archives of general psychiatry, 56*(10), 921-926. https://doi.org/10.1001/archpsyc.56.10.921

Kushner, M. G., Abrams, K., & Borchardt, C. (2000). The relationship between anxiety disorders and alcohol use disorders: a review of major perspectives and findings. *Clinical psychology review, 20*(2), 149-171. https://doi.org/10.1016/s0272-7358(99) 00027-6

Links P. S. (2006). Anxiety disorders are a risk factor for suicidal behaviour. *Evidence-based mental health, 9*(2), 58. https://doi.org/10.1136/ebmh.9.2.58

Liu, X., Gentzler, A. L., Tepper, P., Kiss, E., Kothencné, V. O., Tamás, Z., Vetró, A., & Kovacs, M. (2006). Clinical features of depressed children and adolescents with various forms of suicidality. *The Journal of clinical psychiatry, 67*(9), 1442-1450. https://doi.org/10.4088/jcp.v67n0917

Lutwak, N., & Dill, C. (2017). PTSD and Risk of Suicide. *Military medicine, 182*(9), 1684. https://doi.org/10.7205/MILMED-D-17-00104

Merikangas, K. R., He, J. P., Burstein, M., Swanson, S. A., Avenevoli, S., Cui, L., Benjet, C., Georgiades, K., & Swendsen, J. (2010). Lifetime prevalence of mental disorders in U.S. adolescents: results from the National Comorbidity Survey Replication–Adolescent Supplement (NCS-A). *Journal of the American Academy of Child and Adolescent Psychiatry, 49*(10), 980-989. https://doi.org/10.1016/j.jaac.2010.05.017

Nam, Y. Y., Kim, C. H., & Roh, D. (2016). Comorbid panic disorder as an independent risk factor for suicide attempts in depressed outpatients. *Comprehensive psychiatry, 67*, 13-18. https://doi.org/10.1016/j.comppsych.2016.02.011

Nepon, J., Belik, S. L., Bolton, J., & Sareen, J. (2010). The relationship between anxiety disorders and suicide attempts: findings from the National Epidemiologic Survey on Alcohol and Related Conditions. *Depression and anxiety, 27*(9), 791-798. https://doi.org/10.1002/da.20674

Norton, P. J., Temple, S. R., & Pettit, J. W. (2008). Suicidal ideation and anxiety disorders: elevated risk or artifact of comorbid depression?. *Journal of behavior therapy and experimental psychiatry, 39*(4), 515-525. https://doi.org/10.1016/j.jbtep.2007.10.010

Primeau, F., & Fontaine, R. (1987). Obsessive disorder with self-mutilation: a subgroup responsive to pharmacotherapy. Canadian journal of psychiatry. *Revue canadienne de psychiatrie, 32*(8), 699-701. https://doi.org/10.1177/070674378703200813

Rasmussen, S. A., & Tsuang, M. T. (1986). Clinical characteristics and family history in DSM-III obsessive-compulsive disorder. *The American journal of psychiatry, 143*(3), 317-322. https://doi.org/10.1176/ajp.143.3.317

Sareen, J., Chartier, M., Paulus, M. P., & Stein, M. B. (2006). Illicit drug use and anxiety disorders: findings from two community surveys. *Psychiatry research, 142*(1), 11-17. https://doi.org/10.1016/j.psychres.2006.01.009

Sareen, J., Cox, B. J., Afifi, T. O., de Graaf, R., Asmundson, G. J., ten Have, M., & Stein, M. B. (2005). Anxiety disorders and risk for suicidal ideation and suicide attempts: a population-based longitudinal study of adults. *Archives of general psychiatry, 62*(11), 1249-1257. https://doi.org/10.1001/archpsyc.62.11.1249

Schmidt, N. B., Woolaway-Bickel, K., & Bates, M. (2000). *Suicide and panic disorder: Integration of the literature and new findings Suicide science: Expanding the boundaries.* (pp. 117-136). New York, NY, US: Kluwer Academic/Plenum Publishers.. https://doi.org/10.1007/0-306-47233-3_9.

Simon, N. M., Zalta, A. K., Otto, M. W., Ostacher, M. J., Fischmann, D., Chow, C. W., Thompson, E. H., Stevens, J. C., Demopulos, C. M., Nierenberg, A. A., & Pollack, M. H. (2007). The association of comorbid anxiety disorders with suicide attempts and suicidal ideation in outpatients with bipolar disorder. *Journal of psychiatric research, 41*(3-4), 255-264. https://doi.org/10.1016/j.jpsychires.2006.08.004

Stein, M. B., Fuetsch, M., Müller, N., Höfler, M., Lieb, R., & Wittchen, H. U. (2001). Social anxiety disorder and the risk of depression: a prospective community study of adolescents and young adults. *Archives of general psychiatry, 58*(3), 251-256. https://doi.org/10.1001/archpsyc.58.3.251

Uebelacker, L. A., Weisberg, R., Millman, M., Yen, S., & Keller, M. (2013). Prospective study of risk factors for suicidal behavior in individuals with anxiety disorders. *Psychological medicine, 43*(7), 1465-1474. https://doi.org/10.1017/S0033291712002504

Valentiner, D. P., Gutierrez, P. M., & Blacker, D. (2002). Anxiety measures and their relationship to adolescent suicidal ideation and behavior. *Journal of anxiety disorders, 16*(1), 11-32. https://doi.org/10.1016/s0887-6185(01)00086-x

Weissman, M. M., Klerman, G. L., Markowitz, J. S., & Ouellette, R. (1989). Suicidal ideation and suicide attempts in panic disorder and attacks. *The New England journal of medicine, 321*(18), 1209-1214. https://doi.org/10.1056/NEJM198911023211801

Zimmerman, M., & Chelminski, I. (2003). Generalized anxiety disorder in patients with major depression: is DSM-IV's hierarchy correct?. *The American journal of psychiatry, 160*(3), 504-512. https://doi.org/10.1176/appi.ajp.160.3.504

자살예방의 모든 것

이론과 정책

14

신체질환과 자살

몸이 아픈 환자들이 자살을 택했다는 뉴스는 잊을 만하면 종종 언론에 등장한다. 이를 보고 사람들은 안타까워하기도 하고, 또 어떤 사람들은 사회적인 문제나 구조적인 문제를 제기하기도 한다. 신체질환을 가진 환자들은 정신과 질환이 동반되어 자살을 시도할 수도 있으며, 질환 자체가 뇌에 영향을 끼치거나, 사회적 낙인이 되어 자살을 택할 수도 있다. 또한 현대의 의학 수준에서 질병의 경과를 바꿀 수 없고 고통에 시달리는 말기 환자의 경우에도 자살에 대한 생각이 있을 수 있다. 이러한 환자의 경우에는 특히 현재 시행되고 있는 사전연명의료 결정을 넘어 안락사 등 조력자살에 대한 이슈도 제기되고 있다. 환자 본인뿐만 아니라, 환자를 보살피는 가족들의 스트레스도 자살과 연결될 수 있는데, 노노봉양(老老奉養)이라는 말이 있을 만큼 고령화가 진행된 현대사회에서 이는 지나칠 수 없는 문제 중 하나이다.

이 장에서는 정신과적인 질환과 자살에 대한 앞 장의 서술에 이어, 신체질환과 자살에 대해 살펴보고자 한다.

---

* 김신겸, 윤현철(순천향대학교 부천병원 정신건강의학과 교수)

1. 신체질환과 정신건강

신체질환과 정신건강은 따로 떨어뜨려 생각할 수 없다(Sadock, Sadock, & Ruiz, 2015). 신체질환이 정신과 질환의 원인이나 악화요인이 될 수 있으며, 심리적인 요인들은 신체질환이 있는 환자의 삶의 질과 기능, 건강관리, 치료비용, 사망률, 합병증, 의사/환자 관계 등에 영향을 줄 수 있다(Sadock et al., 2015). 고대부터 정신과 신체의 조화에 기반을 둔 의학적인 관점이 있었으며, 히포크라테스 또한 인간을 전체로 보는 시각을 갖고 있었다(대한신경정신의학회, 2017). 20세기 이후 정신과 신체의 관계에 대한 이해가 더욱 넓어졌으며, 현대의 정신의학에서는 정신신체의학 분야를 따로 두고, 이러한 마음과 신체의 상호작용에 대해 집중적으로 다루고 있다(대한신경정신의학회, 2017).

신체질환을 갖고 있는 환자에게서는 여러 가지 정신건강 문제가 발생할 수 있으며, 그 유병률은 대부분 신체질환을 갖고 있지 않은 경우보다 높다. 진행된 암 환자의 50%에서 정신건강 문제가 발생할 수 있다는 기존 연구가 있으며, 특히 적응장애, 불안장애, 우울장애의 경우 유병률이 각각 11~35%, 6~8%, 14~31%에 달하는 것으로 알려져 있다(Miovic & Block, 2007). 말기 신장 질환을 가진 환자의 경우, 치매, 섬망, 주요 우울장애의 1년 발생률이 각각 4.2%, 5.3%, 2.5%로 높게 나타난 바 있으며, 후천성면역결핍증 환자에서도 적응장애, 주요우울장애, 인지장애 등이 각각 5~20%, 4~40%, 50% 정도로 보고되기도 하였다(대한신경정신의학회, 2017; Fukunishi et al., 2002). 뇌 질환에서도 정신건강 문제의 유병률이 높게 나타났는데, 뇌혈관 질환을 앓은 환자의 7.5~50%에서 주요우울장애가 발병하였다는 보고가 있으며, 약 20%의 뇌졸중 환자에서 불안장애가 나타났다는 결과 역시 보고된 바 있다(Rao, 2000; Schottke & Giabbiconi, 2015). 또한 누티 등은 파킨슨병 환자의 주요 우울장애와 공황장애의 유병률을 각각 21.1% 및 30%로 보고하기도 하였다(Nuti et al., 2004).

앞의 예보다 덜 치명적이고 일상적일 수 있는 질환을 가진 환자들에서 정신건강 문제의 유병률이 높게 보고되기도 하였는데, 업무와 관련된 만성적인 근골격통증을 가진 환자의 60% 이상에서 정신건강 문제가 발견되었다는 연구가 있으며, 이러한 경향은 과민성 대장 증후군, 원형탈모증을 앓는 환자에서도 유사하게 나타났다(Colon et al., 1991; Dersh et al., 2002; Lydiard et al., 1993).

2. 신체질환을 앓고 있는 환자의 자살

신체질환을 앓고 있는 환자에서 자살률이 높다는 것은 여러 연구에서 보고하고 있다. 자살을 시도한 사람의 거의 1/3에서 최근 6개월 이내에 의학적인 문제가 있었다는 보고가 있으며, 전체 자살자의 거의 절반에서 신체질환이 주요 요인이었다는 통계 또한 발표된 바 있다(Sadock et al., 2015). 드루스 등은 한 개의 신체질환이 있는 환자의 25.2%에서 자살사고가, 8.9%에서 자살시도가 보고되었으며, 두 개의 신체질환을 가진 환자의 경우 자살사고와 자살시도의 유병률이 각각 35.0%, 16.2%로 증가한다고 언급하였다(Druss & Pincus, 2000). 헨딘은 또한 50세 이상 자살의 50%에서, 70세 이상 자살의 70%에서, 신체질환이 자살의 중요한 동기라고 설명하였다(Hendin, 1999).

질환별로도 자살에 대한 여러 연구가 진행되었다. 약 359만 명의 암 환자에 대한 통계를 분석한 미국의 연구에서, 자살률은 10만 인당 31.4로 미국인 일반군에 비해 약 2배 정도 높은 것으로 나타났다(Misono et al., 2008). 말기 신장 질환을 가진 환자에서도 유사한 연구가 이루어졌는데, 자살률이 10만 인당 24.2로 미국인 일반군에 비해 약 1.5배 정도 높았다(Kurella et al., 2005). 후천성면역결핍증 환자의 자살에 대해서도 여러 연구가 이루어졌는데, 진단 후 26%의 여성 환자가 자살시도를 했다는 조사가 있으며, 또 다른 단면조사연구에서는 27%의 환자가 일주일 이내에 자살에 대한 생각을 한 적이 있다고 보고하였다(Cooperman & Simoni, 2005; Kalichman et al., 2000). 그 밖에도 대만에서 진행된 대규모 연구에서는 심부전을 앓고 있는 경우 자살의 위험성이 1.68배 증가한다고 보고하였으며, 뇌졸중, 뇌외상, 심근경색, 척추손상 등 생명을 위협할 수 있는 급성 질환과 자살에 대해 연구한 키시 등은 7.6%에서 임상적으로 유의한 수준의 자살사고가 나타났다고 설명하였다(Kishi, Robinson, & Kosier, 2001; Liu et al., 2018).

앞서 언급한 연구들뿐만 아니라 많은 연구가 신체질환이 자살로 이어질 수 있다는 것에 대해 근거를 제공하고 있다. 자살의 원인은 복합적이므로 신체질환을 앓는 환자들이 자살을 선택하는 이유를 특정하는 것은 매우 어려운 일이다. 그러나 관련 요인들에 대해 고찰해 보는 것은 자살사고를 가진 신체질환 환자를 치료하고 예방하는 데 있어서 필수적일 것으로 사료된다. 우선, 질환 자체의 고통과 자살이 관련이 있을 수 있다. 만성적이고 조절되지 않는 통증이 있을 경우 자살사고가 증가할 수 있으며, 통증 이외에도 간지러움, 불면 등의 증상 또한 신체질환에 동반되는 고통일 수 있다. 다음으로, 질환으로 인한 장해가 삶에 영향을 끼치는 경우를 생각해 볼 수 있다. 예를 들어,

질환으로 인해 움직임에 제한이 생길 수 있으며, 이로 인한 불편감이 자살사고와 관련될 수도 있다(Sadock et al., 2015). 특히 평소 일하던 것을 못하게 될 정도의 직업적인 제한이 생기거나 일상생활에 큰 변화가 생기는 경우, 이러한 경향이 더욱 심화될 수 있다. 신체적인 장해가 생기는 것은 아니지만, 정기적으로 투석을 받는 환자의 경우도 마찬가지의 사례가 될 수 있다. 신체질환으로 인해 외모에도 부정적인 변화가 생길 수 있는데, 특히 이는 여성에게 자살의 위험요인이 될 수 있다(Sadock et al., 2015). 신체질환이나 그와 관련된 치료적 조치가 사회적 낙인이 되는 경우도 자살과 관련된 요인으로 고려해 볼 수 있다. 인체면역결핍바이러스(HIV) 감염으로 인한 후천성면역결핍증 환자의 진단 직후 자살률이 높은 것이 대표적인 예이며, 그 밖에도 대장 또는 직장암 수술 이후 영구적인 배변주머니를 하게 되는 경우 등도 이와 관련이 있을 수 있다(Bartha et al., 1995; Sadock et al., 2015). 신체질환으로 인해 정신건강 문제가 발생하거나, 기존에 갖고 있던 정신질환이 재발, 악화되는 것 또한 신체질환과 자살의 연관성을 해석하는 데 있어서 고려해 볼 수 있는 이슈이다. 예를 들어, 우울증은 자살과 관련 있는 가장 대표적인 정신건강 문제인데, 앞서 언급한 것처럼 암, 뇌졸중 등 많은 신체질환이 우울증의 발병과 악화에 영향을 미친다.

이 외에 신체질환에 대해 복용하는 약물도 자살과 관련 있을 수 있다. 스테로이드제제, 고혈압약, 항암제 등이 그 예로 우울증 발병, 자살 등을 유발할 수 있다는 보고가 있다(Sadock et al., 2015). 물론, 실제 임상에서 이러한 요인이 명확하게 나누어 구별되지는 않으며 복합적으로 작용한다. 그렇지만 환자를 평가하고 진료하는 데 있어서, 상기 요인들은 일종의 체크리스트로 활용되어 신체질환 환자의 자살을 예방하는 데 도움을 줄 수 있을 것이다.

3. 임상적 접근

자살위험이 있는 환자에 대한 기본적인 접근 및 평가가 신체질환이 있다고 해서 달라지지는 않을 것이나, 몇 가지 추가적으로 고려해야 할 점이 있다. 먼저, 정신과적 평가시기에 대한 고려가 필요하다. 환자가 자살에 대한 위험이 매우 높을 때, 즉각적으로 개입해야 함은 당연한 일이다. 그러나 정신과적인 응급 상태가 아니고 일상적인 면담이나 선별을 위한 검사인 경우, 적절한 시기를 선택하는 것이 중요하다. 예를 들어, 환자가 의사 표현을 하기 힘들 정도의 신체적인 상태인 경우, 수술 직후, 섬망 상태, 중환자실에서 치료를 받고 있는 중일 경우에는 자살에 대해 응급상태가 아니라면 현재 갖고 있는 신체적인 문제에 대한 치료에 우선 집중해야 할 수 있다. 비슷한 맥락에서 신체질환을 앓고 있는 환자가 자살사고를 호소할 경우, 관련된 내외과적인 요인이 있는지, 그것이 교정이 가능한 것인지에 대해 고찰해 볼 수 있다. 통증이 심한 경우 그것을 해결해 줌으로써 환자의 정신적인 고통을 완화시켜 줄 수 있으며, 수술이나 침습적인 시술을 앞두고 있는 경우, 이에 대한 상담이나 조치가 도움이 될 수 있다. 또한 신체질환의 경과나 치료, 예후에 따라 자살에 대한 반복적인 평가가 필요할 수 있다. 기대했던 치료나 수술의 효과가 예상보다 미흡할 수도 있고, 반대로 드라마틱하게 증상이 호전될 수도 있다. 치료 과정에서 생각지도 못한 부작용이 나타날 수도 있으며, 질병이 만성적인 경과를 보이거나 여러 번 재발할 수도 있다. 이러한 과정에서 자살사고를 비롯한 정신건강 문제가 호전과 악화를 반복할 수 있으므로, 임상의는 환자의 신체적인 상태 변화에 지속적으로 관심을 가져야 한다.

또한 정신과적인 치료의 적용에 있어서 내외과적인 상태에 대한 고려가 필요하다. 특히 정신과 약물 치료가 내외과적인 질환의 경과에 영향을 끼칠 수 있는지, 신체질환에 사용되는 약물과의 상호작용은 없는지에 대해 고찰해 보아야 한다. 유방암 환자에게 사용되는 타목시펜(tamoxifen)이 특정 항우울제와 상호작용이 있다는 것은 잘 알려진 예 중 하나이다(Jin et al., 2005). 신체질환을 앓고 있는 환자가 심각한 수준의 자살위험이 있는 경우, 어디서 어떠한 방식으로 치료를 하느냐에 대한 의사 결정 또한 필요할 수 있다. 즉, 보호병동 입원이 가능한 정도의 신체 상태인지, 보호병동 입원 중 갑작스럽게 내외과적인 상태가 변할 경우 대처할 준비가 되어 있는지, 당장 보호병동 입원이 어렵다면 신체적인 상태를 호전시킬 동안 자살위험을 감소시킬 만한 방법이 있는지[예를 들어, 조호자(caregiver)가 24시간 옆에 있으면서 자살위험을 감소시킬 수 있는지], 신체질환 치료 중 발생할 수 있는 정신과적인 응급 상태에 대처가 가능한지 등을 평가하여 환자에게 가장 적합한 치료적 환경을 찾아야 한다.

4. 자살시도로 인한 신체적 문제

자살시도 이후에 우울증, 스트레스, 불안장애, 신체질환 등을 포함한 관련 원인에 대해 고찰해 보고 이를 치료하는 것에 대해서는 여러 연구와 책에서 언급해 왔다. 그러나 반대의 경우, 즉 자살시도가 신체 상태에 문제를 일으키는 경우 또한 임상에서 다루어야 할 문제이다. 급성기에는 내외과적인 치료가 주가 될 수 있지만, 장기적으로는 정신과적인 개입이 동반되어야 한다.

자살시도는 사망에까지 이르지는 않더라도 여러 후유증을 남길 수 있다. 투신을 시도한 환자는 심한 외상이 남거나 장애를 갖고 살아가야 할 수 있으며, 일산화탄소에 중독이 될 경우에는 여러 가지 신경과적·정신과적 증상이 나타날 수 있다. 그보다 신체적인 이상은 덜할지라도, 손목이나 목에 자살시도로 인한 흔적이 남을 수도 있다. 이러한 후유증과 상처는 향후 정신과적인 치료에 있어서 지속적으로 다루어야 할 주제일 수 있다. 예를 들어, 투신으로 인해 영구적인 장애가 남았을 경우, 그 자체의 신체적 고통뿐만 아니라 스스로 장애를 만들었다는 생각에 시달릴 수 있으며 주위 사람들의 시선 또한 정신적인 고통을 야기하는 원인이 된다. 가족 등 도움을 주고 보살펴 주는 사람에 대한 죄책감 또한 환자가 감당해야 할 어려움 중 하나이다. 손목이나 목에 남은 자살시도의 흔적은 다른 사람의 시선을 의식하게 만들기도 하고, 옷을 입는 데 있어서 제약이 될 수도 있으며, 삶 중 가장 고통스러웠던 순간을 반복적으로 상기하게 만드는 단서가 될 수도 있다. 이러한 문제는 자살시도의 재발과도 관련될 수 있는데, 이 경우 결국 자살시도로 인해 생긴 신체적인 문제가 다시 자살시도로 이어지는 상황이 된다. 그러므로 자살시도로 인해 신체적인 문제가 생긴 경우, 신체적인 문제와 정신적인 문제를 분리하여 치료하기보다 통합적으로 관리하고 지지적으로 접근하는 임상의의 태도가 필요할 수 있다. 즉, 정신건강의학과 의사는 이러한 환자들을 치료함에 있어서, 정신과적인 증상을 확인함은 물론이거니와 내외과적인 치료의 진행상황 및 예후, 그에 대한 환자의 느낌, 신체적인 문제로 인해 환자가 겪고 있는 불편함, 가족 및 주위 사람의 태도 등을 적극적으로 함께 다루어야 한다.

5. 조호자와 자살

"긴 병에 효자 없다."라는 말이 있다. 이 속담은 오랜 기간 환자를 보살피는 조호자의 고통이 얼마나 심한지를 보여 준다. 오랜 간병 끝에 환자를 살해하고 조호자 본인도 자살을 시도했다는 뉴스는 자주 보도되는 주제 중 하나이다. 이 장의 주제는 신체질환과 자살이므로, 조호자 문제는 다소 간접적인 이야기일 수도 있다. 그렇지만 신체질환을 앓고 있는 환자의 정신건강 문제를 평가하고 치료함에 있어서 조호자의 역할이 필수적이라는 것을 감안하면 조호자의 간병 고통과 자살 문제는 임상의가 다루어야 할 중요한 문제이다.

　조호자의 간병 고통에 관해서는 많은 연구가 출판되어 있다. 클라크(Clark, 2002)는 장애 노인을 돌보는 조호자의 1/3이 심한 피로를 호소하며, 40%는 임상적 수준의 우울감을 갖고 있다고 보고하였다. 송종임 등(Song et al., 2011)은 말기 암 환자의 조호자를 대상으로 연구를 진행하였는데, 36.3%가 전년도에 우울 삽화를 겪었고, 재정, 건강, 가족 지지 문제가 조호자의 삶의 질에 부정적인 영향을 끼쳤다고 보고하였다. 혈액 투석을 받는 환자의 조호자들을 대상으로도 조사가 이루어졌는데, 우울, 불안, 수면 등에 이상을 호소한 사람이 많았다(Avsar et al., 2015). 아델만 등(Adelman et al., 2014)은 조호자의 고통과 관련된 요인들에 대해 메타 분석을 진행하였는데, 여성, 낮은 교육 수준, 환자와 함께 사는 것, 환자에게 필요한 조호의 정도, 조호 시간, 사회적 고립, 재정적 문제 등을 조호자의 고통을 증가시키는 위험요인으로 언급하였다. 박보영 등(Park et al., 2013)은 암 환자의 가족 조호자들을 대상으로 자살과 관련된 조사를 시행하였는데, 자살사고가 17.7%에서, 자살시도가 2.8%에서 보고되었으며, 특히 우울 또는 불안 증상을 보이는 경우 자살과 관련된 경향이 더 높게 나타났다고 설명하였다.

　신체질환을 앓고 있는 환자 조호자의 자살 문제에 대한 특별한 접근방법이 따로 존재하지는 않을 것이며, 자살 이슈가 있는 일반적인 환자에 대한 평가 및 치료 원칙이 적용될 것이다. 그렇지만 필자는 조호자의 자살 문제에 있어서 스크리닝(screening)에 특히 신경 써야 한다고 생각한다. 일반적으로 신체질환을 가진 환자를 진료할 때, 조호자를 환자를 도와주는 사람으로서의 역할에 국한하여 대하는 경우가 많다. 조호자가 정신건강 문제, 자살 문제에 있어서 사각지대가 되어 소외되지 않기 위해, 임상의는 조호자가 자신의 문제를 이야기할 수 있도록 유도해야 하며, 때로는 직접적으로 질문하고 전문가 상담을 권유하는 것도 필요할 것으로 사료된다. 신체질환을 가진 환자와 그 조호자의 정신건강은 따로 분리하여 생각할 수 없는 문제이다. 임상의는 정신건강과 자살 문제에 있어서 이들 모두에게 관심을 가지고 통합적으로 접근하고 평가하는 태도를 견지해야 한다.

6. 말기 환자와 자살

　"인간이 왜 자살을 하면 안 되는가"는 의학보다는 철학에 가까운 주제이다. 이러한 물음에 명쾌한 해답을 제시할 수 있는 사람은 아마도 없을 것이다. 그렇지만 정신건강의학의 영역에서 자살이라는 주제를 다룸에 있어서, "자살을 예방해야 한다."라는 명제는 절대적이다. 이는 의학이 사람의 생명을 가장 소중히 여기고 생명을 살리는 것을 최고의 가치이자 목표로 여기는 학문이기 때문이다.

다만 말기 환자에서의 자살 문제는 이와는 다른 맥락에서 접근해야 할 필요가 있다. 자신의 삶의 마지막 순간에 대해 결정하는 것은 인간의 기본적인 존엄성과 관련되는 문제이기 때문이다. 회생이 불가능한 말기 환자에게서 죽음을 수동적이든 적극적이든 앞당기는 것에 대한 논의는 지속적으로 있었고, 국내에서도 「호스피스 · 완화의료 및 임종과정에 있는 환자의 연명의료결정에 관한 법률」이 2016년 1월 8일 국회에서 의결되어, 2018년 2월 4일부터 연명의료결정과 관련된 사항이 시행되었다(김종세, 2019). 이에 현재 국내에서는 수동적인 방법(즉, 연명의료를 중단하는 방법)으로 회생이 불가능한 환자의 경우 자신의 죽음을 앞당길 수 있다.

'적극적 안락사'라고도 불리는 조력자살은 이보다 더 적극적인 방법으로, 말기상태의 환자 스스로가 존엄성을 유지하면서 생명을 끊는 데 필요한 수단이나 그것에 관한 정보를 의사가 제공함으로써 환자의 죽음을 용이하게 하는 경우이다. 국내에서 조력자살은 아직 허용되지 않으나 스위스, 미국의 여러 주, 네덜란드 등에서는 각각 형태는 다르지만 법적인 통제하에 시행되고 있다(장한철, 2018). 조력자살은 생명보호의 원칙과 행복추구권에 기초한 자기결정권이 부딪치는 문제로 보는 시각에 따라 여러 의견이 있고, 향후 사회적 합의가 이루어져야 할 문제일 것이다. 그러나 기존 연구의 보고에 따르면, 대부분의 사람이 회생이 불가능한 상황에서 연명의료를 중단하는 것에 찬성하였으며, 조력자살 등 보다 적극적인 방법에도 동의하는 사람들이 많았다(Emanuel, Fairclough, & Emanuel, 2000; Garrido et al., 2015; Hoe & Enguidanos, 2020; Kim et al., 2019; Lee et al., 2019; Yun et al., 2011; Zheng et al., 2016). 그러므로 임상의는 삶의 마지막 순간을 존엄하고 편안하게 마무리하고자 하는 사람들의 욕구를 이해하고 고민해야 할 것이다.

조력자살 이슈는 엄밀히 말하면 이 책의 큰 주제인 자살예방에서는 다소 벗어난 주제일 수 있다. 그러나 신체질환을 가진 정신과 환자, 특히 자살사고가 있는 환자를 다루는 임상의 임장에서는 종종 마주칠 수 있는 문제이므로 이에 대해 간략하게나마 언급해 보았다. 자살예방이라는 대명제에는 변함이 없다 할지라도, 무조건적인 예방과 치료의 관점에서 환자를 대하는 것보다, 말기 환자에서의 자살 이슈에 대해 고민하고 이해하는 태도로 접근하는 것이 환자에게 더 많은 도움을 줄 수 있을 것이다. 또한 이러한 고민은 '사망이 얼마 남지 않은 환자의 행복한 섬망 증상'을 약으로 치료해야 하는

가, '말기 암 환자의 고통을 감소시키기 위한 마약성 진통제' 용량을 의존성을 고려하여 조절해야 하는가 등, 말기 환자에서 발생할 수 있는 여러 치료적 이슈에 대해 합리적인 결정을 내리는 데도 도움을 줄 것이다.

7. 요약

신체질환을 앓고 있는 환자에서 자살과 관련된 문제가 더 높게 나타난다고 알려져 있다. 신체질환이 자살로 이어지는 데 영향을 끼치는 요인에는 통증, 삶의 질 하락, 외모 변화, 사회적 낙인, 기존 정신질환의 재발 및 악화, 치료 약물 등이 있다. 신체질환을 가진 환자가 자살사고를 보이는 경우, 정신과적 평가 시기, 교정 가능한 내외과적 요인, 신체질환의 경과나 치료에 따른 상태의 변화, 약물 상호작용, 치료방식이나 입원 형태 등에 대한 추가적인 고려가 필요하다. 자살시도로 인해 신체적인 장애가 생겼을 경우에는 정신과적인 증상을 확인함은 물론이거니와 내외과적인 치료의 진행상황 및 예후, 그에 대한 환자의 느낌, 신체적인 문제로 인해 환자가 겪고 있는 불편함, 가족 및 주위 사람의 태도 등을 적극적으로 함께 다루어야 한다. 이 외에 조호자들의 간병 어려움과 관련된 자살 문제, 회생이 불가능한 말기 환자들의 자살 문제 또한 관심을 가져야 할 이슈이다.

참고문헌

김종세(2019). 환자의 연명의료결정법의 일부 개선방안. 법학연구, 19(2), 357-380.
대한신경정신의학회(2017). 신경정신의학(3rd ed.). 서울: (주)아이엠이즈컴퍼니.
장한철(2018). 의사조력자살의 허용을 위한 법정책적 고찰. 법과 정책연구, 18(4), 53-82.

Adelman, R. D., Tmanova, L. L., Delgado, D., Dion, S., & Lachs, M. S. (2014). Caregiver burden: a clinical review. *JAMA, 311*(10), 1052-1060. doi:10.1001/jama.2014.304
Avsar, U., Avsar, U. Z., Cansever, Z., Yucel, A., Cankaya, E., Certez, H., ⋯ Yucelf, N. (2015). Caregiver Burden, Anxiety, Depression, and Sleep Quality Differences in Caregivers of Hemodialysis Patients Compared With Renal Transplant Patients. *Transplant Proc, 47*(5), 1388-1391. doi:10.1016/j.transproceed.2015.04.054
Bartha, I., Hajdu, J., Bokor, L., Kanyari, Z., & Damjanovich, L. (1995). [Quality of life of post-

colostomy patients]. *Orv Hetil, 136*(37), 1995-1998. Retrieved from https://www.ncbi. nlm.nih.gov/pubmed/7566930

Clark, P. C. (2002). Effects of individual and family hardiness on caregiver depression and fatigue. *Res Nurs Health, 25*(1), 37-48. doi:10.1002/nur.10014

Colon, E. A., Popkin, M. K., Callies, A. L., Dessert, N. J., & Hordinsky, M. K. (1991). Lifetime prevalence of psychiatric disorders in patients with alopecia areata. *Compr Psychiatry, 32*(3), 245-251. doi:10.1016/0010-440x(91)90045-e

Cooperman, N. A., & Simoni, J. M. (2005). Suicidal ideation and attempted suicide among women living with HIV/AIDS. *J Behav Med, 28*(2), 149-156. doi:10.1007/s10865-005-3664-3

Dersh, J., Gatchel, R. J., Polatin, P., & Mayer, T. (2002). Prevalence of psychiatric disorders in patients with chronic work-related musculoskeletal pain disability. *J Occup Environ Med, 44*(5), 459-468. doi:10.1097/00043764-200205000-00014

Druss, B., & Pincus, H. (2000). Suicidal ideation and suicide attempts in general medical illnesses. *Arch Intern Med, 160*(10), 1522-1526. doi:10.1001/archinte.160.10.1522

Emanuel, E. J., Fairclough, D. L., & Emanuel, L. L. (2000). Attitudes and desires related to euthanasia and physician-assisted suicide among terminally ill patients and their caregivers. *JAMA, 284*(19), 2460-2468. doi:10.1001/jama.284.19.2460

Fukunishi, I., Kitaoka, T., Shirai, T., Kino, K., Kanematsu, E., & Sato, Y. (2002). Psychiatric disorders among patients undergoing hemodialysis therapy. *Nephron, 91*(2), 344-347. doi:10.1159/000058418

Garrido, M. M., Balboni, T. A., Maciejewski, P. K., Bao, Y., & Prigerson, H. G. (2015). Quality of Life and Cost of Care at the End of Life: The Role of Advance Directives. *J Pain Symptom Manage, 49*(5), 828-835. doi:10.1016/j.jpainsymman.2014.09.015

Hendin, H. (1999). Suicide, assisted suicide, and medical illness. *J Clin Psychiatry, 60*(Suppl 2), 46-50; discussion 51-42, 113-116. Retrieved from https://www.ncbi.nlm.nih.gov/ pubmed/10073387

Hoe, D. F., & Enguidanos, S. (2020). So Help Me, God: Religiosity and End-of-Life Choices in a Nationally Representative Sample. *J Palliat Med, 23*(4), 563-567. doi:10.1089/ jpm.2019.0209

Jin, Y., Desta, Z., Stearns, V., Ward, B., Ho, H., Lee, K. H., … Flockhart, D. A. (2005). CYP2D6 genotype, antidepressant use, and tamoxifen metabolism during adjuvant breast cancer treatment. *J Natl Cancer Inst, 97*(1), 30-39. doi:10.1093/jnci/dji005

Kalichman, S. C., Heckman, T., Kochman, A., Sikkema, K., & Bergholte, J. (2000). Depression and thoughts of suicide among middle-aged and older persons living with HIV-AIDS.

Psychiatr Serv, 51(7), 903-907. doi:10.1176/appi.ps.51.7.903

Kim, J., Heo, S., Hong, S. W., Shim, J., & Lee, J. A. (2019). Correlates of advance directive treatment preferences among community-dwelling older people with chronic diseases. *Int J Older People Nurs, 14*(2), e12229. doi:10.1111/opn.12229

Kishi, Y., Robinson, R. G., & Kosier, J. T. (2001). Suicidal ideation among patients with acute life-threatening physical illness: patients with stroke, traumatic brain injury, myocardial infarction, and spinal cord injury. *Psychosomatics, 42*(5), 382-390. doi:10.1176/appi. psy.42.5.382

Kurella, M., Kimmel, P. L., Young, B. S., & Chertow, G. M. (2005). Suicide in the United States end-stage renal disease program. *J Am Soc Nephrol, 16*(3), 774-781. doi:10.1681/ASN.2004070550

Lee, M. O., Park, J., Park, E. Y., Kim, Y., Bang, E., Heo, S., & Kim, J. (2019). The Korean-Advance Directive Model and Factors Associated With Its Completion Among Patients With Hematologic Disorders. *J Hosp Palliat Nurs, 21*(4), E10-E16. doi:10.1097/NJH.0000000000000522

Liu, C. H., Wang, J. H., Weng, S. C., Cheng, Y. H., Yeh, M. K., Bai, M. Y., & Chang, J. C. (2018). Is Heart Failure Associated With Risk of Suicide? *J Card Fail, 24*(11), 795-800. doi:10.1016/j.cardfail.2018.07.006

Lydiard, R. B., Fossey, M. D., Marsh, W., & Ballenger, J. C. (1993). Prevalence of psychiatric disorders in patients with irritable bowel syndrome. *Psychosomatics, 34*(3), 229-234. doi:10.1016/S0033-3182(93)71884-8

Miovic, M., & Block, S. (2007). Psychiatric disorders in advanced cancer. *Cancer, 110*(8), 1665-1676. doi:10.1002/cncr.22980

Misono, S., Weiss, N. S., Fann, J. R., Redman, M., & Yueh, B. (2008). Incidence of suicide in persons with cancer. *J Clin Oncol, 26*(29), 4731-4738. doi:10.1200/JCO.2007.13.8941

Nuti, A., Ceravolo, R., Piccinni, A., Dell'Agnello, G., Bellini, G., Gambaccini, G., ⋯ Bonuccelli, U. (2004). Psychiatric comorbidity in a population of Parkinson's disease patients. *Eur J Neurol, 11*(5), 315-320. doi:10.1111/j.1468-1331.2004.00781.x

Park, B., Kim, S. Y., Shin, J. Y., Sanson-Fisher, R. W., Shin, D. W., Cho, J., & Park, J. H. (2013). Suicidal ideation and suicide attempts in anxious or depressed family caregivers of patients with cancer: a nationwide survey in Korea. *PLoS One, 8*(4), e60230. doi:10.1371/journal.pone.0060230

Rao, R. (2000). Cerebrovascular disease and late life depression: an age old association revisited. *Int J Geriatr Psychiatry, 15*(5), 419-433. doi:10.1002/(sici)1099-1166(200005)15:5⟨419::aid-gps140⟩3.0.co;2-9

Sadock, B. J., Sadock, V. A., & Ruiz, P. (2015). *Synopsis of psychiatry* (11th ed.). Virginia A: Wolters Kluwer.

Schottke, H., & Giabbiconi, C. M. (2015). Post-stroke depression and post-stroke anxiety: prevalence and predictors. *Int Psychogeriatr, 27*(11), 1805-1812. doi:10.1017/S1041610215000988

Song, J. I., Shin, D. W., Choi, J. Y., Kang, J., Baik, Y. J., Mo, H., ⋯ Kim, E. J. (2011). Quality of life and mental health in family caregivers of patients with terminal cancer. *Support Care Cancer, 19*(10), 1519-1526. doi:10.1007/s00520-010-0977-8

Yun, Y. H., Han, K. H., Park, S., Park, B. W., Cho, C. H., Kim, S., ⋯ Chun, M. (2011). Attitudes of cancer patients, family caregivers, oncologists and members of the general public toward critical interventions at the end of life of terminally ill patients. *CMAJ, 183*(10), E673-679. doi:10.1503/cmaj.110020

Zheng, R. J., Fu, Y., Xiang, Q. F., Yang, M., Chen, L., Shi, Y. K., ⋯ Li, J. Y. (2016). Knowledge, attitudes, and influencing factors of cancer patients toward approving advance directives in China. *Support Care Cancer, 24*(10), 4097-4103. doi:10.1007/s00520-016-3223-1

제**4**부

특정 인구층 및
특정 상황의 자살

소아, 청소년의 자살

　자살과 관련된 많은 요인을 통합한 자살 이론 모델이 꾸준하게 제시되고 있으나, 특정 이론으로 이해하기에는 자살현상은 매우 복잡하고 개별적인 특성이 있다. 아동청소년은 성인보다 자살 관련 연구 자료가 매우 제한적이다. 2000년대 이후 아동청소년 자살이 증가하고 정신보건 영역에서 중요한 부분으로 관심이 증가하면서, 자살현상을 이해하고 자살예방을 위한 연구와 정책들이 전 세계적으로 활발하게 이루어지고 있다. 국내의 경우도 2010년 전후로 국가 차원에서의 아동청소년 자살예방을 위한 연구조사 체계를 갖추기 시작하였고 이를 기반으로 예방 정책이 시행되고 있다. 이 장에서는 국내 아동청소년 자살 현황과 관련요인을 살펴봄으로서 아동청소년 자살 특성을 잘 이해할 수 있는 근거가 되도록 내용을 정리하였다.

* 권용실(가톨릭대학교 의정부성모병원 정신건강의학과 교수)

1. 아동청소년 자살 현황

1) 국내 자살 현황

(1) 아동청소년 자살 현황

자살은 아동기에는 흔하지 않으며 10대 청소년기부터 증가하기 시작한다. 국내 9세 이하 아동의 자살률이 2019년 0.1명으로 1년에 1~2명 이내로 전체 숫자가 많지 않아 이 시기의 자살 현황과 특성에 관한 자료는 거의 없는 실정이다. 그러므로 아동청소년 자살 현황은 대개 10대 청소년부터 분석이 이루어지고 있다.

국내 청소년 자살률은 2010년 전후로 감소하다가 2018년부터 다소 증가하는 추이를 보이고 있다. 이러한 경향은 우리나라 전체 자살률이 감소 추세에서 2018년부터 증가하는 상황과 비슷하다(국가통계포털, 2020, 〈표 15-1〉).

2019년 10대 청소년 자살률은 5.9명으로 2018년도 5.8명보다 2.7% 증가하였고(중앙자살예방센터, 2020a), 성별로는 남자 청소년이 3.2% 감소하였지만 여자 청소년은 8.8% 늘어났는데, 특히 15~19세 여자에게서 2018년보다 21.6% 증가한 영향이 크다.

이에 따라 남녀 성별비율이 2018년도에는 남자가 1.3배 정도 많았으나, 2019년도에는 여자가 1.2배로 더 많았다. 2019년 국가 남자 자살률이 여자보다 2.4배 높고 10대를 제외한 모든 연령대에서 남자 자살률이 높은 것을 고려할 때, 국내 여자 청소년의 자살 증가는 매우 우려할 만한 상황이라고 할 수 있다.

자살이 최근 10년간 2014년을 제외하고(2014년 청소년 사망원인 순위가 자살에서 운수사고로 변경된 것은 '세월호' 사건을 고려해야 함) 청소년 사망원인으로 1위를 유지하고 있다. 남자 청소년은 자살과 운수사고가 연도에 따라 1, 2위 순서가 변동되다가 2016년부터 2019년까지 자살사망이 1위를 유지하고 있고, 여자 청소년 또한 최근 10여 년간 변

표 15-1	연령 및 연도별 청소년 자살률 (단위: 인구 10만 명당, 명)									
	2010	2011	2012	2013	2014	2015	2016	2017	2018	2019
10~14세	1.9	1.8	1.5	1.3	1.1	1.2	0.9	1.5	2.1	1.9
15~19세	8.3	8.9	8.2	7.9	7.2	6.5	7.9	7.2	8.7	9.4
10~19세	5.2	5.5	5.1	4.9	4.5	4.2	4.9	4.7	5.8	5.9
10~19세 자살자 수	353	373	336	308	274	245	273	254	300	298

출처: 국가통계포털(2020).

동 없이 사망원인 1위에 있어, 청소년의 자살위험성이 점차 증가하고 있다고 평가할 수 있다.

(2) 아동청소년 학생 자살 현황

아동청소년 대부분은 학생으로 많은 시간을 학교에서 생활하고 있다. 또한 학교는 일관성 있고 체계적으로 정책 사업을 시행할 수 있는 환경을 갖추고 있어서 학교를 기반으로 하는 학생정신건강 증진 전략의 중요성은 더욱 강조되고 있다. 이러한 배경으로 국내외 많은 국가가 다양한 학교 정신건강 정책을 시행하고 있는데 이들 중에서 자살예방은 정신건강에서 핵심적인 주제가 되어 왔다. 국내에서도 아동청소년 자살예방 사업과 세부적인 자살 현황은 학교 기반 학생자료에 기초한 분석 내용이 많은 비중을 차지하고 있다.

학생 자살이 발생한 학교에서 교육청을 통하여 교육부에서 수집하는 보고서에는 자살특성과 평소 적응 및 사회심리적 특성들을 파악할 수 있는 항목이 포함되어 있어 아동청소년 자살 현상에 대한 이해와 관련요인을 파악하는 데 의미 있는 자료를 제공하고 있다.

초등 및 중고등 학생 자살은 자료분석이 가능한 2012년에 123명으로 보고되었고, 이후 점차 자살수가 감소하다 2016년부터 조금씩 증가하여 2019년도에 140명으로 보고되었다(자살과 학생정신건강연구소, 2020). 통계청 자료의 청소년 자살 수보다 학생자살 수가 40% 정도로 낮은 것은 18세 이후 고등학교 졸업 및 대학생이 포함되지 않고 학교 밖청소년의 높은 자살위험경향 등에 의한 것으로 추정할 수 있다. 학교 급별로는 연령이 증가할수록 자살이 증가하기 때문에 고등학생이 전체의 약 60~70% 범위로 높게 나

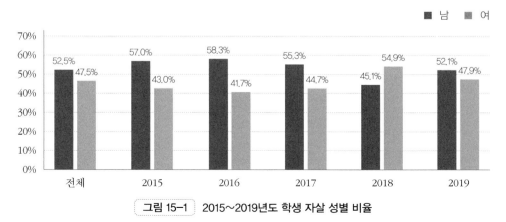

그림 15-1 2015~2019년도 학생 자살 성별 비율

출처: 홍현주(2020).

타난다. 2017년 이후에는 중학생 자살자가 증가하여 고등학생 자살은 60% 초반으로 낮아진 특성을 보인다(홍현주, 2020). 성별 비율은 남학생이 여학생보다 1.4배 이내로 다소 높지만 2018년에는 여학생 자살이 남학생보다 1.2배로 높은 수치를 보였고 2019년에는 남학생 자살이 여학생보다 약간 높은 1.1배로 나타났다. 이를 볼 때 최근 수년간 청소년 자살이 증가하는 경향과 함께 여자 청소년 자살 증가가 두드러지는 것을 알 수 있다([그림 15-1]).

2) 해외 OECD 회원국 자살 현황

국내 아동청소년 자살률이 외국과 비교하여 어떠한 특성이 있는지 알기 위하여 OECD 회원 국가의 자살률 수치를 비교하였다. 자료는 2000년 이후 2015년 기간 중에서 수집 가능한 최근 국가별 자살통계에 근거하여 제시하였다(〈표 15-2〉, 자살과 학생 정신건강연구소, 2020; WHO, 2019; OECD, 2019).

표 15-2 OECD 국가 10~19세 성별 자살률 및 평균 (단위: 인구 10만 명당, 명)

연번	나라	수집기간	남자		여자		전체	
			~2009	2010~	~2009	2010~	~2009	2010~
1	오스트레일리아	2000~2015	6.16	6.59	2.38	3.65	4.40	5.16
2	오스트리아	2002~2016	7.33	5.41	2.12	2.10	4.79	3.80
3	벨기에	2000~2015	6.14	5.49	2.75	2.28	4.49	3.92
4	캐나다	2000~2013	7.66	6.10	3.34	3.22	5.55	4.69
5	칠레	2000~2015	8.11	8.11	3.20	2.90	5.66	5.50
6	체코	2000~2016	5.42	6.09	1.70	2.90	3.61	4.02
7	덴마크	2000~2015	3.32	3.20	1.12	1.24	2.25	2.24
8	에스토니아	2000~2015	11.92	11.51	3.31	2.12	7.75	6.95
9	핀란드	2000~2015	9.36	8.44	3.59	3.10	6.53	5.82
10	프랑스	2000~2014	4.07	3.26	1.58	1.52	2.86	2.41
11	독일	2000~2015	4.27	3.58	1.38	1.54	2.86	2.59
12	헝가리	2000~2016	6.09	4.52	1.86	1.43	4.02	3.02
13	이스라엘	2000~2015	4.29	2.17	0.95	0.79	2.66	1.50
14	이탈리아	2003~2015	1.88	1.78	0.68	0.73	1.34	1.27
15	일본	2000~2015	5.29	6.27	3.09	3.00	4.22	4.68

16	룩셈부르크	2000~2015	4.69	4.63	1.09	1.07	2.93	2.90
17	멕시코	2000~2015	4.41	5.79	2.06	2.89	3.23	4.45
18	네덜란드	2000~2016	3.13	3.24	1.21	1.83	2.19	2.55
19	뉴질랜드	2000~2013	11.76	13.44	5.41	8.16	8.66	10.88
20	노르웨이	2000~2015	7.36	4.69	3.15	2.48	5.31	3.95
21	폴란드	2000~2015	9.16	8.24	1.87	1.81	5.59	5.10
22	포르투갈	2002~2014	1.75	1.62	1.41	0.62	3.26	1.13
23	**한국**	**2000~2015**	**4.49**	**5.45**	**3.91**	**4.30**	**4.22**	**4.90**
24	슬로바키아	2000~2014	3.25	7.70	0.69	2.16	2.00	2.50
25	슬로베니아	2000~2015	6.38	5.83	3.38	1.26	4.92	3.63
26	스페인	2000~2015	2.05	1.71	0.74	0.80	1.41	1.89
27	스웨덴	2000~2016	4.72	5.24	3.14	3.38	3.95	4.34
28	영국	2001~2015	2.81	2.76	1.14	1.00	1.72	1.90
29	미국	2000~2015	6.87	7.57	1.76	2.57	4.38	5.13
30	그리스	2014~2015	–	1.10	–	1.63	–	3.81
31	아이슬란드	2000~2016	8.41	11.45	0.00	1.32	4.30	6.48
32	아일랜드	2007~2014	10.29	7.07	4.34	2.18	7.38	4.69
33	라트비아	2000~2015	9.85	8.26	2.75	1.20	6.37	4.82
34	리투아니아	2000~2016	17.86	13.60	4.41	4.54	11.27	9.19
35	스위스	2000~2015	5.90	5.72	2.89	2.56	4.44	4.19
36	터키	2009~2015	1.18	1.71	0.94	1.34	1.06	1.53
	평균		6.21	5.81	2.26	2.26	4.33	4.10
	표준편차		345	3.20	1.26	1.42	2.20	2.09

출처: 자살과 학생정신건강연구소(2020), OECD (2019), WHO (2019).

OECD 회원국 10~19세 청소년 평균 자살률은 2009년까지 10만 명당 4.33명에서 2010년 이후 4.10명으로 다소 감소하였다. 성별로는 여자 청소년이 2000년 이후 2.26명으로 변동이 없으나, 남자 청소년이 2009년까지 6.21명에서 이후 5.81명으로 감소한 수치를 보였다.

국내 청소년은 2009년까지 4.22명에서 2010년 이후에는 4.90명으로 증가하여 36개 국가 중에서 열 번째로 높은 자살률을 나타냈다. 성별로는 여자 청소년이 4.30명으로 리투아니아에 이어 OECD 회원국 중에서 두 번째로 높았는데([그림 15−2]), 2000년부터

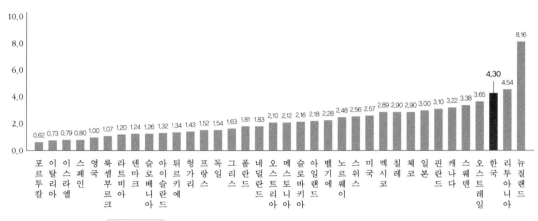

그림 15-2 2010년 이후 OECD 회원국 10~19세 여자 청소년 자살률

출처: 자살과 학생정신건강연구소(2020).

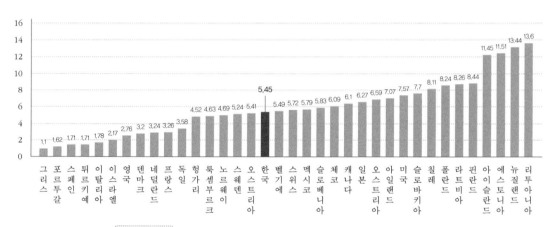

그림 15-3 2010년 이후 OECD 회원국 10~19세 남자 청소년 자살률

출처: 자살과 학생정신건강연구소(2020).

2009년 기간에도 3.91명으로 국가별 비교에서 네 번째로 높았던 점을 고려할 때 여자 청소년의 자살은 증가 추세에 있을 뿐만 아니라 지속적으로 해외국가와 비교에서 알 수 있듯이 높아 우려가 크다. 남자 청소년 자살률은 OECD 자살률보다 낮으나 2009년 까지 4.49명에서 이후 5.45명으로 증가한 수치를 보였다([그림 15-3]).

자살은 상대적으로 국가별 비교에서 전체 연령에서 자살 순위가 1위인 것에 비하여 청소년 자살률은 1위는 아니지만 계속 증가하고 있고, 특히 여자 청소년에서 자살률이 높게 나타나 성별에 따른 개인 및 사회문화적 측면에서 위험요인의 차이를 면밀하게 조사할 필요가 있다.

2. 자살행동 특성

1) 자살수단

10대 청소년 자살수단 중에서 추락이 수년간 1순위를 유지하고 있다. 2019년 자살 현황에서 추락이 전체의 56%로 가장 많았고, 목맴 27.2%, 가스중독 8.4% 순으로 나타났다(중앙자살예방센터, 2020a). 2015년 아동 자살 2사례가 모두 추락 사망으로, 학생자살에서는 약 70%로서 다른 자살수단에 비하여 높다(홍현주, 2018). 10대 이후 연령보다 청소년의 추락 빈도가 가장 높은 수치를 나타내고 있는 점들을 볼 때 낮은 연령일수록 자살수단으로 추락을 선택하는 경향이 있음을 알 수 있다. 추락은 아동청소년에게 다른 방법에 비하여 접근하기 용이하므로 더 빈번하게 선택되는 것으로 추정된다. 고층에서 투신 방법은 치명성이 매우 높아 청소년 자살사망을 높이는 요인으로 작용할 가능성이 있다. 또한 최근 여자 청소년의 자살 증가와 추락 사망의 빈도가 남자보다 늘어나는 경향과 일부 연관성이 있을 것이다.

2) 자살 장소

청소년의 자살 장소는 주택이 가장 높은 빈도를 보였다. 2019년의 경우 10대 청소년 자살이 77.5%가 주택이고 상업 및 서비스 구역이 7.7% 순으로 나타났다. 학생 자료에서도 자택이 가장 많고 공공장소가 두 번째로 높아 각각 용어는 다르지만, 유사한 장소를 지칭하는 것으로 전체 청소년과 비슷한 경향을 보였다. 또한 연령이 올라갈수록 자살 장소가 다양해지는 특성이 있다.

3) 자살 발생 월별 특성

자살 발생의 월별 특성은 학생자살 자료에 의하면 새학년과 학기가 시작되는 3월과 9월 및 중간시험이 있는 5월, 11월에 자살이 증가하고 1월과 2월에 낮게 나타나는 경향을 보인다([그림 15-4]). 학생들의 학업 스트레스와 새로운 학년과 학기에 적응하는 어려움 등이 급성위험요인으로 작용할 가능성을 시사한다. 그러므로 자살이 낮아지는 1~2월은 방학기간으로 학업 스트레스가 줄어드는 시기라고 볼 수 있다. 한편, 최근

2~3년 사이 유명 연예인 자살사망일 이후 평소에는 학생 자살이 높지 않은 월에 증가하는 예가 있었는데, 이는 모방 자살에 의한 것으로 설명할 수 있다.

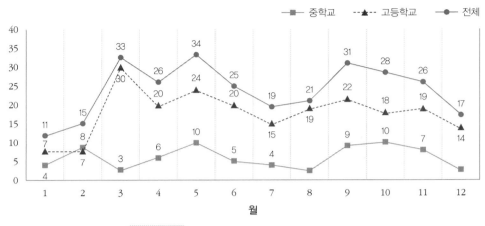

그림 15-4 2014~2016년도 자살학생 월별 특성

출처: 홍현주(2020).

4) 자살 전 경고신호

자살 경고신호는 임박한 자살위험을 파악하는 데 중요한 역할을 한다. 청소년들은 발달 특성상 어려움에 직면해 있을 때 도움요청을 잘 하지 않는 특성이 있고 학생 자살의 70% 이상에서 첫 번째 자살시도로 사망에 이르므로(자살과 학생정신건강연구소, 2016~2019), 경고신호를 면밀하게 파악하는 것이 자살위기 파악에 결정적인 역할을 할 것이다. 학생 자살 자료에 의하면, 학교에서 사망 전 경고신호가 있었다고 파악 가능했던 경우는 15~30%로 조사되었다(홍현주, 2020). 언어, 행동 및 정서 영역의 경고신호로 구분하였을 때 관찰 가능했던 빈도는 행동>언어>정서 신호 순서로 나타났다. 행동 신호 중에서 수면상태의 변화(평소보다 너무 많이 자거나 너무 적게 잠, 잠들기 어려워하거나 잠이 들고 난 후에도 자주 뒤척이고 너무 일찍 잠에서 깨는 등), 언어 경고신호는 신체적 불편함을 호소함, 정서 경고신호는 감정상태의 변화(죄책감, 수치감, 외로움, 절망감, 무기력감, 화 혹은 짜증을 자주 냄 등)가 높은 빈도로 관찰되었는데, 이러한 학생의 우울증 및 내재화 증상에 해당되는 신호가 학교에서 잘 관찰되는 영역임을 알 수 있다. 2016년부터 진행 중인 자살학생 유가족 심리부검 자료를 보면 유가족이 파악한 경고신호 빈도는 97%로 높게 나타났고, 우울증이 심리부검 사례의 80% 정도에서 진단으로 추정되

었다(홍현주, 2020). 교사 보고서를 기반으로 자살사망 학생의 유형별 분석을 하였을 때 약 50%는 학교에서 적응을 잘하고 겉으로 드러나는 문제가 없는 침묵군이었고, 27%에서 우울증상 및 자해비율이 높고 경고신호를 보이는 우울군으로 나타났으며, 24%는 부적응적 일탈행동이 많은 환경 위험형으로 구분되었다(권호인 외, 2020).

경고신호 내용에서 우울증상을 놓치지 않는 것이 중요하지만, 자살 경고신호로 파악이 쉽지 않은 행동문제가 있어 학교에서 생활지도를 받기 쉬운 일탈행동이 높은 유형과 어려움을 표현하지 않는 침묵유형이 차지하는 비율이 높은 점을 고려하면, 우울 외에도 유형 특성에 맞는 위기신호 지표 개발이 필요하다.

3. 자살행동 요인

자살행동은 과거에 발생한 요인(distal factors), 발달요인(developmental factors) 및 최근의 요인(proximal foctors) 및 사회적 위험요인이 통합적으로 작용한 결과이다. 이러한 위험요인들이 아동청소년의 자살행동에 미치는 영향과 범위 경로는 발달시기에 따라 차이가 있을 것이다. 자살 관련 위험요인은 가족, 성격 및 심리적, 정신질환, 자살촉발, 학교, 사회문화적 요인으로 나누어(권용실, 2021, 〈표 15-3〉), 국내 자료에서 파악이 가능한 내용을 중심으로 관련 요인을 살펴보았다.

표 15-3 　아동 · 청소년 자살행동 관련 요인

요인	내용
가족 요인	가족 해체(이혼, 별거, 한부모 가정, 조손 가정 등), 부모의 정신병리 및 자살행동의 가족력, 가정 학대
성격 및 심리적 요인	충동성, 충동적 공격성
정신질환 요인	정신장애, 우울 및 양극성 장애, 약물사용장애, 품행장애 · 반사회적 행동, 불안장애, 정신증(조현병 포함), 외상후 스트레스 장애(PTSD), 수면장애
자살촉발 요인	자살생각 및 이전 자살시도, 치명적인 수단에의 접근성, 자살 의도와 동기, 대인관계 갈등 · 상실, 약물남용
학교 요인	집단따돌림 피해, 학업 스트레스
사회문화적 요인	미디어 사용, 다문화 가정의 증가

출처: 권용실(2021).

1) 자살생각 및 자살시도

청소년의 자살생각은 2019년도 조사에서 평균 13.1%로 나타났다(질병관리본부, 2019). 성별로는 여학생이 17.1%로 남학생 9.4%보다 높았고, 남학생은 매년 감소하고 있으나, 여학생은 최근 2~3년 사이에 다소 증가하는 경향을 보인다([그림 15-5]).

자살시도는 청소년의 3~4%(청소년 건강행태 온라인조사)로 나타났고 매년 소폭 변동은 있으나 2013년 기준으로 볼 때 남녀 모두 감소하였다. 여자 청소년 시도율은 3~5.5%이고 남자는 1.9~2.8%로 여자 청소년 자살시도율이 남자보다 높게 유지되고 있음을 알 수 있다([그림 15-6]). 일반적으로 청소년기에는 남자보다 여자의 자살생각과

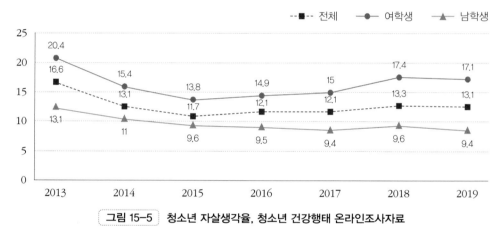

그림 15-5 청소년 자살생각율, 청소년 건강행태 온라인조사자료

출처: 질병관리본부(2019).

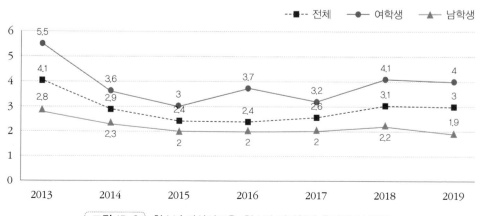

그림 15-6 청소년 자살시도율, 청소년 건강행태 온라인조사자료

출처: 질병관리본부(2019).

자살시도가 높다고 알려져 있는데 국내 자료에서도 이러한 특성을 잘 설명하고 있다.

2) 심리 및 정신건강

자살에 가장 관련이 많은 정신건강 문제는 우울증으로 알려져 있다. 매년 학생 청소년의 건강특성을 파악하는 청소년 건강행태 온라인조사를 보면, 2019년도에 여학생의 34.6%, 남학생의 22.2%에서 우울감이 있다고 하였고 여학생 비율이 남학생보다 높게 보고되었다. 연도별로 2015년까지 감소하다가 2016년 이후 증가하는 추이를 보인다([그림 15-7]). 이러한 변화는 청소년 자살이 2016년 이후 증가하는 것과 시기적으로 비슷하여, 우울감 증가가 자살률에 영향을 줄 것으로 추정할 수 있다. 학생 자살자료에서도 자살 이전 2개월에 우울과 불안이 가장 많은 심리문제로 나타났고, 유가족 심리부검 사례의 80%정도에서 우울증 진단이 추정되어 우울증이 중요한 위험요인임을 알 수 있다(홍현주, 2020). 또한 경찰청 변사자 자료에서 20대 이하의 자살원인으로 정신적·정신과적 문제가 47.4%로 가장 많은 빈도로 나타나(중앙자살예방센터, 2020), 우울증 및 정신건강 문제를 완화하는 전략이 청소년 자살예방에 있어서 우선순위임을 제시하고 있다.

성격요인은 학생자살분석 결과(권호인, 2020), 평소 어려움을 표현하지 않는 침묵형이 전체 자살의 50% 정도이므로 평소 자신의 감정을 잘 드러내지 않는 내성적인 성향으로 평가되는 특성과 관련이 있을 것으로 생각할 수 있다. 유가족 평가로 분석한 성격 특성에서 순응적·회피적·비사교적인 측면의 빈도가 높아(홍현주, 2020), 이러한 경향

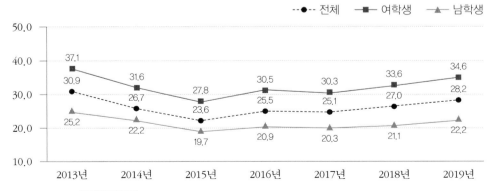

그림 15-7 청소년 우울감 경험률, 청소년 정신건강행태 온라인조사자료

출처: 질병관리본부(2019).

의 청소년들은 학교나 외부 활동에서 조용하고, 적응적으로 평가되어 자살위기가 드러나지 않고 심화될 가능성을 시사한다. 그렇지만 자살사망자의 성격요인 조사는 대상자와 직접 평가를 통한 객관적인 자료에 근거한 것이 아니므로 결론을 내리기에는 충분하지 않다.

그 외 자살위험요인으로 충동성, 충동공격성과의 관련성에 대한 연구 결과가 있다.

3) 스트레스 요인

청소년은 신체적 및 사회심리적 발달이 급격히 이루어지면서 자아정체성이 형성되어 가는 발달시기에 있으므로, 스트레스에 취약하고 쉽게 영향을 받는 경향이 높아 만성적인 스트레스뿐만 아니라 급성 스트레스 요인들이 자살경향성을 증가시킨다. 국내 청소년들이 스트레스를 평상시에 대단히 많이 또는 많이 느끼는 편이라고 인지하는 빈도는 조사대상의 약 40%로 나타났다, 최근 수년간의 추이를 보면, 여자 청소년의 스트레스 인지율이 45% 전후로 나타났고 남자 청소년은 30% 정도로 여자 청소년이 스트레스를 더 많이 느끼고 있다고 보고하였다(질병관리본부, 2019, [그림 15-8]).

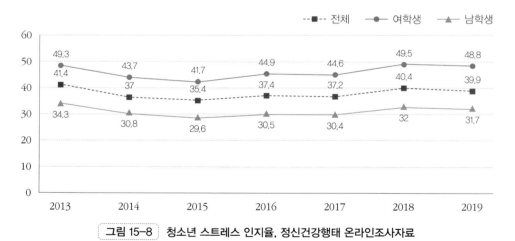

그림 15-8 청소년 스트레스 인지율, 정신건강행태 온라인조사자료

출처: 질병관리본부(2019).

표 15-4 자살학생의 평소 고민문제: 2015년 학생자살사안보고서 자료 분석

	초등학생	중학생	고등학생	계(N = 102)		
				명**	%	%
우울감	1	5	15	21	20.6	34.4
친구 간 갈등	1	1	3	5	4.9	8.2
갈취 · 폭력피해	0	1	0	1	1.0	1.6
가정 내 갈등	0	4	14	18	17.6	29.5
부모의 성적압박	0	2	5	7	6.9	11.5
외모콤플렉스	0	0	2	2	2.0	3.3
성적	0	7	12	19	18.6	31.1
가정폭력	0	1	3	4	3.9	6.6
이성문제	0	1	2	3	2.9	4.9
자해 · 자살 충동	1	1	1	3	2.9	4.9
기타	0	5	14	19	18.6	31.1

** 다중응답 문항으로 미상(32명)임. 고민문제에 응답한 수 61명, 고민문제에 대한 응답은 중복 포함 102건.
출처: 홍현주(2018).

자살학생의 평소 고민하는 문제들로는 가족문제, 개인문제, 학업문제 및 친구관계 문제의 순으로 나타나는데, 2015년 학생자살자 특성을 조사한 자료에서 가족문제로는 가정 내 갈등, 즉 부모-자녀 갈등이 많고, 개인문제는 정신건강문제로서 우울감, 학업 문제는 성적고민이 높게 나타났다(홍현주, 2018, 〈표 15-4〉). 이러한 스트레스 요인들 중에서 부모와의 갈등, 이성문제, 진로 및 성적고민 등은 자살 직전에 자주 파악되는 촉발사건이 된다.

참고문헌

권용실(2021). 우리나라 소아 청소년 자살의 이해. 한국학교정신건강의학회 창립 및 자살과 학생 정신건강연구소 개소 10주년 기념 학술대회 발표자료.

여성가족부(2019). 2019 청소년통계 보도자료.

자살과 학생정신건강연구소(2020). 청소년 정신건강관련 통계자료 이슈페이퍼.

중앙자살예방센터(2020a). 2019년 사망원인 통계.

중앙자살예방센터(2020b). 2020 자살통계자료집.

질병관리본부(2019). 청소년 건강행태 온라인조사.

홍현주(2018). 2018 청소년 자살예방을 위한 토론회 발표자료.

홍현주(2020). 교육부 간담회 발표자료.

Kwon, H., Hong, H. J., & Kweon, Y. S. (2020). Classification of Adolescent Suicide Based on Student Suicide Reports. *J Korean Acad Child Adolesc Psychiatry, 31*(4), 169-176.

OECD(2019). OECD. *Stat* (database). doi:10.1787/data-00285-en (Accessed on 6 Feb 2020).

WHO(2019). *WHO mortality database*. http://www.who.int/healthinfo/mortality_data/en/ (Accessed on 6 Feb 2020).

국가통계포털(2020). https://kosis.kr/statisticsList/statisticsListIndex.do?menuId=M_01_01&vwcd=MT_ZTITLE&parmTabId=M_01_01&parentId=C.1;C_6.2;#SelectStatsBoxDiv

청년의 자살

1. 서론

　청년의 정의는 다소 모호하다. 어디서부터 어디까지를 청년으로 보아야 할지에 대한 확실한 연령기준이 존재하지 않는다. 청년에 해당하는 영어 단어 'youth'도 마찬가지로 기준이 다양하다. 미국과 UN에서는 'youth'를 15～24세로 보고 있으나 이는 단지 통계적인 목적일 뿐이며 산하의 조직이나 기구들은 다른 정의를 사용하기도 한다. 우리나라에서도 각 법령이나 정책마다 청년의 기준이 각기 달라서 청년으로 분류하는 상한 연령이 24세에서 39세까지 다양하다. 예를 들어, 2020년 2월에 청년정책을 위해 제정된 「청년기본법」은 청년을 만 19세 이상 34세 이하로 규정하고 있다.

　청년은 대체로 소아기의 의존성에서 성인의 독립성으로 이행하는 시기이자 교육을 받으며 첫 번째 직장을 구하는 시기로 이해할 수 있으며 이 시기의 특정한 발달과제와 그에 따르는 특징을 가지고 있다. 후기 청소년에서 초기 성인기에 해당하는 연령으로 볼 수 있으나 특정 연령으로 구분하기는 어렵다. 다만, 이 장에서는 소아, 청소년과의 구분을 위하여 20대와 30대를 청년으로 정의하고 기술하려고 하나, 15세 이상 24세까

* 김민혁, 민성호(연세대학교 원주의과대학 정신건강의학교실 교수)

지를 기준으로 분석 기술한 외국의 학술연구나 자료를 일부 포함하기도 하였다.

청소년기에서 성인기로 이행되는 시기는 자살행동의 위험이 높아지는 시기이며, 이는 이 시기에 알코올이나 약물의 남용 및 주요정신질환의 발병이 증가하는 것과 관련이 있다. 또한 세계금융위기 이후 우리나라를 비롯하여 전 세계적으로 청년층의 실업률이 증가하면서, 청년의 일자리, 복지 관련 문제가 대두되며 이와 관련한 청년의 자살에 관심이 높아지고 있다.

2. 우리나라 청년자살의 현황

전 세계적으로 15~29세의 자살률은 인구 10만 명당 남자는 15.3명이며 여자는 11.2명이다. 또한 유럽과 미국에서 15~29세 연령구간의 사망원인 2위는 자살이다. 우리나라의 경우 2018년 통계청 자료에 의하면 20대의 자살자 수는 1,192명으로, 10만 명당 자살자 수는 17.6명이고 30대의 자살자 수는 1,998명, 10만 명당 자살자 수 27.5명으로 중년이나 노인 연령층에 비하여는 자살률이 낮아 보인다. 그러나 좀 더 자세히 들여다보면 청년층 자살문제의 심각성이 드러난다. 첫째, 20~30대의 사망원인 중 1위는 자살이다. 20대 사망자의 47.2%, 30대 사망자의 39.4%는 자살이 원인이다. 둘째, 자살 증감률이 노령층에 비해서 높다. 2017년 대비 2018년 자살 증감율은 20대에서 7.2% 30대에서는 12.2%로, 70대에서 0.2%나 80대에서 −0.4%와 비교하면 높은 편이다. 특히 청소년의 자살 증감율은 22.1%로 이들이 수년 후 청년층이 될 것을 감안하면 청년층의 자살률이 증가할 가능성이 높다고 볼 수 있다. 셋째, 자살의 전 단계로 볼 수 있는 자해·자살시도가 청년층에서 많다. 중앙응급의료센터의 국가응급진료정보망의 자료를 활용하여 분석한 자해 자살시도 현황을 보면, 전체 자해·자살시도 건수의 22.2%는 20대이고, 16.2%는 30대로 청년층의 자해·자살시도 건수는 다른 연령대에 비해서 높다. 특히 20대의 자해·자살시도는 2014년에는 전체 자살시도의 17.8%였으나 점차 증가하여 2018년에는 22.2%에 이르렀다. 자살시도는 자살의 가장 강력한 예측인자임을 고려할 때 20~30대의 높은 자해·자살시도 건수는 향후 청년층의 자살률이 높아질 것으로 우려되는 자료이다.

3. 청년자살의 특징과 원인

경찰청 변사자료 자살통계를 활용하여 분석한 동기별 자살 현황을 보면 20대에서 자살동기 1위는 정신적·정신과적 문제이고, 2위는 경제생활문제, 3위는 남녀문제가 차지했다. 정신과적 문제는 20대 자살동기의 43.1%를 차지하여 다른 연령대에 비해 정신과적 문제에 의한 자살의 비율이 높았다. 또한 남녀문제에 의한 자살의 비율도 10.5%로 타 연령대에 비해서 가장 높았다. 30대의 자살동기 1위는 경제생활 문제였고, 2위는 정신적·정신과적 문제, 3위는 가정문제였다.

중앙심리부검센터에서 2015년부터 2019년까지 자살사망자 566건을 분석한 자료에 따르면, 각 연령대에 따라 자살의 특징에서 차이를 보인다. 자살사망 장소를 보면 34세 이하의 경우에는 공공장소나 숙박업소에서 사망한 경우가 타 연령에 비해서 많았고, 자살 방법은 34세 이하에서 가스음독, 투신이 타 연령대에 비해서 많은 비율을 보였다. 또한 34세 이하에서는 19.4%가 자살사망 전 자해행동을 보여, 타 연령에 비해서 가장 높은 편이었으나 자살시도는 타 연령대에 비하여 비슷하거나 약간 낮았다. 생애 스트레스 사건을 보았을 때 연애 스트레스, 학업 스트레스, 직업 스트레스, 가족 스트레스에서 34세 이하 자살사망자의 비율이 높았다. 연령대별 심리부검 심층분석에 따르면, 20대 사망자의 경우 연애 관련 스트레스와의 관련성이 높았으며, 30대의 경우 직업 관련 스트레스가 상대적으로 밀접한 관련성을 보였다.

2018년 통계에서 자살률의 성비는 20대의 경우 1.6, 30대 2.0으로 타 연령대에 비해서 성비가 낮다. 안명희 등의 연구에 따르면 한국에서 20~30대의 자살률의 성비는 일본, 호주 미국 등 다른 나라에 비해서도 낮으며, 2000년 이후 젊은 여성의 자살이 늘어나면서 성비가 낮아지고 있다. 이 연구에서는 우리나라 여성의 자살방법에서 목맴의 비율이 높아진 것을 원인 중 하나로 꼽고 있다.

1986년부터 2015년까지 자살사망 자료를 이용하여 출생연도별로 자살률을 분석한 한 연구에서 1981년 이후 출생 세대의 자살률은 51년생에 비해 5배가량 높다고 보고하면서, 이 세대 자살률이 높은 이유로 경제의 침체, 높은 실업률, 사회양극화의 심화로 추정하였다. 물론 유사한 자료를 이용하여 출생연도별 자살률을 분석한 다른 연구에서는 일치된 결과를 보여 주지는 않았지만, 81년생 이후 세대의 자살률이 높다면 이후 우리나라의 자살률이 지속적으로 상승할 위험성이 있기에 중요한 시사점을 주는 연구라고 할 수 있다. 특히 코로나19 팬데믹 시기 동안 일본과 한국의 젊은 여성의 자해 및 자

살률이 높아지고 있다는 보고가 있어, 향후 후속연구를 통하여 결과를 검증하고 81년
생 이후 세대의 자살률 추이에 주목할 필요가 있다.

4. 청년 자살예방을 위한 방법, 전략 및 정책

대부분의 연구는 15~24세를 대상으로 하였으며, 20~30대의 초기 성인만을 대상으
로 한 자살예방 방법에 대한 연구는 별로 없다. 따라서 다른 연령층에 구분되는 청년층
에 효과적인 예방 방법에 대한 학문적 근거는 아직 미약하다.

미국, 호주, 영국 등의 주요 선진국에서 15~25세 연령대를 위한 자살예방 전략이 있
으나 이는 주로 청소년을 위한 자살예방 전략의 확장된 개념으로 생각할 수 있으며,
20~30대 초기 성인를 위한 자살예방 전략을 별도로 수립하고 있지는 않다.

우리나라의 경우 2018년 발표된 '자살예방 국가 행동계획'에서 연령별 자살예방대책
을 보면 청장년을 위해서는 대학생, 군인, 직장인, 구직자 · 실업자 특성에 맞게 심리지
원 프로그램 개발 · 지원을, 대학생을 위해서는 대학 상담센터 기능 강화, 대학생 자살
예방 게이트키퍼 교육 및 교양강의 활성화 등 안내를 제안하고 있다. 그러나 이는 청년
층에 특화된 자살예방 계획이라기보다는 이미 다른 연령대에서 시행하고 있는 자살예
방 방법을 유사하게 청년층에 적용한 것으로 생각할 수 있다.

2020년 개정된 「자살예방 및 생명존중문화 조성을 위한 법률」 제7조에는 국가는 자
살예방기본계획을 5년마다 수립하도록 되어 있으며, 이 기본계획에는 생애주기별 자
살예방대책을 포함하도록 하고 있어 청년층 자살예방 계획 수립을 위한 근거를 마련하
고 있다. 그러나 앞에서 언급하였듯이 청년층을 위한 자살예방 계획을 수립하기에는
아직 연구 결과가 미진하다.

5. 결론

사회적으로 청년층의 자살에 대한 관심이 높아지고 있으나, 전반적으로 청년 자살에
대한 연구가 부족하다. 이는 근본적으로 청년의 정의가 불분명할 뿐만 아니라, 초기 성
인기에 해당하는 청년층을 대상으로 하는 자살예방 방법, 전략, 정책에 대한 연구가 아
직 충분히 이루어지지 않았기 때문이다. 청년층은 중년이나, 노년과는 구별되는 자살

동기, 자살과 관련한 고유한 사회적 · 경제적 · 문화적 문제 등을 가지고 있으므로 향후 청년층의 자살에 대한 연구가 더 필요하다.

참고문헌

중앙자살예방센터(2018). 자살예방백서.

중앙심리부검센터(2020). 심리부검 면담 결과 보고서.

Bilsen, J. (2018). Suicide and Youth: Risk Factors. *Front Psychiatry, 9*, 540.

Cha, C. B., Franz, P. J., E, M. G., Glenn, C. R., Kleiman, E. M., & Nock, M. K. (2018). Annual Research Review: Suicide among youth-epidemiology, (potential) etiology, and treatment. *J Child Psychol Psychiatry, 59*(4), 460-482.

Godoy, G, L,, Walrath, C,, Goldston, D. B., Reid, H., & McKeon, R. (2015). Effect of the Garrett Lee Smith Memorial Suicide Prevention Program on Suicide Attempts Among Youths. *JAMA Psychiatr, 72*(11), 1143-1149.

Hee, A. M., Park, S., Ha, K., Choi, S. H., & Hong, J. P. (2012). Gender ratio comparisons of the suicide rates and methods in Korea, Japan, Australia, and the United States. *J Affect Disord, 142*(1-3), 161-5.

Kim, C., & Cho, Y. (2017). Does Unstable Employment Have an Association with Suicide Rates among the Young? *Int J Environ Res Public Health, 14*(5).

Kino, S., Jang, S. N., Gero, K., Kato, S., & Kawachi, I. (2019). Age, period, cohort trends of suicide in Japan and Korea (1986~2015): A tale of two countries. *Social Science and Medicine, 235*, 112385

Lee, S. U., Park, J. I., Lee, S., Oh, I. H., Choi, J. M., & Oh, C. M. (2018). Changing trends in suicide rates in South Korea from 1993 to 2016: a descriptive study. *BMJ Open, 8*(9), e023144.

Pitman, A., Krysinska, K., Osborn, D., & King, M. (2012). Suicide in young men. *The Lancet, 379*(9834), 2383-2392.

Robinson, J., Bailey, E., Witt, K., Stefanac, N., Milner, A., Currier, D. et al. (2018). What Works in Youth Suicide Prevention? A Systematic Review and Meta-Analysis. *EClinicalMedicine, 4-5*, 52-91.

자살예방의 모든 것

이론과 정책

노년층, 은둔, 독거

　최근 우리나라의 높은 자살률에 대한 우려와 함께 10대, 20대의 자살에 대한 염려와 예방을 위한 노력이 많이 언급되고 있다. 하지만 실제 10만 명당 자살사망자 수를 놓고 볼 때 노년층에서의 자살사망자 수는 10대, 20대와 비교도 안 되게 높다. 노년층의 우울증 치료비 지원 등 여러 가지 자살예방사업으로 그 수가 줄어드는 추세이기는 하지만 매년 연령별 비교를 해 보면 여전히 노년층이 가장 높은 자살사망률을 보이고 있다.

　노년층의 자살은 성인의 자살과는 다른 특징을 보이는 경우가 많다. 노년층은 죽음에 가까운 연령, 신체적인 기능 저하 및 쇠약, 사회경제적인 어려움 등이 흔히 나타날 수 있는 시기이다. 그러다 보니 사회에서 노년층에서의 자살은 정신건강의 문제가 아니라 충분히 이해할 수 있고 이성적인 결정일 수도 있다고 받아들여지는 경우도 많다. 반대로 정신건강 전문가들은 노인의 자살을 다른 연령대의 자살과 마찬가지로 우울증 등 정신질환에 의한 문제로 지나치게 단순화해서 받아들이기도 한다.

　자살과 관련된 노년층의 사회적 요인 중 사회와의 연결 정도는 노인들의 자살사고 뿐만 아니라 실제 자살에 의한 사망에 있어서도 큰 영향을 끼치는 것으로 알려져 있다.

* 이동우(인제대학교 상계백병원 정신건강의학과 교수)

* 홍나래(다온정신건강의학과 원장)

노인 자살 문제가 아니더라도 우리나라의 노인 문제에서 독거와 고립은 점점 더 큰 문제를 차지하고 있다. 우리나라의 급격한 핵가족화와 산업화는 노년층의 생활에 많은 변화를 가져왔다. 상당수의 노인이 혼자 생활하고 있으며, 가족과 같이 생활하는 노인들도 상당히 많은 시간을 혼자 지내게 되며 독거에 가까운 생활을 유지하고 있는 경우가 많다. 이러한 노인들의 돌봄을 위한 여러 가지 사회적 노력이 이루어지고 있지만 여전히 부족한 상황이다. 노인들의 고립과 외로움은 노년층의 정신건강 문제에 있어 중요한 화두가 되고 있다.

이 장에서는 노년층의 자살의 특징과 노인들의 고립이 자살에 미치는 영향, 그리고 자살예방을 위한 접근 방안에 대해 살펴보고자 한다.

1. 노인의 독거와 고립

1) 독거노인과 고립

'홀로 노인', '홀몸 노인'이라고도 하는 '독거노인'은 보호자 없이 혼자 사는 노인, 만 65세 이상의 홀로 사는 노인을 뜻한다. 우리나라 독거노인의 비율은 지속적으로 증가하는 추세를 보이고 있다. 통계청에 의하면 2021년 기준 전체 8,537,023명의 노인 인구 중 1,670,416명이 독거를 하는 것으로 보고되고 있다. 전체 노인 인구 중 독거노인의 비율은 2000년 16.0%에서 2021년 19.6%로 증가하였다.

노년층을 위한 사회보장제도가 아직 부족한 우리나라에서 노인에 대한 돌봄은 여전히 가족들에게 상당 부분이 맡겨져 있는 것이 사실이다. 의학의 발전에 힘입은 수명 연장으로 인해 은퇴 이후 추가 소득 없이 생활해야 할 기간이 늘어났으나, 노인들 스스로는 자녀들의 부양을 기대하여 충분한 노후 대비를 하지 않았던 반면, 핵가족화와 더불어 노부모에 대한 부양 의식이 약화된 성인 자녀들은 노인들의 이러한 기대에 부응하지 못함으로써 상당수의 노인이 빈곤과 사회적 고립에 노출되고 있다.

최근 장기요양제도의 발전 등 노인들의 돌봄을 위한 여러 가지 제도가 향상되고 있기는 하지만, 고립된 독거노인의 경우에는 여전히 노인 돌봄의 큰 부분을 차지하는 가족 돌봄에 부족함이 있을 가능성이 클 수밖에 없다. 이로 인하여 독거노인은 건강 관리의 어려움뿐만 아니라 심리적 고립과 외로움을 동반할 가능성이 크다.

2) 심리적 고립과 외로움

노인 정신건강에 있어 외로움은 우울감과는 또 다른 문제를 일으키고 있다. 정신건강에서 '외로움(loneliness)'은 원하는 사회적 관계와 실제 사회적 관계의 차이로 정의된다. 사회적 네트워킹의 제한은 노인들에게 고립감과 함께 외로움을 가져온다. 노년층의 외로움은 노인들의 건강 상태와 삶의 질을 떨어트린다. 또한 노인 우울증의 발생에 영향을 끼칠 뿐만 아니라 노인 자살에도 많은 영향을 끼치는 것으로 알려지고 있다(Cacioppo et al., 2006; Domenech-Abella et al., 2017).

노인의 고립과 외로움은 물리적 고립 상황에서만 나타나는 것은 아니다. 가족과 같이 지역사회에서 생활하는 노인에서도 종종 문제가 되곤 한다. 은퇴 이후 사회적 역할의 부재로 급격히 악화되는 고립의 위험성은 노년층 사회보장제도의 개발 및 발전에 있어 반드시 고려되어야 할 문제이다. 노인들이 자신이 사회에 포함되고 있다는 연결감과 소속감은 물리적 고립과는 반대로 노년층의 정신건강에 있어서 중요한 보호 역할을 하게 된다.

특히 최근 코로나19 팬데믹 시대가 시작되며 노인의 고립은 더 큰 문제로 자리 잡고 있다. 방역과 관련된 노인복지회관, 노인 대학, 노인정 및 경로당의 폐쇄와 사회적 거리두기는 노인들을 심각한 고립 상태로 몰아 넣고 있다. 코로나19 팬데믹 시대의 노인들의 정신건강과 관련된 연구들에서 볼 수 있듯이 우울감 등 정신건강 문제의 발생 정도는 다양한 결과를 보이고 있지만, 외로움과 고립의 증가에 대해서는 대부분의 연구가 일관적인 결과를 보이는 편이다(Garcia-Fernandez et al., 2020; Pieh, Budimir, & Probst, 2020; Wong et al., 2020).

2. 노년층의 자살

1) 우리나라 노인 자살 문제의 심각성

고령사회의 제반 문제와 마찬가지로 노인의 자살 문제 또한 급속한 도시화와 핵가족화라는 사회 전반의 변화와 세계적으로 유례를 찾아볼 수 없는 급속한 인구 고령화 현상이 맞물린 결과라 할 수 있다. 우리 사회는 2000년에 노인 인구가 전체 인구의 7%를 차지하는 고령화 사회에 진입한 이래, 2017년에는 노인 인구가 전체 인구의 14%를 상회하는 고령사회에 돌입하는 등 전 세계적으로 유례없이 빠른 인구 고령화를 경험하고 있다. 2026년에는 노인 인구가 20% 이상을 차지하는 초고령사회로 진입할 것으로 예측되고 있다. 이와 더불어 핵가족화 또한 지속적으로 진행되어 도시 거주 노인 가구의 절반 이상이 독거노인 또는 노인 단독 세대인 것이 현실이며 성인 자녀들의 노부모에 대한 부양 의식 또한 현저히 약화되고 있다. 그 결과, 증가 일로에 있는 노인 문제가 가족에 의해 해결되지 못하고 있으며, 이러한 문제들 중 배우자와의 사별, 사회적 고립, 갑작스러운 은퇴나 실직으로 인한 수입원의 감소, 장애를 유발하는 만성적인 질병, 노인 우울증을 비롯한 정신질환 등 기존의 연구에서 공통적으로 노인 자살의 위험요인으로 지목하는 현상들이 성공적인 산업화의 주역인 우리 시대의 노인들을 자살로 내몰고 있는 것이다.

우리나라의 자살률은 전체적으로 보아도 OECD 국가 중 1위로 매우 심각한 수준이다. 특히 노인 자살의 문제는 한층 더 심각한 상황으로, 우리나라의 자살사망자 수 중 노년층이 차지하는 비율이 매우 높다. 구체적으로 살펴보면 1998년에 1,165명이었던 65세 이

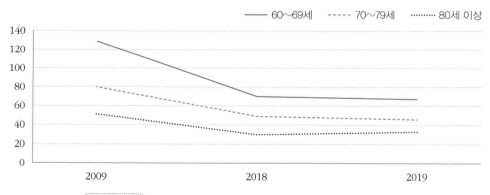

그림 17-1 우리나라 노인 자살률의 변화(인구 10만 명당 자살자 수)

출처: 통계청(2020).

표 17-1 2019년 연령별, 성별별 자살률(인구 10만 명당 자살자 수)

	60~69세	70~79세	80세 이상	전체 인구
남자	54.2	74.6	133.4	38.0
여자	14.0	23.5	35.5	15.8
전체	33.7	46.2	67.4	26.9

출처: 통계청(2020).

상 노인 자살자 수가 2008년에는 3,561명으로 두 배 이상 증가하여 전체 자살자 수의 증가율을 훨씬 상회하는 빠른 증가를 보였다. 최근 수년간에는 노년층에서의 자살률이 감소되고 있는 추세를 보이고 있지만 여전히 상당히 높은 자살률을 보이고 있다. 특히 남성 노인의 자살률은 80세 이상에서 인구 10만 명당 133.4명으로 유독 더 높은 모습을 보이고 있다.

우리나라뿐만 아니라 외국에서도 노인 자살 문제는 심각한 상태이다. 세계보건기구(World Health Organization: WHO)도 대개의 나라에서 노년층이 자살률이 가장 높은 인구집단이라고 밝혔다. 또한 일반적으로 평생 동안 자살의 위험 정도와 자살사고(wish to die)는 연령이 증가함에 따라 같이 증가하는 것으로 알려져 왔다. 하지만 노인에서의 자살률은 각국의 사회경제적 상황, 심각한 자해 방법에의 접근 가능성 정도에 따라 매우 다양하게 나타나고 있다.

2) 노년층의 자살 관련 행위

노인의 자살은 일반적인 성인의 자살과 비교할 때 여러 가지 측면에서 다른 양상을 보이고 있다. 그 중 하나로 젊은 집단에서 자살시도 대 자살 수행의 비율이 200대1인 반면, 노인의 자살은 4대1에 이를 정도로 치명적이며, 노인 연령층이 다른 연령층에 비해 배우자나 친지들의 사별을 여러 차례 경험을 하고 만성적인 신체질환에 시달리고 있으며, 퇴직 및 소득원의 감소로 경제적인 어려움을 겪는 등 젊은 성인과는 다른 스트레스 상황에 시달리고 있으므로 자살에 미치는 영향도 다를 것으로 예측되고 있다. 따라서 노인 자살에 대한 접근은 일반적인 자살과는 다른 시각에서 접근하고 분석되어야 하며 분석된 정보를 바탕으로 노인 연령층에 적합한 예방법을 수립하는 등, 보다 적극적인 관리가 필요하다. 그러나 지금까지 시행된 국내외의 연구에서 보면 청소년 자살에 비해 노인 자살에 대한 체계적인 연구가 부족한 편인데, 이는 노인 자살에 대한 사회적 인식이나 관점이 다른 연령층에 비해 여전히 부족한 상황임을 반영하는 것이다. 의학의 발전 및 의식 수준의 전반적인 향상으로 2000년도 이후 우리나라 노인의 평균 수명이 75세 이상으로 연장되었고, 전체 인구 대비 65세 이상 노인 인구의 비중이 14% 이상인 고령사회에 진입하게 되면서 노인 복지 및 정신건강에 관한 관심이 높아졌으며, 노인 자살에 대한 적극적인 관심과 체계적인 연구 또한 필요하다고 하겠다.

일반 인구집단에서와 마찬가지로 노년층의 자살 관련 행위는 막연한 자살사고부터 자살에 의한 사망까지 다양하게 존재한다. 노인들의 자살사고의 경우 노화나 여러 가지 상황에 따른 정상 범위의 죽음과 연관된 사고와 구분이 필요하다. 하지만 노년층에서의 자살에 대해 신체적 질병이나 기능의 손상, 사회경제적 문제 때문에 생길 수 있는 이성적 사고로 너무 쉽게 생각하는 경향이 있다. 자살사고를 '이성적'이라고 너무 쉽게 판단하기 전에 우울이나 성격 등에 의한 인지적 왜곡으로 인해 '이성적'으로 받아들여진 것은 아닌지 심사숙고해 보는 것이 필요하다. 또한 노년층이 자살과 관련된 여러 가지 위험요인을 갖고 있는 고위험 집단임에도 불구하고, 노인들이 젊은 성인에 비해 자살사고가 더 많은 것은 아니라는 연구 결과도 있다(De Leo et al., 2005).

노년층의 자살 관련 행위 중 성인 인구집단에 비해 훨씬 더 자주 나타나는 것은 간접적 자기파괴 행위이다. 장기요양시설이나 거주시설에서 생활하는 노인 중 치료나 식사, 면회 등 사람들과 만나는 것을 모두 거부하는 모습을 보이는 경우가 있다. 이들은 적극적인 자살시도를 하지는 않지만 생존에 필수적인 서비스들을 거절함을 통해 죽음을 선택하려고 한다. 이는 신체적인 질병과 신체적 및 인지적 기능 저하로 인해 자살사고를 직접 표현하거나 자살시도를 할 수 없는 노인의 자살시도를 대신하는 행동으로 이해될 수도 있다.

노인에게서 자살을 목적으로 하는 자해 행위는 젊은 성인에 비해 더 치명적인 손상을 입히는 경우가 많다. 이는 노령의 신체 특성상 취약성이 큰 데다가 대체로 혼자 사는 노인이 많으므로 자해 행위 이후 치명상을 입기 전에 조기에 발견될 가능성도 적고 죽고자 하는 욕구가 강하여 좀 더 치명적인 자해 방법을 사용하기 때문인 것으로 보인다. 그리고 자살 수행을 시도하기 이전에 자살 계획을 다른 사람에게 알리는 경우도 적고, 좀 더 치밀하게 자살을 계획하는 경향이 있다. 또한 노인 인구에서의 자살시도가 성인 인구집단에 비해 단순한 시도보다는 '실패한 자살'일 가능성이 더 높고, 이후의 자살 수행과의 연관성 역시 더 큰 것으로 보인다(Hawton & Harriss, 2006; Hepple & Quinton, 1997). 이는 자살시도를 한 노인들을 대상으로 더 적극적으로 자살예방을 위한 개입을 하는 것이 자살의 수행을 막거나 치명적인 손상으로 진행되는 것을 막을 수 있는 중요한 대책임을 알려 준다.

노년층의 자살시도 행위가 일반 성인에 비해 더 치명적인 경우가 많을 뿐 아니라, 특히 남성들은 일반적으로 더 공격적인 시도를 하곤 한다. 자살시도 방법은 각 나라에 따라 다양하다. 집단 자살은 드문 것으로 알려져 있다.

노년층의 자살에 대해 고려할 때 관심을 가져야 하는 또 하나의 분야는 조력자살로 알려져 있는 안락사 문제이다. 치료적 가능성이 없는 신체 상황에서의 안락사 문제는 노인을 치료하는 의사들에게 또 하나의 어려운 문제이다. 우리나라에서는 허가되어 있지 않지만 일부 국가에서는 안락사가 법적으로 허용되고 있고, 이러한 국가는 증가하고 있는 추세이다. 국가별 차이가 있는 만큼 의료진들 사이에서도 안락사와 관련된 의견은 다양하다. 안락사가 허용되는 국가에서는 안락사가 남용되지 않도록 적절한 가이드라인과 안전 제한이 법적으로 만들어져 있는 경우가 많다. 향후 안락사와 관련된 광범위한 자료를 이용한 연구와 함께 안락사가 사회에 미치는 영향 등에 대한 연구도 이루어져야 한다.

3) 노년층의 자살위험요인

노년층의 자살위험요인에 대한 연구는 다방면으로 이루어지고 있다. 신경생리학적 위험요인이나 정신건강 관련 위험요인, 성격적 특성 등 다른 연령층에서 유사하게 나타나는 위험요인뿐만 아니라 신체적 질환이나 기능, 쇠약 등 건강 관련 요인, 노년층의 고립이나 독거 등 노년층에서 특이적으로 나타나는 사회경제학적 요인 등도 위험요인으로 작용한다.

(1) 정신질환: 우울과 노인 자살

정신질환은 노인 자살의 주요한 위험요인을 손꼽히고 있다. 자살한 노인의 75% 이상에서 자살 당시에 정신질환의 상태에 이환되어 있는 것으로 추정되고 있는데, 특히 외국에서 시행된 자살한 노인들에 대한 심리적 부검 연구에서는 자살한 노인의 50~87%에서 자살 당시에 우울증이 있는 상태인 것으로 보고되고 있으며, 이러한 경향은 고연령층의 노인에 더 많이 적용되는 것으로 보인다. 자살과 자살시도에 대한 연구에서 우울증을 치료한다면 노인 자살을 74% 정도까지 줄일 수 있을 것이라는 보고도 있다.

우울증은 치료 성공률이 80~90%에 이르지만 우리 사회에 만연한 정신질환에 대한 편견으로 인해 다수의 환자가 치료를 받지 않거나, 뒤늦게 치료를 받음으로써 경과가 악화되고, 급기야는 자살을 초래하기도 한다. 특히 이러한 현상은 다른 어느 연령층보다 정신질환에 대한 편견이 심한 노인들에게 더욱 심각하게 나타난다.

많은 사람이 노년층에서의 자살은 우울증에 의한 행위로 지나치게 단순화하기에는 신체적 건강, 사회경제학적 요인 등 여러 다른 요인이 존재한다고 주장한다. 하지만 이러한 신체적 건강, 사회경제학적 요인은 우울증과 상호 연관되는 경우가 많다. 단순화해서 이야기하자면 흔히 노인들의 삼고(三苦)로 일컫는 질병, 가난, 고독과 같은 위험요인을 가진 노인은 노인 우울증에 이환되기가 쉽고, 이러한 노인 중 충분한 도움을 받지 못한 경우는 자살의 위험에 노출된다고 할 수 있다.

특히 노인들은 무희망을 느끼는 경우가 많다. 지속적으로 무희망감과 우울 증상을 겪는 경우 자살의 위험이 높다. 우울 이외에도 알코올 사용 문제, 성격적 특성, 조현병이나 양극성 정동 장애 등 정신증적 질환 등도 성인 인구군에 비해서는 그 정도가 약하지만 노인 자살의 위험요인으로 작용하는 것으로 알려져 있다. 앞서 언급하였던 것과 같이 과거의 자살 관련 행위는 성인 인구집단에 비해 자살위험을 훨씬 더 많이 증가시킨다.

(2) 사회심리적 요인: 독거와 고립

노년층에서의 사회와의 단절은 우울이 존재하지 않더라도 노인 자살을 증가시키는 단독 위험요인으로 작용한다. 반 오든(Van Orden) 등은 사회적 연결감과 자살 간의 관계를 자살의 대인 이론(Interpersonal theory of suicide)으로 설명하였다. 좌절된 소속감과 짐으로 느껴지는 마음이 자살 소망에 있어 가장 중요한 두 가지 원인이 되며, 이 두 가지 요인이 동시에 존재할 때 자살 소망이 특히 위험한 정도로 올라간다고 하였다 (Van Orden et al., 2010).

독거는 종종 외로움, 사회적 고립, 사회적 지지의 부족을 대표하는 요인으로 받아들여지곤 한다. 가족들의 돌봄이 받아들여지는 사회에서는 노인 자살률이 더 낮은 것으로 알려져 있다. 가족들과의 생활 이외에도 강력한 사회적 지지는 사회적 연결감을 느끼게 하여 노년기 자살을 감소시킬 수 있다. 노인의 사회적 고립과 외로움을 줄일 수 있는 여러 개입은 노인 자살률을 낮추는 데 중요한 역할을 할 수 있다.

그 외 개별적인 자살 관련 요인에 대해 알아보면, 아직 논란이 있기는 하지만 생활사와 관련된 여러 요인이 존재한다. 노년기에 빈번히 일어나는 사별은 자살을 유도하는 심각한 위험요인으로 추정되고 있다. 특히 배우자와의 사별이거나 사별이 갑작스럽게 일어났을 때, 그리고 남자 노인이 사별을 당하였을 때 위험도가 매우 높은 것으로 보고되는데 사별 후 6개월 이내에 자살의 위험도가 가장 높다고 알려져 있다. 노인 자살자 중 특히 남자 노인 중에서 이혼 또는 사별에 의해 혼자 사는 노인이 큰 비중을 차지한다는 보고가 많으며, 여자 노인 자살자도 50% 정도가 혼자 사는 노인으로 보고된 것으로 보아 젊은 연령층에 비해 사회적 지지망의 감소 및 친지나 친구와의 접촉 감소가 자살에 큰 영향을 미치는 것으로 추정된다. 그러나 이러한 사회적 고립이나 생활사의 스트레스가 사별이나 신체적 질환을 제외하고는 특별히 젊은 연령층에 비해 노인 연령층에서 더 크게 작용한다는 증거가 없으므로, 노인 연령층의 높은 자살률을 설명할 만한 충분한 위험요인으로 볼 수 없다는 반론 또한 적지 않다. 은퇴나 퇴직 자체가 노인 자살의 중요한 위험요인은 아니나, 퇴직이나 은퇴를 원하지 않은 상태에서 갑작스럽게 일어나서 퇴직 후의 새로운 생활에 적응할 수 없거나 이러한 변화에 대처할 융통성이 부족한 경우 자살위험요인으로 작용할 수 있다. 그러나 경제적인 빈곤상태는 젊은 성인과는 달리 노인의 자살에서는 의미 있는 위험요인이 아닌 것으로 보고되고 있다.

(3) 건강 관련 요인: 신체적 질병과 기능적 장애

수명은 증가하였으나 무병장수가 아닌, 여러 만성질환에 이환된 노인이 증가함에 따라 만성질환의 유병 기간 중 합병증과 이로 인한 장애의 발생 또한 늘고 있다. 이는 노인 자살의 보건 의료적 요인이라 할 수 있다.

노인들이 흔하게 가지고 있는 신체적 질병과 기능적 장애는 노인 자살의 위험요인으로 작용한다. 우울증의 위험요인으로 작용하는 혈관성 질병, 암, 갑상선 질환 등은 우울증을 매개로 자살률을 올리는 것으로 알려져 있다. 이 외에도 만성 통증, 신경학적 질환, 호흡 곤란, 기능적 장애 등이 건강과 관련된 자살위험요인으로 확인되고 있다. 항경련제나 안정제와 같은 약물들의 처방은 약물을 이용한 자해 행위를 증가시키는 것으로 알려져 있다.

노인 자살예방을 위해서는 이러한 노인의 신체 질병을 치료하는 1차 진료의가 노인의 자살사고나 우울에 민감히 반응하여 조기에 개입을 시작할 수 있도록 도와야 한다.

(4) 신경생물학적 요인

여러 예비 연구에서 노화가 진행됨에 따라 세로토닌 및 다른 신경전달물질의 변화가 생기고 이러한 변화가 남자에게서 두드러진다고 보고하였다. 또한 자살을 수행한 노인 우울증 환자에서 자살시도를 한 적이 없는 노인 우울증 환자에 비해 뇌척수액의 세로토닌 대사물이 감소되었다는 연구 보고도 있으므로, 생물학적 요인의 변화가 자살에 영향을 미칠 수 있다는 가설을 노인 자살에도 적용될 가능성을 열었다. 이 외에도 덱사메타손 억제 검사에서 억제가 되지 않는 경우, 아포리포프로테인 E4(ApoE4) 유전형, 병적 노화 등이 노인 자살의 신경생물학적 요인으로 확인되었다. 그러나 이러한 생물학적인 변화가 노인 자살에 직접적인 영향을 줄 것이라는 결론을 내리기에는 아직 연구가 부족한 상황이다.

(5) 인지 기능: 치매와 자살

치매 환자들의 자살은 일반 노인들의 자살과는 다른 측면이 있다. 무뇨스 등에 의한 메타분석 결과에서는 자살사고의 교차비는 1.37(95% CI: .78~2.39), 자살시도의 교차비는 2.24(95% CI: 1.01~4.97), 자살사망의 교차비는 1.28(95% CI: .77~2.14)로, 치매 환자에서 자살시도가 더 많은 것으로 밝혔다(Munoz et al., 2020).

치매 환자의 자살시도가 더 많은 것에 대해 치매 초기의 우울 증상의 영향이나 인지 기능의 저하로 문제해결 능력이 떨어져 자살을 선택하게 되는 것으로 알려져 있다. 특히 치매 진단 초기에 자살위험이 가장 높은 것으로 알려져 있어 이 시기의 환자들에 대한 특별한 관심이 필요하다.

3. 노인에서의 자살예방

우리나라의 자살예방사업은 초기에는 성인을 대상으로 이루어져 오다 최근 들어 노년층에 좀 더 초점을 맞추고 있다. 실제로 노년층에서의 우울증 치료 지원사업이나 여러 보건 및 복지 지원을 통한 독거노인 관리사업 등을 통해 노인 자살률이 감소하기 시작한 것도 사실이다.

자살에 대한 다양한 개입 방법과 효용성에 대해서는 알려진 바가 거의 없으며, 특히 노인 자살에 대한 개입 방법의 논의는 소수의 논문에 국한되며, 노인의 자살위험도를 평가할 만한 표준화된 척도 또한 개발되어 있지 않다. 노인의 우울에 대해 노화의 과정으로 인식하는 가족들의 태도와 젊은 연령군에 비해 자살의도를 노출하지 않으려는 노인의 태도 때문에 적절한 시기의 개입을 더욱 어렵게 만든다. 노인의 자살을 예방하기 위해서는 단일 전략을 사용하기보다는 다양한 자살위험요인을 감소시키기 위해 복합적이고 다차원적인 접근을 하여야 한다.

1) 자살위험요인의 측정

적절한 자살예방사업을 위해서는 개인의 자살위험을 측정하여 서비스 제공 대상을 결정하고 위기 정도에 따른 적절한 개입을 하는 것이 필요하다. 다른 연령층과 다른 노년층의 특성을 고려한 자살위험 정도를 측정하는 것이 중요하다.

앞서 설명된 것과 같이 노인들의 자살위험요인으로는 우울증 이외에도 고립, 외로움과 같은 사회심리적 요인, 신체적 질병과 기능적 장애와 같은 건강과 관련된 요인, 치매 등의 인지적 요인 등이 존재한다. 이들 요인에 대한 세심한 확인을 통해 대상 노인의 자살위험 정도를 면밀히 확인하고 이에 따른 개별적인 서비스 제공이 필요하다.

2) 공중보건으로서의 자살예방

녹스 등(Knox et al., 2004)은 자살을 예방하기 위한 전략으로 예방의 대상에 따라 보편적인 예방(Universal prevention), 선택적인 예방(Selective prevention), 집중적인 예방(Indicated prevention)의 세 가지로 분류하고 설명하였다.

(1) 보편적인 예방
보편적인 자살예방 전략은 연령이나 성별, 자살위험도와 상관 없이 전체 지역사회 주민들을 대상으로 진행하는 것이다. 미국의 경우, 자살 수행의 치명성을 높이는 이유 중의 하나가 청소년부터 노인까지 총기류에 대한 쉬운 접근성이므로 집에서 총기류를 추방하는 운동을 벌이는 것이 자살을 감소시키는 전략의 하나가 될 수 있다. 우리나라에서는 제초제 관리 및 번개탄 판매 개선을 통해 자살예방에 효과를 보았던 경험이 있다. 대부분의 일반인은 노인의 자살사고나 우울감을 잘 발견하지 못하거나, 발견하더라도 이러한 증상이 병적이라기보다는 나이가 들어서 생기는 정상적인 노화 현상 정도로 대수롭지 않게 여기는 경우가 많다. 따라서 우울증이나 자살에 관련된 증상이나 편견 해소 등 일반인 대상 교육 및 홍보를 시행하는 것이 보편적인 예방 전략의 하나가 될 수 있다. 자살이 생사를 선택할 수 있는 개인의 고유한 자유에 속하는 영역이 아니라 병적인 현상이며 자살의 주요한 원인이 우울증과 관련이 있고, 우울증의 치료가 자살을 예방할 수 있는 효과적이라는 방법이라는 것을 일반인에게 알리기 위하여 방송 매체나 일간지 신문 등을 통하여 공익 광고나 특집 프로그램 제작 등 다양한 방법으로 동원하는 것이 필요하다. 또한 노화나 노인들에 대한 그 나라에서만 존재하는 특수한 문화적인 편견이 있다면 이에 대한 일반인 대상 교육도 중요한 예방 전략이 될 수 있다.

(2) 선택적인 예방
선택적인 예방은 현재 긴박한 자살위험도를 가지고 있지는 않지만 자살에 이를 수도 있는 취약성을 가진 노인들을 대상으로 하는 자살예방 전략이다. 사회적 지지가 부족한 독거노인들을 대상으로 다양한 지지적인 상호관계를 제공하는 아웃리치 프로그램(outreach program)이 선택적인 예방 전략의 하나가 될 수 있다. 미국 샌프란시스코의 노인 자살예방센터(center for elderly suicide prevention)에서 시행하고 있는 '우정의 전화(Friendship Line)' 프로그램은 24시간 전화 서비스를 통해 노인들에게 정서적인 지지와 의뢰서비스에 대한 정보를 제공한다. 만약 고위험군 노인이 발견되면 가정 방문을 시행하고 여러 가지 자문이나 정신건강 서비스를 적극적으로 제공하는 집중적인 예방 전략으로 전환하게 된다. 신체적인 건강 상태와 기능 장애 등이 우울증이나 자살사고와 관련이 있다는 연구가 많다. 따라서 노인들에게 독립적인 기능을 유지하도록 도와주는 프로그램, 굳이 입원을 하지 않고 치료를 받을 수 있게 방문 간호나 재활 서비스에 대한 접근도를 올려 주는 프로그램, 통증 치료나 대중적인 간호 서비스를 쉽게 받을 수 있게 하는 프로그램도 선택적인 예방 전략이 될 수 있다.

(3) 집중적인 예방

집중적인 예방은 자살과 관련되어 있다고 여겨지는 정신질환을 가지고 있거나 긴박한 자살위험을 가지고 있는 고위험군 노인을 대상으로 하는 예방 전략이다. 우울증이 있는 노인에게 항우울제를 이용한 약물 치료나 정신 치료를 적극적으로 제공하는 것이 집중적인 예방 전략의 전형적인 예라고 할 수 있다.

고위험군 노인의 자살에 대한 집중적인 예방법으로 지역사회 방문 프로그램도 유용하다. 미국 스포캔 지역 정신건강 센터의 노인 서비스부에서는 포괄적인 임상 사례관리 시스템을 통해 고위험군 자살 노인을 확인하고 간호하는 집중적인 예방 전략을 사용하였다. 이 지역에서는 고위험군 노인을 확인하기 위해 '게이트키퍼(gatekeeper)'를 이용하였는데, 이들은 노인 자살과 노인 우울증에 대한 교육을 받은 일반인으로서 해당 지역에 거주하는 경찰관, 소방관, 약사, 은행원, 성직자, 아파트 관리인, 신문/우유 배달원 등, 직업상 노인과 자주 만나게 되는 사람들이며 노인들을 관찰하는 역할을 담당한다. 관찰된 노인이 자살이나 우울증이 의심되면 정신건강 센터의 사례관리 시스템으로 의뢰하여 전문적인 평가와 치료를 받게 한다. 그렇지만 이들 프로그램이 자살예방에 어느 정도 효과가 있는지에 대한 잘 통제된 연구가 아직까지 보고되지는 않았다. 국내에서도 정신건강복지센터에서 이러한 모델을 도입하여 지역사회 내에서 게이트키퍼를 양성·훈련시키고 자살 고위험요인을 보유한 노인들의 상태를 정기적으로 관찰하고 의뢰받을 수 있는 시스템을 구축하기 시작하였다.

이탈리아의 베네토 지역에서는 Tele help/Tele check 서비스를 시행하고 있는데, Tele-Help는 위험에 처한 노인이 도움을 즉시 요청할 수 있는 경보 시스템을 만든 것

표 17-2 자살과 자살시도 방지를 위한 정신건강 예방 사업

	접근 대상	목표	목적	예방 활동의 실례
보편적 예방	전체 인구	전체 인구를 대상으로 광범위한 주도권을 확립하고 무증상 개인을 위한 프로그램 제공	위험요인을 낮추고 보호요인을 높여서 질병을 예방	1. 청소년, 청년 대상으로 음주와 약물 남용에 대한 학교와 지역사회 프로그램을 향상시킴. 2. 성인 남성을 대상으로 공격성 감소를 위한 프로그램 개발 3. 정신건강이나 약물 남용 치료에의 접근성 향상을 위해 보험 제한을 제거
선택적 예방	고위험군	일반 인구에 비해 질병 발생이나 질병의 결과가 나쁠 위험도가 높은 개인이나 하위 집단을 확인	일반 인구보다 위험도가 높은 집단을 대상으로 질병 예방	1. 노숙인 대상 상담 및 건강 서비스 제공 2. 고립된 노인과 연결하기 위한 종교나 지역사회 기반 프로그램 증진 3. 가정 폭력 피해자 대상 치료적 지지 제공
집중적 예방	고위험군	증상을 가지고 있거나 확실한 위험요인을 가지고 있는 무증상 개인 중 고위험군을 확인	전조 증상이나 징후를 가지고 있는 개인을 치료하여 완전한 발병을 예방	1. 1차 치료 기반에서 우울 노인의 선별 및 치료 증진 2. 만성 통증을 가진 노인들에게 더 효율적인 치료 제공 3. 양극성 정동장애 환자의 리튬 유지 치료 증진 4. 자살이나 관련 행위와 연관되어 있는 정신과적 질환의 생물학적 표지자를 가진 개인을 대상으로 약물 치료 시행

출처: Knox et al. (2004).

이고, Tele-Check는 훈련된 전문가가 위험도가 높다고 판정된 노인에게 1주일 2번 정도 전화로 접촉하여 짧은 비공식적인 면담을 시행하고 정서적인 지지를 해 주는 것이다. 이러한 서비스를 도입한 지 10년 동안의 효과를 평가한 결과, 예상되는 노인 자살

자의 수를 통계적으로 의미 있게 감소시키는 것으로 나타났다. 코로나19 팬데믹과 관련하여 대면 서비스에 제한을 경험해 보면서 전화 등의 비대면 서비스의 필요성이 더 한층 증가되었다.

한편, 가까운 노인을 자살로 잃은 유족들을 보살피는 것도 중요하다. 일반적으로 노인이 자살한 경우, 배우자, 형제, 친구, 자식, 손자, 가까운 친척 등 평균 6명에게 큰 상처와 슬픔을 주는 것을 보고된다. 이들이 애도 과정을 잘 겪어 나가도록 도와주고, 대개 노인 자살의 고위험군에 속하게 되는 배우자에게는 사회적 지지망을 제공하고, 자조 그룹이나 레크리에이션 그룹에 참여할 수 있는 기회를 제공하고, 우울 증상이나 자살사고가 발생할 경우 즉각적인 치료 기회를 제공하는 등 집중적인 자살예방 전략을 적용해야 한다.

3) 1차 진료의 교육

신체적 질병이 노년층 자살의 위험요인이 되기 때문에, 1차 진료의들은 자살 고위험군에 속하는 노인을 만나는 경우가 많다. 또한 대다수의 노인 자살자가 자살 수행 이전에 1차 의료 기관을 방문한 적이 있다고 한다. 자살 수행 1달 전에 75%의 노인이, 자살 수행 1주 전에는 50% 정도의 노인이 1차 의료 기관을 방문했다고 하며, 이 중 대다수의 노인이 우울증상을 가졌던 것으로 추정된다고 한다. 그렇지만 이들을 진찰한 대부분의 1차 진료의가 우울증을 제대로 발견해 내지 못하였으며, 노인 환자에게는 상대적으로 진료를 짧게 하는 경향까지 있다고 한다. 이는 노인이 1차 진료의에게 우울증상이나 자살사고를 자발적으로 호소하지 못하는 요인이 되기도 한다.

노인의 우울증에는 우울감보다는 신체 증상의 호소가 많은데, 대부분의 1차 진료의는 이러한 지식을 알지 못하고 또한 신체질환으로 인한 증상과 구별하지도 못하는 경우가 많다. 따라서 1차 진료의에게 우울증이나 정신질환의 증상을 선별해 낼 수 있는 선별 진단 도구의 사용을 교육하고 이들 질환의 진단과 치료에 대한 적절한 교육을 제공하는 프로그램이 필요하다. 1차 진료의에게 우울증 발견과 치료에 대한 교육을 시행한 이후 다른 지역에 비해 자살률이 의미 있게 감소되었다고 하는 스웨덴 고틀랜드 지방의 연구도 존재한다. 그러나 수년이 지난 후 이러한 교육 효과가 감소가 되는 것이 발견되어 교육은 일정 주기로 반복되어야 하며 이러한 교육 효과는 남자보다는 여자, 그리고 노인에게서 자살예방에 더 큰 효과가 있는 것으로 나타났다. 따라서 1차 진료의들에 대해 우울증상 및 자살사고를 자살시도 전에 발견하기 위해 정기적인 교육을 시행하는 것이 필요하다. 대부분의 의사가 각 소속 학회에서 정기적으로 받고 있는 연수 교육시간을 활용하여 주기적으로 교육하는 방법이 도움이 될 수 있을 것이다. 또한 노인병/노인의학 관련 전문 학회에서 노인 자살 및 우울증에 관련된 주제를 정기적으로 다루어야 하며, 의과대학의 의학 교육과정에서도 노인 자살과 노인 우울증에 대한 교육을 강화할 필요가 있다.

진료실에서 간단하게 평가할 수 있는 한국형 우울증상 선별도구 및 자살위험도에 대한 선별도구를 개발하여 보급하는 것도 필요하다. 시간과 인력이 부족한 1차 의료 상황에서 간단하지만 효율적으로 자살위험도를 평가할 수 있는 도구의 제공은 필수적이라고 할 수 있다. 우울증상을 선별하는 도구로 흔히 사용되는 Patient Health Questionnaire(PHQ)는 흥미의 감소와 우울감을 물어보는 PHQ-2와 우울과 연관된 증상을 확인하는 나머지 7개 문항이 추가된 PHQ-9으로 두 단계의 사용이 가능하여 1차 의료 상황에서 사용하기에 적합하다. PHQ-9에는 자살사고에 대한 질문도 있어 자살예방을 위해 사용할 수 있다.

4) 장기요양시설에서의 자살예방

장기요양시설에서의 노인 자살에 대한 연구는 매우 부족하다. 그러나 신체적 질환이나 기능장애가 노년층 자살의 주요 위험요인 중의 하나인 것을 보았을 때, 장기요양시설에서의 자살예방 활동은 반드시 필요할 것이다. 실제로 지역사회 거주 노인에 비해 장기요양시설의 노인에게서 자살 관련 행위가 더 많이 나타난다는 보고도 있다. 장기요양시설 거주자들도 우울감, 사회적 고립, 외로움, 기능적 저하가 자살사고와 연관이 된다는 연구가 있다.

특히 장기요양시설에서는 간접적 자기파괴 행위가 발견되는 경우가 더 많은 편이다. 대규모의 직원이 자주 바뀌는 저렴한 장기요양시설에서 간접적 자기파괴 행위가 더 흔하게 나타나는 것으로 보고되었다.

향후 장기요양시설 거주자들의 자살위험요인과 필요한 서비스, 자살예방을 위한 시설 요구도 등에 대한 구체적인 연구가 필요할 것으로 보인다.

5) 우리나라의 노인 자살예방

노인 자살률을 낮추기 위해 우리가 기울여야 할 노력은 무엇인가? 노인들의 빈곤과 사회적 고립을 타개할 수 있는 노인 연금 제도의 확충을 비롯한 사회복지 서비스의 확대 실시, 질병으로 인해 일상생활 기능이 저하된 노인을 위한 장기요양 서비스 수혜 대상의 확대, 우울증의 치료율을 향상시킬 수 있는 국민 계몽 등의 대책을 열거할 수 있거니와, 무엇보다 노인 자살률을 감소시키기 위한 직접적인 대책으로서 가장 시급한 것은 노인 자살예방 서비스의 개발과 전국적인 보급이라 할 수 있다. 이러한 서비스를 개발할 때 특히 주의하여야 할 것은 노인 자살예방을 위해서는 자살 상담을 적극적으로 찾지 않는 노인의 특성을 감안하여 노인 자살의 고위험군을 보다 적극적으로 찾아나서는 서비스가 필요하다는 것이다.

현재 우리나라의 여러 정신건강복지센터에 자살예방센터가 부설되는 등 자살 관련 예방 활동이 발전해 나가고 있다. 하지만 노인 자살의 경우 모든 연령층을 대상으로 하는 상담기관에서 노인에 대한 상담을 일부 담당하고 있을 뿐, 노인들만을 대상으로 하는 전문적인 상담기관은 거의 없는 실정이다. 미국의 경우에서도 지역마다 자살예방센터들이 설립되어 활동하였으나 실질적으로 노인들에게 별 효과가 없었다. 전체 자살 관련 전화상담 건수 중 노인 상담은 1~2%밖에 안 될 정도로 대부분이 노인 자살자가 위기 시 자살예방센터에 전화 또는 도움을 요청하지 않았다. 자살예방센터에서도 고위험군의 노인을 평가하거나 처치할 만한 프로그램도 마련되지 않았고, 자살예방센터 종사자의 대부분이 노인 자살에 대해 교육받지 못하거나 지식이 부족하여 노인 자살의 예방에 실질적으로 도움이 되지 못했다. 따라서 노인을 대상으로 하는 전문 프로그램을 개발하여 노인들의 접근성을 올리는 것이 주요한 과제라고 할 수 있다. 지역 거점별로 노인 자살예방센터를 설립하여, 노인전용 전화상담 서비스, 게이트키퍼(Gate-Keeper) 프로그램, Tele-Help/Tele Check 서비스의 시행, 노인 대상 전문 교육 프로그램 개발 등을 우리나라 실정에 맞게 개발하고 적용해야 한다. 우리나라의 경우 전국적으로 보건소/보건지소, 대한노인회 조직(노인대학, 노인정), 노인복지관, 정신건강복지센터, 주간 보호 센터 등의 장기요양시설 등이 지역사회로 조직되고 있거나 확충되고 있는 중이므로, 지역 거점 노인 자살예방센터에서 지역에 맞는 노인 전문 서비스 및 프로그램을 개발하고 이들 지역사회 기관에게 교육 및 자문의 역할을 담당함으로서 이들 지역사회 기관과 연계하여 노인 자살예방 서비스를 시행하는 것이 실현 가능한 한 가지 방법이라고 생각된다.

단순한 노인 우울증 예방 및 치료를 떠나 노인들이 보다 더 건강하고 질 좋은 삶을 살 수 있는 사회를 만들어 가는 것이 노인 자살예방을 위해서 우리 모두가 노력해 가야 할 길일 것이다.

참고문헌

대한노인정신의학회 편(2015). 노인정신의학(2판). 서울: 엠엘커뮤니케이션.

대한신경정신의학회 편(2017). 신경정신의학(3판). 서울: 아이엠이즈컴퍼니.

통계청(2020). 2019년 사망원인통계 결과. (2020. 9. 21. 배포).

Blazer, D. G., & Steffens, D. C. (2009). *Textbook of geriatric psychiatry* (4th ed.). Arlington, VA: American Psychiatric Publishing.

Banerjee, D., Kosagisharaf, J. R., & Rao, T. S. S. (2021). 'The dual pandemic' of suicide and COVID-19: a biopsychosocial narrative of risks and prevention. *Psychiatry Research, 295,* 113577.

Brooks, S. E., Burruss, S. K., & Mukherjee, K. (2019). Suicide in the elderly. *Clin Geriatr Med, 35,* 133-145.

Cacioppo, J. T., Hughes, M. E., Waite, L. J. et al. (2006). Loneliness as a specific risk factor for depressive symptoms: Cross-sectional and longitudinal analyses. *Psychol Aging, 21,* 140-151.

Conejero, I., Olie, E., Courtet, P. et al. (2018). Suicide in older adults: current perspectives. *Clin Intervention Aging, 13,* 691-699.

Conwell, Y., Van Orden, K., & Caine, E. D. (2011). Suicide in older adults. *Psychiatr Clin N Am, 34,* 451-468.

De Leo, D., Cerin, E., Spathonis, K. et al. (2005). Lifetime risk of suicide ideation and attempts in an Australian community: prevalence, suicidal process, and help-seeking behaviour. *J Affect Disorders, 86,* 215-224.

Domenech-Abella, J., Lara, E., Rubio-Valera, M. et al. (2017). Loneliness and depression in the elderly: the role of social network. *Soc Psychiatry Psychiatr Epidemiol, 52,* 381. https://doi.org/10.1007/s00127-017-1339-3.

Draper, B. M. (2014). Suicidal behaviour and suicide prevention in later life. *Maturitas, 79,* 179-183.

Emanuel, E. J., Onwuteaka-Philipsen, B. D., Urwin, J. W. et al. (2016). Attitudes and practices of euthanasia and physician-assisted suicide in the United States, Canada, and Europe. *JAMA, 316*(1), 79-90.

Fassberg, M. M., Cheung, G., Canetto, S. S. et al. (2015). A systematic review of physical illness, functional disability, and suicidal behaviour among older adults. *Aging & Mental Health, 20*(2), 166-194.

Garcia-Fernandez, L., Romero-Ferreiro, V., Lopez-Roldan, P. D. et al. (2020). Mental health in elderly Spanish people in times of COVID-19 outbreak. *Am J Geriatr Psychiatry, 28*(10), 1040-1045.

Gleeson, H., Hafford-Letchfield, T., Quaife, M. et al. (2019). Preventing and responding to depression, self-harm, and suicide in older people living in long term care settings: a systematic review. *Aging & Mental Health, 23*(11), 1467-1477.

Gramaglia, C., Calati, R., & Zeppegno, P. (2019). Rational suicide in late life: a systematic review of the literature. *Medicina, 55*, 656. doi:10.3390/medicina55100656

Grossberg, G. T., Jarvik, L. F., Meyers, B. S., & Sadavoy, J. (2004). *Comprehensive Textbook of Geriatric Psychiatry* (3rd ed.). New York: W.W. Norton.

Hawton, K., & Harriss, L. (2006) Deliberate self-harm in people aged 669 years and over: characteristics and outcome of a 20-year cohort. *Int J Geriatr Psychiatry, 21*, 572-581.

Hepple, J., & Quinton, C. (1997). One hundred cases of attempted suicide in the elderly. *Br J Psychiatry, 171*, 42-46.

Kiosses, D. N., Szanto, K., & Alexopoulos, G. S. (2014). Suicide in older adults: the role of emotions and cognition. *Curr Psychiatry Rep, 16*, 495.

Knox, K. L., Conwell, Y., & Caine, E. D. (2004). If Suicide Is a Public Health Problem, What Are We Doing to Prevent It? *Am J Public Health, 94*, 37-45.

Mezuk, B., Rock, A., Lohman, M. C. et al. (2014). Suicide risk in long-term care facilities: a systematic review. *Int J Geriatr Psychiatry, 29*, 1198-1211.

Munoz, F. J. A., Rubio-Aparicio, M., Munoz, P. G. et al. (2020). Suicide and dementia: systematic review and meta-analysis. *Rev Psiquiatr Salud Ment, 13*(4), 213-227.

Pieh, C., Budimir, S., & Probst, T. (2020). The effect of age, gender, income, work, and physical activity on mental helath during coronavirus disease (COVID-19) lockdown in Austria. *J Psychosomatic Research, 136*. http://doi.org/10.1016/j.psychores.2020.110186

Richard-Devantoy, S., Turecki, G., & Jollant, F. (2016). Neurobiology of elderly suicide. *Archives Suicide Research, 20*, 291-313.

Raue, P. J., Ghesquiere, A. R., & Bruce, M. L. (2014). Suicide risk in primary care: identification and management in older adults. *Curr Psychiatry Rep, 16*, 466.

Steck, N., Egger, M., Maessen, M. et al. (2013). Euthanasia and assisted suicide in selected European countries and US states. *Medical Care, 51*(10), 938-944.

Van Orden, K. A., Witte, T. K., Cukrowicz, K. C. et al. (2010). The interpersonal theory of suicide. *Psychol Rev, 117*(2), 575-600.

Wong, S. Y. S., Zhang, D., Sit, R. W. S. et al. (2020). Impact of COVID-19 on loneliness, mental health, and health service utilisation. *Br J Gen Pract*. http://doi.org/10.3399/bjgp20X713021

Zeppegno, P., Gattoni, E., Mastrangelo, M. et al. (2019). Psychosocial suicide prevention interventions in the elderly. a mini-review of the literature. *Frontiers in Psychology, 9*, 2713.

18

직장에서의 정신건강과 자살예방

최근 장시간 노동, 직장 내 괴롭힘, 과도한 업무량, 성희롱, 정리해고 등으로 인한 노동자의 자살과 정신건강 문제가 사회적인 관심을 받으면서 산업재해보상보험의 쟁점으로 부각되고 있다. 그러나 여전히 정신건강 문제는 개인적인 문제나 개인적 취약성으로 여겨지며, 정신질환자라는 낙인과 승진이나 인사고과 등의 불이익에 대한 두려움으로 인해 정신건강 문제를 숨기는 문화가 만연하다. 적절한 때에 치료받지 못하여 정신건강 문제가 더욱 악화되고 결국 노동자가 자살한 이후에야 예방을 위해 노력하지만, 근본적인 대책 부족으로 안타까운 죽음이 여전히 반복되고 있다.

노동자의 정신건강과 자살예방은 기업의 생산성 유지 차원에서 매우 중요할 뿐만 아니라 국가와 사회적 차원에서 개입이 필요한 중대한 문제이다. 이 장에서는 직장에서의 정신건강과 자살예방사업의 현황을 살펴보고 한국 상황에 맞는 방향을 제안하고자 한다.

* 김인아(한양대학교 의과대학 직업환경의학교실 교수)
* 장정원(한양대학교 건강과 사회 연구소 연구조교수)

1. 노동자 정신건강 관리의 중요성

경제협력개발기구(OECD)에 따르면 불안이나 우울증이 있는 사람들은 실업률이 2배 높으며, 빈곤과 사회적 소외 속에서 살 위험이 높다.[1] 정신질환의 높은 유병률은 세계적으로 중요한 경제적 부담이다. 근무지에서의 정신건강 문제는 일반적으로 결근 증가, 생산성 감소, 이직률 증가, 장애 청구 증가 등으로 나타나므로 노동자의 정신건강 및 업무 스트레스에 대한 관심 부족은 결국 비용 증가로 이어진다(WHO, 2006).

생산가능인구의 자살은 미국, 일본뿐만 아니라 우리나라의 주요 사망원인 중 하나로 계속해서 증가하고 있다. 노동자의 정신건강 문제와 자살은 가족과 다른 노동자의 건강에 엄청난 타격을 준다. 특히 노동자의 자살은 가족의 의료이용을 4배 이상 증가시키며, 다른 10~20명의 노동자의 자살시도에 영향을 미친다(정상혁, 2005; WHO, 2006). 우울과 자살의 사회경제적 비용은 암에 이어 2위로 2011년 기준으로 2007년보다 40% 이상 급증했으며, 생산성이 높은 20~30대 자살은 특히 그 비용이 크다(이선미 외, 2013; 현경래 외, 2014, 2017). 따라서 생산가능인구의 정신건강은 국가의 노동시장과 사회 정책의 핵심 문제이다.

직장에서의 정신건강 증진은 정신질환을 치료하는 개념뿐만 아니라 전체적인 집단의 정신건강 수준을 향상시키는 것을 목적으로 해야 하므로 정신건강의 일반적 특성 및 사업장의 특수성을 고려한 대책이 필요하다. 정신건강을 위해 중요한 사회 및 경제적 결정요인은 다음의 세 가지로 볼 수 있다(Keleher & Armstring, 2005).

첫째는 사회적 포용으로, 사회와 지역사회 연결, 안정적이고 지지적인 환경, 다양한 사회적 및 신체적 활동, 네트워크와 지지적인 관계에 대한 접근, 가치 있는 사회적 지위가 포함된다.

둘째는 차별과 폭력으로부터의 자유로, 여기에는 다양성의 가치, 물리적 보안, 자신의 삶을 스스로 결정하고 통제할 기회를 포함한다.

셋째는 경제적 자원 및 참여에 대한 접근으로, 업무와 의미 있는 참여에 대한 접근, 교육에 대한 접근, 적합한 거주지에 대한 접근, 금전에 대한 접근을 포함한다.

---

1) https://www.oecd.org/employment/mental-health-and-work.htm

이러한 요인은 작업장 환경 및 노동조건과 불가분의 관계로 얽혀 있으므로 직장에서의 정신건강 증진 프로그램에서는 이러한 요인을 고려할 수 있어야 한다.

2. 노동자의 정신건강에 영향을 주는 요인

노동자의 정신건강은 개인의 취약성, 스트레스가 많은 근무조건, 사회 및 환경적인 스트레스 등 복잡한 상호작용의 결과이며 국가의 경제적 상황 등에도 영향을 받는다 (WHO, 2006).

노동자의 정신건강에 영향을 미치는 일부 요인은 다음과 같다(Wyeth, 2009).

- 개인 및 업무 스트레스 수준
- 생활양식 및 건강 행태
- 외상에의 노출
- 유전적 요인

일반적으로 어떤 개인에 대한 요구가 그들의 자원과 대처 능력을 초과할 때 정신건강에 부정적인 영향을 미칠 수 있다. 직장에서 많은 시간을 보내는 노동자에게 영향을 미칠 수 있는 작업장의 사회심리적 요인(psychosocial factors)에 대한 연구들이 지속적으로 이루어지고 있다.

국제노동기구(ILO)와 세계보건기구(WHO)는 작업장의 사회심리적 요인을 작업 환경, 직무 내용, 조직의 환경 및 노동자의 역량 및 직무 고려사항의 상호작용으로 정의했으며, 노동자의 지각과 경험을 통해 건강, 업무 수행, 직무 만족에 영향을 미칠 수 있다고 했다(ILO, 1986, p. 3). 이러한 요인이 노동자에게 부정적으로 작용하면 사회심리적 위험(psychosocial hazards), 즉 업무 스트레스가 된다. 장기간의 업무 스트레스 노출은 근골격계 장애, 우울증, 상해, 직장 폭력 및 자살 등 노동자의 신체적·정신적·사회적 건강 전반에 해로운 영향을 미친다(Leka & Jain, 2010).

업무 스트레스는 작업 조직, 작업 디자인 및 노사 관계에서 나타나는 사회심리적 위험에 의해 결정되며, 업무 요구가 노동자의 능력, 자원 또는 요구를 초과하거나 개별 노동자 또는 집단의 지식이나 대처 능력이 조직의 조직문화에 대한 기대와 일치하지 않을 때 발생한다. 노동자의 정신건강에 영향을 미치는 사회심리적 위험은 다양하며

표 18-1 작업장의 사회심리적 위험

사회심리적 위험		주요 내용
업무내용	업무량/업무속도	• 업무 과부하 또는 과부족 • 작업속도에 대한 통제력 부족 • 높은 수준의 시간적 압력
	작업 설계	• 다양성 부족 또는 짧은 작업 주기 • 단편적이거나 의미 없는 작업 • 업무 기술사용 부족 • 높은 불확실성
	작업 스케줄	• 교대근무 • 경직된 근무 일정 • 예측할 수 없는 작업 시간 • 장시간 작업 또는 정규 근무시간 외의 작업
	작업환경/작업장비	• 장비와 시설의 신뢰성, 가용성, 적합성 및 유지 보수 또는 수리에 대한 문제
업무조건	조직 문화/기능	• 의사소통 부족 • 문제해결과 개인의 개발에 대한 낮은 수준의 지원 • 조직 목표에 대한 정의 부족
	조직에서의 역할	• 역할 모호성 및 역할 갈등 • 사람에 대한 책임
	경력 개발	• 경력 정체 및 불확실성 • 과소 승진 또는 과잉 승진 • 낮은 임금 • 직업 불안정 • 업무의 낮은 사회적 가치
	결정자유/통제력	• 의사 결정에 대한 낮은 참여 • 업무에 대한 통제력 부족(특히 참여 통제는 상황에 따라 더 광범위한 조직 문제)
	직장에서의 대인관계	• 사회적 또는 신체적 고립 • 상사와 원만하지 않은 관계 • 대인관계 갈등 • 사회적 지지 부족
	가정과 직장 양립	• 가정과 직장의 요구 상충 • 가정에서의 낮은 지지 • 이중 경력 문제

출처: Forastieri (2016). p. 14에서 재인용.

정의가 변화하는 작업 환경에 따라 변경될 수 있다. 최근 연구자들 간에 합의된 열 가지 유형의 사회심리적 위험은 〈표 18-1〉과 같이 크게 업무 내용(content of work)과 업무 조건(context of work)으로 나뉜다. 업무 내용은 근무 조건 및 조직과 관련되어 있으며, 업무 조건은 업무와 노사 관계와 관련이 있다(Forastieri, 2016).

3. 직장 건강증진 프로그램과 정신건강

직장 건강증진 프로그램은 노동 생활, 건강과 모든 노동자의 삶의 질과 건강을 지속적으로 향상시키기 위해 개발된 일련의 활동, 전략 및 정책을 의미하는 것으로, 이러한 개입은 신체적·심리적·조직적·경제적 환경을 개선하고 개인의 권한 부여를 증가시키며 개인을 성장시킨다(Canadian Mental Health Association, 2017에서 재인용). 효과적인 직장 건강 증진 프로그램은 산업 보건 및 안전, 자발적 건강 관행 및 조직 문화의 세 가지 중요한 범주를 모두 고려하고 해결할 수 있어야 한다. 정신건강은 효과적인 직장 건강증진 프로그램의 주요한 목표 중의 하나이며 직장 건강증진의 각 범주와 밀접하게 관련되어 있다(Canadian Mental Health Association, 2017).

모든 직장의 환경이 다르기 때문에 정신적으로 건강한 직장을 위한 정답은 없다. 일하는 사람, 업무, 조직을 운영하는 지도자, 조직의 크기, 사회 규범에 영향을 미치는 외부 환경, 회사가 사용 가능한 외부 자원에 대한 정보 제공 등의 모든 것이 직원의 정신건강에 영향을 미친다고 볼 수 있다. 따라서 직장 건강증진 프로그램은 산업 안전보건, 조직 문화, 생활습관 등 자발적인 건강행위 등을 직장 건강증진 활동에 포함하여 다양하게 구성할 수 있다.

다음은 직장에서의 정신건강에 긍정적으로 영향을 미치는 여덟 가지 기본 전략이다(Workplace Stress Initiative, 2006).

① 적극적인 직원 참여 및 의사 결정 장려
② 직원의 의무와 책임을 명확하게 정의
③ 일과 생활의 균형 증진
④ 존중하고 경멸하지 않는 행동을 장려
⑤ 업무량 관리
⑥ 지속적인 교육 허용

⑦ 갈등해결에 대한 관행 마련
⑧ 직원의 공헌을 효과적으로 인식

포괄적인 직장 건강증진 프로그램을 운영하는 것은 생산성, 사기 및 직원 만족, 직원 협력, 창의력, 회사에 대한 충성도 및 신규 인원 충원을 높이는 한편, 질병으로 인한 결근을 줄이고 잦은 이직을 방지하여 채용 및 교육 비용을 절감시키는 등 다양한 효과를 가져올 수 있다(Canadian Mental Health Association, 2017).

4. 직장에서의 자살예방

세계보건기구는 『정신건강행동계획(Mental Health Action Plan 2013~2020)』에서 2030년까지 근무지의 정신건강을 증진시키고 자살을 예방하기 위해 다음과 같은 실행을 제안하였다.[2] ① 정신 및 심리 사회적 장애에 영향을 받는 사람들을 위해 업무 참여 및 업무 복귀 프로그램을 장려한다. ② 업무 조직의 개선, 관리자를 위한 정신건강 교육, 스트레스 관리 과정 및 직장 건강 프로그램을 제공하고, 낙인 및 차별에 대한 대처를 통해 안전하고 지지적인 근무 조건을 장려한다. ③ 자살예방을 위해 직장 이니셔티브를 장려한다(WHO, 2013).

직장에서의 자살예방은 별도의 프로그램으로 존재하는 것이 아니라 직장 건강증진 체계 내에서 정신건강을 포괄하면서 진행되며, 국외의 가이드라인은 사업주와 노동자가 동료들의 위기를 인지하고 위기사건을 예방하는 것에 중점을 두고 있다.

관리자가 인지할 수 있는 노동자의 자살 관련 위험요인은 다음과 같다(WHO, 2006).

- 다 그만두고 싶다는 언급이나 희망 없음, 삶의 이유를 못 찾겠다는 언급
- 고립, 외로움, 자존감의 하락, 여러 문제에 빠져 있다는 언급
- 동료들과의 괴리, 생산성의 감소나 업무 완수가 안 되는 경우
- 불안, 초조, 충동성, 공격성 등 행동의 변화
- 자살에 대한 계획을 세우는 등 삶을 중지하겠다는 발언

---

2) 『정신건강행동계획 2013~2020』은 UN 지속가능발전목표의 3.4(2030년까지 예방 및 치료를 통하여 비전염성 질병으로 인한 조기 사망을 3분의 1로 감축하고 정신건강 및 복지를 증진한다.)의 달성을 위해 2030년까지 연장되었다.

- 약물이나 알코올 남용
- 우울감이나 이전의 자살사고
- 괴롭힘이나 따돌림

사업장에서의 자살예방을 위한 원칙은 다음과 같다.

- 전략의 통합
- 포괄적이고 지속적인 투자
- 위험요인의 감소
- 문화 양성
- 인권 및 존엄감의 보존
- 건강증진
- 관계성의 향상
- 실천 중심적 접근

사업장에서의 자살예방 프로그램의 필수 요소는 다음과 같다.

- 리더십: 사업장의 전반적 건강증진과 웰빙 중심 문화 양상
- 직무 긴장의 감소: 직무긴장에 대한 평가와 그 악영향에 대한 공론화
- 소통: 자살에 대한 이해와 자살위험이 있는 사람들의 불안 감소에 대한 인식의 향상
- 셀프 케어 중심: 스스로 스트레스와 위기를 스크리닝하고 이에 대처할 수 있는 능력 함양
- 훈련: 자살예방 프로그램에서의 역할 때 따른 각자의 역할에 대한 훈련
- 동료의 지지와 안녕: 공식적 · 비공식적 지원
- 정신건강과 위기 관리: 평가와 증진
- 완화 전략: 수단에 대한 접근을 줄이고 법적 문제를 고지
- 위기 반응: 자살 후 사후관리, 통합

직장에서의 자살예방 프로그램은 일반 노동자, 자살 고위험군, 자살시도자 각 단계별로 접근이 필요하다. 일반 노동자에게는 정신건강 수준을 파악하여 자살에 대한 교

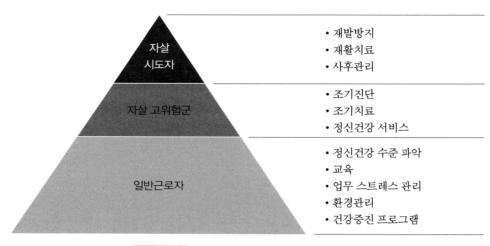

그림 18-1 **노동자 자살예방 프로그램 접근 단계**

출처: 김숙영 외(2016). p. 48.

육, 업무 스트레스 관리, 환경관리, 건강증진 프로그램 등을 제공하며, 우울증 수준이 높거나 자살 고위험군인 노동자는 조기진단 및 조기치료를 받을 수 있도록 지원한다. 또한, 자살시도자를 대상으로는 재활치료와 사후관리와 관련한 자살예방 프로그램이 제공되어야 한다(김숙영 외, 2016).

그러나 대부분의 직장 자살예방 활동은 자살 고위험군 및 자살시도자를 대상으로 이루어지고 있어, 근무지의 정신장애 및 자살과 관련이 있는 것으로 밝혀진 사회심리적 위험이나 업무 스트레스의 중재를 다루는 1차 예방 수준 접근이 부족하다. 또한 경찰과 군인과 같은 직업과 관련이 있을 수 있는 치명적인 자살 방법에 대한 접근 제한에 대한 내용을 자살예방 프로그램에서 다루고 있지 않는 점이 제한점으로 지적되고 있다(Milner et al., 2015).

5. 한국에서의 작업장 자살예방

현재 경찰, 소방, 철도기관사 등의 일부 특수직군을 제외하고는 체계적인 작업장 자살예방 프로그램이 부족한 수준이다. 이는 특히 사기업에서 노동자의 자살과 정신건강 문제를 개인적인 원인으로만 바라보는 한계가 있고 개인 수준의 심리상담이나 정신과 진료를 유일한 해결책으로 인식하여 직장에서 자살예방 개입에 적극적이지 않은 이유로 볼 수 있다.

　한국 작업장의 자살예방 프로그램은 노동자들의 자살이 사회적으로 이슈가 되었던 몇 개 사업장에서 실시되는 것이 일반적이며, 주로 공공기관과 공무원을 대상으로 시행하고 있는 사업 등이 일부 소개되고 있다. 또한 일부 민간병원과 EAP(Employee Assistance Program) 지원기관 등이 정신건강증진 차원에서 상담을 제공하는 등의 활동을 하고 있으나, 구체적인 운영은 정확하게 파악이 안 되는 상황이다. 또한 자살예방 프로그램을 운영하고 있는 경우라고 하더라도 심리상담과 심리적 위기대응 프로그램 등을 중심으로 운영되고 있는 상황이라 통합적·조직적 관리에는 한계가 많은 상황이다.

　한국에서의 노동자 자살예방을 위해서는 사업장의 규모, 보건관리자의 역할 등을 감안한 사업장 정신건강관리 및 자살예방 프로그램을 구축할 필요가 있으며, 리더쉽 함양을 위한 제도적 지원, 직업안전보건체계를 활용한 통합적 전략, 지역사회 자원과의 연계 등의 과제가 있다.

참고문헌

김숙영, 서연옥, 박정아(2016). 직업건강 가이드라인: 근로자 자살예방. 울산: 안전보건공단.

이선미, 백종환, 윤영덕, 김재윤(2013). 정신건강문제의 사회경제적 영향 분석 및 관리방안 연구: 우울증을 중심으로. 서울: 국민건강보험 건강보험정책연구원.

정상혁(2005). 우리나라 자살의 사회·경제적 비용부담에 관한 연구. 국립서울병원 국립정신보건교육연구센터.

현경래, 이선미, 최기춘, 이수연, 김재윤(2014). 건강보장정책 우선순위 설정을 위한 주요 질병의 사회경제적 비용 분석. 서울: 국민건강보험 건강보험정책연구원.

현경래, 최기춘, 이선미, 이수연(2017). 건강보장정책 수립을 위한 주요 질병의 사회경제적 비용 분석. 강원: 국민건강보험 건강보험정책연구원.

Canadian Mental Health Association. (2017). *Workplace mental health promotion: A how to guide.*

Forastieri, V. (2016). Prevention of psychosocial risks and work-related stress. International *Journal of Labour Research, 8*(1-2), 11-34.

ILO. (1986). *Psychosocial factors at work: recognition and control.*

Keleher, H., & Armstrong, R. (2005). *Evidence-based mental health promotion resource.* Report for the Department of Human Services and VicHealth, Melbourne.

Milner, A., Page, K., Spencer-Thomas, S., & LaMontagne, A. D. (2015). Workplace suicide prevention: a systematic review of published and unpublished activities. *Health promotion international, 30*(1), 29–37.

WHO. (2006). *Preventing suicide: A resource at work.* World Health Organization.

Leka, S., & Jain, A. (2010). *Health impact of psychosocial hazards at work: an overview.* World Health Organization.

WHO. (2013). *Mental health action plan 2013–2020.* World Health Organization.

Workplace Stress Initiative. (2006). *The Healthy Workplace.* Making it Work. MFL Occupational Health Centre.

Wyeth, E. (2009). *Beyond Emotion: Depression Creates Disconnect for Canadians at Home.* with Friends and in the Workplace.

과로와 자살

　「산업재해보상보험법」(이하 '산재보험법')에서는 육체적·정신적 과로로 인한 심·혈관 질환 등으로 사망한 사안과 마찬가지로, 정신적·육체적 과로로 인하여 스스로 생을 마감하는 '과로 자살'이 과연 업무상 재해[1]로 인정되는지 여부가 쟁점이 되고 있다.

　『자살예방백서』(중앙자살예방센터 편, 2019)에 따르면, 2018년 자살사망자는 13,670명으로, 전체 사망원인 중 5위를 차지하였다. 이는 2011년도 자살사망자 15,906명과 비교하여 2,236명이 감소하였고, 자살률은 2011년 대비 14.1%가 감소한 수치이다.

　2018년 경찰청 변사자료에 따른 동기별 자살 현황을 살펴보면, 전체 자살사망자 13,216명 중 487명(3.7%)의 자살동기가 '직장이나 업무상의 문제'로 파악되고 있다. 최근 5년간 '직장이나 업무상의 문제'로 자살한 통계자료를 보면, 2014년 552명(4.0%), 2015년 559명(4.2%), 2016년 514명(3.9%), 2017년 487명(3.9%), 2018년 487명(3.9%)으로 기록되어 있다(중앙자살예방센터 편, 2019, p. 79에서 재인용).

　앞에서 살펴본 동기별 자살 현황 중 '직장이나 업무상의 문제'로 자살한 최근 5년간 통계자료를 통하여 취업자, 즉 회사와 근로계약을 체결하고 근로를 제공하는 근로기준

---

* 이창승(노무법인 터전 경기지사 대표노무사)

1) 「근로기준법」상 근로자의 경우, 산업재해를 '업무상 재해'라고 하며, 공무원의 경우 이를 '공무상 재해'라 한다.

법상 '근로자' 중 매년 500여 명 안팎의 근로자가 안타깝게 자살로 생을 마감하는 것으로 추정할 수 있다. 매년 500여 명 안팎의 자살사망자가 모두 근로복지공단에 '업무상 재해', 즉 산재를 신청하는 것은 아니지만 직장이나 업무 스트레스 및 과로 등 일과 관련된 근로자의 자살사망자 연간 500여 건 중에서 산재를 신청하는 경우는 연간 100건(2018년 95건)에 미치고 못하고 있다. 2017년 전체 자살사망자는 12,463명이고 이 중에서 근로자는 4,231명이지만, 산재를 신청한 근로자는 59명에 불과하였다(한국일보, 2019. 9. 10.).

연도별 자살 근로자의 산재승인율은 2011년 48건 중 11건(23%), 2012년 49건 중 16건(32%), 2013년 24건 중 5건(21%)에 불과해 과로 자살을 인정한 비율은 겨우 25.3%에 불과하다(한국일보, 2014. 10. 17.)

이와 같이 자살 근로자의 산재 승인률이 매우 낮은 이유는 산업보험법상 자살이 '업무상 재해로 인정되는 기준 및 요건 등'이 지나치게 까다롭고, 자살과 과로 사이에 '업무 관련성'이 있으며 의학적으로 과로와 자살 사이에 업무적인 요인의 '상당인과관계'가 존재한다는 입증책임이 전적으로 이를 주장하는 '근로자 측(유가족)'에게 있기 때문이다. 업무상 재해의 도입 취지와 판례의 입증책임 완화 경향 등을 고려할 때, 의학적인 논란의 소지가 있는 질병 등에 대해서는 피해 근로자 측의 입증책임을 경감하는 입법적 방안을 모색할 필요가 있다(김가람, 2009, p. 530).

그러나 현실적으로 법률적 · 의학적 지식이 없는 '근로자 측(유가족)'이 과로와 자살 사이에 업무 관련성 및 의학적인 상당인과관계를 밝혀내어 이를 입증한다는 것은 사실상 불가능에 가까웠다. 그것은 '자살'이 아니라 '산재'였음에도 불구하고 현실적으로 지나치게 까다로운 산재 인정 요건과 '근로자 측(유가족)'에게 떠넘겨진 입증책임으로 인하여 자살에 대한 산재 인정은 너무나 어려웠다.

2019년 3월, 근로복지공단은 2018년 2월경 서울 ○○병원 중환자실에서 근무하다 스스로 세상을 등진 故 박○○ 간호사의 죽음을 업무상 재해로 인정하였는데,[2] 이는 '과로 자살'을 인정한 매우 의미 있는 사례이다. 이와 유사한 과로 자살을 업무상 재해로 인정하는 승인율이 급격히 증가하여 자살에 대한 산재 신청 승인율이 2016년 34.5%에서 2018년 80%로 급상승하였다. 이러한 변화는 불과 3~4년 전만 하더라도 근로자의 자살은 개인적인 성격이나 정신질환 등 정신적 문제로 치부하였고, 자살의 산재승

---

2) 2019. 3. 6. 근로복지공단 서울업무상질병판정위원회에서 고인의 자살을 '업무상 사유에 의한 사망'으로 인정함

인 요건이 매우 까다롭고 입증하기도 어려웠던 점을 고려하면 매우 큰 변화라고 할 수 있다(한국일보, 2019. 9. 10.).

이처럼 최근 근로복지공단의 자살에 대한 산재승인률이 증가한 것은 자살에 대한 업무상 재해 인정(판단) 기준인 근로복지공단의 자체 내부 조사 지침[3]이 다소 완화된 것일 뿐,「산재보험법」이 근본적으로 개정되어 나타난 결과라고 보기 어렵다.

이 장에서는 현행「산재보험법」상 '과로'와 '자살(자해행위)'[4]과 관련된 업무상 재해 인정 요건을 살펴보고, '과로 자살'을 인정한 사례와 부정한 사례에 대하여 살펴본 후, 과로 자살이 바로 '업무상 재해'로 인정될 수 있는 구체적인 기준 및 요건 등에 대해서 살펴보고자 한다.

1. 산재보험법상 일반적인 과로의 판단 기준

산재보험법상 일반적인 '과로사(뇌혈관, 심장질병 등에 따른 사망)'에 대하여 업무상 재해 여부를 판단할 때 적용하는 기준 중 가장 핵심적인 기준은 바로 육체적 또는 정신적 과로를 유발할 만큼의 '장시간 근로시간'이 있었는지, 있었다면 해당 장시간 근로시간이 얼마나 발생했는지에 대하여 계량적인 방법으로 평가한 '수치화된 자료'이다.

업무상 재해 여부를 결정하는 기관인 근로복지공단에서 일반적인 과로, 과로사 등에 대하여 업무와 관련된 육체적·정신적 부담 요인을 판단할 때, 뇌혈관 또는 심장질병 등에 영향을 줄 수 있는 업무상 부담 요인으로 모두 세 가지를 제시하고 있다.

첫째, 발병 전 24시간 이내에 돌발적인 사건과 급격한 업무환경의 변화 요인이 있었는지
둘째, 단기간 동안 업무상 부담 요인이 있었는지(발병 전 7일 기간)
셋째, 만성적(중·장기적)으로 과중한 업무요인이 있었는지(발병 전 4주간 또는 12주간 기간)

---

3) 근로복지공단 '정신질병 업무관련성 조사 지침'. 2019. 5. 8. 개정(제2019-22호).
4) 「산재보상법」상 '자살'이라는 직접적인 용어를 사용하지 않고 있으며, 자살을 '자해행위'라는 간접적인 용어로 규정하고 있다(「산재보상법」제37조 제2항, "근로자의 고의·자해행위나 범죄행위 또는 그것이 원인이 되어 발생한 부상·질병·장해 또는 사망은 업무상의 재해로 보지 아니한다.").

뇌혈관 · 심장질병에 영향을 줄 수 있는 업무상 부담 요인

돌발적인 사건과 급격한 업무환경의 변화 요인	단기간 동안 업무상 부담 요인	만성적 과중한 업무요인
증상 발생 전 24시간 이내 업무와 관련된 돌발적이고 예측 곤란한 사건의 발생과 급격한 업무환경의 변화로 뇌혈관 또는 심장질병이 자연경과를 넘어 급격하고 뚜렷하게 악화된 경우	**발병전 1주일 이내** 업무량이나 시간이 이전 12주(발병 전 1주일 제외)간에 1주 평균보다 30퍼센트 이상 증가되거나, 업무강도·책임 및 업무환경 등이 적응하기 어려운 정도로 바뀐 경우	**발병전 3개월 이상** 연속적으로 과중한 육체적·정신적 부담을 발생시켰다고 인정되는 업무적 요인이 객관적으로 확인되는 상태를 말하며, '만성적인 과중한 업무' 해당 여부는 업무량·강도 등을 종합판단
평가 시 고려사항	**평가 시 고려사항**	**평가 시 고려사항**
• 극도의 긴장, 흥분, 공포, 경악, 놀람 등 강도 있는 정신적 충격을 일으키는 돌발적 또는 예측 곤란한 사건 발생 • 급격하고 뚜렷한 작업환경의 변화로 생리적 리듬을 정상적으로 유지하기 어려운 경우 발생	• 업무량 또는 업무시간이 이전 12주(발병 전 1주일 제외)간에 1주 평균보다 30퍼센트 이상 증가 여부 • 업무책임·강도 및 휴일·휴무 등 휴무시간, 근무형태·업무환경의 변화 및 적응시간 등 육체적·정신적 부담 정도 • 업무시간 평가 시 야간근무시간은 30% 가중	• 발병 전 4주 동안 업무시간이 1주 평균 64시간을 초과하거나 발병 전 12주 동안 업무시간이 1주 평균 60시간을 초과하면 업무와 발병의 관련성 강함 • 발병 전 12주 동안 업무시간이 1주 평균 52시간을 초과하면서 추가적인 업무부담요인이 있으면 업무와 발병의 관련성 강함: 근무일정예측의 어려움, 교대제, 휴일부족, 유해한 작업환경, 시차, 육체적 강도, 정신적 긴장 • 업무시간 평가 시 야간근무시간은 30% 가중

계량적 평가 이외의 고려사항
• 업무강도, 야간근무 • 근무일정(예측 가능성), 교대제 업무, 휴일이 부족한 업무, 유해한 작업환경, 육체적으로 강도가 높은 업무, 시차가 큰 출장이 잦은 업무, 정신적 긴장을 동반하는 업무 등 과중 부하 요인 • 휴일·휴가 등 휴무시간, 적응 기간 • 해당 근로자의 성별, 연령 등

육체적 · 정신적인 부담 요인 종합판단

그림 19-1 육체적 · 정신적인 부담 요인 판단방법

출처: 근로복지공단(2018. 1. 9.).

이 세 가지 요인 모두 근무시간과 매우 밀접한 연관성이 있는 기준으로 요건 모두 계량적인 방법에 따른 판단방법으로 볼 수 있다. 다만, 계량적 평가 이외에 추가적인 고려사항으로 '업무강도', '야간근무, 근무일정, 육체적으로 강도가 센 업무, 교대제 근무, 시차가 큰 출장이 많은 업무, 육체적 강도, 정신적 긴장을 동반하는 업무 등 과중 부하 요인', '휴일, 휴가 등 휴무시간, 적응기간' '평균인이 아닌 해당 근로자의 성별, 연령 등'을 고려하지만, 과로에 해당되는지 여부를 판단할 때 가장 핵심적인 요인은 계량적 평가가 가능한 '근로시간'이다. 근로복지공단에서 제시하고 있는 육체적·정신적인 부담 요인 판단방법은 [그림 19-1]과 같다.

아직 산재보험법상 '과로 자살'에 대한 명시적인 인정 요건과 관련 규정은 없으며 '과로'로 인한 '자살'이 업무상 재해에 해당하는지 여부를 판단할 때 재해자의 '과로'에 대한 판단 기준은 우선적으로 계량적 평가를 할 수 있는 근로시간에 관하여 확인을 하게 된다.

2019년 3월 7일, 병원 내 이른바 '태움(병원 내 집단 괴롭힘)' 등으로 자살한 병원 간호사의 과로 자살을 업무와 관련된 산업재로 인정한 첫 번째 사례의 경우에도 근로복지공단 서울업무상질병판정위원회는 '과로'가 재해자의 우울감의 원인이 되었다는 주장에 대해서는 이를 입증할 만한 근거가 부족하다고 하여 '과로'에 의한 자살은 인정하지 않았다.[5] 다만, 재해자의 자살이 업무상의 사유로 인하여 급작스럽게 야기된 정신적 이상 상태로 인한 자해행위라는 것에 대한 의학적 타당성을 인정하였는데, 즉 재해자의 자살은 업무상 과로에 의한 결과가 아니라 중환자실 간호 업무를 수행하는 과정에서 발생한 정신병적 이상 상태로 인하여 자살한 것임을 인정한 것이다(이경희, 최선임, 박보현, 2019, p. 279).

2. 「산재보험법」상 '과로 자살'과 관련된 업무상 재해 인정 기준(제37조)

산재보험법상 업무상 재해의 개념 및 성립 요건 등에서 '과로'와 '자살'이라는 용어나 단어를 언급한 관련 조항은 없고, 업무상 사유에 기인한 자살인 '과로 자살'의 개념 역

---

5) 재해자 측은 '과중한 업무시간'으로 인한 스트레스, 즉 과로 자살을 입증하기 위하여 재해자의 사망 전 근무시간을 객관화시킬 수 있는 간접적 자료와 관련 증거를 제출하였으나, 근로복지공단에서는 이를 인정하지는 않았다(이경희, 최선임, 박보현, 2019).

시 규정된 바가 전혀 없다. 이렇듯, 산재보험법상 '과로'와 '자살', '과로 자살'은 일종의 금기어로 볼 수 있다.

과로사(업무에 기인한 육체적·정신적 부담 또는 스트레스 등으로 유발된 심·혈관 질환 등으로 인한 사망)에 대해서 근로복지공단 업무 처리 지침[6]에서 세부적인 인정 기준을 두고 있으나, 근로자가 업무상 사유에 기인한 과로 또는 정신적 스트레스 등으로 인하여 자살을 한 경우에는 명시적인 규정이나 기준이 없으며, 과로 자살이 업무상 재해(산재)가 될 수 있다는 사회 인식 역시 아직까지는 널리 퍼져 있지 않다. 업무상 사유로 인하여 자살한 것을 일컫는 '과로 자살'이라는 단어조차 아직까지 생소하게 느껴지는 것이 한국 사회의 현실이다(오빛나라, 2017. 7. 12.).

따라서 '과로 자살', 즉 업무에 기인한 과도한 육체적·정신적 부담 또는 스트레스 등에 의한 자살을 산재로 인정받기 위해서는 산재보험법상 일반론적인 인정요건인 '업무상 재해의 인정 기준'(「산재보험법」 제37조)과 '자해행위에 따른 업무상의 재해의 인정 기준'(「산재보험법 시행령」 제36조)을 추가적으로 살펴봐야 한다.

1) 업무상 재해에 대한 법적 개념
(산재보험법 제5조 1호 및 제37조 제1항)

산재보험법 제5조 1호에서 "업무상 재해란 업무상의 사유에 따른 근로자의 부상·질병·장해 또는 사망을 말한다."라고 규정하고 있으며, 산재보험법 제37조 제1항에서는 '업무상의 재해의 인정 기준'을 다시 크게 세 가지로 정의하고 있다(업무상 사고, 업무상 질병, 출퇴근 중 재해).

「산재보험법」 제37조(업무상의 재해의 인정 기준) 제1항 내용

① 근로자가 다음 각호의 어느 하나에 해당하는 사유로 부상·질병 또는 장해가 발생하거나 사망하면 업무상의 재해로 본다. 다만, 업무와 재해 사이에 상당인과관계(相當因果關係)가 없는 경우에는 그러하지 아니하다.

---

6) 근로복지공단 '뇌혈관질병·심장질병 업무상 질병 조사 및 판정 지침'. 2018. 1. 9. 개정(제2018-02호).

1. 업무상 사고

가. 근로자가 근로계약에 따른 업무나 그에 따르는 행위를 하던 중 발생한 사고

나. 사업주가 제공한 시설물 등을 이용하던 중 그 시설물 등의 결함이나 관리소홀로 발생한 사고

다. 삭제 〈2017. 10. 24.〉

라. 사업주가 주관하거나 사업주의 지시에 따라 참여한 행사나 행사준비 중에 발생한 사고

마. 휴게시간 중 사업주의 지배관리하에 있다고 볼 수 있는 행위로 발생한 사고

바. 그 밖에 업무와 관련하여 발생한 사고

2. 업무상 질병

가. 업무수행 과정에서 물리적 인자(因子), 화학물질, 분진, 병원체, 신체에 부담을 주는 업무 등 근로자의 건강에 장해를 일으킬 수 있는 요인을 취급하거나 그에 노출되어 발생한 질병

나. 업무상 부상이 원인이 되어 발생한 질병

다. 「근로기준법」 제76조의2에 따른 직장 내 괴롭힘, 고객의 폭언 등으로 인한 업무상 정신적 스트레스가 원인이 되어 발생한 질병

라. 그 밖에 업무와 관련하여 발생한 질병

3. 출퇴근 재해

가. 사업주가 제공한 교통수단이나 그에 준하는 교통수단을 이용하는 등 사업주의 지배 관리하에서 출퇴근하는 중 발생한 사고

나. 그 밖에 통상적인 경로와 방법으로 출퇴근하는 중 발생한 사고

앞의 내용과 같이, 업무상 재해 인정 요건 중에서 '과로 자살'과 관련된 업무상 재해 인정 기준을 구체적으로 명시한 내용은 찾아볼 수 없으며, 근로자의 자살(자해행위)에 대한 업무상 재해 인정 기준은 산재보험법 제37조 제2항에서 간접적으로 규정하고 있다.

2) '자살' 관련 업무상 재해 인정 기준(「산재보험법」 제37조 제2항)

「산재보험법」 제37조 제2항에 따르면, '근로자의 자해행위', 즉 '자살'은 고의적인 자해행위에 해당하므로 원칙적으로 업무상 재해로 인정되지 않는 것으로 규정하고 있다.

> **「산재보험법」 제37조(업무상의 재해의 인정 기준) 제2항 내용**
>
> 근로자의 고의·자해행위나 범죄행위 또는 그것이 원인이 되어 발생한 부상·질병·장해 또는 사망은 업무상의 재해로 보지 아니한다. 다만, 그 부상·질병·장해 또는 사망이 정상적인 인식능력 등이 뚜렷하게 낮아진 상태에서 한 행위로 발생한 경우로서 대통령령으로 정하는 사유가 있으면 업무상의 재해로 본다.

다만, 자살이 정상적인 인식능력 등이 뚜렷하게 낮아진 상태에서 한 행위로 발생한 경우에는 극히 예외적으로 업무상 재해로 인정되고 있다.

업무에 기인하여 육체적인 과로를 하였거나 또는 정신적으로 심각한 스트레스 등으로 인한 자살을 주장하며 근로복지공단에 업무상 재해를 신청하는 경우에 '과로 자살'이라는 정립된 규정이 없기 때문에 「산재보험법」 제37조 제2항을 근거하여 '유족급여 및 장의비 청구'를 하게 된다.

이때, 청구 취지로 "사망한 근로자가 업무에 기인하여 감당할 수 없을 정도의 급격한 또는 만성적인 육체적으로 과로를 하였고, 이러한 업무상 과로가 해당 근로자의 정신적인 스트레스 또는 정신질환(우울증 등 정신질환) 등을 유발하여 자살을 하게 되었는바, 자살 당시 해당 근로자의 심리상태는 극도의 불안증세 또는 정신질환 등으로 인하여 정상적인 인식능력 등이 뚜렷하게 낮아진 상태, 즉 이성적이고 합리적인 사고나 판단을 할 수 없는 상태였다."라는 점을 주장하게 된다.

3) '자살'을 업무상 재해로 보는 예외적 인정 기준
(「산재보험법 시행령」 제36조)

「산재보험법」상 자살(자해행위)은 원칙적으로 업무상 재해로 인정하지 않지만, 자살을 업무상 재해로 인정하는 기준은 「산재보험법 시행령」 제36조에서 보다 구체적으로 규정하고 있다.

> ### 「산재보험법 시행령」 제36조(자해행위에 따른 업무상의 재해의 인정 기준)
>
> 「산재보험법」 제37조 제2항 단서에서 "대통령령으로 정하는 사유"란 다음 각호의 어느 하나에 해당하는 경우를 말한다. 〈개정 2020. 1. 7.〉
>
> 1. 업무상의 사유로 발생한 정신질환으로 치료를 받았거나 받고 있는 사람이 정신적 이상 상태에서 자해행위를 한 경우
> 2. 업무상의 재해로 요양 중인 사람이 그 업무상의 재해로 인한 정신적 이상 상태에서 자해행위를 한 경우
> 3. 그 밖에 업무상의 사유로 인한 정신적 이상 상태에서 자해행위를 하였다는 상당인과관계가 인정되는 경우

이와 같이 과로 자살이 업무상 재해로 인정되기 위한 요건을 종합하여 정리하면 다음과 같이 제시할 수 있다.[7]

첫째, 업무상 과로가 있을 것
- 발병 전 24시간 이내에 업무와 관련된 사건과 급격한 업무환경의 변화 여부
- 발병 전 1주일 이내 업무량이나 시간이 이전 12주(발병 전 1주일 제외)간에 1주 평균보다 30퍼센트 이상 증가한 경우
- 발병 전 4주간 동안 업무시간이 1주 평균 64시간을 초과하거나 12주 동안 업무 시간이 1주 평균 60시간을 초과한 경우
- 업무강도, 야간근무, 근무일정, 육체적으로 강도가 센 업무, 교대제 근무, 시차가 큰 업무, 육체적 강도, 정신적 긴장·스트레스 등을 동반하는 업무 등 과부하 요인이 있을 것

둘째, 업무상 과로와 발병한 정신질환 사이에 '인과관계'가 있을 것

---

7) 「산재보험법」에는 '고의·자해행위'인 자살은 기본적으로 산재로 인정하지 않는다. '과로 자살'에 대한 구체적인 판단 기준 자체가 없다보니 불명확한 판단 기준이 문제가 되고 있다. 2017년 과로 자살 산재 신청의 불승인 사례를 보면, '업무상 스트레스가 상당하였을 것으로 보이나 자살할 정도의 스트레스로 볼 수 없다.' 등의 자의적인 판단이 많았다. 정신질환을 앓고 있는 재해자가 산재 신청을 하면 '정신질환 과거력이 있다.'라는 이유로 산재 불승인 처분을 하면서, 정작 정신질환으로 근로자가 자살한 뒤 유가족이 산재 신청을 할 때는 '정신질환 과거력이 없다.'라는 이유로 불승인 처분을 내리기도 하였다(한겨레신문, 2019. 1. 13.).

셋째, 정신질환과 자살 사이에 '상당인과관계'가 있을 것

여기에서 '상당인과관계'란 일반적인 경험과 지식에 비추어 그러한 사고가 있으면 그러한 재해가 발생할 것이라고 인정되는 범위에서 인과관계를 인정해야 한다는 것을 말하며, 인과관계의 존재에 대한 입증책임은 보험급여를 받으려는 자(유가족)가 부담하는 것을 원칙으로 하고 있다(대법원 2005. 11. 10. 선고2005두8009).

업무와 재해(과로 자살) 사이에 인과관계의 상당인과관계는 보통 평균인이 아니라 해당 근로자의 건강과 신체조건을 기준으로 해서 판단해야 하는 것으로 판단하고 있다(대법원 2008. 1. 31. 선고2006두8204판결, 대법원 2005. 11. 10. 선고2005두8009판결).

인과관계는 반드시 의학적 · 과학적으로 명백하게 입증되어야 하는 것은 아니고, 근로자의 취업 당시의 건강상태, 발병 경위, 질병의 내용, 치료의 경과 등 제반 사정을 고려할 때 업무와 질병 사이에 상당인과관계가 있다고 추단되는 경우에는 인정하는 것으로 대법원에서는 판시하고 있다(대법원 2007. 4. 12. 선고2006두4912판결).

과로 자살에 관한 최근의 판례 경향은 입증책임을 과거보다는 다소 완화하여 판단하고 있는 것으로 볼 수 있다.

〈대법원 2017. 5. 31. 선고2016두58840〉

그 인과관계는 이를 주장하는 측에서 증명하여야 하지만, 반드시 의학적, 자연과학적으로 명백히 증명되어야 하는 것은 아니며 규범적 관점에서 상당인과관계가 인정되는 경우에는 증명이 있다고 보아야 한다. 따라서 근로자가 극심한 업무상의 스트레스와 그로 인한 정신적인 고통으로 우울증세가 악화되어 정상적인 인식능력이나 행위선택능력, 정신적 억제력이 현저히 저하되어 합리적인 판단을 기대할 수 없을 정도의 상황에 처하여 자살에 이르게 된 것으로 추단할 수 있는 경우라면 망인의 업무와 사망 사이에 상당인과관계가 인정될 수 있고, 비록 그 과정에서 망인의 내성적인 성격 등 개인적인 취약성이 자살을 결의하게 된 데에 영향을 미쳤다거나 자살 직전에 환각, 망상, 와해된 언행 등의 정신병적 증상에 이르지 않았다고 하여 달리 볼 것은 아니다.

다만, 법원과 근로복지공단에서 산재로 인정한 과로 자살 사례의 경우에도 산재보험법상 구체적인 과로 자살의 인정 기준이 없다 보니 개별 사안에 대한 해당 재판부와 근로복지공단의 업무상질병판정위원회의 개별 판단에 따른 것으로, 과로 자살에 대한 업

무상 재해 인정의 구체적인 기준은 입법적 차원보다는 개별 사안에 대한 판단과 해석을 통해 누적되고 있는 것으로 보인다. 우울장애 발병의 업무관련성을 인정하더라도 자살에 이른 경우에는 과거 병력에도 불구하고 우울장애의 발병이나 악화로 인한 업무상 재해가 인정되기도 하지만,[8] 우울장애의 업무상 발병은 인정하나 자살에 이른 것은 업무상 재해로 인정하지 않기도 한다(이경희, 2016, p. 3).[9]

3. 과로 자살에 대한 근로복지공단의 판단 기준 (정신질병 업무관련성 조사 지침)

산재보험법상 과로 자살에 대한 명확한 판단 기준이 없다보니 '과로 자살'에 대하여 업무상 재해 여부를 판단할 때 현실적으로 가장 중요한 기준은 바로 근로복지공단의 『정신질병 업무관련성 조사 지침』[10]이다. 『정신질병 업무관련성 조사 지침』은 법령은 아니지만 과로 자살이 산재에 해당하는지 여부를 결정하는 데 매우 중요한 기준이라 볼 수 있다. 다음 내용은 근로복지공단 『정신질병 업무관련성 조사 지침』 중 자살과 관련된 조사방법 및 판단 등을 중심으로 재정리하였다(근로복지공단, 2021).

1) 특징

산재보험법에서는 자해행위와 이로 인한 결과인 자살 자체는 원칙적으로 업무상 질병으로 보기 어려우나 예외적으로 인정한다.

- 자해행위 또는 자살 전의 "정상적인 인식능력 등이 뚜렷하게 저하된 상태" 또는 "정신적 이상 상태"에 대한 확인이 필요하다.

---

8) "망인은 자살 직전 극심한 업무상 스트레스와 정신적인 고통으로 인하여 우울증세가 악화되어 자살에 이른 것으로 추단될 여지가 충분하다."(대법원 2015. 6. 11. 선고2011두32898판결).

9) "자살은 본질적으로 자유로운 의사에 따른 것이므로, 근로자가 업무를 수행하는 과정에서 받은 스트레스로 말미암아 우울증이 발생하였고 우울증이 자살의 동기나 원인과 무관하지 않다는 사정만으로 곧 업무와 자살 사이에 상당인과관계가 있다고 함부로 추단해서는 안 된다."(대법원 2012. 3. 15. 선고2011두24622판결).

10) 근로복지공단 『정신질병 업무관련성 조사 지침』(2021. 1. 13. 개정, 제2021-05호).

2) 자살 관련 재해조사 및 진단 시 고려사항

자해 및 자살 사건 발생 이전의 정신적 이상 상태에 대한 포괄적인 조사가 필요하므로 의무기록, 과거력, 평상시의 행동 및 심리적 변화 등에 대해 전체적인 조사가 필요하며, 조사 계획과 시행 시에 전문가의 적절한 도움을 받을 필요가 있다.

- 사건 발생 이전 병원 방문 기록이 없는 경우에는 이메일, SNS, 일기, 유서, 메모 등 당시의 심리적 상태를 판단할 수 있는 자료를 모두 수집한다.

또한 가족, 직장 동료와 상사, 친구 등 지인들과의 면담을 통해 심리적 상태와 사회적 기능(회사생활과 일상생활)에서의 변화, 체중 및 수면, 식이의 변화 등을 파악해야 한다. 사건 발생 이전 병원 방문 기록이 있는 경우 의사와의 면담 일지를 포함한 의무기록을 모두 살펴야 한다.

3) 업무관련 위험요인

사건 발생 이전의 정신적 이상 상태를 기준으로 위험요인을 판단한다.

4) 자해행위, 자살의 업무관련성 조사

자해행위(자살)에 이르기까지의 재해자의 정신적 이상 상태 확인을 위한 포괄적인 조사가 필요하므로 과거병력, 상병상태, 행동 및 심리적인 변화 등에 대하여 빠짐없이 조사하되, 요양업무처리규정에 따른 자문위원회에 재해조사 계획 수립을 위한 자문을 하고, 필요시에는 특별진찰을 실시한다.

정신적 증상 발병 시기 및 주요 업무상 스트레스 요인 파악을 위한 재해조사를 계획한다.

5) 자해행위(자살 포함) 신청 건 추가 확인 사항

(1) 자해행위 관련 자살수단, 유서, 사망원인 등 확인
- 유서, 일기, 메모, 문자, 경찰 조사 내용 등이 있는 경우 관련 자료의 사본을 첨부하

고, 해당 내용을 재해조사서에 기술한다.

(2) 사건 발생 직전 상황
• 음주, 폭언, 사직서 반려 등 자해행위 발생 직전(통상적으로 24시간 이내) 객관적으로 확인할 수 있는 사건이 있는 경우 구체적인 내용과 그 사건 이후 근로자의 반응 등을 확인한다.
• 유서, 일기, 메모, 문자, 경찰조사 내용 등이 있는 경우 관련 자료의 사본을 첨부하고, 해당 내용을 재해조사서에 기술한다.
• 유족에 대한 '심리부검 결과'가 있는 경우 그 결과를 요약하여 재해조사서에 기술한다.

6) 주요 업무상 스트레스 요인 및 심각도 확인 절차

(1) 업무의 양과 질 변화
• 업무량, 업무내용, 근무형태 등의 변화를 확인한다.
• 구체적인 업무내용의 변화와 이에 대한 동료 근로자들의 평가를 확인한다.
• 조직도, 인력구성, 작업메뉴얼, 업무지시서, 근로자가 작성한 기획서, 업무시간 및 휴일 등을 확인한다.
• 변화한 업무의 전임자 또는 후임자를 통한 해당 업무의 특성을 확인한다.

(2) 업무의 실수 및 책임 정도
• 업무상의 실수로 재해나 경제적 손해가 발생하거나 실패 시 이러한 손해가 예상되는 업무를 책임지게 되었는지를 확인한다.
• 해당 실수 또는 해당 업무를 완수하지 못했을 때 경영상의 영향(달성되지 못한 목표의 내용, 미달 정도)과 불이익(페널티) 등을 파악한다.
• 사후 대응을 위한 업무량, 그 후의 직장 내 인간관계 변화 등을 확인한다.

(3) 민원 · 고객과의 갈등
• 지속적이거나 협박성 민원 또는 고객과의 갈등이 있었는지를 확인한다.
• 고객이나 거래처의 중요성, 회사에 손실을 끼쳤는지, 손실을 끼친 경우 그 정도를 확인한다.

• 사후 대응을 위한 업무량 등을 확인한다.

(4) 회사와의 갈등
• 해고, 복직, 인사조치, 감사, 퇴직종용, 조기퇴직, 재계약, 원치 않은 승진 등 고용 및 인사와 관련하여 회사와 갈등이 있었는지를 확인한다.
• 회사와 부당 노동행위 등에 대한 법적 절차를 밟고 있는 경우, 관련 진행 상황과 근거 서류, 지방노동위원회 등의 판단 결과를 확인한다.
• 회사가 제시한 근거 및 통보 과정, 설명을 하는 상황이나 강요의 빈도, 근로자의 직장 내 인간관계 등을 확인한다.

(5) 배치전환
• 근로자가 일방적 또는 부당하다고 느끼는 배치전환이 있었는지를 확인한다.
• 직종 및 직무의 변화(책임의 변화 포함) 정도, 전환배치, 전근의 이유 및 경과, 전근의 경우 단신 부임의 유무 및 전근근무지의 치안 상황 등을 확인한다.

(6) 직장 내 갈등
• 상사, 동료, 부하, 원·하청사 등 업무 수행 과정에서 만나는 사람들과 갈등이 발생했는지 확인한다.
• 갈등의 내용과 정도(질책 등의 빈도, 양태, 그 이유, 지속시간 등), 업무에의 지장 정도, 갈등 당사자가 아닌 동료나 조직의 반응과 태도를 확인한다.
• 동료와의 갈등인 경우 직무상의 관계를 확인한다.

(7) 업무 부적응
• 육체적 질병이나 정신적 건강 문제로 업무 수행에 어려움이 있었는지 확인한다.
• 업무의 변화에 따른 부적응인 경우 이전에 지속적으로 수행한 업무와 변경된 업무의 내용을 구체적으로 조사하고 동료 근로자의 의견을 확인한다.

(8) 괴롭힘·차별 및 폭언·폭력·성희롱
• 근로자에 대한 지속적이고 반복적인 집단 괴롭힘, 따돌림, 차별, 헛소문 등이 있었는지 확인한다.
• 괴롭힘 또는 차별이라 주장하는 이유, 경과, 내용, 정도 등을 확인한다.

- 근로자가 괴롭힘 · 차별에 대해 회사에 제기한 민원, 고충처리 내용, 상담 내용과 상황 및 회사의 대응과 그 결과, 회사의 지원 · 협력 등을 확인한다.
- 직장 내 인간관계에 대한 기본 분석이 필요하다.
- 폭언, 폭력, 성희롱 내용과 지속기간, 반복성, 가해자와의 접촉 빈도 및 업무 공간 사용 등을 확인한다.

(9) 개인적인 요인 및 특성 확인

- 개인적 특성 확인: 알코올 의존, 평상시 성격, 사회 적응 문제, 만성적으로 가지고 있던 질병 등이 있는지 확인한다. 평상시 성격은 가족이나 직장 동료, 지인 등을 통하여 확인한다.
- 가족력 확인: 사망 근로자의 가족, 부모, 형제, 자매 등의 정신질병 내역을 가급적 확인한다.
- 업무 외의 스트레스 요인을 확인한다(6개월 이내의 구체적인 변화나 사건을 집중적으로 확인).
  - 재해자의 주요 사건(이혼, 별거, 송사 등 기타)
  - 재해자의 이외의 가족, 친족의 주요 사건(친족 사망, 가족관계의 불화, 기타)
  - 재해자의 금전 관계
  - 주거환경의 변화
  - 타인과의 관계(친한 지인의 사망, 기타)

과로 자살의 경우, 근로복지공단 정신질병 업무관련성 조사 지침상 조사방법에 근거하여 재해자의 자살과 관련된 직접적인 정보(의학적 소견, 정신질병이 있는 경우 해당 진단명, 자살 직전 수행했던 업무내용 및 근무시간, 유서, 동료 간의 관계, 직장 내 갈등 또는 직장 내 괴롭힘 등이 있었는지 여부)뿐 아니라 간접적인 정보(재해자의 금전관계, 친족의 주요사건 등)를 취합하여 조사한 후에 각 지역별 '업무상질병판정위원회'에서 최종적으로 해당 과로 자살이 업무상 재해인지 여부를 판단하게 된다.

지역별 근로복지공단 업무상질병판정위원회[11]에서는 재해자(유가족) 측이 주장하는 과로가 확인되는지, 과로가 확인된다면 계량적 평가가 가능한 근로시간인지, 계량적

---

11) 근로복지공단에서는 전국적으로 총 6개의 업무상질병판정위원회를 운영하고 있다(서울, 부산, 대구, 경인지역, 광주, 대전).

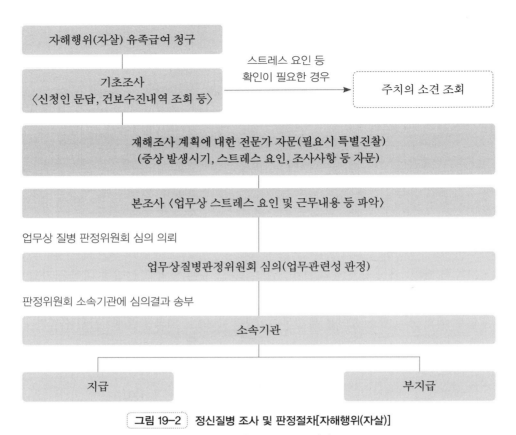

그림 19-2 정신질병 조사 및 판정절차[자해행위(자살)]

출처: 근로복지공단 지침 정신질병 업무관련성 조사 지침(2019. 5. 8. 개정)

평가가 불가한 경우 정신적·심리적 과부하 요인, 직장 내 괴롭힘 또는 직장 내 업무나 인간관계에서 갈등이 있었는지 등을 종합적으로 조사한 후에 판단하게 된다.

과로 자살에 대한 업무상 재해 인정 여부를 판단하는 절차 및 방법은 [그림 19-2]와 같으며, 이미 정리한 바와 같이 과로 자살이 업무상 재해로 인정받기 위해서는 다음의 세 가지 요건을 모두 충족해야 한다.

첫째, 업무상 과로가 있을 것
- 육체적 또는 정신적 과로 모두 인정될 수 있음

둘째, 업무상 과로와 발병한 정신질환 사이에 인과관계가 있을 것
- 과로와 자살 사이에 인과관계가 있다는 점은 이를 주장하는 유가족 측에 입증책임이 있음[12]

셋째, 정신질환과 자살 사이에 상당인과관계가 있을 것

과로와 자살 사이에 상당인과관계가 있다는 것은 의학적·자연과학적으로 명백히 증명되어야 하는 것은 아니며, 규범적 관점에서 상당인과관계가 인정되는 경우에 증명이 있었다고 본다.[13)]

4. 과로 자살을 부정한 사례: 대법원 판례를 중심으로

다음 내용에서 살펴볼 과로와 자살의 상당인과관계를 부정한 대표적인 두 차례의 대법원 판결(대법원 2008. 3. 13. 선고2007두2029, 2012. 3. 15. 선고2011두24644판결)에서는 규범적 관점과는 거리가 먼 '사회평균인'의 기준에서 근로자의 자살에 대해 업무상 재해를 인정하지 않았다. 업무와 질병 사이의 상당인과관계의 유무는 보통 평균인이 아니라 당해 근로자의 건강과 신체조건을 기준으로 하여 판단해야 함에도 불구하고, 해당 대법원 판결에서는 당해 재해자의 건강과 신체조건이 아닌 '사회평균인'의 기준에서 근로자의 자살을 산재로 인정하지 않았다.[14)]

대법원은 2008. 3. 13. 선고2007두2029판결과 2012. 3. 15. 선고2011두24644판결에서 공통되게 업무와 재해 사이에 인과관계 판단은 규범적으로 상당인과관계의 유무로 판단한다고 전제하면서, 다만 자살의 경우에는 "본질적으로 자유로운 의사에 따른 것이므로 ……(중략)…… 업무와 자살 사이에 상당인과관계가 있다고 함부로 추단해서는 안 되며, 자살자의 나이와 성행 및 직위, 업무로 인한 스트레스가 자살자에게 가한 긴장도 내지 중압감의 정도와 지속시간, 자살자의 신체적·정신적 상황과 자살자를 둘러싼 주위상황, 우울증의 발병과 자살행위 시기 기타 자살에 이르게 된 경우, 기존 정신질환의 유무 및 가족력 등"을 비추어 보아 "그 자살이 사회평균인의 입장에서 보아 도저히 감수하거나 극복할 수 없을 정도의 업무상 스트레스와 그로 인한 우울증에 기인한 것이 아닌 한 상당인과관계를 인정할 수 없다."라고 판시하였다. 즉, 일종의 원칙과 예외로서 자살의 경우 예외적으로 규범적 판단이 아닌 객관적인 지표를 통한 평균적

---

12) 대법원 2005. 11. 10. 선고2005두8009

13) 대법원 2008. 1. 31. 선고2006두8204판결, 대법원 2005. 11. 10. 선고2005두8009판결, 대법원 2017. 5. 31. 선고 2016두58840

14) 산재보험법 시행령 제34조 제4항에서 근로자의 업무상 질병 등에 따른 사망의 인정 여부를 판정할 경우, 그 근로자의 성별, 연령, 건강 정도 및 체질 등을 고려하도록 규정되어 있으나, 이를 고려하지 않고 '사회평균인'의 기준에서 과로와 자살의 상당인과관계를 인정하지 않은 것이다.

('사회평균인'을 기준) 판단을 한 것이다(양승엽, 2016, p. 328).

1) 유족급여 및 장의비 부지급처분 취소소송
(대법원 2008. 3. 13. 선고2007두2029판결)

【판시사항】

　자살한 근로자의 우울증이 평균적인 근로자로서 극복하기 어려울 정도로 과중한 업무상 스트레스로 인한 것이고 나아가 그 우울증으로 심신상실 내지 정신착란 상태 또는 정상적인 인식능력이나 행위선택능력, 정신적 억제력이 현저히 저하된 정신장애 상태에 빠져 자살에 이르게 된 것이라고 추단하기 어렵다는 이유로, 업무와 사망 사이의 상당인과관계를 부정하였다.

【이유】

　감정촉탁 결과를 보면 "망인이 우울증에 걸렸을 가능성이 추정되나, 망인이 받았다는 업무상 스트레스가 반드시 우울증을 유발시키는 것은 아니고 우울증의 발병에 개인의 소인과 생물학적 취약성도 관여하는 것으로 알려져 있으므로 망인이 정신병적 증상 등으로 인해 정상적인 인식능력이나 행위선택능력 또는 정신적 억제력이 현저히 저하된 상태에서 우발적으로 자살을 시도한 것으로 추정하기에는 어려움이 있고, 망인이 업무상 스트레스로 인해 정신과 치료를 받거나 업무상 재해로 요양 중에 자살을 시도한 것도 아니어서 질병과 자살을 직접적으로 연관 짓기에는 어려움이 있다."라고 기재되어 있는 점, 한편 망인은 자살 당일 또는 그 전날 무렵에 친구의 분신자살 소식을 들었던 것으로 보이는데 이러한 소식이 자살을 감행하는 결정적인 계기로 작용하였을 가능성이 있는 점 등의 사정들에 비추어 보면, 망인의 우울증이 평균적인 근로자로서 감수 · 극복하기 어려울 정도의 과중한 업무상 스트레스로 인한 것이었고 나아가 그 우울증으로 인하여 심신상실 내지 정신착란 상태 또는 정상적인 인식능력이나 행위선택능력, 정신적 억제력이 현저히 저하된 정신장애 상태에 빠져 자살에 이르게 된 것이라고 추단하기는 어렵다고 하지 않을 수 없다.

2) 유족급여 및 장의비 부지급처분 취소소송
(대법원 2012. 3. 15. 선고2011두24644판결)

【판시사항】

자살은 본질적으로 자유로운 의사에 따른 것이므로, 근로자가 업무를 수행하는 과정에서 받은 스트레스로 말미암아 우울증이 발생하였고 우울증이 자살의 동기나 원인과 무관하지 않다는 사정만으로 곧 업무와 자살 사이에 상당인과관계가 있다고 함부로 추단해서는 안 된다.

【이유】

망인이 배차과장 또는 배차부장으로 근무하면서 배차인원 부족으로 어려움을 겪었고, 휴일 없이 매일 새벽에 출근하여 저녁까지 근무하는 등 업무로 인한 스트레스를 받았으며, 우울증 치료가 장기화되면서 오랜 기간 근무하였던 회사로부터 퇴직요구를 받게 되어 정신적으로 스트레스를 받았을 것으로 보인다.

그러나 망인의 담당업무가 우울증을 유발할 정도로 과중한 것으로 보이지 아니하고 자신의 담당업무에 대하여 상사나 동료로부터 질책을 받거나 모욕을 당하는 등의 일이 있었다는 자료는 기록상 보이지 않는다. 그리고 퇴직으로 인하여 망인이 다소 정신적 스트레스를 받았을 것으로 보이나 그 정도의 스트레스는 퇴직에 따른 통상적인 것이고, 기록상 퇴직이나 퇴직금 정산 과정에서 회사관계자로부터 크게 부당한 대우를 받은 것으로 보이지 않는다.

즉, 망인에게 노출된 업무상 스트레스가 객관적으로 보아 우울증을 유발하거나 심화시킬 정도의 극심한 스트레스라고 보기는 어렵고, 망인이 우울증을 앓게 된 주요 원인은 내성적이면서 꼼꼼한 성격, 지나친 책임의식, 예민함 등 개인적 소인에 있는 것으로 보인다.

따라서 망인의 업무량이 근무일과 근무시간 면에서 다소 과도한 면은 있다 하더라도 그로 인하여 우울증이 발병하였다거나 심화되었다고 단정할 수 없다.

한편 망인은 2008. 5.경 우울증 치료를 위하여 회사를 휴직하고 입원하였는데, 망인은 입원치료를 받은 후 상태가 호전되어 집에서 통원치료를 받다가 2008. 12. 13. 자살하였는데 이때는 업무상 스트레스로부터 상당 기간 해방된 상태였던 점 등의 기록에 나타난 제반 사정을 고려하면, 사회평균인의 입장에서 보았을 때 망인이 도저히 감수하거나 극복할 수 없을 정도의 업무상 스트레스와 그로 인한 우울증으로 자살에 이르렀다고 단정할 수 없다.

5. 과로 자살을 인정한 사례: 대법원 판례를 중심으로

앞서 살펴본 두 차례의 대법원 판례(대법원 2008. 3. 13. 선고2007두2029, 2012. 3. 15. 선고2011두24644판결)의 경우, 과로와 자살의 상당인과관계를 판단할 때 당해 재해자의 건강과 신체조건이 아닌 '사회평균인'의 기준에서 근로자의 자살을 산재로 인정하지 않았다.

이에 반하여, 다음에서 살펴볼 대법원 판례는 과로와 자살의 상당인과관계를 판단할 경우, '사회평균인'이 아니라 '당해 재해자의 건강과 신체조건'을 고려하여 과로와 자살 사이의 상당인과관계를 인정하였다. 이는「산재보험법 시행령」제34조 제4항 "근로자의 업무상 질병 등에 따른 사망의 인정 여부를 판단할 때에는 그 근로자의 성별, 연령, 건강 정도 및 체질 등을 고려하여야 한다."라는 규정에 근거하여 매우 충실히 판단한 것이다.

1) 유족 급여 등 부지급 처분 취소
(대법원 2011. 6. 9. 선고2011두3944판결)

【이유】

　　망인이 담당하던 주된 업무는 민원인들로부터 심한 항의와 욕설을 듣기도 하는 민원상담 내지 민원처리 업무로서 그 업무의 양을 떠나 스트레스를 많이 받을 수밖에 없는 업무인 점, 더구나 남에게 싫은 소리를 하지 못하는 여린 성격으로서 과거에도 민원 업무로 인한 스트레스로 정신과 치료를 받은 적이 있는 망인이 2007. 9. 1. 보직의 변경으로 다시 민원 업무를 맡게 됨으로써 그 스트레스가 더욱 컸을 것으로 보일 뿐만 아니라, 경기침체, 다수의 입주 프로젝트 진행, 여직원 퇴사 등으로 망인의 업무가 가중되면서 망인이 우울, 불안, 불면증, 자살충동, 체중감소 등을 겪다가 업무상 스트레스로 인한 '중등도의 우울성 에피소드'라는 정신질환이 발병되어 2달 가까이 정신과 치료를 받은 점, 망인은 업무수행에 따른 스트레스로 인하여 업무수행이 불가능하다며 두 차례에 걸쳐 사직의사를 표명하기까지 한 점, 망인이 업무 이외의 다른 요인으로 인해 우울증에 걸렸다거나 자살에 이르게 된 것이라고 볼 만한 자료가 없는 점 등의 사정을 앞서 본 법리에 비추어 살펴보면, 망인은 업무상의 과로나 스트레스로 인하여 우울증이 발생하였다고 봄이 상당하고, 2001년 발생한 우울증이 이 사건 자살 당시까지 지속되었다고 볼 자료가 없는 이상 약 7년 전의 우울증 병력만으로 망인의 업무상 스트레스와 이 사건 우울증 사이의 인과관계를 부정할 수는 없다.

또한 상관의 만류로 사직서가 반려되고 1달간의 휴가 후 망인은 다시 업무에 복귀하는 것에 대하여 중압감을 갖고 있었고, 복귀 후 강등으로 받아들일 만한 보직변경을 확인하고는 정신적 충격을 받은 것으로 보이는 점, 보직변경을 확인한 날 망인은 상관에게 횡설수설을 하기도 하고, 사무실에서 하루 종일 멍하니 모니터만 바라보고 있다가 동료로부터 퇴근을 권유 받기도 하는 등 이상행동을 보인 점, 망인은 같은 날 저녁 사무실을 나갔다가 다시 들어와서는 밤늦게까지 혼자 사무실에서 있으면서 가족들의 전화도 받지 않은 채 새벽에 사무실에서 투신하여 자살한 점 등 망인이 자살에 이르게 된 전후 경위, 자살 전에 보인 망인의 행동, 자살시간, 장소와 방법의 선택, 망인이 유서를 남기지 아니하였던 점 등의 여러 사정에다가 의학상 우울증의 일반적인 증세로서 의욕상실, 자신감 저하, 불면증, 식욕감퇴, 불안 등 이외에 자살사고 유발이 포함되어 있고 심한 우울증이 있는 사람은 15% 정도가 자살에 의해 사망한다고 알려져 있는 점을 보태어 보면, 망인은 자살 직전 심야에 혼자 사무실에 있으면서 우울증의 심화로 정신병적 증상이 발현됨으로써 정상적인 인식능력이나 행위선택능력, 정신적 억제력이 현저히 저하된 상태에서 자살에 이르게 된 것이라고 추단할 여지가 충분히 있어 보인다.

그리고 업무와 재해 사이의 상당인과관계의 유무는 보통 평균인이 아니라 당해 근로자의 건강과 신체조건을 기준으로 하여 판단하여야 한다는 것이 대법원의 확립된 판례이므로(대법원 1991. 9. 10. 선고91누5433판결, 대법원 2005. 11. 10. 선고 2005두8009판결 등 참조), 망인이 우울증을 앓게 된 데에 망인의 내성적이고 소심한 성격 등 개인적인 취약성이 영향을 미쳤다고 하더라도, 업무상의 과로나 스트레스가 그에 겹쳐서 우울증이 유발 또는 악화되었다면 업무와 우울증 사이에 상당인과관계를 인정함에 아무런 지장이 없다고 할 것이다.

2) 대법원 2016. 1. 28. 선고2014두5262판결

【판결요지】

갑작스런 담당 사무의 변경 및 변경된 사무로 인한 자존심 손상, 업무에 있어서 상사와의 마찰, 그리고 심한 모욕감과 수치심을 유발하는 사건에 직면하여 극심한 업무상의 스트레스를 받은 경우, 망인에게 우울증으로 치료를 받은 구체적인 병력이 없거나 망인의 성격 등 개인적인 취약성이 자살을 결심하게 된 데 일부 영향을 미쳤다 하더라도, 망인이 자살 직전 극심한 업무상의 스트레스와 정신적인 고통으로 인하여 우울증세 등이 발현·악화되어 정상적인 인식능력이나 행위선택능력, 정신적 억제력이 현저히 저하되어 합리적인 판단을 기대할 수 없을 정도의 상황에 빠지게 되었고, 그러한 상태에서 자살에 이르게 된 것으로 추단될 여지가 충분하므로, 망인의 업무와 사망 사이에 상당인과관계를 인정할 수 있다.

3) 대법원 2017. 5. 31. 선고2016두58840

【판결요지】

「산업재해보상보험법」 제37조 제1항에서 말하는 '업무상의 재해'란 업무수행 중 업무에 기인하여 발생한 근로자의 부상·질병·신체장애 또는 사망을 뜻하는 것이므로 업무와 재해발생 사이에는 인과관계가 있어야 한다. 그 인과관계는 이를 주장하는 측에서 증명하여야 하지만, 반드시 의학적·자연과학적으로 명백히 증명되어야 하는 것이 아니며 규범적 관점에서 상당인과관계가 인정되는 경우에는 증명이 있다고 보아야 한다. 따라서 근로자가 극심한 업무상의 스트레스와 그로 인한 정신적인 고통으로 우울증세가 악화되어 정상적인 인식능력이나 행위선택능력, 정신적 억제력이 현저히 저하되어 합리적인 판단을 기대할 수 없을 정도의 상황에 처하여 자살에 이르게 된 것으로 추단할 수 있는 경우라면 망인의 업무와 사망 사이에 상당인과관계가 인정될 수 있고, 비록 그 과정에서 망인의 내성적인 성격 등 개인적인 취약성이 자살을 결의하게 된 데에 영향을 미쳤다거나 자살 직전에 환각, 망상, 와해된 언행 등의 정신병적 증상에 이르지 않았다고 하여 달리 볼 것은 아니다.

【이유】

망인은 △△지점장으로 부임하여 지점의 여·수신 영업 등을 총괄하게 되면서 실적 부진에 대한 대책 마련을 지시받기도 하고, 주요 거래처로부터 대출금리 인하를 지속적으로 요구받는 등으로 인하여 영업업무 및 실적에 관하여 상당한 중압감을 느끼게 된 것으로 보인다. 이러한 중압감으로 인하여 망인은, 지점장으로 근무한 지 약 4개월여 만에 '정신병적 증상이 없는 중증의 우울병 에피소드' 등을 진단받고, 정신과 상담과정에서 앞서 본 바와 같이 업무 스트레스와 자살 가능성 등을 언급하다가 자살 가능성을 언급한 지 10일 만인 2013. 6. 13.

출근하여 자살에 이르렀다. 따라서 망인은 △△지점장으로 부임한 후 영업실적 등에 관한 업무상 부담과 스트레스로 인하여 중증의 우울병 에피소드를 겪게 되었고, 스스로 정신과의원을 찾아 치료를 받았음에도 계속된 업무상 부담으로 중압감을 느낀 나머지 그 증세가 급격히 악화되었다고 봄이 타당하다.

이러한 우울증 발현 및 발전 경위에 망인의 유서 내용, 자살 과정 등 제반 사정을 종합하여 보면, 망인은 우울증으로 인하여 정상적인 인식능력이나 행위선택능력, 정신적 억제력이 현저히 저하되어 합리적인 판단을 기대할 수 없을 정도의 상황에 처하여 자살에 이르게 된 것으로 추단되므로, 망인의 업무와 사망 사이에 상당인과관계를 인정할 수 있다. 비록 망인이 다른 지점장들에 비해 지나치게 과다한 업무를 수행하였다거나 이 사건 회사로부터 지속적인 압박과 질책을 받는 등 특별히 가혹한 환경에서 근무하였던 것이 아니어서 업무상 스트레스라는 객관적 요인 외에 이를 받아들이는 망인의 내성적인 성격 등 개인적인 취약성이 자살을 결의하게 된 데에 일부 영향을 미쳤을 가능성이 있고, 한편 자살 직전에 환각, 망상, 와해된 언행 등의 정신병적 증상을 보인 바 없다고 하여 달리 볼 것은 아니다.

6. 과로 자살과 관련된 법원 판례 및 근로복지공단 판단 지침 등에 대한 검토의견

「산재보험법」상 '과로 자살'에 대한 명확한 판단 근거와 기준은 전혀 없으며, 근로복지공단에서 제시하고 있는 '정신질병 업무관련성 조사 지침'에도 과로와 자살의 상당인과관계에 대한 명확한 판단 및 인정 기준이 없다. 사회적으로 합의된 '과로 자살'이라는 개념조차 아직 정립된 것이 없다 보니 과로 자살을 업무상 재해로 인정하지 않은 판례뿐 아니라 업무상 재해로 인정한 판례에서조차 '과로'와 '자살' 사이에 업무상 상당인과관계가 있는지 여부를 판단하는 뚜렷한 기준을 제시하지 못하고 있다.

과로 자살과 관련된 대법원 판결에서 살펴봤듯이, 가장 기본적인 판단 기준(과로와 자살의 상당인과관계를 판단할 때, 사회평균적인 기준으로 봐야 하는지 아니면 해당 재해자의 개별 기준으로 봐야 하는지)에서 차이를 보이고 있고, 육체적·정신적 과로가 어느 정도까지 이르러야 자살을 업무상 재해로 인정할 수 있는지에 대한 객관적인 기준이 없다. 이러한 이유로 과로 자살의 업무상 재해 해당 여부를 판단할 때 상당히 혼란스러운 것이 사실이다.

법원은 업무상 정신적·심리적 부하와 정신질환의 발병과 악화로 인한 자살 간의 업무기인성은 구체적·개별적 사건마다 판단하고 있으나, 업무상 부하의 정도나 악화상태의 비교기준을 객관화하기는 쉽지 않다. 특히 자살의 경우에는 정신질환의 업무기인성을 추단하는 일관된 기준을 발견하기 쉽지 않을 것이다(이경희, 2016, p. 23).

업무에 기인한 육체적·정신적 과로 및 심리적 과부하로 인한 자살, 즉 과로 자살을 업무상 재해로 인정받기 위해서는 「산재보험법」 제37조 제2항(업무상의 재해의 인정 기준) 및 동법 시행령 제36조(자해행위에 따른 업무상의 재해의 인정 기준)에 근거하여 '유족보상 및 장의비 청구'를 하게 된다.

앞서 살펴본 바와 같이 과로 자살을 업무상 재해로 인정되기 위해서는, ① 업무상 과로가 있어야 하고(육체적 또는 정신적 과로 모두 고려될 수 있음), ② 업무상 과로와 발병한 정신질환 사이에 인과관계가 있어야 하며(과로와 자살 사이에 인과관계가 있다는 점은 이를 주장하는 유가족 측에 입증책임이 있음), ③ 정신질환과 자살 사이에 상당인과관계가 있어야 한다(과로와 자살 사이에 상당인과관계가 있다는 것은 의학적·자연과학적으로 명백히 증명되어야 하는 것은 아니지만 규범적 관점에서 상당인과관계가 인정되어야 함).

여기에 근로복지공단의 정신질병 업무관련성 조사 지침에 따른 세부적인 인정 기준을 추가하면 과로 자살을 산재로 인정받기 위해서는 다음과 같은 세부적인 내용들이 추가되어야 과로 자살을 업무상 재해로 인정받는 데 보다 유리할 것으로 판단된다.

과로 자살, 즉 자살 또는 자해행위가 업무상 재해로 인정되기 위해서는 '정상적인 인식능력 등이 뚜렷하게 저하된 상태' 또는 '정신적 이상상태'에서 육체적·정신적 과부하를 견디지 못하고 자살에 이르렀음을 확인할 수 있는 다음과 같은 다양한 내용을 확보해야 할 것이다.

첫째, 자해 및 자살 사건 발생 이전의 정신적 이상상태에 대한 포괄적 조사가 필요하므로 의무기록, 과거 병원 치료 기록 등이 필요하다. 만일, 사건 발생 이전 병원 방문 기록이 전혀 없을 경우(진료기록이 없는 경우), 사망 직전 심리상태를 알 수 있는 이메일, SNS(문자 메시지 등), 일기, 유서, 메모 등 당시의 심리적 상태를 판단할 수 있는 모든 자료를 수집해서 제출한다.

둘째, 사망 직전 24시간 전, 1주간, 4주간, 12주간의 과로를 확인할 수 있는 근로시간 및 업무 내용을 확인해야 한다. 그러나 이와 같은 자료는 회사의 협조가 있어야 확보할 수 있는 자료이기 때문에 회사가 협조를 거부할 경우 과로를 입증할 수 있는 근로시간 자료는 확보하는 데 현실적인 한계가 있을 수밖에 없다.[15]

셋째, 사망일 이전 6개월 이내의 업무의 실수·책임, 민원인 또는 고객과의 갈등, 회사와의 갈등, 직장 내 갈등, 업무 부적응, 업무의 급격한 변화, 직장 내 괴롭힘·차별 등을 추론할 수 있는 요인을 확인하여 관련 자료를 확보하여 제출한다(목격자, 동료확인서 등).

　과로 자살을 업무상 재해로 인정받기 위해서는 오롯이 유가족이 이를 입증해야 한다. 입증책임이 과거보다는 다소 완화되었다고 하더라도 의학적·법률적 지식이 없는 유가족이 이를 완전히 입증하는 것이 현실적으로 매우 어렵다는 사실은 공감한다. 그렇다고 하더라도 과로 자살에 대한 입증책임이 이를 주장하는 유가족에게 있으므로 과로 자살의 산재인정에 대해서 다투고자 할 경우, 전문가의 도움과 조력을 받는 것은 필수라 할 것이다.

　과로 자살의 경우에 정신질환의 업무기인성을 추단하는 일관되고 객관적인 인정 기준을 마련하는 것은 매우 어려운 일이다. 그러나 현재 산재보험법상 '과로 자살'에 대한 인정 기준은 물론 과로 자살에 대한 개념조차 없다 보니 각각 개별 사안에 따라서 법원과 근로복지공단에서 결정하는 결과가 매우 다르게 판단되는 경우가 많다. 과로 자살을 인정하고 판단하는 완전한 기준까지는 아니더라도 '과로 자살'에 대한 개념 정립과 함께 단계적으로라도 과로 자살을 업무상 재해로 인정하는 데 필요한 판단 기준의 마련이 절실한 때이다.

참고문헌

근로복지공단(2018. 1. 9.). 뇌혈관질병−심장질병 업무상 질병 조사 및 판정 지침. (2018. 1. 9. 개정).

근로복지공단(2019. 5. 8.). 정신질병 업무관련성 조사 지침. (2019. 5. 8. 개정).

근로복지공단(2021. 1. 13.). 정신질병 업무관련성 조사 지침. (2021. 1. 13. 개정)

김가람(2009). 근로자의 정신질환에 대한 업무상 재해 인정여부. 서강법학, 11(1). 497-537.

양승엽(2016). 스트레스 자살에 있어 업무상 재해의 인과관계 판단 기준. 노동법학, 58, 146-150.

이경희(2016). 정신질환의 업무상 재해 인정 기준: 기존 정신질환 악화의 업무기인성 판단 과제를 중심으로. 산업관계연구, 26(3), 1-29.

이경희, 최선임, 박보현(2019). 병원 간호사 자살에 대한 산업재해 승인 사례연구. 한국직업건강간

---

15)「산재보험법」상 회사에 자료제출 의무를 규정하고 있는 관련 조항이 없다보니, 회사가 자료제출을 애초부터 거부하거나 허위로 자료를 제출할 경우, 과로 자살의 산재 인정은 현실적으로 매우 어려운 것이 사실이다. 따라서 사망 또는 자살 사건에 한해서라도 회사에 자료제출 의무를 부여하고, 이를 위반할 경우 처벌할 수 있는 관련 제도의 도입이 필요하다.

호학회지, 28(4), 271-284.

중앙자살예방센터 편(2019). 2019 자살예방백서.

오빛나라(2017. 7. 12.). 과로 자살의 시대. BabyTimes, http://www.babytimes.co.kr/news/articleView.html?idxno=18959

한겨레신문(2019. 1. 13.). 과로 자살은 우리 사회 경고음, 나약함, 일탈로 매도 말아야. http://www.hani.co.kr/arti/society/labor/878226.html

한국일보(2014. 10. 17.). 자살 근로자 산재승인 27%뿐, 요건이 지나치게 까다롭다. https://www.hankookilbo.com/News/Read/201410170415862702

한국일보(2019. 9. 10.). 근로자 자살 산재인정률 높아졌지만 예방은 '미흡'. https://www.hankookilbo.com/News/Read/20190909162037163

재난과 자살

2018년 한 해 동안 전 세계적으로 315번의 자연재난이 발생했다. 이로 인해 11,804명이 사망하고, 6,850만 명이 피해를 입었으며, 1,320억 달러에 달하는 엄청난 경제적 손실을 야기했다(CRED, 2019). 재난은 해당 지역에 심각한 경제적·사회적·정신건강상의 피해를 일으킨다. 재난 자체가 야기하는 충격에 더하여 이차적인 스트레스와 추가적인 외상사건은 정신건강 문제를 더욱 심화시킨다. 충분한 지원과 개입이 이루어지지 않을 경우 자살 충동에 이를 수 있는데, 재난 후 자살현상에 대한 메타분석 연구에서 10만 명당 자살률이 재난 전 13.61명에서 재난 후 16.68명으로 유의하게 증가한 것으로 나타났다(Safarpour et al., 2020).

자연재난과 사회재난 경험자 가운데 34~39%에서 외상후 스트레스 장애, 우울증, 불안장애, 물질의존과 같은 정신적 문제가 보고되고 있다(Norris et al., 2002). 그러나 지진 경험자들을 3년간 추적 관찰했을 때 외상후 스트레스 장애 유병률은 8.3%(6개월)에서 4.2%(3년)으로 감소한 반면, 자살사망율은 4.2%(6개월), 5.6%(2년), 6%(3년)으로 꾸준히 증가하였다(Chou et al., 2007). 이는 재난 후 자살에 이르는 과정에 정신질환 이외에 다양한 요인이 존재함을 시사하는 것으로, 재난 전 PTSD 기왕력, 재난 유형, 재난

* 심민영(국립정신건강센터 국가트라우마센터장)

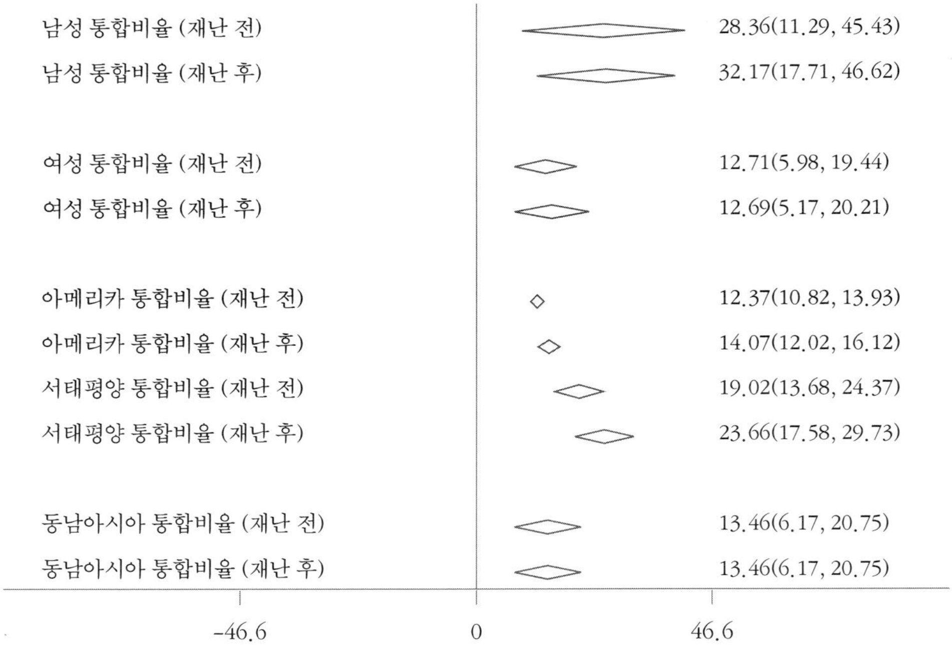

남성 통합비율 (재난 전)		28.36(11.29, 45.43)
남성 통합비율 (재난 후)		32.17(17.71, 46.62)
여성 통합비율 (재난 전)		12.71(5.98, 19.44)
여성 통합비율 (재난 후)		12.69(5.17, 20.21)
아메리카 통합비율 (재난 전)		12.37(10.82, 13.93)
아메리카 통합비율 (재난 후)		14.07(12.02, 16.12)
서태평양 통합비율 (재난 전)		19.02(13.68, 24.37)
서태평양 통합비율 (재난 후)		23.66(17.58, 29.73)
동남아시아 통합비율 (재난 전)		13.46(6.17, 20.75)
동남아시아 통합비율 (재난 후)		13.46(6.17, 20.75)

-46.6　　　　0　　　　46.6

그림 20-1 10만 명당 통합 자살률과 세계보건기구(WHO)에 기반한 95% 신뢰구간

후 경과 시점, 경제적 곤란, 임시생활시설 거주, 복구와 관련된 2차 스트레스 등 다양한 요인이 재난 후 자살에 영향을 끼치는 것으로 보인다(Xu et al., 2018). 이렇듯 재난과 관련된 자살은 정신적 측면뿐 아니라 신체적 · 경제적 · 사회적 영향의 복합적인 결과로 이해될 수 있다(Safarpour et al., 2020).

1. 재난유형과 자살

1) 감염병

감염병은 불특정 다수를 향한다는 점에서 확진자나 격리자뿐 아니라 일반인들 역시 엄청난 혼란과 공포를 경험하게 한다. 스페인 독감과 SARS와 같은 감염병 대유행 후 자살률이 증가하였으며(Cheung, Chau, & Yip, 2008; Wasserman, 1992) SARS/에볼라 바이러스 노출과 자살시도 간 연관성이 보고되었다(Zortea et al., 2020).

코로나19 대유행 이후 전 세계적으로 불안장애, 우울증, 외상후 스트레스 장애 유병률이 증가하고 있다. 기존에 정신질환을 갖고 있는 사람 역시 감염병 유행에 따른 스트레스가 가중됨으로써 증상이 악화되기도 한다(Kim & Su, 2020). 정신질환 자체가 자살의 위험요인으로 작용할 뿐 아니라 감염병 유행으로 치료적 접근성이 떨어짐으로써 자살위험성을 더욱 증가시킨다(Halford, Lake, & Gould, 2020).

인도에서 시행한 72건의 코로나19 관련 자살 사례 분석에서 코로나19 감염과 관련된 공포가 21건으로 가장 많았으며, 경제적 곤란이 19건으로 그 뒤를 이었다. 그 외에 고독함, 사회적 배척, 격리에 대한 압박감, 코로나 확진, 코로나 업무 관련 스트레스가 관련 요인 등이 자살에 영향을 끼친 것으로 보고되었다(Dsouza et al., 2020).

감염병 유행을 통제하기 위한 사회적 거리두기, 격리와 같은 방역활동은 정신건강에 부정적 영향을 끼치는데, 특히 장기적인 사회적 거리두기는 상호적인 소통의 저하와 고립감, 외로움을 유발한다(Zortea et al., 2020). 소속감의 좌절은 자살사고를 일으키는 매우 강력한 요인이다(Van Orden et al., 2010). 또한 감염병으로 야기되는 신체적 손상 또는 기능 저하는 가족 또는 소속집단에 부담을 가중시킨다는 인식으로 이어져 자살 충동을 강화시킬 수 있다.

특히 노인은 사회적 네트워크가 적기 때문에 사회적 거리두기로 네트워크가 붕괴될 경우 더욱 심한 고립상태에 놓이게 된다. 소속감의 좌절, 긍정적인 사회적 관계의 부재는 자살뿐 아니라 광범위한 질환의 이환율과 치사율을 증가시킨다(Cacioppo & Cacioppo, 2014). 또한 사회적 기회가 상실됨에 따라 자신을 점점 무가치하다고 느끼게 되고 더 나아가 사회적 부담이 된다는 인식으로 이어질 수 있다. SARS 유행당시 65세 이상 노인의 자살 사건은 감염과 가족에게 짐이 되는 것에 대한 우려와 관련되는 경우가 많았다(Yip et al., 2010).

감염병은 기존에 알려진 자살위험요인을 심화시킨다. 영업 제한, 소득 감소, 실업 등 경제 위기가 초래되며 봉쇄 기간 동안 가정폭력과 알코올 사용이 증가한다(Gunnell et al., 2020). 코로나19 이후 봉쇄나 이동 제한이 시행된 국가에서 가정폭력이 증가하였으며(Every-Palmer et al., 2020; Usher et al., 2020; van Gelder et al., 2020), 일본에서는 가정폭력 상담 건수가 60% 증가한 것으로 보도되기도 하였다(Shimbun, 2020).

2) 특수재난

대형 방사선 사고는 대규모 이재민을 양산하고, 방사선 오염이 단기간에 해소되지 않기 때문에 이주 기간이 장기화되는 경우가 많다. 1986년 체르노빌 원전 사고 직후 13만 명 이상의 주민이 소개되었으며, 2011년 후쿠시마 원자력발전사고 이후 21만 명 주민에 이주 명령이 내려졌다. 2020년 후쿠시마현 출신 이재민은 4만 명이 넘는데 장기 이주생활로 고혈압, 고지혈증 등 생활상의 변화와 관련된 질환이 증가했고(Takebayashi et al., 2020) 외상후 스트레스 장애, 알코올 남용, 자살률 증가 등 정신건강 문제가 대두되었다. 이주민들의 외상후 스트레스 증상은 사고 후 3년 시점까지 17.2%로 일반 인구집단보다 현저하게 높은 수준이었으며, 재난 피해를 입은 후쿠시마, 미야기, 이와테현의 자살률은 사고 후 첫 2년간은 사고 전보다 낮은 수준을 유지하다가 3년 경과 시점부터 증가하기 시작하였다(Ohto et al., 2015).

방사선 영향과 후유증에 대한 불안은 정신건강을 악화시키는 데 기여한다(Hayashi et al., 2020). 체르노빌 사고 당시 제염작업에 참여한 인부 4,786명을 17년간 추적했을 때 이들의 방사선 관련 암 치사율은 일반 인구보다 높지 않았지만 자살률은 일반 인구보다 높았다(Rahu et al., 2006). 이들에게서 사고 후 11년 후까지 우울 불안, 외상후 스트레스 증상, 의학적으로 설명되지 않는 신체증상이 일반 인구집단보다 2~4배 더 많이 관찰되었는데, 이는 방사선 관련 건강문제에 대한 위험인식 정도와 관련이 있었다(Bromet & Havenaar, 2007).

1997년 미국 TMI 원자력 발전소 핵연료 누출 사고는 피폭선량이 매우 적었음에도 인근 지역 주민들에서 신체증상, 불안, 외상후 스트레스 증상, 혈압과 심박수 상승과 같은 생리적 스트레스 반응이 관찰되었다(Davidson & Baum, 1986). 고선량 방사선에 노출되었을 때는 수일 내에 오심, 구토, 발열, 혈구 감소를 동반한 급성 방사선 노출 증후군이 감지되지만(Waselenko et al., 2004), 저선량 노출의 경우 장기적인 후유증에 대한 정보가 충분치 않고 추후 신체질환이 발현하더라도 인과관계를 입증하기 어렵다. 따라서 암이나 유전질환 등 장기적인 후유증에 대한 공포와 막연한 염려로 이어지기 쉽다.

1984년 2,500명의 사망자가 발생한 인도 보팔의 MIC(메틸 이소시안염, Methyliso-cyanate) 유출사고, 도쿄지하철 사린가스 테러와 같은 화학물질 관련 사고 피해자들 역시 사고 후 수년 후까지 유의한 수준의 불안, 우울, 외상후 스트레스 증상을 보였다(Cullinan, Acquilla, & Dhara, 1996; Ohtani et al., 2004). 유해화학물질, 방사성 물질, 감염원과 같은 특수재난은 노출 여부나 노출 정도를 정확히 알기 어렵기 때문에 더 큰 공포와 혼란을 야기하며 신체화 반응이 장기화되는 경우가 많다(이다영, 2017). 지각된 위험의 정도가 정신적 · 신체적 반응에 영향을 미치기 때문에 노출의 정도 및 실제 위험에 대한 세밀한 평가와 교육이 반드시 수반되어야 한다.

3) 자연재난

자연재난은 태풍, 토네이도, 해일, 지진, 산불 등이 포함되며, 경제적 피해 규모가 매우 큰 것이 특징이다. 재정적 어려움, 대피소 이주로 인한 분리는 소통을 어렵게 하고 갈등을 증폭시키며 지각되는 지지를 저하시킨다(Lowe, Rhodes, & Scoglio, 2012).

자연재난 이후 자살률 변화에 대한 결과는 다소 상반되는데, 네팔 지진 이듬해에 자살률은 41% 증가하였으나(Cousins, 2016), 허리케인 카트리나 후에는 오히려 자살률이 전보다 감소하였다(Kessler et al., 2006). 북미에서 가장 강력하고 피해가 컸던 노스리진 지진 후 3년간 평균 자살률은 10만 명당 11.85명으로 이전 3년 평균 13.12명에 비해 낮았다(Shoaf et al., 2004). 한신·아와지 대지진 후 2년 동안은 자살률이 감소하다가 점차 증가하는 양상을 보였다(Nishio et al., 2009). 자연재난의 경우 자살에 이르기까지 더 많은 매개요인이 작용하는 것으로 보인다.

2. 자살과 관련된 변인

1) 재난 후 시간 경과

재난 직후에는 자살위험이 줄어드는 경우가 많은데(Halford, Lake, & Gould, 2020) 이 시기에는 집단의 결속이 강화되고 개인의 소속감이 증가하기 때문이다(Joiner Jr., Buchman-Schmitt, & Chu, 2017). 이러한 효과는 주로 전쟁, 테러 이후 관찰되었다(Claassen et al., 2010; Thomas & Gunnell, 2010). 자연재난에서는 다소 상반된 결과를 보이고 있지만 대체로 재난 직후 사회적인 응집력이 증가하고 자살률이 감소하는 '허니문' 시기를 보이는 데 동의하고 있다(Kõlves, Kõlves, & De Leo, 2013).

감염병 역시 이와 비슷한 결과를 보이고 있다. 오스트리아에서는 코로나19 유행 후 6개월 동안의 자살률이 전년도에 비해 유의하게 감소한 것으로 나타났다(Deisenhammer & Kemmler, 2021). 호주와 노르웨이에서도 마찬가지로 코로나19 비상사태를 선포한 수개월 이내에 자살률이 감소하였다고 보고하였다(Leske et al., 2021; Qin & Mehlum, 2021).

미국에서는 첫 번째 코로나19 사망자가 발생한 후 2개월 동안 자살과 관련된 검색은 전년도보다 오히려 적었지만 정신건강 서비스에 대한 검색과 고독감, 휴직, 해고, 실직과 같은 경제적 곤란에 대한 검색이 급격히 증가하여 이후 자살이 증가할 수 있는 가능성을 시사하였다(Halford, Lake, & Gould, 2020). 호르니 등은 281개 재난의 전후 자살률을 분석하였는데 자살률은 재난 후 2년 시점에 가장 증가하는 것으로 나타났다(Horney et al., 2020).

2) 경제적 지원

소득 감소, 실업과 같은 경제적 요인은 자살에 영향을 미치는 가장 중요한 요인 중 하나이다(Yamasaki, Sakai, & Shirakawa, 2005). 2011년 발생한 동일본 지진 피해 지역의 자살률 조사에 따르면, 재난 후 2년 시점에 증가한 자살률이 점차 떨어지는 추세를 보이다가 2016년부터 다시 증가세를 보였는데, 이는 임시주거시설 지원이 중단된 시점이었다(Orui, 2020). 경제적인 고통이 가중된 것과 함께 임시주거시설에서 형성되었던 사회적 유대감이 단절된 것도 영향을 미쳤을 것으로 보인다.

3) 성별 및 연령

11개 재난에 대한 메타분석 연구에서 남성의 자살률은 재난 후 10만 명당 28.36명에서 32.17명으로 증가하였으나, 여성은 10만 명당 12.71명에서 12.69명으로 유의한 차이를 보이지 않았다(Safarpour et al., 2020).

동일본 대지진 피해 지역에 거주하는 남성의 자살률은 재난 직후 일시적인 증가 이후 계속 감소하다가 재난 4년 후부터 증가 추세로 반전되어 7년 후에는 전국 자살률보다 유의하게 높아졌다. 여성 자살률은 재난 후 첫해에는 다소 낮다가 이후 3년간 서서히 증가하는 양상을 보였다(Orui, 2020; Orui et al., 2018). 재난 직후 자살률의 증가는 특히 70세 이상의 노인 남성에서 특징적으로 나타났는데, 타 지역의 이주에 따른 생활 전반의 변화가 노인들에게 심각한 정신적·사회적 부담으로 작용했을 것으로 보인다(Orui et al., 2018). 한편, 10~20대의 자살률 역시 증가했는데, 미래에 대한 절망, 정신질환, 부정적인 생활사건이 젊은 연령층의 자살을 촉진하는 것으로 알려져 있다(Zhang et al., 2011). 재난 피해지역의 30~60대 남성의 자살률은 경제적 보상 정책에 민감하게 영향을 받는 것으로 보인다(Orui, 2020).

코로나19 국내 유입 후 우리나라의 8개월 동안의 남성 자살률은 전년도 대비 10.1% 감소하였으나, 여성의 자살률은 오히려 1.4% 증가하였다(Kim, 2021). 일본에서도 마찬가지로 코로나19 유행 7개월 시점에서 여성의 자살률이 유의하게 증가는 것으로 나타 났다(Nomura et al., 2021). 특히 20, 30대 여성의 자살률 증가폭이 가장 컸는데, 여성에 서 비정규직 비율이 높고 남성보다 급여 수준이나 고용 안정성이 낮다는 점에서 실직, 경제적 곤란이 여성의 자살률 증가에 영향을 미쳤을 것으로 보인다.

동일본 대지진을 경험한 청소년들을 5년간 추적 관찰했을 때 시간이 갈수록 외상후 스트레스 증상과 우울감이 줄어들었고, 5년 시점에서 재난경험은 외상후 스트레스 장 애, 우울, 불안, 자살위험에 영향을 끼치지 않는 것으로 나타났다(Kawahara et al., 2020).

4) 정신과적 기왕력

외상후 스트레스 장애가 있을 때 새로운 자극에 공포 반응이 쉽게 활성화되고 부정 적인 사건에 심리적·생리적 반응을 강하게 나타낸다. 재난 전 외상후 스트레스 장애 기왕력이 있을 때 재난 후 외상후 스트레스 장애가 발병할 가능성이 증가하며, 죽음에 대한 생각, 자살사고, 자살계획을 유의하게 증가시킨다. 이와 달리 공황장애 기왕력은 재난 후 자살사고에 영향을 끼치지 않았다(Brown et al., 2018).

참고문헌

이다영(2017). 화학, 생물, 방사능 사고의 정신적 영향. 대한불안의학회지, 13(1), 1-9.

Bromet, E. J., & Havenaar, J. M. (2007). Psychological and perceived health effects of the Chernobyl disaster: a 20-year review. *Health Phys, 93*(5), 516-521.

Brown, L. A., Fernandez, C. A., Kohn, R., Saldivia, S., & Vicente, B. (2018). Pre-disaster PTSD as a moderator of the relationship between natural disaster and suicidal ideation over time. *Journal of Affective Disorders, 230*, 7-14.

Cacioppo, J. T., & Cacioppo, S. (2014). Social Relationships and Health: The Toxic Effects of Perceived Social Isolation. *Soc Personal Psychol Compass, 8*(2), 58-72.

Cheung, Y. T., Chau, P. H., & Yip, P. S. (2008). A revisit on older adults suicides and Severe Acute Respiratory Syndrome (SARS) epidemic in Hong Kong. *Int J Geriatr Psychiatry, 23*(12), 1231-1238.

Chou, F. H., Wu, H. C., Chou, P., Su, C. Y., Tsai, K. Y., Chao, S. S., Chen, M. C., Su, T. T., Sun, W. J., & Ou-Yang, W. C. (2007). Epidemiologic psychiatric studies on post-disaster impact among Chi-Chi earthquake survivors in Yu-Chi, Taiwan. *Psychiatry Clin Neurosci, 61*(4), 370-378.

Claassen, C. A., Carmody, T., Stewart, S. M., Bossarte, R. M., Larkin, G. L., Woodward, W. A., & Trivedi, M. H. (2010). Effect of 11 September 2001 terrorist attacks in the USA on suicide in areas surrounding the crash sites. *British Journal of Psychiatry, 196*(5), 359-364.

Cousins, S. (2016). *Nepal's silent epidemic of suicide. Lancet, 387*(10013), 16-17.

CRED. (2019). Natural Disasters 2018

Cullinan, P., Acquilla, S. D., & Dhara, V. R. (1996). Long term morbidity in survivors of the 1984 Bhopal gas leak. *Natl Med J India, 9*(1), 5-10.

Davidson, L. M., & Baum, A. (1986). Chronic stress and posttraumatic stress disorders. *Journal of consulting and clinical psychology, 54*(3), 303-308.

Deisenhammer, E. A., & Kemmler, G. (2021). Decreased suicide numbers during the first 6 months of the COVID-19 pandemic. *Psychiatry Research, 295,* 113623.

Dsouza, D. D., Quadros, S., Hyderabadwala, Z. J., & Mamun, M. A. (2020). Aggregated COVID-19 suicide incidences in India: Fear of COVID-19 infection is the prominent causative factor. *Psychiatry Res, 290,* 113145.

Every-Palmer, S., Jenkins, M., Gendall, P., Hoek, J., Beaglehole, B., Bell, C., Williman, J., Rapsey, C., & Stanley, J. (2020). Psychological distress, anxiety, family violence, suicidality, and wellbeing in New Zealand during the COVID-19 lockdown: A cross-sectional study. *P Lo S One, 15*(11), e0241658.

Gunnell, D., L. Appleby, E. Arensman, K. Hawton, A. John, N. Kapur, N. ⋯ & Yip, P. S. (2020). Suicide risk and prevention during the COVID-19 pandemic. *LancetPsychiatry, 7*(6), 468-471.

Halford, E. A., Lake, A. M., & Gould, M. S. (2020). Google searches for suicide and suicide risk factors in the early stages of the COVID-19 pandemic. *Plo Sone, 15*(7), e0236777.

Hayashi, F., Sanpei, M., Ohira, T., Nakano, H., Okazaki, K., Yasumura, S., Nakajima, S., Yabe, H. Suzuki, Y., Kamiya, K., & Fukushima Health Management Survey Group (2020). Changes in the mental health status of adolescents following the Fukushima Daiichi nuclear accident and related factors: Fukushima Health Management Survey. *J Affect Disord, 260,* 432-439.

Horney, J. A., Karaye, I. M., Abuabara, A., Gearhart, S., Grabich, S., & Perez-Patron, M. (2020). The Impact of Natural Disasters on Suicide in the United States, 2003-2015. *Crisis: The Journal of Crisis Intervention and Suicide Prevention, 42*(5), 328.

Joiner Jr., T. E., Buchman-Schmitt, J. M., & Chu, C. (2017). Do Undiagnosed Suicide Decedents Have Symptoms of a Mental Disorder?. *Journal of Clinical Psychology, 73*(12),

1744-1752.

Kõlves, K., Kõlves, K. E., & De Leo, D. (2013). Natural disasters and suicidal behaviours: A systematic literature review. *Journal of Affective Disorders, 146*(1), 1-14.

Kawahara, K., Ushijima, H., Usami, M., & Takebayashi, M. (2020). No Associations of Psychological Symptoms and Suicide Risk with Disaster Experiences in Junior High School Students 5 Years After the 2011 Great East Japan Earthquake and Tsunami. *Neuro psychiatric Disease and Treatment, 16*, 2377.

Kessler, R. C., Galea, S., Jones, R. T., Parker, H. A., & Hurricane, G., Katrina Community Advisory (2006). Mental illness and suicidality after Hurricane Katrina. *Bull World Health Organ, 84*(12), 930-939.

Kim, A. M. (2021). The short-term impact of the COVID-19 outbreak on suicides in Korea. *Psychiatry Res, 295*, 113632.

Kim, S.-W., & Su, K.-P. (2020). Using psychoneuroimmunity against COVID-19. *Brain, Behavior, and Immunity, 87*, 4-5.

Leske, S., Kõlves, K., Crompton, D., Arensman, E., & de Leo, D. (2021). Real-time suicide mortality data from police reports in Queensland, Australia, during the COVID-19 pandemic: an interrupted time-series analysis. *The Lancet Psychiatry, 8*(1), 58-63.

Lowe, S. R., Rhodes, J. E., & Scoglio, A. A. J. (2012). Changes in Marital and Partner Relationships in the Aftermath of Hurricane Katrina: An Analysis With Low-Income Women. *Psychology of Women Quarterly, 36*(3), 286-300.

Nishio, A., Akazawa, K., Shibuya, F., Abe, R., Nushida, H., Ueno, Y., Nishimura, A., and Shioiri, T. (2009). Influence on the suicide rate two years after a devastating disaster: a report from the 1995 Great Hanshin-Awaji Earthquake. *Psychiatry Clin Neurosci, 63*(2), 247-250.

Nomura, S., Kawashima, T., Yoneoka, D., Tanoue, Y., Eguchi, A., Gilmour, S., Kawamura, Y., Harada, N., & Hashizume, M. (2021). Trends in suicide in Japan by gender during the COVID-19 pandemic, up to September 2020. *Psychiatry Res, 295*, 113622.

Norris, F. H., Friedman, M. J., Watson, P. J., Byrne, C. M., Diaz, E., & Kaniasty, K. (2002). 60,000 disaster victims speak: Part I. An empirical review of the empirical literature, 1981–2001. *Psychiatry, 65*(3), 207-239.

Ohtani, T., Iwanami, A., Kasai, K., Yamasue, H., Kato, T., Sasaki, T., & Kato, N. (2004). Post-traumatic stress disorder symptoms in victims of Tokyo subway attack: a 5-year follow-up study. *Psychiatry Clin Neurosci, 58*(6), 624-629.

Ohto, H., Maeda, M., Yabe, H., Yasumura, S., & Bromet, E. E. (2015). *Suicide rates in the aftermath of the 2011 earthquake in Japan.*

Orui, M. (2020). *Re-increased male suicide rates in the recovery phase following the Great East Japan Earthquake.* Crisis.

Orui, M., Suzuki, Y., Maeda, M., & Yasumura, S. (2018). *Suicide rates in evacuation areas after the Fukushima Daiichi nuclear disaster.* Crisis.

Qin, P., & Mehlum, L. (2021). National observation of death by suicide in the first 3 months under COVID-19 pandemic. *Acta Psychiatrica Scandinavica, 143*(1), 92-93.

Rahu, K., Rahu, M., Tekkel, M., & Bromet, E. (2006). Suicide risk among Chernobyl cleanup workers in Estonia still increased: an updated cohort study. *Ann Epidemiol, 16*(12), 917-919.

Safarpour, H., Sohrabizadeh, S., Malekyan, L., Safi-Keykaleh, M., Pirani, D., Daliri, S., & Bazyar, J. (2020). Suicide death rate after disasters: A meta-analysis study. *Archives of suicide research, 1-14.*

Shimbun, T. (2020). The number of domestic violence consultations increased 1.6 times due to COVID-19.

Shoaf, K., Sauter, C., Bourque, L. B., Giangreco, C., & Weiss, B. (2004). Suicides in LOS Angeles County in relation to the Northridge earthquake. *PrehospDisasterMed, 19*(4), 307-310.

Takebayashi, Y., Hoshino, H., Kunii, Y., Niwa, S. -I., & Maeda, M. (2020). *Characteristics of disaster-related suicide in Fukushima prefecture after the nuclear accident.* Crisis.

Thomas, K., & Gunnell, D. (2010). Suicide in England and Wales 1861-2007: a time-trends analysis. *International Journal of Epidemiology, 39*(6), 1464-1475.

Usher, K., Bhullar, N., Durkin, J., Gyamfi, N., & Jackson, D. (2020). Family violence and COVID-19: Increased vulnerability and reduced options for support. *International Journal of Mental Health Nursing, 29*(4), 549-552.

van Gelder, N., Peterman, A., Potts, A., O'Donnell, M., Thompson, K., Shah, N., & Oertelt-Prigione, S. (2020). COVID-19: Reducing the risk of infection might increase the risk of intimate partner violence. *E Clinical Medicine, 21.*

Van Orden, K. A., Witte, T. K., Cukrowicz, K. C., Braithwaite, S. R., Selby, E. A., & Joiner, Jr., T. E. (2010). The interpersonal theory of suicide. *Psychol Rev, 117*(2), 575-600.

Waselenko, J. K., MacVittie, T. J., Blakely, W. F., Pesik, N., Wiley, A. L., Dickerson, W. E., Tsu, H., Confer, D. L., Coleman, C. N., & Seed, T. (2004). Medical management of the acute radiation syndrome: recommendations of the Strategic National Stockpile Radiation Working Group. *Annals of internal medicine, 140*(12), 1037-1051.

Wasserman, I. M. (1992). The impact of epidemic, war, prohibition and media on suicide: United States, 1910-1920. *Suicide Life Threat Behav, 22*(2), 240-254.

Xu, Q., Fukasawa, M., Kawakami, N., Baba, T., Sakata, K., Suzuki, R., Tomita, H., Nemoto, H., Yasumura, S., Yabe, H., Horikoshi, N., Umeda, M., Suzuki, Y., Shimoda, H., Tachimori, H., Takeshima, T., & Bromet, E. J. (2018). Cumulative incidence of suicidal ideation and associated factors among adults living in temporary housing during the three years after the Great East Japan Earthquake. *J Affect Disord, 232,* 1-8.

Yamasaki, A., Sakai, R., & Shirakawa, T. (2005). Low income, unemployment, and suicide mortality rates for middle-age persons in Japan. *Psychol Rep, 96*(2), 337-348.

Yip, P. S., Cheung, Y. T., Chau, P. H., & Law, Y. W. (2010). The impact of epidemic outbreak: the case of severe acute respiratory syndrome (SARS) and suicide among older adults in Hong Kong. *Crisis, 31*(2), 86-92.

Zhang, J., Li, N., Tu, X. M., Xiao, S., & Jia, C. (2011). Risk factors for rural young suicide in China: a case-control study. *J Affect Disord, 129*(1-3), 244-251.

Zortea, T. C., Brenna, C. T. A., Joyce, M., McClelland, H., Tippett, M., Tran, M. M., Arensman, E., Corcoran, P., Hatcher, S., Heise, M. J., Links, P., O'Connor, R. C., Edgar, N. E., Cha, Y., Guaiana, G., Williamson, E., Sinyor, M., & Platt, S. (2020). *The Impact of Infectious Disease-Related Public Health Emergencies on Suicide, Suicidal Behavior, and Suicidal Thoughts.* Crisis, 1-14.

자살예방의 모든 것

이론과 정책

제 **5** 부

자살예방교육
프로그램 소개

21

한국형 표준 자살예방교육 프로그램 〈보고듣고말하기〉

1. 서론

통계청 자료에 의하면 2021년 자살한 사람은 13,352명으로 인구 10만 명당 26명이었다. 국내 자살률은 경제협력개발기구에 가입된 국가 중 가장 높다. 자살은 우리나라 전체 사망원인 중 6.1%에 달하고, 암, 뇌혈관질환, 심장질환, 폐렴에 이어 다섯 번째로 흔한 사망원인이다(National Statistical Office, 2020).

일반적으로 상당수의 자살은 예방 가능한 것으로 알려져 있다. 기존의 예방적 중재로 알려진 방법들(일반 대중교육 및 인식개선, 정신질환의 치료, 치명적 자살수단의 접근 제한, 언론 보도 모니터링 등)에 대한 1966년부터 2005년 6월까지의 메타분석 논문에 따르면, 우울증 발견과 치료, 의료인 대상 교육 및 치명적인 자살수단의 접근을 제한하는 방법이 자살률을 유의하게 낮추는 것으로 나타났으며, 기타 중재 방법들인 공공 교육이나 미디어를 통한 교육 등은 추가적인 연구가 필요하다고 제시하였다(Mann et al., 2005). 자살예방을 위한 여러 정책 중 생명지킴이 양성을 통한 지역사회 자살의 조기 발견과 개입은 대부분의 나라에서 핵심적인 자살예방정책의 하나이다(Hawton & van

* 이화영(순천향대학교 천안병원 정신건강의학과 교수)

Heeringen, 2009; Beautrais et al., 2007). 생명지킴이란 자살 고위험군과의 초기 접촉 시에 자살위험요인을 인지하여 그들을 발견할 수 있는 사람들을 말한다(Gould & Kramer, 2001). 한국에서 분석한 자료에 의하면 생명지킴이 교육을 많이 한 지역일수록 자살률이 떨어진다고 보고되었다(Bae, 2018).

한국형 표준 자살예방교육 생명지킴이 양성 프로그램인 〈보고듣고말하기〉는 2011년 한국자살예방협회 프로그램 개발위원회(위원장 오강섭)를 구성하고, 생명보험사회 공헌재단의 지원을 받아 故 임세원 교수가 중추적인 역할을 담당하여 2012년 완성되었다. 보건복지부와 중앙자살예방센터의 도움을 받아 2013년부터 보급되기 시작하였다. 2019년 〈보고듣고말하기2.0〉 개정 연구진은 〈보고듣고말하기〉 프로그램의 개발을 국제학술지에 게재하면서 〈보고듣고말하기〉의 영문이름을 정할 때 임세원 교수의 프로그램 개발 의도를 반영하여 〈Suicide CARE(Careful observation, Active listening, Risk evaluation & Expert referral)〉로 정하였다.

생명지킴이 교육의 자살예방 효과에 관한 해외 연구에 따르면, 사람들이 자살 고위험군에게 개입하는 행동으로 연결되는 데는 네 가지 요인이 영향을 미친다고 가정한다(Crystal & Rajeev, 2015). 이는, 첫째, 자살에 대한 지식, 둘째, 개입에 대한 자기 효능감, 셋째, 자살은 예방할 수 있다는 믿음, 넷째, 자살에 대한 부정적 인식으로 인한 개입 꺼림이다. 연구에 따르면 생명지킴이 교육으로 인해 이 네 가지 요인은 모두 영향을 받아서 자살에 대한 지식이 증가, 개입에 대한 자기 효능감 상승, 자살예방에 대한 믿음 증가, 자살에 대한 개입을 꺼리는 태도의 감소를 초래한다.

2. 본론

1) 〈보고듣고말하기〉의 시작

2011년 생명보험사회공헌재단의 후원으로 2011년 한국자살예방협회 교육위원회에서 故 임세원 교수를 주축으로 1.0버전이 개발되었고, 보건복지부 중앙자살예방센터를 중심으로 프로그램 배포가 시행되었다. 2014년 최신 통계자료와 교육평가 결과를 반영한 1.6버전 개정이 이루어졌다.

〈보고듣고말하기〉 프로그램은 故 임세원 교수, 김재원 교수, 백종우 교수가 대학로 학림다방에 모여 눈, 귀, 입이 있는 상징 디자인을 그리면서 개발이 시작되었다. 이렇게 나온 눈, 귀, 입 디자인은 현재까지도 〈보고듣고말하기〉의 상징으로 계속 쓰이고 있다.

개발 당시 故 임세원 교수는 갑작스러운 허리 통증을 겪게 되고, 이로 인한 고통이 심해지며 불청객처럼 찾아온 우울증을 경험하면서 '진정한 희망'이란 어떤 것인지 고민하였다. 심한 통증에도 불구하고 자신의 우울증 경험과 진정한 희망에 대한 깊은 통찰을 프로그램에 잘 반영할 수 있도록 열정을 가지고 노력하였고, 더 많은 사람이 〈보고듣고말하기〉를 통해 자살로부터 서로를 지킬 수 있도록 보급에 앞장섰다.

2015년에는 보건복지부의 지원으로 우리나라 직장인을 위한 직장인용 1.6W 버전이 개발되었다. 개발을 맡았던 한국자살예방협회 교육위원회는 우리나라 직장인의 자살과 관련된 특성을 분석한 결과를 바탕으로 20대 여성과 40대 남성의 사례로 구성된 직장인 맞춤형 교육 프로그램을 완성했다. 이는 각 기업과 지역사회에 자살예방 교육의 붐을 일으키는 계기가 되었으며, 국가 차원의 〈보고듣고말하기〉 프로그램으로 한층 더 자리 잡을 수 있었다. 2016년에는 故 임세원 교수가 책임연구원으로 개발한 전군 최초의 공군을 위한 〈보고듣고말하기〉 프로그램이 국방부 자살예방 교육 프로그램으로 채택되어, 전 장병이 〈보고듣고말하기〉 교육을 받게 되는 계기가 되었다. 이후 국방부의 요청으로 2018년 육군, 해군 버전까지 완성한 공로를 인정받아 각 군으로부터 감사패와 한국자살예방협회 생명사랑대상도 받았으나 황망하게도 12월 31일 故 임세원 교수가 사망하는 안타까운 사건이 일어났다. 이후 혁혁한 공로를 세운 故 임세원 교수를 애도하고자 청조근조훈장을 포함한 여러 감사패와 상이 수여되었다. 2019년에는 故 임세원 교수의 뜻을 이어받아 한국자살예방협회의 개발 위원들이 자발적인 참여로 해병대 버전을 완성함으로써 각 군의 특성을 반영한 군을 위한 맞춤형 〈보고듣고말하기〉 프로그램 네 가지 버전 개발을 모두 마쳤고, 전 장병을 대상으로 〈보고듣고말하기〉 교육을 실시하고 있다. 또한 2019년에는 소방공무원을 위한 〈보고듣고말하기〉 프로그램을 개발하는 등 각 직역에 맞는 맞춤형 교육 프로그램을 개발되었다. 2019년에는 보건복지부의 지원으로 중앙자살예방센터와 순천향대학교에서 〈보고듣고말하기〉 2.0 버전 개정을 진행하였다. 기존 프로그램을 교육하는 현장에서 도출된 이슈들을 보완하고 최신 국내외 연구 결과와 처음으로 심리부검 결과를 반영하여 근거 기반 한국형 자살예방 생명지킴이 양성 프로그램으로 개정되었다. 보기-듣기-말하기의 구성은 유지하되, 참여자가 적극적으로 배울 수 있도록 다양한 방법을 넣어서 세부 내용을 만들었다. 2020년에는 청소년용 2.0 버전, 교사용, 북한이탈주민용 〈보고듣고말하기〉가 완성되었다.

2) 〈보고듣고말하기〉의 효과

만족도 측면에서는 ASIST의 보고서에 따르면 스코틀랜드의 국가의료서비스 직원, 정부 공무원 등의 90% 이상에서 이 프로그램을 다른 사람에게 권하고 싶다고 답하여 높은 만족도를 보였는데(Dolev, Griesbach, & Lardner, 2014), 〈보고듣고말하기〉도 비슷한 문항에서 97.5%가 동의하였다(Paik et al., 2014). 개발 이후 교육을 받은 생명지킴이들을 대상으로 그 해에 실시한 효과성 연구에서 교육받은 후 20%가 자살생각이 있는 사람들을 만났다고 하며, 그중 95%가 교육에서 배운 대로 자살에 대해서 물어보고 들어 주었고, 71.5%는 정보를 주고, 전문가에게 연계를 해 주었다고 답하여 매우 유의한 프로그램이라는 결과가 나왔다.

3) 향후 발전 방향

〈보고듣고말하기〉를 통하여 2022년 9월 현재까지 삼백만 명 이상의 생명지킴이가 배출되었다. 〈보고듣고말하기〉 2.0버전의 개발 과정 및 개발 내용이 국제학술지에 보고되었다(Na et al., 2020; Park et al., 2020). 프로그램으로만 존재하던 이전의 형태에서 근거를 마련하는 계기가 되었다. 국제적으로 홍보효과가 기대되며, 국제적인 프로그램으로 확장될 수 있는 발판이 마련되었다. 리빙웍스 회사의 ASIST가 좋은 프로그램으로 자살예방에 많은 기여를 하고 있으나 한국적 상황이 반영되지 않은 한계가 있다. 또한 14시간 프로그램이어서 생명지킴이 프로그램의 1~3시간에 비해 비교적 긴 시간을 가지고 있다. 기본적인 생명지킴이 프로그램과 ASIST의 중간 정도 시간(예: 8시간 정도)의 프로그램 개발이 필요하다.

3. 결론

일반적으로 상당수의 자살은 예방이 가능한 것으로 알려져 있다. 자살예방을 위한 여러 정책 중 생명지킴이 양성을 통한 지역사회 자살의 조기 발견과 개입은 대부분의 나라에서 핵심적인 자살예방정책의 하나이다. 한국형 표준 생명지킴이 양성 프로그램인 〈보고듣고말하기〉는 2011년 故 임세원 교수를 주축으로 개발되었으며, 2022년 기준 이 프로그램을 통해 3백만 명 이상의 생명지킴이가 양성되었다. 각 연령층을 대상

으로 하는 프로그램을 포함하여 육군, 해군, 공군, 해병대, 소방관, 북한이탈주민을 대
상으로 하는 〈보고듣고말하기〉 프로그램이 개발되어 시행되고 있다.

참고문헌

Bae, I. J. (2018). *The analysis of the relationship between Gatekeeper education for suicide prevention and suicide rate.* Master's Thesis, The Graduate School of Public Administration, Seoul National University.

Beautrais, A. et al. (2007). Effective strategies for suicide prevention in New Zealand: a review of the evidence. *N Z Med J, 120*(1251), U2459.

Crystal, B., & Rajeev, R. (2015). *Gatekeeper Training for Suicide Prevention: A Theoretical Model and Review of the Empirical Literature.* RAND Corporation.

Dolev, R. P., Griesbach, D., & Lardner C. (2014). *The Use and Impact of Applied Suicide Intervention Skills Training (Asist) in Scotland: An Evaluation [cited 2014 Aug 20].* Available from: http://www.scotland.gov.uk/socialresearch.

Gould, M. S., & Kramer, R. A. (2001). Youth suicide prevention. *Suicide Life Threat Behav, 31,* Suppl, 6-31.

Hawton, K., & van Heeringen, K. (2005). Suicide. *Lancet, 373*(9672), 1372-1381.

Mann, J. J. et al. (2005). Suicide prevention strategies: a systematic review. *JAMA, 294*(16), 2064-2074.

Na, K. S. et al. (2020). Contents of the Standardized Suicide Prevention Program for Gatekeeper Intervention in Korea, Version 2.0. *Psychiatry Investig, 17*(11), 1149-1157.

National Statistical Office. (2020). *Annual report on the cause of death statistics.*

Paik, J. W. et al. (2014). The effect of Korean standardized suicide prevention program on intervention by gatekeepers. *Journal of KNA, 53*(1), 358-363.

Park, S. C. et al. (2020). Suicide CARE (Standardized Suicide Prevention Program for Gatekeeper Intervention in Korea): An Update. *Psychiatry Investig, 17*(9), 911-924.

자살예방의 모든 것
이론과 정책

국내 자살예방교육 프로그램

1. 서론

자살예방교육 프로그램은 보건복지부에서 인증을 받은 우리나라의 자살예방 프로그램 중에서 가장 많은 비중을 차지하고 있으며, 다양한 기관에서 개발 및 실행하고 있다. 한국생명존중희망재단은 주요 자살예방 프로그램을 직접 개발하는 동시에 인증하는 역할도 하고 있다. 그 외 광역시·도 및 시·군·구 단위의 주요 자살예방센터와 광역정신건강복지센터, 한국자살예방협회, 한국생명의전화 등 다양한 기관에서 자살예방교육 프로그램을 개발 및 실행하고 있다. 자살예방교육 프로그램은 자살예방과 관련한 지식을 증대시키고, 인식을 변화시키며, 이를 통해 궁극적으로 자살 및 자살 고위험군, 자살유족 등을 대할 때의 태도 변화에 이르는 것을 목표로 한다. 이는 대개 일반인을 대상으로 한다는 점에서 가장 활용도가 높으며, 매우 광범위하게 적용 및 활용될 수 있다. 특히 여러 사회 및 집단의 구성원이 자살, 자살 고위험군, 자살유가족 등을 왜곡되지 않은 건강한 시선으로 바라보고 이를 바탕으로 개개인이 할 수 있는 일, 예를 들면 더 전문적으로 도움을 주는 기관들에 연계를 해 주거나 일반적인 수준에서의 조언 등을

* 나경세(가천대학교 길병원 정신건강의학과 교수)

가능하게 한다는 측면에서 꼭 필요한 보편적인 자살예방 전략이라고 할 수 있다.

2. 현황

1) 자살예방 프로그램 인증제

(1) 개요

자살예방 프로그램은 과거 중앙자살예방센터에서 자살예방 국가 행동계획 '1-4-1 과학적 근거에 기반한 자살예방 프로그램 인증제 확립' 및 자살예방 기본계획 '10. 근거 기반 자살예방 연구체계 마련'에 의거하여 시행하였다. 이후 중앙자살예방센터와 중앙심리부검센터의 사업을 아우르는 한국생명존중희망재단이 출범하면서 보건복지부와 함께 자살예방 프로그램을 인증 및 관리하고 있다. 이 인증제는 자살예방 프로그램에 대한 객관적 검증을 통해 프로그램의 질적 향상을 꾀하고, 동시에 근거 기반의 자살예방 프로그램을 널리 확산시켜 궁극적으로 우리나라에서 시행되는 자살예방 프로그램의 효과를 증대시키는 데 그 의의가 있다. 인증 유효기간은 예비인증과 본인증 각각 4년씩이며, 유효기간 만료 전에 예비인증 혹은 본인증으로 재인증을 신청하여야 인증이 유지된다. 최종적으로 보건복지부의 승인을 완료 받은 이후에 해당 프로그램들을 공개한다. 자살예방 프로그램 인증제는 2014년부터 시작되었다. 한국생명존중희망재단과 보건복지부의 자살예방 프로그램 인증 목록은 한국생명존중희망재단 홈페이지를 통해서 가장 최근에 업데이트된 내역을 확인할 수 있으며, 우리나라 자살예방 프로그램에 대해 가장 체계적이고 상세한 정보를 얻을 수 있는 데이터베이스이다. 2022년 6월 기준 총 117개의 자살예방인증 프로그램이 있다.

(2) 구성

① 유형

자살예방 프로그램 인증제는 교육 프로그램, 훈련 프로그램, 그리고 프로토콜/가이드라인의 세 가지 유형으로 진행하였으며, 현재는 '교육/훈련', '프로토콜/가이드라인', '인식개선 및 증진/아웃리치', '개입' 4개 범주로 분류하고 있다. 교육과 훈련이 하나의 범주로 통합된 것은 사실상 교육과 훈련의 구분이 애매하고 불분명한 경우가 많기 때문이다. '교육/훈련' 유형으로는 한국형 게이트키퍼 교육 프로그램인 〈보고듣고말하기〉 시리즈가 있다. 이 시리즈에서는 영상과 교재 책자, 그리고 강사의 구두 강의 등을 활용하여 자살예방와 관련된 지식의 증대 및 태도 변화를 꾀한다. 이러한 측면으로 보면 교육 프로그램에 합당하다고 볼 수 있다. 한편 모든 국민은 게이트키퍼가 될 수 있는데, 이는 곧 게이트키퍼 교육 프로그램이 존재하고 기능하는 이유인 동시에 흔히 말하는 '자살과 무관한 사람'이나 '일반인'과 같은 개념이 순수히 들어맞지 않는 경우가 대부분임을 의미한다. 게이트키퍼야말로 자살예방 관련 기술을 수행하는 대표적인 주체이며, 게이트키퍼 교육 프로그램이야말로 자살위험 신호를 보고 듣고 말하는 참가자의 기술을 증대시키는 대표적인 훈련 프로그램이기 때문이다. 프로토콜/가이드라인은 자살예방과 관련된 사람들이 활용할 수 있는 지침 및 안내서를 의미한다. 자살유족 자조모임 매뉴얼처럼 자살 생존자들이 활용할 수 있는 것도 있고, 자살위기대응 매뉴얼처럼 일선에서 자살 고위험군을 대상으로 업무를 수행하는 자살예방 실무자들을 위한 것도 있다. 한편 '자살보도 권고기준 3.0'이나 '영상콘텐츠 자살 장명 가이드라인'처럼 언론이나 문화예술계에서 적용할 것을 권고하는 지침도 프로토콜/가이드라인 유형에 속한다.

인식개선 및 증진/아웃리치 유형으로는 화성시정신건강복지센터 부설 화성시자살예방센터에서 개발한 '생명존중 그린마을'이 있다. 개입에 해당하는 프로그램으로는 동아보건대학교에서 개발한 '우울 및 자살사고 감소를 위한 동기증진 인지행동 상담 프로그램'이 있다.

② 구분

자살예방인증 프로그램은 '연구 기반 중재/권고', '표준 중재/권고', 그리고 '전문가합의 지침/권고' 세 가지로 구분된다. '연구 기반 중재/권고'는 실제 연구사업을 통해 그 효과성을 검증한 것으로, 2017년 경기도자살예방센터에서 개발한 청소년자살예방 교육프로그램인 '생명사랑 틴틴교실 3.0'이 유일하다. 경기도에서 해당 프로그램을 적용한 청소년 67명과 적용하지 않은 청소년 67명 총 134명을 대상으로 효과를 비교한 결과, 프로그램을 적용한 군과 그렇지 않은 군에서의 자살예방 지식 수준의 긍정적 변화 비율(33.7% vs 22.4%)과 자살예방에 대한 행동 수준의 긍정적 변화 비율(61.2% vs 26.9%)에서 차이가 있었다. '표준 중재/권고'는 실제 현실에서 프로그램을 적용할 경우 효과가 있을 것으로 기대되지만 직접 효과성 검증 연구를 시행하지는 않은 것으로, 자살예방인증 프로그램의 절대 다수(117개 중 109개)가 속해 있다. '전문가합의 지침/권고'는 해당 분야 전문가들의 일치된 의견에 따라 구성된 지침 내지 권고안으로, '자살보도 권고기준 3.0'을 비롯한 일부 프로토콜/가이드라인 프로그램이 여기에 포함된다.

2) 국내 자살예방교육 프로그램

이 장의 마지막에 있는 〈표 22-1〉은 우리나라 보건복지부 자살예방인증 프로그램 목록이다. 총 117개의 자살예방교육 프로그램들 중에서 가장 많은 프로그램을 개발한 기관은 한국생명존중희망재단으로 총 24개[자살예방 게이트키퍼교육 프로그램 이어줌人, 자살예방 생명지킴이 교육 프로그램 이어줌人 노인용, 의료기관 보건의료인력 대상 자살예방 생명지킴이 교육 프로그램, 한국형 표준 자살예방 생명지킴이 양성 프로그램 '보고듣고말하기 2.0', 정신장애인 자살예방 교육 프로그램 자살예방 생명지킴이 교육 프로그램 이어줌人 직장인용, 보건복지종사자 대상 자살예방 생명지킴이 교육 프로그램(기본편), 자살시도자를 위한 인지행동프로그램 '동행' 등] 프로그램을 개발했다. 특히 2022년 6월에는 〈보고듣고말하기 2.0〉 기본, 노년, 중장년, 청년, 중학생, 고등학생 총 6개 유형의 온라인 교육 프로그램을 새로 인증받았다. 이들 프로그램은 감염병 대유형을 비롯해 대면 교육/훈련이 어려운 여러 상황들에서 효과적으로 활용될 수 있을 것으로 기대된다. 한국자살예방협회에서는 총 6개의 인증된 자살예방 프로그램을 개발하였는데, 그중 4개가 군대에서 활용하는 〈보고듣고말하기〉였다(보고듣고말하기 직장인Ver, 노인자살예방교육 '희자씨와 친구들을 위하여', 공군을 위한 보고듣고말하기 1.8AF, 육군을 위한 보고듣고말하기 1.9KA, 해군을 위한 보고듣고말하기 1.9KN, 해병대를 위한 보고듣고말하기 1.9ROKMC). 군대에서 활용하기 위한 〈보고듣고말하기〉 시리즈는 실효성과 현실성을 담보하기 위해 개발 전과정에서 해당 군당국(공군본부, 육군본부, 해군본부, 해병대사령부)과 협력과 논의를 거쳐 진행하였다.

광역 및 기초지방자치단체의 자살예방센터와 정신건강복지센터에서도 활발히 자살예방교육 프로그램을 개발해 오고 있다. 가장 많은 프로그램을 개발한 곳은 서울시 자살예방센터로 총 9개의 프로그램을 개발하였다[자살유족 모임(자작나무) 프로그램 매뉴얼, 자살예방 응급요원 교육, 자살예방 전문가 양성교육, 교사를 위한 자살예방지킴이 교육, 자살예방 지킴이 훈련 프로그램 등]. 경기도 자살예방센터에서는 총 4개의 자살예방교육 프로그램을 개발하였는데, 모두 학생 및 청소년과 관련된 것들이었다(생명사랑 틴틴교실 3.0, 학생자살사후중재 프로그램 M-love, 생명사랑 틴틴교실 게이트키퍼 버전, 생명사랑 틴틴교실 자해 예방 버전).

3. 향후 제언

자살예방교육 프로그램을 개발하는 것 못지않게 중요한 것 두 가지가 있다. 바로 프로그램을 널리 확산시켜 활용하는 것과 그 효과를 검증하는 것이다. 먼저 각 기관에서 개발한 교육 프로그램이 널리 확산될 수 있도록 하기 위해서는 개발한 기관들의 보급 노력도 중요하지만, 여러 사회 부문에서 자살예방교육의 필요성을 인지하고 이를 수강하고자 하는 정책적 노력도 필요하다. 한편, 2020년 초부터 시작된 코로나19 사태로 인하여 각종 교육의 비대면 실행에 대한 필요성이 전세계적으로 높아지고 있다. 이를 고려하여, 비대면 형태의 교육 프로그램 개발을 통해 대면 및 비대면 두 가지 방식으로 전달될 수 있도록 하는 것이 필요하다. 둘째, 자살예방교육 효과를 검증하는 절차가 필요하다. 프로그램의 효과를 평가하는 가장 기본적인 방법은 교육 전후에 수강생들이 스스로 얼마나 자살 및 자살예방과 관련한 지식 대응 역량이 증가되었는지를 주관적으로 느끼고 기입하는 방식이다. 하지만 더 정교하게 시뮬레이션 상황을 만들어 교육 수강자들이 각각의 상황에서 어떻게 대응하는지를 기반으로 프로그램의 효과를 평가할 수도 있다. 이 경우, 컴퓨터 기반 프로그램을 제작하여 수강자가 각각의 상황에서 가장 적합한 대응을 선택하며 그 이유를 생각해 보고, 가장 적합한 선택에 대한 피드백을 받는 과정으로 평가와 재교육을 병행해 나갈 수 있다. 이러한 평가와 훈련 과정 또한 비대면 형태로 구축함으로써, 감염병 대유행과 무관하게 활용하는 것이 중요하다. 또한 동일 집단을 대상으로 자살예방교육을 반복적으로 시행하기에는 현실적으로 어려움을 고려할 때, 한 번의 자살예방 프로그램으로 어느 정도로 그 효과가 길게 유지되는지 추적 평가하는 것도 의의가 있다.

우리나라에서는 그동안 중앙자살예방센터가 자살예방 프로그램을 질적으로 검증하고 체계적으로 취합하는 데 상당히 성공적인 역할을 해 왔다. 새로이 발족한 재단법인 한국생명존중희망재단에서는 앞의 제언들까지 모두 포괄하여 우리나라의 자살예방교육 프로그램의 방향을 설정해 나가야 하겠다.

표 22-1 보건복지부 자살예방인증 프로그램 현황(2022년 6월 기준)

자살예방교육 프로그램 제목	개발 기관
자살성선별 프로그램	가톨릭대학교 의과대학
광주형 위기대응 프로그램	광주광역정신건강복지센터
생명지킴이 전문강사과정	전라북도정신건강복지센터
노인 자살위기관리 매뉴얼	인천광역정신건강복지센터
보고듣고말하기 직장인Ver	한국자살예방협회
MI 공감프로그램 KIT 2.0	구미시정신건강복지센터
아이러브유	한국생명의전화
인지행동공감III	구미시정신건강복지센터
동기증진인지행동프로그램 공감1 2.0	구미시정신건강복지센터
생명보듬이(Gatekeeper) 기초교육 '무지개'	라이프호프기독교자살예방센터
자살유족 모임(자작나무) 프로그램 매뉴얼	서울시자살예방센터
교사 및 실무자를 위한 청소년 자살위기관리 매뉴얼	인천광역시자살예방센터
공군을 위한 보고듣고말하기 1.8AF	한국자살예방협회, 공군본부
노인자살예방교육'희자씨와 친구들을 위하여'	한국자살예방협회
충북 SOS(Stop Of Suicide) 지킴이 프로젝트	충북광역정신건강복지센터
청소년 자살예방 게이트키퍼 양성 프로그램 친구사이	수원시자살예방센터
생명사랑 틴틴교실 3.0	경기도자살예방센터
자살예방 응급요원 교육	서울시자살예방센터
자살예방 전문가 양성교육	서울시자살예방센터
학생자살사후중재 프로그램 M-love	경기도자살예방센터
안녕하십니까?	전라남도광역정신건강복지센터
금메달 사례관리 프로그램	수원시노인정신건강센터
노인 우울 및 자살사고 경계선 프로그램 마음지광이	부산광역자살예방센터
응급의료종사자대상 자살 관련 교육	대한응급의학회, 대한응급의료지도의사협의회
토닥 토닥	완주군정신건강복지센터
생명사랑지킴이양성교육 '생명사랑톡톡65+'	제주광역정신건강복지센터
대상자 자살을 경험한 실무자를 위한 기관 차원의 심리정서지원 권고안	부산광역자살예방센터
경찰동료 게이트키퍼 교육 프로그램(A police officer gatekeeper training program)	경찰청, 한국EAP협회

자살예방 게이트키퍼 프로그램 '생명지구대'	광주북구정신건강복지센터
경찰용 생명지킴이 양성교육 '생명배달'	충북광역정신건강복지센터
소방용 생명지킴이 양성교육 '생명배달'	충북광역정신건강복지센터
교사를 위한 자살예방지킴이 교육	서울시자살예방센터
자살예방 생명지킴이 교육 프로그램 이어줌人	한국생명존중희망재단
자살예방 생명지킴이 교육 프로그램 이어줌人 노인용	한국생명존중희망재단
자살위기개입핸드북	서울시자살예방센터
자살 및 정신질환 위기관리 프로토콜	서울시자살예방센터
자살보도 권고기준 3.0	한국생명존중희망재단
생명존중매뉴얼	성남시정신건강복지센터
정신건강증진 및 행복키움 Thank You 프로그램	성동구정신건강복지센터
생명사랑 틴틴교실 게이트키퍼 버전	경기도자살예방센터
마인드프렌즈	광주북구정신건강복지센터
노인생명존중교육 생명충전기	대구광역자살예방센터
청소년 생명존중교육 생명톡톡	대구광역자살예방센터
성소수자 자살예방지킴이 양성교육 무지개돌봄	한국게이인권운동단체 친구사이
응급키트 응급상자	충북광역정신건강복지센터
생명존중그린마을	화성시정신건강복지센터 부설 화성시자살예방센터
자살예방 지킴이 훈련 프로그램	서울시자살예방센터
자살예방 게이트키퍼 교육 프로그램	성남시정신건강복지센터(부설) 자살예방센터
육군을 위한 보고듣고말하기 1.9KA	한국자살예방협회, 육군본부
해군을 위한 보고듣고말하기 1.9KN	한국자살예방협회, 해군본부
생명사랑 틴틴교실 자해 예방 버전	경기도자살예방센터
소방공무원 동료 게이트키퍼 훈련 프로그램 봄! 봄! 봄!	구미정신건강복지센터
(노인대상) 생명지킴이양성교육 '이심전심'	수원시자살예방센터
ver. 청소년 전담인력 생명지킴이	전라북도정신건강복지센터
생명사랑 지킴이 양성교육 & 강사양성교육	전라북도정신건강복지센터
또래생명지킴이 훈련 프로그램 '나?! 우리학교 게이트키퍼야!'	구미정신건강복지센터
자살예방교육 프로그램 소중한 '숨'	전라북도정신건강복지센터
어둠 속에 숨어있는 빛을 찾아서 '반딧불이'	안산시자살예방센터

청소년 생명존중교육 'I MY ME MINE'	부산진구정신건강복지센터
청소년 자살예방 게이트키퍼 양성교육 'WHAT'S UP'	화성시정신건강복지센터
청소년 생명존중교육 '누군가에게 말해보세요.'	대구학생자살예방센터
의료기관 보건의료인력 대상 자살예방 생명지킴이 교육 프로그램	한국생명존중희망재단
한국형 표준 자살예방 생명지킴이 양성 프로그램 '보고듣고말하기 2.0'	한국생명존중희망재단
정신장애인 자살예방 교육 프로그램	한국생명존중희망재단
생명지킴이 양성교육 '생명배달'	충청북도광역정신건강복지센터
112 · 119 · 정신건강복지센터가 함께 보는 실무지침 「자살위기대응 매뉴얼」	충청북도광역정신건강복지센터
학교기반 자살사후중재 프로그램 '희망의 토닥임'	서울시자살예방센터
자살예방 실무자를 위한 '자살예방 및 위기관리 매뉴얼'	인천광역시자살예방센터
자살유가족 심리지원을 위한 상담 및 자조모임 매뉴얼	인천광역시자살예방센터
자살유족 상담 및 자조모임 매뉴얼	서울시자살예방센터
자살유가족지원사업 가이드북	성남시정신건강복지센터
생명존중문화 확산을 위한 '영상콘텐츠 자살 장면 가이드라인'	한국생명존중희망재단
해병대를 위한 보고듣고말하기 1.9ROKMC	한국자살예방협회, 해병대사령부
이 · 통장 자살예방 생명지킴이 교육프로그램 '세상살이'	강원도광역정신건강복지센터, 한림대학교 생사학연구소, 한림대학교 임상역학연구소
청소년 생명존중 부모교육: 우리 아이가 자해를 한다면 어떻게 할까요?	대구학생자살예방센터
자살예방 생명지킴이 교육 프로그램 이어줌人 직장인용	한국생명존중희망재단
자살시도 중재협상 프로그램	(주)CNS
자살시도자를 위한 인지행동프로그램 '동행'	한국생명존중희망재단
생명존중약국 생명지킴이 양성 교육	부산서구정신건강복지센터
소방공무원을 위한 보고듣고말하기(내근직편)	소방청, 한국자살예방협회
소방공무원을 위한 보고듣고말하기(화재구조편)	소방청, 한국자살예방협회
소방공무원을 위한 보고듣고말하기(구급편)	소방청, 한국자살예방협회
보건복지종사자대상 자살예방 생명지킴이 교육 프로그램(심화편)-청소년대상 실무자용	한국생명존중희망재단
보건복지종사자대상 자살예방 생명지킴이 교육 프로그램(심화편)-성인대상 실무자용	한국생명존중희망재단
보건복지종사자대상 자살예방 생명지킴이 교육 프로그램(심화편)-노인대상 실무자용	한국생명존중희망재단

마음챙김에 기반한 자살예방 인지행동치료 프로그램 '하루' 청소년 · 청년용	국립정신건강센터, 서강대학교 산학협력단
마음챙김에 기반한 자살예방 인지행동치료 프로그램 '하루' 중장년용	국립정신건강센터, 서강대학교 산학협력단
마음챙김에 기반한 자살예방 인지행동치료 프로그램 '하루' 노년용	국립정신건강센터, 서강대학교 산학협력단
한국형 표준 자살예방 생명지킴이 양성 프로그램 '청소년을 위한 보고듣고말하기 2.0' 중학생용	한국생명존중희망재단
한국형 표준 자살예방 생명지킴이 양성 프로그램 '청소년을 위한 보고듣고말하기 2.0' 고등학생용	한국생명존중희망재단
대상자 자살을 경험한 실무자 회복지원 상담 매뉴얼	부산광역자살예방센터
보건복지종사자 대상 자살예방 생명지킴이 교육 프로그램(기본편)	한국생명존중희망재단
연예 관련 종사자 대상 자살예방 교육	한국생명존중희망재단
요즘어때?	광주동구정신건강복지센터
자살예방 주민참여 프로그램	강서구정신건강복지센터
청소년용 생명지킴이 양성교육 프로그램 '안녕, 괜찮니?'	전라남도광역정신건강복지센터
교사용 보고듣고말하기(게이트키퍼 전문인력양성) 프로그램	한국교육환경보호원(센터:학생정신건강지원센터), 한국자살예방협회
생명이어달리기(청소년용)	충청남도광역정신건강복지센터
생명이어달리기(성인용)	충청남도광역정신건강복지센터
생명이어달리기(노인용)	충청남도광역정신건강복지센터
북한이탈주민을 위한 보고듣고말하기 2.0	통일부 하나원, 한국자살예방협회
우울 및 자살사고 감소를 위한 동기증진 인지행동 상담프로그램	동아보건대학교
경찰동료 생명지킴이 교육프로그램 (전직원용)	이지앤웰니스, 경찰청
경찰동료 생명지킴이 교육프로그램 (전직원용 온라인 교육)	이지앤웰니스, 경찰청
경찰동료 생명지킴이 교육프로그램 (관리자용)	이지앤웰니스, 경찰청
경찰동료 생명지킴이 교육프로그램 (관리자용 온라인 교육)	이지앤웰니스, 경찰청
청소년용 생명지킴이 양성교육 '생명배달'	충청북도광역정신건강복지센터
장애인 관련 종사자를 위한 장애인 생명지킴이 교육 프로그램	한국생명존중희망재단, 한국보건복지인력개발원
장애인 관련 종사자를 위한 장애인가족 생명지킴이 교육 프로그램	한국생명존중희망재단, 한국보건복지인력개발원
정신장애인 자살예방교육 프로그램 (당사자용 온라인 교육)	한국생명존중희망재단

정신장애인 자살예방교육 프로그램 (가족용 온라인 교육)	한국생명존중희망재단
보고듣고말하기 2.0 기본편 (온라인 교육)	한국생명존중희망재단
보고듣고말하기 2.0 노년편 (온라인 교육)	한국생명존중희망재단
보고듣고말하기 2.0 중장년편 (온라인 교육)	한국생명존중희망재단
보고듣고말하기 2.0 청년편 (온라인 교육)	한국생명존중희망재단
보고듣고말하기 2.0 중학생편 (온라인 교육)	한국생명존중희망재단
보고듣고말하기 2.0 고등학생편 (온라인 교육)	한국생명존중희망재단

참고문헌

한국생명존중희망재단(2023. 3. 28.). 자살예방 프로그램 인증제. https://www.kfsp.or.kr/web/contents/contentView/?pMENU_NO=254

해외 자살예방 프로그램

한국생명존중희망재단의 자살예방 프로그램 인증제도와 같이 해외에도 근거 기반의 자살예방 프로그램을 인증하는 제도가 있다. 해외의 모든 자살예방 프로그램을 개괄할 수 없으므로 대표적인 인증기관인 미국의 Suicide Prevention Resource Center(이하 SPRC)에서 근거 기반 자살예방 프로그램으로 인증을 받은 프로그램 중 교육 및 훈련 프로그램을 중심으로 해외 자살예방 프로그램을 소개한다.

1. 응용 자살 개입 기술훈련(ASIST)

LivingWorks Education사에서 개발한 프로그램인 ASIST(Applied Suicide Intervention Skills Training)는 25개국에서 150만 명 이상이 교육을 받은 전 세계적으로 가장 많이 보급된 생명사랑지킴이 교육 프로그램이다. 매년 6만 명을 대상으로 교육이 시행되고 있고 한국에서도 널리 보급되고 있다. ASIST는 이틀간 총 14시간 동안 강사 인증을 받은 2명의 강사가 워크숍의 형태로 진행한다. 단시간 진행되는 프로그램과 달리 참여자의

* 백명재(경희대학교병원 정신건강의학과 임상부교수)

상담 기법의 실질적인 훈련이 가능한 장점이 있다. 프로그램의 목표는 자살의 위험에 처해 있는 사람을 알아채어 자살에 대한 질문, 현재와 미래의 위험을 묻고, 대상자가 가지고 있는 자원과 욕구 등에 근거한 대상자의 안전대책을 마련하도록 하는 것이다. 뿐만 아니라 ASIST는 지역사회자 여러 자원을 통한 포괄적인 접근을 우선시하여 대상자가 자살예방 전문 서비스를 포함한 다양한 지역사회자원과 연결되는 것에 중점을 둔다. 교육 진행은 생명지킴이와 자살위험자 간의 상호작용에 초점을 맞추어 자살위험자를 이해하는 방법을 학습하며, 또한 역할극과 그룹 시연을 통해 다양한 상황에서 참여자가 직접 참여할 기회를 가지고 참여자 간의 토론이 활발히 펼쳐지도록 유도한다. 이러한 방법은 참여자의 상호작용을 촉진하고 능동적인 학습이 가능하도록 한다. ASIST 교육을 받은 자살예방핫라인 상담사 그룹에게 상담을 받은 대상자는 교육을 받지 않은 상담사 그룹에게 상담을 받은 대상자에 비해 우울감, 자살생각이 더욱 줄어든 연구 (Gould et al., 2013)를 통해 ASIST가 자살예방 효과에 근거가 있음이 확인되어 SAMHSA's National Registry of Evidence-Based Programs and Practices(NREPP)에 포함되었다. ASIST는 2011년 국내에 도입되어 현재까지 자살예방전문가, 군 간부, 기업 관리직 등 다양한 직종의 종사자 1만 명 이상이 한국자살예방협회를 통해 교육을 받았으며, 특히 군 자살예방교관 양성 교육에서 중요하게 활용되고 있다.

2. 미공군 자살예방 프로그램(AFSPP)

우리나라 군에서 공군이 가장 먼저 자살예방활동을 시작한 것과 같이 미군에서도 공군이 1990년대 중반부터 지휘부의 주도하에 선제적으로 자살에 대한 집중적이고 포괄적인 개입을 시작하였다. 미공군 자살예방 프로그램인 AFSPP(United States Air Force Suicide Prevention Program)는 커뮤니티 기반(community-based) 예방전략의 대표적인 성공 사례로 꼽히며 타국의 군에도 중요한 참고자료가 되고 있다. AFSPP의 목표는 사회적 지지를 강화하고 의사소통기술을 강화시켜 개인이 효과적으로 도움추구행동을 할 수 있도록 정책과 규정을 변화시키는 것이다.

AFSPP의 열한 가지 핵심지침은 다음과 같다. ① 지휘관의 참여(Leadership Involvement), ② 전문군사교육 내 자살예방 교과 포함(Addressing Suicide Prevention in Professional Military Education), ③ 정신건강서비스 이용에 대한 지휘관 지침 (Guidelines for Commanders on Use of Mental Health Services), ④ 부대 기반 자살

예방 서비스(Community Preventive Services), ⑤ 부대 기반 자살예방 교육과 훈련 (Community Education and Training), ⑥ 수사 관련 자살예방 지침(Investigative Interview Policy), ⑦ 외상스트레스 대응팀(Trauma Stress Response), ⑧ 다직역 자살예방 조직 구성[Integrated Delivery System(IDS) and Community Action Information Board(CAIB)], ⑨ 재판 중 비공개 정신건강 서비스 제공(Limited Privilege Suicide Prevention Program), ⑩ 정신건강평가 의뢰 체계(IDS Consultation Assessment Tool), ⑪ 자살 관련 데이터베이스 구축 체계(Suicide Event Surveillance System)이다.

AFSPP는 자살에 대한 다각적인 개입(multicomponent intervention) 중 효과가 과학적으로 검증된 몇 안 되는 예 중 하나이며 NREPP에 등재되어 있다. AFSPP 시행 이후 두 차례에 걸쳐 효과 검증이 이루어졌다. 시행 전인 1990~1996년에 비해, 시행 후인 1997~2002년 미공군의 자살률은 33%가 감소한 것으로 나타났다. 뿐만 아니라 기타 사고로 인한 사망이나 살인, 중등도 이상의 가정폭력 또한 프로그램 시행 후 18~54%가 감소하였다.

3. 대처 및 지지 훈련(CAST)

CAST(Coping and Support Training)는 자살을 비롯한 정신건강의 위험에 처한 청소년을 위한 학교 기반 소그룹 상담 프로그램이다. CAST는 정서적 스트레스 감소, 약물 사용의 감소, 학업 기능의 회복을 목표로 하며 1주일에 두 차례(각 55분) 총 12회에 걸쳐 진행된다.

12회 프로그램은 ① 환영과 오리엔테이션(Welcome & Orientation), ② 그룹 지지와 자존감(Group Support & Self-Esteem), ③ 그룹 세팅과 목표 안내(Setting & Monitoring Goals), ④ 자존감 회복과 우울 떨쳐내기(Building Self-Esteem, Beating the Blues), ⑤ 의사결정하기(Decision Making-Taking STEPS), ⑥ ⑦ 분노 조절(Anger Management), ⑧ 약물 남용 조절(Drug Use Control-Making Healthy Decisions), ⑨ 학교생활 관리(School Smarts), ⑩ 재발방지(Preventing Slips & Relapses), ⑪ 경과 파악 및 회복 유지(Recognizing Progress & Staying on Track), ⑫ 종료회기(Celebrating Graduation)로 구성된다.

CAST는 여러 연구를 통해 청소년 자살위험요인의 감소를 비롯한 다양한 정신건강 문제의 호전에 도움이 되는 것으로 알려져 있다. CAST 시행한 집단에서 대조군에 비해 자살행동이 65% 줄었으며 우울증 44% 감소, 물질 남용 62% 감소, 알코올 16% 감소, 금정적인 문제해결 대처 24% 증가, 감정 조절 24% 증가한 것으로 나타났다. 프로그램은 6~8명의 소집단을 대상으로 프로그램 진행을 교육받은 교사, 상담사, 사회 복지사 등이 프로그램을 진행하며 Reconnecting Youth, Inc.에서 유료로 제공받을 수 있다.

4. 자살예방을 위한 생명지킴이 훈련 프로그램(QPR)

QPR은 1995년 폴 퀴네트(Paul Quinnett)가 개발한 자살예방을 위한 생명지킴이(gatekeeper) 교육 프로그램으로 일반 및 전문 '생명지킴이'에게 자살위기의 경고신호와 대응 방법을 가르치기 위해 고안되었다.

QPR은 질문(Question), 설득(Persuade), 의뢰(Refer)를 의미하며, ① 자살에 대한 대상자의 생각과 의도에 대해 질문(Question)하고, ② 도움을 구하고 받아들이도록 설득(Persuade)하고, ③ 적절한 자원을 소개(Refer)하도록 한다. 교육을 받은 생명지킴이는 QPR 소책자 및 지갑용 카드, 지역 내 추천기관이 포함된 리소스 도구로 받는다.

교육은 공인된 QPR 생명지킴이 강사가 대면으로 또는 온라인으로 제공하며 자살예방을 위한 QPR 생명지킴이 교육의 기초는 모든 교육생에게 동일하지만, 특정 대상군과 함께 사용하도록 맞춤 교육이 있으며 특정 주제에 대한 확장 학습 모듈도 존재한다. 또한 다양한 일선 실무자(예: 사법기관, 응급구조사, 의료전문가, 교정시설 종사자 등)를 위한 3~8시간짜리 전문 모듈도 마련되어 있다. NREPP 리뷰 결과, 교육을 받은 학교 교사, 부모, 의료전문가, 재향군인 종사자 등이 자살에 대한 지식, 생명지킴이 자가효능감, 자살예방 자원에 대한 지식, 생명지킴이 기법 등의 항목에서 높은 점수를 받았다.

5. 라이프라인 자살예방 학생 커리큘럼(Lifelines)

Lifelines은 중·고등학교를 위한 포괄적인 자살예방 프로그램인 'Lifelines: Helping A Comprehensive Suicide Awareness and Responsiveness Program for Teens' 중 하나의 구성 요소이다. 다른 구성요소에는 'Lifelines Intervention: Helping Students at Risk for Suicide'와 'Lifelines Postvention: Responding to Suicide and Other Traumatic Death'가 있다. 전체 Lifelines 프로그램의 목표는 도움요청 모델을 제시하여 도움요청행동을 장려하고 자살행동은 비밀로 유지할 수 없는 문제로 인식하는 등 서로 돕는 안전한 학교

커뮤니티를 만드는 것이다.

　Lifelines는 교직원과 학생이 자살위험에 처한 청소년을 접했을 때, 이를 식별하고 적절한 초기 대응을 제공하여 도움을 얻도록 하는 것을 목표로 한다. Lifelines 내에는 다음과 같은 다양한 구성요소가 포함되어 있다. ① 활용 가능한 자원 검토, ② 자살위험에 처한 학생에 대응하기 위한 관리 지침 및 절차 수립 방법, ③ 자살위험에 처한 학생을 식별하고 상황에 대응할 수 있게 하는 교직원 교육, ④ 학부모를 위한 워크숍 및 정보 자료 제공, ⑤ 학생을 위한 자살행동 교육과 자살예방에서의 역할 논의가 그것이다.

　Lifelines는 지속적인 업데이트를 통해 청소년의 최신 라이프 스타일, 언어를 반영하고, 밀접한 관련이 있는 자살과 SNS 콘텐츠 제작, 자살위험요인을 담은 동영상을 개발하고 있다. 교육은 역할극을 비롯한 상호참여방식으로 45분 강의 4회 혹은 90분 강의 2회로 구성되어 있으며, 매뉴얼과 교육 자료는 Hazelden 출판사에서 구매 가능하다. NREPP 리뷰 결과, 학생들의 자살에 대한 지식, 자살과 자살 개입 및 도움 요청에 대한 학생들의 태도, 친구의 자살생각 비밀유지에 대한 학생들의 태도 등 항목에서 높은 점수를 받았다.

6. 고위험 대학생을 위한 코그니토(Kognito)

　Kognito At-Risk for University and College Students는 Kognito사에서 개발한 다양한 정신건강 관련 온라인 가상체험 훈련 중 하나이다. Kognito사의 프로그램 중 SPRC에서 근거 기반 프로그램으로 인정받은 교육 및 훈련 프로그램은 Kognito At-Risk for College Students을 비롯하여 Kognito At-Risk in Primary Care, Kognito Family of Heroes, Kognito At-Risk for High School Educators까지 총 네 가지가 있으며, 이 외에도 다양한 자살예방 교육 및 훈련 프로그램이 있다. 인증 받은 프로그램 중 하나인 Kognito At-Risk for University and College Students(이하 Kognito)는 40분 분량의 온라인 인터랙티브 생명지킴이 교육 프로그램으로, ① 우울증과 자살생각을 포함하여 심리적 고통의 징후를 보이는 학생을 식별하는 방법, ② 고통을 겪고 있는 학생들과 고민을 상의하는 접근법, ③ 대학 상담센터에 의뢰하는 방법을 소개한다. 현재, 미국 내 350개 이상의 대학에서 활용되고 있으며 상담센터 등 각 대학의 이용 가능한 지원 서비스를 알려 준다. 사용자는 각기 다른 네 가지 사회적 상황에서 아바타 '학생'의 경고신호를 찾고, 가장 위험한 것으로 확인된 아바타와 가상 대화에 참여하게 된다. 가상 대화에서 역할극과 개인화된 피드백을 통해 사용자는 효과적인 대화 기술, 동기 강화 기술을 학습하고 불필요한 조언 등 피해야 하는 대화법도 배운다. NREPP 리뷰 결과, 심리적 고통을 겪는 동료 학생을 식별하는 기술, 심리적 고통을 겪는 동료 학생에게 접근하는 기술, 심리적 고통을 겪는 동료 학생을 의뢰하는 기술, 스스로 심리 상담을 구하려는 의지 등 항목에서 높은 점수를 받았다.

7. 선행 개입(GBG)

GBG(Good Behavior Game)는 교사가 활용할 수 있는 초등학생을 위한 교실 기반 행동 관리 프로그램으로 한 반의 학생들이 팀을 이뤄 협동 작업을 하게 되며, 보상이 주어지는 게임 형식으로 이뤄진다. GBG는 불법 약물 남용, 알코올 남용, 담배 흡연, 반사회적 인격장애, 폭력 및 범죄 행위, 자살사고 및 행동 등의 문제로 향후 이어질 가능성이 높은 공격적이고 파괴적인 행동을 줄이는 것을 목표로 한다. 교사는 공격적이고 파괴적인 행동을 보이는 학생, 수줍어하고 외톨이 같은 학생, 성별 등을 고려하여 균형 있게 팀을 구성하며 교실 내 행동 규칙을 제시하고 함께 논의한다. GBG가 진행되는 동안 규칙 위반을 4회 이하로 하는 팀은 보상을 받게 된다. GBG는 주로 1학년과 2학년 교실에서 시행되며 효과성 평가는 입학 후 15년 동안 측정되었다. 한 연구에 따르면 GBG에 참여했던 19~21세 대상자는 대조군에 비해 자살생각을 경험한 비율이 낮았으며 자살시도에 대한 연구는 시행된 모델에 따라 엇갈린 결과가 나타났다.

8. 순차적 자살평가 실습 트레이닝(CASE Approach)

TISA(the Training Institute for Suicide Assessment & Clinical Interviewing)사에서 개발한 CASE Approach(Experiential Training in the Chronological Assessment of Suicide Events)는 자살을 생각하고 있는 대상자의 자살사고, 계획, 행동 및 의도를 세심하고 능숙하게 인터뷰하도록 하는 훈련 프로그램이며, 외래나 응급실, 입원실 등 의료기관에서부터 학교 상담센터, 유선 핫라인 상담센터에 이르기까지 다양한 환경에서 활용할 수 있다. 하루 동안 진행되는 교육훈련에서는 직접 경험하는 롤플레이 중심의 SGRP(Scripted Group Role-Playing)를 통해 자살을 비롯한 민감한 주제를 탐색할 때 유용한 일곱 가지

인터뷰 기법을 연습한다(일곱 가지 기법은 정상화, 수치심 누그러트리기, 행동 사건, 부드러운 추정, 증상 강조, 특정화 거절, 포괄적인 질문이다).

　SGRP에서는 모든 역할극이 스크립트로 작성되어 있고 임상 상황에서 효과적으로 사용할 수 있도록 반복강화할 수 있게 구성되어 있다. 1인당 열 가지 롤플레이를 맡으며 다른 참여자가 진행하는 롤플레이 스무 가지를 관찰하고 피드백을 준다. CASE Approach는 4명씩 조를 나눠 최대 28명까지 진행할 수 있고 1일 교육을 완수하면 레벨 1 인증을 받는다. 개별적으로 4시간 동안 이뤄지는 심화 과정인 레벨 2 CASE Approach도 존재한다. 셰이(S. Shea) 등이 진행한 평가 연구에서 교육생들은 본인의 업무에 도움이 되는 유용한 정보를 제공받았고, 동료들에게도 프로그램을 추천하겠다고 평가하였다.

9. 모두를 위한 자살예방수칙(safeTALK)

　SafeTALK는 자살위험자에 대한 이해를 바탕으로 자살에 대한 경각심을 가지도록 하고, 위험군을 발견했을 때 자살위험자를 적절한 자원에 연결시켜 줄 수 있도록 훈련하는 프로그램이다. 반나절의 교육기간 동안 참여자가 자살을 생각하는 사람을 인식하여 접근하고 지역사회의 자살예방 전문가 자원과 연결하도록 배운다. SafeTALK는 안전을 강조하는 동시에 자살에 대한 공개적인 대화를 금기시하지 않도록 한다. safeTALK의 'safe'는 '모든 이를 위한 자살예방'을 의미하고 'TALK'는 Tell(자살위험자가 자살생각을 표현하는 모든 상황 인식하기), Ask(자살생각에 대해 직접적이고 명확하게 물어보기), Listen(자살 상황에 대해 경청하기), Keep safe(자살 상황에서 안전을 유지할 수 있도록 주변자원을 연결해 주기)의 약자로 자살생각을 가진 사람들을 돕기 위한 실천행동을 뜻한다. 또한 safeTalk은 이러한 실천행동을 방해하는 여러 가지 상황을 살핀다. Miss(자살에 대해 전혀 고려하지 않고 지나치기), Dismiss(자살이나 자살생각은 특정인에게만 존재한다는 편견), Avoid(어떻게 도와줘야 할지 모르거나 책임이 두려워 피하는 경우 등)이 해당된다. 또한 동영상을 통해 자살위험신호에 대해 인식하고 반응하는 경우와 그렇지 못한 경우를 알아보고, 엄마와 딸의 사례를 통해 safeTALK의 방해 요소를 점검하고 올바르고 능동적으로 활용하게 한다. 국내에서는 한국자살예방협회에서 LivingWorks사에 로열티를 지불하고 고등학생 및 지역 주민을 대상으로 교육을 진행하고 있다.

10. 자살위험성 평가 및 관리: 정신건강전문가를 위한 핵심역량(AMSR)

AMSR(Assessing and Managing Suicide Risk: Core Competencies for Mental Health Professionals)는 자살예방 관련 업무에 종사하는 의료진 및 정신건강 전문가를 위해 Zero Suicide Institute에서 임상 영역별로 개발한 반나절 혹은 하루짜리 교육 프로그램 시리즈이다. 정신건강 전문가를 위한 총 세 가지(외래, 입원, 물질사용장애)의 AMSR가 각각 마련되어 있으며, 의료진을 위한 총 두 가지(외래, 입원) AMSR가 마련되어 있다. AMSR는 가장 최근에 개발된 프로그램 중 하나이며 근거 기반 프로그램을 지향하여 다음과 같이 신뢰할 수 있는 가이드라인에 따라 제작되었다.

- National Action Alliance for Suicide Prevention의 Recommended Standard Care for People with Suicide Risk
- VA/DoD Clinical Practice Guidelines의 Assessment and Management of Patients At Risk for Suicide
- The Joint Commission recommendations for compliance with NPSG 15.01.01 and Suicide Risk Recommendations from the Suicide Risk Reduction Expert Panel의 Suicide Prevention Portal
- National Action Alliance for Suicide Prevention의 Suicide Prevention and the Clinical Workforce: Guidelines for Training
- SAMHSA의 Treatment Improvement Protocol(TIP) 50: Addressing Suicidal Thoughts and Behaviors in Substance Abuse Treatment

AMSR를 통해 다양한 국가기관에서 제시한 자살예방 및 관리 표준지침 중 필수적인 핵심 역량을 교육받을 수 있다. AMSR-inpatient와 AMSR-outpatient의 구성은 자살위험자 접근법, 자살에 대한 이해, 정보 수집, 위험성 사정, 계획 세우기와 대응 순으로 동일하게 구성되어 있다. 개별 상황에 따라 모은 정보를 토대로 자살 예측이 아니라 자살위험을 사정하고 근거 기반의 예방 및 치료 방법을 활용하도록 한다. Zero Suicide Institute의 홈페이지에서 유료로 온라인 강의를 제공하고 있다.

11. 뭉치면 강해진다: 재향·현역 군인을 위한 동료 시뮬레이션

Kognito사에서 개발한 Together Strong은 웹 및 모바일 기반의 대화형 생명지킴이 및 재적응 훈련 시뮬레이션 프로그램으로, 재향군인 또는 현역군인이 전장에서 지역사회로 복귀한 후 적응에 어려움을 겪거나 자살생각 등 심리적 고통에 직면할 때 동료가 서로를 지원할 수 있도록 한다. 감정에 반응하도록 애니메이션화된 재향군인 혹은 현역군인과의 가상 대화 연습을 통해 사용자는, ① 주위 동료의 지원이 필요한 동료가 있을 때 이를 식별하는 방법, ② 문제해결에 도움이 되는 대화 기술, ③ 심리적 고통의 경고신호, ④ 자살생각과 같은 심리적 고통의 신호를 보이는 재향군인 또는 현역군인에게 적절한 자원을 추천하는 방법 등을 배우게 된다. 프로그램 내에는 알코올 문제, 직업 적응의 문제, 경제적인 문제, 사망한 동료로 인한 괴로움 등 대표적인 사례가 마련되어 있다. 이 프로그램은 Veteran on Campus: Peer Program을 기반으로 정신건강 전문가 그룹과 이라크 및 아프가니스탄에 참전한 재향군인 조직 대표자들의 자문을 통해 개발되었다. 전체 과정은 30~40분 정도 소요되고 Google Play 및 Apple App Store를 통해 모바일 앱으로 다운로드 받을 수 있다.

12. 성소수자 청소년을 위한 자살예방: 청소년 관련 전문가 대상 워크숍

Suicide Prevention among LGBT Youth(성소수자 청소년을 위한 자살예방) 프로그램은 학교 교직원, 청소년 관련 기관 종사자를 대상으로 SPRC에서 개발한 자료 키트와 성소수자 청소년의 자살예방을 위한 워크숍 형식의 교육훈련으로 구성되어 있다. 이 워크숍에 참석하는 대상자는 교사를 비롯한 교직원, 청소년 복지기관 직원, 성직자, 그룹홈 직원, 청소년 관련 사법기관의 직원, 양부모, 치료사 및 레크리에이션 근로자 등 다양하다. 프로그램에서 다루는 주제는 성소수자 청소년의 자살행동의 특징, 자살행동의 보호요인, 자살위험을 줄이기 위한 전략 소개, 학교 또는 기관의 성소수자 친화적 환경을 조성하는 방법 등이다. 자료 키트에는 파워포인트 슬라이드 자료, 강사를 위한 매뉴얼, 유인물이 있고, 수업 방식은 강의, 소규모 그룹 연습, 그룹 토의로 이루어진다. 워크숍 키트는 기본 구성이 있으며 강사와 청중의 요구에 따라 워크숍의 내용은 조정될 수 있다.

기본 구성은 4시간 형식이나 강사는 시간을 단축하거나 연장할 수 있으며 지역 내 프로그램, 자원 또는 활동과 관련된 자료를 추가할 수 있다. 프로그램의 목표는, ① 자살행동과 성소수자에 대한 올바른 용어 사용, ② 성소수자 청소년의 자살행동과 관련된 연구 소개, ③ 성소수자 청소년의 자살행동의 위험요인과 보호요인 토의, ④ 기관 내 성소수자 친화적 문화 평가 및 친화적인 문화 개선을 위한 계획 수립, ⑤ 성소수자 청소년의 자살행동을 줄이기 위한 전략 안내이다. 성소수자 청소년 자살예방 키트는 http://www.sprc.org/sites/default/files/LGBT-Workshop-Kit.zip에서 무료로 다운로드 받을 수 있다.

13. 미육군 ACE 자살예방 프로그램(Army ACE)

미 육군의 자살예방 기조는 군인이 군인을 돌보는 버디 시스템을 기반으로 군내 혹은 타 기관에서 제공하는 서비스를 이용하도록 동료를 적극적으로 격려하는 역할을 맡도록 한다. Army ACE 프로그램은 자살위험에 처한 장병에게 개입하기 위해 필요한 인식, 지식 및 대화기술을 제공하는 3시간 교육이다. Army ACE는 Ask(묻기), Care(보살핌), Escort(동행)를 의미한다. Army ACE의 목적은 병사와 하급 장교가 자살을 예방하기 위해 취할 수 있는 조치를 더 잘 인식하고 그렇게 할 수 있는 역량을 갖추도록 한다. 장병이 자살행동을 보이는 전우에게 직접적으로 솔직하게 질문하도록 권장하며 자살 여부를 물어보고 동료장병을 돌보고 전문적인 도움을 받을 수 있도록 동행하게 한다. Army ACE 프로그램 자료에는 동영상이 포함된 파워포인트 슬라이드 강사용 매뉴얼, 자살예방 팁 카드(자살에 대한 위험요인 및 경고신호가 나열되어 있음) 및 ACE 지갑카드(위험에 처한 사람들을 식별하고 개입하기 위한 간단한 지침 포함) 등이 포함되어 있다. Army ACE는 군장병 전체에게 배포할 목적으로 자살 개입 기술훈련 지원 패키지를 개발하라는 육군 지휘부의 결정에 따라 만들어졌다. 이 프로그램은 자살예방 관련 연구 문헌을 기반으로 하며, 교육의 유용성과 타당성을 확보하기 위해 표적집단면담과 시범사업 등을 거쳐 완성되었다.

참고자료

Gould, M. S., Cross, C., Pisani, A. R., Munfakh, J. L., & Kleinman, M. (2013). Impact of Applied Suicide Intervention Skills Training (ASIST) on national suicide prevention lifeline counselor. *Suicide and life threating Behavor, 43*(6). doi:10.1111/sltb.12049

Blueprints for Healthy Youth Development (2017). Good Behavior Game. https://www.blueprintsprograms.org/programs/20999999/good-behavior-game/ (Accessed on 10 Feb 2021)

Hazelden publishing (2009). Lifelines: Helping A Comprehensive Suicide Awareness and Responsiveness Program for Teens. https://www.hazelden.org/store/publicpage/youth-prevention (Accessed on 10 Feb 2021)

Kognito Interactive (2012). Kognito At-Risk for College Students. https://kognito.com/products?topics=Suicide%20Prevention (Accessed on 10 Feb 2021)

Kognito Interactive (2016). Together Strong: Peer Simulation for Veterans and Service Members https://kognito.com/products/together-strong (Accessed on 10 Feb 2021)

LivingWorks (2007). LivingWorks ASIST. https://www.livingworks.net/asist (Accessed on 10 Feb 2021)

QPR Institute (2012). QPR Online Gatekeeper Training. https://qprinstitute.com/individual-training (Accessed on 10 Feb 2021)

Reconnecting Youth, Inc. (2007). CAST (Coping and Support Training) http://wp.reconnectingyouth.com/cast/ (Accessed on 10 Feb 2021)

Suicide Prevention Resource Center (2010). Resources and Programs. https://www.sprc.org/resources-programs (Accessed on 10 Feb 2021)

Suicide Prevention Resource Center (2014). Suicide Prevention among LGBT Youth. https://www.sprc.org/resources-programs/suicide-prevention-among-lgbt-youth-workshop-professionals-who-serve-youth-0 (Accessed on 10 Feb 2021)

Training Institute for Suicide Assessment & Clinical Interviewing (2006). Online Suicide Assessment. https://suicideassessment.com/online-training/ (Accessed on 10 Feb 2021)

U.S. Army (2010). Ask, Care Escort (ACE) Training. https://www.armyg1.army.mil/hr/suicide/training.asp (Accessed on 10 Feb 2021)

United States Air Force (2006). Air Force Suicide Prevention Resources. https://www.resilience.af.mil/Suicide-Prevention-Program/ (Accessed on 10 Feb 2021)

Zero Suicide Institute (2019). Assessing and Managing Suicide Risk(AMSR). http://zerosuicideinstitute.com/amsr (Accessed on 10 Feb 2021)

자살예방의 모든 것

이론과 정책

자살예방에 관한 대중매체의 역할

1. 자살보도의 악영향

자신이 좋아하거나 사회적으로 영향력 있는 유명인 또는 자신의 주변 인물의 행동을 좇는 특성이 자살에서도 적용될 수 있다는 것을 처음 기술한 건 미국의 사회학자 데이비드 필립스(David Phillips)이다. 20년 동안 자살을 연구한 그는 1974년에 자살의 전염성에 '베르테르 효과(Werther effect)'라는 이름을 붙였다(phillips, 1974). 베르테르 효과는 국내외에서 계속 증명되어 왔다. 1936년 당대의 히트곡인 〈글루미 선데이〉가 울려퍼지던 파리 공연장에서 드럼 연주자가 자살한 직후 금관 악기 연주자와 바이올린 연주자가 잇따라 자살했고(김현수, 2007. 2. 26.), 2014년 미국에서 배우 로빈 윌리엄스가 자살한 뒤 약 5개월 동안 자살 건수가 10% 증가했다(전정윤, 2018. 2. 8.). 동양인 일본에서도 1986년, 가수 오카다 유키코가 자살한 후 2주일 동안 그의 팬들로 추정되는 청소년 31명이 자살했다. 우리나라의 베르테르 효과도 다르지 않았다. 2005년 2월 배우 이 모 씨가 자살한 후 두 달 동안 495명이 자살했고, 2007년 1월 가수 유 모 씨가 자살한 뒤에는 두 달 동안 513명, 2007년 2월 배우 정 모 씨 자살 후 두 달 동안에는 322.5명, 배우

---

* 조동찬(SBS 의학전문기자)

안 모 씨가 2008년 9월 자살한 후 두 달 동안 694명, 가수 최 모 씨가 2008년 10월 자살한 후 두 달 동안에는 1,008명이 자살했는데, 이러한 자살은 모방으로 추정된다. 세계에서 유래를 찾을 수 없을 정도의 베르테르 효과가 나타난 것이다(신호경, 2013. 1. 8.). 이와 같은 베르테르 효과의 주요한 원인은 언론의 자살보도이다. 자살보도를 긍정적으로 여긴 사람 중 자살시도자가 54.2%나 된다는 국내 연구 결과가 있는데, 유명인의 자살보도가 취약한 사람의 자살시도로 이어지기 쉽다는 것이다.

자살 이유를 경제적 궁핍, 이혼, 학업 스트레스, 군대 입대 등으로 단순하게 기술할 경우 동일한 환경에 있는 잠재적 자살자의 자살시도율이 높아지고, 자살자의 나이, 성별, 직업 등 구체적인 개인 정보가 공개될 경우 해당 연령이나 직업에 속하는 사람의 자살위험성을 높일 수 있다. 자살을 미화하거나 현실의 문제점을 해결하는 방법으로 기술하는 문장과 자살자를 슬프게 애도하는 지인들의 모습이나 영상 역시 모방 자살위험도를 높인다(배준성, 허태균, 2010).

구체적으로 제시된 자살 방법은 자살 성공 위험도를 증가시키는데, 투신, 목맴, 번개탄, 농약 등의 자살 방법과 한강, 숙박 업체, 아파트 옥상, 화장실 등의 자살 장소가 한 묶음으로 기사화되는 경우가 많았다. '한강에서 투신', '화장실 목맴', '차량 번개탄' 등 자살 방법과 장소가 묶인 표현은 쉽게 모방할 수 있는 행위 단위로서 자살을 부추길 위험성이 높다(하규섭, 2004). 특히 방송에서 투신 장소를 이동해서 보여 주거나, 자살에 사용된 줄이 흔들리는 모습을 노출시키는 것은 위험성을 더 가중시킨다(김연종, 2005). 신문보다는 방송의 악영향이 더 큰 것으로 보인다. 김병철은 종합일간지와 지상파 방송 자살보도를 구분해 특징을 발표했다. 종합 일간지 자살 기사 1,690건, KBS, MBC, SBS 등 3대 지상파 뉴스 858건, 한국자살예방협회 사이버 상담 사례 3,412건을 분석했다.

자살보도를 접한 후 상담을 문의한 43.1%가 자살자에게 공감했고, 7.1%는 자살 충동을 느꼈다고 답했다. 특히 자살 방법이나 장소 등에 영향을 받는 것으로 나타났다. 특이한 점은 종합 일간지의 자살 기사는 상담 사례를 늘렸지만, 지상파 방송 자살 뉴스는 상담 건수를 늘리는 데 기여하지 못하는 것으로 나타났다(김병철, 2010). 특히 유명인 자살보도가 모방 자살의 악영향이 큰 것으로 나타났다. 서울아산병원 연구팀은 1990년부터 2010년 사이 유명인 15명의 자살보도 후 모방 자살 실태를 분석했는데, 일반인의 자살보도보다 자살을 부추기는 경향이 큰 것으로 나타났다(연합뉴스, 2014. 3. 19.).

2. 자살보도 권고기준

자살보도의 전염성을 막기 위해 각국의 보건 당국, 의료계 그리고 언론계는 일련의 조치들을 진행해 왔다. 자살보도 권고기준이 그것이다. 오스트리아는 자살보도의 양이 많아질수록 자살 발생률이 높아지는 것과 기사에 제시된 자살 방법이 모방 자살에 영향을 준다는 내부 연구를 토대로 자살보도에 대한 기준을 먼저 마련했다. 자살보도 빈도를 줄이고, 구체적인 자살 방법을 표현하지 않는 것을 골자로 했다(Niederkrotenthaler et al., 2010). 오스트리아에 이어 호주가 자살보도 권고기준을 만들었다. 이어서 세계보건기구(WHO)는 세계자살협회와 함께 자살보도 지침을 만들었고 이것이 세계 각국의 참고 자료로 활용되고 있다.

세계보건기구의 기준은 자살보도에서 '하지 말아야 할 것'과 '해야 할 것'을 구분해서 각각 여섯 가지로 기술했다. 금기 사항을 먼저 살펴보면, 첫째, 자살 기사를 신문의 눈에 띄는 곳에 배치하지 말고 과도하게 반복하지 말아야 한다. 둘째, 자살을 미화하거나 정상적인 행동이라는 표현을 사용하지 말아야 한다. 셋째, 사용 방법을 드러내어 설명하지 말아야 한다. 넷째, 자살 장소와 위치를 밝히지 말아야 한다. 다섯째, 기사 제목을 감정을 자극하도록 뽑아서는 안 된다. 여섯째, 사망자의 사진, 비디오 및 개인 SNS 활동 내역을 사용해서는 안 된다(WHO, 2014).

우리나라에서도 2004년, 한국기자협회와 한국자살예방협회 그리고 보건복지부가 공동으로 자살보도 권고기준을 마련했다. 구체적인 자살 방법을 묘사하지 않고 자살

자살보도 권고기준 3.0

1. 기사 제목에 '자살'이나 자살을 의미하는 표현 대신 '사망', '숨지다' 등의 표현을 사용합니다.

2. 구체적인 자살 방법, 도구, 장소, 동기 등을 보도하지 않습니다.

3. 자살과 관련된 사진이나 동영상은 모방 자살을 부추길 수 있으므로 유의해서 사용합니다.

4. 자살을 미화하거나 합리화하지 말고, 자살로 발생하는 부정적인 결과와 자살예방 정보를 제공합니다.

5. 자살 사건을 보도할 때에는 고인의 인격과 유가족의 사생활을 존중합니다.

※ 유명인 자살보도를 할 때 이 기준은 더욱 엄격하게 준수해야 합니다.

원인을 추정하지 않을 것을 촉구하는 내용이었다. 이후 인터넷, SNS 등 새로운 미디어가 등장함에 따라 신문, 방송을 대상으로 만든 자살보도 권고기준의 수정이 필요했다. 2013년 9월, '자살보도 권고기준 2.0'으로 개정됐는데, '자살에 대한 보도를 최소화해야 한다는 점', '자살이라는 단어를 자제할 점'이 새로 추가되었고, '자살자의 90% 이상이 사망 당시 정신질환을 앓고 있었지만 드러나지 않은 경우가 많다'의 부분을 비롯하여 "자살은 다수의 복합적인 원인에 의해 발생한다"는 부분이 삭제됐다. 2018년 7월, 보건복지부(장관 박능후)와 중앙자살예방센터(센터장 한창수), 한국기자협회(협회장 정규성)는 새롭게 개정된 '자살보도 권고기준 3.0'을 발표했다(중앙자살예방센터, 2018). 현장 의견과 데이터 등을 최신으로 반영하여 보다 구체적이고 실용적으로 개선할 필요가 있었다는 것이 이유였다.

3. 제3자 효과와 파파게노 효과

자살보도에 대한 규제는 지각적 편향에 의한 것이라는 설명과 정교한 자살보도는 자살을 예방할 수 있다는 견해도 있는데 '제3자 효과(third-person effect)'와 '파파게노 효과(papageno effect)'이다. 1983년 데이비슨(Davison)은 제3자 효과 가설을 제안했다. 사람들은 미디어가 나보다 타인에게 더 큰 영향을 미친다고 지각해(third-person perceptions) 타인에게 영향을 주지 않도록 미디어 규제를 지지한다(third-person behavior)는 것이다(Davison, 1983). 제3자 효과의 기저에는 자신이 남들보다 우월하다는 의식에서 비롯된다고 분석되는데, 이를 기본적 귀인의 오류(the fundamental attribution error)라고 한다. 자신은 상황에 맞게 합리적으로 행동하지만, 타인은 개인적 성향에 의해 비이성적으로 행동한다고 인식하는 것이다. 자신이 매스미디어 메시지에 영향을 받은 결과라고 의심되는 행동을 하면 다른 여러 상황적 요인을 고려한 후 자발적 선택의 결과로 판단한다. 그러나 남이 똑같은 행동을 하면 메시지를 무비판적으로 받아들이는 '몰주체성'이라고 평가하는 것이다(정일권, 2006). 자살보도 규제를 지지하는 사람들에게 제3자 효과가 증명된 바 있다. 10대, 20대, 30대 수용자는 왜곡된 자살보도에 자신보다 타인들이 영향을 받을 것이라고 생각했고, 타인들이 자살보도로부터 받을 부정적 영향을 최소화하기 위해 자살보도에 대한 규제가 필요하다고 생각했다(한택수, 유현재, 2016). 특히 연예인 자살보도에 대한 태도가 부정적일수록, 연예인 자살에 대해 인터넷에서 정보를 적게 읽은 사람일수록 언론의 자살보도 규제를 지지하는 것으로 나타났다(김인숙, 2009).

베르테르 효과와 반대로 미디어가 자살률을 줄일 수 있다는 연구도 있는데 '파파게노 효과(Papageno effect)'라고 한다. 모차르트의 '마술 피리(The Magic Flute)'에 등장하는 새 잡이꾼 파파게노의 이야기를 빗댄 것으로, 잠재적 자살위험자에게 미디어가 상담할 수 있는 정보를 제공해 준다면 자살예방 효과가 나타난다는 것이다. 자살보도에 사용되면 자살을 예방할 수 있는 항목으로는 자살행동의 이유(예: 우울증, 조울증 등의 병력), 자살과 밀접한 관련 있는 정신질환, 자살 충동을 느끼는 사람들의 고충, 자살에 대한 잘못된 상식을 바로잡는 정보, 자살 연구 및 전문가의 의견, 예방 프로그램에 초점을 둔 정보, 도움을 청할 수 있는 기관이나 홈페이지 주소, 전화번호가 기사에 제시되면 자살률을 감소시키는 효과가 큰 것으로 나타났다(Niederkrotenthaler et al., 2010). 오스트리아에서 보도 가이드라인을 공표한 이후 약 16년 동안의 데이터를 분석했더니 미디어의 자살예방을 위한 노력은 자살률을 감소시키는 것으로 나타났다(Etzersdorfer & Sonneck, 1998).

세계보건기구는 파파게노 효과를 증진시키기 위해 다음의 여섯 가지 항목을 자살보도 기준 중 '해야 할 것'으로 권고했다. 첫째, 도움을 받을 곳의 정확한 정보를 제공한다. 둘째, 잘못된 상식을 퍼뜨리지 않고 자살 및 자살예방의 실체에 대해 대중을 교육한다. 셋째, 스트레스 요인이나 자살 충동에 대처하는 방법과 도움을 받는 방법에 대한 이야기를 다룬다. 넷째, 유명인의 자살을 보도할 때 특별히 주의한다. 다섯째, 유족이나 친구를 인터뷰할 때 주의한다. 여섯째, 미디어 전문가 자신이 자살보도에 영향을 받을 수 있음을 인식해야 한다.

4. 자살보도 권고기준과 자살보도의 변화

국내 자살보도 권고기준은 2004년에 만들어져 2013년과 2018년 두 번 개정됐다. 미디어 환경 변화와 현장의 의견 등을 반영해 보다 많은 기사에 적용되도록 하겠다는 것이 표면적 이유였다. 그러나 이면에는 자살보도 권고기준이 효과를 나타내지 않고 있다는 인식과 자살보도 권고기준이 기자들 사이에서 잘 지켜지지 않고 있다는 공감대가 있었기 때문이었다. 2004~2005년 사이 조선, 동아, 경향, 한겨레 신문에서 '자살'이라는 검색어를 사용해 검색된 기사 263건을 분석했더니 헤드라인에 자살을 포함한 기사가 전체의 74%를 차지했고, 자살보도 빈도 역시 자살보도 권고안 발표 전과 차이가 없는 것으로 나타났다(김연종, 2005). 2003년 8월부터 2005년 7월까지 조선, 동아, 경향,

한겨레의 '자살' 관련 기사 625건을 분석한 연구에서도 자살보도 권고기준 시행 전후 보도 행태에 유의미한 차이가 없는 것으로 나타났다(조미은, 2007). 자살보도 권고기준 두 번째 개정 직후인 2013년 1월 7일~2014년 12월 28일까지 보도된 10개 종합일간지 472건의 자살 기사를 분석해 봤더니 87.5%에서 자살 방법을, 94.9%에서 자살 장소를, 88.8%에서 자살 이유를 가사에 포함하고 있었다(김은이, 송민호, 김용준, 2015). 3차 개정 안이 나온 2019년 이후 연구에서는 그 이전보다 권고기준에 잘 지켜지고 있는 것으로 나타났다. 서울대학교 연구팀이 2019년 유명인 2명의 자살보도 1,372건과 533건을 분 석해 자살보도 권고기준의 준수 정도를 계산했다. 여전히 자살 장소를 적시한 경우가 80.5%, 자살자 사진을 제공하는 경우도 76.2%로 많았고 일부 기사에서는 '조명 끈으 로 목을 매', '숯을 피워' 등의 구체적인 자살 방법을 묘사되기도 했다. 그러나 이전보다 권고기준을 지키는 기사가 많았다. 자살 방법을 쓰지 않는 기사는 99.6%, 유서 및 노트 를 사용하지 않는 수준은 91.5%, 자살에 허용적 태도를 나타내지 않는 비율도 높은 것 으로 나타났다(이유리, 2020). 2013년부터 중앙자살예방센터와 한국기자협회는 유명인 의 자살 사건이 발생할 때마다 즉각적으로 모든 기자에게 자살보도 권고기준을 이메일 로 발송해 왔다. 필자가 속한 SBS에서는 그때마다 모든 기자가 볼 수 있도록 상황판에 게시했다. 완벽하지 않더라도 적어도 제3차 자살보도 권고기준 개정 시점인 2018년에 이후 국내 자살보도 기준의 적용률이 높아진 것은 2013년 이후 한국기자협회와 중앙자 살예방센터의 세심한 노력 덕분으로 분석된다. 그러나 자살보도 권고기준을 따르는 기 사가 많아졌더라도 이것이 실제 모방 자살을 막는 데 이어졌는지도 따져 봐야 한다. 자 살보도 권고기준을 채택하고 있는 나라 모두에서 자살예방 효과가 나타난 것이 아니기 때문이다.

5. 권고를 지키는 것보다 보도하지 않는 것

자살보도 권고 효과를 살펴보려면 두 가지를 점검해야 한다. 자살보도가 권고기준을 잘 적용하고 있는지 그리고 모방 자살이 줄어들었는지 여부이다. 모방 자살의 증감을 가 늠할 수 있는 대표적인 지표가 유명인 자살 후의 모방 자살 건수라 할 수 있다. 유명 연 예인의 자살 후 자살 사건이 최대 14배까지 높아진다는 연구 결과가 있다(Stack, 2000). 유명 연예인 모방 자살 추정치를 자살보도의 변화와 함께 시계열적으로 분석해 보면 자 살보도 권고기준의 효과를 따져 볼 수 있겠다. 국내 자살보도 권고기준은 2004년 만들어졌고, 2013년 첫 번째로 개정하면서 한국기자협회와 중앙자살예방센터는 유명인 자살 사건 때마다 기자들에게 자살보도 권고기준을 전달했다. 이런 효과는 앞서 살펴봤듯 2018년 두 번째 자살보도 권고기준을 개정한 즈음에 나타났는데 이전보다 권고기준을 지키는 기사가 많았다. 2018년 이전과 이후 유명인 모방 자살 실태를 비교해 볼 필요가 있는 것이다.

2013년 중앙자살예방센터 자체 조사에서도 유명 연예인 1명이 자살한 후 2개월 동안 약 607명이 자살하는 것으로 추정됐다. 또 다른 국내 연구에서는 2005년부터 2011년까지 유명인 자살사고 13건에 대해 사고 전후 1개월을 비교했더니 유명인 모방 자살 추정자가 하루 평균 6.7명으로 분석됐다. 특정 유명인의 경우에는 하루 평균 29.7명까지도 나타났는데, 정치인이나 운동선수보다는 배우나 가수의 악영향이 더 큰 것으로 나타났다(Myung et al., 2015). 이 시기는 자살보도 권고기준은 만들어졌으나 기준을 따르는 자살보도가 많지 않은 시기라고 볼 수 있는데, 유명인 모방 자살 행태가 개선되지 않고 있음을 추정할 수 있다.

그렇다면 자살보도가 권고기준을 잘 따르는 시기의 유명인 모방 자살 추정치를 살펴보자. 2017년 12월 유명가수 김 모 씨의 자살 한 달 후 자살률은 22.2%였는데 2014~2017년까지 1월 평균 자살률보다 4배 높았다. 2019년 10월, 유명 여가수 최 모 씨의 자살 사건이 발생했다. 2019년 자살 월별 추이를 살펴보면, 3월과 4월에는 전년 대비 감소하였지만 12월에는 증가하였다. 이에 대해 보건복지부는 2019년 10월부터 자살사망자 수가 급증한 것으로 보아, 유명 연예인의 자살이 일부 영향을 준 것으로 추정하고 있다고 분석했다(보건복지부, 2020). 2018년 이후, 즉 자살보도 권고기준을 지키는 기사가 많아졌는데도 유명인 자살의 모방 현상은 그 이전과 달라지지 않은 것이다. 모방 자살을 연구하는 S대 병원 정신건강의학과 교수는 SBS와의 비공개 인터뷰에서 "자살보도 권고기준이 한계를 드러내고 있으며 자살보도 빈도를 획기적으로 줄이는 방안을 모색해야 할 때"라고 말했다. 미국 디트로이트 지역은 1967년 11월 17일부터 1968년 8월 10일까지 자살 기사를 아예 보도하지 못하게 했는데, 자살보도의 블랙 아웃(black-out) 기간이라고 불리는 이 시기에 자살률은 감소했고, 특히 여성 및 35세 연령층에게 이 효과가 두드러졌다(Motto, 1970).

제3자 효과로 자살보도를 과도하게 규제하는 측면이 있고 파파게노 효과로 적정한 자살보도가 자살을 예방할 수 있다는 견해가 있지만 국내에서는 유명인 자살 후 모방 자살이 여전하고, 그래서 자살보도 자체를 하지 않아야 한다는 주장이 있다.

참고문헌

김병철(2010). 자살보도가 잠재적 자살자에게 미치는 영향. 커뮤니케이션학 연구, 18(1), 41-63.

김연종(2005). 자살보도 권고기준과 한국 신문의 자살보도 행태 분석. 한국언론학보, 49(6), 140-165.

김은이, 송민호, 김용준(2015). 신문의 자살보도가 자살 관련 인식에 미치는 영향: 자살보도 내용 과 웹 검색 활동의 동적 관계를 중심으로. 한국언론학보, 59(3), 94-122.

김인숙(2009). 연예인 자살보도와 제3자 효과: 언론의 연예인 자살보도에 대한 태도, 미디어 이 용, 미디어 규제와의 관계를 중심으로. 언론과학연구, 9(3), 5-36.

배준성, 허태균(2010). 자살보도에 대한 지각과 인식: 사회학습효과의 검증. 한국심리학회지: 문화 및 사회문제, 16(2), 179-195.

보건복지부(2020). 2019년 사망원인통계.

이유리(2020). 자살보도 권고기준으로 본 포털 뉴스의 유명인 자살보도 행태 및 권고기준 준수방 안 연구: 2019년 보도를 중심으로. 서울대학교 대학원 석사학위논문.

정일권(2006). 지각대상자에 따른 제3자 효과 지각 변화의 원인: 수용자와 지각대상자의 관계와 관여도를 중심으로. 한국언론정보학보, 35, 352-393.

조미은(2007). 자살보도지침 권고안 시행 전후의 국내자살보도 연구(2003. 8.~ 2005. 7.). 서울 대학교 보건대학원 석사학위논문.

중앙자살예방센터(2018). 자살보도 권고 기준 3.0. 구체적인 5가지 원칙.

하규섭(2004). 부추기는 것인가, 말리는 것인가? – '선정'적이고 '동정'적인 자살보도: 이슈와 현 장. 신문과 방송, 402(6), 106-109.

한택수, 유현재(2016). 자살취약계층의 심리, 보도의 왜곡성, 위험성이 보도규제에 미치는 영향: 제3자 효과의 매개효과를 중심으로. 보건사회연구, 36(4), 398-430.

Davison, W. P. (1983). The third-person effect in communication. *Public opinion quarterly,* *47*(1), 1-15.

Etzersdorfer, E., & Sonneck, G. (1998). Preventing suicide by influencing mass-media reporting. The Viennese experience 1980-1996. *Archives of Suicide Research, 4*(1), 67-74.

Motto, J. A. (1970). Newspaper influence on suicide: A controlled study. *Archives of general psychiatry, 23*(2), 143-148.

Myung, W., Won, H. H., Fava, M., Mischoulon, D., Yeung, A., Lee, D., ⋯ & Jeon, H. J. (2015). Celebrity suicides and their differential influence on suicides in the general population: a national population-based study in Korea. *Psychiatry Investigation, 12*(2), 204.

Niederkrotenthaler, T., Voracek, M., Herberth, A., Till, B., Strauss, M., Etzersdorfer, E., ⋯ & Sonneck, G. (2010). Role of media reports in completed and prevented suicide: Werther v. Papageno effects. *The British Journal of Psychiatry, 197*(3), 234-243.

Phillips, D. P. (1974). The influence of suggestion on suicide: Substantive and theoretical implications of the Werther effect. *American sociological review*, 340–354.

Stack, S. (2000). Media impacts on suicide: A quantitative review of 293 findings. *Social science quarterly, 81*(4), 957–971.

WHO. (2014). **자살보도 권고기준** Quick version.

김현수(2007. 2. 26.). 멈춰야 할 '비극의 도미노'. 시사저널.

신호경(2013. 1. 8.). 유명인 1명 자살, 평균 600명 '베르테르 효과'. 연합뉴스.

연합뉴스(2014. 3. 18.). 유명인 자살보도 '베르테르 효과' 통계적으로 첫 입증.

전정윤(2018. 2. 8.). 로빈 윌리엄스 사후 자살 10% 급증... '베르테르 효과' 확인. 한겨레.

자살예방의 모든 것

이론과 정책

제**6**부

민간의 활동

25

한국자살예방협회

사단법인 한국자살예방협회는 생명존중의 정신을 이 사회에 구현하며, 자살예방을 위하여 교육과 홍보, 위기개입, 연구와 프로그램 개발, 정책적 제안 등 다양한 조직화된 활동을 전개해 나가는 것을 목적으로 설립된 비영리 민간 기관이다.

2023년 기준 소재지는 서울특별시 중구 을지로6 재능교육빌딩 11층에 위치해 있고 이사장은 민성호 교수(연세대학교 원주의과대학 정신건강의학교실 교수), 협회장은 기선완 교수(가톨릭관동대학교 국제성모병원 정신건강의학과 교수)이며, 이사회 16인, 운영위원회 29인, 사무국 5인으로 구성되어 있다.

2003년 12월 다학제 전문가들이 모여 창립총회를 개최하고, 이어 2004년 4월에 보건복지부 지정 사단법인으로 설립허가를 받아 현재까지 자살예방을 위한 다양한 활동을 전개하고 있다.

협회 설립이후 초대 박종철 이사장과 이홍식 회장은 국내·외의 여러 연구를 통해 연예인이나 유명인의 자살보도가 미치는 부정적인 영향력이 일반인의 자살보도보다 더 많은 모방 자살을 일으키는 것에 근거하여 한국기자협회, 보건복지부와 함께「언론

* 기선완(가톨릭관동대학교 국제성모병원 정신건강의학과 교수)

* 이화영(순천향대학교 천안병원 정신건강의학과 교수)

의 자살보도기준」을 만들어 공표하고, 자살보도에 관한 윤리강령을 위한 세미나를 주최하였다. 또한 자살의 위해성을 일깨우고 자살예방을 위한 적극적인 사회 분위기를 조성하고자 세계자살예방의 날 기념식 및 시상식을 개최하였다. 이 밖에도 협회는 설립과 동시에 자살예방 활동을 활발히 전개하면서 많은 업적을 남겼지만, 특히 「언론의 자살보도기준」은 이후 중앙자살예방센터에서 2013년 자살보도 권고기준 2.0과 2018년 자살보도 권고기준 3.0을 마련하는 데 근간이 되었다.

설립 이듬해인 2005년에는 서울, 대전, 부산지역 청소년 자살예방전문가 교육을 실시하고, 사이버상담실을 개소하여 2011년까지 사이버 자살상담과 사이버 자살상담 워크숍을 운영하였다. 또한 온라인 자살유해사이트 모니터링을 시작으로 유해사이트 차단을 위한 공청회, 온라인 자살유해사이트 퇴치를 위한 전문가 토론회 등을 개최하기도 하였다.

이어서 2006년 제1기 청소년 생명사랑 나누미 발대식 개최를 시작으로 2010년까지 청소년 생명사랑 나누미 사업을 통해 청소년 또래 상담자를 양성 및 자살예방 도우미 활동사업을 운영하였고, 2007년에는 자살에 대해 정신의학적인 입장뿐만 아니라 심리학, 사회학, 사회복지학, 종교학 등 인간에 대한 다양한 입장에서의 최신 지식을 소개하고자 『자살의 이해와 예방』이라는 제목의 책을 발간하여 현재까지 출판하고 있다.

2008년에는 사회원로 및 각계 대표와 대국민 성명을 발표하고, '자살예방 및 생명존중문화 조성을 위한 법률안' 입법공청회 추진하는데 앞장섬으로써, 2011년 '자살예방 및 생명존중문화 조성을 위한 법률안' 국회 본회의 통과 및 공포의 결실을 맺는 데 중추적인 역할을 수행하였다. 법 제정 이후 협회는 「자살예방 및 생명존중문화 조성을 위한 법률」 제13조(자살예방센터의 설치)에 근거하여 2011년 중앙자살예방센터 시범운영을 시작으로 2020년 12월까지 위탁 운영을 맡아 왔다.

2009년에는 전국 교직원 대상 자살예방교육을 실시하고 종교계 간담회, '우리는 생명사랑 나누미' 초등학생용 자살예방 시청각교재를 개발하였으며, 2010년에는 언론계 생명사랑포럼, 사이버상담실 5주년 기념행사를 개최, 2011년에는 세계적으로 자살예방 교육프로그램을 보급하고 있는 캐나다의 Living Works Education Inc.와 자살예방 프로그램(ASIST, safeTALK) 계약을 체결하여 현재까지 1만 명 이상의 자살예방전문가 및 실무자, 군·경·소방, 교육기관, 일반 기업 등 다양한 직종의 종사자를 대상으로 교육을 진행하고 있다. 또한 생명보험사회공헌재단의 지원으로 농촌형 노인자살예방사업 프로그램 개발 및 농약안전보관함 보급사업을 시작하였다. 이 사업은 농촌 지역주민들을 대상으로 맹독성 농약 접근을 차단시켜 충동적 음독자살을 예방하고, 생명안전망 구축을 목적으로 시작하여 2022년 12월까지 약 49,964개를 농가에 보급하였다. 이는 자살수단의 접근성 차단에 대한 성공적 모델일 뿐만 아니라, 자살예방사업에 대한 지방자치단체의 관심 유도와 대응력을 도모하였다는 점에서 큰 성과를 가져왔다고 볼 수 있다.

2011년에는 또 하나의 큰 성과를 가져왔는데, 한국형 표준 자살예방교육 프로그램이 그것이다. 농약안전보관함 사업과 마찬가지로, 생명보험사회공헌재단의 지원으로 협회의 교육위원회에서 故 임세원 교수를 주축으로 〈보고듣고말하기〉 1.0버전을 개발을 시작하게 되었으며, 이후 2014년 1.6버전 개정, 2015년 직장인용 1.6W 버전, 2016년 공군 버전, 2018년 육군 버전, 해군 버전, 2019년 해병대 버전, 소방공무원 버전, 2020년 탈북민 버전, 교사용 버전의 각 직역에 맞는 맞춤형 프로그램을 개발하여 왔다.

2012년에는 YHP 청소년생명존중 캠페인 '친구의 손을 잡아 주세요' 사업을 시작하여 2013년에 한국PR대상-지역사회 관계 부문 최우수상을 수상하는 영예를 안았다. 또한 같은 해에 건강ㆍ공정한 사회추진 유공자 대통령 표창을 수상하기도 하였다.

2014년에는 한국자살예방연구회 연구사업 공모 및 연구보고서를 발간하였으며, 이후 현재까지 꾸준히 연구사업에 참여하고 있다. 연구사업의 주요 성과로는 다음과 같다.

2015년 대검찰청 연구용역 '수사 중 자살원인 분석 및 예방에 대한 연구', 2016년 보건복지부 연구용역 노인자살예방교육과정 프로그램 '희자 씨와 친구들을 위하여', 2017년 안실련 연구용역 '자살예방문화ㆍ생명사랑 시스템 구축을 위한 사업개발 연구', 2018년 대검찰청 연구용역 '피조사자 심리분석 기법연구', '맞춤형 교육프로그램 개발연구', 안실련 연구용역 '지방자치단체 자살예방사업 평가 툴개발 연구', 2019년 안실련 연구용역 '자살예방 조직 적정성에 대한 연구개발', 2020년 국군의학연구소 연구용역 '국방치유회복센터 설립연구', 안실련 연구용역 '자살예방이론과 정책에 관한 총체적 검토연구', 충청남도광역정신건강복지센터 연구용역 '지역맞춤형 정신건강 위기대응 프로그램 개발연구', 2021년 안실련 연구용역 '자살예방 상담 온ㆍ오프라인 시스템에 대한 실증적 연구와 개선방향 연구', 2022년 한국생명존중희망재단 연구용역 '생명지킴이 활성화 방안 및 교육 효과성 평가 연구'이다.

최근 2015년부터 2022년까지의 주요 사업은 앞서 소개한 한국형 표준 자살예방교육 프로그램 개발(직역별 프로그램 개발) 및 연구사업, ASIST, safeTALK 교육 등의 자살예방교육사업, 농약안전보관함 보급사업, 자살예방학술대회 및 생명사랑대상 시상식, 홍보활동 및 자살예방 네트워크 활동 등이다.

특히 자살예방종합학술대회 및 생명사랑대상 시상식은 협회의 대표 운영사업 중 하나로,「자살예방 및 생명존중문화 조성을 위한 법률」에 명시된 자살예방의 날을 기념하여 학술대회를 개최하고, 각 분야에서 자살예방에 기여한 공로가 큰 개인이나 기관에 생명사랑대상을 표창함으로써 우리 사회에 생명존중을 실현하고 자살예방에 대한 따뜻한 마음과 관심을 유도하고자 매해 개최하고 있다.

자살예방 네트워크사업을 적극적으로 펼쳐 한국생명운동연대, 생명존중시민회의, 생명존중민관협의회에 참여하고 있으며, 2018년에는 국회자살예방포럼이 출범하는 데 중추적인 역할을 하였다.

이와 같이 한국자살예방협회는 지난 19년 간 자살예방 관련기관, 지역사회, 언론, 법조계, 종교계, 교육계, 국회 등 폭넓은 네트워크를 구축하여 연구, 교육, 홍보, 제도 개선 등의 자살예방 활동을 수행하고 있다. 앞으로도 협회는 따뜻한 동행자로서 모두가 행복을 나눌 수 있는 사회가 될 수 있도록 최선을 다할 것이다.

26
생명의전화

1. 〈생명의전화〉의 시작

〈생명의전화〉는 1963년 호주 시드니의 알렌 워커 박사에 의해 시작되었다. 실직을 당한 후 자살하려고 전화를 걸어온 젊은 청년의 죽음을 막지 못한 것이 계기가 되었다. 호주에서 시작된 〈생명의전화〉는 뉴질랜드, 미국, 캐나다, 일본, 한국, 대만 등 아시아·태평양 지역으로 퍼져 나갔다. 지금은 생명의전화 국제협회(LifeLine International)를 두고 있으며, 전 세계 19개국 300여 개 센터에서 공동 목적을 갖고 연중무휴의 전화상담을 통해 각국 시민들의 위기전화(Crisis Line)로서 역할을 감당하고 있다. 또한 국제자살예방협회(International Association for Suicide Prevention: IASP)의 정회원이며, 국제적으로 공인된 대표적인 민간 주도의 자살예방 운동 기관이다.

1999년부터 온 지구를 하나로 엮는 세계화 작업이 시작되면서 생명의전화 국제협회(LifeLine International), 국제긴급전화구조연맹(International Federation of Telephonic Emergency Services: IFOTES), 친구 되어 주기 국제협회(Befrienders Worldwide) 등이 하나의 우산 아래 모여 정보를 나누고 전략을 공유하면서 전 지구촌을 통섭하는 정서적

* 하상훈(한국생명의전화 원장)

지원 연대(Emotional Support Alliance: ESA)를 탄생시켰다. 그리고 2018년에는 ESA가 세계위기전화연대(World Alliance for Crisis Helpline: WACH)로 확대되었고, WACH는 세계보건기구(WHO)와 자살을 예방하는 'Crisis Line' 보고서를 채택하였다.

한국생명의전화는 1976년 서울에서 이영민 목사에 의해 한국 최초의 전화상담 기관으로 시작되었다. 상담이라는 문화가 거의 없는 시기에 등장한 〈생명의전화〉는 그 이후 1978년 부산, 1983년 충주, 1985년 대구, 인천, 대전 등으로 퍼져 지금은 전국 18개 도시의 센터에서 연중무휴로 전화를 받고 있다. 한국생명의전화 소속 센터는 전국 공통 상담전화인 1588-9191을 통해 상담을 받을 수 있는 시스템을 구축하고 있으며, 전화를 걸면 가까운 지역의 〈생명의전화〉 센터로 연결된다. 전국에서 철저한 상담원 교육과 위기개입 훈련을 받은 2,500여 명의 전문 자원봉사 상담원이 전화를 받고 있으며, 전화상담을 통해 위기에 처한 시민들의 얼굴 없는 친구로서 역할을 감당하고 있다.

2. 〈생명의전화〉 전화상담의 특징

〈생명의전화〉는 현대사회의 급속한 변화로 인한 산물이다. 도시화, 산업화는 공동체 의식의 붕괴, 핵가족화, 물질만능주의 가치관 등의 변화를 가져왔고, 이러한 변화로 현대인은 인간관계의 단절, 불안, 고독, 소외, 우울, 자살 등의 많은 정신적 위기를 느끼게 되었다. 이러한 위기 상황에서 전화 이용이 값싼 미디어로서 일상화되면서 전화가 구급적이고 비지니스적인 미디어의 기능뿐만 아니라 심리상담이나 치료, 상담을 위한 정서적인 의사소통의 미디어로서 등장하게 하였다. 〈생명의전화〉 전화상담은 상담원이 전화 매체를 활용하여 전화를 걸어오는 전화자의 다양한 정서적 위기를 도와주는 것을 목적으로 진행되는 상담의 한 형태이다. 이는 다음과 같은 특징을 갖는다.

1) 접근성

전화는 어디에나 있고 조작이 간단하며 그리 비싸지도 않기 때문에 쉽게 접근할 수 있다. 이 접근성은 최소한의 노력으로 전화를 걸어오는 사람의 문제를 함께 대화할 수 있다. 사람들은 심리적·정서적으로 혼란한 상태에 있을 때, 어떤 행동도 할 수 없는 상태에서 전화의 접근성은 중요한 단서가 된다.

2) 용이성

전화의 접근성과 밀접한 관계를 가진 것으로 전화상담은 24시간 이용 가능성이다. 언제든지 수시로 전화를 걸 수 있다. 사람들은 위기의 순간 고통받는 순간을 스스로 선택하지 않는다. 또한 언제 도울 수 있을지도 선택할 수 없다. 감정의 침체는 어느 날 갑자기 치명적으로 닥칠 수 있기 때문에 24시간 이용할 수 있다는 것은 중요한 의미를 지닌다.

3) 익명성

전화자의 익명성은 자신의 문제나 가정적인 문제를 공개적으로 낯선 사람이나 전문가에게 의뢰하기 위해 첫발을 내딛는 순간에 느끼는 불안, 망설임, 불확실, 죄책감 등의 영향을 받을 수 있다. 그러나 전화상담은 자신의 추함을 드러내야 하고, 사회적 체면이나 명예가 실추될 것 같은 불안감에서 자신의 정체를 감출 수 있는 이점이 있다. 따라서 전화자는 더욱 안전감을 느끼며, 도움이 필요한 사람으로서 자기 자신의 솔직한 개방이 가능해진다. 또한 상담의 전 과정에서 언제든지 전화를 끊을 자유를 주고 있으며, 이 일이 상담원과의 대등한 관계를 보증하는 것이 된다. 그리고 상담원의 익명성은 전화자가 상담원이 어떤 부류의 사람이기를 기대하며 전화를 하게 한다. 전화접촉은 대면상담에서보다 전화자가 필요로 하는 상담원의 상에 더 가까운 사람이라는 것을 상상하게 한다. 그러나 실제로 그 상담원은 전화자가 상상하는 사람과 전혀 다를 수 있다. 따라서 상담원의 익명성은 전화자가 긍정적 성장을 해 나가는 데 활용할 수 있는 전이(transference)의 발전을 용이하게 한다.

4) 친밀성

상담에서의 의사소통은 모든 능력과 감각을 다 동원해야 한다. 그러나 양손과 양어깨, 얼굴과 몸 전체를 사용하지 못하면 의사소통이 매우 어렵다. 그래서 "전화상담은 비인격적이다."라고도 말한다. 그러나 전화는 입에서 귀로 직접 말하므로 심리적 거리를 줄이는 특징이 있다. 대면 대화에서는 어느 정도 거리를 두고 말하지만, 전화상담에서는 귀에다 대고 직접 말하는 듯한 밀착감, 숨소리마저 들려 오는 친밀감을 자아낸다. 이 친밀감은 얼굴이 보이지 않는 익명성으로 인해 신뢰감(rapport) 형성과 전화자 쪽 원조 효과를 높이는 강한 양성전이를 일으키게 된다.

5) 전화자 주도성

일반 상담소에서는 상담원이 거의 모든 통제력과 주도성을 갖고 있다. 그러나 전화상담의 전화자는 비교적 불안과 위축감을 느끼지 않고 상담원과 거의 대등하게 대화의 주도성을 발휘하게 된다. 전화상담의 전화자는 일반상담과는 익명성의 특징이 있으므로 자기에 관한 정보를 의도적으로 공개하지 않을 수도 있고, 상담원과의 통화를 전화자 쪽에서 언제나 중단할 수 있다. 전화자 주도성은 익명성의 특징과 더불어 전화자가 무책임하게 전화를 끊거나, 장난전화자, 성 충족 전화자, 반복 전화자들에 의해 이용될수 있지만, 전화자가 자발적으로 전화를 걸고 끊을 수 있다는 데서 인간의 자주성을 끌어낼 필요가 있다.

6) 음성 정보에 의존성

대면상담에서는 상담원의 표정, 행동 특성, 옷차림 등 비언어적인 정보에 의해 전화자의 현재 정서적·심리적 상태를 파악하는 단서를 찾기도 한다. 그러나 전화상담에서는 전화자의 음성 정보에만 의존하기 때문에 전화자를 이해하는 데 많은 어려움이 있다. 그렇지만 음성 정보에는 전화자의 감정상태를 드러내는 여러 정보를 포함하고 있으므로 목소리에 대한 감수성을 더욱 개발해야 할 필요성이 있다. 목소리의 크기, 음조, 속도, 유창성, 일치성 등은 전화자의 중요한 정보를 담고 있다.

7) 단회성

단회상담의 경우 시간이 짧으므로 상담의 효과를 거두기 위해서는 전화자가 상담에서 원하는 것(wants)이 무엇인지 재빨리 파악하고 이에 맞는 상담목표를 수립할 수 있어야 한다. 전화상담은 대부분 자원봉사 상담원이 소정의 훈련을 받고 단회상담을 하므로 전화상담의 범위와 한계를 분명히 할 필요가 있다.

3. 〈생명의전화〉 전화상담의 활용 영역

〈생명의전화〉 전화상담은 자살 방지를 목적으로 한 상담이다. 자살 방지는 전 세계 모든 전화상담 기관을 대표하는 상징이기도 하다. 언제 어디서나 자살 충동을 경험하는 사람들이 가장 쉽게 상담에 접근할 수 있는 방법이 전화이기 때문에 자살 방지는 전화상담의 주된 임무라고 할 수 있다.

또한 〈생명의전화〉 전화상담은 자살 방지뿐만 아니라 갑작스럽게 생기는 각종 재난사고, 가출 등 상황적 위기에 대응한다. 최근 코로나19라는 감염병의 확산으로 국민이 불안, 우울할 때 전화상담은 중요한 역할을 하고 있다. 전화상담을 통해 위기를 버틸 수 있는 사회적 지지망을 제공해 준다. 또한 상황적 위기뿐 아니라 청소년, 중년, 노년의 위기 같은 발달적 위기에 대처하기도 한다. 전화상담에서는 전자가 후자보다 더 많이 이용되고 있지만, 최근 잦은 재난사고로 상황적 위기에 대응하는 도구로 많이 활용되고 있다.

4. 〈생명의전화〉 상담원의 자질

〈생명의전화〉 상담원은 자원봉사자들로 구성된다. 자원봉사들이라 해도 훈련을 받은 준전문가로부터 전문가에 이르기까지 다양하다. 〈생명의전화〉 상담은 칼 로저스(Carl Rogers)의 인간중심 상담기법을 주로 사용한다. 로저스는 상담원들이 다음과 같은 자세를 가져야 한다고 하였다.

1) 사회적 감수성

상담원은 인간관계에서 민감한 사람이어야 한다. 다른 사람의 반응에 둔감한 사람, 자기가 한 말이 다른 사람에게 즐거움이나 불쾌감을 주었다는 것을 모르는 사람, 자신과 다른 사람 사이에 적개심이나 우호적인 감정이 있다는 사실을 감지하지 못하는 사람은 좋은 상담을 하기가 어렵다.

2) 전화자에 대한 존중

전화자의 인간 그 자체에 대한 관심을 갖고 그 사람을 인간으로서 존중해야 한다. 즉, 전화자의 태도나 행동과 관계없이 따뜻하게 맞아 주며 진실하고 충분한 관심을 보여 주어야 한다. 전화자 중에는 비윤리적인 행동을 한 후에 그것을 정당화시키는 경우도 있다. 그러나 그를 인간으로서 존중하지 않고 심판을 한다면 상담을 계속할 수 없다. 상담원은 전화자가 자신의 방식으로 스스로 선택한 목표를 향해 나갈 수 있도록 관계를 만들어야 한다. 전화자를 개조시키려는 열망으로 가득 차 있는 상담원 나 자신의 이미지대로 전화자를 만들려고 무의식적으로 노력하는 상담원은 이 관계를 만들 수 없다. 지금은 혼란 상태에 있지만 스스로 성장할 수 있는 전화자의 잠재적 능력과 독특성, 자기결정 능력을 믿을 수 있어야 한다.

3) 객관성

자기와 타인을 구별할 수 있어야 하며, 전화자의 처지에서 생각하고 이해할 수 있는 민감한 공감적 태도를 지녀야 한다. 즉, 공감은 전화자의 사고나 감정의 움직임, 흐름의 테두리 가운데에 자기를 두고 마치 '전화자' 자신이 체험하는 그대로를 느끼며 이해하려는 태도를 말한다. 그러나 상담원은 전화자가 아니므로, 곧 상담원의 위치로 돌아올 수 있어야 한다. 따라서 이것은 통제된 동일시, 건설적인 침착성, 정서적으로 분리된 태도라고 할 수 있다. 하지만 이 개념 속에는 도를 지나치지 않는 공감, 진정으로 수용적이고 관심을 가지는 태도, 도덕적 판단을 내릴 수 없거나 두려움이나 충격을 느낄 수 없을 정도의 깊은 이해심을 포함한다.

4) 자기 자신에 대한 이해

지속적으로 자신을 돌아보고, 반성하며, 자신의 문제를 알아서 해결할 수 있어야 한다. 이는 자신의 현저한 정서적 유형에 대하여 그리고 자신의 한계와 결점에 대해서 정확하게 이해하는 것이다. 만약 상담원이 이러한 이해가 없다면 자신의 편견과 감정으로 편향되고 마음이 뒤틀리기 쉬운 상황을 깨달을 수 없다. 또한 왜 자신이 만족스럽게 상담할 수 없는 특정한 전화자나 문제가 있는지 이해할 수 없다. 상담원은 자기 자신을 이해하는 깊이와 정도에 따라서 전화자의 상태를 이해할 수 있다.

5) 심리학적 지식

상담원은 인간의 행동과 그의 신체적 · 사회적 · 심리적 결정인자에 대한 철저한 기초지식을 가지고 있지 않으면 만족스러운 상담을 기대하기 힘들다. 이러한 심리학적 지식이 매우 중요한 영역이지만, 전화상담에서는 지적인 영역보다는 오히려 태도, 정서 그리고 통찰의 영역이 더 중요하다. 전화상담에서는 상담원의 대부분이 비전문가(자원봉사자)인 경우가 많으므로 인격장애, 정신병과 같은 심층적인 문제나 전문적인 영역의 정보는 다른 기관에 의뢰하고 있다.

5. 〈생명의전화〉 전화상담원의 선발기준

첫째, 나이의 제한이 있다. 한국생명의전화는 상담원의 연령을 24세 이상으로 제한하고 있다. 그 미만의 경우 아직 만성적이고도 복잡하고 다양한 위기에 대처하기가 어렵기 때문이다.

둘째, 신체적인 조건은 전화로 말하는 것을 잘 들을 수 있어야 하며, 전화를 거는 사람이 쉽게 이해할 수 있도록 음성의 크기와 명확성 등 음성이 적절해야 한다. 또한 필요한 자료를 볼 수 있는 시력을 가져야 하며, 적절히 움직일 수 있는 신체적 조건을 갖춰야 한다.

셋째, 타인을 도우려는 진정한 동기가 있어야 하며, 상담원 자신의 위기나 쟁점을 해결하기 위해서 지나치게 전화상담에 의존해서는 안 된다.

넷째, 의사소통 기술로는 음성의 질이 쉽게 경청할 수 있는 음성이어야 하며, 인지적 기술은 적절한 속도와 정확성을 가지고 정보를 처리해야 한다. 가지고 있는 생각을 쉽게 표현할 수 있는 언어적 기술을 갖고 있어야 하며, 전화자가 말하는 것을 경청할 수 있는 능력을 갖춰야 한다.

다섯째, 심리적 세련성을 가져야 한다. 생활경험에서 우러나오는 진지함과 세련성이 있어야 하고, 개방적이고 융통성을 갖고 비심판적인 태도를 견지하며, 타인에 대한 편견을 갖지 않고, 자신의 해결방법을 경직되게 타인의 문제에 적용하지 말아야 한다. 그리고 타인의 감정과 상황에 대해서 민감성을 가져야 한다.

여섯째, 개인적 안정성을 가져야 한다. 정서적으로 지나치게 관여하거나 억제하지 않고 다른 사람의 위기를 처리해야 한다.

일곱째, 전화상담소의 규율을 잘 지켜야 한다. 상담원이 되려면 누구나 상담원 양성 교육을 이수해야 하고, 소그룹 활동 등 계속 교육과 정규적인 슈퍼비전을 받아야 한다. 또한 여러 가지 상담원 수칙을 지켜야 한다.

6. 〈생명의전화〉 전화상담의 과정 및 기법

〈생명의전화〉의 상담시간은 30~40분을 원칙으로 하지만 위기상담의 경우는 그 이상이 되는 경우도 있다. 〈생명의전화〉 상담원은 짧은 상담시간이지만 전화상담 과정을 배우게 된다. 전화상담의 과정은 시간을 두고 전개되는 단계와 변화를 말한다. 상담은 비교적 많은 결정과 행위를 포함하는 문제해결 과정인데, 구체적으로 어떤 단계와 절차를 거쳐 문제해결과 변화가 일어나는가 하는 점이 바로 상담 과정의 문제이다. 전화상담은 전화라는 도구를 사용하기는 하지만 일반적으로 면접상담과 유사한 과정을 갖는다. 전화로 걸려 오는 상담은 정서적 긴장이나 괴로움, 우울, 불안, 욕구불만, 고독, 위기 상황, 자살, 정보제공 등 다양하다. 따라서 이 모든 다른 상황에 응용할 수 있고, 또 적용해야 하는 전화상담 과정의 공식이나 경계선은 없다.

그러나 전화상담 과정은 상담원이 상담 과정 중 어느 단계에 있는지, 현재 무엇을 하고 있는지, 상담이 어느 방향으로 가고 있는지를 확인하는 데 필요하다.

1) 시작단계: 조력관계의 성립

시작단계는 전화의 벨이 울림과 동시에 시작된다. "예, 〈생명의전화〉입니다. 무엇을 도와 드릴까요?"라고 말할 때, 처음 몇 분 동안의 접촉이 나머지 관계의 질을 결정할 수 있다고 본다. 그래서 우리는 흔히 이때 솜이 물에 젖어 들어가는 듯한 목소리, 마치 스폰지에 물이 스며들듯이 흡인력 있는 목소리가 되어야 한다고 말한다.

전화자와 상담원 사이에 상담의 관계성 수립은 시작단계에서 해야 할 일이다. 이 단계에서 상담원이 해야 할 일은 관계를 신뢰의 기반 위에 놓이게 하는 일이다. 전화를 건 사람은 자신과 이야기를 하는 상대방이 믿을 만한 사람인지, 자신의 고민을 털어놓아도 되는 사람인지 불안하고 망설일 수 있다. 상담원은 다음과 같이 솔직하고 진정으로 도우려는 태도로 전화를 받음으로써 전화자의 신뢰를 얻을 수 있다.

(1) 신뢰하는 관계(building trust)

① 듣는 마음(listening)

상담에 있어서 가장 기본이 되면서 중요한 것은 전화자의 말을 주의 깊게 귀담아듣는 태도이다. 전화자의 말을 잘 듣지 않고는 그의 현재 감정과 의사를 이해할 수 없기 때문이다. 상담을 할 때는 전화자에게 관심을 보여 주는 것도 중요하나 더 중요한 것은 전화자가 하는 이야기의 내용이나 감정을 능동적으로 경청하는 것이다. 능동적 경청이란 전화자가 이야기하는 내용을 파악함은 물론, 상대방의 음성에서 나타나는 섬세한 변화를 알아차리고 저변에 깔린 의미와 감정을 감지하여 알아듣는 것이다. 이러한 경청이야말로 우리가 전화자에게 줄 수 있는 가장 큰 도움이며 사랑이라고 할 수 있다. 상담원의 감정이나 내적 갈등, 예감, 선입견, 편견 등은 경청을 하는 데 장해가 된다.

② 보살피는 마음(caring)

갈등과 절망 속에 있는 전화자를 따뜻한 사랑으로 느끼고 받아들여 돌보아 주는 일은 초기 상담에서 신뢰 관계를 형성하는 데 매우 중요하다. 그래서 얼 코일(Earl Koile)은 인간에게 있어서 가장 크고 가장 영향력 있는 감정은 내가 다른 사람을 돌보는 데서, 또는 내가 다른 사람에게 돌봄을 받는 경험에서 일어난다고 하였다.

③ 수용하는 마음(accepting)

전화자를 현 상황 그대로의 인격적인 인간으로 받아들임으로써 그의 표현에 비판하지 않는다. 그러므로 전화자가 하고자 하는 이야기를 말할 수 있도록 한다. 모든 행위에는 목적과 동기가 있다는 사실을 염두에 두고, 전화자를 유일한 존재로 대해야 한다. 전화자의 사고의 경향에 따라야 한다. 무비판적일 때 전화자는 이야기를 계속할 수 있다. 그러나 이것이 동의를 뜻하지는 않는다.

(2) 공감하는 관계(empathy)

공감이란 상대의 경험과 느낌을 자기 자신의 경험처럼, 또는 느낌처럼 받아들일 수 있고 이 받아들임을 상대에게 전할 능력도 있는 것을 의미한다. 즉, 한 사람이 다른 사람의 마음속에 잠시 들어가서 그 마음속의 상황을 경험하되, 자기 자신의 정체성을 계속 유지하면서 이루어지는 관계 속의 과정이다. 능동적 경청의 재능을 가진 상담원은 전화자에 대한 심안과 몸으로 느낌을 형성할 수 있으며, 이것을 전화자에게서 확인할 수도 있다. 이런 확인 과정으로 전화자가 자기를 이해하는 사람이 있음을 알게 된다. 공감이란 전화자를 전화자의 입장에서 이해하는 것이다.

그런데 공감은 전화자에 대해서 느끼는 과정이 아니라, 전화자와 함께 느끼는 것이라고 보는 것이 더 정확하다. 'feeling for'는 남의 불행을 가엽게 여겨 온정을 베푸는 것이고, 동정하는 과정에서 듣는 사람(상담원)이 주체가 된다. 상대의 느낌을 듣기는 하되 듣는 사람에게 초점을 맞추고, 즉 "내가 느끼기에 당신은 불행하다고 생각합니다."라고 표현한다. 'feeling with'는 그가 누구인지, 그 자신에 대해서, 그가 살고 있는 환경에 대해서 무엇을 느끼는지, 그(전화자)가 주체가 되어서 상대의 느낌에 초점을 두고 함께 하며 이해하는 과정이다. "당신이 느끼기에 불행하다고 생각하십니까?"라고 하는 것이다. 특히 공감에서 중요한 것은 전화자의 내적 준거 체제(internal frame of reference)를 이해하고 채택하는 것이다. 왜냐하면 그것은 바로 그만이 아는 자신의 내적·주관적인 세계이기 때문이다. 이처럼 공감이란 심리치료의 열쇠라고 할 정도로 전화상담에 있어서 필수적인 기술이다.

2) 중간단계: 탐색의 단계

탐색이라는 어휘에는 '심상을 더듬어서 찾는다.'라는 사전적 의미가 있다. 전화자가 자기의 위치와 상황, 가지고 있는 문제를 스스로 찾고 그 외의 문제를 발견하고 확인하는 과정이다. 중요한 것은 이때 상담원의 역할은 문제가 되는 사건을 발견하게 하는 데 다리나 거울이 되어야 한다는 것이다. 이 두 번째 단계는 상담의 몸체에 속하며 상담의 시간 대부분이 소요되는 단계이다. 이 단계에서 상담원은 무엇보다도 '힘을 주는(enabling)' 역할을 감당해야 한다. 상담원의 일은 전화를 걸어 온 전화자가 가능하면 자신의 임박한 문제가 무엇인지를 명료화하도록 돕고 새로운 대안을 모색하게 하는 일이다.

또한 상담원은 전화자 자신의 힘으로만 자신의 문제를 해결할 수 있음을 인식시켜 주어야 한다. 이 과정에서 전화자로 하여금 자신의 문제를 자발적으로 얘기할 수 있도록 하는 것이 중요하지만, 상담원은 중간중간 적당한 질문과 재진술, 다른 말로 표현하기, 요약 그리고 상담원 자신의 느낌들을 얘기함으로써 대화의 초점을 유지하는 일을 해야 한다. 탐색의 목표는 전화자가 자기 문제를 분명하게 하는 데 있다.

탐색의 과정을 살펴보면, 첫째, 질문하기보다는 경청함으로 충분히 하고 싶은 이야기를 하도록 한다. 이때 상담원 중심의 질문은 피한다. 예를 들면, 호기심을 충족시키기 위한 질문이나 사건을 찾기 위한 질문(Why) 등은 피한다. 둘째, 전화자가 자신의 문제가 무엇인지 발견하고 확인하도록 한다. 문제를 발견하는 데는 다리의 역할이 중요하고, 확인하는 데는 전화자에게 정말 중요한 것이 무엇인지 질문하는 것이 좋다. 이때 개방적 대화로 탐색하는데, 이 대화는 스스로 변화에 대한 책임을 지도록 하고 문제를 탐색하게 한다. 셋째, 문제들을 감당할 수 있게 세분하고 정말로 고통의 요인이 무엇인지 찾는다.

3) 종결단계: 해결의 방향으로

이 단계는 상담하는 가운데 어떤 의미 있는 통찰이나 직면을 하는 시점에서 시작된다. 이 새로운 순간, 진리의 순간, 발견하게 되는 순간은 전화자가 가장 약한 순간이 될 수 있다. 왜냐하면 자신이나 타인에 대한 어떤 견해를 갖는 데 많은 시간과 에너지를 투자했기 때문이다. 즉, 통찰력을 갖고 있어도 행동화할 준비가 되어 있지 않은 것이다. 그러므로 "이젠 무엇을 하려고 하십니까? 이 상황을 어떻게 해결하고 싶으십니까?"라는 질문을 통해 행동을 준비하게 한다. 또한 전화자가 스스로 결정하여 행동계획을 세울 수 있도록 부드러우면서도 단호하게 대하는 것이 좋다. "이제 당신은 무엇을 해야 하는지를 잘 아십니다. 그러나 두려우신가 보군요. 피하고 싶은 생각이 드시는가 봅니다."와 같은 직면술을 사용한다. 그리고 "어디서부터 시작할 수 있을까요?", "오늘 무슨 일부터 하시겠습니까?" 하고 지지해 주며 행동계획을 세우도록 돕는다.

상담의 세 번째 단계는 대화를 전체적으로 마무리하는 순간과 맞물린 과정이다. 이 단계의 시작은 상담원과 전화자가 상호 간에 문제를 충분히 탐색하고 자신이 선택할 수 있는 최선책을 발견한다고 동의할 때부터이다. 이 단계에서 상담원에게 요구되는 것은 민감한 감수성이다. 보통 이 단계에서 상담원은 상담의 두 번째 과정에서 논의한 우선순위에 따라 최상의 선택을 위해 전화자에게 요약해 주는 것이 효과적이다. 실제적인 행동의 계획이 드러나는 단계가 바로 이 단계이다. 상담원은 이 단계에서 전화자가 택한 계획이 자신이 강요해서가 아니라 전화자 자신이 상담원의 도움을 받아서 스스로 택한 길임을 점검해 주어야 한다.

해결의 과정을 보면, 첫째, 전화자의 삶 속에 이미 존재하고 있는 가능성을 찾는다. 과거에 처리했던 경험이나 잠재능력을 찾는다. 둘째, 행동을 위해 필요한 자료들을 의논하고 수립한다. 부모, 친구, 형제, 목사 등과 의논할 수 있지만 어떤 행동을 할 것이냐의 책임은 본인에게 있다. 셋째, 가능한 일부터 구체적인 행동계획을 세우도록 돕는다.

가장 손쉽게 할 수 있도록 격려해서 스스로 행동을 취할 수 있는 용기를 준다.

7. 〈생명의전화〉의 위기개입 원리와 기법

1) 자살위기개입의 목적과 원리

보통 자살은 자연스러운 행동이 아니라는 것을 기억해야 한다. 즉, 사람들은 자기 사람의 종말을 갑작스럽게 결정하지는 않는다. 상담원이 느끼기에 자살하려는 사람에게 개입할 때 위험요인을 평가하기, 자살기도를 방지하기, 자살위기의 전화자를 상담하기 등 세 가지를 고려해야 한다. 그리고 〈생명의전화〉 상담원으로 다음과 같은 목적을 갖고 일해야 한다.

① 전화자에게 손상을 입히지 않고 위기를 지나가게 한다.
② 전화자에게 희망이 존재함을 알게 한다.
③ 전화자에게 자살이 여러 대안 중의 하나라는 것을 인식하게 한다.
④ 전화자에게 자신을 도울 자원이 있으며 이 자원들을 동원하는 방법을 인식하게 한다.

2) 열 가지 전화 위기개입 원칙

첫째, 위기 상황을 평가하라. 평가를 통해 내담자가 자살 계획을 실행시킬 가능성이 크면 상담원은 개입해야 한다. 전화자와 자살에 관해 얘기하는 것에 대해 두려워하지 않는다.

둘째, 전화자에게 개방적이고 정직하게 대한다. 공감하고(개방적인 질문이나 반복 그리고 감정을 반영한다), 핵심을 잡으며(핵심을 잡지만 전화자의 감정에 민감하게 대한다), 권위를 갖는다(상담원은 전화자에게 책임을 맡아 주는 믿을 만한 사람이 된다).

셋째, 전화자들의 감정의 심각성을 평가한다. 전화자는 아마 자살하려는 게 아니라 매우 화가 난 것일 수도 있다. 또한 어떤 이들은 별로 화가 나 보이진 않지만, 자살 성향이 높을 수가 있다. 상담원은 이 상황들을 평가할 수 있어야 한다.

넷째, 비판적으로 되지 않는다. 전화자들의 모든 내용과 감정을 진지하게 받아들인다. 상담원은 전화자의 말에 동의하지 않는다 하더라도 전화자들의 말을 기꺼이 들어야 한다.

다섯째, 전화자가 위기상황에 대해 더 넓은 전망을 갖도록 한다. 상담원이 전화자의 당면한 위험에 대해 경청하고 충분히 이야기할 때, 전화자는 이 상황에 대해 더 넓은 시야를 갖게 된다.

여섯째, 전화자의 미래가 희망이 있고 많은 가능성이 있음을 믿도록 한다. 전화자는 자신의 감정을 이야기함으로써 이전에 보지 못하던 것을 보고 위기가 감소하며 미래의 희망을 보게 된다.

일곱째, 전화자가 희망을 미래를 바라봄에 따라 자살의 대안을 생각하게 한다. 자살이란 말을 언급하는 것을 두려워하지 말고 다른 대안들을 선택할 수 있도록 한다.

여덟째, 전화자가 문제를 해결할 수 있는 계획을 세우도록 도와준다. 전화자의 문제를 딱 맞게 해결해 주는 것이 상담원의 책임은 아니지만, 전화자가 당면 문제에 관한 가능한 해결책을 산출해 낼 수 있도록 안내해 주어야 한다.

아홉째, 전화자가 이용할 수 있는 지역사회 안의 자원들을 조사한다. 언제라도 도움을 줄 수 있는 사람들이나 기관들의 전화번호를 제공한다.

열째, 개입하는 동안 항상 지원을 요청할 수 있고, 지원요청에 대해 두려워하지 않는다. 위기개입의 목표는 전화자와 다른 사람들에게 아무 피해 없이 위기가 지나가도록 하는 것이다. 따라서 도움을 받는 것에 대해 주저하지 않아야 한다.

3) 생명의전화 위기개입 기법

생명의전화 전화상담은 주로 단기개입이다. 단기개입은 전화자의 자살문제를 전화상담 과정 중에서 다루는 방법으로서 전화자의 자살위험에 대한 즉각적이고도 직접적인 개입방법이다. 여기에는 질문의 활용, 자살동기의 탐색, 자살 결심 다루기(삶과 죽음의 대차대조표 작성), 조망 넓히기, 절망감 다루기, 현실적 문제의 해결 등이 있다.

(1) 질문의 활용

자살시도 가능성이 있는 전화자에게는 무엇보다도 그가 가진 자살생각을 언어화하도록 해야 한다. 흔히 초보 상담원은 전화자와 자살문제를 같이 논의하는 것이 자살생각을 더 강화하지 않을까 염려한다. 또한 전화자에게 자살에 관한 생각을 묻는 것이 자살생각을 주입하거나 자살에 관한 생각을 더욱 굳히게 만들지 모른다고 우려한다. 초보 상담원의 이러한 염려와 우려는 당연하지만, 다루는 방식이 문제가 될지언정 다루는 것 자체가 문제가 되는 경우는 거의 없다.

자살에 대한 논의는 자살에 대한 객관적인 검토를 가능하게 해 주고 이를 통해 전화자가 자살에 대해 좀 더 현실적인 인식을 하도록 하는 데 도움을 줄 수 있다. 즉, 전화자 자신과 그의 자살생각 간에 거리를 두게 만들어서 합리적인 의사결정을 하도록 도울 수 있는 것이다. 자살문제에 대한 객관적인 논의는 꼭 필요한데, 이때 활용할 수 있는 개입기법이 바로 질문의 활용이다.

질문을 통해 전화자가 생각하는 자살방법, 자살의 이유, 자살하고자 하는 마음의 강도 등에 대한 생생한 정보를 전화자로부터 끌어내야 한다. 이를 통해 그가 얼마나 어려운 상황에 처해 있는지 그리고 과연 자살 말고는 그 어려움을 해결하는 방법이 없는지를 검토할 수 있다. 바로 이러한 질문을 통해 어떻게 개입해야 할 것인지에 대한 실마리를 찾을 수 있다. 그러나 일련의 질문이 전화자를 추궁하거나 일방적으로 몰아붙이는 식이 되어서는 곤란하다. 대신에 질문은 전화자로 하여금 자신의 어려운 처지와 형편을 토로할 기회를 제공하고 자살에 관한 그의 구체적인 생각을 드러내도록 하며 전화자에게 개입할 수 있는 구체적인 방도를 찾을 수 있도록 행해져야 한다. 즉, 질문은 정보 탐색적인 동시에 참여 유도적이어야 한다. 따라서 자살생각이 있는 전화자에게 "마음에 떠오르는 것은 무엇이든 말하세요."라는 식의 수동적 접근방법을 취하기보다는 질문을 통해 대화를 유도하는 적극적 개입방법이 필요하다.

(2) 자살동기의 탐색

전화자에게서 자살의 의도나 목적 또는 자살생각의 이유를 알아내는 것은 개입의 초점을 어디에 두어야 할 것인지를 결정하는 데 큰 도움이 된다. 즉, 자살동기의 탐색은 효과적인 개입을 위해 필요한 사전 단계이다.

어떤 전화자들은 고통스러운 삶을 포기하고 삶에서 달아나 모든 것을 종식하는 것이 그들의 목표라고 한다. 이들은 사는 것이 너무 부담스럽고, 자신은 살 가치가 없다고 여긴다. 즉, 이들은 정신적·정서적 괴로움을 견디기 어려운 것이다. 이들은 문제 상황에서 벗어날 방법을 찾을 수가 없고 그 상황과 싸우는 데 지쳐 있다.

자살하려는 전화자를 돕는 데 있어서 우선 중요한 것은 상담원이 전화자의 마음의 세계로 돌아가 전화자의 시각으로 세상을 보는 것이다. 즉, 전화자의 목적이 자살을 통한 삶의 종식과 죽음으로의 도피라면 전화자의 절망감과 희망의 부재가 상담의 초점이 될 수 있다.

만일, 전화자의 절망감이 극단적인 가난이나 질병 또는 사회적 고립과 같이 현실에 근거한 것이라면 적절한 환경적 개입이 필요하다. 그러나 절망감이 자기와 미래, 세상에 대한 왜곡되고 잘못된 관점에 기초한 것이라면 상담원은 오해(misconceptions)와 비합리적인 신념체계에 상담의 초점을 맞추어야 한다.

어떤 전화자는 자신이 맺고 있는 현재의 대인관계에서 어떤 변화를 가져오기 위해 음주와 도박을 했다고 보고한다. 즉, 정서적으로 중요한 사람이 다시 돌아오도록 하고 자기를 대하는 다른 사람의 태도와 행동을 바꾸게 하려고 죽음을 이용하는 것이다. 때로 삶에서의 도피와 타인의 조종이라는 두 가지 동기가 뒤섞인 사례도 있다.

전화자가 타인에게 영향력을 행사하기 위해 자살을 시도하고자 한다면 상담원은 전화자의 행동과 생각 속에 은폐된 다양한 조종 동기를 가려내도록 도울 수 있다. 자살을 시도함으로써 타인에게 영향력을 행사하려는 목적이 가령 자신의 문제를 효과적으로 의사소통하는 능력의 결함과 관련이 있다면, 상담원은 상담원 사이에서 사용하는 부적응적이고 결함 있는 대인관계 행동을 파악하고 전화자에게 사람들과 관계를 맺는 보다 적응적인 방법을 가르치는 데 상담의 초점을 두어야 할 것이다.

자살의 목적이 자신에게 상처를 준 사람들에게 치명적인 복수를 하고자 하는 동기와 관련된다면, 복수하고자 하는 마음이 왜 들었는지를 우선 살펴야 할 것이다. 타인에게서 받은 상처가 현실적인 이유가 있는 것이라면 죽음을 통한 복수 이외에 그 상처를 해결할 수 있는 보다 건강한 방법을 찾도록 유도하는 것이 필요하다. 즉, 자기 주장하기나 적극적인 감정 표현 등과 같이 자신이 받은 상처를 표현 또는 정화할 수 있도록 도와야 한다. 반면, 전화자가 받은 상처가 현실적인 이유가 없는 신경증적 성질의 것이라면 상처받는 것에 대한 환상이 생겨난 배경 원인에 대한 탐색과 이해를 추구하는 것이 필요하다.

(3) 자살 결심 다루기: 삶과 죽음의 대차대조표 작성

자살동기에 대한 탐색이 이루어지면 본격적으로 전화자의 자살 결심 그 자체를 다룰 필요가 있다. 자살하지 않겠다는 약조를 받을 수도 있지만 큰 효과는 없다. 1~2주간 자살을 연기하는 약속이나 계약은 죽음에 대한 강렬한 소망 앞에서는 무용지물이 될 가능성이 크다.

자살 결심을 다룸에 있어서 상담원은 전화자의 자살 결심을 살고자 하는 소망과 죽고자 하는 소망 사이의 갈등의 결과로 이해해야 한다. 즉, 결과적으로는 자살하기로 해도 그 결정의 이면에는 살고자 하는 소망과 죽고자 하는 소망이 동시에 개입되어 있는 것이다. 따라서 상담원의 초점은 전화자와 더불어 살아야 할 이유와 죽어야 할 이유를 구체적으로 탐색하는 데 두어야 한다.

일단 전화자가 자살에 대한 찬반 논의에 합의하면 상담원은 전화자로부터 '살 이유'와 '죽을 이유'를 이끌어 낸다. 즉, 삶과 죽음에 대한 대차대조표를 작성하는 것이다. 처음에는 지금 당장의 살 이유를 끌어내는 데 어려움이 있지만, 점차 이전의 행복했던 시절의 살 이유를 회상하게 된다. 빈 종이를 두 칸으로 나누어 사용하는 것이 기법적으로 도움이 된다. 그런 다음 상담원과 전화자는 과거에 타당했던 사는 게 좋은 이유를 목록으로 작성할 수 있다. 상담원은 살아야 했던 과거의 이유 중 현재에도 타당한 혹은 적어도 지금 당장은 아니지만 장차 타당할 만한 이유를 찾아낸다.

자살하려는 전화자들은 종종 자기 삶의 부정적 요인은 과대평가하고 긍정적 요인은 상대적으로 과소평가하거나 무시하는 경향이 있는데, 상담원은 이를 지적해 줄 수 있다. 전화자의 생활 속의 긍정적 요소를 지적할 때는 주의를 해야 한다. 자살생각에서 벗어나게 하려고 상담원이 애쓰고 있다는 것이 전화자에게 느껴지면 오히려 거부감을 줄 수 있다. 왜냐하면 사람들은 일반적으로 상대방이 자신과 다른 입장을 강하게 주장하면 자신의 견해를 오히려 더 강하게 고수하는 경향이 있기 때문이다. 따라서 이때 상담원은 중립적인 입장을 취할 필요가 있다.

상담원과 전화자는 우선 삶으로써 생기는 이득을 열거한 다음, 죽음으로써 초래되는 이득과 손해를 열거한다. 이런 절차를 거치면서 전화자는 일반적으로 자신과 자신이 살아온 생활을 객관적으로 평가할 수 있고 자신이 죽을 이유가 이전에 생각했던 것처럼 절대적으로 긴급한 것이 아님을 깨닫게 된다.

(4) 조망 넓히기

자살위기자가 가지는 공통적 특징은 시간적 조망(time perspective)의 축소이다. 그들은 자신이 과거에 살았던 삶, 현재의 생활 그리고 앞으로 전개될 미래의 모습에 대해 균형 잡힌 통합된 조망을 하지 못한다. 그들을 압도하고 있는 것은 '현재'의 고민과 고통이다. 그들은 미래에 대해 혐오적이거나 불안하게 생각하므로 현재의 순간에만 초점을 맞춘다. 또한 그들은 과거에 대해 부정적인 견해를 갖고 있으며 미래에 대한 융통성 있는 계획을 세우지 못한다. 전화자들이 자살생각에 빠져드는 것은 부분적으로는 바로 이러한 시간 조망의 축소에서 기인한다.

즉, 이들은 현재의 고통이 앞으로도 영원히 지속할 것이며, 따라서 변화의 가능성은 전혀 없다고 믿는다. 그 결과 자살생각에 빠져드는 것이다. 상담원은 전화자와 함께 현재의 고통이 미래에도 계속될 것이라는 생각을 객관적으로 검토해 볼 수 있다. 먼저 전화자가 현재 겪고 있는 고통을 구체적으로 나열하고, 그 고통이 미래에는 어떻게 될 것인지를 탐색한다. 물론 처음에는 부정적인 반응이 주를 이룰 것이다.

이때, 상담원은 미래에도 고통이 지속하리라고 '믿는' 이유를 탐색해 본다. "당신은 현재 당신을 괴롭히고 있는 문제들이 앞으로도 지속할 것이라고 믿고 있군요. 아마도 당신은 그렇게 믿을 수밖에 없는 당신 나름의 합당한 이유가 있는 것 같습니다. 이제 그러한 이유를 우리가 같이 한번 검토해 보면 어떨까요?"와 같은 식으로 전화자를 탐색 과정에 동참시킬 수 있다.

이렇게 탐색을 해 나가는 과정에서 전화자의 결론이 '과잉 일반화'나 '흑백논리식 사고', '의미 축소'나 '의미 확대' 등과 같은 전화자의 인지 과정상의 논리적 오류와 관련이 있는 것으로 나타난다면, 그러한 오류들에 상담의 초점을 맞출 수 있을 것이다. 또한 무엇보다도 이 같은 논의를 해 나가는 과정 자체가 전화자에게 도움이 될 수 있다. 왜 냐하면, 그 과정에서 전화자는 자기 생각을 다시 검토할 수 있고 자신의 비관적인 생각과 자기 자신 사이에 어느 정도 거리를 둘 수 있기 때문이다.

이런 과정을 통해 상담원은 전화자의 현재 고통이 미래에도 지속하여야만 하는 필연적인 이유는 없으며, 과거에 전화자를 고통스럽게 했던 일부 문제가 현재에는 지속하지 않음을 근거로 들어 미래가 전화자가 생각하듯이 그렇게 절망적인 것은 아님을 지적해 줄 수 있다.

(5) 절망감 다루기

절망감은 자살 충동의 가장 빈번한 이유이다. 즉, 자살은 어떤 식으로든 절망과 관련이 있다. 절망하는 실제 이유는 여러 가지일 수 있다. 그러나 공통적인 것은 현재와 미래에 대해 그들이 내린 절망적 결론 외에 다른 결론이 있을 수 있다는 것, 즉 절망하여 자살을 선택하는 것 외에 다른 대안적 해결책이 있을 수 있다는 점을 인식하지 못하는 것이다. 상담원은 전화자가 내린 결론을 당연하게 받아들여서는 안 되며, 전화자와 함께 그러한 결론을 입증할 수 있는 증거들을 찾아봐야 한다. 따라서 전화자의 절망감을 다루는 데 사용되는 상담 방법은 결론을 입증하기, 즉 전화자가 내린 절망적 결론을 지지하는 증거와 모순되는 증거들을 전화자와 함께 하나하나 찾아보는 것이다. 즉, 절망적 결론이 과연 충분한 사실에 근거를 둔 타당한 결론인지를 검토하는 것이다. 관련된 정보를 숙고해 보는 과정에서 전화자는 자신의 결론과 모순되는 정보를 기억해 낼 수 있으며 상담원은 이러한 모순 증거를 절망적 결론을 변화시키는 데 활용할 수 있다.

(6) 현실적 문제의 해결

자살을 결심하는 사람들에게는 그 결심에 이바지하는 현실적인 문제가 있다. 성적이 떨어졌든지, 따돌림을 받는다든지, 심한 꾸지람을 들었다든지, 돌이킬 수 없는 잘못을 저질렀다든지, 아니면 자신이 다룰 수 없는 너무나 큰일에 휩싸이게 되었다든지 하는 것들이 그 예이다.

전화자가 가진 현실적 문제가 그가 가진 기대 수준과 현재 상태 간의 불일치 때문으로 판단되면 그러한 불일치를 줄이는 것에 상담의 초점을 둔다. 즉, 현실적으로 달성할 수 없는 기대 수준이 문제라면 그러한 기대 수준을 좀 더 현실화하는 방향으로 상담을 진행할 수 있을 것이다.

반면, 전화자의 현재 수행이 문제가 된다면 수행을 향상할 수 있는 대안적 방법이나 기술을 모색하여 가르칠 수 있다. 다른 형태의 현실적 문제들에 대해서도 비슷한 방법을 동원할 수 있다. 전화자는 그들이 겪고 있는 현실 문제에 대한 대안적 해결방법이란 전혀 없으며, 자살만이 유일한 해결책이라는 믿음을 갖고 있으나, 이는 사실이 아닌 경우가 대부분이다.

8. 〈생명의전화〉 위기개입과 자살예방 활동

〈생명의전화〉 자살예방 활동은 크게 네 가지 분야에서 전개되고 있다. 첫째, 위기개입 사업, 둘째, 자살예방 교육 사업, 셋째, 사후예방 사업, 넷째, 인식개선 사업으로 전개된다.

1) 위기개입 사업

(1) 생명의전화 긴급 전화상담(Crisis Line)

〈생명의전화〉 상담은 기본적으로 위기개입 상담이다. 전국 어디서나 공통상담전화인 1588-9191로 전화를 걸어 오면 가까운 지역의 〈생명의전화〉로 연결된다. 현재 전국 18개 도시의 19개 센터에서 지역 주민들의 정신건강을 돌보고 있다. 사회학자 임희섭 박사는 이러한 〈생명의전화〉의 역할을 우리 사회의 '정신적 119'라고 명명해 주기도 하였다.

(2) SOS 〈생명의전화〉 한강 교량 설치 및 자살위기 상담

2011년 교량투신 위기자들의 생명을 구조하기 위한 목적으로 생명보험사회공헌재단(당시 이사장 이시형 박사)의 지원을 받아 설치를 시작했다. 지금은 서울 한강 19개 교량에 총 74대, 춘천 소양 1교에 1대 등 총 75대의 전화를 설치 운영 중이다. 119 구급대와 경찰, 그리고 지역 정신건강복지센터 및 자살예방센터와 민관 협력체계를 구축하여 운영하고 있다. 지금은 우리나라 자살위기개입의 상징이 되어 많은 사람의 생명을 구조하는 데 일익을 담당하고 있다.

(3) 사이버 위기상담실 운영

1998년 시작한 사이버 상담은 인터넷 공간을 통해 자살위기를 호소하는 사람들의 상담을 받고 있다. 현재는 이메일 상담을 주로 하고 있으며, 비밀 상담과 공개상담의 방법이 있다. 최근 스마트폰의 발전과 코로나19의 위기상황에서 비대면 상담인 사이버 상담의 비중이 급증하고 있다.

(4) 교정 · 수용자를 위한 자살위기상담 운영

2017년부터 법무부와 교정본부 심리치료팀과 협력하여 53개 교정기관 수용자 중 자살 고위험군을 위한 위기상담을 전개하고 있다. 각 교정시설에서 상담이 필요한 수용자들을 〈생명의전화〉와 연결해 주면 전문가들이 상담을 받는다.

2) 자살예방 교육 및 상담교육 사업

(1) 전화상담원 양성 상담교육 및 계속교육

1976년부터 매년 1회 자원봉사 상담원을 모집하여 교육한다. 현재까지 47기 상담원이 양성되었다. 자원봉사 상담원들은 상담사, 사회복지사 등 전문가들과 종교인, 교사, 직장인, 주부 등 일반 시민들이다. 교육과정은 상담의 기본 과정과 전화상담 전문 과정으로 구성된다. 기본 과정은 인간 이해(발달 및 성격 이론), 인간관계훈련, 인간 중심상담, 상담의 이론과 실제, 상담 대화 기법, 청소년 이해와 상담, 가정 · 부부 문제 상담, 정신건강 상담, 성 문제 상담, 중독상담, 자살위기 상담, 노인의 이해와 상담 등으로 구성된다. 전문 과정으로 전화상담 실습, 다루기 어려운 전화상담 실습, 자살위기 상담 등 실습을 통해 전화상담의 실제를 익힌다. 특히 실습 과정 이후 개별 및 집단 슈퍼비전을 통해 상담의 역량을 강화한다. 1박 2일 동안의 집단상담은 자신과 타인을 이해하고 〈생명의전화〉 구성원으로서 자긍심을 갖게 한다. 상담원이 되면 다양한 소그룹에 편성되어 사례연구와 계속 교육을 받고, 자기 성장의 시간을 갖는다.

(2) AIR 자살예방 상담전문가 양성

자살예방에 관심이 있는 사람들과 자살예방 실무를 맡고 있는 전문가들을 위한 교육과정이다. AIR 자살예방 교육은 자살위기자를 인식하고(Awareness), 개입하며 (Intervention), 필요시 의뢰하는(Referral) 교육으로, 자살문제에 대해 깊이 있게 이해하고 위기상담 시 대처하는 방법과 자살 관련 상담 및 예방 정보를 알 수 있는 교육이다. 이 교육을 위해 '자살예방 상담의 이론과 실제'라는 교재를 개발하였다. 총 30시간 교육 이수 후 시험에 합격하면 '생애위기상담사'란 민간 자격증이 주어지게 된다.

(3) 초 · 중 · 고등학교 대상 생명존중교육 프로그램 'I LOVE YOU' 보급

이 교육과정은 2006년부터 지금까지 전개해 온 청소년 생명존중 프로그램이다. 이 프로그램은 나와 너의 생명을 소중히 여기며 함께 서로의 생명을 지켜 가자는 청소년 자살예방 프로그램이다. 한국생명의전화 센터가 있는 전국 각지의 중 · 고등학교에서 보급하고 있다. 코로나19라는 감염병의 여파로 온라인 교육 프로그램도 개발하여 운영 하고 있고, 초등학교용 프로그램도 개발되어 2021년부터 보급하고 있다.

(4) 전국 전화상담대회와 국제대회

〈생명의전화〉 상담원을 위한 재교육 프로그램으로 2년마다 전국 전화상담대회가 개최된다. 또한 일본, 대만, 한국 3개국이 3년마다 아시아 · 태평양 전화카운슬링 대회 를 개최하여 연수, 상호교류와 정보 교환을 통해 상담원들의 전문적인 역량을 강화한 다. 〈생명의전화〉 국제협회는 국제자살예방협회(IASP)의 정회원으로서 국제자살예방 협회 컨퍼런스에 참여하고 있다.

3) 자살자 유가족 지원센터

〈생명의전화〉는 2009년부터 자살자 유가족 지원센터를 운영하며 유가족들의 돌봄 과 상담을 진행하고 있다. 현재 400여 명의 유가족이 등록되어 자살로 인한 충격과 고 통, 수치심과 죄책감, 우울감 등을 치유해 나가고 있다. 프로그램으로는 매월 유가족 자조 모임을 운영하고 있으며, 애도 상담 집단 프로그램 '희망을 찾아 떠나는 여행'이 운영된다. 또한 한국 유자녀와 일본 유자녀 간의 교류(한일 유가족교류회)를 시행하고 있으며, 학교에서 자살사고가 발생하였을 때 사후예방 프로그램을 지원하고 있다. 특히 유가족을 위한 Tele-care, Tele-check를 통한 전화상담 서비스를 하고 있다. 자살유가족들이 전화를 걸어오면 유가족 상담원이 전화상담을 해 주고, 그 유가족이 도움이 될 수 있는 소책자를 보내 주는 등 향후 회복 프로그램을 안내하고 있다.

2021년 11월에는 '새로운 희망이 움트다'는 뜻을 지닌 '새움'이란 유가족 공간을 만들어 운영하고 있다. 새움은 유가족들이 어디에서도 말 못할 슬픔을 마음껏 표현할 수 있는 안전한 공간이다. 이 공간은 유가족이 유가족을 위해 운용하고 있다.

4) 생명존중 인식개선 캠페인과 민관 협력 사업

〈생명의전화〉는 '한 사람의 생명이 천하보다도 귀하다'는 생명존중의 정신을 확산하는 것이 설립의 목적이다. 다양한 범국민 생명존중 캠페인을 전개하고 있는 데 그중 하나가 '사람사랑 생명사랑 밤길걷기' 프로그램이다. 2006년부터 17년간 전개된 밤길걷기는 전국 8개 도시에서 개최하고 있고, 지금까지 30만 명이 참여한 대한민국 대표 인식개선 캠페인이다. 생명사랑 밤길걷기를 통해서 '우리들의 삶이 칠흑같이 어두울지라도 아침이면 해가 뜬다'는 긍정적인 삶의 메시지를 전하고 있다.

또한 2018년 6월부터 2022년 12월까지 생명존중정책 민관협의회 운영지원단을 운영하였다. 보건보지부를 비롯한 정부기관 6개 부처와 종교계, 재계, 노동계, 언론계, 전문가단체, 협력단체 등 38개 기관단체 포함 44개 민관기관이 우리나라의 자살을 예방하고 생명존중문화 확산을 위해 힘쓰고 있다. 이러한 각계 각층의 노력의 결과 우리나라의 자살률이 낮추어질 것으로 기대가 된다.

9. 〈생명의전화〉의 내일

지금까지 국제기구로서 1976년 한국 최초의 전화상담 기구로 출범한 〈생명의전화〉에 대해 고찰해 보았다. 〈생명의전화〉는 지난 47년 동안 고민과 갈등, 위기와 자살문제로 단절되고 비정한 우리 사회를 연결해 주며, 서로를 보살펴 주는 돌봄의 공동체를 만드는 데 노력해 왔다. 또한 생명경시의 죽음의 문화에서 생명존중의 살림의 문화로 바꾸어 가는 데 큰 기여를 해 왔다. 그러나 〈생명의전화〉의 내일은 주변의 상황에 많은 도전에 직면해 있다. 무엇보다도 큰 문제는 〈생명의전화〉 전화상담의 핵심 주체인 자원봉사 상담원의 확보와 전문성의 함양이다. 자원봉사는 무보상성, 자발성, 이타성, 계속성의 정신을 갖는다. 사회가 점점 각박해지다 보니 아무 보수를 받지 않고 이타적인 마음으로 봉사하는 자원봉사 상담원을 확보하는 데 어려움이 있다. 자원봉사자의 사회적 공헌 유도에 더 많은 관심과 지원을 할 필요가 있다. 이 자원봉사 상담원들이 자긍심을 갖고 24시간 365일 전화상담을 통해 생명을 살리는 일을 감당하는 주체이자 수행자이기 때문이다. 또한 〈생명의전화〉는 종합상담 기관으로서 곤경에 처한 사람들이 전화상담, SNS 상담(Crisis Text Line), 화상상담 등 다양한 창구로 도움을 요청해 오면 그들의 욕구에 욕구에 신속히 응답해 나가야 한다. 이러한 활동을 통해 생명의전화는 시민 생활의 위기개입 기관으로서, 또한 시민들의 다정한 친구와 따뜻한 위로자로서 역할을 감당하게 될 것이다. 앞으로도 한국생명의전화는 '한 사람의 생명이 천하보다 귀하다'는 생명존중의 철학과 '도움은 전화처럼 가까운 곳에 있을 수 있다'는 삶의 긍정적 신념을 이 땅에 확산해 나가기 위해 노력할 것이다.

참고문헌

이광자(2006). 사랑과 공감의 전화 카운슬링. 서울: 종로서적.

이광자, 이기춘, 하상훈, 박현규, 오승근(2013). 전화 상담의 이해. 경기: 정민사.

이광자, 하상훈, 고영건 외(2011). 자살예방상담 프로그램 연구. 서울: 보건복지부.

이광자, 하상훈, 현명호(2020). 자살예방상담의 이론과 실제. 서울: 생명의전화.

이기춘(1991). 전화상담, 단기상담과 위기개입. 한양대학교 학생생활연구소 제4회 학술세미나, 55-75.

이영민 외(1996). 전화카운슬링-생명의전화의 이론과 실제. 서울: 생명의전화 출판부.

이장호(1982). 상담면접의 기초. 서울: 중앙적성출판사.

이장호(1991). 단기상담의 주요 특징과 접근방법, 단기상담과 위기개입. 한양대학교학생생활연구소 제4회 세미나, 1-24.

이장호(1995). 전화상담의 특징과 기능. 전화상담 콜로키움(pp. 1-11). 서울: 청소년대화의광장.

이장호(1999). 상담심리학(제3판). 서울: 박영사.

최윤미(1995). 전화상담의 기법. 전화상담 콜로키움(pp. 31-52). 서울: 청소년대화의광장.

日本 いのちの電話連盟 編(1994). 전화카운셀링(いのちの電話 の 援助活動). (김한수 역). 서울: 한국생명의전화 전국위원회.

齊藤友紀雄, 林義子(1981). 電話相談と危機介入. 東京: 集文舍.

Hambly, G. C. (1992). 사랑과 공감의 전화카운셀링(*Tele-Care*). (이광자 역). 서울: 종로서적.

Larson, R. E. (1993). 이름도 없이 얼굴도 없이(*Preparing to Listening*). (생명의전화 편역). 서울: 종로서적.

Lester, D., & Rogers, J. R. (2012). *Crisis Intervention and Counseling by Telephone and the Internet* (3th). Charles C Thomas Publisher.

Rogers, C. (1998). 칼 로저스의 카운슬링의 이론과 실제(*Counseling and psychotherapy*). (한승호 외 공역). 서울: 학지사.

WHO. (2018). *Preventing suicide: A resource for establishing a crisis line*.

자살예방의 모든 것

이론과 정책

생명보험사회공헌위원회

생명보험산업은 공공성과 공익성이 수반되는 금융산업으로, 사회공익적 책임을 강화하기 위해 1990년대부터 공동공익사업이 본격화되었다. 각 보험사에서도 개별적으로 사회복지사업, 문화예술체육 진흥사업, 학술연구 지원사업 등 다양한 공익사업을 활발하게 전개하였다.

생명보험업계는 성장의 뒷받침이었던 국민의 지지를 사회공헌을 통해 사회에 환원하는 한편, 생명보험산업의 새로운 도약을 위한 성장 기반을 마련하기 위해 기존에 생명보험회사가 추진하고 있는 공익활동과 더불어 업계 공동의 대규모 사회공헌사업의 활성화를 도모하자는 데 공감대를 이루었다.

생명보험업계는 생명보험에 대한 소비자의 신뢰제고 및 생명보험산업의 건전한 문화 확산을 사회공헌사업의 공동목표로 설정하고, 2007년 11월 20일 '생명보험 사회공헌사업 추진을 위한 협약'을 체결하였다.

협약에 따라 사회공헌사업의 최고의사결정기구로서 '사회공헌위원회'가 구성되었으며, 공동사회공헌사업의 운영기관으로 '생명보험사회공헌기금', '생명보험사회공헌재단' 및 '사회공헌위원회 지정법인'을 두었다.

---

* 김관철(생명보험협회 사회공헌실장)

이 장에서는 생명보험사회공헌위원회의 다양한 사회공헌사업 중에서 자살예방 및 생명존중사업에 대해 각 운영기관별로 살펴보고자 한다.

1. 생명보험사회공헌기금

1) 초기

대국민 홍보를 통한 생명존중의 가치 확산을 위해 2014년 생명존중 라디오 캠페인 '생명에 생명을 더하다', '석해균 선장' 편을 제작/송출하였다.

2) 현재

본격적인 자살예방 및 생명존중 캠페인 사업을 위해 안전생활실천시민연합과 협업을 통해 2018년 제1기 국회자살예방포럼을 출범하여 총 39명의 의원이 참여하였으며, 2020년 제2기 국회자살예방포럼을 출범하고 총 57명의 의원이 참여하여 입법발의, 정책세미나 개최 등 국회와 연계한 캠페인 추진으로 사업의 공신력 및 인지도를 제고하였다. 2021년에는 자살예방을 위한 해외 선진사례의 공유 및 시사점의 모색을 위해 미국·영국·호주 전문가를 초청하여 제4회 국제세미나를 개최하였으며, 제3회 국회자살예방대상(정부포상 60개, 국회포상 3개, 민간/포럼포상 4개 등 총 67개 수여)을 개최하여 생명존중문화 확산을 추진하였다.

또한 대국민 언론캠페인을 위해 2021년에는 일간지 및 경제지 등 신문매체 연속기획 기사 게재(총 12회), 라디오(YTN) 캠페인 송출(총 810회) 등을 전개하였으며, 2022년에도 언론캠페인을 통한 생명존중 및 자살예방 문화를 확산하였다.

2. 생명보험사회공헌재단

1) 초기

2008년부터 2010년까지 자살예방사업을 위해 한국자살예방협회(생명사랑 대축제 개최, 자살예방전문가과정 개발 등), 한국생명의전화(Hot-line을 통한 자살예방 통합지원서비스, 청소년 대상 예방교육, 자살생존자 돌봄사업 등), 국방부(군내 자살예방을 위한 교관화 교육) 및 지역보건센터(지역사회 자살예방교육 등) 등과 함께 생명지킴이 활동을 추진하였다.

2) 현재

실질적인 자살예방사업을 위해 2011년부터 농촌에 농약보관함 보급 및 인식개선을 통한 음독자살예방 도모를 위한 농약보관함 지원사업을 실시하고 있으며, 자살다발지 (예: 한강교각 등)에 SOS 〈생명의전화〉를 설치/운영하여 투신자살예방을 위한 SOS 〈생명의전화〉 운영사업, 자살시도자 의료비를 지원하여 자살재시도를 예방하고 자살유가족에 심리치료비를 지원하는 자살위험군 지원사업 및 자살시도 학생에 대한 정신과 상담과 치료비 지원을 통한 자살 고위험군 학생을 지원하는 청소년 자살예방사업을 지속적으로 추진하고 있다.

3. 사회공헌위원회 지정법인

1) 초기

2014년 한국건강증진재단의 자살예방캠페인사업 지원을 시작으로 2016년 한국건강증진개발원의 자살예방 뮤지컬사업과 태화복지재단의 동행 프로그램 지원을 통해 생명존중과 자살예방에 대한 사회적 인식개선에 기여하였다.

2) 현재

한국건강증진개발원의 청소년(중학생) 대상 자살예방교육 사업 지원 및 한국생명의전화에서 실시하는 생명사랑 밤길걷기 사업 지원 등을 통해 생명사랑의 의미를 직접 체험할 수 있는 기회를 제공하고, 올바른 생명사랑 문화 확산의 계기를 마련하고 있다.

자살예방의 모든 것
이론과 정책

안전생활실천시민연합

1990년대 중반의 '삼풍백화점 붕괴사고', '성수대교 붕괴사고' 등 대형 안전사고를 겪으면서 시민이 주축이 되어 체계적인 안전생활실천운동을 전개하여 안전사고로 인해 안타까운 목숨을 잃는 일을 없애고, '생명존중'의 가치를 실현해야 한다는 공감대를 갖고 1996년 5월 23일에 안전생활실천시민연합을 창립하였다.

1. 설립 목적

체계적인 안전생활실천운동을 전개함으로써 시민의 안전의식을 고취하여 안전문화를 정착시키고 안전에 관한 제도와 관행의 개선을 위해 노력하며, 안전을 생활화함으로 인명피해를 최소화하고 우리 사회에 생명존중이 최고의 가치로 자리 잡을 수 있도록 기여하고 있다.

---

* 이윤호(안전생활실천시민연합 안전정책본부장)

2. 사업 내용

1) 교육활동

(1) 강사인력 양성

전문적이고 체계적인 안전교육을 위해 2015년부터 안전지도사 교육과정을 개설하여 안전 약자를 보호하는 가이드 역할을 하고, 안전교육을 수행할 수 있는 소양을 갖추도록 안전지도사 민간자격 취득과정을 운영하고 있다.

- 교육과정: 학교안전 7대 표준안에 따른 강의구성(생활안전, 교통안전, 응급처치, 재난안전, 직업안전, 약물·유해·사이버안전, 폭력·신변안전 등 30강좌)

(2) 안전교재 개발과 보급

안전교육의 효과를 높이기 위하여 연령별(미취학, 초등학교 청소년, 노인), 분야별(교통, 생활, 재난 등 각종 안전 분야) 눈높이에 맞는 안전교육 교재를 개발·보급하여 안전의식 향상에 기여하고 있다.

(3) 안전취약계층 방문 안전교육

어린이·어르신 등 안전취약계층을 직접 찾아가 교통·화재·재난·전기·가스·생활·자전거·성교육 등의 안전사고 사례와 예방법을 중심으로 안전교육을 실시하고 있다.

(4) 안전취약계층 교통공원 교육

서울 노원·강서·구로·중랑, 경기 수원·과천, 충남 공주·당진, 충북 제천, 경남 김해·밀양·창원, 전북, 강원 원주, 제주 제주시 등 15곳의 교통공원에서 어린이들을 대상으로 각종 안전 체험교육을 실시하고 있다.

2) 정책활동

보행안전 및 편의 증진법, 운전 중 영상물 시청 금지, 자동차교통관리개선 특별법·

운전 중 휴대폰 사용 금지 입법화 등, 제2기 국회자살예방포럼 출범(2020), 제1기 국회자살예방포럼 출범(2018), 국회교통안전포럼(2012), 대통령 선거 후보자 대상 안전공약 개발과 제공(16~19대), 국회의원 선거 후보자를 위한 교통안전 공약 개발 및 제공(17~20대)하고 있다.

3) 문화활동

(1) 안전문화 행사
대한민국 어린이 안전퀴즈대회, 안전동요제, 뮤지컬 〈노노이야기〉 공연 등 어린이들에게 안전의 중요성을 알리는 행사를 개최하고 있다.

(2) 안전체험 행사
어린이 안전짱 체험 박람회, 차카차카 놀이터, 세잎클로버 찾기, 청소년 아카데미, 세이프 서울한마당, 여름방학 어린이 안전 일일캠프, 국제도로교통 박람회, 안전문화 체험전 등 다양한 체험행사를 개최 및 진행하고 있다.

(3) 교통/생활
위험도로 제보 및 개선, 지역구 교통사고 제로화, 가스안전 캠페인, 물놀이안전 캠페인, 쿨드렁커 캠페인 등 다수 캠페인에 참여하고 있다.

(4) 산업재해
조심조심 코리아 대국민 캠페인, 영세소규모 건선 현장 감성안전 캠페인, 작업현장 안전수칙 준수 캠페인, 서비스업 재해예방 기초안전 지원 등에 참여하고 있다.

4) 조사활동

교통문화지수, 고속도로 안전띠 착용률, 다중이용시설 화재보험 의무가입, 교통법규 준수율, 운전면허시험장, 서울시 자전거 교통안전 체험장 실태, 재난안전에 관한 설문을 운영하고 있다.

5) 연대활동

안전문화운동추진협의회, 안전단체장 간담회, 한국재난안전 네트워크 등 안전 분야
의 기관/단체와의 연대를 통해 상호 협력의 장을 마련하고 있다.

6) 후원/기증 활동

(1) 후원

사고 유자녀 후원활동은 각종 안전사고로 부모를 잃은 어린 소년, 소녀 가장을 위해
매년 일일찻집을 개최하여, 여기서 모은 후원금으로 장학금을 지원하고 있다.

(2) 기증

통학차량 안전장치, 안심가로등, 자동심장충격기 등 기증활동을 하고 있다.

3. 안전분야별 사업 내용

1) 자살예방 활동

자살의 원인을 사회 시스템에서 찾아야 한다는 인식하에 2016년부터 자살예방 활동
을 적극 전개해 오고 있다. 국회의원 39명이 참여하는 제1기 국회자살예방포럼 구성
(공동대표: 원혜영 의원, 주승용 의원, 김용태 의원/2018. 2. 27.)을 계기로 포럼 실무지원을
주도적으로 하면서 정책토론회, 국제세미나, 법제도 개선 및 국회자살예방대상 시상식
개최 등 다양한 활동을 전개해 나가고 있다. 그리고 2020년 21대 국회를 맞이하여 국
회의원 57명이 참여하는 제2기 국회자살예방포럼 구성(공동대표: 윤호중 의원, 윤재옥 의
원)하여 제1기 국회자살예방포럼 활동을 이어받아 더욱 발전된 자살예방 관련 법률 및
제도개선 입법추진과 더불어 관련 단체들 간 정보공유, 유기적인 협력관계유지를 위해
노력하고 있다.

2) 교통안전 활동

(1) 방문교육

전국 16개 시·도의 어머니안전지도자들이 어린이집, 유치원, 초등학교, 경로당 등 교통안전 취약계층을 직접 찾아가서 안전에 대한 인식변화와 사고 예방교육을 실시 중이다.

- 방문 교통안전교육(도로교통공단)
- 교통약자를 위한 대중교통 안전교육(스마트교통복지재단)
- 찾아가는 자전거 안전교실(도봉구청)
- 교통안전 취약계층 안전교실(서울시청)
- 찾아가는 교통사고 제로(Zero)화 교육(성북구청)
- 찾아가는 순회안전교육(서울 중구, 구로구, 영등포구, 관악구, 강남구 등)
- 로보카 폴리 교통안전교실(현대자동차)
- 어르신·어린이 맞춤형 교통안전 교육(교통안전공단) 등

(2) 교통공원 교육

매년 체험시설을 방문하는 어린이를 대상으로 '즐겁게 뛰어 놀며 사고예방법을 배워요!' 라는 슬로건 아래, 어린이들에게 각종 교통사고에 대처할 수 있는 자생능력을 길러 줄 수 있다.

취약계층, 복지시설 등 안전에 취약한 시민들을 대상으로 안전운전을 위해 신기술 차량, 승·하차 안전장치, 타이어 교체 등 다양한 기증활동을 수행 중이다.

- 어린이 통학사고 제로 캠페인(현대자동차)
- '천사의 날개' 기증 캠페인(현대자동차)
- 타이어 나눔(한국타이어)

3) 정책지원 활동

선거 후보자에게 교통안전 공약자료를 개발·제공하여 당선 후 차기 정부의 주요 역점추진 사업에 교통안전을 최우선으로 할 수 있는 계기를 조성하도록 노력하고 있다.

- 교통안전 공약개발 위원회 구성
- 교통안전 공약자료집 개발, 보급
- 교통안전 공약화 운동 전개
- 후보 초청 교통안전 공약 설명회 개최

4) 생활안전 활동

(1) 어린이 안전짱 체험박람회(2012년~)
안전짱 온라인 학습과 체험박람회를 통해 어린이가 반드시 익혀야 할 필수 안전에 대해 이론과 체험을 통해 습득할 수 있다.

(2) 어린이 안전 퀴즈대회(2009년~)
국내 최대 규모의 어린이 안전 퀴즈대회로서 어린이와 학부모, 교사가 함께 어린이 안전사고에 대한 다양한 예방법과 대처법을 학습해 보고 온라인 퀴즈풀이(예선)와 오프라인 퀴즈대회(본선)를 통해 안전의식과 지식을 함양한다.

(3) 안전 콘텐츠 제공
안전 상식 및 안전 교육 자료를 키즈현대 홈페이지 및 SNS에 제공하여 학생, 교사, 학부모를 통한 안전의식을 함양한다.

(4) 화재 안전문화 정착
매년 전국 어린이집, 유치원, 초등학교를 방문하여 어린이 대상(매년 1만여 명)의 재난(화재)안전 교육을 실시하여 사고 예방에 기여하고 있다.

(5) 승강기 안전교육 및 콘텐츠 제작
안전 취약계층인 초등학생과 어르신을 대상으로 승강기 안전교육 콘텐츠를 개발하고 승강기의 안전한 이용법을 중심으로 알기 쉽게 교육하여 증가세인 승강기 안전사고율을 낮출 수 있다.

- 어린이 승강기 안전교육 콘텐츠 제작
- 고령자 승강기 안전교육

• 미취학 어린이 승강기 안전교육

(6) 가스안전 캠페인

동절기 가스사고 예방과 이동식 부탄가스 연소기의 올바른 사용법을 주제로 가스안전 캠페인을 전개하여 가스로 인한 안전사고 예방과 안전문화 저변확대에 기여하고 있다.

(7) 산업안전 활동

서비스 재해예방 기초안전지원사업으로, 서비스 분야 재해다발 7대 업종 근로자를 대상으로 사업장을 방문하여 위험 · 유해 요인 점검, 업종 · 직종별 맞춤형 자료 전달과 간이식 안전교육을 통해 산업재해 예방에 앞장서고 있다.

(8) 산업안전 정책 세미나

산업안전 현안에 대해 국회와 정부, 시민사회단체, 유관기관 전문가들과 함께 개선방향 제시를 위한 정책 세미나를 개최하고 있다.

• 법인과실치사법 제정 현황 및 촉진방안
• 법인과실치사법 제정 활성화 방안(2017)
• 영세사업장 산재예방 촉진방안(2017)
• 이륜자동차 교통안전 제고방안/이륜차 사고 산업안전 및 산재보험(2017)

(9) 근로자 안전수칙 준수 캠페인

역사, 번화가, 출 · 퇴근길 근로자를 대상으로 홍보판넬과 전단지, 안전수칙 준수 서약서를 활용하여 안전수칙 준수 캠페인을 실시하고 있다.

(10) 건설현장 추락예방 캠페인

산재로부터 취약한 소규모 건설현장 근로자를 대상으로 추락재해 예방자료를 배포하고 자율 안전점검 활동 확산을 유도하여, 떨어짐 등의 중대재해로 인한 산업재해 예방을 위해 노력하고 있다.

• 추락재해 예방 자료 보급 및 스트레칭 실습
• 보호구 착용과 자재 정리정돈 상태 점검

- 현장 관리자 대상 '안전을 위한 약속' 서명 활동
- 영세 현장의 추락재해 예방을 위한 안전용품 세트 및 감성안전 홍보물 나눔

(11) 기타 활동

전문적이고 체계적인 안전교육을 위해 2015년부터 안전지도사 교육과정을 개설하여 안전 약자를 보호하는 가이드 역할과 안전교육을 수행할 수 있는 소양을 갖추도록 안전지도사 민간자격 취득과정을 운영하고 있다.

- 취득대상: 교사, 안전 관련 종사자 및 20세 이상 일반인
- 교육과정: 학교안전 7대 표준안에 따른 강의구성(생활안전, 교통안전, 응급처치, 재난안전, 직업안전, 약물 · 유해 · 사이버안전, 폭력 · 신변안전 등 30강좌)

개신교

1. 들어가며

　한국사회에서 자살은 어느 특정 계층의 문제가 아니다. 매년 1만 3천 명이 넘는 사람이 자살로 인해서 죽고 있다. 실제적으로 한국인은 암, 심장질환, 폐렴, 뇌혈관질환 다음으로 자살로 인해서 죽고 있다. 그리고 그 밑으로 당뇨병이나 간질환 등이 나온다. 이렇게 보면 자살은 사회적 질병이며, 이 사회, 그리고 더 나아가서는 국가가 책임져야 할 병으로 보아야 한다. 그런데 이 사회에서는 그동안 자살을 개인이 책임져야 할 부분으로 생각했다. 오로지 개인의 문제로 인해서 나타난 정신질환의 결과로만 이해해 왔다. 그러다 보니 사회 공동체가 함께 고민하고 나아가야 할 부분으로 생각하지 못했다.

　그러나 사람이 스스로 죽는 자살에는 어느 한 가지 원인으로 설명할 수 없는 다양한 측면이 있다. 사람이 스스로 죽으려는데 어떻게 하나의 이유만 있겠는가. 거기에는 정말 수십 가지, 수백 가지의 원인이 있을 것이다. 그리고 만약 그 단계에서 누군가의 도움이 있었고, 누군가는 이야기를 들어 주었고, 누군가는 가까운 가족들에게 이상한 부분을 이야기하고, 누군가는 그에게 밥이라도 한 번 사 주었다면 그는 죽음을 선택하지

---

* 조성돈(실천신학대학원대학교 교수)

않았을 것이다. 그래서 수십, 수백 가지의 원인에 수십, 수백 가지의 가정을 곱하면 정말 산술할 수 없는 경우의 수가 나타날 것이다. 이는 자살을 막기 위해서는 어느 부류의 사람들만이 아니라 이 사회의 모든 사람이 나서야 함을 말해 준다.

실제로 우리는 동네 슈퍼에서 장사를 하는 가게주인이 번개탄을 사 가는 손님에게 말을 걸어서 죽음을 막았다는 이야기를 들어 본 적이 있다. 최근에도 한강의 다리를 지나다 다리 난간에 몸을 걸치고 있는 사람을 여러 사람이 붙잡고 설득해서 살려 낸 경우도 있었다. 동네에서는 우유를 배달하는 사람들에 의해서 도움이 전달되기도 한다. 실제로 옥수중앙교회는 지역 어르신들에게 우유를 공급하고 있다. 2003년 지역에 있는 가난한 어르신들의 건강을 염려하는 마음에서 시작된 우유 나눔이었다. 그런데 2006년 우유배달이 어르신들의 고독사를 방지할 수 있다는 것을 알게 되었다. 배달된 우유가 줄어들지 않으면 배달하는 사람이 문을 두드려 안부를 묻는다. 우유배달이 새로운 국면을 맞이한 것이다. 그러자 교회는 적극적으로 후원하여 우유배달을 늘려 갔다. 이러한 일에 기업들이 후원을 하면서 규모가 더 커졌고, 2015년에는 '어르신의 안부를 묻는 우유배달'이라는 사단법인을 만들게 되었다. 지금은 매일 약 2천 여 가구에 우유를 배달하고 있다.[1]

이러한 일이 수없이 쌓이면 공동체의 사회안전망이 구축되어 서로를 의지할 수 있고, 서로의 안부를 챙겨 나가는 공동체가 될 수 있다. 따라서 자살예방은 특정 전문가들만이 해야 할 일이 아니라 사회의 모든 이가 참여해야 가능한 일이다. 이러한 면에서 보면 종교가 큰 역할을 할 수 있는 자리가 있다. 각 지역에 자리를 잡고 있는 종교기관, 특히 개신교의 입장에서 교회는 지역사회의 중요한 구심점이다. 교인들은 그 지역의 주민이고, 다른 이보다 시민의식과 활동성도 높은 사람들이다. 거기에 교인들은 다양한 연령층에 분포되어 있다. 이들이 게이트키퍼 교육을 받고 지역사회에서 역할을 한다면 많은 일을 할 수 있을 것이다.

한국에서 종교인구는 2015년에 행한 통계청의 인구주택총조사에 따르면 절반이 조금 안되는 43.9%이다. 종교별로 보면 불교가 15.5%(762만 명), 개신교가 19.7%(968만 명), 그리고 천주교가 7.9%(389만 명)이다. 종교인들이라고 해서 실은 자살과 무관하지는 않다. 실제로 2018년 한국기독교목회자협의회에서 행한 설문조사를 보면 "귀하께서는 지난 1년 동안 자살충동을 느낀 적이 있습니까?"라는 질문에 개신교인의 경우 17%가

---

1) 어르신의 안부를 묻는 우유배달. milk1009.org

있다고 대답을 했고, 천주교인은 15.2%, 불교인은 19.2%, 무종교인은 21.3%가 있다고 대답했다(한국기독교목회자협의회, 2018).[2] 이 결과를 보면 분명 종교인도 자살의 위험에서 벗어나 있다고 할 수는 없다. 그러나 큰 차이라고 할 수는 없겠지만 종교인들이 적어도 자살충동에 있어서는 무종교인에 비해 적은 응답을 한 것을 볼 수 있다. 그러면 분명 종교가 자살예방에 중요한 역할을 하는 것으로 볼 수 있다. 이렇게 보면 인구의 44%에 달하는 종교인구를 대상으로 해서 자살예방교육을 실시하고, 그들을 대상으로 하는 자살예방활동을 펼쳐야 한다는 것은 자명한 사실이다.

또 종교인은 특성상 자신들이 종교에 헌신하며 그 뜻에 따른다. 특히 개신교의 경우는 매주 교회에 모여서 예배를 드리고, 성경공부와 같은 교육에 참여하며, 지역을 기반으로 하는 소그룹에 참여하고, 성별/연령별 모임에 참여하며, 여러 봉사활동 등 다양한 모임에 참여한다. 이러한 모임은 대개 교육과 훈련 그리고 설교 등이 동반된다. 이러한 기회에서 생명보듬교육을 실시하면 큰 효과를 볼 수 있다. 이미 그 가르침에서 생명의 소중함에 대한 내용은 충분히 들어 있고, 기본적으로 생명과 죽음에 대한 내용이 있기 때문에 교육은 큰 효과를 가져온다. 따라서 이들의 생각을 바꾸고 올바르게 인도할 좋은 기회가 된다. 그리고 무엇보다 이들을 이러한 교육을 세워 나가면 지역사회에서 생명보듬이로서의 역할을 감당할 수 있다. 특히 교회의 특성상 항상 소그룹으로 사람들을 대면하고, 내면의 이야기를 나눌 수 있는 기회가 있기에 효과적이다.

이러한 면에서 보면 종교인, 특히 이 장에서 언급될 개신교인들을 대상으로 하는 자살예방은 두 가지로 살펴볼 수 있다. 먼저 개신교인들을 대상으로 하는 자살예방으로 인구의 20%에 해당하는 사람들, 특히 종교적 영향력을 받아들일 수 있는 이들을 대상으로 하는 것이고, 두 번째는 이들을 교육하여 지역의 게이트키퍼로 세우는 일이다. 이 장에서는 먼저 개신교에서 이해하는 자살에 대한 부분을 다루고, 라이프호프(Life Hope) 기독교자살예방센터의 중심으로 하는 활동에 대해서 소개하고자 한다.

2. 개신교와 자살

한국교회에서 자살은 터부시되는 주제 중에 하나였다. 먼저는 구원 문제와 연관되어

---

2) 이 조사는 2017년 9월 전국 19세 이상 성인남녀 5,000명을 대상으로 실시되었다.

있기 때문이다. 자살한 사람은 구원을 받았는가, 즉 천국을 갈 수 있는가의 문제로 연결되어 왔다. 즉, 자살이 큰 죄이기 때문에 자살로 죽은 사람의 영혼은 용서받을 수 없다고 보았다. 여러 가지 이유가 있지만 무엇보다 믿음이 있다면 자살하지 않을 것이라는 생각이 컸다. 그래서 자살한 사람은 믿음이 없다는 것이고 믿음이 없다면 구원받을 수 없다는 생각이다. 그리고 자살을 했다면 하나님에게 그 죄를 사해 달라고 할 수 있는 이유가 없으니 역시 구원받을 수 없다는 생각이었다. 상당히 관습적이긴 하지만 이러한 생각은 얼마 전까지 한국교회의 생각이었다. 그것은 결국 자살한 사람의 장례를 치를 수 있는가의 문제로 연결되어서, 불과 10여 년 전까지만 해도 자살한 사람의 장례는 치러 주지 않는 것을 당연하게 여겼다.

또 자살을 터부시한 이유는 죽음에 대해서 논하는 것 자체가 부담스럽기 때문이다. 현대사회는 경쟁과 효율을 기반으로 하여 발전과 성장을 중요한 가치관으로 삼고 있다. 특히 대한민국에서 이러한 가치관은 돈으로 계산되며 아주 구체적이고 현실적 경험으로 이해되고 있다. 이런 사회적 분위기에서 죽음을 이야기한다는 것은 이단으로 치부된다. 곽혜원은 심지어 이것이 '부끄러운 사회적 터부'로 인식된다고 지적하였다(곽혜원, 2014). 그래서 사회 속에서 이에 대해 이야기하는 것 자체가 금기시된다. 실은 한국교회는 이러한 가치관의 선봉에 있다. 신앙으로 포장된 결과는 사회적 성공이나 경제적 성공으로 결실된다. 여기에 교회에서는 믿음과 긍정적 사고가 혼용되고, 경제적 부가 은혜로 동일시된다. 이러한 분위기에서 죽음을 이야기한다는 것은 금기를 깨는 일이다. 거기에 자살을 이야기한다는 것은 상상을 할 수 없는 일이다.

이러다 보니 교회에서 자살을 언급하고, 교육하며, 일깨운다는 것은 쉽지 않다. 그래도 최근 이러한 금기가 깨지며 장례를 치러 주고, 교회에서 생명보듬교육도 이루어지고 있다. 불과 10년 사이에 이러한 모습이 나타난 것은 큰 변화이다. 이 장에서는 기독교에서는 자살을 어떻게 이해했는지를 살펴보고, 현재 교회에서 이루어지고 있는 상황을 묘사해 보고자 한다.

1) 교회사에서 자살[3)]

교회 역사에서 자살에 대한 중요한 신학적 서술은 두 군데가 있다. 첫째는 아우구스

---

3) 이 내용은 전체적으로 조성돈, 정재영(2008)을 참고하였다.

티누스(Augustinus)로, 이미 5세기에 그의 대표적인 저서 『신국론』에서 언급을 하면서 자기를 죽이는 것 역시 살인이라고 천명한다. 자기의 목숨이지만 그것 역시 하나님이 주신 것이기 때문에, 그리고 하나님께 속한 것이기에 스스로 죽는 것도 살인이라고 한다. 그래서 일시적인 고통에서 해방되겠다고 자살을 선택하는 것은 죄악이라고 한다. 자살을 살인이라고 본 것은 결국 '살인하지 말라'는 십계명 중 제6계명을 어기는 것으로 해석하는 것을 의미한다. 개신교에 있어서 가장 중요한 규율인 십계명에 새겨진 가장 뚜렷한 계명을 어긴 것이다. 이로써 자살은 명백한 죄로 여겨졌다. 이러한 입장에 근거해서 6세기에 이루어진 두 번의 공의회에서는 자살을 죄로 규정하고 처벌한다는 결정을 내린다.

둘째는 토마스 아퀴나스(Thomas Aquinas)로, 13세기 중반에 그의 대표 저술인 『신학대전』에서 자살을 반대하는 이유를 세 가지로 정리한다. 첫째, 모든 만물은 자신을 사랑하는 것이 당연하다. 둘째, 공동체에 속한 일원으로서 공동체에 해를 끼친다. 셋째, 생명은 하나님이 주신 선물이기에 인간이 마음대로 해할 수 없다는 것이다.

자살에 대한 이런 정죄는 이후 자살자에 대한 사후처벌로 이어졌다. 자살자는 장례가 거부되고, 교회 공동체의 묘지에 묻힐 수 없었다. 이는 죽어서도 교회 공동체에 속할 수 없음을 밝힌 것이다. 그리고 자살자가 이후 부활할 때 그 육체를 되찾지 못하도록 하기 위해 시체를 훼손하는 경우도 많이 나타났다. 무덤을 파서 시체를 꺼내 훼손하기도 하고, 가죽부대에 시체를 넣고 물을 부어 썩어 없어지게 하기도 하고, 시체를 그물망에 넣어 마차에 매달아 울퉁불퉁한 돌길을 달려 시체를 상하게 하기도 했다.

16세기 종교개혁이 일어나고 유럽에서 하나였던 기독교는 가톨릭과 개신교로 분리된다. 이를 계기로 하여 개신교는 상당히 다른 종교로 분파되어 자살에 대해서도 다른 입장을 보이게 된다. 특히 마르틴 루터(Martin Luther)는 자살에 대해서 전향적인 입장을 보인다. 그는 실제로 비텐베르크에서 목회를 하고 있을 때 자살자에 대한 장례를 치러 주었는데 이미 여러 교회에서 장례가 거부된 사람이었다. 그 장례를 거치면서 루터는 자살에 대해 언급했다. 그는 자살은 개인의 죄악의 결과로 보지 않았다. 오히려 사탄에 의한 것으로 보았다. 다음과 같은 예를 들어 설명하였다. 어떤 사람이 숲을 지나다가 강도를 만나서 살인을 당한다. 이때, 그가 죽은 것이 그의 잘못인가, 강도의 잘못인가를 물었다. 자살이라고 하는 것은 결국 죽음에 이른 것은 같으나 사탄이 강도와 같이 침입하여 저지른 일이라고 보았다. 결국, 그 죄는 그 개인이 져야 할 일은 아니라는 뜻이다. 그러면서 그는 중요한 이야기를 하는데, 그것은 자살이 구원에 이를 수 없는 죄라고 단정할 수 없다는 것이다. 그것은 성서적 근거가 없다는 말로 정리한다. 그럼에도 불구하고 루터는 하나의 단서를 붙인다. 믿음이 연약한 자들이 있으니 굳이 설교단에서는 이 이야기를 할 필요는 없다는 것이다. 혹시라도 이 이야기를 듣고서는 지옥에 대한 두려움을 버리고 자살을 실행할 사람도 있을까 염려했다.

루터를 포함한 종교개혁가들의 입장은 대부분 이와 비슷하다. 자살이 죄인 것은 확실하나 그것이 꼭 지옥에 가야 할 큰 죄는 아니라는 입장이다. 개신교는 구원의 조건으로 '오직 믿음'을 강조한다. 의례나 형식, 또는 절차를 중요하게 여기지 않는다. 단지 하나, 개인적으로 그가 구원받을 수 있다는, 예수 그리스도가 그의 구원주가 되신다는 것을 믿는 것으로 구원받을 수 있다. 이것이 개신교의 가장 근본되는 교리이다. 또 하나 여기에는 인간은 모두 죄인이지만 하나님의 은혜로 말미암아 그 모든 죄는 사함을 받을 수 있다는 것이다. 여기서 중요하게 볼 부분은 '모든 죄'가 용서받을 수 있다는 점이다. 여기에는 예외 조항이 없다. 우리의 모든 죄가 하나님께 자백함으로 말미암아 용서받을 수 있는데, 여기에는 예외되는 죄가 없는 것이다. 물론 자살 역시 그 예외에 들 수 없다.

따라서 우리가 볼 것은 그가 예수를 구주로 믿었는가이지, 그가 어떤 죄를 지었는가가 아니다. 그가 믿음이 있었는지는 우리가 알 수 없다. 우리는 여기서 그 누가 믿음이 있었는지, 또 그 믿음으로 말미암아 구원에 이르렀는지를 알 수 없다. 그것은 절대적으로 신의 영역이다. 자비하신 하나님이 그의 영혼을 불쌍히 여기시고, 그의 아픔을 품으실 것으로 이 땅에서 우리는 믿을 뿐이다.

그런데 신기하게도 한국교회에서, 그리고 전 세계의 교회가 다 비슷하게 '자살'만은 용서받지 못할 죄로 여긴다. 자살만은 그 하나님의 은혜에서 예외된 죄로 여긴다. 그리고 굳이 자살자는 지옥으로 보내려고 한다. 이 모든 이해는 실은 개신교답지 않다. 개신교는 절대 이 땅에서 인간이 누구의 죄를 정의하고, 그 죄의 용서를 논하지 않는다. 그게 어떤 죄가 되더라도 말이다. 그를 용서하고, 용납하고, 구원하는 것은 절대적으로 하나님이 하실 일이다. 따라서 여기서 자살자를 정죄하고, 구원을 논하는 일은 신의 영역을 침범하는 절대적 교만이다.

2) 자살자의 장례

교리적 논쟁의 끝은 결국 장례문제로 이어진다. 자살자는 용서받지 못하고, 결국 구원을 받을 수 없다는 생각은 최근까지도 이어졌다. 개신교의 입장에서는 상당히 잘못된 이해에 근거한 통설에 불과하지만, 이것은 교회 문화 속에서 정설로 받아들여졌다.

이것은 다시 구원받지 못한 자의 장례문제로 이어졌다. 자살자의 장례를 교회에서 주관해야 하느냐의 문제이다.

이와 관련된 이야기는 너무 많은데 문서로 잘 보여 주는 예가 있다. 한 크리스천 유가족의 수기(이세은, 2019)로, 동생을 자살로 잃은 여성이 쓴 글이다. 그의 동생은 독실한 성도였고, 더 나아가 중국에서 선교사로 활동했던 사람이다. 그런데 삶을 자살로 마감했다. 그의 수기에는 장례식장이 묘사된다. 너무나 생생하기에 그대로 옮겨 본다.

> 동생의 장례는 C도시의 어느 외딴곳에서 치러졌다.
> 그곳이 어디였는지, 무슨 장례식장인지 기억이 나지 않는다. 우리는 상복도 제대로 갖춰 입지 못한 채 조문객을 맞았다. 젊고 멀쩡했던 동생의 갑작스러운 죽음. 단순한 사고사로만 알고 오신 고향 교회 성도들은 장례를 치르러 와서야 그 죽음의 이유를 알고는 말문을 닫으셨다. 어려서는 동생에게 유아세례를 베풀었고 자라서는 동생의 신앙고백을 인정하여 입교를 허락했으며, 동생이 단기 선교사로 떠나고자 헌신했을 때는 따뜻한 후원을 아끼지 않은 고향 교회였다.
> 그러나 동생의 장례식 집전만큼은 거절했다. 동생의 마지막이 성도의 죽음으로 받아들이기 어렵다는 이유에서였다. (이세은, 2019, p. 29)

가족 중에 누군가 자살했을 때 이들은 하나님의 위로가 가장 필요한 자들이고, 교회 공동체의 함께함이 그 어느 때보다 절실하다. 그런데 그 순간에 대부분의 교회는 다툼을 시작한다. 자살자의 장례를 치러 줄 것인가, 그는 구원을 받았는가를 가지고 편이 갈린다. 그리고 유가족을 돌아보기보다는 그 싸움의 승패에 더 관심이 많다. 이렇게 되면 목사가 개인적으로 장례를 치러 주어야 한다고 생각해도 실행에 옮기기는 어렵다. 그의 판단이나 행동이 곧 교회의 분쟁과 분열로 이어질 수 있기 때문이다. 그래서 결국 장례가 이루어지지 않는 경우가 많았다. 이렇게 될 때 유가족들은 깊은 절망에 빠진다. 앞의 수기가 보여 주고 있듯이 평생을 신앙으로 이루어진 공동체였는데 마지막에 이처럼 냉정해지는 모습을 보고 실망하게 된다. 대부분 유가족은 비슷한 이유로 교회를 떠나게 되는데, 단지 그 교회만을 떠나는 것이 아니라 신앙을 떠나고 하나님을 떠나게 된다.

개인적으로는 자살예방에 헌신하게 된 것은 2008년 『그들의 자살, 그리고 우리』라는 책을 쓰고부터이다. 당시 한 인터넷 언론사에서 저자 인터뷰를 했는데, 그 가운데 "자살한다고 다 지옥에 가는 것은 아니다."라는 언급을 했다. 그 기사 밑에는 이후 엄청난 댓글이 달렸다. 확인한 시점에서 400개가 넘는 댓글이 달렸는데, 주로 그 말에 대한 비판이었다. 심지어 네가 지옥에 가라는 이야기도 있었다. 그 댓글들을 읽다가 연예인들이 왜 댓글을 읽다가 극단적 선택까지 하게 되는지를 이해할 수 있었다. 바로 이러한 일이 불과 10년이 조금 넘는 때에 일어났다. 그런데 요즘은 교회에서 자살자에 대한 장례를 거부하는 일은 거의 없는 것으로 알고 있다. 약 10년이 안 되는 사이에 교회에서는 커다란 변화가 있었다. 여러 사건도 영향을 주었지만 결정적인 것은 자살에 대한 논의를 수면 위로 끌어올린 것이 절대적 요인이라고 본다. 그동안 자살에 대해서는 모두가 언급하지 않으며, 언급 자체를 금기시하는 분위기였는데, 이걸 공론의 장으로 끌어올리니 사람들이 이해를 하고 고쳐 나가기 시작했다.

이러한 과정에서 라이프호프 기독교자살예방센터(이하 라이프호프)가 큰 역할을 했다. 라이프호프는 지속적으로 자살자에 대한 장례식을 강조해 왔다. 2011년 라이프호프가 설립되기 전 해에 목회사회학연구소의 이름으로 기독교윤리실천운동과 함께 『한국교회를 위한 자살예방 가이드북』[4]을 발간했다. 이 소책자에는 자살에 대한 설교지침과 함께 「자살자를 위한 장례예식서」를 만들어 넣었다. 한국교회에서 자살자를 위한 장례예식을 공개적으로 만들어 낸 것은 이때가 처음이었다. 거기에는 예식의 순서와 함께 성경 구절과 기도문 등을 만들어 넣었다. 당시 이것은 상징적인 의미와 함께 자살자를 위한 장례에 대한 문제제기로 큰 역할을 했다.

이후 2014년에는 한국교회에서 가장 큰 교단이라고 할 수 있는 예수교장로회 통합 측 총회(이하 통합교단)에서 『자살에 대한 목회적용 지침서』[5]를 만들었다. 통합교단은 2013년 총회에서 1년간 연구하여 목회에서 자살에 대한 교단 차원의 지침서를 만들 것을 결의했다. 이 결의에 따라 '자살에 대한 목회지침서 제작을 위한 소위원회'가 구성되었고, 위원장으로 라이프호프 대표인 저자가 참여했다. 위원회는 지침서를 완성하여 그 다음 해인 2014년 9월 총회에 제출했고, 총회는 결의를 통해 『자살에 대한 목회지침서』를 총회정책문서로 공식 채택했다. 이로써 한국교회에서는 교단 공식 문서로는 처음으로 자살에 대한 총회 정책이 나왔다.

이 문서는 자살과 관련된 신학적 이해와 심리학적 이해 그리고 자살과 관련된 활동과 지침 등을 포함하고 있다. 가장 중요한 부분은 부록으로 「자살자의 장례를 위한 예

---

4) 비매품으로 라이프호프 홈페이지(www.lifehop.or.kr)나 기독교윤리실천운동 홈페이지(cemk.org)에서 다운로드 받을 수 있다.

5) 비매품으로 라이프호프 홈페이지나 예장통합 홈페이지(new.pck.or.kr)에서 다운로드 받을 수 있다.

배문」이다. 예배문은 세 가지로, 신자의 자살로 그 사실이 알려진 경우, 신자의 자살로 그 사실이 알려지지 않은 경우, 불신자 자살의 경우로 나누어 만들어졌다. 각 예배문에는 순서와 함께 구체적으로 설교까지 포함하고 있어 활용도를 더욱 높였다.

이 예배문이 포함된 것은 아주 중요한 의미가 있는데, 무엇보다 이 예배문을 통해서 총회가 자살자에 대한 장례를 공식화했다는 점이다. 즉, 교회에서 자살자의 장례가 문제가 되었을 때 총회에서 자살자의 장례를 이렇게 치르도록 예배문까지 만들어 준 것은 아주 중요한 근거가 된다. 이것은 자살에 대한 신학적 이해도 함께 포함된다. 구원의 문제에 대해서 신학적 선언이 이루어졌고, 이에 대한 동의로 장례를 공식화한 것이기 때문이다. 이런 과정을 보면 한국교회는 현재 자살문제에 있어서 빠르게 입장의 변화를 보이고 있다. 앞으로 방향을 잘 잡아 나간다면 긍정적인 결과가 계속 이어질 것으로 보인다.

3. 라이프호프를 통한 구체적인 활동

라이프호프는 2012년에 창립했다. 그 이전에도 목회사회학연구소를 중심으로 하여 2번에 걸친 자살예방학교와 이미 언급한 『한국교회를 위한 자살예방 가이드북』을 발간하기도 했다. 이후 자살예방 민간단체로 빠르게 자리를 잡아가며, 중앙자살예방센터와 보건복지부 그리고 서울시 등의 사업을 수행했다. 창립 후 1년이 지난 2013년에는 세계자살예방의 날을 맞아 보건복지부 장관상을 수상하였고, 2016년에는 조성돈 대표가 보건복지부 장관상을 받기도 했다. 또 2019년에는 국회자살예방대상 '민간단체 대표상'을 수상했다. 창립 8년여에 2회에 걸친 장관상 수상과 국회자살예방 대상까지 받은 것은 종교계의 자살예방이 인정을 받은 것이라고 볼 수 있다. 현재 라이프호프는 전국 9개 지부(서울, 인천, 경기남, 경기북, 충청남, 충청북, 전라남, 전라북, 강원)와 7개 지회(강북, 성북, 강동, 강서, 영등포, 오산, 보령)로 조직을 가지고 있다.

라이프호프는 여타 자살예방단체와는 다른 배경을 가지고 있다. 다른 단체들이 상담과 치유 쪽에 중점을 두고 활동을 펼쳤던 것과는 달리, 이 단체는 캠페인 사업에 치중해 왔다. 이것은 자살에 대한 관점이나 접근이 달랐기 때문이라고 볼 수 있다. 일찍이 대표인 조성돈 교수는 자살을 '사회적 질병'(조성돈, 정재영, 2008)으로 정의를 내렸다. 자살로 인해서 이렇게 많은 사람이 죽어간다면 사회가 책임져야 한다는 의미이다. 이를 개인적인 문제나 정신적인 문제로만 생각하고 사회적 관여를 안 한다면 그 어려움이

해결되지 않을 것이다. 따라서 이 문제는 몇몇의 환자 중심으로 이해할 것이 아니라 사회적 질병으로 놓고 공동체가 함께 해결해야 할 문제로 보았다.

자살의 원인은 다양하지만 무엇보다 가치관이 중요한 부분을 차지한다. 한국사회는 원래 자살이 많지는 않았다. 그러나 IMF라고 불리는 경제 파동이 한국사회에 자살의 증가를 가져왔다. 그 이전까지 한국의 자살률은 OECD 평균에 못 미치는 10명 수준이었다. 그런데 IMF를 지나던 때인 1998년 자살률은 18.4명으로 뛰어 올랐다. 이는 후에 다시 안정세를 찾았으나 2002년을 기점으로 해서 다시 반등했고, 2011년에는 결국 31.7명까지 올랐다. 이것은 경제적인 문제가 큰 충격을 주었다는 것을 보여 주지만, 이후 오히려 1998년을 훨씬 뛰어넘는 상승세를 볼 때 그 충격만이 주요 원인으로 볼 수 없음을 보여 준다. 오히려 IMF 이후 한국사회가 갖게 된 경제 중심의 가치관이 더 큰 원인이라고 볼 수 있다. 돈을 삶의 중심으로 두고, 경쟁과 효율의 벌거벗겨진 신자유주의의 각축장을 만들어 버린 한국사회의 모습이라고 볼 수 있다. 그래서 돈이 없으면 살아야 할 이유를 댈 수 없는 사회를 만들어 버리고, 그 가운데 낙오는 곧 죽음이라는 도식을 만들었다. 이러한 것은 자살원인의 1위가 경제적 문제이고, 자살이 가장 많은 연령대가 40대와 50대이며, 특히 남성의 자살이 많다는 점에서도 볼 수 있다.

이렇게 볼 때 결국 자살의 문제는 가치관의 문제이다. 돈을 절대적 가치로 세워놓고, 절대적 가치였던 생명을 상대적 가치로 내려놓은 결과이다. 이러한 가치관은 다른 말로 문화라고 할 수 있다. 가치관의 사회적 결합이 결국 사회의 문화를 만든다. 그래서 한국사회에서 자살이 많은 이유는 죽음의 가치관이 개인을 지배하고, 죽음의 문화가 이 사회를 지배하기 때문이라고 본다. 그래서 자살을 예방하는 길은 죽음의 문화가 아니라 생명의 문화를 만드는 것이다. 항시 죽음을 생각하는 사람들에게 죽음이 아니라 생명을 이야기하고, 그러한 가치관을 전환해서 죽음의 문화가 아니라 생명의 문화를 함께 만들어 가는 것이 곧 가장 효과적인 자살예방활동이라고 믿는다. 그래서 생명의 가치관을 절대적인 가치로 세우고, 서로가 서로를 도와 살리는 생명의 공동체를 구축해 나가야 한다.

라이프호프는 이러한 생각으로 문화활동에 치중해 왔다. 어려움에 빠진 사람을 구하는 단체들은 이미 많이 있으니, 그러한 어려움으로 가지 않도록 하자는 운동을 하고자 했다. 이러한 생각으로 했던 몇 가지 사업을 소개하고자 한다.

1) 캠페인 사업

(1) 생명보듬페스티벌 LifeWalking

2014년 보건복지부 민간지원사업으로 '생명보듬함께걷기'를 시작했다. 서울 여의도에서 가졌던 행사는 약 2천 명의 인원이 참가했다. 단체가 설립되고 처음하는 대중행사였다. 처음 계획에는 1천 명이 목표였다. 물론 보건복지부에 제출했던 제안서에도 그렇게 명시했다. 모든 것이 참가인원 1천 명에 맞춰져 있었고, 예산과 준비물 역시 그러했다. 그런데 행사일이 다가오자 인원이 빠르게 늘었다. 라이프호프는 신생단체이고 교회에 조직을 가지고 있지도 않기 때문에 단체로 참여하는 인원은 없었다. 그런데 여러 교회가 소규모 단체로 참여했고, 무엇보다 중고등학생들이 봉사점수로 인해 동기를 얻었다. 결국 첫 행사의 어설픔으로 예상하지 못했던 많은 참여로 인해 혼란스러웠지만 성공적으로 행사를 치렀다. 2014년 초에는 이런 결과와 우수한 행정 관리로 보건복지부 민간지원사업에 우수사례로 소개되기도 했다.

이후 행사는 매년 규모를 줄였다. 첫 해에 받았던 충격이 컸기 때문이다. 단체에 비해 감당할 수 있는 인원이 아니었다. 그리고 2017년 보건복지부의 예산 지원이 불투명했다. 그때 새로운 국면이 되었다. 중앙의 행사를 줄이고 각 지부와 지회로 행사를 돌렸다. 그리고 이름을 '생명보듬페스티벌 LifeWalking'으로 발전시켰다. 각 지부와 지회와 연결된 교회가 예산도 지원하고 함께 중심이 되어 참여했다. 그래서 2017년에는 서울, 하남, 고양에서 진행되었고 참여인원 역시 크게 늘어났다. 그리고 2018년에는 12군데로 늘어나고 연 인원 4만여 명이 참여했다. 특히 안양에서 1만 명, 안산에서 2만 명이 참여하는 행사를 만들었다. 행사는 항상 크게 모인 것은 아니다. 서울에서 구 단위로 모일 때는 200명이 참여하여 캠페인을 했고, 지방에서는 100명 정도의 인원이 모이기도 했다. 그러나 중요한 원칙이 있었는데 그것은 지역이 함께하는 행사를 만드는 것이다.

'생명보듬페스티벌 LifeWalking'이라는 긴 이름은 몇 가지 의미를 가지고 있다. 먼저는 걷는다는 행사의 메인 성격이 있다. 그런데 여기에 페스티벌이 함께한다. 즉, 축제의 의미를 더한 것이다. 적지 않은 사람이 이 행사에 대해서 의문을 제기한다. 자살이라는 무겁고 진지한 문제를 다루면서 어떻게 이렇게 가볍게 만들 수 있냐는 것이다. 물론 격려의 말이 아니라 비난의 의견이다. 그런데 다르게 생각해 볼 수도 있다. 자살을 너무 무겁게, 그리고 눈물과 애통으로 다가가면 생명보듬운동에 대중성을 가져올 수 없을 것이다. 무거운 주제이지만 사람들이 가벼운 마음으로 참여해서 생명에 대한 생각을 가져보고, 여러 활동을 통해서 경험도 해 보면서 문화행사를 통해서 이야기도 듣는다. 무엇보다 생명보듬운동에 나도 참여했다는 경험을 제공하고자 했다. 그래서 이 행사를 오면 정말 축제 같다. 여러 체험부스가 차려지고, 문화행사를 통해서 흥도 난다.

또 하나 중요한 것은 이러한 행사를 통해 지역에 생명 네트워크를 구축하는 것이다. 행사는 지역행사로 치러지기 때문에 지역의 유관단체가 참여한다. 정신건강복지센터나 보건소는 물론이고, 학교나 군부대, 그리고 청소년 단체, 다양한 시민단체 등이다. 행사는 하루지만 준비에는 몇 달이 걸린다. 그동안 준비하는 사람들은 계속 이런 사람들을 만난다. 참여를 독려하고, 부스 참여와 행사 진행에 대한 이야기도 듣는다. 그리고 행사를 기해 다양한 홍보와 지역 언론과의 접촉도 일어난다. 당일에는 지역의 자치단체장들이 참여하고, 국회의원과 지방의회 의원도 다수 참여한다. 그래서 그 날에는 생명보듬에 관한 이야기들이 활발하게 일어난다. 결국 행사는 하루지만 이를 계기로 생명 네트워크가 구성되고, 홍보와 캠페인이 1년 내내 유지된다.

(2) 마포대교 생명기도회

마포대교에는 매일 평균 2~3명의 자살시도자가 찾아온다. 항시 그곳은 자살을 생각하는 사람들이 찾아가는 곳이다. 라이프호프는 1년에 한 차례 마포대교를 찾아 캠페인 사업과 함께 기도회를 개최한다. 행사는 안전상의 문제로 약 30여 명 정도로 인원을 제한하여 진행한다. 보통 마포대교 남단에서 피켓을 가지고 행진하며 홍보물을 도보자들에게 나누어 준다. '한 번만 더' 동상이 있는 곳에서 모여 기도회를 하고 다리를 건너 다시 남단으로 돌아온다. 보통 행사 중간에는 담당하고 있는 여의도지구대와 용강지구대를 들러 브리핑도 받고 선물을 건네며 격려한다. 또 한강경찰대를 찾아 활동 사항을 듣고 격려하는 시간을 갖기도 했다.

자살예방의 상징적 장소인 마포대교에서의 기도회를 통해서 자살예방을 영적인 문제로 접근하려고 한다. 그리고 무엇보다 이런 행사를 통해서 언론을 통해 생명존중문화 조성에 대한 관심을 이끌었고, 마포대교를 중심으로 이루어지는 경찰들의 수고를 부각시킬 수 있었다.

(3) 종교연합 행사

종교 간 연합하여 행사를 하는 경우들이 점점 늘어나고 있다. 특히 서울시자살예방센터가 주관하는 '살(자)사(랑하자) 프로젝트'의 일환으로 이루어지는 행사 가운데 함께할 일이 점점 늘어나고 있다. 최근에는 '4대 종단과 함께하는 열린 포럼(개신교/불교/원불교/천주교)'을 '코로나 시대의 생명존중과 종교계의 역할'이라는 주제를 가지고 함께 했다. 이 외에도 1년에 한 번씩 종교인들이 모여서 자살예방 캠페인을 함께 한다. 2019년에도 서울시자살예방센터에서 한 생명사랑1004 캠페인에 4대 종단이 중심이 되어 참여했다.

이 외에도 생명존중정책 민관단체협의회의 지원으로 종교별로 '종교계 자살예방을 위한 지침서'를 공동으로 발간했다. 이 지침서는 기본적인 내용은 공동으로 하고 종교별로 맞춤 내용을 첨가했다. 그리고 활용도를 높이기 위해서 강의용 동영상도 제작하여 다양하게 보급되고 있다.

2) 교육사업

(1) 청소년 교육

라이프호프는 2013년 청소년 자살예방교육 프로그램인 '생명보듬이 교육 무지개'를 개발했다. 프로그램은 총 2강으로 구성이 되어서 각 강마다 학교 시간표에 맞게 40분 정도의 강의로 진행될 수 있도록 하였다. 1강은 '사람은 무엇으로 사는가?'라는 제목으로 톨스토이의 단편소설『사람은 무엇으로 사는가?』의 이야기를 통해 생명사랑과 생명의 가치에 대한 의미를 전달한다. 애니메이션을 통해 흥미를 유발하고, 학생들이 찍은 동영상을 통해 간접 경험을 나눌 수 있도록 했다. 2강은 '일곱 빛깔 생명보듬이'로 일곱 가지의 생명보듬이의 소개와 역할을 안내하며, 나는 어떤 생명보듬이가 될 것인지를 알아보도록 한다. 이를 통해 참가자들이 생명보듬이로서 어떤 것을 해야 하는지를 알려 준다. 구체적으로 향기충만 생명보듬이, 인식전환 생명보듬이, 살펴보는 생명보듬이, 질문하는 생명보듬이, 소개하는 생명보듬이, 상담하는 생명보듬이, 용감무쌍 생명보듬이 등으로 나누어 소개하며 생명문화를 만들어 가는 데 각자는 어떤 역할을 해야 하는지를 알려 주고 있다.

이 프로그램은 2017년 보건복지부로부터 자살예방 프로그램으로 인증을 받았으며, 그간 300여 명의 기초강사와 100여 명의 전문강사를 배출했다. 강의는 매년 증가 추세이며 2022년에는 190회 교육을 진행했고, 2만 9천여 명이 생명보듬이 교육을 받았다. 현재는 초등과정과 시니어 과정을 개발하여 보급하고 있다.

(2) 교회 교육

교회는 교인들의 조직이 잘 되어 있고, 모임에도 열심이다. 교육은 교회의 리더들, 특히 소그룹을 인도하고 있는 리더들을 대상으로 할 때 큰 의미가 있다. 그리고 무엇보다 대중적으로 모일 때 진행되는 설교를 겸한 교육은 효과가 크다고 할 수 있다. 라이프호프는 다양한 루트를 통해서 교회에서 교육을 진행하고 있는데 리더들을 대상으로 하는 4회기 교육 프로그램과 집회에서 하는 교육 등으로 나뉘어 있다.

3) 유가족사업

라이프호프는 첫 시작에서부터 유가족사업을 진행했다. 창립총회 당일에 유가족위로예배 '우는 자들과 함께 울라'를 진행했다. 유가족들이 보통 교회에서 장례를 치르지 못했다는 이야기를 듣고서는 장례예식을 다시 할 수는 없지만 예배 형식으로 위로를 드리고자 했다. 장례는 고인에 대한 예식이기도 하지만 남은 자들을 위로하는 예식이다. 장례를 통해서 유가족들은 고인과의 이별을 하고, 그의 삶과 죽음을 마음에 담게 된다. 그런데 자살유가족의 경우는 이러한 절차가 생략되어 가뜩이나 아픈 마음이 치유되지 못하는 걸 보았다.

라이프호프는 초기에는 매년 한 차례씩 유가족위로예배를 진행했다. 이 행사가 많은 반향을 불러일으켰고 교계에 인식을 전환하는 데 큰 역할을 하기도 했다. 그리고 유가족 모임이 발전하면서 2013년부터는 매월 마지막 주 수요일에 로뎀나무라는 이름으로 정기모임을 가지고 있다. 지금은 30여 명이 회원으로 볼 수 있는데 모임은 번갈아 가면서 약 10여 명이 참석하고 있다. 현재 이 모임은 발전을 거듭하며 유가족이 임원을 세워 스스로 조직을 꾸려 가고 있다.

그리고 유가족이 만드는 성경도 제작했다. 유가족들이 연구주체가 되어서 사전 연구를 진행하고, 현재는 책자가 준비되어 있다. 라이프호프 로뎀나무 예배공동체 이름으로 준비되었고, '로뎀나무 아래에서 크리스천 유가족을 위한 나눔 이야기'라는 제목으로 출간을 앞두고 있다. 교재는 '자유함(자살유가족과 함께하기)'의 교재를 참조하고 여기에 성경공부를 함께 하도록 만들어졌다. 이 교재는 무엇보다 유가족 당사자가 그들의 시각으로 유가족 치유 프로그램과 성경공부를 제작했다는 데 의미가 있다.

이러한 정기모임 외에도 라이프호프에서는 유가족들과 함께하는 문화행사를 자주 갖는다. 초기에는 큰 행사를 준비하여 진행했으나 효율성에서 어려움이 있었다. 이후 11월 자살유가족의 날에 하우스 콘서트 형식으로 진행을 했는데 반응이 좋았다. 카페를 빌려서 꾸미고, 출장 뷔페로 거창하지 않게 식사도 마련했다. 그리고 언더그라운드의 가수들을 초청하여 가까이서 노래를 들을 수 있도록 했다. 이 자리에서 한 유가족에게 다음에는 어떤 행사를 하는 것이 좋겠는가를 물었다. 그랬더니 영화를 보면 좋겠다고 대답하셨다. 자녀를 잃은 부모셨는데, 그 사건 이후 한 번도 영화관을 가 본 적이 없다고 했다. 유가족이 문화를 즐긴다는 것이 이상했고, 어두운 곳을 들어가는 것이 자신이 없었다고 했다. 그래서 그 다음에는 작은 극장을 하나 빌렸다. 대관 비용은 30만 원 정도가 들었다. 유가족들을 초청하여 우리들만의 공간에서 함께 영화를 보았다. 유가족들은 자신들을 특별히 여겨 주는 것에 감동을 받았다.

이후 그 다음 해에는 유가족의 날에 작은 영화관을 하나 통째로 빌렸다. 그래서 점심부터 시작해서 저녁까지 행사를 진행했다. 같이 식사도 하고, 차도 마시고, 수다도 떨고, 게임도 하고, 산책도 하고, 상담도 하고, 해설을 곁들인 영화도 보았다. 그 날은 유가족의 날 행사가 아니라 유가족들이 모이는 날이 되었다. 유가족 80여 명이 참여했다. 개인적으로도 그날 여덟 가족을 만나서 이야기를 나누었다. 전에는 행사에서 인사만 나누고 헤어졌던 사람들인데 같이 하루를 보내며 이야기를 나누었더니 그들의 이야기를 들을 수 있었다. 참여했던 사람들이 모두 진솔한 이야기를 나눌 수 있어서, 그리고 푸근하게 자신들을 내려놓을 수 있어서 좋았다는 의견을 주었다. 이후 이 행사는 '11월의 크리스마스'라는 이름의 대표적인 유가족 행사로 발전하였다.

유가족 가운데서는 "문화행사는 라이프호프"라는 이야기가 있다. 라이프호프 행사의 특징은 유가족들이 그동안 자신이 쌓아 놓았던 벽을 허물고 유쾌하게 즐기는 데 있다. 사람들은 모여서 웃고 즐긴다. 다른 모임은 아무래도 분위기가 무겁고 눈물로 마무리가 되는 경우가 많다. 그런데 라이프호프에 오면 마냥 즐겁게 떠들고 즐긴다. 언젠가부터 이것이 라이프호프의 유가족 모임의 특징이 되었다.

4) 교계에서의 활동

개신교의 특징은 수직적 조직이 없다는 점이다. 그런 의미에서 개신교 내에서 어떤 조직을 만들고 사업을 일구어 낸다는 것은 상당히 어렵다. 그나마 다행인 것은 조직력은 없지만 좋은 뜻이 있으면 교인들이나 교회가 자발적으로 참여한다는 점이다. 라이프호프도 교계에서 조직적으로 출발한 단체가 아니라 개인에 의해서 시작되고, 조직을 차츰 꾸려 나간 케이스이다. 자살예방이라는 주제로 교회와 교인들의 생각이 모이면서 빠르게 성장했다고 할 수 있다. 덕분에 지금은 개신교의 대표적인 자살예방단체로 인정을 받고 있다.

라이프호프는 교계를 대상으로 하여 매년 '생명보듬주일'을 선포하고 함께 지키고 있다. 세계자살예방의 날인 9월 10일을 기준으로 해서 매년 9월 2번째 주일을 지키고 있다. 이때면 생명보듬 주제와 관련하여 모범설교, 청소년 설교와 공과 그리고 활동 프로그램, 참고 동영상 등을 제공하고 있다. 2019년부터는 생명보듬주일 행사에 교계의 대표적인 연합기관들이 참여하고 있다. 한국기독교교회협의회, 한국교회총연합, 한국교회봉사단, 한국기독교목회자협의회, 전국신학대학협의회 등이 협력으로 참여하고, 선포식에는 대표들이 함께 모여 예배도 드리고, 퍼포먼스도 하며 명실공히 한국교회 전체가 참여하는 행사임을 선포하고 있다.

또 전국에 있는 각 지부와 지회에서는 지역사회 유관단체들과 활발한 활동을 펼치고 있다. 특히 지역에 있는 광역자살예방센터나 정신건강복지센터, 또는 보건소 등과 연계활동을 활발하게 펼치고 있다.

4. 나가며

예수께서는 "내가 곧 길이요 진리요, 생명이다."라고 말씀하셨다. 그가 말한 생명은 추상적이지도 않고, 죽음 이후의 것만을 이야기하지 않는다. 기독교는 살아 있는 자와 죽은 자를 모두 하나로 본다. 즉, 생명이신 하나님, 생명이신 성자 예수님 그리고 생명이신 성령께서는 생명으로 우리 안에 머무신다. 그래서 예수께서는 "한 생명이 천하보다 귀하다."라고 말씀하셨다. 믿는 이에게 신보다 더한 것은 없다. 그래서 기독교인에게 생명은 절대적 가치이며 신앙이다. 그래서 생명을 소중히 여기고, 생명을 살리고자 하는 것은 기독교에서 아주 보편적인 가치이다.

기독교가 생명운동을 하는 것은 어쩌면 아주 당연한 일이다. 기독교 안에는 그러한 전통이 유구히 전해져 오고 있다. 다만 그동안 자살의 문제에 있어서는 그러하지 못했다. 자살자의 구원과 믿음에 대한 논의가 해결되지 않았기 때문이다. 그러나 최근에 이르러서는 이러한 문제가 풀리며 자살문제를 교회에서 논의할 수 있게 되었고, 이제는 자살예방에 교회가 적극적으로 나서고 있는 상황이다.

이러한 변화는 이제 사회로까지 이어질 것으로 보인다. 교회가 가지고 있는 생명의 가치를 사회와 나누고, 더 적극적으로는 생명운동에 앞장서서 '생명을 살리는 공동체'가 될 것이다.

참고문헌

곽혜원(2014). 존엄한 삶, 존엄한 죽음. 기독교 생사학의 의미와 과제. 서울: 새물결플러스.

이세은(2019). 상실의 위로. 경기: 삼원사.

조성돈, 정재영(2008). 그들의 자살, 그리고 우리. 서울: 예영커뮤니케이션.

한국기독교목회자협의회(2018). 한국기독교분석리포트. 서울: URD.

자살예방의 모든 것

이론과 정책

불교
불교적 생명관에 입각한 자살예방 활동의 현황과 과제

1. 들어가는 말

지난 몇 년 동안 세계를 끔찍한 고통으로 몰아넣은 코로나19 팬데믹 현상을 지켜보며, 인간으로서 그리고 한 개인으로서 세상과 공존하는 법에 대해 많은 생각을 하게 되었다. 남녀노소, 지위고하, 빈부 정도를 막론하고 찾아드는 질병과 그로 인한 사망은 부처님께서 말씀하신 고(苦)의 보편성과 모든 존재의 평등성 그리고 존귀함을 다시 떠올리게 하기에 충분하다. 오늘날 우리 인간은 여전히 서로 차별하고, 편을 가르고, 갈등을 일으키며, 범죄와 테러, 전쟁으로 스스로 고통을 만들고 있다. 코로나19는 그간 지속된 갈등과 투쟁에 의한 생명경시의 결과가 만들어 낸 인재(人災)의 하나로, 개인과 사회, 국가 모두에 책임이 있다는 생각이 든다. 인간은 스스로 만물의 영장이라 자부하지만, 생명 앞에 더욱 겸허해져야 함을 일깨운 시간이기도 하다.

불교를 한마디로 표현한다면 그것은 바로 '생명의 종교'라고 할 수 있다. 일찍이 부처님은 생로병사의 괴로움을 설명하시고, 그로부터 벗어나는 길을 설하셨다. 불교의 개념 중 '중생(衆生)'이란 인간을 포함하여 더 넓은 의미에서 모든 생명을 뜻한다. 인간은

태어나면 노쇠해지기 마련이며, 갖은 질병에 시달리다 끝내 죽음에 이른다. 질병과 노쇠함 그리고 죽음 앞에서는 모든 존재가 평등하여 누구도 피할 수 없는 정해진 길임을 볼 때 태어남 자체도 이미 괴로움이라고 할 수 있다. 이렇듯 중생, 즉 뭇 존재가 느끼는 네 가지 큰 고통은 바로 태어남과 병듦과 늙음, 죽음인 것이다. 인간이 죽음에 이르는 방식과 내용은 매우 다양하지만, 오늘날 한국 사회에서 가장 심각한 죽음의 문제는 바로 자신을 스스로 죽이는 자살이다.

2020 자살통계 자료집에 의하면 2019년 우리나라 자살자 수는 총 13,799명이며, 전년 대비 0.9% 증가하였다. 특히 주목할 것은 10~20대와 60대의 자살률이 증가하였으며, 그중 20대의 자살률은 9.6%나 증가하였다(중앙자살예방센터, 2020, p. 8). 이러한 청소년의 높은 자살률은 비단 올해의 일만은 아니며, 최근 몇 년 동안 10대, 20대, 30대의 사망 원인 1위가 자살이라는 놀라운 사실은 그 심각성을 넘어 매우 절망적인 수준이다. 하지만 그럼에도 아직 희망은 있다고 감히 말하고 싶다. 현재 유행 중인 코로나19가 정부의 대대적인 예산 지원과 전 국민적 노력에 힘입어 다른 나라에 비하여 질병의 예방 수준이 높고, 사망자 수가 많지 않음을 볼 때 그러하다. 이는 우리나라에서 한 해 동안 국민 1만여 명 이상이 자살로 인해 생을 마감하는 것에 대하여, 국가와 국민이 그 위험성을 함께 인식하여 더 적극적으로 방법을 찾아 실천한다면 얼마든지 예방할 수 있다는 것을 시사한다고 볼 수 있다.

특히 지난 2021년은 어느 때보다 유명인의 자살이 많은 해였다. 그러나 이전과 같은 자극적인 기사나 자살 방법에 대한 구체적인 언급 등은 보이지 않아 우리 사회 내 자살에 대한 인식이 바뀌고 있으며, 그간의 정부와 민간의 노력에 대한 작으나마 결실이 보이는 것 같아 위안을 얻기도 하였다. 이는 자살이 더 이상 개인적인 차원의 문제가 아니라 국가 사회적인 문제이며 전 국민이 나서야 한다는 사실에 많은 이가 공감하는 분위기가 확산되는 하나의 방증으로 보여 반갑기도 하다. 그러나 이러한 변화의 움직임에도 자살예방 관련 국가 예산은 현 실정에 비해 턱없이 부족하며, 각 시도에서의 지속적인 자살예방사업에도 불구하고 국가 정책이 국민 대다수가 느낄 만큼 실질적인 자살예방사업으로 반영되기에는 역부족이라는 의견도 지배적이다. 이에 국가 기관과 종교계를 비롯한 민간단체와의 협업을 적극 확대할 필요성을 제안하면서 불교계의 자살예방 관련 활동을 소개하고자 한다.

2. 불교의 자살예방 활동

이 장에서는 불교계의 자살예방 활동에 관하여 불교의 생명관과 자살에 대한 불교적 견해를 다루는 학문적 논의와 함께 종단, 단체나 사찰에서 행해지는 실천활동으로서의 자살예방이라는 두 축으로 소개하고자 한다. 먼저 불교가 자살예방에 대해 어떠한 이론적 배경과 시각을 가졌는지 살펴보는 것이 필요하다. 불교의 자살예방에 관한 학문적 논의는 주로 불교학자들 사이에서 경전에 나타난 자살 사례 소개와 그 해석, 불교의 생명관이 주를 이루며, 자살의 과보와 업의 관계에 대해서도 다루고 있다.

1) 불교 자살예방 연구

(1) 경전에 나타난 자살 사례와 학자들의 견해

초기 불교의 대표적 경전인 니까야를 중심으로 할 경우, 불교의 자살에 대한 경전적 사례는『쌍윳따니까야』에 등장하는 박깔리 비구(출가하여 구족계를 받은 남자 승려), 고디까 비구, 찬나 비구의 자살 사례가 있다. 승려들이 지켜야 할 계율을 정리한『율장』의 경우에는 수행의 의미를 잘못 이해한 비구들의 집단 자살 사례와 재가 신자의 아내를 유혹하기 위해 남편의 죽음을 선동하는 비구들의 이야기 등이 주로 논의된다.

박깔리 비구는 중병이 들어 부처님께서 병문안을 왔을 때조차 고통을 호소할 정도로 너무 괴로워 집을 나와 산에 이르러 자결을 하였다. 박깔리 비구는 부처님의 진리의 물음에 어떠한 의혹도 없이 확고한 깨달음을 가지고 있었으며, 이를 안 부처님은 제자들과 함께 그를 찾아가 박깔리 비구가 완전한 열반에 들어 죽음의 신조차 그의 의식을 찾을 수 없다고 말씀하신다(쌍윳따니까야, III. 119). 고디까 비구는 방일하지 않고 열심히 정진하여 여섯 번의 마음에 의한 해탈을 얻었으나 모두 일시적이었기에 차라리 칼로 자결할 생각을 하였고 자살을 한다. 이에 부처님은 제자들과 함께 그를 찾아가 고디까 비구의 의식을 찾는 악마 빠삐만에게 "갈애를 뿌리째 뽑아서 고디까는 완전한 적멸에 들었네."라고 말해 준다(쌍윳따니까야, I. 120). 찬나 비구는 머리가 쪼개지는 아픔과 극심한 열로 인해 중병을 앓고 있었는데 비구 싸리뿟따와 마하 쭌다가 그를 찾았다. 찬나는 너무 괴로워 칼로 자결하겠다고 말하지만 싸리뿟따는 여러 가지 지원을 약속하며 적극 말린다. 찬나 비구는 싸리뿟따와의 대화에서 그가 이미 부처님의 진리의 가르침에 대하여 확고한 믿음이 있는 상태임을 알 수 있었다. 결국 찬나 비구는 이들이 떠난 이후 칼로 자결을 하였다. 싸리뿟따는 부처님을 찾아가 찬나의 자결을 알리며 그가 갈 곳은 어떠한 곳이고 그의 미래의 운명을 묻는다. 이에 부처님은 찬나 비구의 허물을 들어 비난하고 싶지 않다고 말씀하시며, "한 몸을 내려놓고 다른 몸을 받는다면 나는 그에게 허물이 있다고 말한다. 그러나 수행승 찬나는 그렇지 않다. 수행승 찬나는 허물이 없도록 칼로 자결했다."라고 말씀하심으로써 그가 자결과 동시에 열반에 들었음을 두고 허물없는 자결이라고 설명하신다(쌍윳따니까야, IV. 55).

한편, 『율장』에 의하면 부처님은 부정관(不淨觀)을 잘못 이해한 비구들의 집단 자살을 금지한 경우가 있다. 한때 부처님은 수행자들에게 불결한 것(육체)에 대해 설법하였다. 이후 2주 동안 은둔에 들어갔고 수행자들은 자신의 육체를 혐오하게 되어 불결한 생존보다 죽음이 나을 것이라 생각하여 자살하기 시작했으며 다른 사람이 자살하는 것을 도와주기도 하였다. 이에 부처님은 "수행자가 의도적으로 어떤 인간 존재에게서 생명을 빼앗거나 또는 그의 칼잡이가 되려고 두리번거리는 사람은 누구든지 간에 그 또한 규범을 어긴 것이며 따라서 더 이상 공동체 안에 머물 이유가 없다."라고 말씀하시며 자살을 엄격하게 금지하였다. 또 다른 사례는 한 무리의 못된 수행자들이 병에 걸린 재가 신자의 아름다운 아내를 유혹하기 위해 그 남편으로 하여금 생명에 대한 집착을 끊으면 천상에서 무한한 쾌락을 누리게 될 것이라고 죽음을 찬탄하여 선동한 경우이다. 결국, 그 남편은 몸에 해로운 음식을 먹고 치명적인 병에 걸려 죽게 된다. 이에 부처님은 죽음을 미화한 수행자들을 공동체에서 추방하고 불살생계의 범위를 확대하여 죽음의 선동도 포함시키게 된다(허남결, 2013, p. 256).

초기 경전에 나타난 박깔리, 고디까, 찬나 비구의 예에서 부처님의 태도는 불교학자들로 하여금 부처님이 자살에 대해 이를 용인하거나 자칫 방조하고 있다는 해석마저도 가능하게 한다. 이러한 경전상의 사례를 토대로 불교학자들의 견해에는 차이가 있다. 백도수는 경전에 언급된 다양한 자살 사례를 소개하면서 자살도 불살생(不殺生)의 범주에 속하고 당연히 금지되어야 하는 것이며, 아울러 자살의 과보는 살생의 과보와 같이 악한 과보를 받을 수 있기 때문에 자살하지 않아야 한다는 것이 불교의 입장이라고 설명하고 있다(백도수, 2002). 안양규는 부처님의 비난을 받지 않은 자살을 아라한의 자살이라 명명하고, 아라한은 스스로 수명을 단축하지 않는다고 설명한다. 자살은 그 본성상 이기적인 동기에서 비롯된 것으로 욕망은 모두 자아의식을 충족시키려는 과정에서 생겨나지만, 아라한의 자살은 질병으로 인해 격심한 고통을 무익하게 받고 있을 때 중생에게 제대로 설법하지 못한다는 차원에서 이기적이지 않으며, 부처님은 이를 허물없는 자살이라고 한다는 태도이다(안양규, 2003). 박광준은 자살을 이해하는 데에 있어서 가장 중시해야 할 것은 자살이 일어나는 상황이라고 주장하면서, 비구들이 고령에 달한 자들로서 극도의 신체적 고통을 느끼고 있었다는 점, 부처님은 인간으로서 그들의 자살을 현실적으로 막을 수 없었다는 점, 그러한 상황에서 선택한 자살행위를 도덕적으로 비난하기는 어려웠다는 점 등을 고려할 때, 부처님의 태도는 '그러한 상황의 수용'이었으며 그들의 자살이 바른 선택이었을 수 있다는 것을 '인정하는 것이 아니었다'고 한다(박광준, 2013, p. 31). 허남결은 앞서 백도수의 견해에 적극 동조하며 자살문제와 관련해서 불살생계의 준수 외에는 다른 고려사항을 미리 상정하지 않는 확고한 입장 정립의 필요성과 함께 다양한 불교적 실천방법을 제시하고 있다(허남결, 2013). 서인렬과 박수호는 자살에 대한 불교적 접근이 자살의 원인을 괴로움의 집착이라는 추상적 차원에서 논의하고, 불교적 수행을 통해 괴로움에서 벗어날 것을 주문하는 소극적인 실천방안의 한계를 우려하였다. 아울러 자살의 원인을 개인적 차원에 국한하고 있다는 점 역시 한계로 들고, 그 불교의 연기론적 세계관 및 공업(共業)의 논리와 불이(不二) 사상에 근거한 자비행의 실천윤리를 적극 활용할 것을 주장한다(서인렬, 박수호, 2016). 저자도 이에 동조하며, 불교의 연기론에 바탕한 생명관과 불살생계, 업과 공업의 논리에 따른 자살에 대한 불교적 견해를 간략하나마 언급하고자 한다.

(2) 불교의 연기적 생명관과 자살

불교에서 모든 괴로움의 시작점으로 설명되는 '무명(無明)'은 깨달음과 대응되는 말로 아직 깨닫지 못해 마음이 어두운 상태, 즉 무지(無知)를 뜻하며, 일반적으로는 진리에 대한 무지 혹은 모든 현상의 본성을 깨닫지 못하는 근본 번뇌로 풀이되기도 하다. 이때의 진리란 붓다가 깨달은 연기법(緣起法)을 의미한다. 연기란 모든 것이 인연으로 인해 생겨나고 사라진다는 특성을 설명하는 것으로, 인간 또한 모든 생명과의 연기적 관계 속에서만 비로소 존재할 수 있는 중생의 하나인 것이다. 이러한 불교적 생명관에 의할 때 자살은 연기적 관계망에 대한 일방적인 훼손이라고 볼 수 있다. 자신의 존재성이 고립된 것이 아니라 다른 존재자들과의 의존 속에서만 확보될 수 있으므로 자신의 생명은 온전히 자신의 것이라고 할 수 없다. 따라서 자신의 생명을 끊는 일은 자신에게만 속한 권리가 아니다(박병기, 2013, p. 59). 이러한 생명의 연기적 속성은 한 사람의 자살로 인해 그 자신만이 아니라 그를 둘러싼 많은 주변인에게 고통을 준다는 사실에서도 입증되고 있어 자살을 생각하는 이들이 유념해야 할 사항이다.

(3) 불교의 불살생계와 자살

불교의 연기적 생명관은 불자라면 반드시 지켜야 할 계율인 오계(五戒)에서도 잘 드러난다. 오계는 정식으로 승려가 되거나 불교 신자가 되기 위해 받는 수계(受戒) 의식에 꼭 들어가는 중요 덕목이다. 그중 으뜸은 불살생계(不殺生戒)로서 살아 있는 생명체를 죽이거나 해를 끼쳐서는 안 된다는 가르침이다. 이때의 생명체는 사람뿐만 아니라 동물이나 심지어는 작은 벌레까지 포함하는 모든 생명체를 대상으로 한다. 부처님은 초기 경전인 『마하박가』에서 계를 받은 비구는 개미, 곤충, 벌레 등 그 어떤 생명체든 고의적으로 해를 가하지 말아야 한다라고 가르치신다. 이러한 불살생의 원리는 비폭력의 실천원리와도 같다. 부처님의 가르침은 단순히 살생하지 않는다는 것만을 의미하는 것이 아니라 살생과 폭력을 멀리하고 중생을 위해 자비를 보이는 생명존중의 사상을 내포하고 있다(백도수, 2002, p. 220). 불교에서 살생에 대한 정의는 『정법념처경(正法念處經)』에 언급되어 있다.

> "살생이란, 다른 중생에 대하여 중생이란 생각을 내고 죽일 마음을 일으켜 그 목숨을 끊어 살생하게 되는 것이다."(정법념처경)

즉, 불교에서 살생이란 그 대상에 대해 살아 있는 생명체라는 자각을 가지고, 죽이고자 하는 의도적인 마음을 내고, 그 목숨을 끊어 죽음에 이르게 하는 것임을 알 수 있다. 따라서 살아 있는 자신에 대해 스스로를 죽이고자 하는 의도를 일으켜 죽음에 이르게 하는 자살은 불교에서 말하는 살생에 해당한다.

> "스스로 생명을 죽이지도 말고, 남을 시켜서 죽이지도 말라. 그리고 죽이는 것을 용인하지도 말라. 그것이 약한 것이건 강한 것이건 살아 있는 이 모든 존재자에 대한 폭력을 거두어야 한다."(숫타니파타, 394)

한편, 승려의 계율을 정하는 『사분율(四分律)』에 따르면 "만약 비구가 고의로 손수 남의 목숨을 끊거나, 남에게 칼을 주고 죽음을 찬탄하고 여러 가지 방법으로 죽음을 찬탄하고 권하면", 이 비구는 가장 무거운 죄인 바라이에 해당한다고 규정하였다. 즉, 죽일 의도나 고의로 남에게 자살을 결심하게 하거나 자살할 수 있는 여건을 조성해 주는 행위도 직접 살인하는 것과 동일한 죄에 해당된다는 것을 알 수 있다(정지용, 2009, pp. 168-169). 이러한 경전적 근거에 의할 때 불교에서는 어떤 생명체에도 폭력을 가하거나 고통을 주는 일체의 일을 삼가도록 계율로써 엄격히 다스리고 있다. 자신을 해하는 행위인 자살은 붓다가 계율로서 강조한 불살생계의 의도에 정면으로 위반하는 행위이다.

(4) 자살의 과보와 업, 공업

불교에서 자살은 앞서 설명한 대로 자신을 해치는 것이라는 점에서 살생에 해당하며, 불교적 가르침에 의할 때 자살의 과보는 살생의 과보와 같이 악한 과보를 받을 수 있다고 본다.

불교에서 업에 관한 설명은 무엇보다도 인간의 행복과 불행, 즉 인간의 운명은 신(절대자)의 뜻에 의해 결정되는 것도 아니고, 숙명에 의해 좌우되는 것도 아니고, 단순한 우연의 산물도 아니며, 그것은 오직 인간 스스로의 행위에 의해 규정된다는 것이다(박경준, 2011, p. 168). 즉, 씨를 뿌리는 그대로 그 열매를 거두나니 선을 행하면 선한 결과가, 악을 행하면 악한 결과가 있으며, 씨앗이 뿌려지면 그 과보를 받는다는 가르침이다(숫타니파타, I. 227). 초기 경전에서는 살생을 많이 하면 지옥 · 축생 · 아귀계에 떨어지고 아무리 가벼운 살생일지라도 그에 따른 과보로 단명하게 된다고 적고 있다(AN. IV. 247-248). 또한『수십선계경(受十善戒經)』1권에서는 살생업을 지으면 사람으로 태어나도 병이 많고, 명이 짧다고 한다.

수행 윤리적 관점에서 불교의 선악은 고통의 소멸, 해탈, 열반으로 이끄는 것인가 아니면 그 반대인가 하는 여부에 따라 결정된다. 선(善)은 열반으로 이끄는 것이고, 불선(不善)은 고통으로 이끄는 것으로, 자살은 열반으로 이끌지 못하고 고통과 윤회세계로 이끄는 불선법에 속한다. 그러므로 자살은 선을 키우는 일을 다하지 못하고 중단하는 일로서, 죽으면 다시 업에 따라 끝없는 생사윤회를 거듭하게 된다(백도수, 2010, p. 29). 여기서 유의할 점은 인간이 스스로의 행위에 의해 규정된다는 업설의 근본 뜻은 숙명론이 아닐 뿐만 아니라 우연을 믿는 것도 아니라는 점에서 부지런히 노력하고 행동함으로써 적극적으로 자신의 삶을 영위하라는 가르침으로 이해하는 것이 올바른 태도라는 것이다.

불교의 업 사상은 비교적 개인적인 의미로 해석될 수 있다는 한계를 가진다. 최근 개인적인 문제로만 치부할 수 없는, 빈부격차로 인한 각종 사회문제와 생태 및 환경문제 등의 사회적 고(苦)에 대한 관심이 부각되면서 불교학계에서는 '공업(共業)'에 관한 연구가 활발하다. 공업이란 개인의 운명과 성향은 자업자득에 의한 것이지만, 우리가 공동으로 의지하고 살 터전은 우리의 공동 업에 의해서 결정된다는 것이다. 공업은 업에 대한 과보를 다른 사람도 함께 받는다는 사회의 공동연대 책임을 말한다. 따라서 자기의 업으로 인한 과보를 자신뿐 아니라 공동사회의 구성원 전체가 받게 되며, 마찬가지로 다른 사람이 행한 선악의 과보를 자신도 공유한다는 것이 핵심이다. 즉, 업은 개인과 개인, 개인과 집단, 집단과 집단의 관계를 모두 포함한다(남궁선, 2006, pp. 301-303에서 재인용). 이 세계의 그 어떤 존재도 독립적으로 살아갈 수 없기에 모든 존재는 자신의 존재 근거를 타자로부터 구할 수 있으며, 자신이 잘 살아가기 위해서는 먼저 타자가 잘 살아갈 수 있도록 해 주어야 한다(윤종갑, 2013, p. 184)는 점은 불교의 진리인 연기설에 비추어 볼 때 자연스러운 귀결이라고 할 수 있다.

2) 불교 자살예방 학술 발표

자살이 개인적 차원을 넘어 사회적으로 심각한 문제가 됨에 따라 대한불교조계종 중앙기구의 하나인 포교원에서는 2010년 10월, 제42차 포교연찬회의 주제로 '자살, 이대로 좋은가'를 통해 자살에 대한 불교계의 관심을 촉구하였다. 백도수 동국대학교 불교학과 강사는 '자살에 대한 불교적 관점'을, 황수경 동국대학교 명상상담학과 강사와 이범수 웰다잉운동본부 교육위원장이 포교원의 산하단체인 대한불교조계종 불교여성개발원의 자살예방사업에 대해 각각 '한국인의 자살과 불교적 대처 방안', '자살예방 실천활동 사례'라는 주제로 발표하였다.

불교여성개발원은 포교단체로서 2008년 11월, '웰다잉 문화운동을 위한 불교의 과제'라는 주제로 세미나를 개최함과 동시에 웰다잉운동본부를 발대하였다.

생명나눔실천본부는 1994년 설립된 보건복지부 지정 장기기증희망 등록기관으로, 자살예방의 필요성에 따라 2011년 6월 생명나눔 자살예방센터를 개원하고, 상담과 교육, 홍보활동 등 다양한 생명존중 사업을 진행하고 있다. 지난 2012년 7월에는 행정안전부의 비영리단체 공익활동 지원사업으로 '생명존중문화 조성을 위한 자살예방' 세미나를 개최하였다. 세미나에서는 최의헌 연세로뎀 정신과 원장이 '자살의 정신의학적 측면', 강이영 한국상담심리학회 자살위기상담 특별위원장이 '자살의 심리학적 측면', 이영의 강원대학교 교수가 '자살의 인문철학적 측면', 하상훈 생명의 전화 원장이 '자살위험 평가 및 개입'을 각각 발제하였다.

대한불교조계종이 설립한 사회복지법인인 대한불교조계종 사회복지재단은 2008년 3월 웰다잉 강사양성 교육을 시작하여 종단에서는 처음으로 죽음 관련 사업을 시작하였다. 이후 산하 180여 개소의 사회복지시설을 통해 간접적으로 자살예방사업에 동참하고 있으며 직접 사업은 적은 편이다. 재단은 2012년 9월, '자살예방센터의 설립과 운영'을 주제로 미래복지포럼을 개최하여 자살예방·생명존중문화의 현주소를 알아보고, 자살예방지원센터의 역할과 필요성을 강조하는 자리를 마련하였다. 또 재단이 위탁 운영 중인 서울노인복지센터 산하 서울시 어르신상담센터는 노인 우울증을 겪는 노인들이 급증하면서 2012년 11월 '노년을 살아가는 힘, 우울예방과 행복'을 주제로 세미나를 개최하기도 하였다.

대한불교조계종 포교원 산하단체인 대한불교초계종 불교상담개발원에서도 2013년 '자살예방과 함께하는 불교'를 주제로 세미나를 개최하였으며, 중앙자살예방센터와의 MOU를 통해 자살예방사업을 본격적으로 시작하였다. 2015년부터는 서울시 자살예방사업인 '살(자)사(랑하자) 프로젝트'에 참여하여 2016년 12월, '자살, 불교상담적으로 어떻게 대처할 것인가'를 주제로 자살예방 세미나를 개최한 바 있다. 동방문화대학원대학교 교수 서광 스님의 '불교에서 본 자살과 자살예방'이라는 기조발제와 함께, 이범수 동국대학교 불교대학원 생사문화산업학과 교수가 '불교계 자살예방 대처현황과 과제'를, 황선정 마음여행심리상담연구소장이 '불교를 기반으로 한 자살예방 상담기법적 접근'을, 불교상담개발원장 무각 스님이 '자살유가족을 위한 불교적 상담 사례'를 각각 발표했다. 토론에는 이광자 이화여자대학교 명예교수가 참여해 자살예방과 대처방안에 대해 의견을 개진했다. 또한 2018년 10월에는 서울시와 4대 종단이 함께 하는 열린 포럼 '현대인들의 삶과 죽음 어떻게 응답할 것인가?'를 진행하였다. 2부 주제발표 시간에는 불교계를 대표하여 '불교의 생명존중 사상과 사회적 역할'이라는 주제로 당시 불교상담개발원장이었던 저자가 주제발표를 하였고, 천주교, 개신교, 원불교의 4대 종교계 대표기관의 대표가 발제에 참여하는 뜻깊은 자리가 되었다.

동국대학교 불교대학 생사문화산업연구소는 동 대학원 생사의례산업학과를 주축

[사진 30-1] 포교원, 제42차 포교연찬회

[사진 30-2] 불교상담개발원 자살예방 세미나

으로 불교계 상장례 문화 연구에 이어 웰다잉 및 자살예방사업에 동참하고 있다. 지난 2015년 12월에는 '현대 한국 사회에서의 웰다잉과 죽음 교육'을 주제로 학술세미나를 개최한 바 있고, 2019년 11월에는 생명문화학회·생명존중시민회의와 함께 '이제는 말할 수 있는 죽음, 자살유가족의 슬픔 회복을 위한 우리 사회의 역할'이라는 주제로 학술세미나를 개최하여 자살유가족을 위한 지원 방안을 모색하였다.

3) 불교 자살예방 실천활동

불교계의 자살예방활동은 건강한 죽음을 주제로 한 웰다잉 교육에 대한 사회적 관심과 함께 불교적 생명관이 강조되면서 자살예방에 관한 직접적인 활동보다는 웰다잉 및 자살예방에 관한 교육 및 강사양성으로 시작되었다고 볼 수 있다.

조계종사회복지재단은 2008년 3월, 웰다잉 강사양성 교육을 통해 다수의 교육강사를 양성한 바 있다. 교육 내용으로는 불교의 죽음 이해, 죽음 준비, 장례문화, 장기기증, 존엄사, 죽음과 자살, 자살현상과 예방대책에 대해 다루고 있다. 사찰에서의 1박 2일 워크숍은 죽음체험과 웰다잉을 위한 명상 등 죽음 준비에 관한 불교적 특색을 잘 살린 전문 프로그램으로 평가되었다. 같은 해 10월 배우 최 모 씨의 자살이 사회적 문제로 부각되면서 해당 교육과정이 불교계 내 죽음과 자살에 대한 관심을 촉발하는 계기가 되었으나 현재는 운영되지 않고 있다.

불교여성개발원은 웰다잉운동본부를 중심으로 지속적인 워크숍과 교육 및 초청 법회를 진행하였으며, 2009년 10월 '아름다운 마침표, 그 마지막 성장과 하나됨'을 주제로 본격적인 웰다잉 실천교육을 실시하게 되었다. 주요 내용으로는 '죽음에 대한 이해', '명상체험', '관계 치유', '호스피스', '유족심리', '제사문화', '법률정보' 등 실제적인 내용을 다루고 있다. 이 교육은 2010년에 조계종 교육원에서 승려를 대상으로 하는 연수 교육으로 선정되어 운영되었다. 이후 웰다잉 강사들을 위한 심화교육 과정을 개설하고, 지속적인 강사 교육을 통해 나눔의 집, 사찰 등 기관을 방문하는 특강 교육을 펼치기도 하였다. 2015년에는 행정자치부 공익사업으로 웰다잉 강사 워크숍을 진행하였으며, 2017년 3월에는 생명존중운동본부 발족식을 통해 호스피스 강의를 개강하기도 하였다.

불교여성개발원이 설립한 비영리법인 '(사)지혜로운 여성'은 2010년 서울시 여성발전기금 지원사업으로 노인자살예방 집단상담 프로그램 '내(來)생애봄날' 강사양성 교육 및 강사파견 사업을 통해 본격적인 자살예방사업을 시작하였다. 사회복지사, 노인요양보호사, 상담사 등을 선발하여 노인 자살 집단 상담사 교육을 진행하고, 노인복지관이나 사찰 등에 파견 강의하게 하였다. 교육내용은 노인을 위한 요가, 태극권 등의 건강 유지 프로그램으로 흥미를 유발하고, 자아 노출과 표현을 위한 기초적인 심리 훈련 등으로 이루어진다(황수경, 2010, pp. 54-57). 2018년에는 행정자치부 지원사업인 자원봉사자 양성 관리자 교육의 한 영역으로 사전연명의료 상담사 양성 교육이 개설·운영되면서 자살예방사업은 상대적으로 미약해진 상태이다.

불교상담개발원은 2017년에 자살시도자·자살 고위험군에게 실질적인 도움을 줄 수 있는 자살예방 전문가 양성교육을 시작하였다. 이범수 동국대학교 교수를 주축으로 기획된 이 교육은 자살 현상에 대한 이해와 자살위기 시 대처방법, 자살 관련 사례 및 예방정보 등을 주요 내용으로 한다. 이 과정을 통해 100여 명의 자살예방 전문가를 양성하였고, 다음 해인 2018년에는 중급 과정을 개설하여 자살예방사업이 활기를 띠게 되었다.

생명나눔 자살예방센터에서는 중·고등학교 학생을 대상으로 한 생명존중교육과 의대생 자살예방 동아리인 '메디키퍼' 활동가들과 함께하는 '게이트키퍼 바로알리기' 교육 등을 활발히 펼치고 있다. 또한 매해 청소년의 자살예방을 위해 관련 홍보영상 제작과 배포, 자살생각이나 자살시도 위기를 극복한 내용 등을 주제로 한 UCC와 포스터를 공모한다.

[사진 30-3] 불교여성개발원
'내생애봄날' 강사 파견

[사진 30-4] 불교상담개발원 자살예방
전문가양성교육

4) 불교 자살예방 상담

불교계 상담전문기관인 '(사)자비의전화'는 1990년 설립된 무료 전화상담기관이며, 현재는 불교상담개발원 산하 법인으로 자살예방 상담을 함께 진행하고 있다. 2015년부터는 서울시자살예방센터와 함께 '살(자)사(랑하자) 프로젝트'를 통해 자살 고위험군에 대한 심리상담 서비스를 실시 중이다. 상담 자원봉사는 불교상담개발원에서 일정 교육과정을 이수하고 자격증을 취득한 불교상담심리사들의 활동으로 이루어진다. 불교상담개발원은 지난 2012년에 스님을 비롯한 불교상담전문가를 주축으로 한 14개의 불교자살예방센터를 설립한 바 있다. 2018년에는 서울 지역 정신건강복지센터, 보건소와 협력, 우울 및 스트레스 진단, 치매 등 심리검사 서비스를 진행하기도 하였다. 한편, 살사 프로젝트의 특별 프로그램으로 템플스테이를 활용하여 자살유가족을 위한 집단상담을 운영하고 있다. 가평 백련사, 서울 금선사, 서울 국제선센터 등에서 이루어진 '마음 돌아보기, 어루만지기' 템플스테이 집단상담은 1박 2일간 진행되며, 오리엔테이션을 통한 친밀감 형성, 108배, 조별 집단상담과 명상 등의 다양한 주제로 진행된다.

생명나눔 자살예방센터는 자살예방 상담사를 양성하여 2011년부터 전화위기상담, 인터넷 사이버상담(비공개, 이메일), 면접상담을 실시하고 있다.

5) 생명존중 종교의식 및 문화 홍보활동

불교계 자살예방 활동은 죽음을 주제로 산 자와 죽은 이의 소통을 강조하는 한편, 불교의 문화적 자원을 적극 활용하고 있다. 불교여성개발원은 2010년 6월, 서울 해오름 극장에서 '아름다운 삶의 향연'이라는 주제로 웰다잉 문화제를 거행했다. 죽은 자들의 극락왕생을 기원하기 위해 법현 스님과 영산재보존회의 '영산재' 공연을 시작으로, 황병기 선생의 가야금 연주와, 박애리 명창의 판소리, 국립국악관현악단의 '아리랑 환상곡' 등을 통해 망자는 죽음의 회한을 풀고, 남은 이들은 이별의 상처에서 치유되는 과정을 풀어냈다.

불교상담개발원은 2013년 자살예방을 위한 불교심리치유공연 '나도 살고 싶었다!'를 개최하였다. 심리치유극은 삶의 고통을 호소할 수 없는 주인공이 결국 자살을 선택하게 되는 과정을 즉흥극의 형태로 연출한 공연이다. 이후 '영가에 쓰는 편지'를 통해 남은 유족들의 마음을 위로하고, 스님들의 '아미타경' 봉독으로 영가(영혼)의 극락왕생을 기원하였다. 2015년에는 살사 프로젝트를 통해 법안 스님(어산작법학교장)의 주도로 관욕, 신중작법, 천수바라, 사다라니, 법공양 등 자살한 영가를 위한 천도 의식인 '떠난 이를 위한 기도'를 거행하였다. 2018년 11월 서울 성림사에서 진행된 '스스로 떠난 이를 위한 위로 법회'는 간소화한 천도 의식과 함께 영가와 유족의 역할극, 위패 쓰기, 공감 나누기 등 심리상담 기법을 접목하는 등 종교의식을 통한 자살예방 활동은 다양한 방법으로 발전하고 있다. 이러한 종교의식은 불교의 윤회사상을 바탕으로 사자(死者)의 영혼을 성스러운 영역으로 천도(遷度)하는 의식으로 사자의 영혼을 불보살 앞에 불러들여 세속의 번뇌를 닦아 주고 청정하게 탈바꿈시켜 다른 세상으로 보내는 과정이다(이범수, 2018, p. 203).

불교의 대표적인 포교방법인 법회를 활용한 자살예방 활동도 주목할 만하다. 불교상담개발원은 문화체육관광부의 민관 협력 자살예방사업을 통해 자살예방 인식개선을 위한 법회와 홍보를 지속적으로 펼치고 있다. 2018년에는 자살예방의 날을 전후로 서울 조계사, 봉은사, 부산 범어사, 예산 수덕사, 전북불교대학, 대한불교조계종 포교사단 등 전국 26개의 사찰 및 불교단체에서 5,000여 명의 불자를 대상으로 '생명살림 대법회'를 개최했다. 2020년에는 BBS 불교방송과 생명살림법회의 홍보와 방송을 위한 업무협약을 맺고, 조계사와 봉은사, 수원 봉녕사, 부산 범어사에서 법회를 봉행하였다.

생명나눔실천본부에서는 2008년부터 매해 '생명나눔과 함께하는 희망걷기대회'를 개최하고 있다. 생명나눔 회원과 초·중·고등학생, 일반 시민 등 3,000여 명 이상이 참여하는 걷기대회는 동국대학교 만해광장에서 식전 문화행사와 함께 장기기증 및 자살예방 상담과 홍보 외에도 관련 기관의 참여 협조를 통해 차 시음회, 페이스페인팅 등의 체험관을 열어 다양한 볼거리, 체험거리를 제공한다. 2부 행사로 서울 남산공원에 이르는 1시간 남짓한 구간을 걸으며 생명의 소중한 가치를 돌아보고 삶의 희망을 품는 시간을 가진 후 다시 만해광장에 모여 유명 가수와 연예인의 문화공연이 어우러지는 생명문화활동의 대표적인 한 사례이다.

3. 불교 자살예방 활동과 제언

지난 2018년 5월, 보건복지부는 자살 문제의 해결을 위해서는 사회 전 분야의 협력이 필요하다는 인식에서 정부, 종교계, 언론계, 재계, 노동계 등 7개 부문 44개 기관이 참여하는 생명존중정책 민관협의회를 출범하였다. 종교계는 불교, 개신교, 천주교, 원불교, 천도교, 한국민족종교협의회 등 주요 종단이 참여하고 있으며, 불교계는 대한불교조계종에서 사회부와 포교원의 업무협조를 통해 불교상담개발원이 실무기관을 맡았다. 주요 활동으로는 종교별 지도자 대상 자살예방 교육, 자살유가족 지원 사업 등이 있으며, 2019년에는 각 종단별 '종교계 자살예방지침서'를 발간하였다. 또한 불교상담개발원과 (사)자비의전화는 자살예방을 위해 37개 시민단체로 결성된 민간 차원의 한

[사진 30-5] 불교상담개발원
스스로 떠난 이를 위한 위로법회(성림사)

[사진 30-6] 생명나눔실천본부
생명나눔과 함께하는 희망걷기대회

국생명운동연대, 생명존중시민회의와 적극적인 연대활동을 펼치고 있다.

지금까지 언급한 종단 내 중앙기관 및 산하단체의 활발한 자살예방 활동에도 불구하고 아쉬운 점이 많다. 특히 자살이 날로 심각해지는 가운데도 종교의 사회적 실천의 책무를 다해야 할 종단 중앙기관에서 다른 사업 순위에 밀려 자살예방에 대한 정책적 지도력을 갖지 못한다는 점은 안타깝다. 조계종단의 대사회적 실천 업무를 담당하는 부서인 사회부는 현재 노동·인권·다문화 등 사회적 약자와 소외계층을 위한 사회공동선 활동, 종교편향 대응과 종교평화 활동, 남북 불교 및 국제 불교 교류와 이웃 종교 및 이웃 종단과의 연대 활동에 주력하면서 해당 위원회와 협의회를 운영하고 있다. 이에 현재는 운영되고 있지 않지만, 사회부가 지난 2006년 3월에 발족한 '불교생명윤리위원회'의 부재가 크게 다가온다. 불교생명윤리위원회는 종단을 대표하는 스님과 교계 불교학, 불교 윤리, 의학, 수의학, 법학 분야의 대표 학자 및 환경, 생명 관련 불교 시민단체가 함께 참여하였다. 특히 불교의 세계관, 인간관, 생명관, 윤리관을 정립함으로써 유전자와 생명 조작, 사형, 안락사, 뇌사, 장기이식, 낙태 등 사회 주요 이슈에 대한 불교적 대안을 마련하고, 이를 실현하기 위한 구체적인 방안을 모색하고자 발족하였다. 모든 사업을 종단 중앙에서 직접 펼쳐야 한다고는 생각하지 않는다. 그러나 우리나라 자살의 심각성을 고려하면 이웃 종교의 경우처럼 자살예방사업을 전담하는 기구의 설치는 그 방식이 위원회든 시민사회단체 지원이든 꼭 필요하다고 생각한다.

불교계 민간단체의 활동에 대하여는 대부분의 자살예방사업이 정부 보조금 사업으로 이루어짐에 따라 정부 정책에 대한 의존도가 너무 높고, 재정 자립도가 낮다는 점에서 그 심각성을 찾을 수 있다. 이에 사업 내용이 일관적이지 못하거나 정부 정책에 따라 사업의 폐지도 불가피하다는 점, 사업 자체가 외견에 치중하여 피상적이고 형식적으로 운영될 가능성이 커 전문성과 참신성을 담보한 자체 사업으로 발전하지 못한다는 점에서 불교 자살예방 활동의 미래에 대한 우려가 클 수밖에 없다. 날로 증가하는 자살 사건을 통해 불자들의 인식은 어느 정도 그 필요성에 공감하는 것으로 보이나, 어려운 경제 여건 속에 죽음에 내몰리는 지경에 이르면서도 생산활동에 치중할 수밖에 없는 사회적 분위기는 자살예방사업을 위축하게 하는 중요한 외부적 요인이라고 볼 수 있다. 불교 내부적 요인으로는 종교의 사회통합 내지는 대사회적 역할에 대한 스님들의 인식 부족과 함께 사찰의 인력 부족 및 경제난 등으로 자발적 참여가 어렵다는 것이 가장 큰 걸림돌일 것이다.

불교계에서도 다수의 학자가 자살예방에 대한 대안을 제시하고 있다. 그중 자본주의적 삶에 깊이 침윤된 한국인일지라도 오히려 그 상황을 있는 그대로 받아들이고, 명상과 같은 진정한 공부를 통한 공성(空性)의 깨우침과 자비실천을 통해 가능하다는 주장(박병기, 2013, pp. 57-58)과 자살예방 관련 수행결사운동의 추진을 위한 전담기구의 설치와 스님들의 적극적인 참여로 각종 법회와 설법을 통해 생명의 소중함과 자살예방을 위한 인식의 전환을 도모할 것(서인렬, 박수호, 2015, pp. 189-190)에 적극적으로 동의한다.

불교 자살예방 활동이 그 활동 기간과 비교하면 서울을 중심으로 한 수도권에 한정되어 있는 현 상황은 시급한 개선이 필요하다. 현재 중앙기관의 관리나 지원체계가 수립되어 있지 않고, 주로 자살예방사업을 시행하는 기관이 서울에 주 사무소를 두고 있는 데서 연유할 것이다. 이에 자살예방 전담기구의 설치를 통해 중앙과 지방 사찰을 연계한 지속적인 자살예방 법회 및 홍보 활동 계획의 수립과 사업 전개를 제안한다. 이를 위해서는 현재 진행하고 있는 교육 및 법회가 주로 불교적 생명관이나 계율을 강조하는 것에서 나아가 자살예방 실천 가이드, 자살 심리 이해 및 자살 고위험군을 도울 수 있는 직접적인 매뉴얼 개발 및 프로그램 개발이 선행되어야 한다. 또한 자살예방 상담을 체계화하고 유족 돌봄을 위한 자조 모임 구성 및 활성화 등의 다양한 사업을 모색하고 발전시켜 나가는 것도 중요하다. 앞서 언급한 것처럼 자살은 이미 개인만의 문제가 아니라 우리 모두가 함께 짊어진 공업이다. 이제부터라도 불자 한 사람 한 사람이 '나부터'라는 마음가짐으로 자살예방에 동참한다는 인식을 가지는 것이 특히 중요할 것이다.

4. 나가는 말

우리가 흔히 사용하는 대표적인 불교 용어로 '인연'이 있다. 인(因)은 어떠한 결과를 만들어 내는 내적이고 직접적인 원인을 뜻하며, 연(緣)은 외적이고 간접적인 원인을 의미한다. 모든 존재는 내적이고 외적인 원인이 되는 인연에 따라 생겼다가 인연에 따라 소멸한다. 이러한 인연에 따르면 한 존재가 다른 존재와 서로 깊은 관련을 맺고 의존하는 관계에 있음을 알 수 있다. 이는 나의 행복과 불행이 주변인의 행복이나 불행과 불가분의 관계에 있다는 말이다. 출가하지 않은 재가자로서 부처님의 가장 뛰어난 제자인 유마 거사는 "중생이 아프니 나도 아프다."라고 하였다. 이 정도까지는 아니어도 주변인의 고통과 아픔에 관심을 가지고, 따스한 말 한마디 건네는 마음을 내는 사회적 분위기가 조성될 때 자살예방은 저절로 이루어지지 않을까 생각한다. 그러기 위해서는 자신이 소중하듯 이웃과 타인의 소중함을 깨닫고, 서로를 존중하는 방식으로 공존하는 존재라는 사실에 대한 깊은 인식이 있어야 한다. 무엇보다 한 개인을 죽음으로 몰아가는 자살이 개인만의 문제가 아니라 사회적인 고통이며, 우리 모두의 공업임을 자각하고 자살예방 실천에 적극 동참하기를 바란다.

참고문헌

남궁선(2006). 공업(共業)의 사회성에 대한 생태철학적 해석. 한국불교학, 46, 297-322.

박경준(2011). 불교 업보윤회설의 의의와 해석. 불교학연구, 29, 163-193.

박광준(2013). 불교의 자살관에 대한 사회복지적 해석. 한국교수불자연합학회지, 19(1), 179-184.

박병기(2013). 불교 생명윤리에 근거한 삶의 의미 찾기와 자살 문제. 윤리교육연구, 31, 47-64.

백도수(2002). 불교에 나타난 자살에 대한 고찰. 인도철학, 11(2), 203-228.

백도수(2010). 자살에 대한 불교적 관점. 자살! 이대로 좋은가-불교적 성찰과 과제. 제42차 포교
    종책연찬회 자료집, 13-38.

서인렬, 박수호(2015). 자살예방에 대한 사회과학적 접근과 불교적 접근의 비교. 사회사상과문화,
    19(2), 169-194.

안양규(2003). 누가 허물없이 자살할 수 있는가. 불교평론, 17, 125-134.

이범수(2018). 스스로 떠난 이'를 위한 위로법회-성림사 법회를 중심으로. 2018년 제12회 자살예
    방 종합학술대회 자료집, 203.

정지용(2008). 한국불교에서 불살생의 현대적 접근에 관한 고찰. 선문화연구, 5, 149-178.

중앙자살예방센터(2020). 2020 자살통계 자료집.

허남결(2013). 한국사회의 자살문제와 불교생명윤리의 입장. 불교학보, 66, 247-275.

황수경(2010). 한국인의 자살과 불교의 실천 방안. 자살! 이대로 좋은가-불교적 성찰과 과제. 제
    42차 포교종책연찬회 자료집, 41-75.

자살예방의 모든 것

이론과 정책

천주교
자살에 대한 가톨릭의 가르침과 예방실천

"나와 함께 기뻐해 주십시오. 잃었던 내 양을 찾았습니다." (루카, 15, 6)

자살은 일반적으로 대화에서 배제되고 금기시되는 주제이며 이런 까닭에 가톨릭 교회 안에서는 더욱 조심스럽다. 가톨릭의 자살에 대한 부정적 인식은 자살위기자들의 실행을 막고 생명을 지키기도 하지만 사랑과 자비를 실천하는 종교가 공포와 두려움을 보호요인으로 주는 것은 모순적으로 보인다. 또한 교회 안에서 인간의 구원은 죽음 이후가 아닌 지금 살고 있는 이 세상에서부터 이루어지는 전인적인 것이어야 한다.

자살을 선택한 사람이나 자살위기자의 상황을 들여다보면 공통점이 있다. 거부당하고 있다고 느끼고, 고립되어 있으며, '혼자'라고 느끼고 있다는 사실이다. 이들은 심적인 고통을 느끼면서도 이를 표현하지 못하고 자신의 말을 들어 줄 사람이 아무도 없다고 생각하며 홀로 고통 속에 시달리다 홀로 죽어 갔다. 때문에 이들을 구원하는 유일한 방법은 혼자가 된 이를 공동체 안에 들어오게 하고, 함께 있어 주는 것이다. 자살 문제는 더 이상 개인만의 문제가 아닌 사회적 현상, 즉 우리 공동체 안의 심각한 문제로 받아들여야 한다.

---

* 차바우나(천주교 서울대교구 한마음한몸운동본부자살예방센터장)

가톨릭교회는 자살위기자 그리고 보다 근본적인 차원에서 예방을 위해 위기자들이 공동체 안에서 떨어져 나가지 않게 하고, 그들을 찾아 함께 동반하는 방법으로 '착한 사마리아인'의 영성을 실천하고자 한다.

1. 가톨릭교회의 자살에 관한 이해

1) 교회의 역사 안에서 자살

소수의 종교로 박해받던 그리스도교는 313년 밀라노 관용령을 통해 누구나 자유롭게 믿을 수 있게 되었고, 381년 테살로니카 칙령으로 인해 국교가 되면서 상황이 조금씩 달라졌다. 즉, 극소수의 종교였던 그리스도교가 로마 제국의 지배적인 종교가 되면서 자살에 대해 부정적인 시각이 자리를 잡게 되었다.

초기 그리스도교가 박해를 받던 시절 그리스도인들은 주님을 따르고자 하는 사람은 자기 가족과 형제와 자매 및 자기 목숨까지 미워할 수 있어야 한다는 말씀(루카, 14, 26)과 "친구들을 위하여 목숨을 내놓는 것보다 더 큰 사랑은 없다"(요한, 15, 13)라는 주님의 말씀을 실천하며 하느님의 사랑과 신앙을 지키기 위하여 자기 목숨을 버리기로 결단하고 순교의 길을 선택했다. 이후 신앙을 위해서 죽음을 열망하며 현세의 억압과 박해에서 자유로워지려 했던 수많은 그리스도인이 죽음의 형벌을 받아들이면서 순교를 하게 된다.

하지만 순교란 불가피한 상황에서 선택하는 것이지 불가피한 상황이 아닌데도, 고행에 참여한다는 의미에서 하는 행동이 아님에도 불구하고 순교에 대한 매력이 점점 증가하면서 자원해서 박해와 죽음을 추구하게 되었고, 심지어 순교자가 되기 위한 극단적인 선택이 점점 증가하게 되었다. 왜냐하면 순교자들이 받을 상이 훨씬 크다고 믿었고, 이런 순교를 통해서 바로 하느님 나라에 갈 수 있다고 생각을 했었으며, 또한 교회가 순교자들을 극진히 존경하고, 남은 가족들을 교회가 돌봐 주는 것을 보았기 때문이다.

이런 사람들이 늘어나자 초기 그리스도교 시대의 교부들은 이런 순교를 위해 극단적인 선택을 옹호하는 경향에 반대하며 자살을 거부하였다. 유스티노, 알렉산드리아의 클레멘스, 요한 크리소스토모, 예로니모, 에우세비오, 암브로시오 등과 같은 교부들은 명백하게 자살을 거부하였다. 물론 박해시대에 정결을 지키기 위해 박해자들의 손에서 벗어나 목숨을 끊은 여인들에 대한 문제에 대해 요한 크리소스토모와 암브로시오 등 몇몇 교부가 그들을 거룩하다고 칭송하거나 관대하게 판단한 적은 있었으나 초대교회는 이런 '신심적 자살'을 순교로 인정하지 않았다. 엘비라 교회회의(Synod of Elvira, 305년경)에서는 어떤 이유에서든지 자살은 순교자가 될 수 없다고 이야기하였고, 카르타르 공의회(Council of Carthage, 348년)도 여러 가지 이유로 자기 목숨을 끊은 자를 단죄하였다. 그리고 이런 자살을 단죄하는 분위기는 북아프리카에 있던 도시, 히포의 주교 아우구스티누스(354~430)에 의해 정점을 이르게 된다.

아우구스티누스는 그의 책 『신국론(De Civitate Dei)』에서 자살에 대해 단호한 입장을 취하는데, 이 책에서 그는 인간은 하느님의 피조물이며 인간의 생명은 하느님께서 내려주신 선물이므로 하느님의 직접적인 계시 없이 스스로 생명을 끊는 것은 생명을 창조한 하느님에 대한 모독이며 하느님의 명령을 저버리는 행동이라고 이야기한다. 그는 "우리가 말하고 있고, 주장하고 있고, 온갖 방법을 동원하여 확정지으려는 것은 바로 이것이다. 즉, 누구든지 영원한 고통 속으로 빠져들지 않기 위해서는, 순간적인 곤경을 모면할 수단으로 고의로 자신의 목숨을 끊어서는 안 된다."(신국론, 1, 26)라고 이야기한다.

2) 가톨릭교회가 이야기하는 자살의 문제점

(1) "살인하지 말라"는 계명

십계명 중 "살인하지 말라."라는 다섯 번째 계명은 인간 생명에 관한 계명이다. 인간은 하느님의 모상이며, 바로 이런 이유로 인간의 생명은 존엄한 것이고, 사람 안에 있는 하느님의 형상을 존중하기 때문에 어떠한 인간도 죽일 수 없는 것이다. 하느님의 모상으로 창조된 인간이 다른 하느님의 모상을 죽이는 것은 하느님을 살해하는 것이다. 이런 맥락에서 "살인하지 말라."라는 계명은 타인뿐 아니라 하느님의 모상으로 창조된 자기 자신도 죽일 수 없다는 계명이 되는 것이다.

이 계명은 계약공동체의 평화와 질서를 지키기 위해 가장 중요한 이웃의 생명을 보호하기 위해 불법적인 모든 살인을 금하는 계명으로, 이 "살인하자 말라."라는 계명의 밑바탕에는 모든 생명이 하느님께 속한다는 근본 믿음이 자리하고 있다. 이 계명이 제정된 목적은 이스라엘 자유인의 생명을 보호하기 위해 제정된 것이지만, 궁극적으로는 하느님의 모상대로 창조된 모든 이를 위한 계명이라고 할 수 있다. 그렇기에 하느님께로부터 받은 선물인 생명은, 타인의 생명뿐 아니라 자신의 생명도 해칠 수 없고 보호되어야 한다. 왜냐하면 (다음 문제와 이어지지만) 사람은 그 누구에게도 생명을 지배할 권한이 없기 때문이다.

(2) 생명의 주인이신 하느님

교회는 생명의 주인은 오직 하느님이시기 때문에 생명은 결코 인간이 마음대로 처분할 수 있는 것이 아니라고 가르친다(레위, 17, 3 참조). 특히 신명기 32장에서는 "나 외에는 신이 없다. 죽이는 것도 나요, 살리는 것도 나다."(신명, 32, 39)라는 말씀을 통해서 유일하신 하느님, 이 세상에 인간의 삶과 죽음을 주관하실 수 있는 신이 하느님밖에 없다는 것을 확실히 한다. 그렇기에 내가 스스로 나를 죽이는 자살은 생명의 주인이신 하느님께 대한 중대한 도전으로 이해된다. 왜냐하면 인간은 삶의 주인이 아니며, 죽음의 주인도 아니기 때문이다(생명의 복음, 46항 참조).

이렇게 모든 생명은 인간이 아니라 창조주이신 하느님에게 속한 것이므로, 인간이 스스로 목숨을 끊는 행동은 피조물이라는 자신의 위치를 망각하고 하느님의 권한을 침범하는 교만이다. 자살에는 "자기애의 거부가 담겨 있으며, 이웃과 자신이 속한 공동체들과 전체 사회를 향한 정의와 자비의 의미 포기가 담겨" 있고, 자살의 깊은 곳에는 생명과 죽음에 관한 하느님의 절대적인 주권에 대한 인간의 강력한 거부가 숨겨져 있기에 자살은 가톨릭교회에서 거부되는 것이다(생명의 복음, 66항 참조).

(3) 가톨릭교회의 자살에 관한 가르침

① 『가톨릭교회 교리서』

『가톨릭교회 교리서』는 2280항부터 2283항까지 자살을 직접 다루면서 자살이 본질적으로 하느님의 뜻을 거스르는 죄임을 선언한다. 그러나 과거와는 달리 1983년 교회 법전에서는 자살한 사람의 장례 금지 조항을 삭제하였으며 자살한 사람들을 단죄하기보다 그들의 어려움을 이해하려고 하고 우리가 알지 못하는 그들의 회개와 구원의 가능성을 인정하고 그들을 위해 기도하도록 배려하고 있다. 하지만 이런 배려는 자살자의 윤리성에 대한 어떠한 판단도 내리지 않는 것일 뿐, 자살행위에 대한 윤리적 정당성을 인정하는 것이 아니다.

교회는 "사람은 저마다 자기에게 생명을 주신 하느님 앞에서 자기 생명에 책임을 져야 한다. 생명의 최고 주권자는 바로 하느님이시다. 우리는 생명을 감사하는 마음으로 받아 하느님의 영광과 우리 영혼의 구원을 위해 보존할 의무가 있다. 우리는 하느님께서 우리에게 맡기신 생명의 관리자이지 소유자가 아니다. 우리는 우리의 생명을 마음대로 처분할 수 없다."(가톨릭교회 교리서, 2280)라고 이야기한다. 또한 자살은 "자기 생명을 보존하고 영속시키고자 하는 인간의 본성적 경향에 상반되는 것이다. 또 올바른 자기 사랑에도 크게 어긋난다. 그와 동시에 자살은 이웃 사랑도 어긴 것이다. 왜냐하면 자살은 우리가 고맙게 생각해야 하는 가정, 국가, 인류사회와 맺는 연대 관계를 파괴하기 때문이다. 자살은 살아 계신 하느님의 사랑에 어긋나는 것이다."(가톨릭교회 교리서, 2281)라고 이야기하면서 자살을 반대하는 것을 명시적으로 나타낸다.

하지만 "스스로 목숨을 끊은 사람들의 영원한 구원에 대해 절망해서는 안 된다. 하느님께서는 당신만이 아시는 길을 통해서 그들에게 유효한 회개의 기회를 주실 수 있다. 교회는 자기 생명을 끊어 버린 사람들을 위해서도 기도한다."(가톨릭교회 교리서, 2283)라고 동시에 이야기함으로써 자살한 사람들에 대한 문제는 인간의 영역이 아닌 하느님의 영역이라고 밝히고 있다. 분명한 것은 사실 한순간의 결정으로 한 사람의 전체를 판단하는 것은 하느님의 관점이 아니라는 것이다. 교회는 (자살은 분명 죄지만) 자살했다는 이유만으로 그 사람의 신앙과 구원을 판단하고 단정 짓지 않는다. 왜냐하면 그 사람이 마지막 순간에 통회할 가능성이 있고, 자비로운 하느님이 용서하지 못할 죄는 없기 때문이다. 따라서 그 사람의 마지막 참회의 여부에 대해서는 아무도 쉽게 판단해선 안 되고, 그것은 오로지 하느님과 그 참회자와의 관계이기에 교회는 기도할 수 있다.

②『생명의 복음』

1995년 3월에 발표된 이 회칙은 '죽음의 문화'를 극복하고 '생명의 문화'를 건설하기 위해 생명에 관한 그리스도교 메시지를 숙고하면서 그리스도인들이 생명의 복음을 선포하기를 요청하고 있다. 그러면서 자살의 정신병리 및 사회병리적 원인들, 즉 자살을 불러일으키는 원인에 대해서도 주목하면서 그것이 한 개인의 범위를 넘어선 문화적·사회적·정치적 차원의 문제임을 이야기한다.

"때때로 생명을 거스르겠다는 결정은 곤경이나 비극적인 상황들, 곧 심한 고통, 고독, 경제전망의 총체적인 결핍, 좌절과 미래에 대한 근심의 상황에서 비롯됩니다. (……) 그러나 오늘날의 문제는 이러한 개인적 상황에 대한 불가피한 인식의 범위를 훨씬 넘어서고 있습니다. 그것은 문화적·사회적·정치적 차원에서 존재하는 문제로서, (……) 생명에 대한 범죄들을 개인적 자유의 정당한 표현들로 해석하고, 실제적인 권리로서 인정하고 보호해야 하는 것으로 여기는, 더욱더 폭넓게 퍼진 경향 안에서 가장 사악하고 혼란스러운 모습을 드러내고 있습니다."(생명의 복음, 18항)

그리고 회칙은 자살은 사악한 선택이긴 하지만 주위의 여건이 그런 선택을 하도록 유도하는 경우에는 주관적인 책임이 감소할 수 있거나 면제될 수 있다고 이야기하면서 자살은 결국 개인만의 문제가 아니라는 것을 이야기한다. 즉, 교회가 자살이 비윤리적 행위라고 지적할 때, 그 대상은 행위자 개인뿐만 아니라 행위를 유인하는 외부의 여건을 동시에 포함하고 있어야 한다.

> "자살은 언제나 살인이나 마찬가지로 도덕적으로 반대하여야 하는 것입니다. 교회의 전통은 언제나 자살을 대단히 사악한 선택으로서 거부하여 왔습니다. 특정한 심리적·문화적·사회적 여건이 어떤 사람에게 생명을 향한 선천적 경향에 근본적으로 반대되는 행동을 하도록 유도하는 경우에, 그 사람의 주관적인 책임이 감소되거나 면제될 수도 있을 것입니다."(생명의 복음, 66항)

2. 가톨릭교회에서 가르치는 고통

고통 속에 있는 사람들과 함께하시는 하느님, 성서 속 하느님은 백성의 절규와 고통을 외면하시지 않으셨다. 하느님은 이들을 해방하기 위해 대표적으로 모세와 예수님을 보내셨고, 하느님의 부르심을 받은 모세와 예수님은 길 잃은 한 마리의 양을 찾아 떠나는 목자로 사람들을 구원으로 인도한다(탈출, 3, 7-8).

신약성서에서는 그 당시 소외당하고 고통 중에 있으며 문제를 가지고 있던 인간에 대해 그런 예수님의 마음이 잘 표현된 단어가 동사 스플랑크니조마이(σπλαγχνίζομαι)이다. 이 스플랑크니조마이는 우리말로 하면 '창자가 움직인다', '창자가 끊어지도록 감동을 받다', '측은지심(가엾은, 불쌍한 마음)이 들다'와 같은 뜻인데, 비슷한 우리말의 '애(가)끊는다', 즉 '마음이 몹시 슬퍼서 창자가 끊어질 듯하다'는 표현과 비슷하다.

예수님의 애끊는 마음은 이들에 대한 아픔의 표현이며, 그분이 고통받는 이들과 함께 그 고통을 느끼는, 즉 고통당하는 이들의 아픔에 동참하고자 하시는 예수님의 마음의 표현이다. 그렇기에 이 단어는 복음서에서 오직 예수님께만 사용된다. 총 12번이 사용되는데, "그분은 군중을 보시고 가엾은 마음이 드셨다. 그들이 목자 없는 양들처럼 시달리며 기가 꺾여 있었기 때문이다."(마태, 9, 36), "예수님께서는 배에서 내리시어 많은 군중을 보시고 가엾은 마음이 드시어, 그들 가운데에 있는 병자들을 고쳐 주셨다."(마태, 14, 14), "예수님께서 제자들을 가까이 불러 이르셨다. '저 군중이 가엾구나. 벌써 사흘 동안이나 내 곁에 머물렀는데 먹을 것이 없으니 말이다. 길에서 쓰러질지도 모르니 그들을 굶겨서 돌려보내고 싶지 않다.'"(마태, 15, 32), "그 종의 주인은 가엾은 마음이 들어, 그를 놓아주고 부채도 탕감해 주었다."(마태, 18, 27), "예수님께서 가엾은 마음이 들어 그들의 눈에 손을 대시자, 그들이 곧 다시 보게 되었다. 그리고 그들은 예수님을 따랐다."(마태, 20, 34), "예수님께서 가엾은 마음이 드셔서 손을 내밀어 그에게 대시며 말씀하셨다. '내가 하고자 하니 깨끗하게 되어라.'"(마르, 1, 41), "예수님께서는 배에서 내리시어 많은 군중을 보시고 가엾은 마음이 드셨다."(마르, 6, 34), "저 군중이 가엾구나. 벌써 사흘 동안이나 내 곁에 머물렀는데 먹을 것이 없으니 말이다."(마르, 8, 2), "이제 하실 수 있으면 저희를 가엾이 여겨 도와주십시오."(마르, 9, 22), "주님께서는 그 과부를 보시고 가엾은 마음이 드시어"(루카, 7, 13), "그런데 여행을 하던 어떤 사마리아인은 그가 있는 곳에 이르러 그를 보고서는, 가엾은 마음이 들었다."(루카, 10, 33), "그가 아직도 멀리 떨어져 있을 때 아버지가 그를 보고 가엾은 마음이 들었다."(루카, 15, 20).

고통을 겪는 이들과 함께하면서 예수 그리스도가 느꼈던 감정은 그냥 단순히 불쌍하다가 아니라 그리스어 스플랑크니조마이, 영어로 'compassion'이라는 감정이다. 라틴어로 함께하다는 뜻의 cum과 고통을 뜻하는 pati가 합쳐져서 '함께 견디다', '함께 고통을 당하다'라는 뜻으로서 그냥 불쌍하다고 느끼는 정도가 아니라 다른 이들의 고통을 내 고통으로 여기고 실제로 도움을 주는 행동을 하셨다. 예수님께서 그러하셨기에 예수님을 따르는 그리스도인이라면 고통당하는 이들과 연대 속에서, 때로는 그 때문에 스스로 고통을 당하더라도 사회의 문제에 관심을 두고, 그 고통의 원인을 찾아 제거하는 노력을 해야 한다.

교회는 세상 사람들, 특히 가난하고 고통당하는 모든 사람의 슬픔과 고뇌가 바로 그리스도인들이 간직해야 하는 슬픔과 고뇌라고 가르친다(사목 헌장, 1항 참조). 이것이 바로 사회교리에서 중요한 '연대성'의 원리이다. 세상의 슬픔이 바로 신앙인의 슬픔이고, 내 이웃의 고통이 바로 하느님을 찾는 이들의 고통일 때, 신앙인들만의 구원이 아니라 세상의 구원이 다가오기 때문이다. 이미 예수님께서는 당신 자신을 굶주린 이, 목마른 이, 나그네, 헐벗은 이, 병든 이, 감옥에 갇힌 이 등 고통의 상황에 놓여 있는 사람들과 동일시했다. "'너희는 내가 굶주렸을 때 먹을 것을 주었고, 내가 목말랐을 때 마실 것을 주었으며, 내가 나그네였을 때에 따뜻이 맞아들였다. 또 내가 헐벗었을 때 입을 것을 주었고, 내가 병들었을 때 돌보아 주었으며, 내가 감옥에 있을 때 찾아 주었다.' 그러면 그 의인들이 이렇게 말할 것이다. '주님, 저희가 언제 주님께서 굶주리신 것을 보고 먹을 것을 드렸고, 목마르신 것을 보고 마실 것을 드렸습니까? 언제 주님께서 나그네 되신 것을 보고 따뜻이 맞아들였고, 헐벗으신 것을 보고 입을 것을 드렸습니까? 언제 주

님께서 병드시거나 감옥에 계신 것을 보고 찾아가 뵈었습니까?' 그러면 임금이 대답할
것이다. '내가 진실로 너희에게 말한다. 너희가 내 형제들인 이 가장 작은 이들 가운데
한 사람에게 해 준 것이 바로 나에게 해 준 것이다.'"(마태, 25, 35-40)

3. 가톨릭 자살예방을 위한 실천

"내 이웃의 생명을 지키는 것은 우리 모두의 책임입니다."

현대 사회에서 정신질환, 폭력의 희생, 회복 불가한 신체적 고통, 삶의 절망적인 고
통 등 다양한 요인의 복합적 작용이 자살의 원인[1]으로 작용한다는 점을 알고 있다. 교
회는 진정 '애통한' 마음으로 자살로 죽음에 이른 연령을 위해 기도하고, 자살유가족을
돌본다. 그러나 애통한 마음을 갖는 것과는 별개로 가톨릭 신앙인은 이 시대의 자살 문
제가 갖는 심각성을 인지하고, 자살예방 실천에 개인과 신앙 공동체가 함께 적극적으
로 관심을 두고 자살위기자를 구하는 데 참여하는 것이 필요하다. 자살위기에 처한 내
이웃을 '내가 돌봐야 하는 내 이웃'으로 생각하지 않고 무심히 지나친 것은, "네 아우 아
벨은 어디 있느냐?"라고 질문하신 하느님께 카인이 "모릅니다." 하고 대답한 것과 같을
것이다. 자살예방을 위한 실천은 이 시대를 살아가는 가톨릭 신앙인의 책임이고 연대
를 통해 함께해야 한다.

1) 이웃에 관한 관심

(1) "무관심의 세계화를 벗어나야 합니다."

"예수님께서 '오천 명을 먹이신 일을 왜 행하셨는가?'라고 묻는다면 '가엾은 마음
(compassione, 연민)' 때문입니다. '그들이 목자 없는 양들 같았기 때문이다'(마르, 6, 34).
(……) 하느님의 마음, 예수님의 마음은 뭉클했고, 주변을 보셨으며, 그 사람들을 바라보시
자 무관심하게 있을 수는 없었습니다. 사랑은 쉬지 않습니다. 사랑은 무관심하지 않습니다.
사랑은 가엾은 마음을 갖습니다. (……) 그러나 제자들은 '그들이 음식을 찾아야 합니다.'라
고 말합니다. (……) 실질적으로 제자들은 사람들이 알아서 자기네들의 식사를 준비하고 그

---

1) 중앙자살예방센터, 개인 특성별 자살 현황, 2018년 자살 원인(동기)별 자살 현황 참조

들이 빵을 사야 한다고 말한 것입니다. (……) 제자들이 '우리는 문제없어.'라고 생각하고, 자신들을 위한 빵이 있다는 것을 알고 있었습니다. 그들은 자기 빵을 지키고 싶어 했습니다. 이는 무관심입니다. 제자들은 사람들에게는 관심이 없었습니다. 예수님을 사랑했기 때문에, 그분에게만 관심을 가졌습니다. 제자들이 나쁜 사람들은 아니었습니다. 단지 무관심했던 겁니다. 사랑하는 것이 무엇인지 알지 못했습니다. 가엾은 마음이 무엇인지 알지 못했던 겁니다. 무관심이 무엇인지 알지 못했던 겁니다. (……) 예수님의 대답은 예리했습니다. '너희가 그들에게 먹을 것을 주어라.'(마르, 6, 37), '그들에 대한 책임을 져라.' 이는 예수님의 가엾은 마음과 무관심 간의 투쟁입니다."[2]

프란치스코 교황은 오늘날 "무관심의 세계화"[3]가 빚어 내는 비극적인 사건들을 언급하며 현대인의 슬퍼할 줄 모르는 능력을 강하게 비판했다. 많은 현대인은 타인의 고통을 직접 보거나 미디어를 통해 매일 접하면서도 이에 대해 무감각하고 남의 일로 여길 뿐이다. 우리가 이웃을 위해 어떻게 울어야 할지 모르고, 공감하지 못하는 것은 무관심의 세계화가 우리로부터 슬퍼하는 능력을 없애 버렸기 때문일 것이다.

사랑의 반대말은 증오가 아니라 무관심이다. 사랑하지 않는 것은 미워하는 것이 아니라 적극적으로 보려고 하지 않는 것이다. 이는 그 사람이 악하거나 하느님을 사랑하지 않아서가 아니다. 선량한 마음으로 하느님을 믿으면서도 이웃을 향한 관심이 없기 때문이다. 이는 '나에게는 빵이 있다.', '나는 부족함이 없다.'라는 생각에서 나온다. 이웃의 아픔을 보며 '나는 괜찮아.'라는 생각을 한다면, 타인의 고통은 '원래 그런 것'이 되고, 이웃으로서 나의 책임은 사라진다. 이렇게 '나만' 보다 보면 눈앞에 있는 이웃의 존재는 보이면서도 보이지 않는 사람, 존재하지만 존재하지 않는 사람이 된다.

우리는 더 이상 이웃의 자살 문제에 관해 보이지 않는다고 무관심해서는 안 된다. 그리고 이는 개개인만의 문제가 아닌 사회적 현상, 즉 공동체 전체의 문제로 받아들여야 함을 의미한다. 교회의 지체인 한 사람 한 사람 모두가 이들을 바라봐 줄 때 우리 사회의 슬퍼하는 능력도 회복될 수 있을 것이다.

(2) "누가 저의 이웃입니까?"

착한 사마리아인의 비유는 "누가 저의 이웃입니까?"라는 율법교사의 질문으로 시작

---

2) 2019년, 프란치스코 교황, 주님 공현 대축일 후 화요일 산타 마르타의 집 아침미사 강론 중

3) 2013년 7월 8일, 프란치스코 교황, 람페두사 방문 강론 참조

| 표 31-1 | 이웃의 범위와 사랑의 범위 질문지 |

1. 나를 중심으로 '이웃의 범위'를 생각해 봅시다. 내가 사랑하고 무엇이든 함께 나눌 수 있는 사람을 이웃이라고 한다면 나의 이웃은 어디까지입니까?
   ① 나 자신
   ② 가족 혹은 친척
   ③ 친한 지인 혹은 동료
   ④ 아는 사람, 같은 지역 사람
   ⑤ 전혀 알지 못하는 혹은 다른 나라 사람

2. 나의 이웃에게 베풀어 줄 수 있는 '사랑의 범위'는 어디까지입니까?
   ① 서로 주고받을 수 있는 범위에서만
   ② 부담이 안 되는 범위에서 관심이나 내 시간을 내어 줌
   ③ 금전적인 도움
   ④ 나 자신이나 가족의 희생까지 감수
   ⑤ 나의 목숨까지 줄 수 있음

➡ 이웃과 사랑의 범위가 어디까지인지 그리고 그 범위가 넓어질 수 없게 막는 것이 있다면 무엇인지 나눠 봅시다.

한다. 질문한 율법교사는 이미 "네 이웃을 너 자신처럼 사랑해야 한다." 혹은 "영원한 생명을 받기 위해서는 이웃을 자기 자신처럼 사랑해야 함"을 아주 잘 알고 있었다. 하지만 그는 "그러면 누가 저의 이웃입니까?"라며 '이웃의 범위'를 예수님께 물었다. 이 질문은 "누구까지는 이웃이니 관심과 사랑을 주고, 누구부터는 이웃이 아니니 편하게 무관심해도 됩니까?"라는 의미와 같다. 우리는 사람들을 대할 때마다, '이 사람은 나의 이웃인가?'라는 판단을 하고 이에 따라 관심과 사랑을 달리한다. 그리고 '어디까지 해 줘야 하는가?'라는 선택을 매 순간 하고 있는지 모른다.

2) 생명에 대한 책임과 연대: 자살은 당사자만의 문제가 아니다

하느님 나라의 백성은 자신의 삶뿐 아니라 이웃의 삶의 질에 관해서도 관심을 가져야 한다. 하지만 삶에서 고통과 절망은 매우 복잡한 양상을 띠고 있기에 이웃의 삶에 관심을 두고 관여하는 것은 용기가 필요한 일이기도 하다. 그래서 우리는 "주님의 상처들에서 적당한 거리를 두는 그리스도인이 되려는 유혹을 받기도 한다."[4] 그러나 그것

은 하느님과도 거리를 두는 일이 된다. "예수님께서는 우리가 다른 이들의 고통받는 몸을 어루만져 주기를 바라십니다. 그분께서는 우리가 인간 불행의 소용돌이에 휘말리지 않으려고 개인이나 공동체의 피신처를 찾는 일을 그만두기를 바라십니다. 그 대신 우리가 다른 이들의 구체적인 삶으로 들어가 온유한 사랑이 지닌 힘을 알게 되기를 바라

표 31-2 한 마리의 양 질문지

"너희는 어떻게 생각하느냐? 어떤 사람에게 양 백 마리가 있는데 그 가운데 한 마리가 길을 잃으면, 아흔아홉 마리를 산에 남겨 둔 채 길 잃은 양을 찾아 나서지 않느냐? 그가 양을 찾게 되면, 내가 진실로 너희에게 말하는데, 길을 잃지 않은 아흔아홉 마리보다 그 한 마리를 두고 더 기뻐한다. 이와 같이 이 작은 이들 가운데 하나라도 잃어버리는 것은 하늘에 계신 너희 아버지의 뜻이 아니다."(마태, 18, 12-14)

1. 내가 만일 '한 마리 양'이었다면 그 심정은 어떨까?
   ① 혼자 있음. 자신이 어디에 있는지 모르겠고 아무도 곁에 없이 내몰린 마음
   ② 목자가 나를 찾아 줄 것에 대한 기대와 동시에 포기의 마음이 드는 상황
   ③ 다른 양들이 간절히 그립지만 미안하기도 하고, 두렵고 한편으로는 원망스럽기도한 복잡한 심경

2. 내가 만일 '한 마리를 찾아 나서는 목자'라면 그 심정은 어떨까?
   ① 아흔아홉 마리를 두고 떠난다는 불안감과 동시에 한 마리만을 향한 맹목적성을 지님
   ② 나의 선택이 효율적인지, 이성적인 판단인지 혼란스러움
   ③ 한 마리를 찾아 나서는 연민

3. 내가 만일 '남은 아흔아홉 마리의 양'이라면 그 심정은 어떨까?
   ① '목자에게 그 한 마리는 우리 전부보다 더 가치가 있는가? 좀 시급한 일에 힘쓸 수 있을 거 같은데'
   ② '우린 함께 공동체로 있으니 괜찮아요. 잘 다녀오세요.'
   ③ '한 마리는 무사할까? 나도 그렇게 되면 찾으러 와 줄까?'
   ④ '관심 없음'

   ➡ 각각의 처지가 된다면 나의 심정은 어떨지 찾아봅시다.
   ➡ 나의 마음은 셋 중 어느 쪽에 기울고 있는지 생각해 봅시다.
     그리고 나는 어느 위치에 서 있기에 그런 마음인지를 함께 나눠 봅시다.

---

4) 프란치스코 교황 『복음의 기쁨』, 270항.

십니다."[5] 그래서 우리가 이웃을 바라보지 않으면 뵙고자 하는 하느님도 만날 수 없다. "이웃에게 눈을 감으면 하느님도 볼 수 없습니다."[6]

프란치스코 교황이 강조하였듯이 '무관심의 세계화'에 맞서 '연대의 세계화'가 필요하다. 가난한 사람들과 함께하는 연대는 그리스도인 생활의 필수 요소로 여겨야 한다.[7] 우리 사회의 많은 문제는 모두 관심을 두고 연대할 때 해결의 실마리를 찾을 수 있다. "사회—경제적인 문제들은 모든 형태의 연대성의 도움에 의해서만 해결될 수 있다."(가톨릭교회 교리서, 1941항)

우리 사회의 자살문제에 대한 해결의 실마리도 책임과 연대에서 찾을 수 있다. 자살의 원인은 죽은 사람 수만큼이나 다양할 것이다. 하지만 공통점은 하나이다. 감당할 수 없는 고통 속에서 인간은 혼자가 되고 혼자 죽었다는 것이다. 혼자가 된 이들은 공동체에서 떨어져 나가기에 사람들은 볼 수가 없었다. 한 마리는 이미 눈에 보이지 않고 아흔아홉 마리는 '평화'롭게 살고 있기 때문이다.

이웃의 삶을 돌보고 연대해야 하는 것을 신앙인 한 사람 한 사람의 책임으로 접근하고자 한다. 주님께서 우리에게 그들에 대한 책임을 묻는 것은 너무 하시는 일로 여겨질 수도 있을 것이다. 외면하고 싶은 일에 다수는 침묵을 선택한다. 모두가 침묵한다면 나도 책임질 일이 없기 때문이다. 하지만 "모두의 책임은 아무의 책임도 아니다."[8]라는 말이 있다. 이것을 거꾸로 하면 "아무의 책임이 아니라면 모두의 책임이다."라고 말하고 있는 것이다.

그리스도인의 책임은 우리가 받은 하느님 사랑에 대한 응답이라는 의미에서의 책임이다. 책임(responsible)은 우리가 받은 하느님의 사랑을 삶에서 이웃에 대한 사랑의 실천으로 "응답(response)할 수 있는(able)"이라는 의미에서 책임이다(Groome, 2001). 즉, 고통과 절망 속에 홀로 있는 이웃이 있음을 발견하고 찾아가는 것은 하느님 사랑에 대한 신앙인의 응답으로서의 책임이다.

공동체 안에서 연대를 막는 장애물 중 하나는 '거짓 평화'이다. 사람들은 사회 안에서 혐오 시설로 여기는 것들을 자신의 눈앞에서 보이지 않는 곳으로 치워 버리려 한다. 이처럼 거짓된 평화는 마음을 불편하게 만들고 보기 싫은 것들을 처음부터 존재하지 않

---

5) 프란치스코 교황 『복음의 기쁨』, 270항.
6) 베네딕토 16세, 『하느님은 사랑이십니다』, 39항.
7) 2014년 프란치스코 교황 한국 내방 연설 중
8) '공유지의 비극', 모두가 사용할 수 있는 목초지는 아무도 책임을 지지 않기에 황폐해진다는 환경이론

는 것인 양 제거해 버리려 하고, 이로써 갈등을 없애려고 한다. 골치 아픈 일이 없고 분쟁이 없는 것이 평화가 아니다. 거짓 평화는 책임져야 하는 일을 외면하고 침묵하게 만드는 사회구조를 정당화시킨다. 이러한 구조는 그 안에 있는 이들을 계속해서 밖으로 밀어내고 공동체를 분열시킨다.

그리스도인의 연대는 이웃이 되고 형제가 된 공동체가 함께 하느님께 나아가는 것이다. 밀려난 이들을 안으로 받아 주는 공동체가 되는 것이다. 공동체 안에서 마음을 불편하게 하거나 피하고 싶은 사람들이 눈에 보이는 것은 당연하다. 하지만 이들이 어우러져 함께하는 것이 참된 연대이며, 이것이 우리가 가야 할 하느님 나라의 모습이다.

목자가 아흔아홉 마리를 놔 두고 떠날 수 있던 것은 공동체의 힘, 연대의 보호를 알기 때문이다. '홀로' 있는 한 마리를 살리는 유일한 방법은 그 연대 안으로 들여보내는 것이다. 인간에게 연대란 조건이 아닌 필수이며 누군가에게는 생존 그 자체일 수 있다. 그 안에 있어야만 인간다운 온전한 삶을 살 수 있다. 홀로 있는 이에게는 공동체 안에 들어가는 것이 생명이고 곧 구원이다. 이것이 교회(하느님 믿는 백성의 모임)가 구원의 방주인 이유이다.

> "연대하지 않는 교회는 그 자체로 모순입니다. 교회는 하느님과 인간 사이의 연대가 계속 일어나는 장소이기 때문입니다. 교회라는 공동체 안에서 하느님의 사랑이 인간에게 계속 이어져야 하고, 마침내 모든 인간에게 다다라야 합니다. (……) 교회는 주님이 모범에 따라 이 시대의 무기력한 이, 희생된 이, 가난한 이들과 연대를 이루어야 합니다."(가톨릭사회교리서, 27항)

3) 자살위기자, 내 이웃의 생명을 지키기 위해: 착한 사마리아인의 실천으로부터 배움

그 율법 교사는 자기가 정당함을 드러내고 싶어서 예수님께, "그러면 누가 저의 이웃입니까?" 하고 물었다. 예수님께서 응답하셨다. "어떤 사람이 예루살렘에서 예리코로 내려가다가 강도들을 만났다. 강도들은 그의 옷을 벗기고 그를 때려 초주검으로 만들어 놓고 가 버렸다. 마침 어떤 사제가 그 길로 내려가다가 그를 보고서는, 길 반대쪽으로 지나가 버렸다. 레위인도 마찬가지로 그곳에 이르러 그를 보고서는, 길 반대쪽으로 지나가 버렸다. 그런데 여행을 하던 어떤 사마리아인은 그가 있는 곳에 이르러 그를 보고서는 가엾은 마음이 들었다. 그래서 그에게 다가가 상처에 기름과 포도주를 붓고 싸맨 다음, 자기 노새에 태워 여관으로 데리고 가서 돌보아 주었다. 이튿날 그는 두 데나리온을 꺼내 여관 주인에게 주면서, '저 사람을 돌보아 주십시오. 비용이 더 들면 제가 돌아올 때 갚아 드리겠습니다.' 하고 말하였다. 너는 이 세 사람 가운데에서 누가 강도를 만난 사람에게 이웃이 되어 주었다고 생각하느냐?" 율법 교사가 "그에게 자비를 베푼 사람입니다." 하고 대답하자, 예수님께서 그에게 이르셨다. "가서 너도 그렇게 하여라."(루카, 10, 29-37)

(1) 지나치지 않고 보다

"마침 어떤 사제가 그 길로 내려가다가 그를 보고서는, 길 반대쪽으로 지나가 버렸다. 레위인도 마찬가지로 그곳에 이르러 그를 보고서는, 길 반대쪽으로 지나가 버렸다. 그런데 여행을 하던 어떤 사마리아인은 그가 있는 곳에 이르러 그를 보고서는, 가엾은 마음이 들었다."(루카, 10, 31-33)

길을 가던 어느 한 사람이 강도를 당하고 도움을 간절히 바라는 처지가 되었다. 그의 곁을 세 사람이 지나갔는데 앞선 두 명은 그를 보고 반대쪽으로 지나가 버렸다. 그들 중 한 명은 사제였고 또 한 명은 레위인이었다. 둘은 공통적으로 성전에서 하느님께 봉사하는 사람들이다. 그들에게도 반대쪽으로 지나가 버린 이유는 있다. 그를 돕기 위해 데려가는데 만일 도중에 죽기라도 하면 부정을 타게 되고[9] 성전에서 업무를 할 수 없게 된다. 사제와 레위인은 거룩한 사람들이기에 하느님을 섬기는 일을 최우선으로 하는 것은 당연하다. 그러나 하느님의 제사를 우선시하기 위하여 목숨이 위험한 이를 지나치는 것은 분명히 위선이고 어느 것이 하느님께서 더 기뻐하시는 것인지를 알면서도 작은 것을 위해 큰 것을 포기하는 행위이다. 그들은 분명 보았다. 하지만 무관심했고 자기 것을 지키기 위해 보지 않았다.

본다는 것은 무엇이 더 중요한지를 판단하고 선택하는 일이다. 자살위기자를 만나는 사람 역시 생명의 눈과 귀를 열어 그가 보내는 도움 요청 신호를 알아차리고 그가 위험하다는 것에 관심을 가질 수 있어야 한다. 나에게 중요한 일이 많지만, 사마리아인이 가던 길을 '멈추고 본 것'처럼 그 순간 고통 속에 위험에 처한 사람 앞에 멈추어 바라봐 주어야 한다. 그리스도교인의 연대는 아흔아홉 마리를 놓아두고 오로지 한 마리만을

---

9) "누구의 주검이든 그것에 몸이 닿는 이는 이레 동안 부정하다."(민수, 19, 11)

바라보는 목자의 맹목적성이 필요하다. 마찬가지로 지금 이 순간 무엇이 우선되어야 하는지를 아는 사마리아인의 판단력이 필요하다. 사마리아인은 이 사람을 돕게 될 때 앞으로 책임지게 될 모든 것, 자신도 강도를 당할지 모른다는 위험 속에서도 지금, 당장, 시급하게 도움을 청하는 사람에게 가장 우선순위를 두었다.

나와 만나고 있는 이에게서 자살의 위험이 느껴진다면 그를 먼저 우선시하고 그의 이야기를 들어 줄 필요가 있다. 자살위기자가 말과 행동으로 보내는 도움 요청의 신호를 알아채 주어야 한다. 그리고 자살을 생각하고 있는 이조차 자신의 입 밖으로 꺼내기 어려워하는 '자살'이라는 말을 먼저 물어봐 주어야 한다. 이로써 그와 함께 마주할 준비가 되었고 이야기를 들어 줄 수 있음을 서로 확인해 준다.

(2) 공감하며 다가가다

> "여행을 하던 어떤 사마리아인은 그가 있는 곳에 이르러 그를 보고서는, 가엾은 마음이 들었다."(루카 10, 33)

앞부분 '고통 속에 있는 사람들과 함께하시는 하느님'에서는 "신약성서에서 예수님의 마음을 표현하는 단어로 '가엾은 마음이 들었다.'라는 구절이 자주 나온다. 그것이 잘 표현된 단어가 동사 스플랑크니조마이($\sigma\pi\lambda\alpha\gamma\chi\nu i\zeta o\mu\alpha\iota$)이다. 우리말로 하면 '창자가 움직이다', '창자가 끊어지도록 감동을 받다', '측은지심(가엾은, 불쌍한 마음)이 들다' 이런 뜻인데, 비슷한 우리말의 '애(가)끊는다', 즉 '마음이 몹시 슬퍼서 창자가 끊어질 듯하다.'라는 표현과 비슷하다."라고 언급했다. 율법학자는 "누가 저의 이웃입니까?"라고 스스로 묻고 "네 이웃을 너 자신처럼"이라고 스스로 대답한 것과 같은 마음이 들었어야 했다. 죽어가는 사람을 지나치면서 애가 끊었다면 그리고 그 모습이 자신과 같이 느껴졌다면 그대로 지나치지 않았을 것이다.

자살의 고통 속에 있는 이와 함께하는 방법은 그들의 이야기를 들어 주는 것이다. 고통 속에서 아무도 들어 주지 않고 말하지 못했던 마음을 꺼내어 표현할 때 비로소 숨통이 트이게 된다. 정말 잘 들어 주는 행위는 사람의 생명을 살리는 일이 될 수 있다. 그렇게 자살위기자의 말을 듣다 보면 그 속에서 마치 꺼진 잿더미 속에서 불씨를 발견하는 것처럼 발견하는 무엇인가가 있다. 말하는 이 스스로도 깨닫지 못했지만, 그 속에서 살고자 하는 희망의 조각을 발견하게 된다. 듣는 이가 그것을 놓치지 않고 그 사람의 살려는 마음을 확인시켜 주고 지지해 줄 때 절망은 희망으로 전환이 이루어진다.

(3) 함께 돌보다

> "그래서 그에게 다가가 상처에 기름과 포도주를 붓고 싸맨 다음, 자기 노새에 태워 여관
> 으로 데리고 가서 돌보아 주었다. 이튿날 그는 두 데나리온을 꺼내 여관 주인에게 주면서,
> '저 사람을 돌보아 주십시오. 비용이 더 들면 제가 돌아올 때 갚아 드리겠습니다.' 하고 말
> 하였다."(루카, 10, 34-35)

사마리아 사람은 초주검이 된 이에게 즉시 그 자리에서 자기가 가진 것들로 응급처치를 하고 돌보아 주었다. 그리고 이후엔 그를 여관 주인에게 맡기고 떠난다. 이것은 자신이 할 수 있는 것과 자신을 넘어서는 부분을 어떠한지를 잘 이해한 것이다.

자살위기자의 이야기를 충분히 공감하고 들어 주면 그 안에서 살고자 하는 희망이 생기는데, 그때 응급처치가 가능해진다. 자살위기자가 준비해 놓은 생명을 위협하는 요인들을 함께 제거할 수 있도록 도와주고, 과거에 도움을 받았던 요소는 다시 찾을 수 있게 해 준다. 그리고는 이후 내가 할 수 있는 범위를 넘어서는 것들은 전문가의 도움을 받을 수 있도록 넘겨 주고, 더 많은 자원과 연결을 시켜 줌으로써 함께 생명을 돌보는 것이다.

(4) "가서 너도 그렇게 하여라."

> "누가 강도를 만난 사람에게 이웃이 되어 주었다고 생각하느냐?" 율법 교사가 "그에게
> 자비를 베푼 사람입니다." 하고 대답하자, 예수님께서 그에게 이르셨다. "가서 너도 그렇게
> 하여라."(루카, 10, 36-37)

사마리아인은 자신의 길을 가다 마주친 이를 그냥 지나치지 않았다. 그를 보았을 때 가엾은 마음이 들었고 다가가서는 그를 돌보고 또 다른 이와 함께 그렇게 하였다. 고통받는 이를 돌본다는 것은 그 안에 뛰어들어 함께하겠다는 큰 용기가 필요하다. 故 김수환 추기경이 "사랑이 머리에서 가슴으로 내려오는 데 70년이 걸렸다."라고 말한 것처럼 보다 더 중요한 것은 연민과 공감이다.

앞에서 우리는 어디까지가 나의 이웃이고, 어디까지 사랑할 것인가를 생각해 보았다. 세상의 모든 사람을 다 이웃으로 돌볼 수는 없을 것이다. 하지만 주님께서는 내가 모르는 사람, 나와 연관이 없는 사람이라 할지라도 내 눈앞에서 도움을 청한다면 함께

아파하고 그를 이웃으로 여기라고 하신다. 그를 내 몸같이 여기고 자비를 베풀어 주라고 하신다. 그러면 우리는 이를 넘어 고통받는 이를 찾아 나서게 될 것이다. 이것이 그리스도를 믿는 우리들의 책임감이고 연대이다. 오늘도 그분께서는 우리를 재촉하고 계신다.[10]

참고문헌

강영옥(1995). **한국가톨릭대사전**(1권). 서울: 한국교회사연구소.

강영옥(1999). **고통, 신앙의 단초**. 서울: 우리신학연구소.

구경국(2017). 자살의 이해와 예방. 신앙과 삶, 36, 121-151.

박승찬(2000). 인간 고통의 의미: 그리스도교의 고통 이해에 관한 인간학적 고찰. 인간연구, 1, 159-189.

박요한 영식(2002). **십계명**. 서울: 가톨릭대학교 출판부.

박용조(1997). 佛敎에 있어서 苦痛의 의미. 가톨릭 신학과 사상, 19, 27-55.

보건복지부, 중앙자살예방센터(2019). 2019 자살예방백서.

손봉호(1995). **고통받는 인간**. 서울: 서울대학교출판부.

손희송(1997). 그리스도교의 고통 이해. 가톨릭 신학과 사상, 19, 75-97.

이장호, 정남운, 조성호(2005). 상담심리학의 기초. 서울: 학지사.

조규준, 우리나라의 자살률 추이 및 자살자 현황. 노동리뷰, 183, 115-118.

황순찬(2014). 자살행동에 대한 발견적 탐구. 한국정신보건사회복지학회 학술발표논문집, 2014(5), 323-347.

황철수(1991). 그리스도교 信仰과 世上의 苦痛. 신학전망, 9(4), 21-35.

Augustinus (2004). **신국론**(*Civitate Dei*). (성엽 역). 서울: 분도출판사.

Barry, R. (1995). The Development of the Roman Catholic Teachings on Suicide. *Notre Dame journal of law, ethics & public policy*, *9*(2), 449-502.

Blazchez, N. (1987). 自殺에 관한 敎會의 傳統倫理. 신학전망, 77, 58-69.

Brantschen, J. B. (1990). **고통이라는 걸림돌**. 서울: 바오로딸.

Bromiley, G. W. (2008). **新約聖書 神學辭典**: 킷텔 단권 신약원어 신학사전. 서울: 요단.

Clark, M. C., & Rossiter, M. (2008). Narrative learning in adulthood. *New directions for adult and continuing education*, *119*, 61-70.

---

10) "그리스도의 사랑이 우리를 다그칩니다."(2코린 5, 14)

Groome, T. H. (2001). 생명을 위한 교육(*Educating for Life*). (조영관 외 역). 서울: 가톨릭대학교 출판부.

Groome, T. H. (2014). 신앙은 지속될 수 있을까?. 서울: 가톨릭대학출판부.

Gutierrez, G. (1990). 욥에 관하여: 하느님 이야기와 무죄한 이들의 고통. 서울: 분도출판사.

Heagle, J. (2003). 고통과 악. 광주: 생활성서사.

Hogan, N., Morse, J. M., & Tason, M. C. (1996). Toward an Experiential Theory of Bereavement. *OMEGA –DETROIT THEN NEW YORK–, 33*(1), 43-66.

Joiner, T. E. (2011). 자살에 대한 오해와 편견. 서울: 베이직북스.

Joiner, T. E. (2012). 왜 사람들은 자살하는가?. 서울: 황소.

Thomas, J., White Center on Law & Government, Notre Dame Law School (1984). *Notre Dame journal of law, ethics & public policy*.

제 **7** 부

해외 자살예방정책

32

WHO의 세계자살보고서

1. WHO 최초의 세계자살보고서 발행

연간 80만 명 이상의 사람이 목숨을 끊고, 그보다 더 많은 사람이 자살을 시도하고 있다. 자살은 비극이고 가족, 지역 그리고 나라 전체에 영향을 미치며, 남겨진 사람들에게도 장기간에 걸쳐 영향을 미친다. 자살은 일생에 거쳐 일어나는 것이며 2012년에는 전 세계적으로 15세부터 29세의 사망요인 2위를 차지하고 있다.

자살은 고소득 국가에서만 일어나는 일이 아니라 전 세계 모든 지역에서 일어나고 있는 현상이다. 실제로 2012년에는 세계 자살의 75%가 저·중소득 국가에서 일어났다. 자살은 심각한 공중보건상의 문제이다. 그러나 자살은 적시에, 그리고 대부분의 경우 낮은 비용을 들이고서도 예방이 가능하다. 국가의 대응이 효과적이기 위해서는 포괄적이면서 다양한 부문을 통한 자살예방 전략이 필요하다(세계자살보고서 개요에 따름).

이러한 배경하에 WHO(세계보건기구)는 처음으로 세계자살보고서를 발행하기로 결정하고, 2014년 9월 4일에 「자살예방: 전 세계적 과제(Preventing Suicide: A global imperative)」를 공표하였다.

_____

* 이해우(서울시자살예방센터장/서울의료원 정신건강의학과 과장)

자살예방종합대책센터는 2013년 1월에 WHO 정신보건·물질남용부가 그 초안을 발표했을 때부터 작성 과정에 참가해 왔다. 2013년 1월에는 도쿄에서 WHO, WHO 서태평양사무국과 함께 '세계자살보고서 회의 및 관련행사'를 관련 학회 등의 협력을 얻어 개최하였다. 그리고 WHO가 보고서의 영어판, 아랍어판, 프랑스어판, 러시아어판을 발표하는 것과 동시에 일본어판 「자살을 예방하다—세계의 우선과제」를 공표하였다. 이 장에서는 세계자살보고서가 작성된 경위와 그 내용, 일본에서의 활용에 대해 서술한다.

1991년 국제연합(UN) 총회에서 국가적 차원에서 자살예방을 실행하기 위한 구체적인 행동을 개시한다는 점이 제언되었다. 그것을 바탕으로 1993년 5월에 캐나다 캘거리에서 UN과 WHO의 전문가 회의가 개최되었다. 그 회의에서의 의논 사항을 바탕으로 자살예방을 위한 가이드라인이 결정되었고, 1996년 UN과 WHO를 통하여 각국에 배포되었다. 이 가이드라인에는 각국이 각 사회문화적 실정에 맞춘 대책을 계획하는 것이 중요하다는 점이 강조되어 있다. 그 후 WHO는 자살예방을 솔선한다는 입장에서 WHO의 자살예방계획(SUPRE)을 시작하였다. 그리고 WHO는 자원이 부족한 상황에 놓여 있는 국가들에게 초점을 맞춘 '정신보건 격차 감소 프로그램(WHO's mental health Gap Action Programme: mhGAP)'의 개입 가이드에 자살예방에 관해 기재하기로 하였다.

그리고 2013년 WHO 총회에서 승인된 '정신건강실천계획(Mental Health Action Plan) 2013~2020' 달성목표 가운데, '각 나라의 자살사망률을 10% 낮춘다'를 내세웠다. 이 계획은 정신적으로 만족한 상태(mental well-being)가 WHO에서 정한 건강에 관한 정의의 기본적인 요소라는 점, 정신질환은 감염성 질환과 비감염성 질환, 고의가 아닌 외상과 고의적인 외상의 위험을 높인다는 최근의 실증연구의 성과를 바탕으로, "No health without mental health(정신건강 없이는 건강도 없다)"(Prince et al., 2007)라는 원칙을 세우고 있다. 다음은 세계자살보고서의 개요를 기술하겠다.

2. 국제적인 지식 집약

세계자살보고서는 계통적인 리뷰나 데이터 수집 및 국제적인 전문가의 합의를 바탕으로 작성되었다. 그 목적은, ① 자살은 공중보건상의 중요한 과제라는 인식을 향상시킴, ② 자살예방을 세계적인 보건 과제로 우선시함, ③ 자살 고위험자에 대한 각국의 효과적인 활동을 장려하고 지원함, ④ 자살예방에 관한 과학적 근거를 바탕으로 하는 제안을 함, ⑤ 국제 및 국내의 지원 협력을 호소하는 것이다.

세계자살보고서는 총 5장으로 구성되어 있다.

제1장, '자살과 자살시도에 관한 세계의 역학'은 인구 30만 명 이상의 WHO 가맹국 172개국의 자살사망자 수나 자살사망률의 추정치에 대해 WHO 지역별, 소득별, 연령 계급이나 성별에 따른 비교를 보여 주고 있다.

제2장, '위험인자·보호인자·관련개입'은 위험인자를 보건의료 시스템적·사회적·지역적·인간관계적·개인적인 영역으로 그룹별 분류를 하고, 전체적 예방개입(universal prevention), 선택적 예방개입(selective prevention), 개별적 예방개입(indicated prevention)이라는 이론적 틀로 구분하여 관련되는 개입내용과 연결 지어 설명하고 있다.

제3장, '자살예방의 현상'은 국제자살예방학회(IASP)와 WHO 정신보건·물질남용부가 실시한 자살예방에 관한 각국 전략이나 활동에 대한 실태조사 결과를 게재하고 있다.

제4장, '자살예방을 목표로 하는 포괄적인 국가 대응을 위하여'는 자살예방의 전략의 구성요소를 구체적으로 제시하고 일본, 칠레, 스위스, 스코틀랜드의 전략 사례를 소개하고 있다.

제5장, '자살예방을 위한 향후 전망'은 국가적인 전략이 있는 나라, 어느 정도 갖춰진 나라, 갖추지 못한 나라들이 향후 취해야 할 행동을 제안하고 있다.

이와 같이 세계자살보고서는 자살대책을 추진하면서 중요한 정보를 간략하게 정리하고 있으며, 지역의 실천적인 자살대책의 추진에 큰 도움이 될 수 있다. 세계자살보고서는 보건의료 부문(health sector)과 보건의료 이외의 부문(non-health sector)을 포함하여 다양한 부문으로 구성된 공중보건 관점의 접근으로서, 포괄적인 자살예방 전략의 발전이나 강화를 각국에 권하고 있다.

3. WHO의 자살예방

WHO 자살예방 보고서는 WHO의 첫 번째 출판물로, 자살예방을 위한 공중보건 모델을 반영하고 있다. 또한 자살과 자살시도, 자살예방에 대한 전 세계적 노력의 종합적인 개요를 담고 있으며, 다양한 환경에 적용할 수 있는 자살예방정책 수립 및 프로그램 개발에 관한 근거 기반 접근법을 보여 준다.

Step 1. 자살예방 문제 정의 및 이해
Step 2. 자살위험요인 및 보호요인 확인

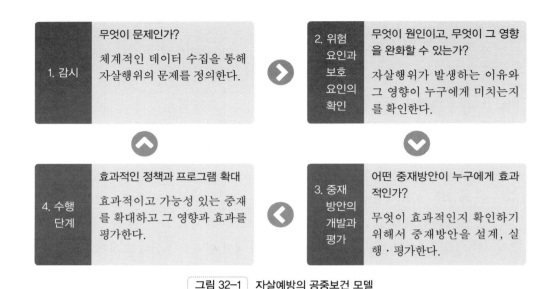

그림 32-1　자살예방의 공중보건 모델

Step 3. 중재방안의 평가
Step 4. 수행단계: 효과적인 정책과 프로그램 확대

1) 자살과 자살시도의 세계적 역학

연각 세계 연령-표준화 사망률은 10만 명당 11.4명에 달한다(남성 15.0명, 여성 8.0명). 하지만 자살은 민감한 문제이고 일부 국가에서는 불법이기 때문에 축소 보고의 가능성도 있다.

우선 부유한 국가에서는 남성 자살자가 여성 자살자(남성:여성, 3:1)보다 많으나, 저소득 및 중간소득 국가에서는 남성-여성 비율이 낮아 여성 1명당 남성 1.5명이 자살로 사망한다. 나이와 관련해서는 전 세계의 거의 모든 지역에서 70세 이상의 남성과 여성이 가장 높은 자살률을 나타낸다.

또한 자살시도자의 수는 더욱 많다. 중요한 것은 일반인의 경우 과거 자살시도력이 가장 중요한 자살의 위험요인이라는 사실이다. 따라서 자살시도 및 자살을 예방하기 위해서는 치명적 수단에 대한 접근이 필요하며, 여러 분야 간 협력과 협동이 필요할 수 있다.

지역	세계인구 중 %	자살자 수 (천 명)	세계 자살자 중 %	연령-표준화* 자살률 (인구 10만 명당)			연령-표준화 자살률 남녀 비율
				남성+여성	여성	남성	
전 세계**	100.0%	804	100.0%	11.4	8.0	15.0	1.9
모든 고소득 회원국	17.9%	192	23.9%	12.7	5.7	19.9	3.5
모든 중·저소득 회원국	81.7%	607	75.5%	11.2	8.7	13.7	1.6
아프리카의 중·저소득 국가	12.6%	61	7.6%	10.0	5.8	14.4	2.5
아메리카의 중·저소득 국가	8.2%	35	4.3%	6.1	2.7	9.8	3.6
지중해 동부의 중·저소득 국가	8.0%	30	3.7%	6.4	5.2	7.5	1.4
유럽의 중·저소득 국가	3.8%	35	4.3%	12.0	4.9	20.0	4.1
동남아시아의 중·저소득 국가	25.9%	314	39.1%	17.7	13.9	21.6	1.6
서태평양의 중·저소득 국가	23.1%	131	16.3%	7.5	7.9	7.2	0.9
세계은행 지역**							
고소득	18.3%	197	24.5%	12.7	5.7	19.9	3.5
중상 소득	34.3%	192	23.8%	7.5	6.5	8.7	1.3
중하 소득	35.4%	333	41.4%	14.1	10.4	18.0	1.7
저소득	12.0%	82	10.2%	13.4	10.0	17.0	1.7

중간소득 및 저소득 국가(LMICs) = 중·저소득 국가(Low- and middle-income countries)

* 연령구조 차이의 조정을 통해 지역 및 시간 경과에 따른 비교를 용이하게 하기 위하여 비율을 WHO 세계표준인구(WHO World Standard Population)에 맞추어 표준화하였다.

** WHO 회원국이 아닌 세 지역의 자료가 포함되어 있다.

그림 32-2 전 세계 지역의 자살자 수와 비율 추정치(2012)

2) 위험요인과 보호요인 그리고 관련 중재 방안

자살예방을 위한 가장 효과적인 대응은 자살의 위험요인을 파악하고, 적절한 개입을 시행함으로써 상황을 완화하는 것이다.

(1) 위험요인

[그림 32-3]의 요인은 완전하지 않으며, 이 밖에도 많은 요인이 존재한다. 몇몇 위험요인이 누적으로 작용하여 개인의 취약점을 자살행위로 확대시킨다. 보건시스템 및 사회와 연결된 위험요인에는 대체로 보건시스템에 접속하고 필요한 관리를 받는 데의 어려움, 자살수단의 접근 가능성, 자살을 선정적으로 표현하여 보도하고 '모방 자살'의 위험을 증가시키는 부적절한 언론, 자살행위 또는 정신건강 및 약물 남용 문제로 도움을 요청하는 개인에 대한 낙인이 포함된다.

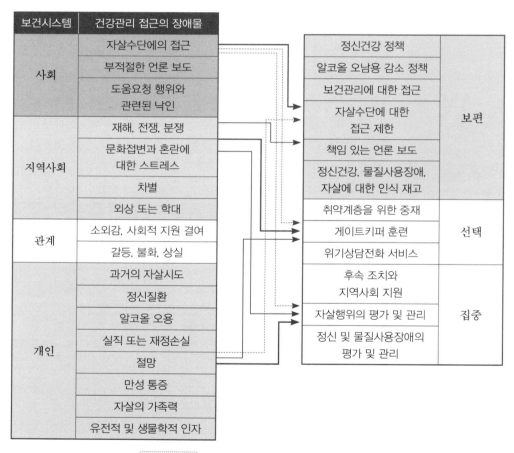

그림 32-3 관련 개입과 연계된 자살의 주요 위험

(2) 중재방안

자살을 예방하는 근거 기반 중재수단은 세 가지가 있다.

① 보편적 예방전략

전체 인구를 대상으로 설계되면, 건강의 극대화와 자살위험의 극소화를 목표로 한다. 의료서비스를 받는 데 장애물을 없애고, 도움을 향한 접근성을 향상하고, 사회지원과 물리적 환경 변화 등을 통해 보호 과정을 강화한다. 예를 들어, 의료서비스에 대한 접근 향상, 정신건강 증진, 알코올 남용 감소, 자살수단 접근 제한, 책임 있는 언론 보도 장려 등이 있다.

② 선택적 예방전략

연령, 성별, 취업상태, 가족력과 같은 특성에 근거하여, 집단 내 취약계층을 표적으로 한다. 현재 자살행위를 하지 않을 수 있지만, 생리적·심리적·사회경제적 위험이 증가한 상태에서는 자살행위가 나타날 수 있다. 이와 같은 선택적 예방전략의 예로는 외상이나 학대로 고통받는 개인, 분쟁이나 재해의 영향을 받는 개인, 난민, 이민자 그리고 자살유족 등 자살에 취약한 계층을 대상으로 '게이트키퍼'나 '전화상담 서비스'와 같은 지원 서비스 제공을 목표로 한다.

③ 집중적 예방전략

집단 내 특정 취약계층을 표적으로 개입하는 것으로, 예를 들어 자살 가능성에 대한 조기 징후를 보이는 사람이나 자살시도를 한 적이 있는 사람 등을 대상으로 개입할 수 있다. 이들에게는 강력한 인간관계, 개인적 신뢰 시스템 및 긍정적 대응전략과 같은 보호요인을 증진하는 것을 통해 예방을 도모한다.

3) 자살예방의 현재

자살행위에 관한 지식은 최근 수십 년 동안 많이 증가했다. 이 중에서 알려진 것과 달성된 것을 살펴보면 다음과 같다.

(1) 연구 성과

① 다중 인과관계 인식
자살행위가 생물학적 · 정신적 · 사회적 · 환경적 · 문화적 요인의 상호작용으로 이루어진다는 것은 잘 알려진 사실이다.

② 위험요인과 보호요인의 확인
일반인과 취약계층에 대한 역학연구로 자살행위에 대한 많은 위험요인과 보호요인이 밝혀졌다.

③ 문화적 차이의 인식
자살위험요인에 있어 문화적 다양성이 분명해졌다. 예를 들어, 중국이나 인도와 같은 나라에서는 정신질환의 관련성이 덜하다는 것이 그 증거이다. 정신적 · 문화적 · 전통적 요인이 자살에 있어 매우 중요한 역할을 하고, 이는 보호요인으로도 작용하기도 한다.

(2) 정책적 성과

① 국가자살예방전략
2000년 이후부터 수많은 나라가 국가자살예방전략을 개발했다. 약 28개국에서 자살예방과 관련된 명시된 국가전략을 가지고 있는 것으로 알려졌다.

② 세계자살예방의 날
자살을 중요한 공공보건 문제로 여기는 국제적 인식이 2003년 9월 10일 세계자살예방의 날을 탄생시켰다. 전 세계는 이 날을 통해 대내외적으로 캠페인을 장려하고, 자살예방에 대한 인식을 높이며 낙인을 줄이는 데에 이바지하고 있다.

③ 자살과 그 예방에 관한 교육
많은 자살연구 기관이 설립되고, 대학 및 대학원 과정이 만들어졌다.

(3) 실천적 성과

① 비전문직 의료종사자 활용

자살행위의 관리와 평가를 개선하기 위해 비전문직 의료종사자를 참여시키는 것 등 1차 진료 분야의 역량을 확대하기 위한 지침이 개발되었다. 이는 자원이 제한되어 있는 저소득 및 중간소득 국가에서 중요한 활동이다.

② 자조 모임

2000년부터 생존자, 자살시도자 및 자살유족을 위한 자조 모임 구성이 상당히 증가해 왔다.

③ 훈련된 자원봉사자

온라인 및 전화 상담을 제공하는 훈련된 자원봉사자는 위기에 처한 사람들을 정서적으로 돕기 위한 값진 자원들이며, 특히 위기전화상담서비스는 자살위기에 처한 사람들을 지원하는 데에 중요한 역할을 했다는 국제적 인정을 받았다.

4) 자살예방을 위한 포괄적 국가적 대응

국가자살예방이 효과적이기 위해서는 다음과 같은 목표를 가질 수 있다.

- 감시와 연구를 강화한다.
- 취약계층을 확인하고 표적화한다.
- 자살행위의 평가와 관리를 강화한다.
- 환경적 · 개인적 보호요인을 촉진한다.
- 대중교육을 통해 인식을 제고한다.
- 사회적 태도와 믿음을 향상시키고, 정신 환자나 자살시도자에 대한 낙인을 없앤다.
- 자살수단에 대한 접근을 줄인다.
- 언론이 자살보도에 있어 더 나은 정책과 관행을 채택하도록 장려한다.
- 자살유족을 지원한다.

자살에 대한 국가적 대응을 만들어 내는 하나의 체계적인 방법은 국가자살예방전략을 만드는 것이다. 국가전략이란 자살문제를 우선하여 다루기 위한 정부의 명확한 약속을 의미한다. 또한 무엇이 근거 기반 자살예방의 핵심 활동인지, 그리고 무엇을 우선해야 하는지를 지도력과 지침을 통해 마련하는 것이다. 이렇게 국가전략을 수립할 때 염두에 두어야 할 중요한 요소는 다음과 같다.

- 자원에 상관없이 자살예방을 다중 분야에서 우선순위로 삼는다.
- 다양성에 초점을 맞춘다.
- 모범사례를 수집한다.
- 자원(재정, 시간, 담당자)을 배분한다.
- 효과적으로 계획을 수립하고 이에 협력한다.
- 평가 결과와 교훈을 공유한다.

5) 자살예방을 향한 길

(1) 자살예방을 위해 무엇을 할 수 있고 누가 관여해야 하는가

자살예방이 가능하도록 하기 위해서는 실행이 필요하다. 정책입안자와 기타 이해당사자들이 도전해야 할 것은 자살에 관한 대중적 대화의 증가를 수용하고 대응의 실천을 위해 환경을 이용하는 것이다. 하지만 아직 가야 할 길은 멀고, 자살예방전략을 구현하는 데에는 상당한 장애물이 남아있다. 여기에서는 자살예방을 위해 국가의 경로를 제시한다.

(2) 자살예방을 위해 제안된 전략적 조치

표 32-1 자살예방을 위해 제안된 전략적 조치(현재의 실행 수준에 따라 분류)

전략적 행동의 영역	주요 이해당사자	활동 없음 (현재 국가 또는 지역 차원의 자살예방대응 없음)	다소 활동 (국가 또는 지역적 수준의 우선순위 영역에서 자살예방에 대한 일부 활동이 시작됨)	국가 차원의 자살예방전략 있음
주요 이해당사자들의 관여	보건부, 또는 기타 조정 의료기관	국가에서 우선하거나 활동이 이미 있는 곳에서 주요 이해당사자들의 확인과 참여를 시작함	여러 분야에 걸쳐서 모든 주요 이해당사자를 확인하고, 이들을 자살예방 활동에 포괄적으로 참여시키며 책임을 부여함	모든 주요 이해당사자의 역할, 책임, 활동을 정기적으로 평가함. 결과를 이용하여 특정 부분의 참여를 확대하고 이해당사자의 참여를 증가시킴

수단에 대한 접근 감소	법률 및 사법제도, 정책입안자, 농업, 교통	지역사회 중재수단을 통해 자살수단에 대한 접근을 줄이는 노력을 시작함	자살수단 접근감소를 위한 기존의 노력을 조정하고 확대함(법률, 정책, 국가 기준 포함)	자살수단 접근감소 노력을 평가하고 평가 결과를 통해 개선방안을 마련함
감시의 수행과 자료의 품질 향상	보건부, 통계기관, 기타 모든 이해당사자, 특히 자료수집을 위한 공식 및 비공식 보건 시스템	나이, 성별, 자살수단에 관한 핵심정보를 가지고 사망률 데이터의 우선순위를 정하고 감시를 시작함. 모델 개발을 위한 대표적 장소 확인을 시작함	국가 수준에서 자살과 자살시도를 감시하고, 자료가 신뢰롭고 유용하며 공개적으로 이용 가능한지 확인하기 위해 감시시스템을 구축함. 효율적이고 확대와 실행이 가능한 모델을 확립함	감시체계의 품질, 대표성, 적시성, 유용성, 비용과 같은 주요사항을 적절히 확인함. 결과를 반영하여 시스템을 개선함. 효과적인 모델을 확장하여 포괄적 데이터의 범위 및 품질을 보장함
인식개선	보건부 및 언론을 포함한 모든 분야	자살이 예방 가능하다는 인식을 제고하기 위한 활동을 구성함. 폭넓게 접근되는 채널을 통해 메시지가 일부 표적 지역 및 집단에 전달되도록 함	전략적 대중 캠페인을 개발하고, 근거 기반 정보를 이용하여 국가 차원에서 시행함. 표적 집단 맞춤형의 방법 및 메시지를 이용함	캠페인의 유효성을 평가함. 평가 결과를 향후 캠페인 개선에 반영함
언론의 관여	언론과 보건부의 협력	자살에 대한 책임 있는 보도에 관해 언론과 대화를 시작함	주요 언론사들이 자살에 책임 있는 보도를 할 수 있도록 기준 개발을 지원함. 언론 관계자와 협력하여 예방 자원과 적절한 의뢰를 장려함	자살 사건의 언론 보도를 평가함. 모든 언론사가 책임 있는 보도를 할 수 있도록 훈련함. 언론 종사자 신입사원을 대상으로 적시에 훈련을 시행함
보건시스템의 가동과 보건인력의 양성	공식 및 비공식 보건시스템과 교육 분야	자살시도자를 관리하기 위한 계획을 수립하고 실행함. 보건담당자를 교육함	국가차원에서 근거 기반 위기관리, 임상 진료, 사후중재를 시작함. 보건담당자에게 보수교육을 제공하며, 적합한 커리큘럼을 개발함	기존 서비스를 정기적으로 확인하고 평가함. 평가 결과를 진행하고 있는 관리체계를 개선하는 데 반영함
태도와 신념의 변화	언론, 보건서비스, 교육, 지역사회 조직	도움을 구하는 것과 관련된 오명을 줄이기 위한 활동을 시작하여 도움 요청 행동을 증가시킴	정신건강서비스 이용에 대한 태도를 변화시키고, 이러한 서비스 이용자에 대한 편견을 감소시킴	자살, 정신 및 물질사용 장애 그리고 도움 요청과 관련된 대중적 태도와 믿음의 변화를 확인하기 위해 정기적인 평가를 시행함

평가와 연구의 시행	지역사회 보건서비스기관, 교육 및 보건부	필요한 자살예방 연구를 계획하고, 우선순위를 정하여 자료(예: 자살사망)를 수집함	지역과 국가 수준의 자살예방 노력을 알리고 평가할 자원을 할당하여 기존의 연구를 확대함	연구를 주기적으로평가하여 과학적 진보를 확인하고 지식의 격차를 파악함. 평가 결과에 기초하여 자원 투입을 조정함
포괄적 국가 자살예방전략의 개발과 시행	보건부	자료와 자원이 아직 확보되지 않았더라도 사람들을 결집하는 계기로 삼기 위해 국가자살예방전략을 개발함	국가전략을 계속 개발하여 포괄적이고 여러 분야에서 이루어지며 실행의 격차를 해소할 수 있어야 함	가장 효과적인 요소를 확인하기 위해 전략 구현과 성과를 평가하고 관찰함. 결과를 반영하여 전략을 지속적으로 개선함

(3) 국가전략의 주요 성과

자살예방의 성과를 측정하기 위해서는 국가자살예방전략을 계획하고 실행하기 위한 투입물, 산출물, 활동을 조사한 후, 산출물을 다시 살펴보고 평가를 진행하기 위해 결과를 다시 검토하고 그 영향을 자세히 살펴보는 것이 중요하다.

이와 같은 국가전략의 주요한 성과를 측정하는 양적 지표는 다음과 같다.

- 자살률의 감소
- 성공적으로 시행된 자살예방 중재수단의 수
- 입원환자의 자살시도 감소 수

그림 32-4 자살예방에 적용된 논리적 틀

4. 마무리하며

자살은 세계적인 공중보건의 문제로, 매년 80만 명이 자살로 목숨을 잃는다. 또한 자살은 세계 모든 지역과 사회인구학적 집단에 영향을 미치게 된다. 자살은 개인의 문제에 그치지 않는 것이다. 하지만 자살은 개인의 문제로 치환되며 공공보건의 문제로 우선시되지 못하는 경우가 너무 많은 것이 사실이다.

따라서 자살예방을 위해서는 개인이 아닌 국가가 움직이는 것이 필요하다. WHO에서 발행한 「자살예방: 전 세계적 과제(Preventing Suicide: A global imperative)」(WHO, 2014)와 「국가자살예방전략: 진전, 사례, 지표(National Suicide Prevention Strategies: Progress, Examples, and Indicators)」(WHO, 2020b)에 따르면 자살예방의 이행을 추진하기 위해서는 국가전략과 관련 행동계획이 필요하다고 말한다.

두 보고서는 WHO의 각 지역 사례를 제시함으로써 자살예방이 가능함을 보여 주고 있다. 국가에서 가용 가능한 적시에 효과적인 증거 기반 중재, 치료 및 지원을 이용한다면, 자살과 자살시도를 모두 예방할 수 있을 것이다.

참고문헌

중앙심리부검센터(2020). 2020 자살예방사례 문헌집.

WHO. (2014). *Preventing Suicide: a global imperative*. Geneva: World Health Organization.

WHO. (2020a). 2019년 국가자살예방전략.

WHO. (2020b). *National Suicide Prebention Strategies: Progress, Examples, and Indicatiors*. Geneva: World Health Organization.

자살예방의 모든 것
이론과 정책

유럽의 자살예방정책

　유럽, 그중에서도 북유럽 국가들은 우리에게 사회복지제도가 잘 발달되어 있는 나라로 알려져 있으며, 자살예방 측면에서도 국가적 차원에서 전략을 세우고 적극적으로 대처해 온 것으로 평가받는다. 이 국가들은 기후와 지리적 특성상 낮보다 밤이, 여름보다 겨울이 길며 일조량이 적어 전통적으로 우울증에 취약하고 그만큼 자살위험도 높은 편에 속해 왔기 때문에 자살은 국가적 주요 관심사 중의 하나였다. 이러한 북유럽 국가들의 상황은 주로 사회경제적 상황에 영향을 많이 받아 온 우리나라의 자살현상과 그 양상이 다르다고 할 수 있다. 그러나 이 나라들은 자살위험에 대해 국가적 차원에서 대응해 왔다는 점에서 우리에게도 시사해 주는 바가 클 것으로 사료된다. 여기서는 그중에서도 세계 최초로 국가적 차원에서 심리부검을 시행하고 이를 기반으로 자살예방정책을 펼쳐 온 핀란드를 비롯하여 대표적인 복지국가로 알려진 스웨덴, 그리고 적극적인 전 사회적 자살예방 시스템 도입을 통해 자살률을 현저히 낮춘 덴마크를 중심으로 각각의 자살예방정책을 살펴보도록 하겠다.

---

* 최명민(백석대학교 사회복지학부 교수)

1. 핀란드[1]

1) 핀란드의 자살 현황

산타클로스의 나라로 알려진 핀란드는 국가적 차원의 프로젝트로 자살예방사업을 시행한 최초의 국가이다. 이러한 배경에는 550만 명이라는 비교적 적은 인구 구성과 이에 비해 상대적으로 높은 자살률이 국가존립의 위협이 되는 상황에서 비롯되었다고 할 수 있다. 핀란드는 18세기 중반부터 자살사망 관련 자료를 기록해 올 만큼 세계에서 가장 오랜 공식적인 국가 자살통계를 갖고 있는 나라이다. 그런데 1960년대 이후 도시화와 80대 이후 경제위기가 고조되면서 자살률이 급격히 상승하였으며, 특히 1990년에는 10만 명당 30명이 넘는 자살률을 기록하기에 이르렀다.

이에 핀란드에서는 자살률이 상승하던 1980년대 후반부터 세계 최초로 국가적 차원에서 자살예방 프로젝트를 시행하게 된다. 그러나 이러한 프로젝트는 갑자기 시행된 것은 아니었으며 이미 1970년대부터 자살 현황을 파악하고 그 심각성을 인지한 국회에서 자살에 대한 논의를 본격적으로 시작한 토대 위에서 성립된 것이었다. 그럼에도 불구하고 본격적인 국가 프로젝트가 시행되기 이전인 1980년에는 자살률이 인구 10만 명당 32명으로 유럽 최고 수준에 이를 정도였으며, 특히 청년층, 그중에서도 청년 남성의 자살률은 10만 명당 37.7명으로 매우 심각한 상태였다. 이처럼 한창 경제활동을 수행해야 할 청년층의 높은 자살률은 자살이 더욱 중요한 국가적 문제로 부각될 수밖에 없었던 이유이기도 했다.

따라서 핀란드 정부는 1980년대에 들어오면서 본격적으로 국가자살예방 프로젝트를 준비하여 1986년부터 공식적인 시행에 들어가게 된다. 그 결과, 1990년부터 자살률이 감소하기 시작하였으며 비교적 최근인 2010년 이후를 보더라도 핀란드의 자살률은 1990년의 절반 수준인 10명에서 20명 사이를 기록하고 있다([그림 33-1] 참조). 이러한 결과는 국가적 차원에서 자살예방을 위한 체계적 노력을 기울일 때 실질적으로 자살을 예방하고 그 결과 자살률을 현저히 감소시킬 수 있다는 실증적 근거를 제시해 주었다는 점에서 의미가 있다고 하겠다.

---

[1] 이하 핀란드에 대한 서술내용은 주로 다음 문헌들과 집필자의 연수과정에서 수집한 자료를 토대로 재정리한 것임(경기광역해외연수단, 2011; Partonen, 2018).

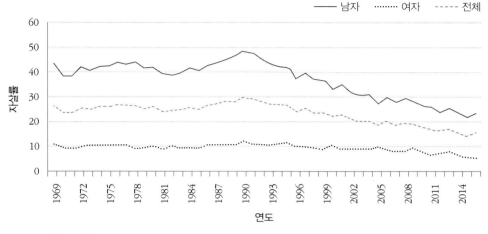

그림 33-1   1969~2016년 직접적 연령표준화로 보정한 핀란드 인구 10만 명당 자살률

출처: Statistics Finland.

2) 핀란드의 국가자살예방 프로젝트

핀란드의 국가자살예방 프로젝트는 1981년 세계보건기구(WHO)의 자살예방 지침을 기반으로 한 것이었다. 이 프로젝트는 2년간 전문가 소집과 준비과정을 거쳐 1986년부터 시행되었는데, 크게 두 단계로 분류된다. 그 첫 단계는 자살의 원인과 과정을 파악하기 위한 연구작업이었고, 두 번째 단계는 연구를 통해 발견한 내용을 토대로 도출된 자살예방 전략을 직접 현장에 실천하고 적용하는 것이었다.

(1) 조사연구 단계

우선 1986년부터 1991년까지 5년간 시행된 이 연구 프로젝트에서 주목할 것은 이제는 우리에게도 잘 알려져 있는 '심리부검(psychological autopsy)'이다. 자살의 사유를 밝히기 위한 것에 초점을 둔 심리부검을 통해 1987년 4월부터 1988년 3월까지 1년 동안 발생한 전국의 자살사망 1,397사례를 대상으로 정보를 수집하고 구조화된 점수기준에 따라 평가가 진행되었다. 이 핀란드의 심리학적 부검 시스템은 다른 국가에서 시행하지 않는 특별한 시스템이었는데 이는 핀란드의 법률 중 모든 예기치 못한 죽음에 대해서는 부검을 하도록 되어 있는 조항에 의거하여 핀란드 보건복지부의 재정과 행정력을 지원받아 시행되었다. 물론 여기에는 젊은 층의 자살이 증가함에 따라 문제를 해결하자는 사회적인 합의가 뒷받침되었다.

조사절차는 지역 위원회에서 데이터를 수집하여 중앙 기관으로 전달하는 시스템으로 진행되었다. 핀란드에서는 이미 20개의 지역 거점 병원을 중심으로 관리체계를 갖추고 있었기 때문에 심리부검을 위해 중앙에서 지역으로 사람을 파견하여 지원하고 지역에서도 자체 팀을 구성하여 진행하였다.

이렇게 1년에 걸친 조사자료를 분석한 결과에서는 의학적 기준으로 볼 때 우울증과 알코올 의존 및 남용이 자살의 가장 강력한 원인으로 확인되었다. 또한 성격장애와 정신신체질환의 진단뿐 아니라 이중진단에 해당되는 경우도 상당수 있는 것으로 나타나 자살예방에 있어서 정신질환의 조기 개입이 필요하다는 사실을 확인하게 되었다. 더불어 젊은 사람들은 미디어의 영향을 많이 받는다는 사실이 확인되면서 자살 관련 보도

표 33-1 심리부검을 통한 핀란드 자살예방 일곱 가지 원칙

구분	원칙	설명
1	자살시도자에 대한 지원·치료 방법을 개발한다.	자살시도자에 대한 지지체계와 치료방안을 개발하고 위험요인 조기 발견과 개입에 초점을 두어야 함
2	중증 우울증 환자를 위한 돌봄서비스를 개선한다	자살예방을 위해 중증 우울증 환자에 대한 치료에 중점을 두는 것이 중요함
3	문제해결을 위해 알코올을 남용하지 않는 방법을 배운다.	문제해결방법으로 음주 대신 다른 해결방법을 알려 줘야 함. 알코올중독 예방은 자살예방을 위해서도 중요함
4	정신장애를 일으킬 수 있는 신체질환(만성질환 등)의 치료를 위한 심리·사회적 지원을 강화한다.	특히 신체질환으로 고통 받는 노인들에게 사회심리적 지지체계의 제공이 필요함. 노인들의 통증 호소를 무시하지 말고 적절한 돌봄을 제공하는 것이 중요함
5	삶의 위기에 처한 사람들이 서로를 돕고 전문가의 지원을 받을 수 있도록 장려한다.	삶을 살다 보면 위기상황에 닥치기 마련이나 문제를 잘 해결할 수 있도록 가족, 친지 상호 간, 또는 전문적인 지지체계를 만들어 주는 것이 필요함
6	청년층의 소외를 예방하고, 그들이 삶의 어려움을 해결할 수 있는 기회, 방법을 만들어 보람 있는 경험을 할 수 있도록 돕는다.	젊은이들 중에도 사회적으로 소외된 경우가 있으므로, 이들이 사회적으로 참여할 수 있는 기회를 주고 격려를 제공하는 것이 필요함
7	사람들이 삶에 대한 믿음, 열정, 확신, 인내, 서로 돕고자 하는 마음을 갖도록 격려한다.	인생에 있어서 믿음과 열정, 자기확신, 상호작용 증진에 대한 믿음을 인식할 수 있도록 사회적 분위기를 조성하는 것이 중요함

에 대한 제한을 둘 필요성이 제기되었다.

이러한 내용을 포함한 심리부검 결과를 통해 도출한 자살예방을 위한 일곱 가지 핵심 지침(Seven keys)은 〈표 33-1〉과 같다.

(2) 도출된 자살예방전략 적용단계

2단계에 해당되는 1992년에서 1996년까지 5년 동안은 이러한 연구 결과에 따라 국가자살예방목표와 실행 프로그램을 수립하고, 이 내용을 담은 자료를 전국적으로, 그리고 전 부서 차원으로 배포하였다. 여기에는 핀란드 전역에 있는 다양한 분야의 전문가들이 참여하였는데, 이들 간의 네트워크 기반은 연구 단계에서부터 형성되었고 전문가들의 역량 개발을 위한 노력도 병행해서 이루어졌다. 이 과정에서 자살예방 전문가를 위한 훈련과 평생교육 프로그램이 개발되었고 다양한 안내 자료와 성공적인 사례가 공유되었다.

이를 통해 핀란드는 다음 〈표 33-2〉에서 보듯이 WHO에서 자살예방정책 지침으로 제시하고 있는 가이드라인 열두 가지를 모두 수행하고 있는 거의 유일한 국가로 평가받게 되었다(안전생활실천시민연합, 한국자살예방협회, 2019).

특히 핀란드의 자살예방 프로그램은 다음과 같은 부분에 초점이 맞춰져 있다.

표 33-2 핀란드가 수행하고 있는 WHO 자살예방정책 지침

구성요소	핀란드
정신질환의 탐지와 치료대책	+
치명적 수단에 접근성 감소대책	+
미디어와 대중교육	+
학교자살예방 프로그램	+
정신건강서비스의 접근도 향상	+
훈련대책	+
사후예방 프로그램	+
신체적 질병대책	+
자살시도자의 평가 및 관리	+
위기개입체계	+
직업과 실업대책	+

출처: 안전생활실천시민연합, 한국자살예방협회, 2019, p. 13

- 자살예방에 대해 불특정 다수, 일반 사람들에게 홍보를 많이 하며 이를 대중적인 문제로 인식하고 자살에 대해 드러내어 이야기할 수 있는 문화를 형성하는 것
- 일반 인구집단 중 의료를 담당하는 의사, 언론, 게이트키퍼들은 자살 문제에 대해 더 많이 인식하고 있도록 하는 것
- 자살사고 위험요인을 많이 가진 사람들에 대한 선별검사를 반드시 실시하고 응급실 담당의사, 지역 의료기관 의사 등 1차 의료인이 이러한 역할을 담당하도록 하는 것
- 치료는 약물치료와 정신치료를 함께 제공하며 특히 알코올의 경우 충동성이 높으므로 AA 프로그램 연계, 간 기능 검사 등을 통한 선별 과정을 거쳐 개입하는 것
- 자살시도자에 대한 지속적인 사후관리를 지속하는 것
- 총기나 독극물 등 위험한 자살도구에 대한 부분은 정부가 관리하는 것
- 모방 자살 방지를 위한 미디어의 보도 제한과 공익보도를 강화하는 것
- 자살행동 전 경고신호를 조기 발견하여 개입하는 것

그 결과 국가프로젝트 기간 중 핀란드의 자살률이 감소한 내용을 좀 더 상세히 살펴보면 다음과 같다(안전생활실천시민연합, 한국자살예방협회, 2019).

표 33-3 핀란드 국가자살예방 프로젝트 시행 전후 자살률과 자살추세

구분		5년 전 평균 자살률	5년 후 평균 자살률	평균 자살률 차이 (t-value&p)	5년 전 기울기	5년 후 기울기	기울기 차이 (t-value&p)	예상되는 영향
1992 시행	여	11.80	11.36	.76(.117) (=)	.09	−.07	3.67(.011) (↓)	긍정적
	남	47.08	43.56	.13(.066) (=)	1.17	−1.85	11.46(<.001) (↓)	긍정적

출처: 안전생활실천시민연합, 한국자살예방협회(2019), p. 1

3) 핀란드 국가자살예방 프로젝트의 함의

자살 문제에 대한 시민들의 인식을 높이고 적합한 자살예방 수단을 찾고자 했던 핀란드의 국가자살예방 프로젝트는 그 목표를 비교적 잘 달성한 것으로 평가받는다. 자살에 대한 사람들의 관심을 높이는 데 성공했고, 핀란드 전역에서 자살예방대책들이

시행되도록 했으며, 1차 의료를 중심으로 전문가들의 업무 관행을 바꾸어 놓았다. 또한 대중매체가 자살을 보도하는 방식에 변화를 일으켰다. 특히 핀란드의 국가자살예방 프로젝트는 국내외적으로 핀란드 전역의 공공 부문에서 광범위하게 실행되었다는 것과 자살 문제를 사회적인 의제로 만드는 데 성공했다는 점에서 긍정적인 평가를 받았다. 다만, 자살수단을 제한하는 방법을 중점적으로 다루지 않았다는 점은 비판을 받기도 했다(Beskow et al., 1999).

핀란드에서도 자살예방 프로젝트가 쉽게 국가적 아젠다로 채택된 것은 아니었다. 가장 큰 장애물은 자살이라는 이슈 그 자체였다. 당시 핀란드에서 자살은 금기시되는 주제였고, 정책으로 해결하기보다는 개인적이고 또 다루기 어려운 문제로 여겨졌기 때문이다. 그럼에도 불구하고 이런 장애물들은 프로젝트 시행 조건들이 갖춰지면서 극복될 수 있었다. 그 시행조건이란 지역과 국가의 데이터와 튼튼한 연구 기반, 지역 자살전문가들의 모범적 실천사례 참여에 따른 충성도, 중앙집중식 보건행정, 다수의 지지자, 활발한 의사소통, 각 활동을 조정하는 시스템, 지역과 국가 차원의 여러 전문가가 참여하는 광범위한 네트워크 등이었다(Partonen, 2018).

핀란드 국립보건복지연구원 교수이자 자살연구 책임자인 티모 파르토넨(Partonen, 2018)은 이를 통해 얻은 교훈을 다음과 같이 정리하고 있다.

> 자살예방대책을 세울 때는 문화적 상황과 지역·성·연령별 집단 간의 차이를 고려해야 한다. 지역 종사자들과의 긴밀한 연구 협력은 프로젝트를 집행할 때도 도움이 된다. 또한 자살 동향과 자살시도의 빈도를 지역과 국가 차원에서 지속적으로 파악하는 것이 자살예방책과 예방사업의 계획에 필수적이다. 행정 부문 간 업무 협력을 강화해 돌봄의 지속성을 확보함으로써 정신장애와 약물 남용에 대응하는 것이 중요하며, 무독성 약품이나 모범적인 처방 관행 등, 자살수단을 쉽게 접할 수 없도록 만들어 자살시도를 사전에 차단하는 방법이 개발되어야 한다. 청소년과 청년층의 자살시도를 인식·발견하고 견고한 후속 치료 조치를 취하는 것도 중요하다. 또한 자살에 관한 기초 및 임상 연구 외에도 자살예방 실행 과정에 대한 연구가 필요하며, 프로젝트 평가와 의사소통을 위한 활동들이 처음부터 프로젝트의 핵심 요소로 고려되어야 한다.

마지막으로 집필자가 2011년 티모 파르토넨과 직접 면담 당시에 나눈 면담 내용 중 일부를 제시한다.

> **Q. 자살예방 전문가로서 갖추어야 할 자질은 무엇이라고 생각하십니까?**
>
> **A.** 환자에 대한 관심, 위험요인에 대한 지속적인 확인, 기계적인 질문이 아닌 충분한 시간을 갖고 질문하는 것, 대상자가 처한 사회 환경에 대해 자세히 알아보기, 정신질환이 있을 시 내가 다룰 수 있는 문제인지 상급기관이나 다른 자원에 연계해야 하는 문제인지 판단할 수 있는 능력이 중요합니다. 특히 대상자의 문제가 인생의 중요한 부분이라는 인식을 갖고 문제를 해결하도록 도울 수 있어야 합니다. 더불어 환자의 비밀보장과 같은 윤리적인 면에도 신중해야 하겠습니다.
>
> **Q. 핀란드는 사회복지제도가 발달한 국가로 알려져 있습니다. 사회복지 시스템과 자살의 관련성을 어떻게 보십니까?**
>
> **A.** 자살은 기본적으로 생물학적인 것과 환경적인 요인의 상호작용입니다. 따라서 사회복지시스템이 잘 되어 있으면 자살도 줄어들 것이라고 보는 것이 우리들의 입장입니다.

2. 스웨덴

1) 스웨덴의 자살 현황

인구 1,000만 명 규모의 스웨덴은 현재 지구상 가장 복지제도가 잘 되어 있는 나라 중 하나로 알려져 있다. 그만큼 국민의 행복지수도 OECD 국가 중 10위권 내를 계속 유지할 정도로 높은 편에 속한다. 그러나 1980년대 말과 1990년대 초반까지만 해도 스웨덴의 자살률은 비교적 높은 편에 속했다. 특히 1990년대 초 경제 위기로 인한 대량 해고와 실직이 발생하면서 자살률도 함께 증가했다. 그러나 스웨덴 정부가 실직자들이 좌절하지 않고 다시 일터로 복귀할 수 있도록 적극적으로 지원하는 동시에 자살예방정책을 꾸준히 시행한 결과, 현재 스웨덴의 자살률은 다른 나라에 비해 낮은 축에 속한다. 2020년 기준으로 OECD의 국가 중 스웨덴은 인구 10만 명 당 자살률이 11.4명으로, 14.5명인 미국보다 낮으며 한국의 24.6명보다는 1/2 이상 낮다.

그럼에도 불구하고 스웨덴에서 자살은 여전히 중요한 사회문제로 다뤄지고 있다. 특히 15~24세에 해당하는 소위 청소년층의 경우 자살률이 아주 높은 것은 아니지만 지속적으로 증가하는 추세에 있다는 연구 결과가 나오면서[2] 그 심각성이 사회적으로 부

---

2) https://www.thelocal.se/20181126/suicides-increasing-amongst-swedish-youth (2021. 1. 8. 인출)

각되었다. 이에 따라 스웨덴에서는 WHO의 권고에 따라 2020년까지 자살률을 10% 미만으로 낮추는 것을 목표로 삼고 자살예방국가행동전략을 발표하고 중앙정부뿐 아니라 각 코뮌(kommun)[3]을 중심으로 다양한 프로그램을 실시하고 있다.

2) 스웨덴의 자살예방정책

앞에서 언급한 자살예방국가행동전략에 따라 스웨덴에서 실시하고 있는 자살예방 정책들은 크게 자살예방을 위한 사회제도나 환경의 개선에 초점을 둔 정책, 누구나 자살위험에 처한 사람들에게 도움의 손을 내밀 수 있도록 사회교육에 초점을 둔 정책, 자살사건 후 철저한 사후관리와 분석을 시행하는 정책, 민관 협력으로 사회전체의 자살예방 안전망을 설계하는 정책으로 구성된다. 이들을 구성하는 구체적 정책들을 살펴보면 다음과 같다(이석원, 2019; 홍희정, 2020).

(1) 자살예방을 위한 저소득층의 복지 확충 노력

일반적으로 경제적 지위와 정신건강은 비례관계를 갖는다. 그만큼 소득이 낮고 생활고가 있는 경우에 우울증에 걸리기 쉽고 자살충동도 더 많이 느끼게 된다는 것이다. 따라서 복지국가 스웨덴에서는 소득이나 교육 수준이 낮은 집단에서 자살위험도 높다고 보고 이들 저소득층에게 초점을 둔 사회보험 확대와 일자리 제공과 같은 적극적인 정책을 통해 삶의 조건을 개선함으로써 자살위험을 감소시키는 노력을 기울이고 있다.

(2) 자살위험군의 술 문제를 감소시키기 위한 노력

술과 자살위험은 비례하며 자살위험군 중에는 알코올중독자가 많다는 연구 결과를 토대로 각 코뮌 차원에서 술 문제 전력이 있거나 알코올중독자로 진단된 이들에 대해 주류 판매를 제한하거나(구매 한도 설정 등) 금지하도록 하고 있다. 또한 보다 근본적인 문제 예방을 위해 알코올중독 예방 프로그램도 적극 진행하고 있다.

(3) 쉽게 자살할 수 있는 환경으로부터 차단 노력

스웨덴에서 자살에 이용되는 수단은 주로 총기와 약물이다. 스웨덴은 총기 휴대가

---

3) 스웨덴에서 코뮌은 행정용어로 기초지방자치단체라는 의미이며 일반적으로는 작은 공동체라는 뜻으로 쓰이고 있다.

허가제이기 때문에 개인이 총을 휴대하고 있는 경우가 적지 않다. 따라서 스웨덴에서는 자살예방을 위해 총기 판매 규제를 강화하고 수면제나 항우울제 등 약물이나 독성 약물 판매를 제한함으로써 일반 시민들이 자살수단과의 거리를 두도록 추진하고 있다.

(4) 상담치료의 접근성을 높이기 위한 노력

스웨덴에서는 힘든 상황이지만 의지할 곳 없는 사람들이 조금 더 편하게 자신의 이야기를 털어놓고 도움을 받을 수 있도록 상담 제도를 활성화해 왔다. 코뮌이나 학교, 직장 등이 자체적으로 상담 시설을 운영함으로써 사람들이 일상적으로 생활하는 환경에서 손쉽게 상담을 받을 수 있도록 하고 있다. 물론 정신과에서도 심리치료를 진행하지만, 굳이 정신과를 가지 않더라도 지역과 일터, 학교 등에서 이용할 수 있는 상담서비스는 어려운 상황에 처한 사람들이 부담 없이 상담에 접근할 수 있는 기회를 제공한다는 점에서 중요하다. 실제로 스웨덴은 OECD 국가 중 10만 명 당 심리상담가의 수가 가장 많은 나라에 속한다(2010년 기준 3위).

(5) 사회교육을 통해 누구든 자살위기에 대처할 수 있도록 노력

스웨덴에서는 누구나 자살위기를 겪을 수 있고 또 누구나 자살위기를 막을 수 있다는 전제하에 사회 구성원에게 다양한 자살예방 프로그램과 사회교육을 실시하고 있다. 사회 전반에 자살예방에 대한 경각심을 높이고 대처 방법을 알리기 위하여 사회 구성원이 자살예방에 필요한 기본적인 의학적 · 심리학적 · 정신과적 지식을 접할 수 있도록 하는 것이다. 다양한 사회교육 프로그램은 교육, 컨퍼런스, 세미나뿐 아니라 인터넷 등의 방식을 취하고 있으며 누구나 부담 없이 참여할 수 있다. 이를 통해 사회 구성원모두가 자살문제에 관심을 기울이고 고통 받는 사람들을 보듬어 줄 수 있는 사회적 분위기를 만들어 가는 것을 지향하고 있다.

(6) 휴먼서비스 직종의 자살예방 전문 지식 습득 노력

일상에서 자살위기에 처한 사람들이 일반적으로 가장 많이 접촉하는 사람들로는 사회복지사, 상담사, 의사, 학교교사와 같은 휴먼 서비스직에 종사하는 이들이나 경찰, 종교인들을 들 수 있다. 따라서 스웨덴에서는 이들이 자살예방에 대한 전문 지식을 습득하여 자살위기자에게 실질적인 도움을 줄 수 있도록 하고 있다. 이처럼 스웨덴은 자살 충동을 느끼는 이들을 직접적으로 도울 수 있는 전문가들을 적극 양성하고 교육하는 일에 주력하고 있다. 특히 경찰과 응급요원들에게도 별도의 자살 방지 교육을 시키고 있다.

(7) 자살 사건 발생 후 철저한 사후관리 및 원인-결과 분석으로 대처방법 마련 노력

스웨덴에서는 자살예방정책과 상담 접근 등 자살을 방지하기 위한 적극적인 노력에도 불구하고 피치 못한 자살이 발생하는 경우, 그 자살 사건에 대해서 철저한 사후관리와 분석을 실시하고 있다. 자살자가 어떤 상황에 놓여 있었는지, 또 어떤 심리상태였는지를 철저하게 분석해 두는 것은 비슷한 사례에 대해 적절한 대처 방법을 제시해 줄 수 있기 때문이다. 따라서 자살 사건이 발생한 후 이에 대한 과학적이고 체계적인 분석을 실시하여 자살의 원인과 결과를 파악하고 관련 데이터를 축적함으로써 향후 자살위험을 줄이고 예방 효과를 거둘 수 있도록 노력하고 있다.

(8) 비영리기관과의 자살예방 활동 연계 노력

스웨덴에서 자살예방 프로그램은 국가 가이드라인에 따라 주로 지방자치단체에서 운영하고 있는데, 여기에는 다양한 비영리기관과 연계하여 이루어지는 활동들도 포함된다. 따라서 자살예방 프로그램은 각 기관이나 단체마다 각기 수행하는 것이 아니라 여러 기관 간 연계와 협동을 통해 사회 전반에 커다랗고 촘촘한 자살예방 안전망을 설계하는 것을 목표로 하고 있다.

3) 스웨덴 국가자살예방정책의 함의

스웨덴은 전 세계적으로 인정받는 복지국가답게 자살을 정신건강문제뿐 아니라 저소득층을 위한 복지와 일자리 마련 등과 같은 사회정책, 전 사회적 환경조성과 같은 차원에서 체계적으로 접근하고 있다는 점이 특징적이다. 이러한 특징적인 면모는 [그림 33-2] 같은 그래프를 통해 잘 드러난다.

일반적으로 경제위기나 실업은 자살과 상관이 있는 것으로 알려져 왔으나 스웨덴의 실업률과 자살률 양상([그림 33-2])을 보면 비록 실직의 위기가 발생한다 하더라도 그 사회가 이에 대해 어떻게 대처하느냐에 따라 자살을 효과적으로 방지할 수 있음을 보여 준다. 실직이나 미취업자의 문제를 개인의 능력 문제나 개인적 낙오로 취급해 버리는 사회냐, 아니면 사회안전망을 통해 기본적인 생계를 보장하며 재기의 기회를 제공할 수 있는 시스템을 만드느냐에 따라 그 결과가 달라질 수 있다는 것이다. 스웨덴은 대표적으로 후자의 입장을 취하는 국가로서 경제 위기가 반드시 자살률로 이어지는 것은 아니라는 것을 보여 준다.

스웨덴의 자살률은 OECD 국가들 중 낮은 편에 속한다. 그러나 자살예방에 대한 정

그림 33-2 스웨덴의 남성 실업률과 자살률

출처: Stuckler & Basu (2013).

부의 관심도 높을 뿐 아니라, 자살예방에 대한 재정 지원 확대와 자살예방 전문기구 설치를 주장하며 자살에 대한 정부와 사회의 관심과 인식 전환을 지속적으로 촉구하는 시민단체의 목소리도 높은 편이다. 이는 현재 높은 자살률을 기록하고 있는 우리나라의 현재뿐 아니라 향후 자살위기가 감소할 것으로 기대되는 미래에도 참고해야 할 사회적 노력이라고 하겠다.

3. 덴마크

1) 덴마크의 자살 현황

인구 580만 정도의 덴마크는 여론조사 기관에서 시행하는 삶의 질에 대한 만족도 조사에서 매년 세계에서 가장 행복한 국가의 최상위에 위치하는 나라이다. 경제적 여유, 사회안전망 구축, 쾌적한 자연환경 등으로 삶의 질이 높은 편이며 흡연과 음주, 약물남용과 육체적 질병 등 국민의 삶의 질을 저하시키는 요인에 대해서는 정부가 적극적인 보건복지정책으로 대응하고 있기 때문이다. 또한 우리에게도 많이 알려진 '아늑하고 포근하다'는 의미를 가진 덴마크 특유의 '휘게(Hygge)'라는 용어에서 알 수 있듯이 덴마

OECD 표준인구 10만 명당 명)

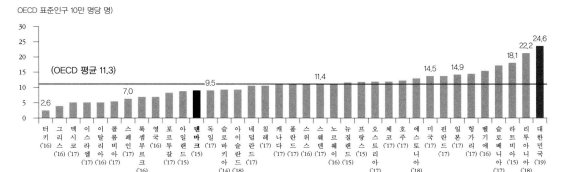

* 자료: OECD STAT. Health Status Data(2020. 9. 추출). 우리나라 최근 자료는 OECD 표준인구로 계산한 수치임.
* OECD 평균은 자료 이용이 가능한 37개 국가의 가장 최근 자료를 이용하여 계산

그림 33-3 OECD 국가 표준화 자살률 비교

출처: 서지민(2020. 9. 22.).

크인들은 가족, 친구 등과 대화를 나누는 저녁식사와 같이 일상에서의 작은 즐거움을
중요하게 생각한다(두산백과, 2021).

이러한 국가적 특성이 자살률에도 반영되어 덴마크의 자살률은 2015년 기준 9.4명으
로 한국의 약 1/3 수준이며, 2020년 기준으로 볼 때도 다음 [그림 33-3]에서 보듯이 같
은 북유럽 국가인 핀란드나 스웨덴보다 낮은 수준이다.

그러나 [그림 33-4]에서 보듯이 덴마크도 1990년대까지만 해도 자살률이 높은 국가
에 속하였다. 따라서 다른 북유럽 국가와 마찬가지로 국가적 차원에서 자살예방사업을

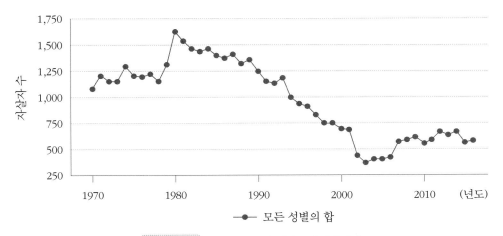

그림 33-4 1970~2016년 덴마크의 자살자 수

출처: Mainz (2018).

지속적으로 펼친 결과 현재와 같은 수준으로 자살률을 낮출 수 있었다.

2) 덴마크의 자살예방정책

핀란드나 스웨덴, 덴마크 모두 국가적 차원에서 자살예방정책을 시행해 왔지만 그 세부적인 내용을 조금씩 다르다. 노르덴토프트(Nordentoft, 2012)의 강의자료에 따르면 덴마크의 자살예방 구도는 [그림 33-5]와 같이 크게 일반인구와 위험집단, 그리고 급박한 자살위험군으로 구분되며, 자살은 결국 일반인구가 위험집단이 되고 그 위험집단에서 자살위기자가 나오는 것이므로 예방 노력은 그 반대 방향으로 진행되면서 위기가 완화될 수 있도록 하는 지향을 갖고 있다.

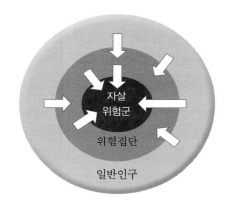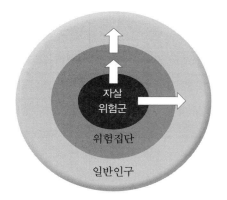

그림 33-5 덴마크 자살예방의 구조

출처: Nordentoft (2012).

이에 따른 각 집단을 대상으로 한 자살예방사업을 요약해 보면 〈표 33-4〉와 같다 (Nordentoft, 2012).

표 33-4 덴마크의 대상별 자살예방 접근

구분	일반인 대상	위험집단 대상 (심신질환, 중독, 사별, 이혼, 실직, 범죄, 노숙 등)	자살위기자
자살 예방 전략	〈보편적 개입〉 • 안전하고 안심할 수 있 　는 삶의 조건 보장 • 심리적으로 건강한 환 　경 보장 • 심리적·정신적 질병 　예방 • 술과 약물 규제 • 자살수단이 될 수 있는 　위험규제	〈위기집단 개입〉 • 치료받기 전 공백 감소 • 위기집단 자살위험 분석 • 위기상태에 대한 최선의 조 　치 보장 • 자살위험에 대응하는 인력에 　대한 교육 • 위험집단 자살위기 평가 • 위험집단 자살위기 평가 모 　니터링 • 시설 내 자살수단 접근 규제	〈특정인 초점 개입〉 • 강제 입원 • 폐쇄병동 • 정신과적 응급출동 • 정신과적 응급실 • 위기카드(Crisis cards) • 자살방지 키트 • 핫라인(Help lines) • 정신과 병동 내 자살수 　단에 대한 접근성 규제

출처: Nordentoft (2012).

　　이와 더불어 덴마크에서 자살예방을 위해 국가적 차원에서 기울이고 있는 노력들을 정리해 보면 다음과 같다(국회자살예방포럼, 2019; Mainz, 2018; Nordentoft, 2012).

(1) 국가적 차원의 자살예방 시스템 구축 노력

　　덴마크도 세계보건기구(WHO) 권고에 따라 1999년부터 국가적 차원에서 자살예방 사업을 전개해 왔다. 중앙정부와 지방자치단체는 1차적 연결망을 통해 행정적 차원에서 자살 방지를 위한 통일된 시스템을 구축하고 있다. 그리고 '국립자살예방연구센터'를 두어 자살에 관한 연구를 전담하게 하며 OECD 관리지표인 연령별 평균 자살률, 정신질환장애 환자의 자살 현황 등 자살 관련 다양한 지표를 분석하고 자살로 이어질 수 있는 우울증과 조현병 치료의 질을 분석하는 '국가임상기록부'를 관리하고 있다. 또한 덴마크 보건당국은 지방자치단체, 의료협회 및 국립간호사협회, 환자협회, 기타 민간 기관 등과 '국가 파트너십' 협약을 맺어 자살예방을 위해 함께 힘을 합하고 있다. 다음 [그림 33-6]은 덴마크의 환자진료 과정에서 의료진이 게이트키핑(gate leeping) 역할을 수행함으로써 자살예방을 위해 협력하는 구도를 보여 주는 그림이다.

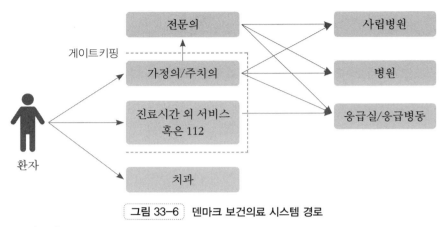

그림 33-6   덴마크 보건의료 시스템 경로

출처: Mainz (2018).

(2) 전국적인 자살예방클리닉 설치

덴마크 전역에는 지역마다 지역자살예방클리닉이 운영되고 있다. 1992년 처음 설립된 국립자살예방클리닉은 2006년 국영화 이후 덴마크 의료보험체계 안으로 편입되었으며 현재 전국적으로 20곳의 클리닉이 운영 중에 있다. 여기서는 덴마크 국민이면 누구든 무료로 상담과 치료를 받을 수 있는데, 매년 약 2,500명 이상의 국민이 이곳에서 집중 관리를 받는다고 한다. 이곳은 자살위기자나 시도자에게 인생의 참 의미와 살아 있는 인생의 중요성을 각인시키는 프로그램 등 심리사회적 치료를 제공함으로써 인생을 다시 보는 계기를 마련하는 전초기지 역할을 수행하고 있다. 전국에 이와 같은 자살예방클리닉이 갖춰지면서 덴마크의 자살률이 큰 폭으로 떨어진 것으로 평가받고 있다.

(3) 자살을 개인문제 아닌 사회문제로 인식하고 적극적 돌봄 의지 표명

덴마크 정부는 자살을 개인문제가 아닌 사회문제로 보고 자살률을 줄이기 위해서는 무엇보다 국가적 노력이 중요하다는 전제를 갖고 있다. 따라서 정부가 나서서 자살예방을 위한 강력한 의지를 표명하고 각종 포럼과 세미나를 열어 주위를 환기시키고 있다. 이를 통해 정부가 국민 한 사람 한 사람을 책임지고 돌볼 것(care)이며 그럴 수 있는 준비가 되어 있다는 메시지가 분명히 전달되도록 노력하고 있다. 또한 자살충동을 숨기지 않고 공개적으로 이야기할 수 있는 사회적 분위기 조성을 위해서도 힘쓰고 있다.

(4) 24시간 핫라인 운영

덴마크의 자살률 감소에는 자살충동을 이야기하고 도움을 요청할 수 있는 자살예방

핫라인의 운영도 크게 기여한 것으로 평가받고 있다. 이 핫라인 시스템은 모든 전화는 반드시 응답하고 24시간 이용이 가능하다는 목표로 운영되고 있다.

(5) 자살예방을 위한 언론의 역할 강화

우리나라와 마찬가지로 덴마크에서도 자살 사건 보도를 위한 일련의 윤리적 가이드라인을 언론과 공동으로 운영하고 있다. 또한 언론이 대중의 정신건강 지식을 향상시킴으로써 국민들이 필요시 적절한 치료를 받도록 도움을 줄 수 있기 때문에 자살예방을 위해서 언론의 역할이 중요하다는 점을 강조하고 있다. 따라서 방송 매체 등을 통해 자살예방 홍보물과 불합리한 문제해결방식으로서의 자살에 대한 경각심을 일깨워 주는 시사성 프로그램들을 내보내고 있다. 또한 자살과 상관성이 높은 정신질환과 관련하여 정신질환 예방에 도움이 되는 정보 제공, 정신질환에 대한 부정적이고 선정적인 이미지 개선, 정신질환은 치료가 필요하며 가능하다는 메시지를 전달 등에 주력하고 있다.

3) 덴마크 국가자살예방정책의 함의

덴마크의 자살예방정책은 국가가 국민을 책임진다는 메시지를 분명히 전달할 뿐 아니라 이를 위한 실질적인 시스템을 구축함으로써 완성되고 있다. 이처럼 국가적 차원에서 자살예방 노력을 기울인 결과 자살률이 1980년 이후 절반으로 감소했고 유엔이 매년 발표하는 세계행복지수 조사에서 세 차례에 걸쳐 1위를 차지하고 있다. 코로나19 대유행 시기에도 덴마크에서는 자살예방클리닉 운영 등 기존 사업들을 지속적으로 활발히 운행해 오고 있으며, 일부 상담은 화상 상담으로 진행하는 등 발 빠르게 대처하고 있다.

이러한 덴마크의 국가적인 자살예방 노력과 그에 따른 실질적인 자살예방 효과는 자살이 결코 개인의 자유로운 선택에 따른 결과물이 아니며 사회적 노력을 통해 상당 부분 감소시킬 수 있고 예방할 수 있는 죽음이라는 사실을 다시 한번 확인시켜 준다. 더불어 자살예방은 단지 자살예방 차원에 그쳐서는 안 되며 사회 전반의 분위기 조성과 국민들이 보다 행복한 삶을 살 수 있도록 다각적으로 노력하는 과정을 통해 구현되는 것임을 일깨워 주고 있다.

참고문헌

경기광역해외연수단(2011). 핀란드 연수보고서. 경기도 정신보건인력 해외연수보고 자료집.
　　pp. 56-98.

국회자살예방포럼(2019). 국회자살예방포럼 2019 3차 정책세미나자료집. 안전생활실천시민연합.

안전생활실천시민연합, 한국자살예방협회(2019). 지방자치단체 자살예방사업 평가를 위한 TOOL
　　개발 연구용역 보고서.

홍희정(2020). 스웨덴의 자살예방책. 복지이슈 투데이, 90, 15.

Beskow, J., Kerkhof, A., Kokkola, A., & Uutela, A. (1999). Suicide prevention in Finland 1986-
　　1996: external evaluation by an international peer group. *Psychiatria Fennica*, *30*, 31-46.

Mainz, J. (2018). 자살예방 덴마크의 경험 미래의 전망. 국회자살예방포럼 제1회 국제 세미나 자료집.

Nordentoft, M. (2012). Evidence-based practices in suicide prevention: What is important?.
　　경기도 해외연수 강의자료.

Partonen, T. (2018). 핀란드 자살예방프로젝트에 대한 평가와 함의. 국제사회보장리뷰, 4, 5-15.

Stuckler, D., & Basu, S. (2013). 긴축은 죽음의 처방전인가?: 불황, 예산전쟁, 몸의 정치학(안세민
　　역). 서울: 까치.

두산백과(2021. 1. 9. 인출). 덴마크의 생활과 종교. https://terms.naver.com/entry.nhn?docId=
　　5920444&cid=40942&categoryId=40468

서지민(2020. 9. 22.). "부끄러운 자살률 OECD 1위…하루 평균 38명 목숨 잃어." 시사저널.
　　https://www.sisajournal.com/news/articleView.html?idxno=205522

이석원(2019. 10. 15.). 끊임없는 노력으로 '자살'을 구하는 사회. 위클리 서울. http://www.
　　weeklyseoul.net/news/articleView.html?idxno=52380

The Local(2021. 1. 8. 인출). Suicides increasing amongst Swedish youth. https://www.
　　thelocal.se/20181126/suicides-increasing-amongst-swedish-youth

아시아의 자살예방정책

우리나라의 자살률은 1987년부터 증가하기 시작하였고, 2011년부터는 다소 감소하고 있으나 여전히 높다. 1998년 외환위기, 2003년 카드대란, 2009년 글로벌 금융위기 직후를 기점으로 더욱 증가하며 2011년 인구 10만 명당 31.7명까지 높아져 최고치를 기록하였다. 국가적인 노력으로 2011년 이후 자살률은 꾸준히 감소하고 있으나 2018년 자살률을 살펴보면 OECD 회원국 자살률 평균 인구 10만 명당 11.5명이나 우리나라는 10만 명당 24.6명으로 자살률이 가장 높다. 따라서 현재 시점에서 우리나라 자살예방사업을 돌이켜볼 필요가 있다.

이에 우리나라와 근접한 아시아 국가중 자살예방사업을 효과적으로 운영하고 있는 일본과 대만의 자살예방사업에 대해 살펴보고자 한다.

1. 일본의 자살예방대책

일본은 1990년도 후반에 자살자 수가 급격히 증가하여 14년 연속 연간 자살자 수가

---

* 이연정(순천향대학교 서울병원 정신건강의학과 교수)

3만 명을 넘어섰고, 2003년에는 인구 10만 명당 자살사망률 40.1명으로 경제협력개발기구(Organization for Economic Cooperation and Development: OECD) 국가들 중 가장 높은 자살사망률을 보였다. 이후 일본 정부는 자살은 개인의 문제가 아닌 사회적 문제로 인식하고 2006년 '자살예방기본법'을 제정을 시작으로 정부와 민간이 협력하여 자살예방활동을 펼쳤다. 2012년에는 세계보건기구(World Health Organization: WHO)에 시찰을 의뢰하여 자살대책의 문제점을 객관적으로 파악하려는 등 적극적인 자살예방 활동을 벌여, 2016년에는 인구 10만 명당 자살률이 15.2명으로 감소되었다. 일본에서 자살률 감소를 위해 진행된 활동들을 구체적으로 살펴보겠다.

1) 일본의 자살 현황

일본의 자살 현황을 살펴보면, 1994년 2만 1,679명이었던 자살자 수가 매년 늘어 1998년에는 3만 2,863명으로 증가하였고, 2003년에는 3만 4,427명까지 증가하였다. 1998년 이후 3만 명이 넘는 상태가 지속되었으나 2012년에는 2만 7,858명으로 감소되기 시작하였다. 이후 자살자 수는 지속적으로 감소하여 연간 자살자 수가 3만 명 이하로 지속되다가 2016년에는 2만 1,897명으로 감소하였고 2018년에는 2만 598명으로 감소하였다.

연령대별 연도별 자살자 수의 추이를 살펴보면, 모든 연령층에서 2009년부터 2017년까지 지속적인 감소를 보이고 있다. 2017년에는 2016년에 비해 30대는 9년 연속, 40대, 50대와 60대는 8년 연속으로 감소하고 있고, 60대가 가장 많은 감소를 보였다. 그런데

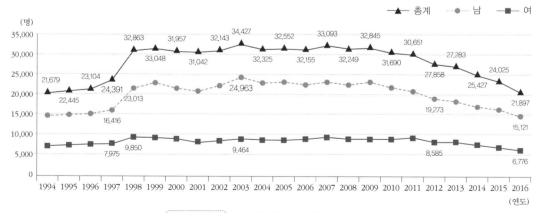

그림 34-1 연도별 일본의 자살자 수 추이

출처: 후생노동성(2017).

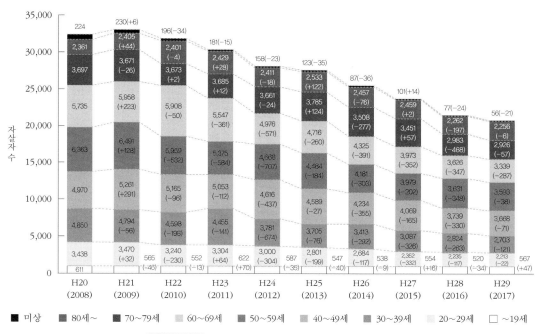

그림 34-2 연령대별 연도별 일본의 자살자 수 추이

출처: 후생노동성(2017).

젊은 연령층의 경우 노인 연령층에 비해 감소폭이 적어 2018년부터는 39세 이하 연령
층을 위한 자살대책 마련을 하고 있다.

2) 자살예방대책의 변화

일본 정부는 2003년 인구 10만 명당 자살사망률이 40.1명으로 OECD들 중 가장 높
은 사망률을 보이자 포괄적 자살예방대책을 세워 자살예방을 위해 2006년 6월 「자살예
방기본법」을 제정하고 같은 해 10월 이를 시행하며 기본법을 대상으로 자살대책을 마
련하기 위해 자살예방종합대책센터를 설치하였다. 2007년에는 내각부내 자살대책추
진실을 설치하여, 같은 해 6월 제1차 자살예방종합대책을 수립하였다. 2009년에는 청
년층에 대한 지역 자살대책과 경제 상황의 변화에 대응하는 자살예방대책, 지역 특성에
맞는 효율적인 자살예방대책을 수립하는 등 지역 단위의 자살대책을 강화하였다. 지역
단위 자살대책의 일환으로 내각부는 '지역자살대책긴급강화기금'을 마련하여 사업을
시행하였다. 2012년에는 제2차 자살예방종합대책이 수립되었다(정진욱, 2018).

2016년 3월에는「자살예방기본법」을 개정하면서 자살예방종합대책센터를 '자살종합대책센터'로 개편하여 설립하였다. 또한 자살예방종합대책을 추진하는 소관부처를 내각부에서 후생노동성으로 바꾸었으며, 지역자살대책강화교부금을 마련하여 교부하기 시작하였다. 2017년에는 제3차 자살예방종합대책을 수립하여 시행하고 있다.

자살예방종합대책의 변화를 살펴보면 제1차 자살예방종합대책의 주요 사업 내용은 사회적 요인에 대한 대처를 포함한 종합적인 대책을 마련하고 자살의 사전예방, 위기대응, 자살미수자, 유족 등의 사후대응과 대처를 마련하였다. 또한 관계자의 연대에 의한 포괄적 지원, 자살 실태 규명과 중장기적 시점에서의 자살대책 시행을 주요 사업으로 시행하였다. 제2차 자살예방종합대책의 주요 사업 내용으로는 자살예방주간과 자살대책 강화의 달을 설정하고, 지원을 필요로 하는 사람이 적절하게 지원을 받을 수 있도록 인터넷을 활용하는 등 지원정보의 제공을 강화하였다. 또한 다양한 계층의 게이트키퍼를 양성하였으며, 청소년에 대한 생명존중 의식 교육 및 스트레스 대응 방법 교육 등을 추진하였고 인지행동 요법 등 치료 방법을 보급하고 정신과 의료체계를 정비하는 사업을 시행하였다(정진욱, 2013).

제3차 자살예방종합대책의 주요 사업은 지역 수준의 실천적 지원 강화에 주안점을 두고 있고 지역 자살 실태 프로파일 · 지역 자살대책 추진 정책 패키지 · 지역 자살대책

표 34-1 | 일본 자살예방대책의 변화

연월	경과
2006년 6월	「자살예방기본법」 성립
2006년 10월	국립정신신경센터 정신보건연구소 내 자살예방종합대책센터 설치
2007년 4월	내각부 내 자살대책추진실 설치
2007년 6월	제1차 자살예방종합대책 결정(9월 10~16일 자살예방 주간으로 정함)
2007년 11월	생명지원상담창구 개설
2009년	내각부 지역자살대책긴급강화기금 교부
2012년 8월	제2차 자살예방종합대책 결정
2016년 3월	「자살예방기본법」 개정
2016년 4월	자살종합대책추진센터 설립
2016년 4월	자살종합대책 소관 부처를 내각부에서 후생노동성으로 변경
2016년	지역자살대책강화교부금 교부
2017년 7월	제3차 자살예방종합대책 결정

출처: https://kokoro.mhlw.go.jp/guideline/guideline-suicide/

계획 수립 지침 작성, 지역 자살대책 추진 센터 지원, 자살대책 전담 직원 배치 및 전담 부서 설치 등을 추진하고 있다. 또한 누구나 적절한 정신보건의료복지서비스를 받을 수 있도록 정신의료보건과 복지의 연계성을 향상시키고, 관련 전문의를 배치하며, 정신보건의료복지서비스를 담당할 인재를 양성하여 우울증, 조현병, 알코올의존증, 도박의존증 등에 걸린 위험군에 대한 대책을 시행토록 하고 있다. 또한 사회 전체의 자살위험을 감소시키기 위해 정보통신기술(인터넷, 소셜네트워크서비스 등)을 활용하여 은둔형 외톨이, 아동학대·성범죄·성폭력 피해자, 빈곤자, 한부모 가정, 성 소수자와 임산부에 대한 지원을 강화하도록 하며 자살 상담의 다양한 수단을 확보하여 접근성을 강화하도록 하고 있다. 뿐만 아니라 어린이와 청소년의 자살을 예방하기 위해 따돌림으로 고생하는 어린이와 학생에 대한 지원책을 마련하고, 구원요청 방법에 관한 교육을 추진하는 등 다양한 청소년 지원 사업을 추진하고 있다(정진욱, 2018).

3) 자살예방대책 관련법 개정

일본은 「자살대책기본법」을 대상으로 자살대책 계획을 마련하였다. 국가뿐만 아니라 도·도·부·현, 지방자치단체가 모두 함께 자살대책 계획을 수립하고 자살종합대책추진센터와 후생노동성 외의 다른 부서와도 연계하여 진행하도록 되어 있다.

자살종합대책 기본이념은 "누구도 자살로 내몰리지 않는 사회실현을 목표로 한다"는 것으로 하고, 자살은 개인의 문제가 아니라 사회적 문제로 인식하고 국가의 방침으로 정해 이를 근거로 대책들이 마련되어 있다. 자살사망자 수 목표는 2015년 인구 10만 명당 자살사망자 수 18.5명에 비해 2026년 인구 10만 명당 자살사망자 수 13.0명으로 30% 감소를 목표로 하고 있다.

2016년 3월 「자살예방기본법」 개정의 포인트는 자살대책의 현장인 "시·정·촌을 어떻게 뒷받침할 것인가?"이다. 이를 위해서는 추진체계를 강화하고 예산을 영구적으로 재원화하는 법 개정을 실행하였다.

2016년 「자살대책기본법」이 개정되면서 자살예방사업의 지역 기관들과의 집중적인 연계를 보완하기 위해 관할 부서를 내각부에서 후생노동성으로 이관하였다. 내각부는 국가 전체의 정책을 관리하고 있어 관할부서와의 연계는 잘 이루어지나 실제 지역 기관들과의 집중적인 연계가 어려운 점이 있었다. 또한 건강 문제와 빈곤 등 여러 가지 자살 요인을 고려할 때 내각부보다는 후생노동성이 지방자치단체의 보건복지국 등과 업무 관련성이 높다고 판단했기 때문이다. 내각부에서 후생성으로 관할부서가 이관되

표 34-2 일본 자살예방기본법 주요 개정 사항

법 조항	내용
기본 이념 추가(제2조)	• 자살대책은 개인의 삶을 포괄적으로 지원하는 대책으로서 모든 사람이 존중받으며 삶의 보람과 희망을 갖고 살아가는 데 방해가 되는 요인을 해소하기 위해 개인을 지원하고, 이러한 지원 환경을 충실히 갖추고 확대하는 취지로 실시되어야 한다. • 자살대책은 보건, 의료, 복지, 교육, 노동, 기타 관련 정책과 유기적으로 연계되어야 하며 통합적으로 실시되어야 한다.
자살예방 주간· 자살대책강화의 달 (제7조)	• 자살예방 주간(9월 10일~16일)을 지정하여 자살예방 활동을 전개한다. • 자살예방대책강화의 달(3월)을 지정하여 자살예방대책을 집중적으로 전개한다.
도·도·부·현 자살대책 계획 (제13조)	• 도·도·부·현, 시·정·촌은 도·도·부·현 자살대책, 시·정·촌 자살대책을 수립하여야 한다.
도·도·부·현, 시·정·촌 교부금 교부 (제14조)	• 국가는 도·도·부·현 자살대책, 시·정·촌 자살대책에 근거하여 해당 지역의 상황에 따른 자살예방 사업과 활동을 실시하도록 도·도·부·현, 시·정·촌에 교부금을 교부한다.
기본 정책 확충	• 조사·연구 추진 체제 정비(제15조) 1) 자살의 실태, 자살예방, 자살자 유족의 지원, 지역의 상황에 따른 자살예방대책의 실시 상황 또는 정신건강의 유지 증진에 관한 조사·연구, 검증, 그 성과의 활용 추진, 선진적인 대처에 관한 정보 수집, 정리 및 제공 2) 국가, 지방자치단체가 1)의 시책을 효율적이고 원활하게 실시하도록 체제를 정비한다. • 마음의 건강 유지에 관한 교육계발의 추진 등(제17조) 학교는 학부모, 지역주민과의 교류를 도모하면서 각자가 서로 존중하며 살아가는 것에 대한 의식의 함양에 이바지하는 교육·계발, 어려운 사태에 강한 심리적 부담을 받았을 때 대처방법을 습득하기 위한 교육·계발, 기타 아동·학생의 정신건강 유지에 관한 교육·계발을 할 수 있도록 노력한다. • 의료 제공 체제 정비(제18조) 자살의 우려가 있는 자에 대한 의료 제공에 관한 정책으로서 양질의 정신의료 제공 체제를 구비하고, 정신과, 심리, 보건복지 전문가 및 민간단체와의 원활한 연계를 확보한다.
필요한 조직 설치 (제25조)	• 정부는 자살대책을 추진하기 위해 필요한 조직을 설치한다.

출처: 이상영 외(2017).

표 34-3 일본 자살예방사업 조직체계 개편

관할	2006년 자살대책기본법 제정 내각부	2016년 자살대책기본법 개정 후생노동성
설치 이유	자살을 개인문제에서 사회문제로 인식하기 위함 -자살예방, 유가족 지원을 하기 위해서는 개별 부처의 관할 분야를 넘어서 다양한 문제에 대응이 필요하여 내각부와 같이 새로운 정책과제에 대응하기 위한 조직과 종합조정기능을 가지고 있지 않으면 대처가 곤란한 과제라고 생각함	우울대책의 일환으로서 자살대책을 추진 -자살은 사회문제이고 후생노동성만으로는 해결할 수 있는 문제는 아님
이관	-담당과 자체 인원, 예산부족으로 내각부 중심으로 한 사업을 전개하는 것이 불가능 -내각부 정원이 원래부터 적어서 자살대책추진실 직원은 부처에서 직원이어서 담당 직원의 전문성이 부족 -예산이 적고, 인원이 한정되어 있어서 강한 힘을 가지고 타 부처에 제시하는 것이 어렵고 종합조정기능에 한계가 있음	자살을 사회문제로 인식(10년이 지난 시점) -지역레벨의 실천적 대책을 중심으로 한 자살대책의 전환을 한층 진행하기 위해 건강문제와 경제적 곤란 등으로 하는 자살배경에 있는 다양한 요인에 대해 지역에서 자살대책의 중핵을 담당하는 지방자치제의 보건, 복지국 등 경제적 자립을 지원하는 할로우워크(고용안정센터) 등의 현장과 긴밀한 연계가 점점 중요하다고 생각됨. 현장과 관계가 깊은 후생노동성으로 이관함으로써 대책 마련 체계를 더욱 더 강화하기 위함
관할 부서	자살예방종합대책센터 - 자살대책에 관한 정보수집/발신, 조사연구, 연수 등 기능을 담당	자살종합대책추진센터 -자살대책기본법의 개정 등의 움직임에 발맞춰 업무내용이 재검토되었으며, 지역에서 실천 가능한 자살대책 지원을 강화 -국가 대책을 종합적으로 지원하는 관점에서는 '정신보건적 관점과 더불어 사회학, 경제학, 응용 통계학 등 학제적인 관점', '민관학이 PDCA사이클을 운영하기 위한 증거에 기초한 정책 지원', 지역 차원의 대책을 지원하는 관점에서는 '민간단체를 포함한 기초자치단체 차원 대책의 실무적 및 실천적 지원 강화', '지역상황에 맞춘 대책을 위한 정보 제공 및 시스템 구축(인재육성 등)'을 추진

면서 자살종합대책추진을 위해 후생노동성의 횡단적인 조직으로서 전임 참사관(과장급)이 자살대책추진실의 업무를 수행하게 되었다. 후생노동성은 지방자치단체의 특성에 맞는 자살대책을 마련하는 데 유리한 조건을 갖추고 있으며 지역과의 연계가 잘 되는 점이 특징이다.

4) 자살예방대책의 주요 정책

(1) 민간단체 활동

① LIFELINK

2004년 민간단체인 LIFELINK 주도로 자살의 사회문제화, 자살대책의 구조가 만들어지기 시작하여, 일본의 자살예방 사업 및 제도화를 LIFELINK가 주도하게 되었다. 2007년 자살실태가 파악되고 2008년 자살실태 백서가 발간되었으며 이를 주도해 온 LIFELINK 대표가 당시 정권의 '자살대책긴급전략팀'이 되어 정책입안에 관여하였다. 이후 정부와 LIFELINK가 함께 2010년 자살예방 캠페인, 심포지움, 자살요인분석, 자살대책 TF팀을 결성하였고 각 지방의 장의 참여하에 자살대응전략회의의 설치와 자살대책 추진, 3차 의료기관을 통해 자살시도자 지원이 구축되었고 실태와 지원방법의 분석 및 지방자치단체와 민간단체의 네트워크가 형성되었다. 민간의 주도로 청년자살실태가 조사되고 국회의원 내 자살대책 추진 모임이 형성되고 의원연맹이 형성되었고, 2014년 실천, 연구, 정책의 연동성이 높아졌다. 이러한 바탕으로 2016년「자살대책기본법」의 일부 개정 및 시행이 되었다.

② 전국자살유가족 종합지원센터 grief

일본은 30년 전부터 터미널케어를 통해 유가족 지원을 시작하였고「자살대책기본법」에서 자살유가족 지원의 중요함이 명시되도록 법 제정에 관여하였다. 특히 자살로 부모를 잃은 아이들의 유족 지원을 많이 하고 있다. 주로 전화상담, 자조모임, 심포지움, 강의 등을 하고, 행정기관을 통해 유가족 지원에 대한 정보를 담은 브로셔를 배포하며 1년마다 갱신하고 있다. 유가족 제공용 브로셔에는 자살유가족이 법률상 어려움을 겪을 수 있는 상속, 생명보험(자살시도에도 보험가입 후 2년 또는 3년 경과 후 보험금 청구 가능), 부동산에 관한 사항 등이 포함되어 있다.

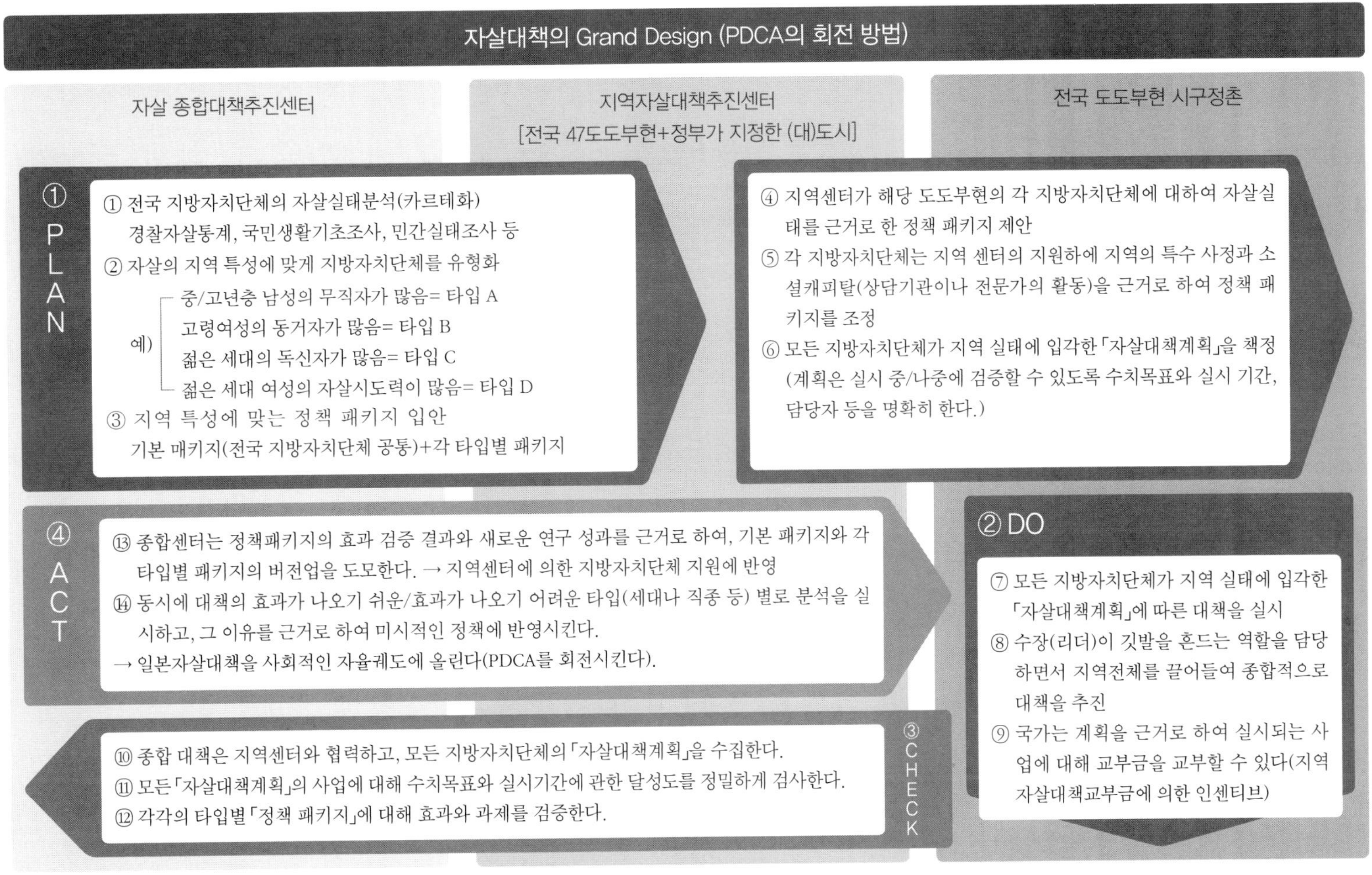

자살대책의 Grand Design (PDCA의 회전 방법)

자살 종합대책추진센터 | 지역자살대책추진센터 [전국 47도도부현＋정부가 지정한 (대)도시] | 전국 도도부현 시구정촌

① P L A N

① 전국 지방자치단체의 지역실태분석(카드테화)
경찰자살통계, 국민생활기초조사, 민간실태조사 등

② 자살의 지역 특성에 맞게 지방자치단체를 유형화

예)
중/고년층 남성의 무직자가 많음＝ 타입 A
고령여성의 동거자가 많음＝ 타입 B
젊은 세대의 독신자가 많음＝ 타입 C
젊은 세대 여성의 자살시도율이 많음＝ 타입 D

③ 지역 특성에 맞는 정책 패키지 입안
기본 패키지(전국 지방자치단체 공통)＋각 타입별 패키지

④ 지역센터는 해당 도도부현의 각 지방자치단체에 대하여 자살실태를 근거로 한 정책 패키지 제안

⑤ 각 지방자치단체는 지역 실태의 지원하에 지역의 특수 사정과 소설계 과목(상담기관이나 전문가의 활동)을 근거로 하여 정책 패키지를 조정

⑥ 모든 지방자치단체가 지역 실태에 입각한 「자살대책계획을 책정」(계획은 실시 중/나중에 검증할 수 있도록 수치목표와 실시 기간, 담당자 등을 명확히 한다.)

② DO

⑦ 모든 지방자치단체가 지역 실태에 입각한 「자살대책계획에 따른 대책을 실시

⑧ 수장(리더)이 깃발을 흔드는 역할을 담당하면서 지역전체를 끌어들여 종합적으로 대책을 추진

⑨ 국가는 계획을 근거로 하여 실시되는 사업에 대해 교부금을 교부할 수 있다(지역 자살대책교부금에 의한 인센티브)

③ C H E C K

⑩ 종합 대책은 지역센터와 협업하고, 모든 지방자치단체의 「자살대책계획을 수집한다.

⑪ 모든 「자살대책계획」의 사업에 대해 수치목표와 실시기간에 관한 당성도를 정밀하게 검사한다.

⑫ 각각의 타입별 「정책 패키지」에 대해 효과와 과제를 검증한다.

④ A C T

⑬ 종합센터는 정책패키지의 효과 검증 결과와 새로운 연구 성과를 근거로 하여, 기본 패키지와 각 타입별 패키지의 버전업을 도모한다. → 지역센터에 의해 지방자치단체의 지역에 반영

⑭ 동시에 대책의 효과가 나오기 쉬운/효과가 나오기 어려운 타입(세대나 직종 등) 별로 분석을 실시하고, 그 이유를 근거로 하여 미지의인 정책에 반영시킨다.
→ 일본자살대책을 사회적인 자율체도에 올린다(PDCA를 회전시킨다).

그림 34-3 LIFELIN에 의한 PDCA model

출처: 안심련, 한국자살예방협회(2017).

③ OVA

모바일 플랫폼을 기반으로 자살생각을 검색할 때 OVA사이트가 연동될 수 있게 하고 메일을 띄워 24시간 내 자살을 예방하고 도움이 될 수 있는 정보를 보내 주는 사업을 하고 있다. 현재는 근거리 지역을 기반으로 사업 중이고 구글에서 모바일 플랫폼을 구축하였으나 향후 SNS를 통한 실시간 접근에 대한 사업을 구상 중이다. 또한 모바일 환경에서 자살을 조장하는 온라인 환경에 대한 정화도 개입 중에 있다.

④ 리탈리코 주식회사

일본 자살의 원인 중 정신건강을 포함한 건강문제와 무직자의 비율이 높아서 리탈리코(Litalico) 웍스에서는 20~30대의 건강문제가 있는 자와 무직자를 지원하는 것이 중요하다고 여겨 리탈리코 계열사 중 리탈리코 웍스는 장애가 있는 성인의 취업사업을 3년간 지원하는 프로그램을 실시하고 있다. 국가에서 이를 90% 정도를 지원하고, 경우에 따라서 10% 정도를 개인에게 지급하도록 하여 서비스를 제공한다. 자살의 문제를 사회적 문제로 바라보면서 자살 게이트키퍼로서 활동하는 것이다.

또한 자살위험성을 5단계로 평가하는 대응매뉴얼을 만들었고, 400여 명 정도의 지원자가 연 1회 정도 게이트키퍼 교육을 받으며 리탈리코 라이프네트 지원실의 도움하에 고위험군에 대한 지원을 연계하고 있다. 최근 인공지능 기반 사업을 구성중이고 현재 1년 정도 시범사업을 진행하여 향후 국가적인 서비스가 되게 하려고 하고 있다.

(2) 자살예방 캠페인

① 수면 캠페인

수면 캠페인은 일본 내각사무처가 주체가 되어 전 국민을 대상으포 포스터와 인터넷을 매체로 진행된 캠페인이다. 이 캠페인에서는 '잘 주무셨어요?'라는 슬로건을 통해 지난 2주 이상 잠을 잘 못 잤을 경우 자살의 위험요인이 될 수 있다는 것을 알리고 있다. 수면 캠페인의 두드러진 특징은 정부와 민간 수면학회가 연합하여 자살의 대표적인 징후인 수면 변화에 초점을 맞추어 다루고 있다는 점이다. 수면 캠페인은 주요 지지체계인 가족을 게이트키퍼로서 활용하고 있으며, 전문적인 지식을 바탕으로 일상생활에서 쉽게 자살의 징후를 발견할 수 있는 방법을 교육함으로써 구체적이고 직접적으로 자살예방과 관련한 행동 변화를 유도하고 있다.

② '히토리노 민나노 이노치'(개인의 생명, 모두의 생명)

히토리노 민나노 이노치 캠페인은 일본 내각부 산하기관인 공생사회 정책통괄관이 주체가 되어 전 국민을 대상으로 포스터와 웹사이트를 매체로 활용하여 진행된 자살예방 캠페인이다. 이는 가족, 친구, 동료 등 주변 사람들이 게이트키퍼 역할을 통해 도움을 줌으로써 자살을 예방하고자 하는 목적으로 수행되었다. '이어져 있는 우리, 보살펴 주는 우리'라는 슬로건을 통해 주변 사람들이 서로 관심을 갖고 자살 신호를 민감하게 인식하여 도움을 줄 수 있도록 설명하고 있다. 또한 사회 구성원 개개인이 동일시할 수 있는 다양한 연령층이나 직업군 등을 보여 줌으로써 자살예방이 '나'의 일임을 인식하게 하며, 게이트키퍼로서 역할을 담당할 수 있도록 인터넷 동영상을 통해 실제적이고 즉각적으로 교육을 연계하고 있다는 점이다.

5) 자살예방대책의 주요 정책 시사점

일본은 자살을 개인의 문제가 아닌 국가적인 문제로 인식하고 민간단체의 주도로 국가가 자살의 심각성을 인지하며 자살예방의 필요성에 대해 미디어를 통해 국민에게 전달하였다. 또한 연구를 위한 국가센터를 만들고 많은 다학제적 전문가 집단을 형성하여 국가 중심으로 자살예방대책을 효과적으로 수립할 수 있는 증거를 마련하고 지역 특성에 따른 모델을 만들어 효과적으로 자살예방대책을 지방에서 시행할 수 있는 틀을 만들어 내는 기초를 만들었다. 국가 주도의 10년간 사업을 시행한 후 지방 의회와 민간 단체, 중앙정부의 네트워크 형성과 모니터링 시스템을 구축하여 관련 조직 간 긴밀한 네트워크 및 협력 체계의 중요성을 시사하였다.

2. 대만의 자살예방대책

대만의 자살률은 서서히 증가하여 2006~2007년에 최고 수준이 되었으며, 이후 2009년 타이베이시에 처음으로 자살예방센터가 설립되었다. 대만은 빈곤, 실업 등 사회적 요인보다 건강 상태, 가정생활 및 가족관계, 경제 상태에 대한 만족도와 일상생활 중 큰 변화(임신, 질병, 이혼 등)와 같은 개인적 요인으로 인해 자살하는 경향이 높았다. 이에 따라 생애주기별 정신건강사업으로 대응하였고, 국민의 정신건강을 위해 타이베이시의 7개 부서(경찰서, 교육국, 위생국, 노동국, 사회국, 민정국, 소방서)에서 협업을 하여

근 6년 간 자살사망자 수가 4.8% 하락하였으며 전국에서 타이베이시의 자살률이 최저가 되었다. 타이베이시를 포함한 대만이 자살률 감소를 위해 시행하였던 대책들을 구체적으로 살펴보겠다.

1) 대만의 자살 현황

대만의 2017년 자살사망자 수는 총 3,871명(남성 2,574명, 여성 1,297명)으로 인구 10만 명당 12.5명에 해당한다. 이는 2015년 인구 10만 명당 12.1명에 비해 3.3% 증가하였고, 2016년 인구 10만 명당 12.3명에 비해 1.6% 증가하였다. 자살사망자 중 남성은 여성의 두 배 가량 높았고, 연령이 증가함에 따라 자살사망자가 늘어나는 추세이나 25~64세가 다른 연령대에 비해 높은 자살률을 보였다. 자살의 주된 위험요인은 신체질환, 알코올이나 약물 남용, 독거, 실업, 주변인의 자살시도 및 사망, 우울증 및 정신질환의 유무 등이 포함되었고, 단기적으로는 가까운 지인의 자살시도 및 사망, 경제적 · 사회적 지위의 손상이 주된 원인으로 나타났다. 노인들의 경우 대인관계 문제, 정신건강 및 약물 남용, 경제적 요인이 주된 자살사망의 이유였다.

대만자살예방센터(Taiwan Suicide Prevention Center: TSPC)에서 분석한 자살사망 방법을 살펴보면, 목맴(30.2~35.2%)로 자살사망자에서 가장 높은 비율을 보였으나 최근 감소 추세에 있다. 두 번째로는 번개탄(가스 및 증기에 의한 질식사, 30.8~33.8%)에 의한 사망이었다. 2005년에는 번개탄에 의한 사망이 가장 심각한 수준의 자살사망 방법이었으나 22개 지방처를 포함한 정부의 개입 이후 점차 감소하고 있다. 세 번째로는 고체 또는 액체 물질로 인한 자살(14.9~18.7%)로 현재 해마다 증가하는 추세로 이를 예방하기 위해 농약 구매 및 사용에 관한 금지법을 추진할 예정이다. 그 뒤를 이어 추락(12.4%), 익사(10% 미만)으로 나타났다.

2) 자살예방대책 관련법 개정

대만은 인간 생명을 존중하는 사회를 조성하기 위하여 2019년 5월 31일 「자살예방 · 퇴치법」을 제정하고 6월 19일에 공포 및 시행하였다.

표 34-4	자살예방 · 퇴치법 주요 내용

−출판 · 라디오 · 텔레비전 · 인터넷 등 모든 매체는 자살 사건에 대한 자살 방법 및 원인(문자 · 음성 · 사진 · 영상 등의 자료, 자살에 사용한 도구 및 독성물질의 종류 등)을 상세하게 보도하는 행위 금지

−규정을 위반하여 자살을 조장하는 보도를 하는 경우 신 타이완 달러 10만 위안 이상 100만 위안 이하의 벌금 부과(원화 약 380만 원~3천 8백만 원)

−각 중앙주무기관에 자살예방 자문위원회 설치

−각 급 정부는 매년 자살예방 · 퇴치 업무에 경비 집행 의무 준수

−각 직할시와 현에서는 자살예방 통보시스템 구축 및 운영

−자살예방 · 퇴치 업무 담당자는 자살행위자 본인 · 가족 · 친구의 개인정보 보호의무 준수

−자살예방 · 퇴치 업무 담당자가 개인정보 보호의무 위반 시 신 타이완 달러 6,000위안 이상 6만 위안 이하의 벌금 부과(원화 약 23만 원~230만 원)

3) 자살예방대책의 주요 정책

(1) 대만자살예방센터

대만자살예방센터(Taiwan Suicide Prevention Center: TSPC)는 1995년 보건복지부와 우울증 예방 협회 등의 협의를 통해 정부 의뢰 후 설립되었다. TSPC는 지역사회의 자살예방과 관련된 의료 자원을 연결, 시법 계획 수립, 우울증 공동 관리 시스템 등의 홍보, 자살예방 프로그램을 위한 강력한 기반을 형성 등을 목표로 설립되었다.

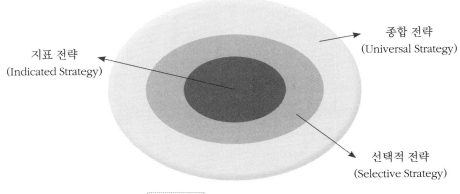

그림 34-4 | 대만 자살예방사업 실제

출처: 중앙심리부검센터(2018).

대만자살예방사업은 종합 전략(Universal strategy), 선택적 전략(Selective strategy), 지표 전략(Indicated Strategy)로 구성된다.

종합 전략은 전체 인구를 대상으로 대중의 정신건강 증진 및 자살 관련 정보를 모니터링 하는 것으로 주요 내용을 살펴보면, ① 기자 회견 및 언론 인터뷰, 언론이 세계보건기구(WHO) 보고 원칙 등을 충족하는지 여부를 모니터링하는 등 미디어 상호작용을 관찰하고, ② 치명적인 자살 도구의 접근 가능성을 줄이기 위한 사업을 시행하며, ③ 홍보 활동을 통해 정신건강 교육을 강화하고 정신질환과 자살의 위험요인 제거를 촉진하고, ④ 구현 전략에 대한 참고로서 자살이라는 개념에 관한 전화 설문 조사를 시행하는 것이다.

선택적 전략은 정신건강검진을 강화하고 위험도가 높은 그룹을 식별하는 것으로 주요 내용을 살펴보면, ① 게이트키퍼(gate keeper)의 교육과 훈련을 장려하고, 게이트키퍼의 개념을 조장하며 조기 발견, 개입 및 지원의 역할을 수행하고, ② 지역 봉사 및 보살핌의 정신을 발휘할 자원봉사자/자원봉사자 조직을 개발하며, ③ 기분 온도계를 홍보하고 검사 및 적용을 강화하고, ④ 우울증에 대한 일반적인 치료 시스템을 홍보하며, ⑤ 정신질환의 조기 진단에 기여하고, ⑥ 우울증 예방 및 치료 협회와 같은 기관과 결합

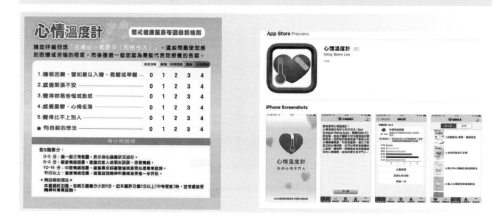

그림 34-5 기분 온도계

출처: 중앙심리부검센터(2018).

하여 '삶을 소중히 한다'는 개념을 홍보하는 것이다.

지표 전략은 자살위험이 높은 개인을 대상으로 자살시도자를 위한 즉각적인 보살핌과 중재 서비스를 제공하는 것으로 주요 내용을 살펴보면, ① 자살예방 통지 시스템을 구축하여 데이터 분석 및 피드백을 제공하고, ② 친구와 친척의 돌봄을 강화하며, ③ 건강관리자(health manager)와의 연계 유지 및 강화를 시행하는 것이다.

(2) 번개탄 규제 현황

2005년 번개탄에 의한 자살사망이 가장 높았던 대만은 2012년부터 타이베이, 뉴 타이베이, 타이난, 이란 4개 지역에서 번개탄 규제 캠페인 및 사업을 진행하고 있다. 번개탄 규제에 대한 책임은 각 지방자치단체의 건강관리국에서 관리하며 각 판매처의 판매자 교육도 관할한다. 번개탄은 온라인이나 편의점에서 구입이 불가능하며 대형 마트 등에서만 이루어지고, 마트에서 구매 시 원하는 수량을 직원에서 알리고 마트 직원은 번개탄 구매자에게 구매 목적을 질문해야 하며, 직원이 열쇠로 잠겨진 보관대를 열고 물품을 구매자에게 제공한다. 규제 시행 초반에는 판매자들의 반대가 있었으나 지방자치단체에서 규제의 의의와 교육을 제공하고 시행 지역이 점차 확대되면서 번개탄에 의한 자살사망율도 감소하게 되었다.

(3) 타이베이 자살예방센터

타이베이 자살예방센터는 자살사망률이 가장 높은 시점인 2008년에 설립되었다. 센터는 위생국, 사회국, 노동국, 민정국, 교육국, 경찰국, 소방국, 동산대여처, 인사처, 문화국, 관광전파국, 건축관리처의 12개 국으로 나뉘어 업무를 수행하고 있으며 3개월마다 모든 부서가 모여 회의를 진행한다. 높은 건물의 안전관리를 위한 규정을 마련하여 안전관리를 담당하는 건축관리처의 업무를 강조한다는 것이 특징적이다.

타이베이에서는 자살 고위험군을 발견하게 되면 자살예방센터로 연계하고, 자살위험도를 평가하고 상담을 시행한 후 온라인 협조를 통해 의료서비스와 자원을 연계하고 가정을 방문하는 등의 서비스를 제공한다. 대만 정신보건법에 의해 고위험 자살시도자는 이를 발견한 의료기관, 복지시설, 공무원 등은 본인의 동의가 없어도 자살예방센터로 반드시 통보해야 하며, 이 명단에 근거하여 자살예방센터의 사례관리가 이루어진다. 자살시도자가 대만의 병원 기반 사례관리 서비스를 받을 경우, 자살예방센터를 통하지 않고 입원한 자살시도자 사례에 대한 통보를 해야하며, 병원 서비스 이용 종료 및 퇴원 후 타이베이 자살예방센터가 관리를 한다. 병원 기반 사례관리는 주로 조현병 등 중증정신질환을 대상으로 하여 역할의 중복은 없다.

4) 자살예방대책의 주요 정책 시사점

대만에서 자살은 사회적 요인보다는 개인적 요인과 관련이 높았고, 이에 따라 생애 주기별 정신건강사업을 진행하였다. 자살 고위험군이 자살예방서비스에 대한 거부감을 보이는 경우에는 자살예방이라는 단어를 사용하지 않고, 경제적 도움 서비스와 같이 수혜자가 필요로 하는 서비스를 제공하는 접근 방식을 통해 동의율을 높였다. 즉, 대만의 자살예방대책은 자살 발생의 주된 요인을 파악하고, 수혜자들이 필요로 하는 맞춤화된 서비스를 제공하여, 자살 고위험군이 실질적인 도움을 받을 수 있도록 서비스를 제공하고 있다.

참고문헌

안실련, 한국자살예방협회(2017). 자살예방문화, 생명사랑 시스템 구축을 위한 사업모델 개발 연구용역.

안실련, 한국자살예방협회(2018). 지방자치단체 자살예방사업 평가를 위한 Tool 개발 연구 용역.

안실련, 한국자살예방협회(2019). 자살예방 조직 적정성에 대한 연구용역.

이상영, 채수미, 정진욱, 윤시몬, 차미란(2017). 자살시도자에 대한 지역사회 정신건강증진 서비스 공급체계 개선 방안. 한국보건사회연구원.

정진욱(2013). 일본의 자살 현황 및 대책. 보건 · 복지 Issue & Focus, 207.

정진욱(2018). 일본의 자살예방 대책. 국제사회보장리뷰, 4, 16-26

중앙자살예방센터 편(2020). 2020 자살예방백서. 서울: 중앙자살예방센터.

세계법제정보센터(2019. 7. 26.). 대만, 「자살예방 · 퇴치법」 제정. https://world.moleg.go.kr/web/dta/lgslTrendReadPage.do?CTS_SEQ=48326&AST_SEQ=300&ETC=

중앙심리부검센터(2018). 자살예방 사업 우수사례 탐방 해외연수 결과보고. http://www.oecd.org/els/health-systems/health-data.htm

35

미국의 자살예방정책

　지난 15년 동안 미국의 자살사망률은 지속적으로 증가해 왔다. 미국에서 자살은 전체 사망 이유 중 열 번째를 차지하고 있고, 10~34세 사망원인의 두 번째로 지목된다. 2018년 기준 미국에서는 140만 명이 자살을 시도했고 그중 약 5만 명이 목숨을 잃었다. 미국의 자살예방정책은 자살로 가까운 이를 떠나보낸 사람들을 포함한 각종 시민단체, 조직, 지역 공동체, 국가공공기관 등이 서로 긴밀하게 협력하여 만들어진 산물이며 그 노력은 계속 이어지고 있다. 연방정부가 자살을 우선순위의 문제로 지정하고 자살문제에 대응하기 시작한 것은 2000년대 초반이며 이는 2001년 국가자살예방전략을 탄생시켰고, 2012년에는 2001년 예방전략을 보완하고 업데이트한 2012년 국가자살예방전략이 발표되었다. 이 장에서는 미국의 자살 현황과 자살예방정책의 역사를 간략하게 소개하면서 2012년 국가자살예방전략을 중심으로 미국의 자살예방정책을 살펴보고, 자살위험이 높은 집단을 대상으로 하는 예방전략에 대해 알아보고자 한다.

---

* 정슬기(중앙대학교 사회복지학과 교수)

1. 미국 자살 현황

2018년 기준 미국의 자살률은 10만 명당 14.2명으로 OECD 평균인 12명보다 높다. 1990년부터 조금씩 감소하기 시작한 자살률은 90년 10만 명당 13.1명에서 2001년에 10.7명까지 내려왔지만 그 후 2015년에 13.8명, 2018년에 14.2명까지 지난 20년간 약 33%가 증가했다(OECD, 2021). 미국에서 자살로 인한 사망은 전체 사망원인 중 열 번째이다. 2018년 한 해 동안 약 140만 명이 자살을 시도했고, 48,344명이 자살로 목숨을 잃었다. 자살률이 가장 높은 층은 중년 백인 남성이지만, 연령대별로 보면 자살은 10~34세의 두 번째 사망원인이고 35~54세의 네 번째 사망원인이다. 미국인의 10.3%는 자살을 생각해 본 적이 있고, 54%는 자살로 인해 영향을 받았다고 보고했다(CDC, 2020). 성별로 보면 남성이 여성보다 높은데, 남성 자살률은 2009년 19.2명에서 2018년 22.8명으로 증가했고, 여성은 4.9명에서 6.2명으로 증가하여, 남성이 여성의 3.56배 정도 높다. 미국의 특성 중 하나는 총기로 인한 자살이 많다는 것이다. 2018년 자살수단을 보면 총기가 50.5%로 가장 많고, 다음으로 질식사(28.6%), 독극물(12.9%) 순이었다. 인종과 민족에 관계없이 전체적으로 지난 20년간 자살률이 증가했지만, 이 중 가장 두드러지는 집단은 미국 원주민이다. 알래스카 원주민을 포함하는 미국 원주민의 자살률은 2009년 15.4명에서 2018년 22.1명까지 증가하여 가장 높은 사망률을 보인다. 다음으로 높은 집단은 백인이며(18명), 아시아계(7명), 라틴계(7.4명), 아프리카계 미국인(7.2명) 세 집단은 비슷한 수준의 자살사망률을 기록하고 있다(CDC, 2020).

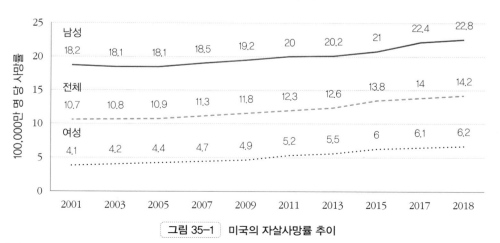

그림 35-1 미국의 자살사망률 추이

출처: Centers for Disease Control and Prevention (2020).

2. 자살예방정책의 시작: 2001 국가자살예방전략

미국에서 자살예방에 대한 관심은 1950년대에 시작되었다. 자살을 좀 더 깊이 이해하고 예방책을 모색하고자 했던 정신건강 전문가들의 노력으로 1958년 로스앤젤레스에서 연방정부 지원을 받는 첫 자살예방센터가 문을 열었다. 1966년에는 국립보건원(NIH) 산하 국립정신건강연구원 내에 자살예방연구센터가 설립되었고, 1980년대에는 자살로 가까운 이를 잃은 사람들의 열정과 지원을 기반으로 자살예방 운동이 더욱 확장되었다. 1987년에 설립된 미국자살예방재단(American Foundation for Suicide Prevention: AFSP)[1]은 자살예방과 연구, 교육 및 옹호를 목적으로 만들어진 첫 전국단위 비영리재단이었다. 공식적인 조직도 자원도 제한적이었지만 이와 같은 시민단체들이 생겨나기 시작하면서 자살을 국가 의제로 만들기 위한 본격적인 작업이 시작되었다. 1996년 UN에서 발행한 자살예방 국가전략 수립에 대한 권고안을 토대로 여러 지역시민단체는 국가 차원의 자살예방 전략이 필요하다는 운동을 전개했다. 이러한 노력들은 두 개의 의회 결의안(S. Res. 84, H. Res. 212)으로 이어졌고, 결국 자살을 국가적 의제로 확정하고 예방이 시급한 문제임을 선포하기에 이르렀다.

UN이 권고한 대로 이들은 미국 내 자살예방을 촉진하기 위한 민간과 공공의 협력을 모색하였고, 1998년 리노(Reno) 회의라는 결실을 맺었다. 민관합동으로 진행된 리노 회의에서 채택한 자살예방을 위한 81개 권고안은 미국 자살예방운동의 초석을 마련하였다. 리노 회의의 주요 내용은 〈표 35-1〉과 같다.

2000년에는 국가자살예방전략 개발을 위한 연방 운영위원회가 결성되었고, 여기에는 공공 및 민간 조직들이 함께 참여하였다. 이러한 노력은 2001년 11개 목표와 68개 세부목표로 이루어진 2001 국가자살예방전략(National Strategy for Suicide Prevention)을 탄생시켰다. 이 전략이 선포된 후 활발한 자살예방 활동이 이루어졌고, 연방정부, 주정부 차원의 공공기관뿐 아니라 학교 및 여러 비영리조직에서도 자살문제를 다루는 다양한 프로그램이 시작되었다. 이는 청소년자살예방법(개렛 리 스미스법, GLSMA) 제정과 전국자살예방 상담전화인 라이프라인(Lifeline) 서비스로 이어지고, 자살예방자원센터

---

1) 미국자살예방재단(American Foundation of Suicide Prevention)은 1987년에 설립된 민간조직으로 미국에서 가장 권위 있는 자살예방 단체이다. 정책 제안, 대중 홍보와 교육, 자살예방 관련 기금 모금, 자살 관련 연구지원을 포함하는 광범위한 활동을 하며, 전국적으로 79개 지부를 두고 있다(afsp.org).

표 35-1 1998년 리노(Reno) 회의 주요 내용

1. 자살예방은 개인의 가치, 존엄성, 소중함을 인식하는 것이다.
2. 자살은 질병이나 질환의 결과로만 나타나는 것이 아니며 자살로 이어지는 절망감은 사회적 환경과 태도에서 비롯된다. 따라서 모든 자살예방 관련자는 사람들의 태도를 변화시키고, 각종 억압, 인종차별, 성소수자 혐오, 차별, 편견을 만드는 조건을 없애고자 노력해야 할 책임이 있다.
3. 일부는 이러한 사회적 조건으로 인해 더 큰 영향을 받으며, 자살위험이 더 높은 이들이 존재한다.
4. 자살예방을 위해서는 각계각층의 개인, 지역공동체, 단체, 지도자들이 협력해야 한다.
5. 이 전략의 성공은 궁극적으로 미국 전역의 개인과 지역사회에 달려 있다.

출처: U.S. Department of Health and Human Services (HHS) (2012).

(Suicide Prevention Resource Center)가 설립되었다. 2010년에는 국가자살예방전략을 보다 효과적으로 수행하기 위해 각종 민관 영역에서 200명 이상의 전문가가 참여하는 전국자살예방실천연합(National Action Alliance for Suicide Prevention)이 출범하였다. 이들은 그간 진행되었던 2001년 국가자살예방전략의 성과를 평가·보완하고 업데이트하였으며, 그 결과물로 2012년 국가자살예방전략이 발표되었다.

3. 2012 국가자살예방전략

2012년에 발표된 국가자살예방전략(National Strategy for Suicide Prevention)은 그간 축적된 자살예방 지식과 연구과 실천을 담고 있으며 변화된 사회조건과 의료서비스 전달체계를 반영한다. 개정된 국가전략은, ① 정신질환, 약물남용, 트라우마 및 폭력과 관련한 자살에 대한 이해, ② 자살위험이 높은 집단에 대한 새로운 이해, ③ 그간 축적된 가장 효과적인 자살예방 개입에 대한 지식, ④ 포괄적이고 통합적인 자살예방 실행의 중요성 등을 포함한다. 관련 전문가들은 자살예방이 정신건강을 넘어 건강 전반의 문제라는 문제의식에 동의하며, 자살예방을 위해서는 연방정부, 주정부, 부족, 지방자치단체, 보건의료체계, 보험체계, 산업, 교육기관, 지역사회기관, 의료인, 가족, 지인 모두의 역할이 요구된다는 점을 강조한다.

2012년 국가자살예방전략은 크게는 「건강보험개혁법」(오바마케어) 산하 국민 건강증

진과 공중보건위원회가 발표한 국가예방전략(National Prevention Strategy)과 그 궤를 같이한다. '삶의 모든 단계에서 건강한 미국인'이라는 목표를 가지고 수립된 국가예방전략은 건강과 예방에 초점을 두고 있는데, 우선순위 영역으로 지정한 7개의 영역 중 3개(정서적 웰빙과 정신건강, 약물남용과 과도한 음주 예방, 상해와 폭력 없는 삶)가 자살예방과 직접적으로 연결되어 있다.

　2012년 국가자살예방전략은 4개의 주요 전략하에 13개 목표와 60개 세부 목표로 구성되어 있다. 4개의 주요 전략은, ① 건강하고 힘 있는 개인, 가족 및 지역사회, ② 보건 및 지역사회 예방 서비스, ③ 치료 및 지원 서비스, ④ 감독, 연구 및 평가이며, 각 전략은 서로 연관되어 있고 상호작용하는 개념이다. 각 목표와 세부 목표의 핵심내용은 〈표 35-2〉와 같다. 각 전략과 목표는 연방정부와 주정부 차원에서 수행해야 하는 과업을 제시할 뿐 아니라 산업체와 직장, 보건의료체계, 보건의료전문가, 학교, 대학, 지역사회조직이 할 수 있는 역할을 제시한다. 따라서 각 주는 자신의 환경과 조건, 해당 주의 자살예방 지식을 최대한 반영하는 계획을 자체적으로 수립할 수 있다.

표 35-2　2012 국가자살예방전략(2012 National Strategy for Suicide Prevention)

전략	목표	세부목표
건강하고 힘 있는 개인, 가족 및 지역사회	1. 여러 영역과 부문에 자살예방 활동을 통합시키고 조정	• 자살예방 활동에 기여할 수 있는 다양한 조직과 프로그램의 가치, 문화, 리더십에 자살예방활동 통합 • 주, 영토, 부족, 지역 수준에서 효과적이고 지속 가능하며 협력적인 자살예방 프로그램 수립 • 자살예방을 위해 여러 연방기관의 협력 강화 및 유지 • 자살예방을 위한 민관 협력 관계 개발 및 유지 • 관련된 모든 의료 개혁 노력에 자살예방 통합
	2. 지식, 태도, 행동을 변화시킴으로써 자살예방을 위한 연구 기반 의사소통 실행	• 특정 인구대상을 위한 의사소통 개발, 실행 및 평가 • 헌신적 의사소통 노력으로 정책 결정자와 소통 • 긍정적 메시지를 전파하고 안전한 위기개입 전략을 지원하는 온라인 커뮤니케이션 증진 • 자살위험신호 알아차리기 및 위기에 처한 개인 지원과 서비스 연계 방법에 대한 지식 증진
	3. 자살행동으로부터 보호하고 건강과 회복을 향상시키는 요인에 대한 지식 증진	• 자살위험으로부터 보호할 수 있는 효과적 사업 및 실천 증진 • 자살행동, 정신장애, 약물사용장애와 관련된 차별과 편견 감소 • 모든 사람이 정신장애 및 약물사용장애로부터 회복할 수 있다는 이해 증진

보건의료 및 지역사회 예방 서비스	4. 자살보도에 대한 책임 있는 언론, 엔터테인 먼트 산업의 자살과 정신질환에 대한 정확 한 묘사, 그리고 자살 과 관련된 온라인 콘 텐츠의 안정성 촉진	• 자살 및 관련 행동에 대해 안전하고 책임 있는 보도정책을 개 발하고 실천하는 방송사를 장려하고 인정 • 자살 및 관련 행동에 대해 정확하고 책임 있는 묘사에 대한 권 고사항을 준수하는 엔터테인먼트산업 종사자를 장려하고 인정 • 새로운 의사소통 기술과 도구를 겨냥하는 안전한 온라인 콘 텐츠 가이드라인 개발, 실행, 모니터링 및 업데이트 • 자살 및 관련 행동에 대한 일관성 있고 안전한 메시지 전달 방 법을 언론과 커뮤니케이션 전공 학과의 교과 과정에 포함하 는 지침 개발 및 보급
	5. 건강증진 및 자살예방 을 위한 효과적 프로 그램 개발, 실행 및 모 니터링	• 각 주와 지역의 포괄적 자살예방 프로그램 조정, 실행 및 평가 강화 • 지역사회 기반의 효과적 프로그램 실행을 장려하고 웰빙 중 진과 자살예방 교육 제공 • 자살위험 집단의 자살 충동 및 관련 행동 감소를 위한 개입 • 정신장애 및 약물사용장애에 대한 효과적 프로그램과 서비스 에 대한 접근성 및 전달 강화
	6. 자살위험이 있는 이들 의 치명적 자살수단에 대한 접근성 감소	• 자살위험이 있는 개인과 상호작용하는 서비스제공자들이 일 상적으로 치명적인 자살수단에 대한 접근을 평가하도록 장려 • 무기 거래상 및 총기 소지자들과의 파트너쉽 형성으로 자살 에 대한 인식을 무기 안전과 책임 있는 무기소유의 기본원리 에 포함시키도록 장려 • 치명적 자살수단 접근성 감소를 위한 새로운 안전 기술 개발 및 실행
	7. 의료서비스 제공자 및 지역사회 관계자에게 자살예방 훈련 제공	• 자살예방 관련 역할을 담당하는 지역사회 단체 대상 자살예 방 훈련 제공 • 정신건강 및 약물중독 관련 서비스 제공자에게 위험행동 인 식, 평가, 관리 및 자살위험자를 위한 효과적 임상 서비스 전 달에 대한 훈련 제공 • 대학원 및 평생교육을 포함하는 모든 보건의료전문가에게 자 살 및 관련 행동 예방에 대한 핵심 교육과 훈련 지침을 채택하 도록 권장 • 인증기관들이 자살 및 관련 행동 예방에 대한 핵심 교육과 훈 련을 채택하도록 독려 • 임상의, 임상 슈퍼바이저, 첫 번째 대응자 및 위기개입 담당 자가 자살위험에 대해 소통하고 협력할 수 있도록 효과적 소 통전략 프로토콜과 프로그램 개발 및 실행

치료 및 지원 서비스	8. 자살예방을 보건의료 서비스의 핵심 요소로 촉진	• 특정 환자집단에게 서비스와 지원을 제공하는 보건의료 체계와 지역 지원체계가 '자살 제로(Zero suicides)'를 목표로 채택하고 촉진하도록 독려 • 자살위험을 가진 이들에게 가장 협력적이고 반응적이며 제한적이지 않은 조건에서 서비스를 전달하는 프로토콜 개발 및 실행 • 자살위험이 높은 이들을 위한 사정, 개입, 효과적 서비스 접근 촉진 • 응급실이나 입원병동에서 자살위험 관련 치료를 받은 모든 환자를 대상으로 연속적 지원을 촉진하고 안전 및 웰빙 증진 • 자살예방 및 자살시도에 대해 적절한 대응을 보건의료 전달체계의 지속적인 질 향상 노력의 지표로 포함하도록 장려 • 정신건강 서비스 및 약물중독 서비스와 동료지원 프로그램을 포함한 지역사회 기반 프로그램 간 연계망 구축 • 자살예방과 개입 프로그램, 보건의료체계 및 지역 위기센터들 간 서비스 협력체계 구축 • 응급실 이용이나 입원을 대체할 수 있는 방법을 제공하거나 퇴원 후 신속한 후속조치를 할 수 있도록 응급실 및 기타 보건의료 공급자들 간 협력체계 개발
	9. 자살행동 위험이 확인된 사람들에 대한 효과적 임상 및 전문적 평가와 개입 실행 및 촉진	• 모든 의료 분야에서 자살위험 사정을 할 수 있도록 지침 채택 확산 실행 • 자살위험이 있는 이들을 치료하는 전문가를 위해 임상적 조치와 연속적 관리를 위한 지침 개발, 확산 및 실행 • 모든 환자가 자살생각이나 행동을 안전하게 공개할 수 있도록 독려 • 자살위험이 있는 사람의 가족과 가까운 사람을 효과적으로 개입시키도록 하는 지침 채택 및 실행 • 정신건강이나 약물남용 환자들의 자살위험을 사정하고 안전을 촉진하고 자살행동을 감소시키는 정책과 절차를 채택하고 실행 • 응급실에서 자살위험을 선별하고 필요한 임상적 개입을 수행할 수 있도록 하는 표준화된 프로토콜 개발 • 자살위험 사정과 치료 기록에 대한 지침을 개발하고 이를 실행할 수 있는 훈련 및 기술 지원

	10. 자살사망 및 자살시도로 인해 영향받은 주변인에 대한 치료와 지원 제공 및 자살예방을 위한 지역사회 전략 실행	• 자살로 인해 사별한 사람들을 위한 효과적이고 포괄적 지원 프로그램 지침을 개발하고 주, 영토, 부족 및 지역사회 수준에서 지침들이 실행되도록 촉구 • 자살시도 혹은 자살로 인한 사별을 경험한 개인들에게 적절한 임상서비스 및 트라우마 치료와 애도에 대한 임상서비스 제공 • 자살시도 생존자를 지지서비스, 치료, 지역 자살예방 교육 등 자살예방계획에 참여시키고, 자살시도 생존자 지지집단을 위한 지침 및 프로토콜 개발 • 지역사회 내 자살문제에 효과적으로 대응할 수 있는 지침을 문화적 맥락에 맞게 채택, 확산, 실행 및 평가할 수 있도록 교육, 훈련, 자문 지원 • 보건의료 서비스 제공자, 구급인력 및 기타 관계자의 환자가 자살로 사망하는 경우 서비스와 지원 제공
감독, 연구 및 평가	11. 자살예방에 대한 국가감독체계 시의성 및 유용성 향상과 정보수집, 분석 및 활용 능력 증진	• 출생사망 기록 보고의 적시성 향상 • 자살 관련 데이터의 유용성 및 질 향상 • 정기적으로 자살 관련 데이터를 수집, 분석, 보고하고 활용할 수 있도록 주, 부족, 지역 단위의 공공 보건역량을 강화 및 확장하고 정책결정을 위한 자료 제공 • 자살행동 위험요인 자살 노출과 같은 질문을 포함한 전국적인 대표성을 갖는 조사 확대 및 자료수집 도구 확대
	12. 자살예방 조사연구 지원과 장려	• 다수의 이해관계자의 의견 수렴을 통한 국가자살예방 연구 주제 개발 • 국가자살예방 연구 주제 배포 • 자살예방 연구 결과 확산 촉진 • 자살예방 관련 연구의 양과 질을 확대할 수 있도록 연구자원 저장소 개발 및 지원
	13. 자살예방 개입과 시스템에 대한 영향 및 효과성 평가 및 결과 확산	• 자살예방 개입 효과성 평가 • 자살예방 개입을 지지하는 증거에 대한 평가, 통합 및 확산 • 주, 영토, 부족, 지역 단위에서 실행된 자살예방 노력 검토를 통해 가장 효율적이고 효과적인 전달구조 파악 • 자살 유병률 및 사망률 감소와 관련한 국가자살예방전략의 효과성 평가

출처: U.S. Department of Health and Human Services (HHS) (2012): 안실련 · 한국자살예방협회(2017)에서 재인용.

4. 자살예방을 위한 대표적 법

1) 청소년자살예방법: 개렛 리 스미스법(GLSMA)

2001년 국가자살예방전략 수립 후 2004년에 연방정부 법안으로 제정된 「개렛 리 스미스법(Garrett Lee Smith Memorial Act: GLSMA)」은 미국 청소년 자살예방 분야에서 가장 의미 있는 성과 중 하나이다. 이 법안은 2003년 말 자살로 사망한 골든 스미스 상원의원의 아들(당시 대학생)의 이름을 따 명명되었다. 이 법은 자살예방을 위해 연방기금을 지원하는 것을 처음으로 가능하게 했다. 미국 보건부 산하 약물남용 및 정신건강서비스국(SAMHSA)이 관리운영을 맡고 있으며, 청소년과 대학생 자살예방 프로그램을 기획하는 주, 부족 및 고등교육기관 등에 기금을 지원한다.

2) 재향군인 자살예방법
(Joshua Omvig Veterans Suicide Prevention Act: JOVSPA)

미국 자살예방전략에는 자살위험군을 지정하고 이들에 대한 전략을 마련하는 내용이 포함되어 있는데, 재향군인(veterans)은 그 중 하나이다. 2005년에 자살로 사망한 이라크 참전군인의 이름을 딴 이 연방 법안은 미국보훈부(VA)가 재향군인을 위한 포괄적 자살예방 프로그램을 실행할 것을 내용으로 한다. 여기에는 직원교육, 정신건강평가, 각 재향군인의료센터 내 자살예방 담당자 배정, 관련 연구, 24시간 정신건강관리, 무료 위기전화상담 및 군인과 가족을 위한 교육 등이 포함되어 있다. 2009년에는 인터넷을 활용하는 일대일 채팅서비스를 추가했다.

3) 자살예방 상담전화 개선법
(National Suicide Hotline Improvement Act)

2001년 국가자살예방전략이 수립된 이후 미국 보건부 산하 약물남용 및 정신건강서비스국은 도움을 필요로 하는 모든 사람에게 서비스를 제공한다는 사명을 가지고 2005년부터 미국 전역에 위기전화상담센터를 설립하고 위기상담서비스를 시작했다. 전국자살예방 라이프라인(National Suicide Prevention Lifeline, 전화번호 800-273-TALK)

이라는 이름의 이 프로그램은 위기에 처해 전화하는 사람들을 49개 주에 있는 180개(2020년 기준) 지역 위기센터 중 하나(일반적으로 가장 가까운 곳)로 연결시켜 주는 역할을 한다. 24시간 상담서비스를 제공하며, 특히 재향군인을 위한 단축번호를 따로 두고 운영하고 있다. 전화뿐 아니라 인터넷을 통한 연결이 가능하며 온라인 채팅, 페이스북, 트위터를 이용하는 서비스도 제공하고 있다. 연방정부 차원의 자살예방 서비스로 시작한 라이프라인은 2020년 7월에 「전국 자살예방 전화상담 지정법」이 통과되면서 그간 사용되었던 전화번호(800-273-TALK)를 기억이 용이한 988(미국 응급번호는 911이다.)로 전환하게 되었다. 따라서 2022년 7월까지는 '988'로 전환되어 접근성이 더욱 향상될 것으로 기대되고 있다(suicidepreventionlifeline.org).

4) 주정부 자살예방 법안

2001년 국가자살예방전략은 각 주별로 여러 정부부처를 아우르는 종합적인 자살예방 계획을 수립할 것을 요구했고, 민관이 협력체계를 구축하여 계획을 개발하고 실행하고 평가할 것을 제안했다. 이에 각 주(state)마다 자살예방과 관련한 다양한 법과 정책을 마련하고 실행하고 있다. 그 내용은 주로 교육과 훈련, 정책 수립, 데이터 구축, 자살예방 프로그램 운영과 관련되어 있다(Suicide Prevention Resource Center, 2016).

(1) 교육과 훈련

일부 주는 교사, 학교 상담가, 건강서비스 관계자, 경찰관계자 등의 면허를 위해 또는 고용 갱신을 위해 자살예방 교육을 받을 것을 의무화하는 법을 갖추고 있다(예: 뉴욕주 자살예방 아카데미는 자살예방의 최전선에 있는 관계자들에게 훈련과 교육을 제공하는 법안을 제정함. 2015년 네브라스카주는 교육기관의 자살예방훈련을 강화하기 위해 모든 공립학교 교사의 자살예방 교육수강을 의무화함).

(2) 정책 수립

초 · 중 · 고등학교와 대학으로 하여금 자살을 예방하고 이에 대응하는 정책을 수립할 것을 의무화한다. 이 법을 제정한 주에서는 담당부처(예: 교육부)를 지정하여 정책을 개발하고 보급하게 한다(예: 2017년 캘리포니아는 중 · 고등학교 학생을 위한 자살예방 프로그램을 제공하는 것을 법으로 제정함. 주 교육부는 청소년 자살예방정책 모델을 개발하여 보급함).

(3) 데이터 구축

의료 서비스, 건강 서비스, 주요 통계, 사법기관의 자살 관련 데이터 수집을 의무화하는 법을 통해 자살의 범위와 추이를 이해하고 자살예방 서비스를 평가하는 기반을 마련한다. 몇 개 주는 여러 주의 데이터를 결합해서 분석하기도 하고, 일부 주에서는 지방정부가 자살사망을 주정부 보건국에 보고할 것을 법으로 지정하기도 한다(예: 2015년 미네소타주는 자살사망 모니터 및 자살예방을 우선순위로 두는 정책을 법제화하고 이 정책의 일환으로 2016년 자살 관련 데이터 계획을 수립함).

(4) 자살예방 프로그램

주정부 내 정신건강부서나 공중보건부서에서 자살예방 프로그램 운영과 관리를 담당하고, 위기상담전화와 위기대응팀 운영을 법제화하고 있다(예: 유타주 보건국 산하 약물남용과 정신건강부는 유타 자살예방연합과 함께 자살예방 프로그램을 관리하고 운영함. 2013년에 법으로 제정된 유타 자살예방 프로그램을 위해 주정부가 예산을 지원함).

5. 자살제로전략

자살로 사망한 대다수의 사람은 사망하기 전 해에 의료기관을 방문한 것으로 나타났다. 보건의료체계의 틈새로 빠져나간 자살위험군을 사전에 찾아낼 수 있다는 문제의식에서 출발한 자살제로(Zero Suicide)전략은 2012년 국가자살예방전략을 기반으로 시작되었으며, 자살예방과 관리를 위한 국가전략의 핵심 구성요소이다. 이는 자살을 근절하겠다는 목표를 가지고 보건의료서비스 체계 내에서 자살예방 서비스를 제공하고 서비스를 개선하기 위한 전략적 틀이다. 2012년 국가자살예방전략의 토대를 마련한 전국자살예방실천연합(NAASP)은 보건의료 체계 내에서 자살위험을 발견하고 개입하는 절차를 구체화하고, 자살예방과 관리를 개선하기 위한 정책적 가이드라인으로 '자살제로전략(Zero Suicide Initiative)'을 수립했다.

자살제로전략은 7개의 요소와 과정으로 구성된 자살제로 모델을 제안한다([그림 35-2] 참조). 이 중 네 가지(인지, 참여, 치료, 전환)는 환자를 치료하는 임상적 측면에 초점을 맞추고 있으며, 나머지 셋(주도, 훈련, 개선)은 시스템을 구현하는 것과 관련이 있다.

첫 번째 요소인 주도(Lead)는 자살률을 낮추기 위한 안전에 기반한 분위기와 문화를 조성하는 것을 의미한다. 자살예방은 개인의 책임이 아닌 시스템의 문제이기 때문에

그림 35-2 자살제로 모델(Zero Suicide)

출처: Education Development Center (2020).

환경을 조성하는 정책을 수립해야 하고, 이를 위해서는 리더십이 중요하다. 이는 안전에 중점을 둔 팀 접근 방식으로 조직을 전환하게 하며, 자살에 대한 최적의 치료에는 모든 사람이 역할을 해야 한다는 점을 인식하게 한다.

두 번째 요소인 훈련(Train)은 유능하고 역량 있는 전문인력을 양성하는 것이 주된 내용이다. 자살제로 모델은 정신건강 전문가뿐 아니라 개개인이 자살위험 신호를 파악하고 자살위기에 처한 이들과 효과적으로 소통하는 방법을 익혀야 한다는 점을 강조한다.

세 번째 요소인 인지(Identify)는 자살위험자의 체계적인 선별과 자살위험도 평가를 의미하는데, 모든 환자에 대한 증거기반 선별과 자살위험 평가에 대한 지침을 제공하기 위한 요소이다.

네 번째 요소인 참여(Engage)는 고위험군 환자들이 적시에 치료받을 수 있는 최적의 경로를 확보하고, 전문화된 치료와 강력한 개입을 통해 개인별 계획을 수립하는 것으로, 여기에는 치명적인 자살수단을 감소시키는 것도 포함된다.

다섯 번째 요소인 치료(Treat)는 안전을 바로 확보하기 위한 단기개입, 자살사고와 행동 감소를 목표로 하는 장기개입을 포함하며, 자살행동을 직접적으로 다루는 증거 기반 치료를 제공하는 것이다.

여섯 번째 요소인 전환(Transition)은 병원이나 응급실 퇴원 등 급성기 치료 이후의 추적관리를 통한 지속적인 관리와 자살행동에 대한 모니터링을 강조한다.

일곱 번째 요소인 개선(Improve)은 질 관리 및 향상을 위한 데이터 구축과 데이터를 기반으로 하는 건강관리서비스 개선을 강조한다(Education Development Center, 2020).

뉴욕주는 미국에서 자살사망률이 가장 낮은 주로서, 자살제로전략을 적극적으로 도입한 주 중 하나이다. 2012년에서 2014년까지 뉴욕주에서 자살을 시도했거나 자살로 사망한 이들의 보험 청구 내역을 분석한 결과, 73%가 자살시도 전 6개월 중 한 번 이상 외래진료를 받은 적이 있고, 61%는 자살시도 한 달 전에 병원을 찾은 것으로 나타났다. 이런 자료를 근거로 뉴욕주는 의료기관을 통한 자살예방 접근의 중요성을 강조하며 자살제로 프로그램을 시작했다. 이는 의료기관의 네트워크를 구축하고 이를 통해 의료진 교육, 환자 발굴 및 관리, 사후 질 향상을 위한 데이터베이스를 구축하는 것이 주된 내용이다. 뉴욕주에 있는 165개 의원(2019년 기준)이 참여하고 있는데, 뉴욕주는 해당 의원의 의료진을 매년 교육하고 자살 관련 데이터를 보고하도록 하고 있다. 참여하는 의원은 내원하는 환자 모두에게 선별검사를 시행한다. 그 결과, 2017년에서 2019년까지 내원한 환자 약 6만 명 중 8%가 고위험군으로 분류되었고, 자살문제 관련 상담치료로 연계되었다. 특히 자살위험도가 저위험 단계로 떨어지기 전까지 매주 자살위험도를 측정하며, 정해진 외래에 내원하지 않을 경우 따로 연락하여 안전 여부를 확인한다. 또한 이런 과정을 매달 뉴욕주 정신건강국에 제출하는 것을 의무로 하고 있다(안실련, 한국자살예방협회, 2019).

6. 자살위험이 높은 집단을 위한 자살예방 전략

자살위험이 높은 집단을 구분하는 것은 쉬운 일이 아니다. 자살과 관련한 위험요인과 보호요인은 다양하고, 서로 다른 방식으로 상호작용하며, 시간이 지나면서 변하기 때문이다. 자살행동유형 역시 집단에 따라 다르게 나타나기도 하는데, 예컨대 자살사망률이 특히 높은 집단이 있는가 하면 자살시도율이 높은 집단이 있기도 하다. 게다가 자살 관련 데이터 수집의 한계도 특정 인구집단의 자살률 측정을 어렵게 만드는 요인이다. 그럼에도 불구하고 미국에서 일반 인구집단에 비해 자살위험이 높다고 알려진 집단은 미국 원주민, 자살유가족 또는 지인, 자살시도 경험자, 사법체계 안에 속한 이들(재소자, 소년범, 아동보호 대상자 등), 신체적 건강, 정신건강 또는 약물 문제를 가진 이들, 성소수자, 현역 및 퇴역 군인, 중년 남성, 남성 노인 등이다. 이 중 미국의 특화된 자살예방정책을 잘 보여 주는 네 집단에 대한 개입과 정책을 알아보도록 하자.

1) 미국 원주민

2009년 통계를 보면 미국의 전체 자살률과 미국 원주민의 자살률은 각각 10만 명당 11.8명, 11.9명으로 거의 유사하게 나타났다. 하지만 지난 20년간의 추이를 보면 미국 내 자살률이 1999년 이후 33% 증가한 것에 비해 미국 원주민의 자살률은 남성은 139%, 여성은 71%가 증가하여 증가폭이 매우 높다(National Indian Council on Aging, 2021). 미국 원주민 청소년의 자살사망률은 더욱 심각한데, 미국 청소년 전체 3.95명보다 훨씬 높은 10.4명이었고, 원주민 청소년의 사망원인 중 두 번째 요인을 차지하고 있다. 특히 20세에서 24세 사이의 원주민 남자 청년의 사망률은 40.8명으로 우려할 수준이며, 몇몇 연구에 따르면 원주민 청소년의 14%에서 27%가 자살을 시도한 것으로 나타났다(U.S. Department of Health and Human Services, 2012). 역사적인 배경을 가진 사회적 배제와 제도적 차별로 인해 미국 원주민은 취약한 건강과 낮은 사회경제적 지위를 점하고 있다. 이러한 건강의 사회적 결정요인은 원주민 공동체의 건강과 정신건강을 위협하는 요인으로 작용한다. 역사적인 트라우마 외에도 알코올 및 약물 남용이나 제한된 정신건강 서비스 접근성도 미국 원주민의 자살위험을 높이는 요인으로 지목된다. 미국의 다른 인종, 민족 집단에 비해 미국 원주민들의 보건의료 서비스 자원은 더욱 부족하고, 이들 중 많은 이는 공동체, 고유 언어, 민족적 정체성 상실의 경험을 가지고 있다.

여기에 대응하기 위해 약물남용 및 정신건강서비스국 내 청소년자살예방 담당국과 미국 원주민 건강 서비스(IHS) 내 자살예방 위원회가 협력하여 자살예방 프로그램들을 지원하고 있다. 미국 원주민 공동체들도 문화적 감수성을 갖춘 예방과 개입 접근을 실행하고 자살 및 건강격차로 영향받는 이들의 요구를 위해 옹호활동을 전개하고 있다. 여러 부족도 주류 자살예방 프로그램을 도입하여 교육훈련, 위기 전화상담, 멘토링, 학교 기반 프로그램 등을 실행한다. 한 예로 애리조나주 동쪽에 위치한 화이트 마운틴 아파치 부족이 개발한 지역 기반 모니터링 시스템은 부족 고유의 위험요인과 보호요인을 감지하여 지역 자살예방 프로그램에 기여하는 좋은 예로 제시되고 있다.

2009년에는 「미국 원주민 청소년 자살예방법(Indian Youth Suicide Prevention Act 2009)」이 제정되었다. 약물남용 및 정신건강서비스국 관리하에 이 법은 자살사고를 표현하거나 자살을 시도하거나, 자살위험이 높은 정신건강문제를 가진 원주민 청소년에게 원격 정신건강서비스(telemental health)를 제공하는 시범사업을 주 내용으로 한다. 또한 2011년에 미국 원주민 건강 서비스는 미국 원주민의 자살을 감소시키기 위한 포괄적인 5개년 전략을 수립했으며, 연방정부 예산으로 도움을 원하는 단체나 조직에게 자살예방 프로그램 실행을 위한 기술지원을 제공하고 있다(SPRC, 2018).

2) 사법체계 내에 속한 이들

미국의 수감자 자살률은 미국 전체 자살률에 비해 세 배 가량 높으며, 수감자 사망원인의 세 번째를 차지한다. 소년원에 있는 청소년들은 자살위험을 증가시키는 여러 요인을 경험할 가능성이 매우 높다. 예컨대, 정신장애나 약물남용, 신체적·성적·정서적 학대, 자해행동 등이 여기에 포함되며, 이들의 자살률은 일반 청소년에 비해 네 배 이상 높다. 또한 아동학대 피해로 인해 아동보호기관의 관리를 받는 청소년도 자살 취약군에 포함되는데, 위탁가정 경험을 한 청소년은 일반 청소년보다 자살사고가 세 배 이상, 자살시도는 네 배 이상 높은 것으로 보고되고 있다.

미국 법무부(DoJ)는 사법체계 내 모든 기관이 자살예방, 개입 및 치료를 다루는 포괄적인 정책과 프로그램을 개발하고 실행할 것을 강조한다. 사법체계 내 치료, 건강 및 정신건강 관계자를 대상으로 하는 정기적인 교육, 수감자에 대한 초기 사정과 지속적인 평가, 사법체계 내 의사소통 향상, 자해와 자살위험 정도에 따른 모니터링, 적절한 개입, 자살위험을 낮추는 수용환경, 사망 사건에 대한 철저한 검토 등이 여기에 포함된다. 사법체계 내에 있는 이들, 특히 수감자들의 경우 자살위험이 매우 높기 때문에 사법체계 관계자들에게는 문제를 발견할 수 있는 협력체계와 지속적인 평가와 안전을 목표로 하는 포괄적 자살예방 서비스가 필요하다. 지난 20년 간 미국 전역에 있는 교도소 내 자살률이 급격하게 감소하였는데, 일부는 이러한 현상을 사법체계 관계자 및 직원 대상 교육 증가와 자살 고위험군을 선별하는 방법이 개선되는 등 포괄적 프로그램이 실행된 결과로 평가한다. 최근 사법체계 관리하에 있는 청소년의 자살예방을 위한 노력도 눈에 띄인다. 청소년 사법체계 내 고위 관계자를 대상으로 교육훈련을 실시하여 포괄적인 정책 개발을 촉진하고 있으며, 청소년 시설에서 직접적으로 청소년을 만나는 관계자 및 직원을 대상으로 하는 교육을 통해 자살예방에 대한 인식을 증가시키고 있다. 이 외에도 사법체계 내 청소년의 자살과 관련한 데이터를 구축하고, 법무부와 정신건강국 간 협조체계를 형성하여 정책과 프로그램 개발을 도모하고 있다. 2009년에는 법무부 산하 위원회에서 최초로 전국 청소년 사법체계 실태조사를 진행하였고, 2010년에는 재소자 자살 실태조사를 실시하여 해당 시설 내 자살예방을 위한 전략을 제안했다(U.S. Department of Health and Human Services, 2012).

3) 현역 및 퇴역 군인

과거 현역군인의 자살률은 일반 미국인의 자살률보다 훨씬 낮았지만, 지난 10년간 자살률이 계속 증가 추이에 있다. 미국 국방부에 따르면 군인의 자살률은 2001년 10만 명당 10.3명에서 2009년 18.3명으로 증가했다. 특히 현역군인의 자살률은 2014년 20.4명에서 2019년 25.9명으로 증가했는데 30세 이하 남성 군인이 대다수였다(U.S. Department of Defense, 2020). 가장 빈번하게 사용된 자살수단은 총기였고, 자살시도에 가장 빈번하게 사용된 방법은 약물과다복용, 그중에서도 처방약 오용이었다.

미국은 현역군인은 물론 퇴역군인에 대한 건강서비스가 상대적으로 잘 갖추어져 있다는 특징을 가지고 있다. 질병관리본부 통계에 따르면 미국 전체 자살사망률의 20% 정도가 퇴역군인이었다(Karch et al., 2009). 이들의 보건의료서비스는 미국 보훈부(VA)가 담당한다. 미국 보훈부에 따르면 남성 환자의 자살률은 일반 남성에 비해 1.4배 높고, 여성의 자살률은 일반 여성에 비해 거의 두 배 가량 높다고 밝혔다. 퇴역군인들 역시 총기를 사용한 자살이 빈번했다. 베트남 전쟁 이후 전쟁지역에서 돌아온 퇴역군인의 자살사망률 증가가 나타난 것은 2006년이었는데, 국방부와 보훈부는 그 후 자살을 주요 문제로 규정하고 고위험군을 찾아내고 모니터하는 노력을 전개해 왔다. 이들은 정신건강서비스를 확대하고 광범위한 자살예방 프로그램을 실행해 왔다. 2011년 국방부는 국방부 산하에 자살예방국(Defense Suicide Prevention Office: DSPO)을 발족시켰고, 여기에서 자살예방과 관련한 모든 정책, 전략, 프로그램, 수행, 표준화, 평가 등을 수행하고 있다.

보훈부는 효과적인 자살예방을 위해서는 보건의료체계 내에서 고도화된 정신건강서비스에 바로 접근할 수 있어야 한다는 원칙을 강조한다. 보훈부는 약물남용 및 정신건강서비스국 및 미국 자살예방 위기전화 라이프라인과의 파트너십을 형성하여 퇴역군인 전용라인을 추가했으며, 각 보훈병원에 자살예방 담당자를 두는 예산을 따로 편성했다. 이 외에도 앞서 설명한 퇴역군인 자살예방법을 통해 참전군인뿐 아니라 가족을 대상으로 정신건강 지원과 교육을 실시한다.

4) 성소수자

지난 40년간 이루어진 연구들에 따르면 성소수자(LGBTQ)는 상대적으로 높은 자살사망률과 자살시도율을 보이는 집단이다. 성 정체성을 파악하는 통계는 매우 제한적이기 때문에 정확한 수치를 파악하기는 어렵지만, 미국뿐 아니라 여러 국가의 연구에서도 성소수자의 자살시도율과 자살률은 지속적으로 높게 나타난다. 한 연구는 성소수자의 자살시도가 이성애자보다 두 배 이상 높다고 밝혔고, 여러 연구를 종합해 보면 미국의 일반 성인의 5%가 자살을 시도한 것에 비해 성인 성소수자는 12%에서 19%가 자살을 시도한 것으로 나타났다(National Action Alliance for Suicide Prevention, 2018). 특히 청소년 성소수자의 경우 이성애 청소년에 비해 자살사고를 가진 비율이 세 배 이상 높았고, 실제로 자살을 시도한 경우는 다섯 배 이상 높았다(CDC, 2016). 성소수자의 자살행동은 대부분 성적 지향이나 젠더 정체성과 관련한 사회적 차별과 선입견을 반영하는 소수자 스트레스와 관련되어 있다. 이런 스트레스에는 가족의 거부, 괴롭힘, 따돌림, 협박, 폭력이 포함되며, 성소수자를 배제하는 법이나 공공 정책으로 인한 제도적 차별도 포함된다. 이러한 차별은 우울, 불안, 사회적 배제, 낮은 자존감 등으로 이어지며 성소수자 자살행동의 위험요인으로 작용하게 된다.

성소수자 자살행동을 예방하는 전략으로 미국에서는 성적 지향과 관련한 편견과 관련 스트레스원 감소, 우울, 불안, 약물남용 등 기타 정신건강문제의 발견, 성소수자에 대한 포용과 다양성 감수성을 갖춘 정신건강 서비스 증가, 각종 괴롭힘과 폭력을 감소시키는 전략, 차별을 조장하는 법과 정책의 변화 등을 강조한다. 특히 다양성 감수성을 갖춘 자살예방 프로그램을 개발하기 위해서는 성소수자 단체나 조직과의 긴밀한 협력이 요구된다. 미국에서 가장 권위 있는 민간단체인 미국자살예방재단은 성소수자 위원회를 따로 두고 성소수자의 자살예방을 위한 다양한 전략과 프로그램을 실행하고 있다. 예컨대, 전국의 여러 성소수자 조직과 연대하여 성소수자의 자살을 다루는 미디어 가이드라인을 개발하고, 젊은 성소수자의 자살행동을 감소시키기 위해 학교나 청소년 단체 관계자를 대상으로 성소수자 자살예방을 주제로 하는 무료 워크숍을 제공한다. 자살예방과 위기상황에 초점을 두는 국가적 조직 트레버 프로젝트(Trevor Project)는 성소수자 및 성 정체성으로 고민하는 이들을 대상으로 24시간 긴급전화를 운영하며, 젊은 성소수자와 그들의 친구를 위한 온라인 커뮤니티를 제공하고, 학교에 교육 프로그램을 제공한다. 국가차원에서는 사망관련 데이터에 성 정체성과 성적 지향을 포함하는 방법을 고안 중에 있다. 특히 성소수자 청소년을 대상으로 성 지향을 바꾸려는 의도를 가지고 행해지는 각종 '전환치료(conversion therapy)'는 과학적 근거가 없으며, 청소년에게 자살사고 및 행동을 포함하는 다양하고 심각한 위험을 초래하는 것으로 알려져 있다. 현재 미국의학회, 미국정신의학회, 미국심리학회, 미국사회복지협의회를 포함하는 여러 전문가 단체는 공식적으로 전환치료 거부 입장을 표명한 바 있으며, 미국

자살예방재단은 각종 연구와 전문성에 비롯한 근거를 기반으로 각 주에 전환치료 금지법의 제정을 촉구하고 있다. 2020년 5월 현재, 캘리포니아, 뉴욕, 매릴랜드를 포함하는 20개 주에서 18세 이하를 대상으로 하는 전환치료를 법적으로 금지하는 법을 제정했으며, 점점 더 많은 주가 법 제정을 준비 중에 있다(American Foundation of Sucide Prevention, 2020).

7. 요약

미국의 자살예방정책은 성공적인 자살예방을 위해 연방정부와 주정부와 지역 수준의 여러 조직 및 체계의 포괄적인 노력이 필요하다는 것을 잘 보여 준다. 전문가들은 자살예방이 정신건강을 넘어 건강 전반의 문제라는 문제의식에 동의하며, 자살예방을 위해서는 연방정부, 주정부, 부족, 지방자치단체, 보건의료체계, 보험체계, 산업, 교육기관, 지역사회 기관, 의료인, 가족, 지인 모두의 역할이 요구된다는 점을 강조한다. 자살은 정신건강, 약물남용, 트라우마, 각종 폭력과 위험요인을 공유한다. 따라서 광범위한 영역과 협력하는 것이 효과적인 자살예방을 위해서는 필수적이다. 출발부터 민관협력으로 이루어진 미국의 자살예방 전략은 민관 파트너십을 중요한 자원으로 생각하며, 자살예방에 관련한 여러 영역과 협력적 관계를 토대로 다양한 정책과 전략을 고안하고 있다. 또한 다양한 민족과 문화로 이루어진 국가라는 점에서 미국의 자살예방정책은 문화적 다양성과 지역의 특성을 잘 반영하려는 노력을 담고 있다. 연방정부 차원에서 수립한 포괄적인 국가자살예방전략은 주정부의 자살예방사업을 안내하는 길라잡이 역할을 해 주며, 자살예방 전략 수행에도 자살 문제에 오래 관심을 가져온 민간 조직들이 지속적으로 중요한 역할을 담당하고 있다.

참고문헌

안실련, 한국자살예방협회(2017). 자살예방문화, 생명사랑 시스템 구축을 위한 사업모델 개발 연구용역. 한국자살예방협회.

안실련, 한국자살예방협회(2019). 자살예방 조직 적정성에 대한 연구 용역. 한국자살예방협회.

American Foundation of Suicide Prevention (AFSP). (2020). *State laws banning conversion therapy practices*. https://afsp.org/conversion-therapy-bans retrieved January 16, 2021.

Centers for Disease Control and Prevention (CDC). (2016). *Sexual identity, sex of sexual contacts, and health-risk behaviors among students in grades 9-12: Youth risk behavior surveillance*. Atlanta, GA: U.S. Department of Health and Human Services.

Centers for Disease Control and Prevention (CDC). (2020). *Data & Statistics: Fatal Injury Report for 2018*. https://www.cdc.gov/injury/wisqars/ retrieved December 1, 2020.

Education Development Center. (2020). https://zerosuicide.edc.org/about/history retrieved January 14, 2021.

Karch, D. L., Dahlberg, L. L., Patel, N. et al. (2009). Surveillance for violent deaths: national violent death reporting system, 16 States, 2006. *MMWR Surveillance Summary, 58*(1), 1-44.

OECD. (2021). *Suicide rates (indicator)*. doi: 10.1787/a82f3459-en retrived January 03, 2021.

National Action Alliance for Suicide Prevention (NAASP). (2018). *National Strategy for Suicide Prevention Implementation Assessment Report Addendum: Federal Crosswalk*. https://theactionalliance.org/ retrieved January 15, 2021.

National Indian Council on Aging (NICOA). (2021). *American Indian suicide rate increases*. https://www.nicoa.org/national-american-indian-and-alaska-native-hope-for-life-day/ retreived January 15, 2021.

Suicide Prevention Resource Center (SPRC). (2016). *Suicide Prevention Policy and Legislation*. Weltham, MA: Education Development Center, Inc.

Suicide Prevention Resource Center (SPRC). (2018). *Suicide surveillance strategies for American Indian and Alaska Native communities*. Waltham, MA: Education Development Center, Inc.

U.S. Department of Defence (DoD). (2020). *Annual Suicide Report Calendar Year 2019*. Department of Defense.

U.S. Department of Health and Human Services (HHS). (2012). Office of the Surgeon General and National Action Alliance for Suicide Prevention. *2012 National Strategy for Suicide Prevention: Goals and Objectives for Action*. Washington, DC: HHS.

자살예방의 모든 것

이론과 정책

제**8**부

국내 자살예방정책

36

지역자살예방사업의 소개

　광역 및 기초 자살예방센터 · 정신건강복지센터는 국가자살예방정책을 실천하는 가장 핵심기관이다. 광역자살예방센터 · 정신건강복지센터는 시 · 도 단위 지역사회 내 자살예방사업을 기획 및 수립, 조정, 수행하는 기관으로 전국 9개의 광역자살예방센터와 16개의 광역정신건강복지센터가 운영되고 있다. 기초자살예방센터 · 정신건강복지센터는 시 · 군 · 구 단위 지역사회 내 자살 문제에 대한 인식개선 노력을 통해 생명존중문화를 조성하고, 자살 고위험군 조기 발견 및 치료를 위한 서비스 전달체계 및 네트워크를 운영하는 기관으로 전국 26개 기초자살예방센터와 237개 기초정신건강복지센터가 있다.

　이 장에서는 지역 자살예방사업을 선도적으로 수행하고 있는 자살예방센터 및 정신건강복지센터의 우수사례를 소개하고자 한다. 이 장에서 소개하는 우수사례를 다른 지자체가 벤치마킹하길 바란다.

* 이은진(수원대학교 사회복지대학원 교수)

1. 광주광역정신건강복지센터 부설 자살예방센터

1) 기관 소개

광주광역정신건강복지센터 부설 자살예방센터는 2012년 광주광역시 정신보건시범사업으로 선정되어 자살예방센터가 개소하였고, 2015년부터 광주광역정신건강증진센터 부설 자살예방센터로 통합 운영되고 있다. 운영 형태는 전남대학교병원이 위탁운영하고, 종사자 현황은 상임팀장 1명, 자살예방사업팀 4명, 자살유족 원스톱 시범사업 6명으로 총 11명으로 구성되어 있다. 수상경력으로 2018년 보건복지부 평가(91.4점, 매우 우수), 자살예방 우수사례 보건복지부 장관 표창(2019)을 받은 바 있다.

2) 주요 사업

(1) 중소병원 응급실 내원 자살시도자 사후관리사업

이 사업은 응급실 내원 자살시도자 지역사회 유입을 통해 자살 고위험군에 대한 집중사례관리로 자살재시도 및 자살률 감소를 위해 추진하는 사업으로 주요 사업내용은 광주관내 19개 응급실 보유 의료기관과 협력, 생명사랑위기대응센터 부재병원에 대한 자살시도자 발굴 및 연계 시스템 운영, 월별 자살시도자 및 사망자 내원 현황 통보, 응급실 및 유족 지원안내 서비스 홍보활동, 응급실 종사자 대상 자살예방교육 및 지속적 간담회, 워크숍 추진, 연계된 대상자에 대해 대상자 중심의 맞춤형 중·장기 사례관리 등이다. 2020년 기준 주요 실적은 간담회(12개 기관), 교육(1회 311명)이다. 주요 성과지표는 〈표 36-1〉과 같다.

코로나19 상황에서도 실무자의 연계 동기 강화를 위해 기관 순회 방문 및 자살예방 동영상(비대면) 교육 등을 통해 지속적인 네트워크를 유지하고, 연계의 중요성을 인식

표 36-1 주요 성과지표

구분	2014	2015	2016	2017	2018	2019	2020
내원 자살시도자 수	336	375	430	438	394	326	293
연계건	15	14	42	31	32	21	18
연계율(%)	4.5	3.7	9.8	7.1	8.1	6.4	6.1

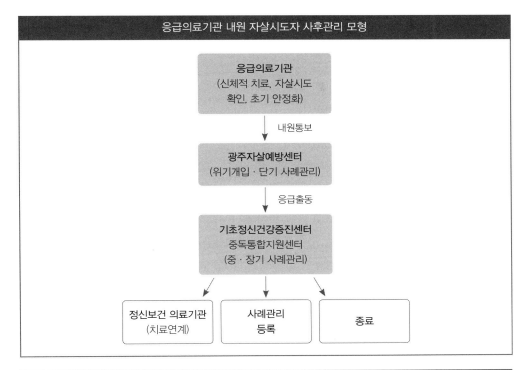

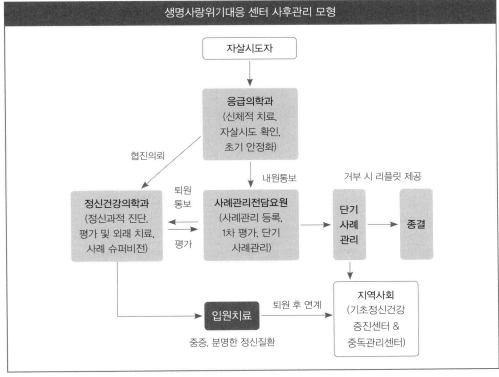

그림 36-1 중소병원 응급실 내원 자살시도자 사후관리사업 추진체계도

시키고자 노력하였다. 응급실 근무환경의 특성상 자살시도자 및 자살유족에게 서비스를 정보제공하고 연계하는 데에는 한계가 존재한다. 따라서 개인정보 제공 동의 절차에 대한 검토를 통해 자살시도자 및 자살유족에 대한 연계를 의무화하는 장치가 필요하다.

(2) 자살유족 통합지원 사업

광주광역정신건강복지센터 부설 자살예방센터는 자살취약계층인 자살유족에 대한 발굴, 유입, 지속적 사례관리를 통해 자살에 대한 2차 파급을 감소시키기 위해 지역 유관기관을 통한 자살유족 발굴 시스템의 운영(112, 119, 중소병원 등), 광역정신건강복지센터의 통합사례관리 모형 운영, 자살유족 심리지원(애도상담 등) 및 심리부검면담, 자살유족 자조모임 '또 하나의 가족' 및 힐링캠프의 운영, 자살유족 비대면 서비스 'Mind Contact' 지원 등을 실시하고 있으며, 특히 2019년 9월부터는 자살유족 원스톱 서비스 시범사업을 추진하고 있다.

2020년 기준 주요 실적은 자조모임(6회, 참여인원 102명), 교육(대상자 1회, 실무자 42회), 힐링캠프(1회)이다. 주요 성과지표는 〈표 36-2〉와 같다. 자살유족 원스톱 서비스 시범사업을 추진한 2019년과 2020년에 유족 발굴 및 등록인원이 증가하는 추이를 보이고 있다.

자살유족 원스톱 서비스 주요 협력 기관인 경찰과의 연계시스템 구축으로 경찰을 통한 유족 발굴이 급증하였다. 경찰을 통한 자살유족 발굴 및 유입을 위해선 경찰 조직에서의 인식개선이 필요하다. 특히 경찰공무원의 잦은 인사발령으로 인해 협조가 원활하지 않을 수 있으므로 유족 연계 시스템 관련 제도적 확립이 요구된다. 자살유족에게 경제적·심리적 지원 제공이 실제적인 도움이 되었으며, 이를 통해 유족이 느끼는 기관에 대한 신뢰감 형성은 사례관리 지속성 확보에 긍정적 영향을 미친다.

표 36-2 주요 성과지표

구분	2014	2015	2016	2017	2018	2019	2020
유족 발굴(명)	43	33	29	30	43	114	200
등록(명)	25	23	9	27	32	77	122
등록률(%)	58.1	69.7	31	90	74.4	67.5	61

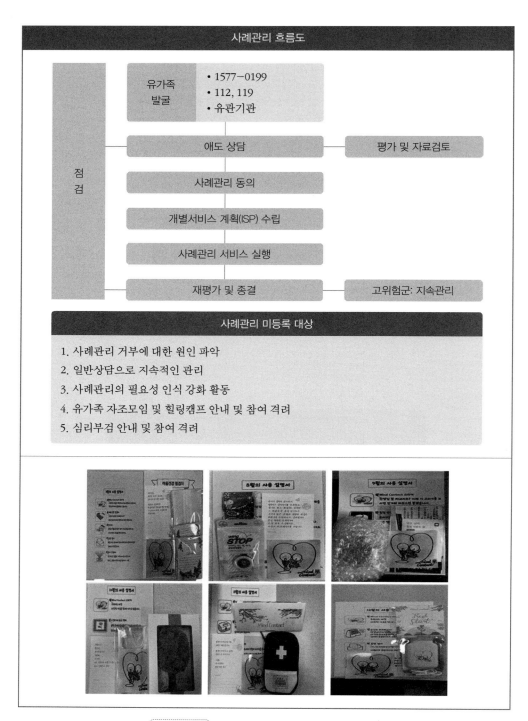

그림 36-2 자살유족 통합지원 사업 추진체계도

(3) 24시간 자살 및 정신응급 대응서비스

24시간 365일 자살 및 정신응급 핫라인 서비스 운영으로 자살위기 상황에 신속하고 즉각 대처를 통한 자살 고위험군 관리 및 자살률 감소를 도모하고자, 자살 응급대응(1577-0199)을 통한 전화상담 및 현장출동, 24시간 안전확인(그린콜서비스) 운영, 24시간 사이버 상담 운영, 자살시도자의 24시간 정신과적 평가를 위한 정신의료기관 연계 시스템 운영 등을 시행하고 있다.

2020년 기준 주요 실적은 경찰교육(21회 755명), 경찰 간담회(49회 1,324명)이며, 2017년 경찰동반 현장출동 수기 공모전, 2017~2019년 경찰과 함께하는 성과보고회를 추진하였고, 2016년 경찰의 날에 감사기관으로 선정된 바 있다. 주요 성과지표는 〈표 36-3〉과 같다.

광주광역시는 2012년 정신보건시범사업을 시작으로 24시간 자살 및 정신응급 전화상담(현장출동)을 운영 중이며, 2020년 광주모형을 모티브로 응급개입팀을 운영하고 있다. 112, 119, 센터와 협력하여 현장에 출동하는 시스템으로 광주광역시는 자살시도자 및 자살 고위험군에 대한 출동이 대부분을 차지하고 있으며, 경찰과 소방공무원의 유기적 협력으로 24시간 자살 및 정신응급 대응을 효율적으로 운영하고 있다. 특히 경찰대상 자살 및 정신건강 위기대처 교육, 지속협력을 위한 성과보고회, 지구대 및 파출소 순회방문 간담회, 교육동영상 배포 등 다양한 방법으로 지속적인 소통하면서 네트워크를 강화하였다.

하지만 현장대응 시 경찰공무원과 소방공무원, 자살예방센터의 기능 및 역할 정립이 모호하며 대상자를 바라보는 관점 또한 상이하다. 이에 향후 경찰 및 소방공무원 대상 교육 및 네트워크 강화를 통해 기관 간 역할 정립이 필요하다. 또한 2020년 신설된 '생명존중협력 담당관'의 역할 확대를 통해 지역사회 기반 자살 및 정신응급 대응 체계를 강화할 필요가 있다.

표 36-3 주요 성과지표

구분	2014	2015	2016	2017	2018	2019	2020
전화상담 건	7,742	8,888	8,292	8,985	8,601	10,100	19,257
현장출동 건 (야간, 공휴일)	188	248	363	573	666	739	594
치료연계 건	53	31	96	184	207	293	189

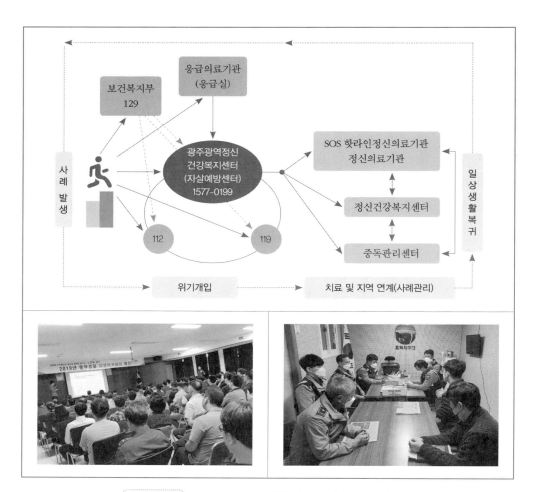

그림 36-3 24시간 자살 및 정신응급 대응서비스 추진체계도

2. 보은군정신건강복지센터

1) 기관 소개

보은군정신건강복지센터는 2008년도에 개소하였고, 보은성모병원이 위탁운영하고 있다. 종사자 현황으로 센터장 1명, 상임팀장 1명, 자살예방사업팀(농약안전보관함사업) 3명으로 구성되어 있고 2020년 자살예방사업비는 총 354.5백만 원이다. 수상경력으로는 제1회 국회자살예방대상 시상식 우수 지방자치단체(자살예방 전국 1위)에 선정

(2019), 국회자살예방포럼 대표상 등을 수상한 바 있다.

2) 주요 사업(농약안전보관함 사업)

보은군은 전체 세대 수 17,033가구 대비 43.4%(7,406가구)가 농가구인 전형적인 농촌 지역으로 농약음독(28.6%)이 자살수단 2위를 차지할 정도로 농약에 대한 접근성이 높아 맞춤형 자살예방사업이 필요하였다. 이에 보은군정신건강복지센터는 2016년부터

생명보험사회공헌재단
한국자살예방협회

농약안전보관함 및 의료비 지원

농약안전보관함 보급사업

보은군, 보은군보건소 보은군정신건강복지센터
- 농약안전보관함 지원
- 사업추진
- 우울검사 실시
- 정신건강 프로그램
- 생명지킴이 관리

해당 읍·면 행정복지센터 및 마을
- 농약안전보관함 마을선정
- 생명지킴이 선정
- 농약안전보관함 모니터링
- 자살위험자 발견 시 연계

생명지킴이 양성	사전·사후우울검사	생명지킴이 관리	결과 및 사후관리
−보급된 마을 주민 대상 보건복지부 게이트키퍼 인증교육 '생명배달' 교육 실시 −마을별 대표 생명지킴이 위촉	−마을 대표 생명지킴이와 연계하여 마을별 사전·사후 우울검사 실시 (연도별 보급가구 수×2회)	−농약안전보관함을 매개로 한 마을별 모니터링 실시 (생명지킴이 관리 및 1393 및 1577−0199 홍보)	−보급된 마을 대상 자살예방교육의 만족도 조사 −생명지킴이 대상 생명사랑 문자발송(월평균 2,200건 이상)

그림 36-4 농약안전보관함 추진체계도

2020년까지 총 5,855가구(보은 농가의 79%)에 농약안전보관함을 보급하고, 보급 받은 마을주민을 대상으로 생명지킴이 양성교육, 우울검사, 고위험군 심리상담, 자살 고위험군 등록관리, 진료비 및 약제비지원 등을 실시하였다.

2016~2020년 주요 실적은 농약안전보관함 보급마을 생명지킴이 교육 및 대표 생명지킴이 양성(244개 마을 5,855명, 보은군 전체 중 34% 해당), 마을대표 생명지킴이 양성(375명), 보은군 공무원 생명지킴이 양성(575명, 공무원 정원 중 93.4% 해당), 자살 고위험군 발굴을 위한 사전·사후 우울검사 및 만족도 조사(고위험군 489명 발굴) 등이다.

2016년에 한국자살예방협회·생명보험사회공헌재단·보은군 등 3개의 단체가 협력하여 실무기관인 보은군정신건강복지센터를 지원하였다. 한국자살예방협회는 음독 자살예방사업 기획을 지원하고, 생명보험사회공헌재단은 농약안전보관함 무상지원, 보은군은 자살예방사업 예산을 증액하여 보은군 자살사망자 수가 2015년 58.9%에서 2019년 33.3%로 25.6% 감소하는 추이를 보이고 있다.

자살에 대한 편견이 심하고 자살예방에 관심이 없었던 농촌 주민에게 농약안전보관함을 매개체로 한 자살예방사업은 주민들에게 자살예방의 필요성을 인식시키고 자살에 대한 편견을 해소하는 계기가 되었다. 농약안전보관함이 보급된 마을의 이장 및 부녀회장 등 주민리더를 생명지킴이로 위촉하고, 사전·사후 우울검사와 생명지킴이 교육을 통해 자살 고위험군 발굴체계 마련 및 발굴된 고위험군에 대해 자살예방 상담, 치료비 지원 등의 적극적인 사후관리 제공이 보은군 자살사망자 수 감소에 기여했다고 평가된다. 특히 지방자치단체의 자살예방사업에 대한 관심과 의지, 지속적인 예산지원은 효과적인 자살예방사업이 안정적으로 추진하는 데 중요하다.

3. 인천광역시자살예방센터

1) 기관 소개

인천광역시자살예방센터는 인천광역시 자살예방 및 생명존중문화 조성을 위한 조례 제7조에 근거하여 2011년 전국에서 두 번째 광역형 자살예방센터로 설치되었고, 위탁 운영은 의료법인 길 의료재단 길병원이다. 종사자 현황으로 센터장 1명, 부센터장 1명, 팀장 2명 등 총 15명으로 구성되어 있고 2020년 자살예방사업비는 총 875.7백만 원이다. 수상경력으로 자살예방 우수기관 보건복지부장관 표창(2011), 학교밖청소년을 위한 'New-Turn' 생명사랑프로젝트 사업 국가정성평가 '가' 등급(2015), 자살예방 우수 지방자치단체 보건복지부장관 표창(2017), 시·도 자살예방시행계획관련 평가 결과 우수 지방자치단체 선정 우수사업(생명사랑택시, 종사자 심리적 외상회복지원사업) 선정(2017), 한국자살예방협회 학술포스터 생명사랑대상 수상(2018), 경찰의 날 기념 인천남동경찰서 감사패 수여(2019) 등이 있다.

2) 주요 사업

(1) 생명사랑택시

생명사랑택시로 위촉된 택시기사는 자살예방에 대한 올바른 정보를 습득하고 인천시 생명의 수호자로서 자살위험에 빠진 사람들을 조기 발견하여 적절한 정보제공 및 도움을 주는 역할을 수행할 수 있다. 불특정 다수의 사람을 자주 접하며 쉽게 대화가 가능한 택시 기사의 특성을 반영하여 자살위험 시민 조기발견 및 자살예방을 위한 정보전달의 적임자라고 판단하여 2017년 인천시에서 인천광역시 개인택시운송사업조합 소속 개인택시를 대상으로 '전국 최초, 생명사랑택시 운영'을 시작하였다.

주요 내용으로는 생명사랑택시 신규 위촉 및 위촉식, 생명사랑택시 운영위원 위촉 및 운영위원회, 온라인 커뮤니티 운영 및 관리, 신규 및 보수교육, 생명사랑택시 활동물 지원, 생명사랑택시 활동 우수사례 선정 및 포상 등이다. 추진 실적은 생명사랑택시로 540대 위촉, 커뮤니티 등록 1,253건, 조회 52,191건, 우수사례 선정 29회 등이다.

생명사랑택시는 다수의 시민을 접촉하는 택시기사가 자살 고위험군을 발굴하고 효과적으로 대응함으로써 자살예방 안전망을 구축하는 데 효과적인 사업이다. 생명보험사회공헌위원회 및 안전생활실천시민연합 및 8개 지방자치단체에서 벤치마킹하였고 전국적으로 주목받고 있다. 지방자치단체와의 협력으로 사업의 공신력과 공공성을 확보하고, 택시회사를 담당하는 지방자치단체 택시화물, 개인택시운송사업조합 등과의 의사소통 채널을 확보할 필요가 있다.

그림 36-5 생명사랑택시 추진체계도

(2) 자살위험환경개선사업

경인아라뱃길 시천교에서 지속적인 투신 사고가 발생함에 따라 인천광역시의회 경인아라뱃길 교량 자살예방시설의 확충 촉구와 포스코에너지의 기업시민사업 제안으로 2020년 2월, 전국 최초 민관(경인아라뱃길 시천교, 포스코에너지, 관계부처 등)이 협력하여 추진하고 있는 사업이다. 이 사업은 경인아라뱃길 시천교 태양광 안전난간 설치를 통해 잠재적 시도자의 교량투신사고를 미연에 방지하고 자살위험환경 개선, 국가 재생에너지 산업 활성화에 기여하고 있다.

　주요 내용으로는 인천시와 포스코에너지의 MOU 체결, 시천교 안전난간 TF팀 운영, 포스코에너지의 기술 지원으로 재생에너지(태양광) 융합형 난간(H=2.5m, L=125m)을 교체 설치하고 투신방지 롤러를 설치하였다. 도시경관과와 협력하여 인천광역시 도시 디자인 기본계획에 따라 태양광 모듈의 색상을 인천을 대표하는 색으로 제작하고 로고 젝터와 디자인 강관, 포토존을 설치하여 교량을 이용하는 시민에게 경관 확보와 친근 함을 제공하고, 해양친수과, 도로과와 소통하여 운전자와 유람선 항로에 방해되지 않 는 디자인과 조명을 설치하였다.

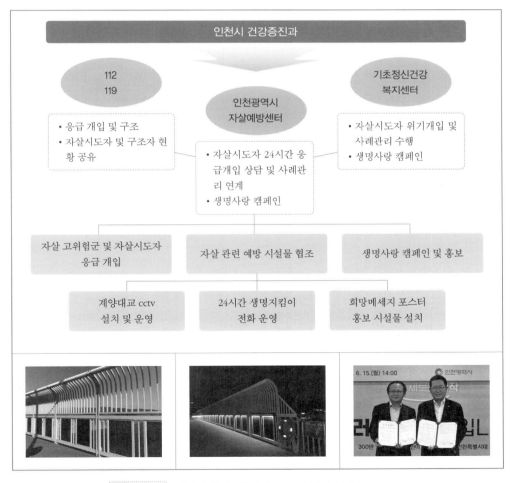

그림 36-6 태양광 발전시설 융합형 안전 난간 설치 추진체계도

이 사업은 포스코 에너지의 제안으로 교량의 안전난간에 태양광 모듈을 접목하여 자살수단통제와 신재생에너지를 접목한 전국 최초의 대교자살예방사업이다. 인천광역시와 포스코에너지가 업무협약을 통해 민간예산 440백만 원을 확보하여 교량 투신자살예방을 위한 시설물 설치 및 24시간 감시체계 구축을 구축하였다. 이를 통해 자살위험 환경 개선뿐만 아니라 필요전력 자체생산으로 국가 재생에너지 산업 활성화 정책에 동참하여 환경의 보전 및 에너지 효율화에도 기여한 모범적인 자살예방사업이다.

4. 충청남도광역정신건강복지센터

1) 기관 소개

충청남도광역정신건강복지센터는 2011년 4월에 개소하여 단국대학교 의과대학부속병원에서 위탁운영하고 있다. 종사자 현황으로 센터장 1명, 정신건강 전문요원 10명 등 총 21명으로 구성되어 있고, 2020년 자살예방사업비는 총 442백만 원이다. 수상경력으로 자살예방 우수사례로 생명사랑 행복마을사업으로 보건복지부 장관상(2018년), 제48회 보건의 날 유공자 정부 포상에서 충남도가 자살예방 분야 대통령상(2020년) 등을 수상한 바 있다.

2) 주요 사업

(1) 전 부서 자살예방 협업과제 발굴 및 추진사업

충청남도는 자살률 연속 1위라는 오명을 극복하기 위해 2019년 4월 8월 도지사 지시사항으로 도, 시·군 전 부서 자살예방 협업사업을 전국 최초로 시작하게 되었다. 예산은 2020년 4,100백만 원이며, 전담부서로 자살예방팀이 18년 신설되어 협업과제가 효과적인 운영될 수 있도록 중심역할을 하고 있다.

자살문제는 경제·사회·문화 등 다차원적 속성을 지니고 있어 기존의 보건정책관점의 접근으로 한계가 있다. 이에 도, 시·군 모든 부서에서 시행하고 있는 주요 사업 중 자살예방사업과 연계 또는 협력 추진할 수 있는 협업과제를 발굴하고 추진하고 있다. 매년 우수사례 선정 및 평가를 통해 과제의 지속 여부와 확대, 보완, 신규 과제를 점검하고, 자살예방 평가대회를 통해 우수사례를 확산하고 있다.

충청남도
도지사 확고한 의지

예산
18년 17억 → 19년 35억
→ 20년 41억(지방비 95%)

인력
생명사랑팀 신설
18년 1명 → 19년 4명
충남자살예방센터 설치

자살예방
전 분야
협업추진

충남도 | 60개 과제 45개 부서

- 홍보 1
- 공동체지원 3
- 재난안전 3
- 노인복지 6
- 경제일자리 3
- 소방 2
- 여성가족 1
- 기획조정 2
- 출산보육 1
- 사회복지 1
- 해양수산 2
- 농업기술 3

- 자치행정 6
- 장애인복지 1
- 미래산업 4
- 문화체육 2
- 농업축산 5
- 기후환경 3
- 건설교통 2
- 보건정책 2
- 건강증진 3
- 보건환경 1
- 공무원 교육 1
- 충남도립대 2

우수사례
공유 및 확산

15개 시군 | 362개 과제 296개 부서

- 천안시 18
- 공주시 18
- 보령시 18
- 아산시 39
- 서산시 23
- 논산시 13
- 계룡시 8
- 당진시 40

- 금산군 16
- 부여군 20
- 서천군 29
- 청양군 16
- 홍성군 17
- 예산군 30
- 태안군 24

자살률
감소

그림 36-7 | 충청남도 전 부서 자살예방 협업과제 추진체계

자살예방대책 협업과제 계획 보고	자살예방대책 협업과제 추진상황 보고
협업 우수사례 포상	협업 우수사례 확산 · 전파

그림 36-8 | 충청남도 전 부서 자살예방 협업과제 추진 과정

(2) 도시형 자살예방사업

2016년 도내 자살사망자 수 최상위 지역인 천안시 내 자살빈발지역을 선정하여 통계에 의한 심리사회부검, 자살유가족 등 관계자의 심리부검, 지역사회 프로파일링을 통해 자살 원인규명을 위한 연구조사를 실시하였다. 기존 연구들이 개인적인 차원에서의 심리적·정신적 문제를 규명하는 성과를 내었다면, 이 연구는 사회구조적인 문제도 포함하여 자살원인에 대해 다층적으로 분석하여 사업수행의 근거를 마련해 주었다. 2019년부터 2년간 천안시를 중심으로 도시형 자살예방사업을 시행하였고, 2021년에는 아산시, 당진시로 지역을 확대하며 지방자치단체가 주도적으로 사업을 추진하도록 지원하였다.

도시형 자살예방사업 시범사업을 추진하며, 자살 고위험군 발굴 및 연계를 위해 유관기관(행정복지센터, 자살예방센터, 주민자치회 등) 간담회를 진행하였다. 지역사회 네트워크를 통해 자살 고위험군 발굴하고, 가장 강력한 자살요인 중 하나인 '사회적 관계 손상'을 해결하기 위해 사회적 관계 치유 자조모임인 '오르세'를 운영하며 참여자들이 관계를 통한 회복을 경험할 수 있도록 지원하였다. 대상자의 욕구를 고려하여 전문심리상담비, 물리치료비, 이미용비 지원 등의 서비스를 제공하였다. 또한 인식개선을 위해 유관기관 및 지역주민 자살예방교육, 생명사랑지도 배포를 하였으며, 안전펜스 설치, 화단 조성, 벽화 설치 등 물리적 환경 개선을 위해서도 노력하였다. 2021년 지방자치단체 주도형사업에서는 공동 캠페인, 홍보물 제작 및 배포, 로고젝트 설치, 엘리베이터 랩핑 등 환경개선 지원사업을 통해 기초센터를 지원하였다.

2016~2018
• 충남도 자살다발지역(천안시)에 대해 자살원인규명을 위한 다층적 분석연구 실시 　- 도시지역 자살 이해를 위한 지역사회 프로파일링을 통해 자살다발지역 유형 및 특성 도출 　- 자살자 경찰조서분석과 도시빈곤층 자살유가족 대상 심리사회부검 연구로 자살위기유형 도출 　- 자살 고위험군 발굴 및 연계체계 구축 등 다차원적 자살예방 실천방안 제시

2019		2020		2021
• 도시형 자살예방 시범사업 추진(천안시 내 자살다발지역 일부 대상)		• 전년도 사업 보완, 선정지역에서 진행 중인 자살예방사업 지원		• 기존 지역은 지자체 자체 운영, 지역 확대(아산시, 당진시)하여 지자체 주도적 사업 지원

그림 36-9 도시형 자살예방사업 추진 과정

지역사회 유관기관 간담회	지역주민과 함께 화단 조성

주민 자살예방교육	안전문구 설치

그림 36-10 관련 사진

2018년 연구결과에 대한 후속조치로 시범사업을 추진하여 근거 기반의 사업을 수행할 수 있었으며, 광역센터와 기초센터, 지역사회 유관기관 간 협력을 통해 지역밀착형 자살예방사업을 추진하며 협력을 강화하는 계기가 되었다.

(3) 자살유가족 지원사업

2013년부터 충남도 내 자살유가족을 대상으로 하는 자살유가족 지원사업을 추진하고 있다. 주요 내용으로는 자살유가족 당사자 활동 지원으로 자살유가족 당사자 활동가 양성 및 활동 체계 구축, 자살유가족 회복 지원으로 힐링캠프 연 2회, 비대면 심리지원(분기별 1회, 정서지원 물품 및 정보지 등 택배 발송), 자살유가족 자조모임 프로그램 보급(자조모임 프로그램 개발, 매뉴얼 제작·배포, 설명회 개최) 등이다.

충청남도광역정신건강복지센터는 자살유가족 자조모임 및 힐링캠프 등 직접 서비스를 제공한 경험을 바탕으로 기초센터를 지원하여 충청남도 자살유가족 지원 사업 기반 마련 및 강화를 위해 노력하고 있다. 또한 애도상담, 동기면담을 이론적 근거를 지

2013~2014		2015		2016

'충청남도 심리사회적부검 조사'에 참여한 유가족 중 광역센터 심리지원서비스 등록(14명)을 시작으로 유가족 지원사업(전화상담, 가정방문, 자조모임, 힐링캠프 등) 실시

힐링캠프에 광역센터 등록자 중심에서 충남 전역 유가족 참여로 확대 개최

기초센터 자조모임의 촉진자 형태로 유가족 리더 활동 시작

2017~2020		2021

- 유가족 지원서비스 강화하여 지속 추진(전화상담, 가정방문, 자조모임, 힐링캠프, 활동가 양성 워크숍 등)
- '자살유가족 지원을 위한 안내서', '자살유가족 지원 매뉴얼', '자살유가족 지원을 위한 종합매뉴얼' 발간

기존 광역단위 직접서비스 제공 형태를 축소하고 기초단위 자살유가족사업 지원 형태를 강화하는 방향으로 지속 추진

그림 36-11 자살유가족 지원사업 추진 과정

닌 자살유족 프로그램 '닿길'을 개발하여 당진시정신건강복지센터 자살유족 자조모임에 시범운영을 거쳐 보급할 예정이다.

5. 화성시정신건강복지센터(부설) 화성시자살예방센터

1) 기관 소개

화성시정신건강복지센터 부설 화성시자살예방센터는 2013년에 개소하였고, 경산복지재단에서 위탁운영하고 있다. 종사자 현황으로 상근 센터장 1명, 자살예방센터 8명과 화성시정신건강복지센터 52명, 시민정신건강체험관(T.T zone) 4명 등 총 65명이며, 2020년 자살예방사업비는 총 313.9백만 원이다. 수상경력으로 정신보건 최우수사업

보건복지부 장관상(2011, 농촌형 자살예방사업「생명존중 그린마을」), 경기도 정부합동평가 우수사례(2015, 번개탄 판매개선 캠페인), 경기도 자살예방 사업평가 우수기관(2017) 등이 있다.

2) 주요 사업

(1) 울고 싶은 사람들의 감정해소 공간 'T.T ZONE'

이 사업은 울음을 자연스러운 감정반응으로 이해하고 부정적인 감정을 건전하게 해소하여 개인의 정서를 순화하고, 정신건강을 향상시키고자 동탄호수공원 어울림센터 A동 1층에 울고 싶은 사람들의 감정해소 공간 'T.T ZONE'을 운영하고 있다. 화성시민은 누구나 이용한 가능(중학생 이상)하며, 1일에 6인으로 인원을 제한하고 타인의 시선을 의식하지 않고 울 수 있는 1인 개인 전용 공간을 제공하고 있다.

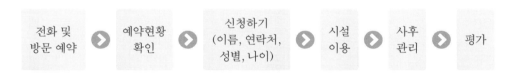

그림 36-12 자살유가족 지원사업 추진체계도

2020년 한 해 동안 167명의 화성시민이 T.T ZONE을 이용하였고, 화성시민 389명을 대상으로 정신건강상담 제공, 예술치료, 독서모임 등 25회의 집단 프로그램을 운영하여 200명이 참여하였다. 학교, 직장, 사회관계 안에서 다양한 상실을 겪고 있는 시민들이 T.T ZONE 이용을 통해 위로와 스트레스를 해소할 수 있는 기회가 되었다. 이처럼 정신질환, 자살에 대한 편견이 심한 대중에게 누구나 쉽고 편안하게, 편견 없이 정신건강서비스를 이용하도록 하기 위해 접근성이 높은 대중 친화적인 명칭과 사업운영 방향이 필요하다.

(2) 독거노인 우울감 감소를 위한 'AI 토이봇 독거노인 돌봄사업'

노인 자살사망자 수가 높은 지역의 독거노인 사례관리의 효율성을 높이고 고독감 및 우울감을 감소시키고자 AI 토이봇을 배포하여 활용하는 사업이다. AI 토이봇의 기능은 정서지원, 안전관리, 스케줄 관리 등을 통한 비대면 돌봄서비스 지원이다.

취약지역 독거노인 고위험군 10명에게 AI 토이봇을 배포하고 활용하도록 하였는데, 주요 성과로 노인우울검사(SGDS-K), 자살행동척도(SBQ-R) 사전사후(2개월) 검사 결과 척도 수치(노인우울검사평균 1.4점, 자살행동척도 평균 0.5점)가 모두 감소하였다. 이 사업은 온라인과 비대면 서비스 영역이 점차 확대되는 시대에 맞춰 AI 기술을 활용하여 독거노인에게 돌봄서비스를 제공하는 새로운 자살예방서비스의 대책이다.

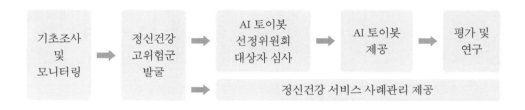

그림 36-13 자살유가족 지원사업 추진체계도

참고문헌

광주광역정신건강복지센터 부설 자살예방센터(2021). 자살예방사업 우수사례 자료.

보건복지부, 중앙자살예방센터(2020). 2020 자살예방백서. pp. 178-193.

보은군정신건강복지센터(2021). 자살예방사업 우수사례 자료.

인천광역시자살예방센터(2021). 자살예방사업 우수사례 자료.

충청남도광역정신건강복지센터(2021). 자살예방사업 우수사례 자료.

화성시정신건강복지센터 부설 화성시자살예방센터(2021). 자살예방사업 우수사례 자료.

자살예방의 모든 것

이론과 정책

심리부검 및 유가족사업

1. 심리부검

1) 심리부검의 정의

심리부검(psychological autopsy)이란 자살유족, 친척, 친구, 정신건강 전문가와의 구조화된 면담을 통해 고인의 사망 전 일정 기간 동안의 심리적인 특성과 변화를 재구성하여 자살의 원인을 추정하는 체계적인 조사방법을 의미한다(Isometsä, 2001). 자살사망자의 행동과 성격, 기저질환, 사망 전 스트레스 요소 등을 면밀하게 파악하기 위해 고안되고, 신뢰도와 타당도 등이 검증된 면담 도구를 활용하였을 때 적절하고 동일한 기준으로 자살자들의 정보를 얻을 수 있어 심리부검의 효용성을 확보할 수 있다(Conner et al., 2012).

* 전홍진(성균관대학교 삼성서울병원 정신건강의학과 교수)
* 김은지(성균관대학교 삼성서울병원 정신건강의학과 임상강사)

2) 심리부검의 역사

워싱턴대학교 의과대학의 정신건강의학과 교수인 로빈스 등(Robins et al., 1959)은 1956~1957년에 걸쳐 자살사망자들의 정신질환을 비롯한 관련 요인을 체계적으로 조사하였고, 이것이 현대적 의미의 최초의 심리부검으로 알려져 있다. 이 연구를 통해 자살사망자의 다수에서 정신질환이 선행되어 있음을 확인하였으며, 사망 전에 자신의 자살 의도를 주변 사람들에게 언어적·비언어적 방법으로 표현했음을 보고하여 이후 연구의 초석이 되었다. 심리부검이라는 용어는 로스앤젤레스 자살예방센터의 센터장이었던 에르윈 슈나이드먼(Edwin Schneidman)이 처음으로 사용하였는데, "자살사망자의 의도를 후향적으로 분석하는 것"(Knoll IV, 2008)으로 정의하였다. 그는 1968년 미국자살학회(American Association of Suicidology)를 창립하여 자살사망자들에게 적용할 수 있는 심리부검 도구를 개발하여 보급하고 있다.

국내에서는 군 의문사 진상규명 위원회 산하 심리부검 자문 소위원회가 활동하며 심리부검을 시행하기 시작하였다. 2009년에는 보건복지부 지원을 받아 자살예방협회에서 시범적으로 수원, 인천, 원주 지역에서 심리부검 사업을 시행하였으며, 이후 지역별로 자살예방센터 등에서 소규모로 심리부검이 이루어져 왔다. 우리나라의 높은 자살률에 대한 관심과 우려가 증가되며 2011년 「자살예방 및 생명존중문화 조성을 위한 법률」(이하 자살예방법)이 제정되었고 이 법을 근거로 2011년 중앙자살예방센터(Korea Suicide Prevention Center)와 2014년 중앙심리부검센터(Korea Psychological Autopsy Center: KPAC)가 차례로 설립되었다. 중앙심리부검센터는 심리부검을 전문적으로 수행하고 자살유족들을 지원하기 위해 설립된 기관으로, ① 자살사망자에 대한 심리부검, ② 자살사망자에 대한 연구분석사업, ③ 자살유족 사업을 진행하였으며, 2020년부터는 ④ 자살 발생 후 사후관리 사업을 추가해 진행하고 있다.

3) 심리부검의 목적 및 의의

심리부검의 목적은 자살예방을 위한 과학적 근거를 제공하고, 국가자살예방정책 수립에 도움을 주는 데 있다. 또한 자살 고위험 특수 집단을 대상으로 심리부검이 시행되면 해당 집단의 특징적인 자살사망원인을 분석하고 차별적으로 대응할 수 있다. 심리부검은 자살유족에 대한 심리적 지원의 목적을 가지기도 한다. 심리부검 과정을 거치는 동안 인터뷰를 한 자살유족들은 자살의 의미를 고찰하고, 상실을 수용하는 기회를 얻는다. 또한 이런 이타적인 참여를 함으로써 목적 의식을 갖게 되고, 타인과 교류를 통해 심리적인 지지를 얻어 치료적으로도 긍정적인 효과가 있음이 보고되고(Henry & Greenfield, 2009) 있다. 그 외에도 법의학적인 목적, 법률적인 목적으로 활용될 수 있다.

핀란드의 심리부검 사례에서 국가자살 예방정책으로서의 심리부검의 역할을 확인할 수 있다. 핀란드에서는 1986년 국립건강위원회(National Board of Health)에서 자살률 감소를 위한 국가자살예방사업을 시행하였고 심리부검은 이 사업의 일환이었다. 1987년 4월 1일부터 1988년 3월 31일까지 핀란드 내에서 발생한 1,397건의 전체 자살 사례에 대해 심리부검이 시행되었으며(Lonnqvist, 1988) 이는 핀란드의 자살위험요인을 체계적으로 규명하는 데 도움을 주었다. 이를 바탕으로 자살 고위험군에 대한 우선적이고 집중적인 관리가 이루어져 이후 자살률의 감소로 이어졌다.

중앙심리부검센터에서는 2018년부터 '자살예방 국가 행동계획'에 의해서 '1-1-1-1 경찰 수사기록을 활용한 자살원인 심층분석'을 통해 자살사망자 전수조사가 이루어지고 있다. 2013년부터 2017년까지 5년간 국내 자살사망자 7만 명에 대한 전수조사를 시행하고 있으며, 2018~2019년 자살사망자에 대한 추가 분석도 이루어졌다. 또한 전수조사 자료는 국민건강보험공단 빅데이터와 연계되어 경찰 수사기록만으로 얻기 어려운 자살사망자의 신체적·정신적 질환과 관련된 객관적 정보를 보완하여 질환과 자살과의 상관관계를 분석할 수 있다(Na et al., 2019). 경찰 수사기록을 활용한 자살사망자 전수조사는 자살사망자의 주변인을 직접 면담하는 방식은 아니지만, 이를 통해 국내 전체 자살사망자의 특성, 자살의 동기, 자살 방법, 장소, 지역별 특성 등에 대한 분석이 가능하게 되었으며 이는 자살예방정책 마련의 근거 중심적 기반이 되고 있다.

4) 심리부검 면담의 절차

(1) 심리부검 면담 대상

중앙심리부검센터에서 진행하고 있는 심리부검의 대상은 경찰 조사를 통해 자살이 사망원인으로 확정된 대상자이다. 정보 제공자는 만 19세 이상의 성인으로, 정보 제공자 2인 중 최소 1인은 자살사망자의 배우자, 부모, 형제, 자녀 등 가족일 것을 권고하고 있다. 그러나 심리부검 전문위원회에서 허용하는 경우 가족 포함 없이도 면담이 가능하다. 정보 제공자는 고인에 대해 가장 많이 알고, 솔직하고 협조적이며 편파적이지 않은 사람이 가장 적절하며, 정신건강에 어려움이 있어 객관적인 정보 제공에 제약이 있거나 인지기능 및 언어적 의사소통이 제한되어 있는 자, 심리부검 면담을 소송 등 각종 분쟁의 근거 자료로 활용하려는 자는 배제하는 것이 바람직하다.

　면담에 참여하기 적절한 시기는 사망 2개월 후부터 6개월 사이로 보고되고 있는데 (Henry & Greenfield, 2009), 이는 해당 시기가 외상적인 애도의 시기를 피하면서도 기억 이 소멸되지 않는 적절한 시기이기 때문이다. 국내의 한 연구(하규섭 외, 2016)에 따르면 직업 및 경제 상태의 변화, 신체적 건강 등으로 유족이 가장 견디기 힘든 시기로 사별 직후에서 3개월 이내가 가장 높은 비율로 보고되었으며, 대인관계 및 주변 상황의 변 화로 가장 힘든 시기는 사별 3개월 이후에서 1년 이내가 가장 높은 비율로 보고되고 있 어, 심리부검에 참여할 정보 제공자의 사회경제적 상황과 신체적·심리적 상태를 고려 하여 면담 시기를 결정하는 것이 필요하다.

(2) 심리부검 면담 과정

　광역/기초 정신건강복지센터, 중앙심리부검센터, 경찰서, 주민센터, 병·의원 등을 통해 심리부검 사례가 접수되면, 심리부검 면담이 가능한 대상인지에 대한 평가가 이

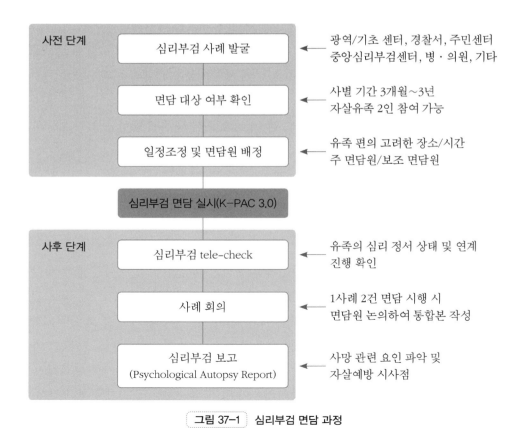

그림 37-1 심리부검 면담 과정

루어진다. 심리부검 면담은 1명의 고인당 최대 유족 2인까지 참여가 가능하며 고인에 대해 가장 많은 정보를 알고 있는 가족이 참여의 우선순위를 가진다. 면담이 가능한 자살유족에 한해 심리부검 면담 일정이 정해지면 주 면담원 및 보조 면담원이 배정된다. 주 면담원은 전체적인 면담을 주도적으로 이끌어 가는 역할을 한다. 면담 절차 및 면담 도구의 내용을 충분히 숙지해야 하므로, 면담원은 정해진 교육을 수료하고 자격을 얻은 자들로 구성된다. 주 면담원은 유족의 이야기 흐름에 자연스럽게 따라가며 면담을 진행하고 유족의 심리정서적 상태를 고려해야 한다. 보조 면담원은 편안하고 안정된 환경에서 면담이 이루어질 수 있도록 장소를 정리하고, 필요한 서류 점검 및 확인, 면담 과정에서 전체적인 면담 내용 속기, 면담 내용 중 누락된 부분은 없는지 확인하는 역할을 한다. 면담이 완료된 이후에도 유선으로 유족의 심리정서적 상태와 변화를 확인하고 사후관리를 지속적으로 제공하며 필요시 연계 기관에 정보를 제공한다. 심리부검 면담 후 사례 회의를 거쳐 심리부검 보고서를 작성하게 되는데, 보고서를 통해서는 자살사망 관련 요인과 자살예방을 위한 시사점이 파악될 수 있도록 작성한다([그림 37-1]).

(3) 심리부검 면담 도구

심리부검 면담 시에는 한국형 심리부검 체크리스트(Korea-Psychological Autopsy Checklist: K-PAC 3.0)가 사용되며(중앙심리부검센터, 2018), 이는 대상자(자살사망자) 영역 및 정보 제공자(유족) 영역 질문으로 구성이 된다. 대상자 영역 질문에는 대상자 관련 일반 정보 및 성격, 자살사망과 관련된 정보, 생애 스트레스 사건, 정신건강 관련 내용이 포함되며, 정보 제공자 영역 질문에는 정보 제공자 관련 일반 정보, 유족의 심리정서적 상태, 유족의 반응 및 대처, 유족 제언 관련 내용이 포함된다. K-PAC은 반구조화된 형식으로 유가족의 기술에 따라 자유롭게 진행이 가능하며, 이를 통해 양적 정보만이 아니라 질적 정보에 대한 수집도 가능하다.

5) 관련 연구 결과

심리부검 면담 결과를 활용한 많은 연구가 이루어져 왔다. 이런 연구들은 자살의 위험 요소를 밝히고, 자살사망자가 자살 전에 보였던 언어적·행동적 변화 등에 대해 평가하여 향후 자살예방을 위한 방안을 마련하기 위한 목적으로 이루어져 왔다. 캐버나 등(Cavanagh et al., 2003)은 여러 심리부검 연구 결과를 통해 정신질환이 자살과 연관된 가장 중요한 요소임을 밝히고, 자살사망자의 대다수가 적어도 하나의 정신질환을 진단

받았으며, 중독 문제를 함께 가지고 있는 비율도 높음을 보고하였다. 여러 연구가 이와 유사한 결과를 보고하였으며, 특히 기분장애와 물질사용장애의 진단 비율이 높음을 보고하였다(Cheng, 1995; Cheng et al., 2000). 이와 더불어, 자살사망 가족력, 과거 자살시도력, 충동적이고 공격적인 성격 유형, 신체질환, 최근 가족 및 지인의 상실, 사회경제적 문제 등이 위험요인으로 알려져 왔다(Pompili et al., 2014; Yoshimasu et al., 2008). 알려진 자살사망 위험요인 및 보호요인은 〈표 37-1〉과 같다(Zalsman et al., 2016). 자살은 여러 위험요인이 복합적으로 작용하여 발생하는 것으로 볼 수 있다. 유전적인 요소, 세로토닌 불균형 및 시상하부-뇌하수체 축의 과활성화와 같은 신경생물학적인 요소, 성격 유형, 정신적·신체적 학대와 같은 어린 시절 외상적 경험 등 과거로부터 시작된 요인들이 있으며, 최근에 발생된 요인으로는 우울증 등의 정신질환, 지속적이고 통증과 같은 고통을 수반하는 만성 신체질환, 급격히 발생한 사회경제적 위기 등이 포함된다. 또한 사회관계망으로부터의 고립, 유명 연예인이나 주변인의 자살 사례에 노출되는 경우 역시 자살위험요인에 포함될 수 있다.

보호요인으로 가장 중요한 것은 효과적인 치료의 접근이다. 이는 정신·신체 질환 및 물질 남용의 문제가 있는 경우 이에 대한 치료를 적절히 받는 것을 의미하며, 자살의 위험이 있을 시 도움의 요청이 가능하고 빠른 시기에 정신건강의학과의 치료를 받을 수 있는 것 역시 포함될 것이다. 또한 가족, 사회적 지지 체계가 마련되어 있고, 자살에 반대하는 문화적·종교적 배경이 형성되는 것도 자살로부터의 보호요인이 될 수 있다.

표 37-1 자살의 위험요인 및 보호요인

위험요인	보호요인
• 유전적 요소 • 성격유형(예: 높은 충동성, 공격성) • 초기 외상적 경험(예: 방임학대 등) • 신경생물학적 요소(예: 세로토닌 불균형, 시상하부-뇌하수체 축 과활성화) • 과거 자살시도력 • 정신질환 진단 • 신체질환 진단 • 사회경제적 위기(예: 관계, 직업, 경제 등 상실과 관련, 고립) • 자살 사례 노출(예: 베르테르 효과)	• 효과적인 치료 접근(정신·신체 질환 및 물질 남용) • 지속적인 의료, 정신건강 관리 • 위기 시 도움 요청이 쉬운 환경 • 가족, 사회적 지지(연결망 형성) • 문제해결, 갈등해결, 분쟁을 비폭력적으로 해결하려는 기술의 향상 • 자살을 반대하는 문화적·종교적 믿음의 형성

출처: Zalsman et al. (2016).

개인적 요인으로는 일상 생활에서 발생할 수 있는 여러 문제나 갈등, 분쟁을 해결할 수 있는 기술을 향상시키는 것이 자살의 보호요인으로 작용할 수 있다.

심리부검 면담을 통해 얻을 수 있는 중요한 정보 중 한 가지는 자살 경고신호이다. 경고신호란 자살행동 이전에 관찰되는 변화 혹은 근접한 위험 요소를 의미한다. 영국에서 발생한 100명의 자살 사례를 분석한 연구에서는 자살 전, 죽음이나 자살과 관련된 내용을 주변인에게 언급한 비율이 55%(Barraclough et al., 1974)에 이르렀으며, 핀란드 심리부검 연구에서는 약 21%의 자살사망자가 사망 전 자신의 자살 의도를 의료진에게 알린 것으로(Isometsä et al., 1995) 보고하였다. 이후 자살이나 죽음에 대한 직접적인 언어 표현 외에도 다양한 변화 양상을 보고한 연구가 이루어졌다. 심각한 좌절과 절망의 표현(Pitman et al., 2012), 알코올 남용(Hagaman et al., 2017), 자살과 관련된 도구를 장만하는 모습(Goodfellow et al., 2020) 등이 보고되었으며, 법적 문제가 증가하고 학업 수행 능력이 감소하며 분노, 슬픔 등의 감정 변화 등이 관찰되기도(Moskos et al., 2005) 하였다. 미국자살학회(American Association of Suicidology)에서 제시한 경고신호는, ① 자신이 상해를 입거나 죽기를 원하는 말을 함, 자살과 관련된 방법을 찾음, 죽음이나 자살과 관련된 말을 하거나 글을 씀, ② 물질(알코올, 약물 등) 사용의 증가, 살 가치가 없음, 불안, 좌불안석, 수면의 변화, 희망이 없음, 사회적 고립, 분노 조절이 되지 않음, 위험한 행동의 증가, 심한 기분의 변화 등이다(Rudd et al., 2006). 경고신호는 크게 언어적·행동적·정서적·상황적 변화로 나누어 평가할 수 있으며 이러한 경고신호를 사회 구성원이나 의료진에게 교육하여 자살에 임박한 사람을 발견하고 적절한 조치를 취하도록 하는 것은 매우 중요하다.

2019년 말까지 4개년(2016~2019년) 자살사망자 심리부검을 실시해서 자살사망자 445명의 데이터 수집을 완료했다. 자살사망자 445명 중 417명(93.7%)이 사망 전 경고신호를 보였다(중앙심리부검센터, 2019, [그림 37-2]). 경고신호(warning sign)는 자살예방을 위해 중요한 요소로, 게이트키퍼 교육이나 지역사회 자살 고위험군의 선별에 활용될 수 있다(Kim et al., 2020; Rasmussen et al., 2014; Rudd, 2008). 영역별 다빈도 자살 경고신호를 살펴보면, 언어적 신호는 자살 언어표현, 신체 불편함 호소, 자기 비하적인 말로 나타났고, 행동적 신호는 수면상태의 변화(Kim et al., 2020), 식사상태의 변화로 나타났으며, 정서적 신호는 감정상태의 변화, 무기력, 대인관계, 흥미 상실로 나타났다. 알코올 등을 오남용하고 충동이 증가하는 경우도 기존 연구에서 일관적으로 보고되는 결과이다(Choi et al., 2018).

사망 3개월 이내에는 자살사망자 445명 가운데 171명(38.4%)의 자살사망자가 '감정상태의 변화'가 있었던 것으로 나타나서 사망 근접하여 가장 빈번하게 관찰된 경고신호인 것으로 조사되었다. '무기력, 대인기피, 흥미 상실'을 보인 경우는 128명(28.7%), '식사상태의 변화'를 보인 경우가 125명(28.1%)이었다. '수면 상태의 변화'는 104명(23.4%), '주변을 정리하는' 행동은 103명(23.1%)에게서 나타났다.

사망 3개월 이내에 이전보다 더 높은 비율로 관찰된 경고신호는 '주변을 정리한다'는 행동적 경고신호였다. 이 경고신호는 113명의 자살사망자에게서 관찰되었는데,

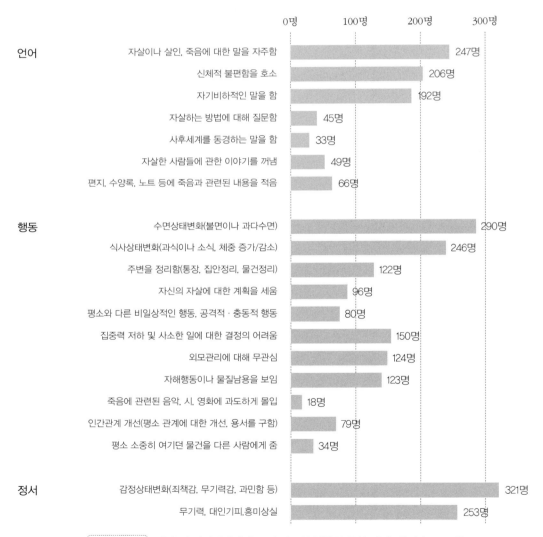

그림 37-2 사망 전 자살사망자가 보인 경고신호(항목 중복 해당 가능) (n=445)*

* 2016~2019년까지 4년간 중앙심리부검센터를 통해 유가족을 면대면으로 심리부검을 실시하여 평가한 자료를 바탕으로 함. 총 445명 자살사망자의 자료를 분석하였고 이 중 경고신호가 있었던 것으로 파악된 자살사망자는 417명이었음

출처: 중앙심리부검센터(2019).

이 중 91.2%(103명)가 사망 3개월 이내에 이러한 행동을 보였던 것으로 나타났으며 47.7%(54명)는 사망 전 1주일 이내에 이러한 행동이 나타났다. 이와 유사하게, '어긋났던 인간관계를 개선하려고 노력하거나 신변을 정리하는' 행동을 보인 자살사망자 79명 중 86.0%(68명)가, '평소 소중히 여기던 물건을 다른 사람에게 주는' 행동을 보인 32명 중 87.5%(28명)가 사망 전 3개월 이내에 이러한 행동을 보였다. 이러한 경고신호는 관찰 빈도가 높지는 않으나, 사망 시점에 근접하여 나타나는 양상이 시사되므로 이러한 경고신호가 관찰되었을 때는 각별한 주의와 적극적 대처가 요구된다.

한편, 사망 1년 이상 오래전부터 나타난 것으로 보고된 경고신호 중 높은 빈도로 관찰된 경고신호는 '수면 상태의 변화'였으며 자살사망자 445명 가운데 123명(27.6%)에게서 보고되었다. '자살이나 살인, 죽음에 대한 말을 자주 한' 경우는 107명(24.0%)으로 나타났는데, 이러한 경고신호의 경우 사망 인접 시점만 아니라 오랫동안 지속해서 관찰되었다면 주의를 기울일 필요가 있겠다.

2. 유가족사업

1) 자살유족

자살유족(Suicide survivor)은 사랑하는 사람을 자살로 잃은 사람을 의미한다. 이는 가족은 물론 심리적으로 가깝고 친밀했던 친구, 동료, 지인도 포함이 된다. 넓은 의미에서는 고인과 직접적인 관계가 없어도 자살한 사람에 대해 심리적인 책임을 크게 느끼거나 스트레스를 많이 받은 사람을 포함할 수도 있다(McIntosh, 2003). 자살유족들은 가족 혹은 지인의 자살 이후 복합적인 애도 과정을 겪고, 정신적·신체적 문제의 위험이 증가하는 것이 여러 연구를 통해 보고되어 왔다(Jordan & McMenamy, 2004). 유족들은 죄책감, 수치심, 분노 등의 다양한 감정을 경험하고(Sveen & Walby, 2008), 남겨진 가족, 주변인과의 갈등이 커지거나, 사회적 편견에 고통받는 등 대인관계에서도 어려움을 겪는다(Scocco et al., 2017). 또한 외상후 스트레스 장애, 우울증 등의 발생이 증가하며, 유족의 자살률은 일반 집단에 비해 높아 자살 고위험군으로 분류되어 지속적이고 적극적인 대처가 요구되어 왔다(Mitchell et al., 2009). 즉, 남겨진 자살유족을 다양한 방면에서 돕고 심리적으로 회복하도록 해 주는 것은 매우 중요하며, 또 다른 자살을 예방하는 의의를 갖기도 한다.

자살유족을 대상으로 한 심리치료의 시행과 그 효과에 대한 연구(Dunne, 1992) 및 자조 모임과 같은 사회적 네트워크의 형성(Andriessen, 2003; Testoni et al., 2019), 사회적 인식개선의 필요성(Cvinar, 2005) 등과 같은 연구가 지속적으로 이루어져 왔으며, 실제 자살유족을 위한 사업에 적용되어 왔다. 국내에서도 자살유족의 심리 회복과 일상으로의 복귀를 돕기 위한 여러 사업이 시행되고 있어, 이에 대해 소개하고자 한다.

2) 자살유족 원스톱 서비스

자살유족 원스톱 서비스는 자살 사건 발생 시 유족이 즉각적으로 전반적인 부분에서 지원을 받을 수 있도록 도움을 주는 서비스 체계이다. 2019년 9월부터 시행되어 현재 강원도, 광주, 인천의 일부 시범 지역에서 운영 중이다. 자살 사건 발생이 하면 경찰, 소방의 요청에 따라 관할 지역 정신건강복지센터에서 원스톱 서비스 팀이 24시간 이내에 응급 출동하는 것을 원칙으로 하며, 초기 상담 및 해당 서비스에 대한 정보를 제공한다. 서비스로 유입된 유족에게는 애도 상담, 전문 치료 프로그램, 유족들로 구성된 자조 모임 등 정신건강, 심리 지원 서비스가 제공된다. 갑작스럽게 자살로 가족을 잃은 유족들은 훨씬 복잡하고 힘든 애도 과정을 거치므로 이에 대한 지지 및 교육이 필요하다. 또한 자조모임은 같은 아픔을 지닌 유족들이 서로의 아픔을 공감하고 치유하면서 심리적 충격 및 상처 회복에 중요한 역할을 하게 된다.

심리 지원 서비스와 더불어, 가족의 사망 이후 발생하는 실제적인 경제 문제―사후 행정, 법률 처리비, 장례비, 정신건강 치료비 등의 지원이 이루어지며 유족 개개인이 경험하는 심리정서, 환경, 경제, 신체 영역 전반에서의 어려움을 파악하고 필요한 복지 자원이 연계될 수 있도록 한다. 자살유족을 대상으로 한 정신건강, 심리 지원 서비스 혹은 경제적 지원 사업은 원스톱 서비스를 통하지 않더라도 다양한 방면을 통해 개별적으로 이루어지고 있다. 그러나 이런 원스톱 서비스를 활용할 경우, 감당하기 어려운 일을 경험한 유족들이 스스로 이런 서비스들을 찾아 헤매지 않더라도 즉각적이고 전문적인 서비스가 제공되어 필요한 조치를 취할 수 있어, 적극적으로 자살유족의 자살을 예방하고 일상에 복귀하도록 도움을 줄 수 있다는 의의가 있다.

3) 동료 지원 활동가 양성

주요 유가족사업 중 하나로 동료 지원 활동가 양성이 있다. 동료 지원 활동가는 자살유족 당사자로서, 다른 유족들의 회복을 돕고 유족에 대한 인식개선과 권익 활동에 적극 참여하는 역할을 한다. 이러한 활동을 통해 동료 지원 활동가는 다른 유족에게 도움을 주기도 하지만, 사회 구성원으로서 역량이 강화되고 자기 치유에도 도움을 받을 수 있다. 동료 지원 활동가는 사별 기간이 2년 이상 경과된 유족을 대상으로 시·도 정신건강복지센터에서 추천을 받아 모집한다. 이후 중앙심리부검센터에서 시행하는 교육과정을 이수한 뒤 동료 지원 활동가로 위촉되어 각 지방자치단체에 파견되어 활동하게 된다.

동료 지원 활동가는 자조모임의 리더로 활동하고, 자살유족에 대한 인식개선 및 권익옹호 활동에도 참여한다. 리더로서 자조 모임을 운영하며 유족의 공감대를 형성하고 지지하는 역할을 하며, 이를 통해 자조모임을 활성화시키고 확대시킬 수 있다. 또한 사별 이후 겪는 경험담 등의 글쓰기를 통해 자기 치유와 더불어 사회와 소통하는 역할을 수행하여 유족에 대한 사회적 인식개선과 옹호 활동을 이끌어 나가게 된다. 오프라인에서 도움을 받지 못하는 유족에게는 온라인상에서의 상담 및 정서적 지지 활동을 통해 경험을 나누는 등 다양한 방식으로 권익옹호 활동에 참여하게 된다.

4) 자살유족을 위한 소셜 네트워크 서비스 활성화

자살유족을 위한 소셜 네트워크 서비스로, 홈페이지 '따뜻한 작별' 및 유튜브 채널 '얘기함'이 운영되고 있다. 이러한 서비스들은 사회적 편견 및 정보 부족으로 도움을 받지 못하는 유족이 온라인으로 정보를 얻고 치유와 관련된 도움 서비스를 받을 수 있게 하며, 한편으로는 유족에 대한 편견과 인식을 개선하기 위해 제공되고 있다. '따뜻한 작별'은 온라인 추모관, 도움 서비스 및 정보 안내, 정신건강 및 사별 슬픔 자가 검진 등 유족을 위한 내용으로 구성되어 있다. '얘기함'의 경우 관련 전문가 및 유족, 경찰, 지방자치단체 실무자가 직접 정보를 제공하고 경험을 나누는 내용으로 구성되어 있으며 이는 유족을 포함한 모든 사회 구성원이 쉽게 내용을 접할 수 있도록 되어 있다. '얘기함'은 자살유족 이해하기, 사별 이후 애도 과정 이해하기, 유족 지원 서비스 안내, 사별 후 경험 나누기, 추모 시 및 캠페인 등의 내용으로 구성되며 이를 통해 유족에게 도움이 되는 내용을 전달하고 사회 전반적인 인식개선에 도움이 될 수 있도록 하였다.

5) 유족 애도 프로그램 개발 및 보급

자살유족들이 경험하는 애도 과정과 심리적 고통은 일반적인 사별보다 더 복잡하고 고통이 크다. 유족의 특성을 반영한 심리 치료 과정이 필요하며, 이러한 유족 애도 프로그램이 개발되어 지역 정신건강복지센터에서 시행 중에 있다.

유족 애도 프로그램은 마음건강 교육과 사회기술 향상 프로그램으로 구성된다. 마음건강 교육은 자살에 대해 이해하고 유족이 겪는 심리적 고통을 이해하는 것을 목표로 하며, 적절한 애도 과정을 돕는 내용으로 구성되어 있다. 사회기술 향상 프로그램에서는 유족이 된 후 경험하는 일상생활, 대인관계의 변화에 대해 함께 이야기하고, 이에 대해 대처하고 적응할 수 있도록 돕는다.

6) 자살 발생 후 사후 관리

조직(학교, 공공 기관 등) 내에서 구성원의 자살사망 사건이 발생한 경우 다른 구성원들에게도 큰 영향을 줄 수 있다. 이에 구성원들이 겪을 수 있는 심리적 고통을 최소화하고 구성원의 기능 회복을 돕기 위해 사후 대응 서비스가 중앙심리부검센터에 마련되어 현재 시행되고 있다.

사후대응 서비스를 신청할 경우, 직·간접적으로 노출된 대상에게 집단 프로그램 및 개별 프로그램이 제공된다. 자살 목격 후 발생할 수 있는 심리적 충격 및 외상후 스트레스 반응을 설명하고 이해할 수 있도록 돕고, 회복에 도움이 되며 동료를 위로하는 방법 등에 대해 교육하는 집단 심리 교육 프로그램과 각 개인의 정신건강 위기 상태 평가, 스트레스 회복 및 애도 과정에 대한 개별 상담 등이 제공이 되며, 자살 고위험군 발생시 위기개입 및 관련 기관으로 인계되도록 돕는다.

3. 결론

심리부검이란 자살유족 등과의 구조화된 면담을 통해 자살의 원인을 추정하는 체계적인 조사방법을 의미한다. 이를 통해 자살예방을 위한 과학적 근거를 제공하고, 자살유족 심리적 지원의 목적을 가지기도 한다. 중앙심리부검센터에서 시행된 자살사망자 445명에 대한 심리부검을 통해 93.7%이 사망 전 경고신호를 보였고, 언어적·행동적 · 정서적 신호로 구분해 볼 수 있다. 이를 바탕으로 자살유족에게는 자살유족 원스톱 서비스, 동료 지원 활동가 양성, 자살유족을 위한 소셜 네트워크 서비스 활성화, 유족 애도 프로그램 개발 및 보급, 자살 발생 후 사후 관리를 통해 도움을 제공하고 있다. 향후 심리부검을 통한 근거중심적 지역 맞춤형 자살예방사업을 통해 우리나라의 자살률을 낮출 수 있을 것으로 기대한다.

참고문헌

중앙심리부검센터(2018). 2018년 심리부검 면담 결과 보고서.

중앙심리부검센터(2019). 심리부검 면담 결과 보고서.

하규섭(2016). 자살유가족 지원체계 확립을 위한 기초 연구. 보건복지부.

Andriessen, K. (2003). Networking to support suicide survivors. *Crisis: The Journal of Crisis Intervention and Suicide Prevention, 24*(1), 29.

Barraclough, B. et al. (1974). A hundred cases of suicide: clinical aspects. *The British Journal of Psychiatry, 125*(587), 355–373.

Cavanagh, J. T. et al. (2003). Psychological autopsy studies of suicide: a systematic review. *Psychological medicine, 33*(3), 395–405.

Cheng, A. T. (1995). Mental illness and suicide: a case-control study in East Taiwan. *Archives of general psychiatry, 52*(7), 594–603.

Cheng, A. T. et al. (2000). Psychosocial and psychiatric risk factors for suicide: Case-control psychological autopsy study. *The British Journal of Psychiatry, 177*(4), 360–365.

Choi, K. W. et al. (2018). Alcohol-induced disinhibition is associated with impulsivity, depression, and suicide attempt: A nationwide community sample of Korean adults. *J Affect Disord, 227*, 323–329.

Conner, K. R. et al. (2012). The next generation of psychological autopsy studies: Part 2. Interview procedures. *Suicide and Life-Threatening Behavior, 42*(1), 86–103.

Cvinar, J. G. (2005). Do suicide survivors suffer social stigma: a review of the literature. *Perspectives in psychiatric care, 41*(1), 14–21.

Dunne, E. J. (1992). Psychoeducational intervention strategies for survivors of suicide. *Crisis: The Journal of Crisis Intervention and Suicide Prevention, 13*(1), 35–40.

Goodfellow, B. et al. (2020). The WHO/START study in New Caledonia: A psychological autopsy case series. *Journal of affective disorders, 262*, 366–372.

Hagaman, A. K. et al. (2017). Suicide in Nepal: a modified psychological autopsy investigation from randomly selected police cases between 2013 and 2015. *Social psychiatry and psychiatric epidemiology, 52*(12), 1483-1494.

Henry, M., & Greenfield, B. J. (2009). Therapeutic effects of psychological autopsies: The impact of investigating suicides on interviewees. *Crisis: The Journal of Crisis Intervention and Suicide Prevention, 30*(1), 20.

Isometsä, E. (2001). *Psychological autopsy studies—a review. European psychiatry, 16*(7), 379-385.

Isometsä, E. T. et al. (1995). *The last appointment before suicide: is suicide intent communicated?* The American journal of psychiatry.

Jordan, J. R., & McMenamy, J. (2004). Interventions for suicide survivors: A review of the literature. *Suicide and life-threatening behavior, 34*(4), 337-349.

Kim, H. et al. (2020). Risks of suicide attempts after prescription of zolpidem in people with depression: a nationwide population study in South Korea. *Sleep, 43*(3), 1-10.

Knoll IV, J. L. (2008). The psychological autopsy, part I: applications and methods. *Journal of Psychiatric Practice®, 14*(6), 393-397.

Lönnqvist, J. (1988). *National suicide prevention project in Finland: A research phase of the project.* Psychiatria Fennica.

McIntosh, J. L. (2003). Suicide Survivors. *Handbook of death and dying, 1*, 339.

Mitchell, A. M. et al. (2009). Depression, anxiety and quality of life in suicide survivors: A comparison of close and distant relationships. *Archives of psychiatric nursing, 23*(1), 2-10.

Moskos, M. et al. (2005). Utah youth suicide study: psychological autopsy. *Suicide and Life-Threatening Behavior, 35*(5), 536-546.

Na, E. J. et al. (2019). Design and Methods of the Korean National Investigations of 70,000 Suicide Victims Through Police Records (The KNIGHTS Study). *Psychiatry investigation, 16*(10), 777-788.

Pitman, A. et al. (2012). Suicide in young men. *The Lancet, 379*(9834), 2383-2392.

Pompili, M. et al. (2014). Unemployment as a risk factor for completed suicide: a psychological autopsy study. *Archives of Suicide Research, 18*(2), 181-192.

Rasmussen, M. L. et al. (2014). *Warning signs of suicide among young men. Nordic Psychology, 66*(3), 153-167.

Robins, E. et al. (1959). *The communication of suicidal intent: a study of 134 consecutive cases of successful (completed) suicide. American Journal of Psychiatry, 115*(8), 724-733.

Rudd, M. D. (2008). Suicide warning signs in clinical practice. *Curr Psychiatry Rep, 10*(1), 87-90.

Rudd, M. D. et al. (2006). Warning signs for suicide: Theory, research, and clinical applications. *Suicide and Life-Threatening Behavior, 36*(3), 255-262.

Scocco, P. et al. (2017). Stigma and psychological distress in suicide survivors. *Journal of psychosomatic research, 94*, 39-46.

Sveen, C. -A., & Walby, F. A. (2008). Suicide survivors' mental health and grief reactions: A systematic review of controlled studies. *Suicide and Life-Threatening Behavior, 38*(1), 13-29.

Testoni, I. et al. (2019). Forgiveness and blame among suicide survivors: a qualitative analysis on reports of 4-year self-help-group meetings. *Community mental health journal, 55*(2), 360-368.

Yoshimasu, K. et al. (2008). Suicidal risk factors and completed suicide: meta-analyses based on psychological autopsy studies. *Environmental health and preventive medicine, 13*(5), 243-256.

Zalsman, G. et al. (2016). Suicide prevention strategies revisited: 10-year systematic review. *The Lancet Psychiatry, 3*(7), 646-659.

자살예방의 모든 것

이론과 정책

학교 기반 자살예방정책

    대부분의 소아 청소년은 학교를 다니고 있기에 학교를 기반으로 하는 자살예방정책은 접근성이 우수하며 정신건강과 자살에 대한 부정적인 편견을 최소화할 수 있다. 그러한 이유로 우리나라를 비롯하여 여러 나라에서 다양한 형식의 학교 기반 자살예방책을 수행하고 있다.

    우리나라의 경우, 2011년 학교 폭력을 겪은 대구의 한 중학생이 자살을 한 이후 사회적으로 자살과 학생정신건강에 대한 사회적 책임에 관심이 급증하였고 교육부 차원에서도 보다 적극적으로 학생 자살예방정책들을 수립하고 시행할 수 있게 되었다. 특히 우리나라는 사회적으로 학생들의 정신건강과 관련해서 학교의 책무를 강하게 요구하고 있으며, 보건복지부의 자살예방정책들은 상당부분 성인에 초점을 두고 있기에 학교 기반 자살예방정책의 필요성과 요구는 점차 증가되어 왔다. 이 장에서는 2020년을 기준으로 우리나라 교육부를 중심으로 시행되어 온 학생자살예방정책의 역사와 그 내용을 살펴보고자 한다.

---

* 홍현주(한림대학교 의과대학 정신건강의학과 교수)

1. 교육부 학생자살예방정책의 근거와 역사

1) 법적인 근거

학교는 「학교보건법」 제2조의2와 「자살예방 및 생명존중문화 조성을 위한 법률」 제4조 및 8조에 기반하여 학생과 교직원의 정신건강 증진 및 자살위험 보호와 자살예방 교육을 시행하고 있다.

표 38-1 학교 기반 자살예방정책의 근거 법령

학교보건법 제2조의 2 (국가와 지방자치단체의 의무)	국가와 지방자치단체는 학생과 교직원의 건강을 보호 · 증진 하기 위한 기본계획을 수립 · 시행하고, 이에 필요한 시책을 마련하여야 한다.
자살예방 및 생명존중문화 조성을 위한 법률 제4조 (국가 및 지방자치단체의 책무)	① 국가 및 지방자치단체는 자살위험자를 위험으로부터 적극 구조하기 위하여 필요한 정책을 수립하여야 한다. ② 국가 및 지방자치단체는 자살의 사전예방, 자살 발생 위기에 대한 대응 및 자살이 발생한 후 또는 자살이 미수에 그친 후 사후 대응의 각 단계에 따른 정책을 수립 · 시행하여야 한다. 이 경우 자살시도자 및 그 가족 또는 자살자의 유족을 보호하기 위한 방안을 포함하여야 한다.
자살예방 및 생명존중문화 조성을 위한 법률 제8조 (연도별 시행계획의 수립 · 시행 등)	① 보건복지부장관, 관계 중앙행정기관의 장 및 시 · 도지사는 매년 기본계획에 따라 자살예방시행계획(이하 "시행계획"이라 한다.)을 수립 · 시행하여야 한다. ② 관계 중앙행정기관의 장 및 시 · 도지사는 다음 해의 시행계획 및 지난해의 시행계획에 따른 추진실적을 대통령령으로 정하는 바에 따라 매년 보건복지부장관에게 제출하고, 보건복지부장관은 매년 시행계획에 따른 추진실적을 평가한 후 그 결과를 제10조의 2에 따른 자살예방정책위원회의 심의를 거쳐 확정하여야 한다. ③ 시행계획의 수립 · 시행 및 추진실적의 평가에 관하여 필요한 사항은 대통령령으로 정한다.

2) 교육부 학생자살예방정책의 역사

현재 교육부의 학생자살예방정책은 학생건강정책과가 담당하고 있다. 교육부 차원의 학생자살예방정책의 본격적인 시작은 2008년으로 거슬러 올라갈 수 있다. 교육과학기술부(현 교육부)는 2008년 학생 자살예방 및 정신건강증진 대책을 수립하고 시행하였다. 주 내용으로 학생정신건강검진 사업을 확대하고 생명존중교육을 시행하는 것이었다.

시범적으로 시행되었던 학생정신건강검진 사업이 점차 확대되어 가던 중에 2011년 대구 중학생의 자살 사건은 우리나라 학생자살예방정책의 새로운 전환점이 되었다. 사회적으로 학생 자살에 대한 관심이 증가하였고 교육부 내에서 전문적 지원 체계 구축의 필요성이 제기되었으며 교육부 학생정신건강 정책을 지원하는 새로운 기관들이 설립되었다. 2012년부터 2021년까지 한림대학교 자살과 학생 정신건강 연구소가 교육부의 학생정신건강 분야의 신규 정책 연구소로 지정되었고, 교육부 학생정신건강정책의 실행 기관으로 2014년 학생정신건강지원센터가 출범하면서 보다 체계적으로 학생자살예방정책을 수립하고 시행하게 되었다. 학생정신건강지원센터의 모태는 학교폭력 등 사회병리 현상에 대한 과학적 대응을 목적으로 2012년 한국 뇌연구소의 개원과 함께 시작된 학생정신보건연구센터였으며, 교육과학기술부가 교육부와 과학기술부로 분리된 이후 과학기술부 산하 기관으로 이관되었다가 2014년부터 다시 교육부 산하로 자리를 옮기면서 경북대학교 병원이 위탁운영을 하였다. 2020년부터는 한국교육환경보호원이 위탁운영을 하고 있다.

현재 학생정서 · 행동특성검사로 불리는 학생정신건강검진은 2007년에 96개교를 시작으로 점차 확대되다가 2012년도에는 전체 학교를 대상으로 시행되었다. 이 검사를 통해 자살 및 정신건강 고위험군(관심군)이 선별되며, 학교는 정밀진단을 위해 보호자에게 2차 전문기관으로 방문할 것을 권유하도록 되어 있다. 이 검사로 선별된 관심군의 2차 기관 연계율은 점점 증가하여 2017년도에는 75%에 이른다. 이 학생정서 · 행동특성검사는 교육부의 학생정신건강 정책의 기본 뼈대가 되고 있으며, 이를 시작으로 다음의 〈표 38-2〉에 기술한 다양한 내용의 자살 및 정신건강 고위험군 관리 정책이 시행되었다.

표 38-2　교육부 학생자살예방정책의 경과

연도	정책
2012년	학생정서·행동특성검사 전면 확대
2012년	정책 중점 연구소 (자살과 학생 정신건강 연구소) 개소
2014년	학생정신건강지원센터 개소, 학교 응급심리지원(학교 위기개입)실시
2015년	학생 자살사망자 DB구축 (심리부검 및 학생 자살사망 보고서) 시작
2013~2016년	학생정신건강 지역협력 모델 구축·지원사업
2016~2018년	정신건강 전문가 학교 방문 지원사업
2017년	자살위기 학생 치료비 지원 시작
2018년	청소년 위기문자 상담망 운용 시작

　교육부는 자살 고위험군 관리 정책뿐 아니라 학생 및 교사를 위한 자살예방 교육도 강화해 왔다. 학생 및 교사를 대상으로 하는 생명존중 및 자살예방을 위한 교육은 지속적으로 확대되었다. 2016년부터 학교는 학생을 대상으로 하는 자살예방 교육을 4시간 이상 시행해야 하고 교원대상 자살예방 연수(게이트키퍼 교육 등)은 점점 강화되고 있으며, 시·도 교육청 및 학생정신건강지원센터의 다양한 교육과정을 통해서 점점 많은 교사가 교육을 받고 있다. 학교에서 자살예방 교육을 보다 내실 있게 할 수 있도록 다양한 형식의 교육 자료를 개발하고 보급해 왔으며 여러 부처에서 개발한 각종 생명존중 및 자살예방 자료를 발굴하여 각급 학교에서 사용할 수 있도록 학생건강정보센터 (http://schoolhealth.kr)에 자료를 탑재하고 있다. 정신건강 관련 교육은 일반교사, 상담교사, 관리자뿐 아니라 예비 교원까지 교육과정에서 이수할 수 있도록 확대하고 있다. 2020년부터는 지역 교육청을 대상으로 학생자살예방정책컨설팅도 시행하고 있다.

　학부모들의 정신건강 문제나 자살·자해에 대한 인식개선 및 효과적인 대처를 위해 2015년부터 다양한 내용의 교육 콘텐츠로 구성된 뉴스레터를 제공하고 있으며 교사들에게도 2018년부터 뉴스레터를 제공하고 있다. 대중가요나 영상매체 등에서 자살 및 자해 관련 유해 정보를 발견하면 관계 부처와 협의하여 이를 차단하기 위한 노력을 하고 있으며, 캠페인, 공모전, 음원 등을 통해 생명존중문화의 확산도 도모해 왔다.

　과학적 자살예방정책의 수립을 위한 근거를 마련하려는 노력도 지속하고 있는데, 교육부는 교육부는 실시간으로 학생 자살사안을 모니터링하고 있으며, 2015년부터는 학생자살이 발생하면 학교가 일정 서식에 따라 교육청으로 보고하고 정책 연구소가 이 자료를 지속적으로 분석하도록 되어 있다. 또한 정책 연구소는 자살의 경로를 이해하기 위해서 소아청소년 자살자의 유가족을 면담하는 심리부검도 시행하고 있다.

자살 문제는 복합적인 원인을 가지고 있어서 사회 전체 그리고 범 부처 차원의 접근이 필요하다. 교육부는 매년 수립·시행하고 있는 학생자살예방대책을 중심으로 관계 부처와 협력체계를 구축하고 있으며, 2015년에는 관계부처 합동 학생자살예방대책을 수립하고 추진하였고, 2018년도는 관계부처 합동 자살예방 국가 행동계획이 수립되고 시행되었으며, 학생을 대상으로는 교육부가 진행하고 있는 학생자살예방정책들이 포함되었다.

2. 교육부 주요 학생자살예방정책

1) 학생정서·행동특성검사

2012년 이후 학생정서·행동특성검사는 모든 학교를 대상으로 시행되고 있으며 대상 학생의 대부분이 참여하고 있다. 이 검사의 절차는 [그림 38-1]과 같이 이루어지고 매년 초등학교 1, 4학년, 중학교 1학년, 고등학교 1학년이 대상이다. 초등학생은 부모가 평정하며 중·고등학생은 학생 본인이 평정을 한다. 특정 점수 이상인 경우 학교 상담을 통해 확인 후 관심군(일반관리군, 우선관리군)으로 선별되며 학부모에게 Wee 센터나 정신건강복지센터 등의 전문기관에서의 심층평가를 권유하며 학교 내에서도 지속적으로 관리를 하게 된다(학생정신건강지원센터, 2020).

검사도구는 초등학생의 경우 CPSQ-II(Child Problem-Behavior Screening Questionnaire, 2nd version)이며 중·고등학생의 경우에는 AMPQ-III(Adolescent Personality and Mental Health Problems Screening Questionnaire, 3rd version)이다. 정서행동 문제와 성격특성 부분으로 나뉘어 있으며 중·고등학생은 학생 본인이 평정을 한다. 정서·행동특성 부분의 점수가 높을수록 정서나 행동상의 어려움이 많을 가능성을 의미하고, 정서·행동문제 총점에 따라 관심군과 정상군으로 판정된다. 관심군의 기준은 성별과 연령에 따라 달라지며 평균에서 1.5SD(표준편차)를 벗어나는 경우에 해당한다(교육부, 2020). 초등학생은 자살에 대한 별도의 항목은 없으나 중·고등학생의 경우는 자살에 대한 평정도 이루어진다. 자살 고위험군은 자살생각 관련 2개 문항으로 평정하며 심각하게 자살을 시도한 적이 있는 경우, 학교에서 개별 면담 후 중간위험 이상인 경우는 부모에게 통보하도록 되어 있다.

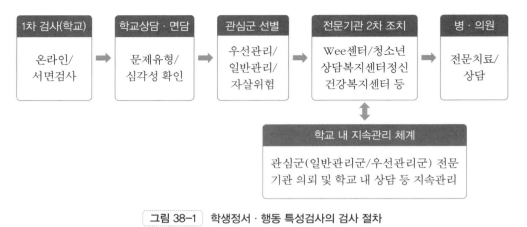

그림 38-1 학생정서 · 행동 특성검사의 검사 절차

출처: 교육부(2020b).

교사와 학부모는 학생정서 · 행동특성검사에 대해 필요성과 만족도에 대해서 전반적으로 긍정적으로 평가하고 있으며, 학생정신건강에 대한 관심이 증가하고 상태에 대해서 확인할 수 있게 된 것을 가장 큰 성과로 여기고 있다(김인태 외, 2017). 2012년 학생정서 · 행동특성검사의 전면 시행 이후 검사도구 및 시행 체계는 지속적으로 개선되고 있으며, 이 검사는 학교를 기반으로 학생들의 정신건강에 대한 가장 기본적인 평가로 자리 잡고 있다.

2) 학생정신건강 지역협력 모델 구축 · 지원사업

2012년 이후 자살 및 정신건강 고위험군 학생을 교육청 차원에서 보다 적극적으로 관리해야 한다는 인식이 증가하면서 2013년부터 2016년까지 학생정신건강 지역협력 모델 구축 · 지원사업이 시행되었다. 이 사업의 주요 내용은 〈표 38-3〉에 기술되어 있으며 주요 내용은 다음과 같다. 첫째, 지역 특성에 기반한 효과적인 학교-지역사회 연계 체계를 구축하기 위해서 교육청 단위 지역정신건강 협의체를 구성하고 학교 단위 자살위기관리 위원회를 구성한다. 둘째, 정신건강 고위험군 학생 지원 및 위기관리 시스템을 구축하고 학교마음건강자문의사를 지정하여 사례회의, 자문, 교육 등을 실시한다. 셋째, 학생, 교사, 학부모 대상 프로그램을 시행하면서 학교의 역량을 강화한다. 이 사업이 전국의 교육청으로 확대 시행되면서 각 교육청들은 지역여건을 반영하여 자살 및 정신건강 고위험군 학생을 위한 다양한 형태의 관리 체계를 구성하게 된다. 때로는 정신건강의학과 전문의를 직접 고용하기도 하였으며, 정신건강 관련 전문 인력이 포함

표 38-3 학생정신건강 지역협력 모델 구축 · 지원사업의 주요 사업 내용

구분	내용
지역사회협력체계 구축	1) 교육청 단위 지역정신건강 협의체 구성 및 운영 2) 위기대응을 위한 지역별 핫라인 기관 지정 3) 학교 단위 자살위기관리위원회 구성 및 운영
학교 대응관리체계 구축	1) 고위험 학생 발견 및 지원관리체계 구축 2) 고위험 학생 상담 및 연계 3) 각 학교에 마음건강 자문의사 지정
정신건강증진사업	1) 정신건강 담당교사 및 전체 교사 연수 2) 학생 정신건강 교육 및 예방 프로그램 3) 학부모 교육 및 상담

출처: 홍현주 외(2016).

된 별도의 전담 체계를 구축하기도 하고 병원형 Wee 센터를 확대하는 식으로 발전하게 되었다.

이 사업은 동일한 목표와 매뉴얼을 기반으로 중앙정부 차원에서 전국 단위의 학교 기반 정신건강 증진 모델로는 첫 번째 시도였다. 이 사업에 참여하였던 교사를 대상으로 한 조사에 의하면 정신건강 환경에 대한 인식이 긍정적으로 개선되었고(김진아 외, 2015; 하경희 외, 2016) 자살 및 정신건강 고위험군의 학교 내 관리가 다양화되고 전문기관 의뢰가 개선되었음을 확인할 수 있었다(김진아 외, 2015).

3) 정신건강 전문가 학교 방문 사업

교육체계 내에서 자살 및 정신건강 고위험군에 대한 관심이 증가하고 지역사회 전문기관으로의 연계가 활성화되기 시작했지만 여전히 학교 내에서는 연계되지 않은 학생이 존재한다. 2017년도의 경우에도 학부모 거부 등의 사유로 여전히 연계되지 않은 학생이 약 25% 정도 되며, 연계가 되었다고 하더라도 질이나 내용의 측면에서 아쉬움이 있어 왔다. 이 학생들은 정신건강뿐 아니라 경제적 · 가정적인 복합적인 문제를 가진 경우가 많기에 교육적인 개입뿐 아니라 의학적 개입을 포함한 통합적인 도움이 요구된다. 이러한 배경에서 2016년부터 2018년까지는 정신건강 전문가 학교 방문 관리사업이 시행된다. 정책 연구소가 이 사업을 위탁받아 중앙지원센터를 운영하였고, 지역별로는 학생 정신건강 거점 전문병원에서 실행센터를 운영하였다. 지역별 센터는 2016년도에

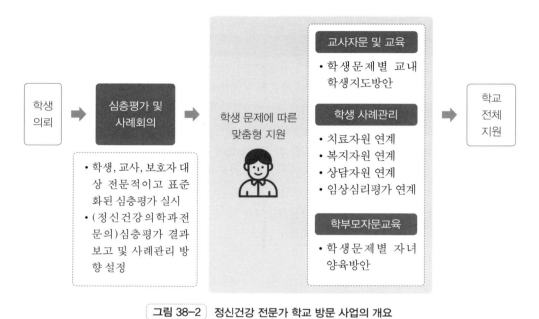

그림 38-2 │ 정신건강 전문가 학교 방문 사업의 개요

출처: 홍현주 외(2018).

는 4개로 시작해서 2018년도에는 9개 센터로 확대되었다. 사업은 학교의 의뢰를 받아서 소정의 훈련을 받은 정신건강 전문가가 학교를 방문해서 평가를 하고 정신건강의학과 전문의가 주재하는 사례회의를 통해 개입 방향을 정한 후, 교사와 학부모, 학생을 대상으로 적절한 자문과 교육을 제공하고 해당학생에게는 필요한 전문서비스를 연계해 준다. 이 사업의 개요는 [그림 38-2]와 같다.

이 사업을 통해 지원받은 학생들은 정서행동 문제가 개선되었으며(오인수 외, 2017), 현장에서는 이로 인해 학급 분위기가 개선되었고 교사가 학생지도 방안을 습득하면서 학교 내 학생의 정신건강 문제에 보다 효과적인 대처가 가능해졌다고 하였다. 이 사업은 2019년에 중단되었다가 2021년부터 다시 재개되었다. 학생정신건강지원센터가 중앙지원센터의 역할을 하며 시·도교육청이 지정한 학생자살예방 및 정신건강 전담기관이 각 지역별 거점 센터의 역할을 하고 있다.

4) 자살·자해 학생 치료비 지원사업

전문치료가 필요한 학생 중 상당수는 경제적인 이유가 아닌 정신건강의학과 치료에 대한 부정적인 인식과 편견으로 인해 치료를 거부한다. 자해 및 자살시도는 널리 알려진 자살의 위험요인이지만 상당수는 정신건강의학과 치료로 연결되지 못하며, 교육현장에서는 치료비 지원의 효과를 보고하면서 필요성을 요구해 왔다. 이러한 배경에서 2017년부터는 생명보험사회공헌재단의 재정적 지원을 받아서 경제적 수준과 상관없이 자해 및 자살을 시도한 학생에게 의료적 치료비를 지원하기 시작하였다. 이 사업은 자살·자해를 시도한 학생에게 직접적인 서비스를 제공해 주는 것이며, 정신건강의학과 치료의 문턱을 낮추는 효과가 있다.

5) 청소년 위기문자 상담망

최근 청소년의 문화가 변화하고 있으며 기존의 대면 상담 서비스로는 접근성이 떨어지고 온라인 기반의 상담에 대한 요구도는 점차 증가하고 있다. 교육부는 청소년들의 눈높이를 고려한 모바일 기반의 상담 서비스 체계를 새로 구축하는 것에 대한 공감이 이루어졌다. 2017년 생명보험사회공헌재단의 지원이 더해져서 운영 매뉴얼 및 상담 시스템을 구축하면서 2018년 9월부터 모바일 기반 24시간 청소년 위기문자 상담망(일명 '다들어줄개')을 시범 운영한 이후 2019년 3월부터 전국적으로 시행하였다. 교육부는 운영에 필요한 예산을 제공하고 있으며 초기의 체계 구축과 운영은 정책 연구소가 담당하였으며 2019년 3월부터는 한국교육환경보호원, 2022년 3월부터는 사단법인 마음건강이 청소년 모바일 상담센터를 운영하였다.

이 서비스는 익명성 기반으로 앱('다들어줄개' 어플), 문자(1661-5004), 카카오톡('다들어줄개' 플러스 친구 추가), 페이스북 ('다들어줄개' 페이지)과 같은 다양한 경로로 통해 접근할 수 있다. 상담사들은 소정의 자격을 갖추고 관련 교육을 이수하여야 하며 내담자들의 자살위험도 평가한 후 위기 상황에서는 119 및 경찰 출동까지 이루어진다.

6) 2020년 학생자살예방대책

교육부는 최근 몇 년 사이에 다양한 영역의 학생자살예방대책을 계획하고 시행하고 있다. 2020년의 경우 〈표 38-4〉와 같은 학생자살예방대책이 수립되고 시행되고 있다. 학생 자살률 감소를 목표로 6대 중점 추진과제, 18개 세부 추진과제로 구성되어 있으며 기존에 시행해 왔던 정책의 연장선상에서 확대·발전하고 있다.

비전	안전한 학교, 행복한 사회

목표	학생 자살률 감축으로 행복교육 기반 마련

6대 중점 추진과제, 18개 세부 추진과제		
자살예방 (생명존중) 문화 조성	자살(자해)예방 및 생명존중교육 강화	• 학생 생명존중의식 함양교육 강화 • 학생 사회정서교육 강화 • 자살예방 및 생명존중교육 자료 개발 · 보급 • 학생 자해예방 및 대응 강화
	교사 전문성 제고 및 학교 관리역량 강화	• 교직원의 자살(자해)예방 관련 전문성 강화 • 교직원 및 학생 자살(자해)예방 연수 운영 • 학생자살예방정책 수립 · 추진 역량 강화
	국가 · 사회적 생명존중문화 조성	• 생명존중 캠페인을 통한 인식개선 • 언론 · 방송 등 자살보도기준 준수 등 미디어 협력체계 강화
자살예방 지원체계 구축 · 강화	자살징후 조기발견 체계 강화	• 자살징후 조기발견(학생정서 · 행동특성검사) • 학생 자살징후 조기발견 학부모 지원 • 청소년 모바일 상담 운영 • 자살예방 지역 인프라 발굴 및 연계체계 구축
	전문기관 연계 · 치유지원 관리 체계화	• 자살위기학생 관리 강화 • 위기극복 지원 프로그램 운영 • 자살사안 사후 위기개입 시스템 운영
자살예방 정책 환류 체계 구축	과학적 자살예방정책 수립을 위한 근거 기반 접근	• 자살학생 심리부검 등 분석연구 강화 • 학생자살 동향감시 및 통계관리

그림 38-3 2020년 학생자살예방대책 시행계획

출처: 교육부(2020a).

3. 교육부 기반의 학생자살예방정책의 성과와 미래

우리나라는 2012년 이후 교육부 학생자살예방정책은 많은 변화와 발전을 보였으며, 보편적 · 선택적 · 지시적 예방 등 모든 영역을 망라하고 있다. 교육 체계 내에서 학생 자살 문제를 보다 적극적으로 대응하게 되었으며, 학생 및 교사를 대상으로 하는 자살 예방 교육도 확대되었고, 고위험군 학생의 발굴과 연계가 늘어났으며, 특히 교육체계 내에서 전문적인 자살 고위험군 관리체계를 구축하기 시작하였다. 실제 학생들의 자살 률도 지속적으로 감소되어 왔으나, 2018년 자해가 유행하고 반복적인 연예인 자살의 여파로 증가세에 접어들었으며 여학생 및 정신건강 고위험군의 자살이 늘어나고 있는 추세이다.

지금까지 교육부 학생자살예방정책은 교육계 관계자들의 헌신과 정신건강 전문가 들의 적극적인 참여로 급격하게 발전해 왔으나 도약을 위해서는 몇 가지 과제가 있다. 그동안 시행된 많은 자살예방정책은 안정적이지 않는 단기적 성격의 예산으로 이루어 졌으며 학생자살예방이나 정신건강 관리에 대한 법적 근거를 가진 기관은 없다. 그러 한 상황에서 전문인력 양성이 제대로 이루어지지 못하였을 뿐 아니라 전문인력이 안정 적으로 일할 수 있는 환경이 조성되지 못하였다. 교육부 자살예방 및 학생 정신건강 정 책을 효과적으로 기획하고 수행하기 위해서는 관련 조직의 재설계가 필요하며, 연구 기관과 실행기관 등의 운영 근거와 법적 근거가 확립되어야 할 것이다. 마지막으로 학 생자살예방을 위해서는 교육부뿐 아니라 가정을 비롯해 사회 전체가 보다 많은 관심을 가지고 애를 써야 할 것이다.

참고문헌

교육부(2020a). 교육부 학생자살예방대책 실행계획.

김인태, 방은주, 김가경, 홍현주(2017). 부모와 교사의 평정에 기반한 학생 정서 · 행동특성검사 에 대한 인식 조사. 대한 소아청소년 정신의학, 28(4), 260-267.

김진아, 하경희, 홍현주, 김희영(2015). 2013 학생 정신건강 지역협력모델 구축 · 지원 사업: 정 신건강고위험군 관리와 학교 내 정신건강 인식의 변화. 대한 소아청소년 정신의학, 26(3), 94-103.

오인수, 홍현주, 강윤형, 임이랑(2017). 정신건강 전문가의 학교방문 지원 서비스의 효과성 분석.

교육문제연구, 30(3), 227-258.

하경희, 김진아, 김우식, 홍현주, 김선연(2016). 학생 정신건강 지역협력모델이 학교 정신건강 인
식에 미치는 영향. 대한 소아청소년 정신의학, 27(2), 100-108.

홍현주, 강윤형, 손정모, 김민향(2018). 2017 정신건강 전문가 학교방문지원사업단 사업 보고서.
한림대학교 자살과 학생정신건강연구소.

홍현주, 하경희, 김진아, 김우식, 오은지(2016). 한국에서의 학교기반 정신건강사업의 효과적 요
인에 대한 연구. 정신보건과 사회사업, 44(2), 140-166.

교육부(2020b). 2020 학생 정서・행동특성검사 및 관리 매뉴얼. http://schoolhealth.kr

제**9**부

정책제안

자살예방법 개정 방향

1. 자살예방법 제정 경위

「자살예방 및 생명존중문화 조성을 위한 법률」(이하 '자살예방법')은 우리나라 자살예방정책의 법적 기초를 이룬다.

자살예방법은 2011년 3월 30일 제정되어 2013년 3월 31일 시행되었다. 1993년까지만 해도 인구 10만 명당 9.5명 정도였던 자살자 수가 2005년 26.1명으로 급증하였고, 한동안 그 수준을 유지하다가 이후 더 증가하였다. 이 숫자는 경제협력개발기구(OECD) 회원국 가운데 가장 높다. 보건복지부는 2004년 제1차 자살예방 국가전략을 발표하였고, 국회에는 2006년 자살예방법안이 제출된 이래 몇 개의 법안이 제출되었다(신권철, 2013; 이영문, 2009). 보건복지위원회는 이들을 종합하여 대안으로 자살예방법을 성안하였고, 이것이 현행 자살예방법이 되었다. 자살예방법 입법 이유에는 "자살은 사회적 전염성이 커서 조기에 차단하지 못하면 사회 전체를 파멸로 몰아넣을 수도 있으므로, 국민의 생명을 보호해야 할 일차적 책임이 있는 국가가 나서서 효과적이고 체계적인 예방대책을 마련하여야 할 것"이며, "다각적이고 범부처적인 차원의 사전예방

---

* 이동진(서울대학교 법학전문대학원 교수)

시책들과 생명존중문화 조성을 위한 대책들을 법률에 명문화함으로써 소중한 국민의 생명을 보호하고 사회경제적인 손실을 방지하려는" 데 그 입법 취지가 있다고 기재되어 있다.

2. 자살예방법의 주요 내용과 성격

자살예방법은 6개 장 25개 조문으로 된 비교적 간단한 법으로 출발하였고, 지금도 방대한 법이라고 할 수는 없다. 그 내용을 개관한다.

제1장 총칙은 우선 법의 목적이 자살예방에 관한 국가의 책무와 예방정책을 규정하여 생명을 보호하고 생명존중문화를 조성하는 데 있음을 밝히고(제1조), 자살예방정책이 자살에 영향을 미치는 다양한 인자(因子)를 고려하여 다각적이고 범정부적인 차원의 사전예방대책에 중점을 두고 또 사회문화적 인식개선에 중점을 두어야 함을 선언하며(제2조), 자살위험에 노출된 국민에게는 도움을 요청할 권리와, 국가 및 지방자치단체의 자살예방정책 수립 및 시행에 협조하고 자살위험에 처한 사람을 발견하였을 때 구조되도록 조치할 의무가 있음을 정한다(제3조). 그리고 국가 및 지방자지단체에게 자살위험자를 구조하기 위하여 필요한 정책을 세우고 자살의 사전예방, 위기대응 및 자살 발생 후 또는 자살이 미수에 그친 후 사후대응의 각 단계에 따른 정책을 수립하여야 하고, 사업주도 이에 협조하며 근로자의 정신적 건강을 유지하는 데 필요한 조치를 강구하도록 노력하여야 한다고 규정한다(제4조, 제5조). 이들은 구체적 권리·의무를 정한 규정이라기보다는 추상적 권리·의무를 정하는 것으로 이해되고, 그나마도 사업주의 의무는 "노력하여야 한다."라고 하여 전체적으로 선언(宣言)적 성격이 강하다(신권철, 2013; 최윤영, 최승원, 2014). 그러나 국가·지방자치단체는 물론, 사업주와 국민 개개인에게까지 자살예방의 책무가 있음을 밝히고, 자살예방정책이 ① 여러 인자를 고려하여, ② 범정부적으로, 그러나 민간 영역까지 포함하여, ③ 자살의 전 단계에 걸치되 특히 사전예방에 중점을 두고, ④ 사회문화적 인식개선에 초점을 두어 추진하여야 함을 선언한 점은 의미가 있다.

제2장은 자살예방기본계획을 다룬다. 보건복지부장관이 주관이 되어 관계 중앙행정기관의 장과 협의하여 5년마다 자살예방기본계획을 수립·시행하고, 그에 따라 보건복지부장관, 관계 중앙행정기관, 지방자치단체장이 연도별 자살예방시행계획을 수립·시행하며, 이를 보건복지부장관이 평가하고 이행 상황을 점검하는 한편, 계획의 변경

을 요구할 수 있게 한다. 또한 계획 수립을 위하여 보건복지부장관, 관계 중앙행정기관의 장 및 지방자치단체장이 관계 중앙행정기관, 지방자치단체, 관계 공공기관, 그 밖에 자살예방활동 관련 단체의 장에게 관련 자료의 제출 등 협조를 요청할 수 있다고 규정한다. 범정부적 정책 추진을 위해서는 한편으로는 관련 정보의 수집이, 다른 한편으로는 인력과 자원을 조직하고 역할을 배분하며 활동을 조율하기 위한 틀이 필요하다. 이 장의 규정은 한편으로는 보건복지부장관이 중심이 되어 그러한 계획(수립)행정을 할 수 있도록 그 법적 근거를 규정하고, 다른 한편으로는 관련 정보를 수집할 법적 근거를 제공한다. 일상적인 계획행정이 안정적으로 이루어지는 데 필수적인 규정이다.

　제3장은 자살예방대책이라는 표제 아래에 구체적인 자살예방조직과 자살예방대책 내지 조치를 규정한다. 먼저, 국가 및 지방자치단체에 5년마다 자살실태를 조사하여 그 결과를 발표할 의무를 부과하고, 자살통계를 수집·분석·관리하기 위하여 전문 조사·연구 기관을 지정하여 운영할 수 있다고 한다(제11조, 제12조). 현재는 중앙자살예방센터가 자살통계를 수집·분석·관리하고 있다. 다음으로, 보건복지부장관은 중앙자살예방센터를, 지방자치단체장은 지방자살예방센터를 설치·운영할 수 있게 하고, 자살예방센터가 자살 관련 상담, 자살위기 상시현장출동 및 대응, 자살시도자 사후관리, 자살예방 홍보 및 교육 등 업무를 수행하게 한다. 다만, 자살예방센터를 정신보건센터에 둘 수 있고, 민간에 위탁할 수 있으며, 국가 및 지방자치단체가 비용을 보조할 수 있게 한다. 그리고 국가 및 지방자치단체에 자살예방용 긴급전화 설치의무를 부과하고 있다(제13조). 아울러 자살위험에 노출된 사람에게 필요한 의료적 조치가 제공될 수 있도록 환경을 조성할 의무와 자살위험자를 대상으로 한 정신건강 선별검사도구 개발 및 보급의무 등을 규정한다(제14조). 자살실태 조사 및 공표 의무는 자살예방정책 수립은 물론이고 자살예방의 정치적·정책적 우선순위를 확보하고 사회적 관심을 환기하는 데도 중요한 기능을 한다. 자살통계의 작성과 분석은 구체적 자살예방정책 수립과 집행에 필수적인데, 이 규정은 그 조직법적 기초를 제공하고 있다. 정신건강 선별검사도구를 개발하여 보급하거나 자살예방용 긴급전화를 설치하는 것도 자살예방을 위한 필수적인 인프라스트럭처에 해당한다. 그러나 이 규정이 정하는 것 중에서도 자살예방을 위한 구체적 개입에 있어 가장 중요한 것은 실행조직인 지방자치단체의 자살예방센터인데, 자살예방법은 설치 및 지원의 근거를 마련하고 있을 뿐 설치 여부와 성격, 재정지원 모두 재량규정으로 되어 있다.

　제4장은 "생명존중문화 조성 등"이라는 제목 아래에 일련의 규정을 두고 있다. 관련 단체 등과 협조하여 범국민적 생명존중문화 사업을 추진할 수 있고, 자살예방의 날과

자살예방주간을 정하는 외에, 국가·지방자치단체·일정 범위의 공공기관과 노인복지시설, 사회복지시설 등에 자살예방 상담·교육을 "실시할 수 있도록 노력"할 의무를 지우고, 자살예방 상담·교육에 필요한 프로그램을 개발·보급하며 관련 예산을 지원할 수 있도록 근거 규정을 마련하는 한편(제17조), 자살예방을 위한 홍보 시책을 강구하게 한다. 나아가 국가 및 지방자치단체는 자살동반자 모집정보, 구체적 자살방법을 제시하는 정보, 독극물 판매정보 등 자살유해정보의 유통을 차단하고 조기에 발견하기 위하여 자살유해정보예방체계를 구축·운영하여야 한다고 정한다(제19조).

제5장과 제6장은 보칙과 벌칙이다. 자살시도자와 자살자의 가족 등에게 심리상담, 상담치료 등을 지원할 수 있도록 근거규정을 두고(제20조), 자살자, 자살시도자 및 이들의 가족의 명예와 생활의 평온을 배려하여야 한다는 선언적 규정을 마련하는 한편(제21조), 민간단체 지원의 근거 규정을 두었다(제23조). 그 이외에 자살예방 전문인력 확보를 위하여 노력하고(제22조), 자살예방 직무와 관련하여 알게 된 타인의 비밀의 누설을 금지하며 그 위반을 형사처벌하고 있다(제24조, 제25조).

3. 자살예방법의 개정 경과

자살예방법은 제정 이후 일곱 차례 개정되었다. 그중 최초의 개정인 2016년 5월 29일 개정은 정신건강증진 및 정신질환자 복지서비스 지원에 관한 법률 개정에 따라 정신보건센터가 정신건강복지센터로 개편된 것을 반영한 것으로 실질적인 의미가 없는 타법 개정이다. 그러나 그 이후의 개정은 모두 본법 개정인데, 그중 중요한 것은 제1, 2, 3, 6, 7차 개정이다. 그중 제6, 7차 개정은 최근의 것으로 아직 시행되지 아니하였으므로 이 장의 '5. 2022년의 두 개정'에서 다루기로 하고, 여기에서는 현행법에 이르기까지의 개정을 살펴보겠다.

제1차 개정은 2017년 2월 8일에 있었다. 자살시도자 및 그 가족 또는 자살자의 가족을 보호하기 위한 방안을 자살예방정책에 포함시킬 것을 명시하고(제4조 제2항 제2문), 이를 위하여 심리부검을 자살시도자 및 그 가족 또는 자살자 가족의 동의를 받아 실시할 수 있다는 규정을 두었다(제11조의2). 지원의 대상에 자살시도자와 자살자의 가족 이외에 자살시도자의 가족도 포함시켰다(제20조). 이해관계인의 동의에 기초한 것이기는 하나, 매우 구체적인 조치인 심리부검이 자살예방법에 들어온 것은 이 법의 성격과 관련하여서도 의미가 있다.

제2차 개정은 2018년 12월 11일의 두 개정을 포함하는데 상당히 광범위하다.

먼저, 자살예방기본계획을 보건복지부장관 소관에서 국무총리 소속 자살예방정책위원회 소관으로 옮기고, 시행계획 추진실적을 평가한 뒤 그 결과를 자살예방정책위원회의 심리를 거쳐 확정하도록 하였다(제7조, 제8조 제2항, 제10조의2). 이는 자살예방이 범정부적 사업으로 고용현장, 학교현장, 언론 등 여러 영역에 걸쳐 적극적인 협력이 이루어져야 비로소 가능하며, 또 자살예방정책의 정책우선순위를 제고할 필요가 크다는 점을 반영한 것이다. 본래 국무총리실에 컨트롤타워를 두는 것은 자살예방과 관련하여 범정부적 협력체계를 구축하고 정책우선순위를 높이는 데 기여하나, 실행조직이 없고 국무총리가 실제로 자살예방정책에 관심을 가지는가에 따라 성과에 큰 차이가 생길 수 있다는 문제도 있다. 그러나 우리나라에서는 자살예방정책의 정책우선순위를 높이고 관계 부처의 협력을 강화하는 것이 좀 더 급하다는 인식에서 이와 같이 개정하였다. 이는 자살예방법 제정 당시부터 주로 일본의 예를 참고하여 주장된 것이었는데, 제정 당시에는 반영되지 못하였으나 2018년 개정으로 반영된 셈이다.

다음으로, 자살예방기본계획의 내용 가운데 "언론의 자살보도에 관한 권고기준 수립 및 이행확보 방안"이 포함되고(제7조 제2항 제11호), 보건복지부장관이 자살사건 보도로 인한 자살의 확산을 방지하기 위하여 방송·신문·잡지 및 인터넷 신문 등 언론에게 자살보도에 대한 권고기준을 준수하도록 협조를 요청하게 하였다(제19조의2). 자살예방법 제정 당시에 대부분의 관련 법안이 포함하고 있었던 규정인데, 제정 과정에서 언론의 자유에 대한 제한이라는 비판 등을 고려하여 제외되었다가 2018년 개정으로 반영되었다. 강제력은 없으나 구체적 개입조치를 배제하지 않는다는 점에서 자살예방법 전체의 성격에 영향을 주는 의미 있는 개정이다. 또한, 자살예방정책 수립을 위해서만이 아니라 그 시행을 위해서도 관계 기관에 널리 협조를 구할 수 있게 되었고(제24조의2), 자살실태조사의 내용이 법률에 일부 규정되었다(제11조 제2항).

그러나 실무적으로 가장 중요한 내용은 자살시도자, 그 가족 및 자살자의 가족을 경찰이나 119구급대원이 알게 된 경우 관계 지원기관에 관련 정보를 제공하게 한 점이다(제12조의2). 자살위험자 중에는 자기가 스스로 지원을 구할 수 없고 지지기반도 취약하여 주변에서 대신 또는 본인을 독려하여 지원을 구하는 것도 곤란한 사람이 적지 않다. 이들은 가족이나, 경찰, 119구급대원, 병원 등에서 파악할 수 있으나, 이 기관은 각각 주된 업무를 따로 갖고 있어 자살예방과 자살위험자 지원에 전문성이 떨어지거나 이에 집중할 동기 또는 자원이 부족하다. 그러므로 이들 기관에서 자살예방센터, 사회복지담당 행정조직, 민간 기관 등으로 정보를 제공하여 자살예방과 자살위험자 지원에 필요한 기능과 자원을 가진 조직이 개입하게 할 필요가 있는데, 그 과정에서 관련 정보의 제공이 「개인정보 보호법」에 반한다는 문제가 있었다. 이 규정은 이러한 문제를 해결하기 위하여 한편으로는 경찰과 119구급대원이 자살시도자, 그 가족 및 자살자의 가족에게 자살예방센터 등 관계 지원기관에 관한 정보를 제공하도록 의무화하고, 다른 한편으로는 자살예방센터 등에서 경찰관서와 소방관서에 자살시도자, 그 가족 및 자살자 가족에 관하여 정보의 제공을 요청할 수 있고 경찰관서와 소방관서도 자살예방센터 등에 정보를 제공할 수 있게 하였다. 그러나 정보제공은 본인 동의를 전제하도록 규정하고, 이를 자살시도자 및 그 가족 또는 자살자 가족에 대한 상담 등 지원과 연계시키도록 하고 있다. 결과적으로 상담 등 지원을 인센티브 삼아 동의를 받고, 동의를 전제로 지원기관이 개입하는 접근법인 셈이다. 지원기관이 정보를 파악하기 어려워 접근이 어려웠던 문제를 해결하기 위한 구체적 제도라는 점에서 역시 자살예방법의 전체적 성격에 영향을 주는 개정이었다.

또 하나의 중요한 변화는 자살예방 상담·교육이 부분적으로 의무화되었다는 사실이다. 즉, 2017년 개정법은 119구급대원, 경찰, 사회복지 전담 공무원 등에 대하여 보건복지부장관이 자살예방 상담·교육을 실시를 요청할 수 있게 하였다(제17조 제2항).

마지막으로, 2017년 개정법은 자살시도자와 그의 가족, 자살자의 가족이 참여하는 자조(自助) 모임의 운영에 필요한 인력과 비용을 지원할 수 있도록 근거규정을 마련하였다(제20조). 재량규정이지만 이른바 자살생존자의 자조 모임이 그들의, 그리고 다른 사람의 자살예방에 긍정적인 역할을 할 수 있다는 인식을 법에 반영하여 정책의 대상으로 삼은 데 의의가 있다.

제3차 개정은 2019년 1월 15일에 있었다. 정의규정을 두어 조문의 문언을 전반적으로 정비한 것 외에 세 가지 큰 변화가 있었다.

첫째, 자살자의 유족에 대한 지원 및 사후관리가 자살예방기본계획(제7조 제2항 제7호)과 자살예방센터의 업무(제13조 제1항 제4호)에 포함되고, 자살시도자, 그 가족 및 자살자 가족에 대한 지원에 심리적 영향의 완화를 위한 심리상담, 상담치료 이외에 법률구조 및 생계비 지원이 포함되었으며, 지원대상자가 직접 신청하지 아니하더라도 동의를 받으면 직권으로 지원할 수 있게 하였다(제20조).

둘째, 자살할 의사 또는 계획을 표현하였거나 자살동반자를 모집한 사람 등 긴급구조대상자에 대하여는 경찰관서, 소방관서의 장 등이 정보통신망서비스 제공자에게 위치정보를 요청할 수 있게 하였다(제19조의3, 4).

셋째, 자살유발정보의 유통을 금하고, 보건복지부장관이 교육부, 문화체육관광부,

과학기술정보통신부, 여성가족부, 방송통신위원회, 경찰청 등과 자살유발정보예방협
의회를 구성하여 그 차단을 위하여 협력하도록 하는 한편, 자살예방 홍보영상을 공익
광고 중 하나로 의무송출할 수 있도록 근거규정을 마련하였다(제18조, 제19조).

제4차 개정은 자살실태조사와 관련하여 관계 기관, 법인, 단체의 장에게 필요한 자료
제출 및 의견 진술을 요청할 수 있게 하는 취지(제11조 제2항)이며, 제5차 개정은 자살예
방 홍보영상을 송출할 의무를 지상파방송사업자에서 방송사업자 일반으로 확대하는
취지(제18조)이다.

4. 자살예방법의 개정 방향

자살예방법은 자살예방을 담당하는 조직을 설치하고 재정적으로 지원하는 근거를
마련하는 조직법적 규정과 자살예방정책의 수립을 위한 정보 획득, 정책 수립 및 협력
조직 등의 근거를 마련하는 계획행정법적 규정에 자살예방에 관한 국가목표와 각 이해
관계인의 권리 및 의무를 선언하는 몇몇 선언적 규정을 덧붙인 것이었다. 관계자들이
자살예방의 중요성을 잘 인식하고 충분히 협력한다면, 그리고 여기에 투입할 자원이
충분하다면, 이 정도의 규정으로도 그다지 부족하지 않을지 모른다. 외국의 예를 보더
라도 자살예방에 관하여 별도의 법을 두는 예는 가까운 일본 정도를 제외하면 흔하지
않다(최윤영, 최승원, 2014). 그러나 우리나라의 현실은 그렇지 않다. 이러한 점에서 현
행 자살예방법도 여전히 자살예방정책을 충분히 뒷받침하고 있지 못하다.

먼저, 조직법적 측면에서는 크게 두 가지 문제가 있다.

첫째, 자살예방정책과 구체적 개입 및 지원을 실행하는 핵심조직인 자살예방센터의
근거가 취약하다. 자살예방센터의 설치와 정신건강복지센터와의 분리 · 독립 여부가
개설주체의 재량으로 되어 있고, 특히 지역실행조직인 기초자살예방센터의 설치와 재
정지원이 기초자치단체에 맡겨져 있다. 여기에 조직이 기한을 정하여 민간에 위탁되고
있고, 센터 근무자는 대부분 비정규직이다. 그 결과, 자살예방센터에 어느 정도의 자원
이 투입될지가 기초자치단체의 관심과 재정 여력에 좌우될 위험이 크고 안정성이 떨어
진다. 자살예방조직의 안정성을 어느 정도 장기적으로 확보하기 위해서는 법적 장치가
필요한데, 이는 재정부담으로 이어질 것이어서 계속 입법이 미루어지고 있다.

둘째, 중앙자살예방센터, 광역자살예방센터, 기초자살예방센터와 보건복지부, 광역
지방자치단체, 기초지방자치단체가 각각 자살예방정책에서 어떤 역할을 맡고 어떤 관

계에 있는지 분명하지 않다. 법률이 너무 세세하게 규정하면 자살예방정책을 유연하게 수립하고 시행하는 데 오히려 걸림돌이 될 수 있다. 그러나 복수의 조직을 만들거나 만들 수 있게 하면서 이들 사이의 관계를 전혀 규정하지 않는 것은 의문이다. 가령, 임의 조직인 자살예방센터가 갖는 권한이 그 설립주체인 지방자치단체에서 온 것인지 아니면 국가사무인지도 알 수 없다. 이는 장기적으로는 책임성 문제를 초래할 수 있다(최윤영, 최승원, 2014).

다음으로, 계획법적 측면을 본다. 자살예방법이 일련의 개정과정에서 가장 큰 성과를 보인 곳이 계획법이었다. 특히 자살예방정책의 컨트롤타워를 국무총리실로 격상하여 정책우선순위를 제고하고 관계 부처의 협력조직을 강화한 것은 큰 성과이다. 때마침 국무총리가 자살예방정책에 적극적인 관심을 보이기도 하였다. 그러나 그 목표가 잘 달성된다면 이는 과도기적 조치일 가능성도 있다. 즉, 모든 관계기관이 자살예방에 관하여 일정한 자원을 투입하여 지속적이고 체계적으로 각각의 역할을 수행하고 그것이 충분히 잘 정착된다면, 이해도와 전문성이 높고 정책시행도 대부분 담당하는 주무 부서가 좀 더 주도권을 갖는 거버넌스가 나을 수 있는 것이다. 일본의 경우 한동안 총리실에서 담당하던 자살예방정책을, 법을 개정하여 후생노동성에서 담당하도록 하였다.

계획법적 측면에서 종종 지적되고 있고 법적 대응이 필요한 부분은 자살통계이다. 자살통계는 오늘날 자살예방정책 수립에 중요한 역할을 하고 있고, 앞으로도 더욱 그러하리라고 예상된다. 지역별 특성과 취약점을 파악하여 구체적이고 신속하며 유연하게 대처하기 위해서는 마이크로 데이터가 필요하다. 그런데 자살시도나 자살에 관한 정보는 그 자체가 민감정보(sensitive data)에 해당하여 법적 근거가 없이는 이를 수집할 수 없고, 특히 통계관리 및 분석을 담당하는 기관이 민간에 위탁되어 있다는 점에서 더욱 그러하다. 「개인정보 보호법」이 정하는 몇몇 예외, 특히 통계작성을 위한 가명정보 처리의 예외에 근거하거나 대체로 조직법적 근거규정의 형태를 취하는 현행 자살예방법 규정에 근거하여 이를 처리하는 것은 문제가 있다. 자살통계를 실시간으로 수집·갱신하고 분석하되, 그 결과를 안전하게 활용할 수 있도록 법적 근거 규정을 정비할 필요가 있다[이상명(2018), 최윤영, 최승원(2014) 참조. 한편, 이경렬과 민이슬(2020)은 이를 이용하여 실시간으로 자살위험자를 파악할 가능성을 시사하고 있다].

가장 문제가 되는 것은 작용법적 측면이다. 특히 자살예방은 자살시도자나 자살자 및 그 가족에 대한 개입의 경우, 온정적 개입주의(paternalism)의 성격을 띤다. 그런 만큼 극단적인 경우가 아닌 한 법적으로 강제하기가 어렵다(신권철, 2013). 작용법적 근거규정이 문제가 되는 일이 적은 까닭이 여기에 있다. 그러나 몇몇 조치는 그렇지 않다.

첫째, 자살 고위험자, 가령 자살시도자, 그 가족 및 자살자 가족의 경우 지원기관이 그들에 대한 정보를 확보할 필요가 있다. 사회복지에서 정보공유가 문제 되는 가장 큰 이유는 도움이 필요한 사람이 가장 도움을 구할 의지도 없는 사람인 경우가 많다는 점에 있다. 자살에서도 그러하다. 그런데 다른 한편 본인의 자살시도 또는 가족의 자살 내지 자살시도는 여전히 한국사회에서 민감한 정보일 수밖에 없다. 현행 자살예방법은 이러한 상황에서 경찰, 119구급대원으로 하여금 지원기관에 관한 정보를 제공하게 하고, 본인의 동의를 받아 지원기관으로 연계해 주도록 한다. 그리고 그 과정에서 자살시도자, 그 가족 및 자살자 가족에 대한 심리지원 기타 지원을 제공하게 하여 동의를 유도한다. 그러나 이러한 틀은 경찰이나 119구급대원이 자살에 관하여 상당한 관심과 이해를 가지고 충분한 시간과 노력을 들여 이들을 설득하지 않는 한 잘 작동하지 않을 가능성이 크다. 물론 병원 기반 사례관리에서는 이러한 문제를 피할 수 있지만 병원 기반 사례관리에만 의지하여서는 촘촘한 자살예방망을 펼칠 수 없다. 우리의 현실에서는 경찰, 119구급대원 등이 본인의 동의 없이 지원기관에 관련 정보를 제공하고 지원기관으로 하여금 전문성과 경험을 가지고 접근하게 하되, 비록 논란의 여지가 있겠지만 본인이 진지하게 거부하는 경우 정보를 안전하게 삭제하는 선의 타협이 더 낫지 않을까 생각한다. 자살예방기능이 별도의 전문조직에 분화되어 있음을 고려하여 옵트인(opt-in) 방식의 동의 대신 옵트아웃(opt-out) 방식의 동의를 활용하는 것이다. 정보를 적절하고 투명하게 사용하며 적시에 폐기하는 안전장치가 필요함은 물론이다[최윤영, 최승원(2014) 참조. 권도현과 박종익, 안용민(2019)은 특히 의료적 개입을 위하여 정보공유가 필요함을 지적한다].

둘째, 자살예방센터에도 구체적이고 임박한 자살위험 내지 자살위협에 대응하여서는 일정한 긴급조치를 강제적으로 취할 수 있도록 근거규정을 둘 필요가 있다. 구체적이고 임박한 자살위험 내지 자살위협은 이미 판례상 본인의 의사에 반하여 강제조치를 취할 수 있는 사유이다. 별도의 명문 규정이 없더라도 자살예방센터 등의 강제조치, 가령 결박·후송 등이 정당화될 가능성이 있다. 그러나 실무상 명문 규정이 없이 강제조치를 취하는 것이 어려울 뿐 아니라 명문 규정이 없어 법적 위험에 더 노출되는 측면도 있다. 강제조치가 필요한 경우에는 가급적 경찰과 119구급대원 등의 도움을 받되, 부족한 자원을 고려하면 센터 소속 요원이 직접 강제조치를 취하는 것도 허용하는 명문 규정을 두는 것이 도움이 될 것이다[최윤영, 최승원(2014) 참조. 그러나 신권철(2013)은 자살예방법이 복지입법이라는 전제하에 이에 반대한다].

또한 자살예방에 협력할 의무를 좀 더 구체화하여야 한다. 두 가지를 지적할 수 있다.

첫째, 자살예방에 관한 상담·교육의무가 더 넓은 범위에서 의무화되어야 한다. 자살예방에 관한 상담·교육의무는 무엇보다도 사업자 등의 부담증가를 이유로 확대가 미루어지고 있다. 그러나 자살예방법 제1조, 제2조도 선언하고 있듯 자살예방에서 특히 중요한 것은 사회문화적 인식변화이고, 모든 사람의 자살예방에 대한 관심이다. 우리나라에서는 직장 내지 직업환경이 자살의 주요 요인 중 하나이기도 하다. 이 점에서 자살예방 관련 교육을, 특히 기관의 고위 관리자까지 받도록 의무화할 필요가 크다(신권철, 2013; 이상명, 2018).

둘째, 공공기관 일반과 사업자로 하여금 자살예방을 위한 조치 내지 조직을 갖추게 하여야 한다. 대법원 2020. 5. 28. 선고2017다211559판결은 군(軍) 내 부사관의 자살사건에 대한 것이기는 하나 자살예방법과 하위법령(국방부훈령), 행정규칙(해군규정)을 결합하여 자살예방에 관한 구체적 조직의무를 인정하고 이를 근거로 자살예방에 실패한 책임을 지웠다. 이처럼 기관과 사업자가 자살예방을 위한 구체적 조치 내지 조직을 갖추어야 한다면 그로부터 자살에 대한 인식을 개선하는 간접적 효과를 거둘 수 있을 뿐 아니라 그러한 조치와 조직의 설계 및 구체적 작동이 향후 자살예방에 실패한 데 대한 책임의 근거가 되어 촘촘한 자살예방을 향한 경쟁을 유도할 수 있을 것이다[군 자살에 대한 국가책임에 관하여는 양철호(2017), 사용자의 자살에 관한 안전배려의무에 관하여는 신권철(2013) 참조].

그 밖에 몇 가지 개선을 검토해 볼 만한 사항이 있다.

첫째, 자살시도자, 자살자 및 그 가족에 대한 편견과 사생활 침해는 자살위험에 대한 대응을 어렵게 하는 큰 요인 중 하나이다. 자살 내지 자살시도를 이유로 한 차별을 금지하고 그 위반에 대하여 제재를 가하는 규정을 둘 필요가 있다(신권철, 2013).

둘째, 노인과는 다소 다른 이유에서 청소년은 자살과 자해의 위험에 노출되어 있다. 이에 대한 대응은 학교안전법에 의하여 이루어지고 있으나, 학교와 교육부 소관이어서 다른 경우의 자살예방정책과 다소 분리되어 있고, 특히 부모의 소극적 또는 적대적 태도로 개입이 더 어려워지곤 한다. 이론적으로는 극단적인 경우 민법에 따라 친권을 일부 제한하여 개입할 수 있으나 극단적인 경우에 한하여 가능할 뿐 아니라 서비스 제공 경로에 비추어 볼 때 그러한 개입이 용이하지 않다. 이 점에 대한 개선도, 특히 친권에 대한 개입을 포함하기 때문에 법적 측면의 검토를 요한다.

5. 2022년의 두 개정

앞서 개정 수요 중 몇몇이 2022년의 두 개정에서 부분적으로 반영되었다. 먼저, 2022년 2월 3일 이루어진 제6차 개정은 대단히 중요한 두 규율의 변화를 포함한다. 시행되면 지금까지 자살예방법 개정 중 가장 중요하고 실질적인 개정이 될 것이다.

첫째, 보건복지부장관이 자살실태조사 또는 자살통계 수집·분석을 위하여 경찰청장과 해양경찰청장에게 형사사법정보의 제공을 요청할 수 있고 이를 받아 다시 전문조사·연구기관에 제공할 수 있도록 근거를 마련하였다(제12조 제2항, 제12조의3). 이는 자살통계에 필요한 실시간 정보 확보에 가장 중요한 정보원에 대하여 처리의 법적 근거를 마련하였다는 데 큰 의미가 있다.

둘째, 자살시도자 등의 사후관리를 위하여 경찰공무원이나 소방공무원이 자살예방기관에게 정보를 제공하는 것을 권한("할 수 있다")이 아닌 의무("하여야 한다")로 바꾸었을 뿐 아니라, 무엇보다도 당사자의 사전 동의 요건을 폐지하고 대신에 자살시도자 등에게 상담 등의 지원을 제공할 때 삭제 및 파기를 요구할 권리가 있음을 안내하고 당사자가 이를 요구하면 지체 없이 해당 정보를 삭제 및 파기하는 것으로 하였다(제12조의2 제2항, 제4항, 제5항). 이는 옵트인(opt-in)에서 옵트아웃(opt-out)으로 변경하여야 한다는, 이 글을 포함한 필자의 주장과 일치하는 개정으로서 획기적인 규율변화를 의미한다.

이 두 규정은 2022년 8월 4일 시행된다. 관련 시행령, 시행규칙은 물론 비공식적 협력과 가이드라인의 정비도 필요하다. 특히 뒤의 규정의 경우 도입에 대한 반대의 주된 이유가 자살시도자등의 사생활의 평온 침해에 있었고, 이러한 실질적 문제점은 개인정보처리의 법적 근거를 마련하는 것만으로 일소되지 않는다는 데 유의하여야 한다.

다음으로, 2022년 6월 10일 이루어진 제7차 개정은 중앙자살예방센터를 폐지하고(제13조) 한국생명존중희망재단을 설립하여(제12조의4) 자살예방정책 수립을 위한 자료 개발 및 정책 분석, 자살실태조사 지원, 심리부검 지원 등을 비롯한 여러 업무를 고유업무 또는 수탁업무로 수행하도록 하였다(제11조 제4항, 제11조의2 제2항). 이는 중앙자살예방센터를 재단으로 독립시켜 안정성을 높이는 취지로, 2022년 12월 11일 시행된다. 그러나 나머지 입법과제는 여전히 실현되지 않고 있다.

6. 자살예방법의 미래

자살을 법이 예방할 수는 없다. 사람을 자살로 내모는 개인적·사회적 조건을 제거 내지 완화할 수 있더라도, 그럼에도 불구하고 자살위기에 처한 사람에 대하여 촘촘한 안전망을 쳐 자살에 이르기 전에 지원함으로써 줄일 수 있을 뿐이다. 전자는 전 사회의 구조에 관한 것으로 자살예방정책의 범위를 뛰어넘는다. 후자는 부분적으로는 제도적 이지만 부분적으로는 사회문화적이다. 자살예방법이 하는 것은 제도적 측면과 관련하여 법적 비용이나 위험을 줄여 주고 기반이 안정적으로 구비될 수 있도록 법적 기초를 마련하며 사회문화적 측면과 관련하여 부분적으로는 상징적 수준에서, 부분적으로는 계획, 홍보, 교육 등을 구체적으로 강제함으로써 그 개선·정착을 조장(助長)하는 데 그 친다. 법 없이 할 수 없는 일도 많지 않고 법이 있다고 저절로 되는 일도 거의 없다. 그 럼에도 불구하고 부족한 자원을 조직하여 단기간 내에 성과를 내는 데 법이 일정 부분 도움이 됨은 부정할 수는 없다. 특히 이 영역에서는 정치적·정책적 측면에서 법이 갖 는 상징적 기능이 두드러진다. 지난 몇 년 빈번했던 자살예방법 개정은 그러한 측면에 서 이해되어야 한다(하규섭, 2011).

다른 한편 자살예방법이 다루는 주제는 개인의 결정이지만 많은 경우 개인의 결정 이기만 한 것은 아닌, 그리고 무엇보다도 다른 사람의 도움이 필요하지만 잘못된 관심 은 낙인이나 차별의 원인이 되어 더 큰 상처가 될 수도 있는 미묘한 영역에 있다. 자살 예방법이 특정 시점에 구체적으로 채택한 대응조치는 이들 상충하는 가치 사이의 형량 을 반영하고, 자살자 수가 유난히 많은 우리의 현실을 반영한다. 그러므로 현실이 바뀌 면 구체적 형량도 바뀌는 것이 자연스럽다. 코로나19로 대면 접촉이 크게 감소하고 사 회경제적 요인 또는 건강상의 요인으로 인한 자살위험이 증가하는 것도 그러한 현실의 변화의 한 예이다. 자살자 수가 극적으로 감소한다면 그 또한 중요한 현실의 변화에 해 당한다. 바람직한 자살예방법이 무엇인가 하는 점도 그에 따라 달라진다. 자살예방법 이 철저하게 그때그때의 자살예방 정책과 전략, 필요에 따라 이를 뒷받침할 수 있도록 개정되어야 하는 이유는 여기에 있다. 이 법의 대부분은 제법 구체적인 정책의 일부이 지 그러한 정책을 담는 통시대적 틀이 아닌 것이다.

참고문헌

권도현, 박종익, 안용민(2019). 자살예방 및 생명존중 문화 조성을 위한 법률의 실효성 확보를 위한 정책적 개선 방안—개인정보보호법과의 충돌문제 해결을 중심으로—. 의료법학, 20(2), 261–285.

신권철(2013). 자살예방법의 문제점과 개선방안. 법제연구, 44, 698–723.

양철호(2017). 군 장병 자살과 국가책임에 관한 법적 고찰. 유럽헌법연구, 24, 391–420.

이경렬, 민이슬(2020). 자살예방법의 개정과 개인정보의 긴급사용 등 빅 데이터 활용방안에 관한 연구-국가 자살예방사업의 효율성 제고를 위한 빅 데이터의 활용 및 분석에 관한 試論. 형사법의 신동향, 66, 81–117.

이상명(2018). 자살예방을 위한 법정책적 개선방안. 법과 정책연구, 18(1), 35–56.

이영문(2009). 자살예방입법, 왜 필요한가?. 자살예방법 제정을 위한 정책토론회 자료집, 49–62.

최윤영, 최승원(2014). 자살예방 및 생명존중문화 조성을 위한 법률의 법적 쟁점과 과제. 행정법연구, 40, 151–182.

하규섭(2011). 자살예방 및 생명존중문화조성을 위한 법률은 자살률을 낮출 수 있을까?. *J Kor. Med.*, *54*(8), 792–794.

자살예방의 모든 것
이론과 정책

한국의 자살예방대책의 현황과 과제[1]

2017년 문재인 정부의 100대 국정과제에 자살예방대책이 포함되면서 보다 적극적인 자살예방정책마련의 계기가 되었다. 2018년 1월 자살예방국가행동계획이 마련되어 총 6개 분야 54개 과제의 포괄적 대책이 발표되었다. 주요 내용은 지방자치단체의 자살예방계획과 성과를 보건복지부에 제출하고 중앙자살예방센터를 통해 취합하여 평가와 컨설팅 그리고 시범사업을 진행하는 것이다. 경찰청 자살사건 수사기록을 중앙심리부검센터가 분석하여 5년간 7만 명의 자살사망자 전수조사를 통해 지방자치단체별 자살예방대책을 수립하여 실행하고 있으며, 생명지킴이 양성계획에 따라 공무원, 이통장, 사회복지사, 의료인을 게이트키퍼로 우선 교육하여 200만 명의 국민참여를 목표로 하고 있다. 또한 20세부터 10년 주기로 국가건강검진에 우울증검진을 포함하였다. 2018년 2월에는 보건복지부에 자살예방정책과가 신설되었고 효과적인 기획추진을 위해 2018년 5월 국무총리실에 국민생명지키기추진단이 설치되었다. 전국의 정신건강복지센터 241개소의 인력을 5년간 1,455명 확충하여 자살전담인력을 보강하고 2019년부터 정신건강사례관리시스템을 전산화하여 자살시도자를 비롯한 등록환자를 체계적

* 백종우(경희대학교병원 정신건강의학과 교수)

1) 이 장은 2020 자살예방백서에 저자가 기고한 한국의 자살대책의 현황을 근거로 업데이트하여 작성되었다.

으로 관리하도록 하였다. 그리고 응급실 기반 자살시도자 사후관리를 2020년 85개 병원으로 확대하고 사례관리자를 배치하여 응급의학과와 정신건강의학과에 협력하에 시행하고 있으며, 생애주기별 자살예방정책을 추진하여 독거노인대책, 청소년자살대책과 SNS상담, 군경찰, 직장인, 실업자 등에 대한 대책이 추진되고 있다. 2018년부터는 보건복지부가 자살예방 상담전화를 운영하고 있다. 한편, 한국기자협회와 중앙자살예방센터가 함께 자살보도 권고기준을 개발하여 언론의 자살보도가 향상되고 있으며, 동반자살 모집 등 자살유해정보 유통금지와 처벌에 대한 자살예방법 개정안이 2019년 7월부터 시행되고 있다.

이와 같이 다양한 자살예방을 위한 노력의 실질적 추진체계로서 2019년 9월 국무총리실에 자살예방정책위원회가 설립되어 국무총리를 위원장으로 19개 부처와 청이 참여하여 민관 협력으로 시행하고 있다. 2018년 생명존중민관협의회의 설립과 함께 〈생명의전화〉, 생명존중시민회의, 한국자살예방협회, 한국종교인평화회의 등 다양한 민간의 활약도 양적·질적으로 성장하고 있어 민관 협력을 통한 자살예방을 위한 새로운 도약이 기대된다.

1. 자살예방정책의 도입

한국에서 자살은 심각한 공중보건 문제이자 사회적 문제이다. 2018년 한국의 자살자 수는 1만 3,670명으로 사망원인 중 5위에 해당한다. 자살률이 제일 높았던 2011년과 비교할 때 2017년에는 자살자 수가 3,443명 감소하여 27.6% 감소하였지만 2018년에 다시 증가하여 OECD 국가 중 1위 수준으로 높다. 청소년 자살률은 OECD국가 중 10위로 상대적으로 낮으나 노인 자살률은 여전히 1위이다.

2004년부터 보건복지부 자살예방대책이 추진되기 시작하였고, 2011년 자살률이 인구 10만 명당 31.7명까지 높아지면서 국회에서 「자살예방 및 생명존중문화 조성을 위한 법률」이 통과되었다. 이후 맹독성 농약의 생산과 판매, 유통의 중단을 비롯한 다양한 자살예방대책이 시행되었고, 2012년 중앙자살예방센터가 설립되어 한국자살예방협회의 위탁으로 운영을 시작하였다. 2014년에는 중앙심리부검센터가 설립되었다. 한국자살예방협회는 한국형 표준 자살예방교육 프로그램 〈보고듣고말하기〉가 개발되어 중앙자살예방센터가 보급하여 2018년까지 100만 명의 국민이 수료하였다. 2019년까지 253개의 지역 정신건강복지센터(35개 자살예방센터)가 설치되었고 193개의 지방자치단체가 자살예방조례를 제정하였다.

2017년 정부의 100대 국정과제에 자살예방대책이 포함되면서 보다 적극적인 자살예방정책마련의 계기가 되었다. 2018년 1월 자살예방 국가행동계획이 마련되어 총 6개 분야 54개 과제의 포괄적 대책이 발표되었다. 청와대, 범부처합동, 보건복지부가 발표하여 자살예방이 국가정책의 우선순위로서의 중요성과 가치를 확인하였다. '자살예방 국가 행동계획'은 자살이 개인의 문제가 아니라 국가적으로 해결 가능한 사회문제라는 인식을 바탕으로 하고 있다. 재계·종교계·언론계 등 사회 각 분야가 참여하는 '생명존중·자살예방정책협의회'를 구성하여 협력하고 있으며 2019년 9월부터 국무총리를 위원장으로 하는 범부처 자살예방정책위원회가 정기적으로 개최되고 있다.

2. 자살예방 국가행동계획 추진 현황(2018. 1.~2020. 12.)

1) 자살사망자 전수조사

경찰청 변사자 전수를 조사하여 읍·면·동 단위의 분석보고서를 지방자치단체에 제공하고 있다. 보건복지부 중앙심리부검센터(센터장 전홍진)의 전문가가 경찰청 자료를 열람하여 사망자의 특성을 규명하는 방식으로 2019년 8월까지 5만 6천 건의 자료에 대한 조사가 완료되었고 98건의 분석보고서가 배포되었다. 경찰자료는 심리부검 수준의 전문가 면담은 아니지만 자살방법, 원인, 장소 등이 구체적으로 정리되어 있어 지방자치단체의 자살예방대책 마련에 중요한 자료를 제시하고 있다. 2021년 8월 생명존중희망재단(이사장 황태연)에서 이를 종합하여 5개년(2013~2017) 전국 자살사망 분석보고서를 발간하였고 이에 따라 5년간의 자료를 통한 지역 맞춤형 자살예방정책의 구체화의 기본자료로 활용이 기대된다.

2) 지역맞춤형 근거 기반 정책과 지방자치단체 자살예방현황조사

자살예방법에 따라 지방자치단체는 자살예방시행계획을 수립하고 시행해야 한다. 2016년 송인한 교수가 개발한 지방자치단체 자살예방수립계획 매뉴얼에 근거하여 보건복지부는 2018년 6월부터 지방자치단체 자살예방시행계획 수립과 평가를 시행하고 있다. 평가 결과를 지방자치단체에 제공하고 보건복지부 자살예방정책과와 중앙자살예방센터는 지방자치단체를 방문하여 컨설팅을 제공하여 지방자치단체의 대응능력을 높이고 있다. 우수 지방자치단체에게 매년 자살예방의 날 기념식에서 포상을 시행하고 있다. 2018년 12월 개정된 법에 따라 보건복지부 장관은 시행계획에 따른 추진실적을 평가한 후 그 결과를 자살예방정책위원회의 심의를 거쳐 확정하게 되었다.

이와는 별도로 국회자살예방포럼의 주최와 안전실천시민연합의 주관으로 지방자치단체 자살예방현황조사를 2018년부터 시행하고 결과를 발표하고 있다. 주로 자살률 증감, 조식, 인사, 예산, 사업 등을 점수화하여 순위를 부여하고 매년 우수 지방자치단체를 선정하여 국회자살예방대상을 시상하고 있다.

3) 지역사회 고위험군 발굴 연계체계 강화

증평 모녀사건 이후 2019년 개정된 자살예방법에 따라 당사자 동의 후 서비스 연계의 근거가 마련되었고 경찰과 소방에서 자살예방기관에 동의를 받아 정보를 제공할 수 있게 되었다. 이에 따라 경찰과 소방이 자살시도 신고 접수 시 긴급구조를 위해 인터넷사업자 등을 통해 전화번호 등 개인정보를 열람할 근거가 마련되어 구조율 개선이 기대된다.

2019년 1월부터 20세부터 10년 주기로 우울증 국가검진이 시행되어 건강검진항목에 포함되었다. 강원도는 전체 이통장을 생명지킴이로 양성하여 고위험군 발굴에 참여시키는 이통장과 함께하는 자살예방 마음나눔 공동체 사업을 추진하여 고위험군 1만 명을 발굴하는 성과를 보고하였다. 이를 근거로 이통장 등 지역사정에 밝은 인력을 생명지킴이로 양성하는 전국사업이 진행 중이다. 그러나 실질적인 고위험군 발견과 연계체계의 확립을 위해서는 지방자치단체 중심으로 한 부처 간 협력이 필수적이며 이에 대한 변화가 필요한 시점이다.

4) 고위험군에 대한 적극적 개입 및 유가족 원스탑 서비스

보건복지부는 정신건강복지센터의 전문인력을 확충하여 2018년부터 22년까지 1,575명이 채용하는 계획을 발표하였고 예산이 확보되어 진행 중이다.

국내 자살사망자의 59.4%는 사망 60일 이내에 1차 의료기관을 방문하였으나 19.4%만 정신건강의학과진료를 받았다. 정신건강의학과 외래치료에 대해 5단계로 세분화하고 본인 부담금을 경감하여 충분한 정신치료를 받을 수 있는 기반을 만들고 인지행동

치료를 급여화하여 정신치료에 대한 접근성을 높였다. 또한 퇴원 후 높은 자살위험은 퇴원 1개월 이내 자살률이 100명당 0.24명으로 일반인의 약 8배에 달해 퇴원 후 사례관리 수가시범사업이 2020년부터 시작되었다. 또한 광역정신건강복지센터를 중심으로 24시간 365일 응급개입팀이 운영된다.

2018년 12월부터 보건복지부 자살예방 상담전화 1393을 개통하였다. 〈생명의전화〉 등 주로 민간에서 자원봉사의 형태로 진행하던 자살예방핫라인을 국가가 직접 운영한다는 의의는 분명하나, 해외에서도 대개 핫라인은 국가가 민간을 지원하는 형태로 진행되고 있어 향후 지속 가능성과 국가의 역할 등에는 아직 논란이 있는 상태이다. 2021년 코로나19로 인해 수요가 폭증함에 따라 긴급히 민간전문가를 충원하여 회선을 늘린 바 있다.

맹성규 의원 등 국회자살예방포럼 의원의 제안으로 자살유가족에 대한 지역사회 시범사업예산이 마련되어 2019년부터 광주, 인천, 강원도 등 3개 지역에서 시작되어 사망 직후부터 원스탑 서비스를 의료, 복지, 행정 지원과 함께 제공해 왔다.

5) 자살시도자 사후관리사업

2011년 원주세브란스병원 민성호 교수팀에서 시작된 생명사랑위기대응센터 모델은 국내 자살시도자 사후관리의 질적 발전에 기여하였다. 2012년 원주세브란스병원, 가톨릭의료원, 경희대학교병원의 시범사업을 거쳐 2013년부터 보건복지부의 지원으로 13개 센터가 설립되었고, 2020년에는 85개 기관으로 확대되고 있다. 2~8명의 사례관리자 예산을 지원하고 응급실을 기반으로 응급의학과와 정신건강의학과가 협력하여 맞춤 서비스를 제공하여 지역사회로 연계하는 모델로 생명존중희망재단을 통해 전산화된 평가와 개입이 진행 중이다. 사업보고서에 따르면 2016~2018년까지 18,339명의 자살시도자에게 서비스가 제공되었고 통계청 사망자료 및 건강보험자료와 연계한 연구에 따르면 자살사망을 1/3 수준으로 저하하는 효과가 보고되었다. 2016년부터 생명보험사회공헌재단을 통한 치료비지원사업이 진행되었고 2019년부터 응급의료법과 정신건강복지개정을 통해 정신응급센터 지정과 응급입원에 대한 본인부담금 지원이 가능해졌으며 2020년부터 건강보험을 통한 시범사업이 시작되었다.

짧은 기간에 시도자 사후관리 기관을 확대한 성과는 있으나 해외의 사후관리는 의료보험 등을 통해 서비스가 제공되고 있어 사례관리자의 안정된 근무조건을 마련하여 지속 가능성을 높일 방안이 필요한 시점이다. 이에 대해서는 한국보건의료연구원 근거창

출임상시험사업단의 지원으로 무작위 대조군 연구가 경희대학교 등 6개 대학병원에서 진행 중이다.

6) 대상별 자살예방

2019년부터 전국 253개의 정신건강복지센터는 정신건강 통합사례관리 시스템을 통해 정신건강 다면평가척도를 이용한 평가에 기초한 사례관리의 전산화를 도입하여 질적 수준의 향상을 위해 노력하고 있다. 전국의 57개 고용센터에서는 실직 구직자 대상 심리지원 서비스를 2018년 연 5만 2천 회 상담제공하였다. 주요 노동사건(자살, 산업재해, 감정노동 등)이 발생한 사업장에 근로자건강센터 등이 심리지원, 사후관리를 시행하여 2018년 26개 사업장에 지원을 제공하였다. 중·고등학생을 대상으로 연 180만 명에 학생정서·행동특성검사를 통해 위기학생을 발굴하여 관심군 4.8%, 자살위험군 1.4%를 발굴하였으며 정신건강복지센터를 통해 평가와 치료 연계를 지원하였다. 2018년 9월 〈다들어줄개〉라는 이름으로 청소년을 위한 SNS 상담시스템이 개통되었다. 독거노인은 중요한 자살 고위험군으로 독거노인 친구만들기 사업을 확대하면서 돌봄 제공인력에 대한 고위험군 스크리닝과 서비스 연계를 시행하였다. 국정과제에 포함되면서 다부처의 사업이 통합되고 실적이 확인되는 계기는 마련되었으나 현장에서 실질적인 협업이 작동하는가에 대해서는 질적 평가도 요구된다.

7) 자살위험 차단

정부는 교량, 숙박업소 등 자살 고위험장소 7,582개소를 선정하여 1,302곳에 대하여 거점근무를 하고 경찰순찰을 강화하였다. 서울의 마포대교의 경우 2018년 펜스를 높이는 정책이 추진되었고 중앙자살예방센터는 4개의 지방자치단체를 시범사업지역으로 선정하여 한국수퍼마켓협회와 함께 번개탄 판매개선 시범사업을 실시하고 있다. 인천시와 인천광역자살예방센터는 포스코에너지와 협약을 통해 시천교의 난간을 태양광 융합형 안전난간으로 교체하여, 투신을 예방하고 에너지 재생산에도 기여하는 모델로 발표하였다. 민간 차원에서는 한국자살예방협회가 2010년부터 생명보험사회공헌재단의 지원으로 시행해 온 농약보관함사업이 대표적이다.

8) 생명지킴이 교육

보건복지부는 한국형 표준 자살예방교육 〈보고듣고말하기〉를 비롯해 〈이어줌인〉 등 보건복지부 인증을 거친 생명지킴이 프로그램을 2013년부터 전국의 정신건강복지센터, 학교, 직장 등에 참가비 없이 보급하였고 2021년까지 197만 명이 국민이 〈보고듣고말하기〉 생명지킴이교육을 수료하였다. 국가자살예방행동계획에 따라 200만 명의 생명지킴이 양성이 목표로 설정되었고 중앙자살예방센터는 〈보고듣고말하기〉 2.0 버전을 포함하여 보건복지종사자, 정신장애인, 의료인을 대상으로 한 생명지킴이 교육을 2019년 연구과제를 통해 개발하였으며 2021년에는 장애인 버전이 개발된 바 있다.

9) 국가자살동향시스템

통계청 사망원인 통계가 다음해 9월에 발표되어 매년 초 자살예방정책 수립 시 2년 전 통계만 활용 가능한 문제점을 해결하기 위해 국가자살예방행동계획에 포함되어 추진되었다. 매월 경찰청 사망자료, 중앙응급의료센터의 자살시도자 정보, 교육부의 학생 자살 정보를 수집하여 2개월 후 분석자료를 관계기관에 제공하는 시스템을 구축하였다. 2020년 1월부터 월 1회로 자살사망 및 시도자 정보에 대한 분석이 통계청을 통하여 제공되고 관계기관은 시스템을 이용하여 직접 자료를 검색할 수 있게 구성되었다. 현재 2개월 간격으로 전체 자살사망자와 남녀 등의 현황이 통계청을 통해 공개되고 있으나 추가적인 분석은 불가능한 상태로 실제 자살예방 관련기관이 데이터를 분석하여 실시간 대응에 활용하고 있는 해외에 비해서는 지나치게 보수적인 운영이라는 지적도 존재한다. 실제 일본에서는 매월 경찰청이 후생노동성에 상세자료를 제공하고, 이를 자살예방종합대책본부가 분석하여 지방자치단체에 제공한 사망자의 직업, 부양가족, 주거 등과 같은 구체적 변수가 정책에 반영되고 있다.

10) 자살예방 국가행동계획의 추진체계

'자살예방 국가행동계획'은 효과성이 높은 실행계획을 중심으로 19개 부처·청이 참여하여 추진 중이다. 보건복지부 자살예방정책과를 필두로 학교 자살예방(교육부), 군·소방관·집배원 등 위험군 지원(국방부, 소방청, 우정사업본부), 자살수단 접근성 제한(산림청, 산자부, 환경부), 국가자살동향시스템(통계청), 자살사망자 전수조사(경찰청),

생명지킴이 확산(각 부처)이 참여하고 있다.

생명존중민관협의회에는 종교계, 노동계, 재계, 언론계, 전문가, 협력기관 등 34개의 민간단체와 6곳의 정부부처(청)을 포함한 40여개 단체가 참여하고 있다. 2019년부터 〈생명의전화〉가 운영지원을 맡아 분야별 조직을 통해 협력사업을 기획·진행하고 있다.

자살보도 권고기준 3.0의 확산을 위해 중앙자살예방센터는 한국기자협회와 함께 기자교육과 세미나를 개최하고 기사 모니터링을 통해 언론에 피드백을 제공하여 대부분의 보도에서 자살을 타이틀로 선정하지 않고 수단을 보도하지 않으며 자살예방 핫라인을 안내하는 등 실질적인 보도문화 개선이 있었다.

3. 국회자살예방포럼

2017년 안전실천시민연합(이하 안실련)이 발주한 연구용역을 한국자살예방협회에서 시행하였고 범부처협력을 통한 포괄적인 자살예방대책 보고서를 발행하였다. 이를 근거로 2017년 국회에서 토론회를 개최하였고 안실련은 국회교통포럼 운영경험을 바탕으로 국회자살예방포럼의 발족을 추진하였다. 2018년 2월 27일 원혜영, 주승용, 김용태 의원을 공동위원장으로 국회자살예방포럼 출범식을 가졌다. 39명의 국회의원이 포함된 비등록 연구단체로 안실련, 한국자살예방협회, 〈생명의전화〉, 생명보험협회 등 50만 이상의 구성원이 속한 단체가 참여하고 있고 중앙일보, YTN라디오, SBS 등 언론도 공동참여하였다. 2018년 여섯 차례에 걸쳐 릴레이 세미나를 개최하였고 토론 결과를 중심으로 12개의 법안이 통과되었다. 2019년 2월에는 최초로 국회자살예방포럼 주최로 국회에서 〈보고듣고말하기〉 한국형 표준 자살예방교육을 시행하였다. 2019년 지방자치단체 자살예방사업 효과분석 및 평가를 시행하여 결과를 언론에 발표하였고 2019년 11월 국회자살예방대상을 시행하고 있다. 2018년부터 매년 국회자살예방포럼 국제세미나를 개최하여 일본 라이프링크의 시미즈 야스유키 대표, 메레테 놀덴토프트 덴마크 국립자살예방연구소장, 제이 캐러더스 미국 뉴욕주 자살예방센터장, 크리스틴 모건 호주 국가자살예방고문 등을 초청하여 국제교류의 장을 마련하기도 하였다. 2020년부터 새로 구성된 22대 국회의 국회자살예방포럼(공동대표 윤호중, 윤재옥)은 56명의 의원이 참여하여 활동 중이다.

4. 민간의 자살예방활동

한국자살예방협회는 생명보험사회공헌재단의 지원으로 2011년부터 농약보관함 사업을 통해 농촌지역 자살예방을 위한 인식개선과 보관함 보급에 힘쓴 결과, 보관함이 보급된 지역에서 자살이 발생하지 않는 성과를 보였다. 2012년부터 2021년 4월까지 중앙자살예방센터를 위탁운영하였으며, 생명보험사회공헌재단의 지원으로 2013년 한국형 자살예방교육 프로그램 〈보고듣고말하기〉를 개발하였고 중앙자살예방센터가 보급하여 2021년까지 197만 명의 국민이 이 교육을 수료하였다.

〈생명의전화〉는 1994년부터 자살예방 핫라인을 민간 자원봉사 차원에서 운영해 왔고 2018년부터 민관협의회 운영지원을 맡아 종교, 전문학회 등 여러 기관의 협력을 추진하였다.

한국생명운동연대는 2018년 4월 26개 시민사회, 교계, 학계 생명운동단체가 연합하여 결성하고 본격적인 활동을 하고 있다. 한국종교인평화회의, 생명존중정책 민관협의회, 보건복지부는 2019년 11월 14일 종교계 자살예방지침서를 출간하고 6개 종단의 협력을 선언하기도 하며 종교계 차원의 자살예방운동에 기여하고 있다.

5. 언론과 방송의 역할

유명인 자살사건 후 한 달간의 18%의 자살 증가가 보고되었다. 이러한 베르테르 효과를 예방하기 위해 중앙자살예방센터는 한국기자협회와 함께 자살보도 권고기준 3.0의 지속적인 확산을 위해 교육, 우수보도상 시상, 내부 모니터링 등을 진행하고 있다. 또한 경찰청도 자살보도 대응 커뮤니케이션 매뉴얼을 통해 초기 정보단계에서 협조하고 있다. 2019년 9월에는 또한 한국방송작가협회와 함께 드라마 등 영상물에 대한 자살장면 가이드라인을 마련하여 확산하고 있다.

6. 한국생명존중희망재단 창립

2021년 4월 중앙자살예방센터와 중앙심리부검센터를 통합하여 한국생명존중희망재단이 출범하였으며, 초대 이사장으로는 황태연 이사장이 부임하였다. 근무조건의 안정성과 자살예방사업의 책임성과 전문성 그리고 안정적 사업운영을 위해 재단의 장점을 살려 나가면서 관료화 등 부작용을 최소화하면서 민관 협력을 안정적으로 지속적으로 추구할 수 있는 계기가 될 것으로 기대된다.

7. 제언

국가자살예방행동계획은 한국의 자살예방정책을 근거 기반으로 부처 간 민관 협력으로 지차체를 중심으로 실질적으로 추진하는 기반을 마련하였다. 그동안 자살예방대책을 통해 실질적 성과를 경험한 해외의 자살예방대책을 참고하여 방향을 설정하였다. 핀란드의 사례는 전수조사를 통한 근거 기반 전략과 실행의 중요성을 보여 준다. 미국은 연방의무감(Surgeon General)이 책임을 맡고 있으나 자살예방을 위한 전국자살예방행동연맹(National Action Alliance for Suicide Prevention)에 공공 부분과 민간 부분이 함께 참여하는 모델을 제시하고 있다. 일본의 사례는 내각부 산하에 자살예방협의회를 통해 정부가 전사회적 대책을 마련할 필요성과 함께 자살예방종합대책본부의 지방자치단체 맞춤형 통계 제공의 중요성을 제시하였다. 덴마크는 자살수단에 대한 접근과 지역을 중심으로 근거 기반 치료 프로그램을 제공하는 공공의료에 기반한 자살예방클리닉의 성공사례이다. 대만과 홍콩은 번개탄 자살예방에 주요한 모델을 제시했다.

그동안의 성과로는 자살사망자 5년간 전수조사, 자살예방법 개정을 통한 구조 강화, 자살유발정보의 유통 금지, 자살예방정책위원회의 구성 근거, 자살동향시스템의 구축 등이다. 향후 자살예방이 실질적으로 이루어지기 위해서는, 첫째, 지방자치단체의 자살예방역량 강화가 필수적이다. 맞춤형 자료에 기반하여 고위험군을 조기에 발견하여 적절한 서비스에 연계하는 실질적 시스템을 갖추고 이를 위해 지방자치단체 리더의 참여와 민관 협력체계의 구축이 필요하다. 지역과 마을 단위로 맞춤형 정책 수립을 위해 통계, 컨설팅, 지방자치단체별 자살예방위원회가 작동할 수 있는 인프라가 제공되어야 한다. 둘째, 자살시도자 등 고위험군에 대한 긴급대응을 담당하는 정신응급센터, 응급실자살시도자 사후관리사업의 사각지대를 줄이고 안정적 확산이 요구된다. 법 개정을 통해 정보제공은 개선되었으나 본인에 동의가 있어야 하는 한계점이 있어 정보제공과 응급입원의 활성화 등을 포함한 법 개정안이 국회에서 논의 중으로 법적 개선이 요구된다. 셋째, 자살위험 시 동반되는 정신건강문제에 대한 낮은 치료율을 해결해야 한다.

2016년 정신질환실태조사에 따르면 정신질환 진단받은 사람 중의 22.2%만이 정신건강서비스를 이용하는 실정이다. 정신건강에 대한 편견 개선과 보험가입 제한과 같은 차별 철폐 등을 통해 접근성의 향상이 자살예방에 대한 인식개선과 함께 필수적이다. 넷째, 해외의 자살예방사업은 지방자치단체 또는 공공의료를 통해 진행되어 온 반면, 국내의 자살예방은 대부분 민간위탁방식에 의존하고 있다. 근무조건을 개선하고 현장의 권한을 부여하는 개선이 요구된다. 또한 생명사랑위기대응센터 사례관리자의 근무환경에 대한 문제점도 질적 서비스의 제공에 장애가 되고 있다. 응급개입팀의 경우, 해외에서는 경찰과 소방 그리고 공공의료의 협력을 중심으로 작동하지만 국내에서는 현재 정신건강복지센터에 한해서 제공하고 있어 근본적인 개선이 요구된다.

표 40-1 민관 협력 자살예방사업

2017. 07. 새정부100대 국정과제 포함
2017. 08. 자살예방정책과 신설 발표
2017. 09. 문재인 대통령 자살예방대책 지시
2017. 12. 자살예방예산 증액
2018. 01. 국가자살예방행동계획 발표(범부처 합동)
2018. 02. 국회자살예방포럼 발족
2018. 04. 한국생명운동연대 출범(26개 단체)
2018. 05. 생명존중정책 민관협의회 출범(운영지원단, 생명의 전화)
2018. 06. 지방자치단체 자살예방계획 수립 및 평가
2018. 07. 국회자살예방포럼 매월 릴레이포럼 시작
2018. 08. 자살예방보도 권고기준 3.0 한국기자협회 보건복지부 중앙자살예방센터
2018. 11. 국회자살예방포럼 제1회 국제세미나
2018. 08. 생명존중시민회의 출범
2019. 09. 국무총리 주재 자살예방정책협의회 출범
2019. 11. 국회자살예방포럼 제1회 국회자살예방대상 시상식
2019. 12. 국회자살예방포럼 제2회 국제세미나
2020. 10. 국회자살예방포럼 제3회 국제세미나
2020. 11. 국회자살예방포럼 제2회 국회자살예방대상 시상식
2021. 12. 국회자살예방포럼 제4회 국제세미나
2021. 12. 국회자살예방포럼 제3회 국회자살예방대상 시상식
2022. 12. 국회자살예방포럼 제4회 국회자살예방대상 시상식
2023. 04. 제5차 자살예방기본계획(2022~2027) 발표(관계부처 합동)

2022년 새로운 정부의 출범과 함께 발표된 국정과제에 자살예방이 포함되었다. 자살 고위험군 지원 강화 등 마음건강에 대한 투자 확대와 취약계층 보호라는 국정과제가 구체화되어 적극 추진되길 기대해 본다.

참고문헌

관계부처합동(2018). 자살예방 국가행동계획.

관계부처합동(2019). 자살예방 국가행동계획 추진사항 및 향후 계획.

국회자살예방포럼(2019). 국회자살예방포럼 제2회 국제세미나 자료.

백종우 외(2018). 적정 치료서비스 강도 판정을 위한 다면적 평가도구 개발 및 시범조사. 보건복지부.

보건복지부, 건강보험심사평가원(2016). 2014년 기준 OECD 보건의료 질 지표 생산 및 개발.

보건복지부, 중앙심리부검센터(2020). 경찰 수사기록을 통한 자살사망 분석 결과보고서. https://data.psyauto.or.kr/

보건복지부, 생명존중정책 민간협의회, 한국인종교평화회의(2019). 생명을 살리는 자살예방지침서.

송인한 외(2016). 지자체 자살예방수립 매뉴얼 개발 보고서. 보건복지부.

이해국(2018). 자살예방사업 효율적 추진을 위한 거버넌스. 국회자살예방포럼 릴레이 세미나 자료.

중앙자살예방센터(2019). 응급실기반 자살시도자 사후관리사업보고서(2016년~2018년).

한국자살예방협회(2017). 자살예방문화, 생명사랑 시스템 구축을 위한 사업모델 개발 보고서.

한국자살예방협회(2019). 자살예방 조직 적정성에 대한 연구용역.

함봉진 외(2019). 일차의료기관 이용 환자 대상 자살위험군 선별 및 정신과 치료 강화 모형 개발. 보건복지부.

홍준표 외(2017). 2016 정신건강실태조사. 보건복지부.

Myung, W., Won, H. H., Fava, M. et al. (2015). Celebrity Suicides and Their Differential Influence on Suicides in the General Population: A National Population-Based Study in Korea. *Psychiatry Investing, 12*(2), 204–211.

41

코로나19 이후의 자살예방정책

　지금 겪고 있는 코로나19 바이러스의 전지구적 대유행 사태는 우리가 한 번도 경험하지 못한 미증유의 대재난이다. 일반적인 재난의 경우, 아무리 크고 심각하더라도 눈에 드러나고 지역적이며 재난이 지속적이지 않다. 일반적인 재난이 일어난 직후에는 정신없는 혼란의 시기를 거치지만 곧 재난 상황에서 영웅이 나타나거나 기적적인 생존자들이 나타나고, 사람들은 그와 관련된 영웅담을 공유하며 희망의 불씨를 피우기 시작한다. 이후 재난 현장에 대한 지대한 관심과 더불어 온 세상에서 구원의 손길이 답지하고 회복의 희망이 넘친다. 그러나 날이 갈수록 조금씩 잊혀지고 대중의 관심에서 멀어지면서 공식적인 지원은 더디고 현실적인 어려움에 봉착하기 시작하여 인고의 나날을 보낸다. 결국에는 세월이 흐르면서 점차 재건이 이루어지고 아픔이 치유되어 재난의 고통에서 회복하게 된다. 이런 흐름이 일반적인 재난 극복의 과정이다.

　재난 초기에는 오히려 자살은 줄어들고 공동체가 응집하는 경향을 보인다. 역사적으로 전쟁을 통해 공동체 내부의 결속력이 강화되는 경우는 흔하게 있었다. 그러다가 약 1~2년 후에 긴장이 풀리고 현실에 직면하면서 자살이 증가하는 것이 지금까지 우리가 알고 있는 재난과 관련된 자살의 일반적인 경향이다.

---

* 기선완(가톨릭관동대학교 국제성모병원 정신건강의학과 교수)

그러나 코로나19는 과거의 일반적인 재난과는 질이 다르다. 모든 것이 불확실하고 예측이 안 된다. 눈에 보이는 확실한 재난의 실체도 없고, 언제 끝날지도 모르며, 재난의 범위는 전 지구적이다. 계속 변이 바이러스가 나와 기존 방역체계를 흔든다. 영웅담도 없고 섣불리 희망을 고취할 수도 없다. 코로나19는 기본적으로 바이러스에 의한 감염병의 문제이지만 관리가 되지 않으면 먼저 대량의 급성 감염이 일어나고 이어서 넘치는 환자들로 의료 시스템이 붕괴된다. 이때 격리 중인 환자나 과중한 업무에 소진된 의료진에 대한 정신건강 보살핌이 필요하다. 바이러스가 창궐하고 사망자가 늘면 민심이 동요하면서 감염은 사회 체계를 혼란스럽고 위태롭게 만든다. 감염을 막기 위한 방역과 사회적 거리두기는 심각하게 경제활동을 위축시켜 결국 심각한 경제 위기와 심리적 공황을 초래하게 된다. 사람들은 불확실한 것과 마주할 때 불안해진다. 게다가 사람들은 이어지는 경제 위기 이후 직장을 잃고 삶의 안위를 걱정해야 하는 위기에 몰릴 수 있다는 두려움에 떨어야 한다. 그야말로 청명에 죽으나 한식에 죽으나, 감염으로 죽으나 굶어 죽으나 매한가지라는 부정적인 인식에 사로잡힐 수 있다.

우리나라의 자살률은 우리나라 정신건강의 현 주소이며, 정신건강과 사회문제의 포괄적인 최종 결과이다. 『2020 자살예방백서』의 내용을 종합하면 2011년에 세계적인 경제위기 이후 최고조로 높았던 자살률보다 감소하였지만 2017년보다 2018년 자살률이 다시 상승하였음을 확인할 수 있다. 이제 상승 추세를 다시 방향 전환시켜야 하는 과제가 생겼다. 자살은 남성이 많고, 특히 50대에서 가장 많은 사람이 극단적인 선택으로 생명을 마감하는 것으로 드러났다. 한편으로 인구 수를 고려하면 아직 노인의 자살률이 가장 높다. 그리고 10대와 20대의 사망에서 자살은 단연 가장 중요한 원인이다. 아직 사회에 적응하지 못하고 대인관계 갈등을 해결하지 못해 극심한 정신적 어려움 속에서 극단적인 선택을 하는 젊은이가 많다. 따라서 노인과 중년 남성 그리고 젊은이가 코로나19 시대의 잠재적인 취약 계층이 될 가능성이 높다.

경찰청의 자료에 의하면 최근 5개년 간 자살의 주된 원인은 정신적 문제(31.9%), 경제생활 문제(23.7%) 그리고 신체적 질병의 문제(20.2%) 순이었다. 그러므로 코로나19가 우울감을 증가시키고 경제 위기를 초래하며 신체적 질병의 치료를 더욱 어렵게 하여 기존의 자살과 관련된 주요 원인을 더 악화시킬 가능성이 매우 크다.

감염을 막기 위해 '사회적 거리두기'는 필수이다. 그러나 사회적 거리두기가 지속되면 먼저 사회의 취약계층에 큰 어려움이 닥친다. 독거노인이나 기초생활수급자, 정신장애인들에게 미치던 도움이 손길이 중단되기 때문이다. 비대면 접촉에 의한 사례관리로 근근이 버티고 있지만 언제까지 이런 상황으로 버틸 수 있을지 위태로운 지경이다.

특히 노인들은 이 감염병에 취약해서 사망에 이르게 된다는 사실에 심각한 공포를 느끼고 있다. 기저질환이 있는 노인들은 더욱 그러해서 병원에 가자니 감염이 두렵고 병원에 가지 않으면 기저질환이 악화되는 진퇴양난의 상황에 놓이게 되었다. 매일 보도되는 사망자 숫자는 노인들을 더욱 공포로 몰아넣고 있다. 더불어 어울려 살던 마을에서 노인을 존중하던 지역공동체는 이미 와해된 지 오래고 그나마 노인들끼리 어울리던 마을회관이나 노인정은 코로나19 이후 폐쇄되었다. 감염의 전파를 막아 노인들의 건강을 보호하는 정책인 '사회적 거리두기'는 역설적으로 노인들의 고립을 심화시켜 노인들의 외로움과 소외를 조장하는 기능을 하고 있다. 빈곤층 노인들을 찾던 도움의 손길도 끊어진 상황에서 경제위기가 심화되면 노인들의 현실은 더 악화될 것이다. 가정에서 돌보기 어려워서 요양시설에서 도움을 받고 있는 노인들이나 만성 환자들은 감염증에 특히 취약한 밀집 집단생활시설에서 살아가는 하루하루가 두려움의 연속이다. 이들을 위한 비대면 프로그램의 개발, 공공 와이파이나 온라인 단말기의 보급, 그리고 소규모 대면 모임과 지속적인 사례관리가 필요하다.

감염 차단을 위한 '사회적 거리두기'는 실물 내수 경제에 치명타를 안긴다. 사람들이 모여야 차도 타고 밥도 먹고 사업도 진행이 되는데, 방역을 위해 모든 것이 멈추었다. 이 상황에서 실물 경제의 위기는 자영업자의 줄 도산을 초래하며 40, 50대 가장에게 큰 위기가 될 것이다. 이들은 일자리를 떠나면 자신들을 지지해 줄 사람들도 거의 없다. 모든 사회적 관계가 일과 직장을 중심으로 짜여 있기 때문이다. 힘들어도 자존심 때문에 도움을 요청하지 못하는 사람들이다. 파산을 하거나 직장을 잃으면 사회에서 고립되어 끈 떨어진 연처럼 된다. 결국 감염병의 위기는 사회의 취약계층과 40, 50대 남성 인구집단에게 극단적인 선택을 강요할 가능성이 높다. 이미 자영업자와 소상공인의 어려움은 한계에 부딪힌 상황이다. 위기 상황의 관리 대상자 발굴과 긴급 재정 지원 그리고 적절한 지지적 면담과 자활 훈련 서비스가 필요하다. 인생 주기에서 위기에 몰렸을 때 적절한 지원을 통해 당신이 혼자가 아니라는 안정감을 제공해야 사회적 통합과 결속력이 생길 수 있다.

감염이 보건의료의 위기를 넘어 경제 위기로 치달을 때 사회적으로 취약한 계층과 파산과 실업의 위기로 몰릴 중년 남성들을 걱정하고 있었지만 최근에 보고된 자료에 의하면 여성, 특히 20, 30대 젊은 여성의 자살이 늘고 있다고 한다. 한국의 여성 자살은 2019년 1~6월보다 2020년 같은 기간에 5.8% 늘었다. 코로나19의 1차 확산 직후인 2020년 3, 4월에는 각각 전년 대비 17.3%, 17.9% 늘었고, 같은 해 6월에도 13.6% 증가했다. 경찰청의 잠정 자료에 의하면 2020년 상반기 남성 자살사망자는 전년 동기 대비 10.4% 감소한 반면 여성 자살사망자는 3.5% 증가하였다. 특히 20, 30대 남성 자살사망자는 2019년 상반기 대비 3.3% 증가하였는데 20, 30대 여성 자살사망자는 16.8%나 증가하였다.

여성에서 비정규직의 비율이 높고 따라서 경제 위기가 본격화되자 실업과 재정적 어려움이 증가했을 것으로 추정된다. 재택근무가 늘고 아이들이 학교에 가지 않으면서 양육과 가사 노동 또한 여성들에게 큰 부담이 되었을 것이다. 우리나라 여성들은 가사노동과 더불어 노인, 환자, 장애인의 돌봄과 자녀 양육을 거의 도맡고 있다. 코로나19 시대에 여성의 과중한 부담에 특히 주목해야 한다. 바이러스는 우리 사회가 가진 성별에 따른 차별적 취약성까지 고스란히 드러내고 있는 것이다. 우리나라는 유일한 자산이 인적 자원인데, 그만큼 젊은이들의 극단적 선택은 너무 뼈아프다. 게다가 저출산 초고령 사회에서는 젊은 여성을 포함하여 어느 한 사람의 인적 자원도 너무나 소중하다. 허나 계속 한탄만 하고 있을 수는 없다. 국가가 돌봄 노동을 대신할 체계를 구축하고 가사 노동의 분담과 여성에 대한 심리적 지원이 필요하다. 비대면 서비스와 필요한 경우 적극적인 현장 방문 지역사회 서비스를 병행해야 한다. 특히 비정규직 젊은이들에 대한 포괄적인 대책이 필요할 것으로 판단된다.

한국트라우마스트레스학회에서는 보건복지부와 공동으로 분기마다 코로나19와 관련된 국민정신건강 실태조사를 하고 있다. 2020년 9월의 조사 내용에 의하면, 불안은 지난 3월 대구 지역의 코로나19 대유행 시기와 비슷하게 다시 증가하였으며 우울의 정도는 더 심해졌다. 9월 조사에서 기준치 이상의 우울 위험군은 22.1%이다. 놀라운 사실은 자살사고가 9월 조사에서 13.8%로 5월 10.1%, 3월 9.7%에 비해 매우 높은 수준이며 2018년 자살사고는 4.7%였기에 아주 심각한 수준이라 할 수 있다. 9월 조사의 자살사고 정도의 심각한 수준이 지속된다면 우울과 자살에 대한 국가적인 특단의 대책이 반드시 필요하다. 음주율도 64.9%로 2018년 지역사회건강조사의 60.9%보다 높다. 한편, 중독포럼의 발표에 의하면 코로나19 유행으로 청소년의 게임과 SNS 이용 시간이 늘었다. 비대면 온라인 수업 이후 청소년들의 미디어 사용량과 중독 위험성을 파악하기 위하여 15~18세 남녀 청소년 400명을 설문한 결과, 응답자 65%가 비대면 수업 이후 게임, SNS, 유튜브 이용 시간이 늘었다고 답했다고 한다. 특히 스마트폰 이용 시간이 늘었다는 응답이 많았다. 비대면 수업 이전 학생들의 하루 평균 스마트폰 이용 시간은 5점 척도 기준 4.67(2~3시간)이었다. 비대면 수업 이후에는 이 점수가 5.18(3~4시간)로 늘었다. 스마트폰 중독 위험군 학생 비율도 같은 기간 30.2%에서 39.5%로 증가했다. 또한 사이버 폭력을 겪는 학생도 늘었다고 한다. 무엇보다도 청소년들이 온라인 불법 도박의 유혹에 빠지지 않도록 해야 한다. 불안에서 우울 그리고 중독과 자살로 이어지는 악순환의 고리를 끊어야 하기 때문이다.

'사회적 거리두기'라는 용어의 의미를 되새길 필요가 있다. 엄밀하게 말하면 '물리적 거리는 두되, 비대면 사회적 접촉을 강화'해야 한다. 정신건강을 지키기 위한 개인적인 수칙으로 먼저 범람하는 모든 뉴스에 현혹되지 말고 공인되고 검증된 사실에만 기초해서 행동하는 것이 좋다. 일상생활의 기본을 유지해야 한다. 즉, 수면과 식사를 규칙적으로 하고 가벼운 운동도 꼭 해야 한다. 탁 트인 야외공원에서 마스크를 착용하면 감염의 위험은 극히 낮다. 동네 인근의 공원에서 산책도 하고 햇빛도 쬐어야 한다. 우울하고 잠이 안 온다고 해서 술의 힘을 빌려서는 안 된다. 비대면이라도 가족들이나 친한 사람들과의 교류를 소홀히 해서는 안 된다. 전화를 해서라도 소식을 전하고 감정을 표현하며 서로 교류하고 공감하는 것이 좋다. 만약의 경우에 자신을 도울 수 있는 연락처를 잘 확보해 놓고 필요하면 적극적으로 도움을 요청하는 것이 좋다. 필요한 순간에 주위의 도움을 구하는 것이 현명한 행동이다.

자살예방의 활동으로는, 먼저 전 국민을 대상으로 하는 보편적인 예방 활동(universal intervention)이 가능하다. 자살과 우울에 대한 인식개선과 홍보 활동 같은 일들이다. 자살에 특히 취약한 집단이나 특정되는 자살 관련 사실에 대한 집중적인 선택적 개입(selective intervention)도 가능하다. 코로나19의 경우 자가격리된 사람들, 소진된 의료진, 취약계층, 중년 남성 그리고 20, 30대 여성에 대한 맞춤형 접근이 필요할 것이다. 이미 자살을 시도한 사람들은 다시 시도할 가능성이 높은 것으로 알려져 있다. 자살시도자에 대한 개입(indicated intervention)은 자살예방에서 필수적이다.

자살과 관련된 이미 잘 알려진 사업은 코로나19 이후에도 꾸준하게 지속해야 한다. 핀란드가 전국적으로 자살사망자를 전수조사한 후에 자살예방에 필수적인 사업으로 제시한 일곱 가지 사항은 지금의 우리나라에도 시사하는 바가 크다. 그 사항들은 자살시도자에 대한 사후 관리, 그리고 우울증에 대한 치료 접근성 강화, 자살과 특히 관련되는 알코올 문제에 대한 대책, 만성 신체질환자에 대한 돌봄, 인생위기 상황에 처한 사람들에 대한 지지와 도움, 부적응 청소년에 대한 대책, 신뢰와 협력 등의 사회적 자본 확충과 건강한 사회 문화 분위기 조성이다.

프랑스의 사회학자인 에밀 뒤르켐은 『자살론』에서 사회적 통제가 약해지고 혼란스러워지면 아노미적(Anomic) 자살이 많아진다고 하였다. 사회적 규범이 약해지고 개인의 성향을 적절하게 억제하고 개인의 행동 경향을 인도해 주지 못하면 사회적 규범의 붕괴가 일어나고 개인은 혼란에 빠진다. 현대 사회의 격변하는 변화의 흐름과 이에 따른 적응의 문제는 아노미적 자살을 촉진할 수 있는데, 최근의 코로나19 팬데믹이야말로 사회적 불안과 아노미적 자살을 야기할 수 있다. 무엇보다 먼저 방역의 성공이 중요하다. 그리고 취약 계층과 중년 남성 그리고 젊은 여성의 보호와 더불어, 거시적으로 사회적 불안이 생기지 않도록 질서와 안전을 유지하도록 해야 한다. 사회적 불안에 함몰되기보다 위기 상황에서 오히려 '외상후 성장'이 되도록 사회적 담론을 생성하고 정서적 위안을 서로 제공하며 문화적 성숙을 보일 수 있도록 지혜와 힘을 모으는 것이 한국사회의 당면 과제라고 하겠다. K 방역의 성공과 더불어 총체적인 국가적 역량과 ICT와 AI로 대표되는 최신 디지털 기술을 총망라하여 정신건강 분야에서 새로운 심리방역 위기관리 시스템을 주도적으로 개발하고 운영하기를 기대한다.

찾아보기

내용

편저자 소개

가섭(김도윤, Kim doyun)
현　한솔종합사회복지관 관장
　　한국자살예방협회 이사

권용실(Kweon Yong-Sil)
현　가톨릭대학교 의정부성모병원 정신건강의학과
　　교수
　　한국자살예방협회 소아청소년위원장

기명(Myung Ki)
현　고려대학교 의과대학 예방의학교실 교수
　　한국자살예방협회 정책위원장

기선완(Ki Seon Wan)
현　가톨릭관동대학교 국제성모병원 정신건강의
　　학과 교수
　　한국자살예방협회 회장

김관철(Kim Kwan Chul)
현　생명보험협회 사회공헌실장

김동현(Kim Dong-Hyun)
현　한림대학교 의과대학 사회의학교실 교수
　　한국자살예방협회 부회장

김민혁(Kim Min-Hyuk)
현　연세대학교 원주의과대학 정신건강의학교실
　　부교수
　　한국자살예방협회 교육위원장

김신겸(Kim Shin Gyeom)
현　순천향대학교 부천병원 정신건강의학과 교수

김인아(Kim Inah)
현　한양대학교 의과대학 직업환경의학교실 및
　　보건대학원 교수
　　한국자살예방협회 직장자살예방위원장

김종태(Jongtae Kim)
현　Global Mental Health MSc course, King's
　　College London and London School of
　　Hygiene & Tropical Medicine

나경세(Na Kyoung-Sae)
현　가천대학교 길병원 정신건강의학과 부교수
　　인천광역정신건강복지센터장

마수아(Ma SUAH)
현　한림대학교 의과대학 사회의학교실 연구학생

민성호(Min Seongho)
현　연세대학교 원주의과대학 정신건강의학교실
　　교수
　　한국자살예방협회 이사장

박한선(Park Hanson)
현　서울대학교 인류학과 조교수
　　한국자살예방협회 기획위원장

배성만(Bae Sung Man)
현 단국대학교 심리치료학과 교수
  한국자살예방협회 부회장

백명재(Baik Myung Jae)
현 경희대학교병원 정신건강의학과 임상부교수
  한국자살예방협회 군자살예방위원장

백종우(Paik Jong Woo)
현 경희대학교병원 정신건강의학과 교수
  한국자살예방협회 이사

신권철(Shin Kwon Chul)
현 서울시립대학교 법학전문대학원 교수

심민영(Sim Minyoung)
현 국립정신건강센터 국가트라우마센터장

안용민(Ahn Yong Min)
현 서울대학교 의과대학 정신건강의학과 교수
  한국자살예방협회 고문

오강섭(Oh Kang Seob)
현 성균관대학교 강북삼성병원 정신건강의학과
  교수
  한국자살예방협회 고문, 이사

유현재(Yu Hyunjae)
현 서강대학교 신문방송학과 교수
  국민통합위원회 자살 위기극복 특별위원회
  위원
  한국자살예방협회 방송문화위원장

윤현철(Youn HyunChul)
현 순천향대학교 부천병원 정신건강의학과
  조교수
  한국자살예방협회 사무차장

윤호경(Yoon Ho-Kyoung)
현 고려대학교 의과대학 정신건강의학과 교수
  안산시정신건강복지센터장

이동우(Lee Dong Woo)
현 인제대학교 상계백병원 정신건강의학과 교수
  한국자살예방협회 이사

이동진(Dongjin Lee)
현 서울대학교 법학전문대학원 교수
  한국자살예방협회 법제위원장

이연정(Lee Yeon Jung)
현 순천향대학교 서울병원 정신건강의학과 교수
  한국자살예방협회 홍보 및 대외협력위원장

이웅(Lee Ung)
현 성균관대학교 강북삼성병원 정신건강의학과
  전임의

이윤호(Lee Youn Ho)
현 안전생활실천시민연합 안전정책본부장

이은진(Lee Eun-Jin)
현 수원대학교 사회복지대학원 교수
  한국자살예방협회 홍보 및 대외협력위원장

이창승(Lee Chang Seung)
현 노무법인 터전 경기지사 대표노무사
  한국자살예방협회 과로자살특별위원장

이해국(Hae Kook Lee)
현 가톨릭대학교 의정부성모병원 정신건강의학과
  교수
  한국자살예방협회 감사

이해우(Haewoo Lee)
현 서울시자살예방센터장
  서울의료원 정신건강의학과 과장

이화영(Lee hwa young)
현 순천향대학교 천안병원 정신건강의학과 교수
  한국자살예방협회 사무총장

장정원(Jang Jungwon)
현 한양대학교 건강과 사회 연구소 연구조교수

전우택(Jeon Woo Taek)
현 연세대학교 의과대학 의학교육학교실 교수
　한국자살예방협회 고문

전홍진(Hong Jin Jeon)
현 성균관대학교 삼성서울병원 정신건강의학과
　교수
　한국자살예방협회 자살유가족지원위원장

정슬기(Sulki Chung)
현 중앙대학교 사회복지학과 교수
　한국자살예방협회 국제위원장

조동찬(DongCharn Cho)
현 SBS 의학전문기자, 부장

조성돈(Cho Seong Don)
현 실천신학대학원대학교 교수
　한국자살예방협회 이사

조성준(Cho Sung Joon)
현 성균관대학교 강북삼성병원 정신건강의학과
　임상부교수

차바우나(Cha Bauna)
현 천주교 서울대교구 한마음한몸운동본부 자살
　예방센터장

최명민(Choi Myung Min)
현 백석대학교 사회복지학부 교수
　한국자살예방협회 지역사업특별위원장

하상훈(Ha Sang Hun)
현 한국생명의전화 원장
　한국자살예방협회 이사

한규만(Han Kyu-Man)
현 고려대학교 안암병원 정신건강의학과 부교수

함병주(Ham Byung-Joo)
현 고려대학교 안암병원 정신건강의학과 교수

홍나래(Hong Narei)
전 한림대학교 의과대학 정신건강의학과 부교수
현 다온정신건강의학과 원장

홍진표(Hong Jin Pyo)
현 성균관대학교 삼성서울병원 정신건강의학과
　교수
　한국자살예방협회 이사

홍현주(Hong Hyun Ju)
현 한림대학교 의과대학 정신건강의학과 교수

자살예방의 모든 것

이론과 정책

All about Suicide Prevention

2023년 6월 20일 1판 1쇄 인쇄
2023년 6월 30일 1판 1쇄 발행

엮은이 • 한국자살예방협회
펴낸이 • 김진환
펴낸곳 • ㈜ **학지사**

04031 서울특별시 마포구 양화로 15길 20 마인드월드빌딩
대표전화 • 02-330-5114   팩스 • 02-324-2345
등록번호 • 제313-2006-000265호

홈페이지 • http://www.hakjisa.co.kr
인스타그램 • https://www.instagram.com/hakjisabook

ISBN 978-89-997-2927-0 93180

정가 27,000원

출판미디어기업 **학지사**

간호보건의학출판 **학지사메디컬** www.hakjisamd.co.kr
심리검사연구소 **인싸이트** www.inpsyt.co.kr
학술논문서비스 **뉴논문** www.newnonmun.com
교육연수원 **카운피아** www.counpia.com